전문가를 위한

마음챙김 자기연민

가이드북

Christopher Germer · Kristin Neff 공저

서광 · 효림 · 나의현 · 박경 · 박용한 · 원승희 · 이경욱 · 이규미 공역

학지사

역자 서문

마음챙김 자기연민(Mindful Self-Compassion: MSC) 프로그램이 한국에 도입된 지 8년이 지났다. 2014년에 프로그램 개발자 중 한 사람인 크리스토퍼 거머(Christopher Germer) 박사와 서광스님이 처음으로 8주간의 MSC 프로그램을 진행한 이래, 30회 넘게 시행된 MSC 입문 프로그램 과정을 통해 국내에서 1,500명이 넘는 인원이 마음챙김 자기연민을 경험하였다. 이 중 140여 명은 MSC 지도자 과정을 마치고 세계 MSC 지도자 공동체의 일원으로 정신건강의학, 심리상담, 교육 분야 등에서 MSC 기법을 적용하며 자기연민의 유익함을 나누고자 활발히 활동하고 있다. 코로나19 대유행 시기를 거치며 온라인을 기반으로 하는 MSC 프로그램 진행의 가능성과 효과 또한 입증되었으므로, MSC 프로그램의 확장 가능성은 날이 갈수록 더 커질 것으로 전망된다.

겉으로는 자신을 낮추고 깎아내리는 것을 미덕으로 삼고, 안으로는 타인과의 비교에서 우월함을 드러내야만 살아남는다는 믿음이 팽배한 풍조 속에서 자기연민이라는 개념은 여전히 자기 방종이나 나약함 같은 것들로 왜곡되곤 한다. 다행스럽게도 앞서 언급한 여러 분야에서 자기연민의 진정한 역할과 필요성을 전하고 알리는 MSC 지도자들의 목소리가 조금씩 퍼져 나가고 있지만, 자기연민에 대한 개념과 충분한 이론적 근거, 자기연민을 함양하는 실제 방법, 더 나아가 자기연민을 가르치는 방법에 대한 명쾌한 답을 얻고자 할 때 손에 쥘 수 있는 자료를 구하기는 어려웠을 것이다.

『전문가를 위한 마음챙김 자기연민 가이드북』은 자기연민을 자신의 삶 속으로 가져가고자 하는 이들, MSC 지도자를 준비하는 이들, 나아가 자신의 전문 분야에서 자기연민을 적용하고자 하는 이들을 위한 책이다. 자기연민의 개념과 과학적 근거, MSC 프로그램의 구성요소와 지도자로서 갖추어야 할 자세, MSC 회기별 실제 지도 방법, 심리치료에서 자기연민과 MSC의 기법을 적용하는 방법까지 총망라한 이 책은 자기연민과 MSC에 대한 지적인 갈증과 실천 과정에서의 궁금증을 시원하게 해

소해 줄 것이다. 특히 책에 담긴 풍부한 탐구 예시는 MSC 지도자 훈련을 받는 이들의 지침이 되어줄 뿐만 아니라 심리치료자와 교육자 등 자기연민을 자신의 전문 영역에서 적용하고자 하는 이들에게도 든든한 자원이 되어 줄 것이다. 아울러 저자들이 행간에 녹여 낸, 독자에게 전하는 연민 어린 다정한 위로를 번역 과정에서 최대한 온전히 옮기고자 노력하였으나, 읽기에 와 닿지 않는 부분이 있다면 이는 전적으로 역자들의 불찰이니 아무쪼록 독자의 너그러운 이해를 바란다.

역자들이 지나온 MSC 여정에는 자신에게 친절해질 '가능성'을 열어 두자는 말에 슬며시 내비쳤던 안도의 미소, 고통을 나누며 함께 머무를 때 서로 따뜻하게 연결되던 감각, 외면과 억누름의 습관에서 벗어나 자신의 모든 것을 기꺼이 마주하던 고요한 용기가 함께했었다. 앞으로 이 과정을 몸소 경험할 이들, 그리고 자신의 배움을 넘어 지도자로서 마음챙김 자기연민을 많은 사람과 함께 나누기를 원하는 이들에게 이 책이 좋은 동반자가 되어 주기를 바란다.

2023년 1월

MSC로 만난 모든 인연에 감사하며

역자 일동

저자 서문

-우리의 여정-

마음챙김 자기연민(MSC) 프로그램은 우리가 처음 만난 2008년 이래 줄곧 나아가고 있다. MSC 프로그램의 공동 개발자이자 이 책의 저자인 우리는 그해 매사추세츠주 베레에 위치한 통찰명상협회(Insight Meditation Society)가 처음으로 마음과 삶 연구소(Mind and Life Institute)와 함께 주최한 과학자들의 명상 안거에서 만났다. 크리스틴(Kristin)은 2000년대 초반 자기연민의 개념을 조작적으로 정의하고(Neff, 2003b) 관련된 대부분의 임상연구에서 사용되는 자기연민척도(Neff, 2003a)를 개발한 발달심리학자로, 크리스(Chris)는 1980년대 중반부터 마음챙김과 심리치료의 통합을 시도해 온 임상심리학자 자격으로 안거에 참석하였다. 안거를 마치고 공항으로 향하던 길에 내(크리스)가 크리스틴에게 자기연민 지도 프로그램을 개발해 보라고 권하자, 크리스틴은 이렇게 말했다. “어머, 제가요? 저는 워크숍을 지도해 본 적도 없는 걸요. 크리스는 워크숍도 지도해 보고 마음챙김도 몇 년 동안 가르쳐 왔잖아요. 그러니 개발은 크리스 당신이 해야죠.” 그 순간 모든 것이 분명해졌다. 우리가 함께 개발해야겠다!

자기연민에 대한 아이디어가 나(크리스틴)에게 처음 떠올랐던 때는 1997년으로, 그 당시 나는 캘리포니아 버클리대학교의 인간발달 프로그램 대학원에서 마지막 해를 보내고 있었다. 박사 학위를 따려고 애쓰며 학위 논문을 쓰는 과정에서 흔히들 겪는 스트레스에 엄청나게 시달리던 때였다. 첫 번째 결혼 생활은 파탄이 난 직후였고, 새로운 사람을 만나기 시작했지만 여전히 수치심과 자기의심에 빠져 있었다. 로스앤젤레스 교외에서 개방적인 어머니 손에서 자란 덕에 어려서부터 동양의 영성에 관심을 가지고 있었지만, 명상을 진지하게 고려해 보거나 불교 철학을 공부해 본 적은 없던 시기였다. 그러나 샤론 샐즈버그(Sharon Salzberg)의 『행복을 위한 혁명적 기술, 자애(Lovingkindness)』(1995)와 잭 콘필드(Jack Kornfield)의 『마음의 숲을 거닐다(A Path with Heart)』(1993) 같은 미국 불교의 고전들을 읽기 시작하며 내 삶은 새로운 전기를 맞았고, 결코 다시 예전 같을 수 없었다.

나는 불교가 연민의 중요성에 대해 많은 이야기를 한다는 것은 알고 있었지만, 자기 자신에 대해 연민을 가지는 것이 다른 이들에게 연민을 가지는 것만큼 중요하다는 점에 대해서는 생각해 본 적이 없었다. 지역 명상 집단에 처음으로 참여했던 어느 날 밤, 집단 지도자였던 한 여성이 그에 대해 말하기 전까지는 말이다. 그녀는 우리가 진심으로 돌보고 있는 이들을 대하는 것과 마찬가지로 우리 자신을 친절과 이해로 돌보아야 한다고 말했다. "뭐라고요? 우리가 자신에게 친절해도 된다는 말씀이신가요? 그건 이기적인 것 아닐까요?"가 당시 내가 보였던 첫 반응이었다. 그러나 나는 이내 다른 이들과 진정으로 연결되기 위해서는 자신을 돌보아야 한다는 결론에 도달했다. 만약 우리가 다른 이들에게는 친절하려 노력하면서 자신에게는 판단과 비난을 계속한다면, 우리를 분리와 고립으로 이끄는 인위적인 경계와 구별을 짓고 있는 것일 뿐이다. 이는 대부분의 전통에서 영적 행보의 궁극적인 목적으로 일컫는 합일(合一), 상호연결성, 범애(汎愛)와 반대된다. 그래서 나는 자기연민을 시도해 보았고, 새롭게 발견한 자기연민 수행은 내가 삶 속의 힘겨운 순간을 강건하고 우아하게 대처하게 해 주었다.

박사 학위를 받고 나서는 자존감 분야의 선도 연구자였던 덴버대학교의 수잔 하터(Susan Harter) 교수 밑에서 2년간의 박사후 과정을 거쳤다. 사람들이 자기개념과 자기가치감을 어떻게 발달시키는지 더 알아보고 싶었기 때문이다. 얼마 지나지 않아 나는 심리학이 자존감을 긍정적 정신 건강의 궁극적 지표로 선호하지 않게 되었다는 사실을 알게 되었다. 자존감의 중요성에 관한 논문이 수천 편에 달하지만, 자존감을 높이고 유지하기 위해 애쓸 때 빠질 수 있는 함정들로 자기애, 타인과의 끊임없는 비교, 자아 방어적 분노, 편견 등이 발견되기 시작한 것이다. 나는 끊임없는 자존감 추구의 완벽한 대안이 자기연민이라는 사실을 깨닫게 되었다. 왜일까? 자기연민은 자기 자신을 완벽하게 여기거나 다른 이들보다 낫다고 여길 필요가 없으면서도 자기혐오로부터 우리를 보호하는 기능 면에서는 자존감과 똑같기 때문이다.

1999년에 텍사스대학교 오스틴 캠퍼스에서 교육심리학 조교수 자리를 얻자마자 나는 곧바로 자기연민에 관한 연구를 하기로 결심했다. 자기연민에 관한 연구는 고사하고 자기연민을 정의하는 학술 논문도 전무한 시기였다. 미지의 영역에 들어서기로 결심한 나는 이제는 일생의 과업이 된 작업을 그렇게 시작하게 되었다.

그러나 내가 자기연민의 힘을 온전히 깨달은 때는 그로부터도 몇 년이 지난 후였다. 2007년에 아들 로완이 자폐증 진단을 받은 그때부터 로완이 자라는 동안 내가 온전할 수 있었던 건 자기연민 수행 덕분이라고 생각한다. 자폐 아동은 극심한 감각 문제를 겪기 때문에 폭력적인 짜증을 내기 쉽다. 그때 부모가 할 수 있는 일이라고는 아이를 안전하게 보호하려 애쓰면서 폭풍이 지나갈 때까지 기다리는 것뿐이다. 어린 로완이 특별한 이유 없이 슈퍼마켓에서 비명을 지르며 온몸을 마구 흔들어 대면 영문을 모르는 사람들이 당연히 나에게 비난을 시선을 보냈고, 그 순간 내가 붙들 수 있는 것은 자기연민 수행뿐이었다. 당혹스러움, 수치심, 무력감의 한가운데에서 내가 할 수 있는 건 나에게 절실히 필요한 정서적 지원을 나에게 전하면서 나 자신을 진정시키고 위로하는 것이 전부였다. 자기연민은 내가 서서히 자기 동정과 분노를 이겨 낼 수 있도록 도와주었다. 또한 극심한 스트레스와 절망이 불가피하게 일어나는 상황에서도 로완에 대한 사랑과 이성적인 침착함을 유지하는 데도 도움이 되었다. 물론 때로는 여전히 당황스러움과 좌절감을 느꼈지만, 로완으로 인해 내가 초조해질 때마다 로완이 더욱 초조해한다는 사실을 알아차리게 되었다. 반대로 내가 겪는 일에 대해 나 자신에게 연민을 전하려 마음의 평정을 유지하면 로완 또한 진정되곤 했다. 그뿐만 아니라 내가 자신에게 친절해지면 로완에게도 인내하며 연민을 전할 수 있는 정서 자원을 더 많이 가지게 된다는 것도 발견할 수 있었다. 스트레스를 받거나 괴로운 순간에서 나 자신과 로완을 도울 수 있는 가장 효과적인 방법이 자기연민 수행이라는 것을 금방 알게 되었다.

자신이 겪는 개인적인 문제에 대한 답을 찾아낼 때 새로운 지식이 생겨나는 건 심리학 분야에서 드문 일이 아니다. 크리스 또한 이런 식으로 자기연민을 발견하고 전파하게 되었다.

나(크리스)는 1970년대 후반부터 명상을 수련해 왔다. 일 년에 걸쳐 성인들, 현자들, 토착 치유자들, 명상 스승들을 찾아다니며 인도의 여러 지역을 돌기도 했고, 스리랑카에 있는 한 은둔처에서 마음챙김 명상을 배우기도 했다. 그러고는 대학원에 진학하여 임상심리학 박사가 된 후 매사추세츠주 케임브리지에 있는 마음챙김과 심리치료에 관한 연구모임에 합류했다. 이 연구모임이 현재의 명상심리치료연구소로, 모임에서 집필한 전문 교재인『마음챙김과 심리치료(Mindfulness and psychotherapy)』(개정판 발간; Germer, Siegel, & Fulton, 2013)가 널리 배포되며 우리의 새로운 치료 모델을 제시하게 되었다.

마음챙김과 심리치료에 대한 대중적인 관심이 급증하던 시기에 이 책이 출판되었다는 것은 나에게 더 많은 대중 강연 요청이 들어오리란 것을 의미했다. 대중 강연은 나의 오랜 불안과 공황의 근원이었으며, 성인이 된 후 꾸준히 해 온 명상 수행과 치료에도 불구하고 나는 대중 강연 불안에 쇠약해질 정도로 계속 시달렸다. 강연을 앞두기만 하면 내 심장은 쿵쾅거리고 손에선 땀이 나기 시작하면서 머릿속이 점점 흐려졌다. 나는 이 불안감에 맞서 내가 생각해 낸 모든 것을 시도했다. 노출치료, 명상, 마음챙김과 수용 기반 기법들, 복식 호흡, 격렬한 운동, 베타차단제 약물 등 알려진 것들은 다 해 봤다고 해도 과언이 아니었다. 그러나 그 어떤 것도 효과가 없었다. 언젠가 산타페에서 열린 강연에서는 입을 떼려는 순간 불안이 너무 극심해져 강연장 뒤편에 있던 한 청중이 "숨 쉬세요!"라고 소리칠 정도였다. 그날 나는 강연 주제였던 마음챙김이 주는 이점에 대해 한마디도 할 수 없었다.

그로부터 얼마 지나지 않아 하버드대학교 의과대학 학술모임에서 강연이 잡혔다. 수년간 의대 교수진 속에서 임상 분야 강사라는 명분으로 안전하게 숨어 지내왔지만, 그 모임에서 많은 동료 교수 앞에 서면 나의 수치스러운 비밀을 드러내게 될 것만 같았다. 학술모임을 4개월 앞두고 묵언 명상 안거에 들어갔지만 그곳에서도 나의 두려움을 피할 수는 없었다. 다가올 모임 때문에 내 마음이 방황할 때마다 나는 다른 사람에게 웃음거리가 될 거란 예상으로 인해 온몸이 불안에 휩싸이는 것을 느꼈다. 마음챙김을 통해 여유로운 자각으로 그 두려움을 감싸 안으려 아무리 노력해도 고통은 가라앉지 않았다.

결국 나는 안거를 운영하는 사람 가운데 경험이 아주 많은 명상 지도자와 상담을 하게 되었다. 나는 명상이 잘 되지 않는 것에 대해 무안한 표정으로 이야기를 꺼내면서도 너무 수치스러워서 나의 괴로움에 대해 전부 드러내지 못했다. 그녀는 다정하게 다 안다는 듯한 미소를 지으며 한 가지를 제안했다. 그 제안은 너무나도 간단해서 그때껏 내가 스스로 알아내지 못했다는 게 당황스러울 정도였다. 아주 정확하게 기억나지는 않지만 이런 내용이었다. "그냥 당신 자신을 사랑하세요. 자애 문구를 반복해 보는 거예요. '내가 안전하기를. 내가 행복하기를. 내가 건강하기를. 내가 편안하게 살기를.'이라고 말이죠." 이게 전부였다.

그 당시 나는 뭐든 해 보겠다는 상태였기에 내 자리로 돌아와 그 문구들을 곧바로 반복해 보기 시작했다. 오랜 시간 해 온 명상과 심리학자로서의 내면의 삶을 되돌아보아도 그렇게 부드럽고 위로하는 어조로 내 자신에게 말해 본 적은 단 한 번도 없었다. 나 자신에게 그렇게 들려주자마자 위로를 받고 있다는 느낌이 들기 시작했다. 심지어 '안거는 힘들어야 하는 거 아닌가?'라는 생각이 들며 내가 나 자신을 속이고 있나 싶었다. 내 안에서 무언가 긴장이 풀리고 호흡을 다시 느낄 수 있다는 것을 깨닫기 전까지는 말이다. 안거의 휴식 시간 동안 세상이 새로운 방식으로 되살아났다. 주변에 있는 사람들을 실제로 볼 수 있었고 안거 센터의 아름다운 주변 환경을 음미할 수 있었다. 마치 다른 방식으로 존재할 수 있는 문을 누군가가 열어 놓은 것 같았다.

집에 돌아와서도 주로 자애 명상을 수행했다. 다가올 학술모임에 대한 불안감이 떠오를 때마다 나는 그저 매일, 매주 나 자신에게 자애 문구를 들려주었다. 진정을 위해서라기보다는 그저 내게 어느 정도 위로가 필요했기 때문이다(진정하려 애쓰면 더 불안해진다는 건 이미 오래전에 배웠다). 마침내 학술모임 당일이 되었다. 연단으로 불려나가게 된 순간, 늘 그랬듯 두려움이 올라왔다. 그러나 이번에는 뭔가 새로운 것이 함께했다. 들릴락 말락 아주 희미하게 "당신이 안전하기를. 당신이 행복하기를……."이라고 말하는 내 안의 속삭임이었다. 그리고 청중을 둘러보았을 때, 이런 생각이 들었다. '모든 사람이 안전하기를. 모든 사람이 행복하기를…….' 그 순간, 난생 처음으로 설렘과 기쁨이 샘솟아나 두려움을 몰아내 버렸다.

이 중대한 순간에 무슨 일이 벌어졌던 것일까? 예전에 내가 불안을 수용하지 못하고 흘러가게 둘 수 없었던 이유는 아마도 더 깊은 곳에 자리했던 진짜 문제 때문이었을 것이다. 나의 대중 강연 불안은 결국 불안장애가 아닌 수치심장애였다. 그리고 나의 수치심은 견뎌 내기에는 너무나 압도적이었다. 연단에서 온몸을 떨며 아무 말도 못하고 서 있는 나를 상상할 때마다, 존경하는 나의 동료들이 나를 무능하거나 엉터리라고 여길지도 모를 가능성을 용납할 수 없기에 불안이라는 경험을 받아들일 수 없었던 것이다. "마음챙김에 대해 말한다면서 겁나서 말도 못하는 사기꾼 같으니!" 그런데 자애 명상을 계속 수행하자 이런 암흑의 순간에서조차 마치 좋은 친구가 나를 지지해 주는 것처럼 느껴졌고, 심지어 모든 청중이 나를 바보라고 생각해도 그 친구는 나를 계속 지지해 줄 것 같았다. 이렇게 나는 자기연민을 배우기 시작했다.

나는 우리 모두 우리의 경험을 애정 어린 자각으로 수용하기 전 우리 자신을 애정 어린 자각으로 수용할 필요가 있다는 사실을 깨달았다. 그것이 바로 연민이 마음챙김 수행으로 들어오는 지점이다. 우리가 강렬하고 혼란스러운 감정에 휘말릴 때 상황을 더욱 분명하게 보고 우리 삶에서 긍정적인 행동을 취하려면 지지가 더해져야 한다. 그뿐만 아니라 치료에서도 연민이 중요하다는 것을 직관적으로 알 수 있었다. 새로운 내담자가 치료를 찾아왔을 때, 우리는 본능적으로 연민을 내담자의 삶, 특히 수치스러운 부분을 탐색하기 위한 기반으로 제공한다. 그러나 우리가 가장 연민이 필요한 순간에 우리 자신에게 친절을 제공하는 것은 완전히 다른 문제이다. 어쩐 일인지 이러한 통찰과 역량은 마음챙김 명상 수행자나 정신건강 전문가 같은 매우 자기성찰적인 사람들조차 이루기 어렵다.

이러한 사실에 눈뜨고 난 이후, 나의 내담자들, 특히 사회 불안, 복합 외상, 중독, 우울증 같은 수치심 요소("나는 결함투성이야." "나는 나빠.")로 괴로워하는 이들을 대상으로 자기연민 훈련의 가능성을 탐구하기 시작했다. 그리고 심리치료를 하면서 자기연민이 내담자들에게 어떻게 도움이 되었는지 알게 된 것들을 공유하기 위해 『오늘부터 나에게 친절하기로 했다(The Mindful Path to Self-Compassion)』(Germer, 2009)라는 책을 썼다. 그 후 얼마 지나지 않아 크리스틴도 자기연민에 관한 이론과 연구를 검토하고, 자기연민을 함양하기 위한 다양한 기법을 소개하며, 크리스틴 개인의 삶에 자기연민이 끼친 영향을 담은 『러브유어셀프(Self-Compassion)』(Neff, 2011b)라는 책을 펴냈다.

우리는 2010년 캘리포니아 빅서에 있는 에솔렌 연구소(Esalen Institute)의 프리츠 펄스 하우스에서 MSC 프로그램을 처음으로 개설하였다. 첫날에는 12명이 참석했는데, 그중 3명이 참석 다음날 그만두었던 것을 지금도 웃으며 떠올리곤 한다. 프로그램 참여자들이 우리의 불확실성을 눈치챘거나, 우리가 너무 정서적으로 도전이 되게끔 진행했을지도 모를 일이다. 그래도 우리는 계속했다. 비록 출발은 엉성했지만, 엄청난 시간과 공을 들인 끝에 우리는 8주에 걸친 MSC 커리큘럼을 개발하였고, 이 프로그램이 안전하고, 즐겁고, 다양한 문화권에 속한 사람들에게도 효과를 내도록 만들어 냈다. 2012년에는 MSC 프로그램에 대한 무작위 대조군 연구를 시행하였고(Germer & Neff, 2013; Neff & Germer, 2013), 같은 해 프로그램을 보급하기 위한 비영리 단체인 마음챙김 자기연민 센터(Center for Mindful Self-Compassion)를 설립했다. 2014년에는 캘리포니아대학교 샌디에이고 마음챙김 센터에서 스티브 힉먼(Steve Hickman)과 미셸 베커(Michelle Becker)의 전문지도하에 MSC 지도자 훈련 프로그램을 개설하였고, 현재까지 전 세계에서 천 명이 넘는 지도자가 5만 명이 넘는 사람에게 MSC 프로그램을 지도하였다. 여기에 더해 MSC 지도자의 첫 교육에서 진행되는 온라인 자문에서 얻은 피드백을 바탕으로 MSC 커리큘럼은 더욱 정교하게 개량되어 왔다. 그러므로 이 책은 전 세계 MSC 지도자 공동체가 함께하는 프로젝트라 일컫는 것이 가장 적합할 것이다. 우리는 이 책이 생명을 얻어 우리가 함께 수행하고 배워 감에 따라 계속 진화해 가기를 희망한다.

이 책의 대상 독자

우리는 이 책을 심리적 안녕을 위한 자기연민 수행과 지도에 관심이 있는 전문가들을 위해 펴냈다. 독자 대부분은 심리치료, 코칭, 의료, 경영, 교육 같은 본인들이 지금 하고 있는 활동에 자기연민을 적용하고자 할 것이다. 이미 훈련을 이수한 MSC 지도자이거나, MSC 지도자를 준비하고 있거나, MSC의 이론적 · 경험적 · 교육적 토대를 더욱 충실히 탐구하고자 하는 이들도 있을 것이다. 어떤 독자들(예: 교수나 연구자들)은 자기연민의 학술적인 측면에 관심을 가질 것이고, 다른 독자들은 개인적인 이유로 자기연민에 관심이 있을 것이다. 이 책은 그러한 모든 노력을 지지하고자 쓰였다.

만약 독자의 목적이 MSC 프로그램 자체를 지도하려는 것이라면 지도를 시작하기 전 공식 MSC 지도자 훈련 과정을 반드시 이수하여야 한다는 사실을 명심하길 바란다. MSC 지도자 과정에 대한 안내는 MSC 한국 본부인 사단법인 한국명상심리상담연구원 홈페이지(http://www.ikmp.org) 또는 MSC 국제 본부 홈페이지(http://centerformsc.org)의 '지도' 항목에 있는 정보를 참조하길 바란다. MSC를 어떻게 지도하느냐는 MSC에서 무엇을 가르치느냐와 마찬가지로 중요하기에 공식 지도자 훈련은 필수이다. 아울러 이 책에 담긴 MSC 교육론에 관한 정보는 지도자 공동체에서 공인 MSC 지도자들의 공동 작업을 통해 계속 증진되어야 할 것이다. 개인 수행 또한 마음챙김과 자기연민의 핵심을 다른 이들에게 전달하는 데 반드시 필요하다. 그러므로 우리는 이 책이 자기연민에 대한 이해를 심화하고 독자 자신을 위한 자기연민 수행에 영감을 불어넣기를 희망한다. 그리고 만약 합당하다고 느껴진다면 자기연민에 관심을 보이는 다른 전문가들과 교류하며 자신의 재능을 다른 이들과 나누기를 바란다.

이 책에 대한 소개

이 책에서는 마음챙김 자기연민(MSC) 프로그램에 대한 이론, 연구, 지도 방법 및 커리큘럼을 다룬다. MSC의 원리와 수행을 이해하고 이를 각자 활동하는 전문 영역에서 적용할 수 있도록 책을 구성하였으나, 독자가 어떤 형태로든 타인에게 자기연민을 지도하고자 한다면 그 전에 반드시 자신 먼저 마음챙김 자기연민의 개인 수행을 할 것을 강력히 권한다. 아울러 MSC 프로그램에 참여하여 자기연민 학습의 중요한 세부 요소를 이해하는 시간을 가지길 바란다. 또한 이 책에서 설명하는 8주간의 MSC 프로그램을 지도하려면 공식 MSC 지도자 훈련 과정을 이수해야만 한다. 지도자 훈련 과정에 관심이 있는 분은 MSC 한국 본부인 (사)한국명상심리상담연구원(http://www.ikmp.org) 또는 MSC 국제 본부(https://centerformsc.org) 홈페이지를 참조하기를 바란다.

차례

제1부 자기연민: 이론, 연구, 훈련

제6장 주제 교육 및 수행 안내하기 … 143

제7장 연민 어린 지도자로 존재하기 … 157

제8장 집단 과정 촉진하기 … 177

제9장 탐구에 참여하기 … 191

제3부
회기별 지도

제12장 3회기: 자애 수행하기 … 287

제13장 4회기: 연민 어린 목소리 발견하기 … 321

제14장 5회기: 깊이 있게 살기 … 347

이 책의 구매자는 www.guilford.com/germer4-materials에서 제공되는

명상 오디오 파일을 내려받아 개인적으로 또는 내담자와 사용할 수 있습니다.

(자세한 사항은 p. 537을 참조)

제1부

자기연민
이론, 연구, 훈련

내가 할 수 있는 가장 현명한 일은
내가 내 편이 되어 주는 것이란 걸 이미 오래전에 배웠지요.

—마야 안젤루(Maya Angelou: Anderson, 2012에서 인용)

사람들은 대개 자신이 자기연민을 어느 정도 안다고 생각한다. 타인에게 연민으로 대하라는 교리는 신약 성경 속 황금률인 "남이 너희에게 해 주기를 바라는 그대로 너희도 남에게 해 주어라"(마태복음 7:12; Armstrong, 2010)처럼 거의 모든 세계 종교에서 핵심 교의이니 말이다. 단순히 보자면 자기연민은 이를 뒤집으면 된다. 고통에 처했거나, 실패에 빠졌거나, 스스로 부적절하다고 느끼는 이들을 대할 때 우리가 하는 자연스러운 방식으로 **우리 자신을** 대하도록 배우는 것이다. 하지만 이는 말처럼 쉽지 않다. 눈을 감고 조심스레 주의를 기울이며 우리 자신에게 친절과 연민을 베푼다면 어떤 일이 벌어질까? 보통은 우리 자신의 사랑스럽지 **않은** 부분들과 가슴 한구석 깊이 숨겨 두었던 오래된 상처들이 깨어나게 된다. 이러한 마음속 어둠에 빛을 비추고 우리가 발견한 것들이 탈바꿈하기에 충분할 정도로 그곳에 빛을 머물게 하려면 특별한 훈련을 받아야 한다.

다음 네 개의 장은 자기연민 훈련을 맥락 속에서 살펴보려는 노력의 일환이다. 자기연민의 영역에 발을 내딛기 전 지도를 챙기듯 살펴보면 좋을 것이다. 1장에서는 마음챙김과 자기연민의 상호관계를 배우게 될 것이며, 이 과정에서 마음챙김 자기연민(MSC) 프로그램과 경험적으로 지지받는 다른 마음챙김 기반 훈련 프로그램 간 실제 차이점도 배우게 될 것이다.

2장에서는 자기연민의 구성을 정의하고 자기연민과 타인에 대한 연민을 비교하며 마음챙김과 자기연민의 관계에 관한 논의를 심화하고 자기연민의 음과 양을 다룬 다음 자존감과 자기연민의 차이점을 짚어 볼 것이다. 자기연민이 받는 흔한 오해에 대해서도 2장에서 알아볼 것이다. 3장에서는 자기연민에 관한 연구 문헌들을 폭넓게 검토할 것이며, 자기연민이 받는 오해 대부분이 사실무근임을 연구에서 확인할 수 있을 것이다. 해당 연구들에 관한 고찰은 정서적 안녕감, 건강, 대처 기술, 신체상, 대인관계, 돌봄, 임상집단, 신경생리학 등의 범주로 분류하였다. 마지막으로, 4장에서는 자기연민 **훈련**에 관한 학술 연구에 초점을 맞추어 살펴볼 것인데, MSC 프로그램뿐만 아니라 다른 연민 훈련 프로그램들에 관한 연구도 함께 다루었으므로 이들 연구가 뒷받침하는 연민 기반 중재들의 이점을 확인할 수 있을 것이다.

MSC 프로그램을 공동 개발한 우리 두 사람은 자기연민 수행자임과 동시에 사회과학자이다. 자기연민으로 더욱 온전히 존재할 때 얻는 이점은 인간 본성의 역사만큼 유구하기에 자기연민을 배우는 데 특별한 신념은 필요치 않다고 본다. 자기연민에 대한 우리의 이해는 개인적인 경험을 바탕으로 이루어졌고, 그것은 다시 과학적 연구에 의해 지지받았다. 자기연민에 관한 강력한 연구 근거를 이해하고 나면 개인 수행에서 확신과 영감이라는 특별한 혜택을 얻게 될 것이다. 연구 결과에는 자기연민의 효과가 가장 잘 일어나는 사람과 대상, 자기연민의 작용 기제에 관한 통찰, 훈련이 나아갈 새로운 방향이 담겨 있기 때문이다. 그러나 궁극적으로 우리가 확신과 평안의 길을 걷도록 너그럽게 허용해 주는 것은 바로 따뜻하고 지지하는 태도로 우리 자신을 대할 때 일어나는 직접적인 통찰, 즉 자기연민의 **경험**이다.

제1장

마음챙김 자기연민 소개

내면을 들여다보는 당신의 눈길에 친절함이 담겨 있기를.

―존 오도노휴(John O'donohue, 2008, p. 44)

삶은 누구에게나 어렵다. 만일 우리가 매 순간 경험하는 것을 주의 깊게 살펴본다면 잠에서 깨어나자마자부터("아이고, 지각이다!") 다시 잠에 빠질 때까지("진짜 그렇게 했어야만 했는데…….") 상당한 수준의 스트레스 속에서 살고 있다는 사실을 발견하게 될 것이다. 하지만 대개는 이런 사실을 알지 못한다. 한번 살펴보자. 바로 이 순간 몸에서 불편하다고 느끼는 곳이 있는가? 무엇을 걱정하는 중인가? 배가 고픈가? 이 책을 읽는 대신 이메일 정리를 먼저 해야 하지 않은가? 역설적이게도 크고 작은 도전을 인정하고 포용할 때 우리의 삶은 대단히 풍요로워진다. 이것이 바로 마음챙김이다. 그리고 삶 속 어려움 한가운데에 놓인 우리 자신을 돌봄과 관심으로 포용할 때 우리의 삶 또한 훨씬 더욱 풍요로워진다. 이것이 바로 자기연민이다. 이 둘이 한데 모여 **마음챙김 자기연민**의 자원이 된다.

마음챙김과 연민

마음챙김의 이점에 관한 연구는 20여 년 전부터 지금까지 가히 폭발적으로 증가했으며, 이때 마음챙김이란 "매 순간 일어나는 경험에 대해 의도적으로, 현재 순간에,

비판단적 주의를 기울일 때 생겨나는 알아차림”(Kabat-Zinn, 2003, p. 145)으로 간략히 정의된다. 마음챙김은 정신적 · 신체적 안녕을 다방면으로 증진케 하여 연민과 현명함으로 살아갈 토대를 마련해 준다. 마음챙김의 정반대 상태는 마음의 ‘자동조종’ 상태로, 우리의 내면이나 주변에서 일어나는 것에 대해 거의 알아차리지 못한 채 과거와 미래를 몽상하는 상태를 일컫는다. 그래 봤자 우리 머릿속에 있다지만, 우리는 이 떠도는 마음을 따라 후회와 걱정이라는 어두운 구석으로 끌려가고 거기에서 벗어나는 데 며칠이나 몇 주, 또는 그 이상을 쓰곤 한다.

마음챙김의 현대적 정의에서는 마음챙김 자각의 수용, 자애, 연민 같은 특질보다는 주의와 자각만을 강조하는 경향이 있다. 이는 매우 유감스러운 일로, 마음챙김에 대한 이러한 치우친 견해에는 우리가 쓰는 언어가 분명 원인을 제공했다. 예를 들면, **마음챙김**(Mindfulness)이라는 단어는 알아차림을 일컫는 고대 팔리어(Pali) **사띠**(sati)를 영어로 옮긴 것으로, 글자 뜻 그대로 ‘마음’을 일컫는 팔리어 **시따**(citta)와 연관된다. 영어에는 마음챙김 자각의 정신적 · 정서적 측면을 모두 포착해 내는 마음챙김 자각에 해당하는 말이 없다.

상황을 더욱 복잡하게 만드는 경우는 누군가가 “마음챙김 명상 수행을 하고 있다”고 말할 때이다. 이 사람은 명상의 세 가지 형태, 즉 ① 초점화된 주의, ② 열린 관찰, ③ 자애와 연민 명상(Salzberg, 2011b) 중 한 가지 이상을 일컬었을 것이다. **초점화된 주의**(혹은 주의집중)는 호흡 같은 한 가지 대상에 계속해서 주의를 되돌리는 수행이다. 주의집중은 마음을 고요하게 하는 데 도움을 준다. **열린 관찰**(혹은 선택 없는 자각)은 순간마다 자각의 장에서 가장 두드러지고 생생한 것에 주의를 기울이는 것이다. 열린 관찰은 여유로운 자각을 개발하고 마음의 본성을 이해하도록 돕는다. 자애와 연민 명상은 자신과 타인을 향한 온정과 선의라는 특질을 배양하는데, 이러한 특질은 괴로운 마음 상태를 견뎌 내고 탈바꿈하는 데 반드시 필요하다.

지금까지 마음챙김에 관한 연구 대부분은 초점화된 주의와 열린 관찰 수행에 주목했다. 그러나 최근 몇 년 동안은 자애와 연민 명상에 관한 연구가 늘어났다(Hofmann, Grossman, & Hinton, 2011). 세 가지 명상 유형 모두 어느 정도 구별은 되지만 중복되는 뇌신경계 패턴을 만들어 낸다는 사실이 신경학적 근거로 제시되었다(Brewer et al., 2011; Desbordes et al., 2012; Lee et al., 2012; Leung et al., 2013; Lutz, Slagter, Dunne, & Davidson, 2008). 이 책의 목적에 맞게 마음챙김 자각에서 ‘따뜻한 마음'의 특질을 배제하지 않는다면, 마음챙김 자각은 자애로운 자각 혹은 연민 어린 자각으로 일목요연하게 설명된다.

마음챙김을 활짝 꽃피운다면, 즉 생각, 느낌, 감각의 모든 범주 속에서 고요함과 맑음을 느낀다면 우리의 자각은 자애와 연민으로 충만할 것이다. 온전한 마음챙김은 사랑 그 자체로 느껴진다. 안타깝게도 우리의 마음챙김은 대부분 온전치 못한 채 분노, 갈망, 혹은 혼돈과 뒤섞여 있다. 고통에 처했거나, 실패에 빠졌거나 혹은 부적절하다고 느낄 때처럼 우리 삶이 힘겨울 때 특히 그러하다. 자각은 기분에 쉽게 물들고 자기에 대한 감각 또한 흔히 볼모로 잡히기에 우리는 자기비난과 자기의심에 휩싸이게 된다. '나는 기분이 나빠'에서부터 출발해서 '나는 이런 느낌이 싫어'로, '나는 이런 느낌을 느끼고 싶지 않아'로, '나는 이런 느낌을 느끼지 말아야 해'로, '나는 뭔가 잘못 됐어'로, 결국에는 '나는 나빠!'로까지 옮겨 간다. 눈 깜짝할 사이에 '내 기분이 나빠'에서 '내가 나빠'로 옮겨 가는 것이다. 바로 이때가 자기연민이 필요한 순간이다. 조금 더 마음챙김하며 우리의 경험과 관계를 맺으려면 경험자인 우리 자신을 때로는 먼저 위로하고 달래 주어야 한다.

우리가 개인적 고통과 마주하는 순간 마음챙김의 중심에는 자기연민이 자리하는 것으로 보인다. 마음챙김은 우리를 여유로운 자각으로 고통에 열려 있도록 초대한다. 여기에 자기연민은 '고통의 한가운데 있는 당신 자신에게 친절히 대하라'고 덧붙인다. 마음챙김은 '나는 무엇을 경험하고 있는가?'를 묻고, 자기연민은 '나는 무엇이 필요한가?'라는 물음을 더한다. 마음챙김과 자기연민이 어울려 친절하고 따뜻한 마음을 만들고, 우리는 이 마음으로 삶에서 힘겨운 순간을 수용한다. 둘도 없는 친구란 이럴 때 쓰는 표현일 것이다.

연구에 따르면 자기연민은 심리적 안녕감과 정적 상관이 있으며, 이는 정신병리적 요인(분노, 우울, 스트레스 등)과는 더 적은 관련성을, 긍정적 마음 상태 요인(행복, 낙관성, 삶의 만족도 등)과는 더 큰 관련성을 보이는 결과로 나타났다(Barnard & Curry, 2011; MacBeth & Gumley, 2012; Neff, Long, et al., 2018; Zessin, Dickhauser, & Garbade, 2015). 아울러 자기연민은 동기 강화, 건강 행동과 면역 기능, 긍정적인 신체상, 회복탄력성을 가진 대처 방식의 증가에도 관련될 뿐 아니라(Allen & Leary, 2010; Braun, Park, & Gorin, 2016; Breines & Chen, 2012; Friis, Johnson, Cutfield, & Consedine, 2016; Terry & Leary, 2011), 더 많은 돌봄 행동 및 연민 어린 대인관계 행동

과도 관련된다는 결과 또한 보고되었다(Neff & Beretvas, 2013; Yarnell & Neff, 2012). 다시 말해, 자기연민에는 수많은 이점이 있기에 우리가 자기연민을 함양할 가치는 충분하다(3장 참조).

마음챙김 자기연민

마음챙김 자기연민(이하 MSC) 프로그램은 일반 대중을 대상으로 개인의 자기연민을 증진시키고자 특별히 고안된 최초의 훈련 프로그램이다. 물론 마음챙김 기반 스트레스 완화(mindfulness-based stress reduction, 이하 MBSR; Kabat-Zinn, 1990) 프로그램이나 마음챙김 기반 인지치료(mindfulness-based cognitive therapy, 이하 MBCT; Segal, Williams, & Teasdale, 2013) 프로그램 같은 마음챙김 기반 훈련 프로그램 또한 자기연민을 증진시킨다(4장을 참조). 그러나 이들 프로그램에서 얻게 되는 자기연민은 반갑긴 하지만 그저 곁다리로 얻게 되는 암묵적인 결과일 뿐이었다. 우리는 '자기연민 기술에 최우선으로 초점을 맞추어 **분명하게** 가르치는 훈련에서는 어떤 일이 일어날지' 궁금했다.

MSC 프로그램은 MBSR 프로그램을 잠정적으로 본떠 만들었으며, 특히 MBSR 프로그램의 방식(체험 학습과 탐구 기반 지도에 중점)과 구조(총 8회기로 구성된 주 1회 프로그램, 회기당 2시간 이상 소요, 추가 안거 1회)를 참고하였다. MBSR 프로그램의 핵심 수행들 중 따뜻함과 친절을 자각의 **특질**로 강조하는 수행 몇 가지를 MSC에 적용하였으며, MSC 수행 대부분은 연민과 자기연민을 함양하도록 특별히 고안되었다.

MSC의 적확한 명칭은 **마음챙김 기반 자기연민 훈련**이라 할 수 있다. 즉, MSC 프로그램은 자기연민을 강조하는 마음챙김과 연민의 혼성체이다. 우리가 괴로워하는 **동안** 우리가 괴롭다는 걸 마음챙김하며 알아차려야(절대로 쉬운 일이 아니다!) 자신에게 연민 어린 반응을 할 수 있기에, 마음챙김은 자기연민의 토대가 된다. 비록 마음챙김이 이미 자기연민의 일부이긴 하나, 우리는 자기연민 훈련에서 마음챙김의 핵심 역할을 강조하고자 프로그램 이름을 '마음챙김 자기연민'으로 명명하기로 했다. 마음챙김을 MSC에 통합하는 것과 관련된 더욱 자세한 사항은 11장(2회기)을 참조하길 바란다.

MSC 프로그램은 일반 대중을 위해 고안되었다. 따라서 MSC는 치료적이지만 심리'치료'는 아니다. MSC가 마음챙김과 자기연민의 자원을 구축하는 데 중점을 두는 반면 치료는 오래된 상처를 치유하는 데 중점을 두는 경향이 있다. MSC는 한정된 기간에 진행하는 구조화된 강의실 내 훈련 프로그램이므로 개인 또는 집단 치료에서 진행하듯 각 참여자의 삶 속 세부사항에 초점을 맞출 수는 없다. 그런데도 MSC 참여자 다수가 MSC 프로그램이 자신의 심리적 안녕에 커다란 영향을 주었고, 특히 이러한 영향은 오래된 상처를 치유하며 받게 되었다고 응답했다. MSC의 치료적 측면은 마음챙김과 자기연민의 자원을 개발하는 과정에서 얻어지는 부산물로 여길 수 있을 것이다(자기연민과 심리치료의 관계에 대한 더 자세한 내용은 4부 참조).

MSC 커리큘럼

전체 MSC 커리큘럼은 3부에서 다룰 것이다. MSC는 참여자가 마음챙김과 자기연민을 개념적으로 이해하는 상태에서 이들에 대한 내적 감각을 느끼는(felt sense) 상태로 옮겨 가게 하고, 참여자의 일상에서 마음챙김과 자기연민을 유발하고 이를 습관으로 만드는 도구를 제공하게끔 고안되었다. 프로그램 회기들은 차례로 기반을 쌓으며 나아갈 수 있도록 신중히 배열되었다. 각 회기에는 간략한 교육 주제가 주어지며 참여자가 주제에 관한 내장감각(visceral sense)을 경험할 수 있는 실습들이 이어진 다음, 참여자들의 직접 경험에 관한 탐구를 기반으로 하는 탐색이 이루어진다.

MSC 참여자들이 프로그램에 바라는 것은 상당히 다양하다. 따라서 MSC는 참여자가 수행을 자신의 요구에 맞게 경험적으로 선택하고 적용하여 자신에게 스스로 가장 좋은 스승이 되도록 격려한다. MSC 지도자는 참여자 개개인의 수행 경험이 존중받고 감사히 여겨지는 안전한 분위기를 조성하기 위해 늘 노력한다.

MSC는 지도자들이 자신만의 프로그램을 만들어 가도록 그들 자신만의 목소리를 발견하기를 적극적으로 장려한다. 그러나 이 메시지는 '지도자 당신 자신만의 목소리를 발견하라는 것이지, 당신만의 커리큘럼을 발견하라는 것은 아님'을 기억하라. 이는 지도 경력을 시작하는 단계에 있는 MSC 지도자에게 특히 중요하다. 프로그램이 가진 구조적 짜임새는 프로그램을 수차례에 걸쳐 지도하고 나서야 비로소 드러나기 때문이다. 다양한 참여자에게 MSC 개념을 보여 줄 때 어느 부분을 강조할지 정하는 경우처럼, 커리큘럼 속에서 상황에 따라 미세하게 조정하는 정도의 유연성은 발휘할 수 있을 것이다. 그러나 지도자가 진행하는 프로그램을 계속 MSC로 칭하려 한다면 새로운 핵심 수행을 만들어 내어서는 안 될뿐더러 프로그램 내용을 15% 이상 변경해서도 안 된다. 그리고 거듭 강조하지만, 공식 지도자 훈련을 이수하지 않은 채 MSC를 지도하려 해서는 안 된다.

MSC 지도하기

지도자가 가진 가장 강력한 MSC 지도 도구는 마음챙김 연민을 체화(embodiment)하는 것이다. "당신이 그들에게 관심이 있다는 걸 알게 하라. 그렇다면 그들은 당신이 아는 것을 구하고자 할 것이다."라는 격언도 있지 않은가. 잠시 당신 인생에 가장 큰 영향을 주었던 스승들을 떠올려 보면, 아마도 그분들은 그 시절 당신이 배움에서 맞닥뜨린 도전에 연민을 갖고 무엇이 당신에게 도움이 될지 아셨을 것이다. 그러므로 자기연민을 지도하는 가장 효과적인 방법은 연민 어린 사람이 되는 것이다.

MSC 지도자들은 매일 30분가량 마음챙김과 자기연민 개인 수행을 꾸준히 하는 것이 바람직하며, 특히 프로그램(그리고 주별로 진행하는 수행)을 지도하는 동안에는 더욱 그렇게 하길 바란다. 개인 수행은 마음챙김과 자기연민을 배울 때 마주하는 도전에 새로움과 산뜻함이 계속 깃들게 하며, 지도자의 말에 진정성과 권위를 실어 준다. MSC의 가르침은 가슴에서 가슴으로 진솔하게 전달되며, 지도자와 참여자가 정서적으로 공명하며 전수된다. 마음챙김과 자기연민을 체화한 지도자 앞에서 참여자들은 그들의 개인 수행을 지지하는 존중, 겸손, 자기인식, 상냥함 같은 수많은 특질을 경험하게 될 것이다.

MSC 프로그램에는 탐구(inquiry)로 알려진, 지도자와 참여자가 상호작용하는 특별한 방식이 있는데, 이는 마음챙김 지도를 훈련받은 독자들에게는 낯설지 않을 것이다. 탐구는 참여자의 마음챙김 또는 참여자가 자기 자신과 관계하는 방식을 반영해 주기 위해 지도자와 참여자 사이에서 이루어지는 상호작용이다. 탐구는 대개 수행이나 교실 실습 직후 "무엇을 알아차렸나요?"나 "무엇을 느꼈나요?"라는 질문으로 시작한다. 지도자들은 부드럽고 비판단적인 질문으로 참여자가 그들의 직접 경험을 조명하는 데 도움을 준다. 견디기 힘든 경험을 겪은 참여자에게는 그 특정 경험에 마음챙김과 연민을 가져오는 방법을 발견하도록 안내한다. 예를 들어, 지도자는 "그 경험에 친절함을 조금 가져올 수 있을까요?" "지금 이 순간 당신에게 필요한 것은 무엇인가요?" "당신과 똑같이 느끼는 친구가 있다면 어떤 말을 해 줄 것 같나요?"라고 물을 수 있다. MSC의 탐구 과정에는 고유한 특색이 있으며, 이는 MSC 프로그램 지도에서 핵심이 되는 부분이다. 따라서 우리는 MSC 지도자 훈련 프로그램 속 실습 회기 절반을 탐구 기술을 연마하는 데 할애하였다. 탐구의 예시는 이 책의 3부에 기술된 거의 모든 명상, 일상 수행, 실습 뒤에 제시될 것이다.

MSC의 또 다른 교육 양식으로는 교육 주제 전달하기, 명상 안내하기, 교실 실습 이끌기, 시 낭독하기가 있다. 이들 교육 모두에 놓인 한 가지 공통분모는 바로 **내면으로부터의 가르침**이다. 예를 들어, 교육 주제는 지도자 자신의 진정한 목소리로 전달되어야 하며, 명상을 안내하는 동안 지도자 또한 자신의 지도를 듣고 따라야 한다. 자신의 말이 내면으로부터 흘러나오는 것임을 느낄 때 지도자는 교실 실습의 분위기를 더욱 쉽게 조정할 수 있을 것이다. 또한 시에 담긴 언어가 지도자 자신의 존재 안에 공명케 해야 지도자가 낭독하는 시가 섬세한 마음의 상태를 전달하는 힘을 갖게 될 것이다.

MSC와 마음챙김 훈련

MSC는 마음챙김과 자기연민을 함께 키워 가도록 고안되었다. 마음챙김 없이는 진정으로 연민 어린 상태로 존재할 수 없으며, 반대로 연민 없이는 온전한 마음챙김 상태로 존재할 수도 없기 때문이다. MSC에서 마음챙김의 주요 역할은 네 가지로, ① 참여자가 고통을 겪는 순간을 알아차리게 하고, ② 정서적으로 활성화될 때 현재 순간에 자각의 닻을 내리게 하며, ③ 몸 안에서 느껴지는 감정에 대한 자각을 배양하여 정서를 조절케 하고, ④ 연민 어린 행위를 할 수 있는 마음의 공간을 만들어 내는 평정심을 계발하는 것이다. 여기까지 읽은 독자는 다음과 같은 의문이 들지도 모른다. '그렇다면 MSC는 기존 마음챙김 훈련 프로그램과 무엇이 같고 무엇이 다른가?'

오늘날 가장 널리 알려진 마음챙김 훈련은 MBSR이다. MBSR은 1990년 존 카밧진(Jon Kabat-Zinn) 박사가 개발하였으며, MBSR의 원래 목적은 만성 통증 및 난치 질환으로 고통받는 대학병원 환자들의 통증 완화였다. 호흡 명상, 보디 스캔, 마음챙김 움직임이 MBSR의 세 가지 핵심 수행이다. MBSR 지도자들은 암묵적으로 자애와 연민 또한 가르치게 되는데, 이는 지도자들이 참여자들과의 상호작용 방식에서 자애와 연민을 체화하고 모든 경험에 대한 우호적인 태도를 장려하며 이루어진다. 아울러 한나절 동안 이어지는 안거에서 참여자들에게 자애 명상을 지도하기도 한다. 그러나 MBSR의 주된 목적은 스트레스로 가득한 삶의 사건들 속에서 비판단적으로 매 순간을 알아차리며 평정심을 계발하는 것이다.

MBCT는 2013년 진델 시걸(Zindel Segal)과 동료들이 개발하였으며, 반복성 우울증을 치료하기 위해 MBSR을 인지행동치료에 적용한 것이다. MBSR과 MBCT 모두 수행자들의 자기연민을 증진시키는 것으로 나타났다(4장 참조). 그러나 자애 명상은 취약한 상태의 환자를 정서적으로 활성화시킬 수 있다는 우려 때문에 MBCT 프로토콜에는 포함되지 않았다. 그 대신 MBCT는 우울한 생각으로부터 탈중심화하는 마음챙김 자각을 배양하는 데 초점을 맞춘다.

MSC 프로그램에서 MBSR와 MBCT의 세 가지 핵심 수행은 MSC에 걸맞게 따뜻함과 친절함을 분명히 강조하는 형태로 조정되었다. 예를 들어, MSC의 애정 어린 호흡 명상은 호흡 명상의 한 종류이지만, 참여자가 호흡의 부드러운 리듬, 특히 호흡으로 몸이 부드럽게 흔들리고 어루만져지는 경험을 음미하도록 초대한다. 호흡으로 집중력을 쌓기보다는 호흡이 자신을 지탱하고 양육하는 것을 느끼게 하며, 이 느낌이 필연적으로 집중력을 강화시킨다. MSC의 연민 어린 보디 스캔 또한 MBSR의 보디 스캔과 유사하지만, 연민 어린 보디 스캔에서는 몸의 각 부분이 우리를 위해 애쓰고 있음에 감사하며 몸의 각 부분이 건강하길 바라고, 정서적이나 신체적인 불편함이 나타날 때 우리의 가슴이 연민으로 부드러워지는 것을 허용하는 데 초점을 맞춘다. 마찬가지로 움직임 수행(연민 어린 움직임)도 MSC 프로그램에 포함되어 있는데, 스트레스가 느껴지는 몸의 부분으로 자각을 향하게 하며 참여자들이 자신의 몸이 스트레스를 완화하는 자연스러운 방식으로 움직이게 허용해 주도록 격려한다.

자애 명상 수행은 MBSR에서는 대체로 안거에서만 진행하는 반면, MSC에서는 핵심 명상으로 승격되었다(MSC 프로그램에는 참여자들이 자기 자신을 위한 자애와 연민 문구를 발견하도록 돕는 추가 실습도 있다). 반대로 보디 스캔은 MBSR에서는 핵심 명상이지만 MSC에서는 안거에서만 지도한다. 프로그램 간 이러한 차이는 각 프로그램이 상대적으로 강조하는 부분이 서로 다른 데서 기인한다. MBSR에서는 현재 순간에 대한 확장된 공간에서의 자각을 강조하고, MSC에서는 자기 자신에 대한 따뜻함과 선한 의도를 강조한다. 서로를 보완하는 기술을 지도하는 것이다.

우리의 경험에서 보자면 숙련된 MBSR 및 MBCT 지도자들은 MSC의 원리와 수행을 이해하고 나면 MSC를 지도하는 방법을 아주 쉽게 배운다. 이들이 획득해 온 귀중한 기술들은 확립된 개인 명상 수행에서 비롯되므로, 이들은 이미 '고통을 고치는 것'과 '고통과 함께 머무는 것'의 차이를 감지하고, 지도와 수행 모두 중심에는 친절함이 자리한다는 것을 이해하며, 확장된 공간에서 비판단적인 방식으로 집단을 참여시키는 방법을 알고 있다.

우리는 가장 훌륭한 MSC 지도자들이 마음챙김에 빈번히 매료된다는 사실을 알게 되곤 했다. 마치 가장 뛰어난 마음챙김 지도자들이 연민으로 가득 차 있듯 말이다. 그러나 자기연민 훈련은 마음챙김에 새로운 렌즈를 선사한다. 수행자가 고군분투할 때 마음챙김 지도자는 아마도 "그 경험에 여유 공간을 만들어 줄 수 있나요?" 또는 "부드러운 자각으로 그 경험을 갖고 있을 수 있을까요?"라고 물을 것이다. 자기연민 지도자는 여기에다 "이 순간 당신 자신에게 친절할 수 있을까요?" 또는 "바로 지금 당신에게 필요한 것은 무엇인가요?"라는 질문을 덧붙일 수 있다. 마음챙김이 매 순간 경험에 초점을 맞추는 데 반해 연민은 괴로워하는 사람이나 '자기'에 초점을 맞추는 것이다.

이러한 접근방식의 차이로 인해 마음챙김 지도자들은 MSC를 우려하거나 MSC에 대해 의문을 제기할지도 모른다. 지금부터 이런 의문점들을 다루어 보도록 하자.

자애와 연민으로 자각을 따뜻하게 데우는 것은 매 순간 경험에 저항하는 교묘한 방법은 아닌가? 이는 자기연민 수행에 실제 내재한 위험이다. 초심자들은 연민을 '집어던져' 고통을 쫓아 버리려 한다. 그저 현재 순간의 경험과 힘겹게 싸우며 경험에 저항하는 교묘한 요소로서 연민을 만나려 하는 것이다. 그러나 시간이 지나며 그들은 고군분투와 저항을 포기함으로써 고통의 열기로 마음이 녹는 것까지도 자기연민이 허용한다는 것을 발견하게 된다. 자기연민은 자각을 따뜻하게 덥히도록 의도하지만, 여기에 억지 노력을 쏟지는 않는다. 마음챙김과 자기연민 모두 수행자가 불편함에 대한 자신들의 본능적인 저항을 내려놓을 수 있게 해 주는 기술이다.

도대체 왜 연민 훈련이 별도로 필요한가? 마음챙김 훈련에 이미 연민과 자기연민이 포함되어 있지 않나? 마음챙김이 온전히 현존하는 곳은 친절과 연민으로 가득찰 것이다. 그러나 수치심 같은 강렬하고 혼란스러운 감정과 마주하며 마음챙김 상태를 제대로 유지하기란 매우 어렵다. 일례로 우리가 수치심을 경험할 때 우리의 자각 영역은 두려움으로 좁혀지고 우리의 주의는 그 혐오스러움에 등을 돌린다. 수치심은 또한 우리를 몸으로부터 해리시켜 관찰하는 자기도 도려내어 버린다. 그때가 바로 분명한 연민으로 관찰하는 자기를 복원해야 할 순간이다. 연민이 포용하는 품 안에서 더욱 안전하다고 느낄 때 우리는 다시 마음챙김을 할 수 있다.

우리가 괴로울 때 우리 자신을 위로하면 무상(無常; impermanence), 고(苦; suffering), 무아(無我; selflessness) 같은 삶의 중요한 교훈들을 멀리 우회하게 되는 것은 아닌가? 자기연민이 힘든 경험을 그럴싸하게 포장하고 배움을 훼방 놓는 데 쓰일 수도 있다는 점은 사실이다. 모든 수행은 오용될 수 있기 때문이다. 따라서 우리 자신을 연민으로 위로하기 전 우리는 먼저 마음챙김 자각으로 고통에 열려 있어야 할 것이다. 연민을 개입시키기 전 얼마만큼의 고통을 우리 삶에 허용할 것인가는 우리가 수행자로서 얻고자 하는 것이 지혜인지 또는 연민인지에 어느 정도 달려 있다. 지혜 수행자는 고통의 무상함과 같은 통찰을 발견하기 위해 고통에 더 오래 머물기를 바랄 수 있지만, 연민 수행자는 고통을 완화하는 방향으로 저절로 재빨리 움직이는 부드럽고 자발적인 마음을 키워 가길 바랄 수 있다.

자기연민은 관계에서 비롯된 오래된 상처들을 활성화한다. 8주짜리 프로그램에서 그렇게 하면 위험하지 않은가? 자기연민 훈련은 안전하다는 감각에 기반을 두고 진행된다(8장 참조). MSC 참여자들은 프로그램이 진행되는 내내 자신의 정서적 안전에 주의를 기울이는 방법을 보고 배우며 실천하도록 권고 받는다. 즉, MSC에서는 참여자들이 지나치게 취약해질 때에는 수행에 참여하지 않게 하거나, 차를 마시고 산책을 하는 것처럼 자기연민을 행동으로 수행하게 한다. 우리는 온종일 우리의 경험에 줄곧 우리 자신을 여닫으며 참여자들이 자신의 마음을 닫아야 할 때가 오면 그렇게 하기를 권한다. 닫아야만 할 때 열라고 우리 자신을 밀어붙이는 것은 정서적 손상으로 이어질 수 있으므로 이는 자기연민이 아니다. 따라서 MSC에서는 일부 참여자를 정서적으로 압도할 수도 있는 장시간 이어지는 공식 수행 명상 학습보다는 우리가 괴로워하는 순간이 언제인지 알고(마음챙김) 친절함으로 대응하는 것(자기연민)을 더 중요하게 여긴다.

어디서부터 해야 할까

많은 사람이 마음챙김과 자기연민 훈련 중 무엇을 먼저 시작해야 할지 궁금해한다. 이는 향후 수년 내로 다루어져야 할 중요한 실증적 질문이다. 다음은 그때까지 참고할 만한 몇 가지 예비 지침이다.

정확한 정보

참여 예정자들은 대개 자신에게 필요한 바를 상당히 잘 알고 있기에 정확한 정보를 얻으면 어떤 훈련이 자신에게 최선인지 대체로 결정할 수 있다. 오리엔테이션 회기는 이러한 과정을 촉진하는 데 도움이 된다.

자기비판

자기비판적인 마음챙김 수행자는 자신 내면의 비판을 다루기 전까지는 마음챙김 수행을 꾸준히 하기 어렵다고 느낄지도 모른다. 따라서 자기비판적인 사람들은 마음챙김 훈련에 들어가기 전 자기연민 수행을 먼저 시작하는 것이 도움이 될 수 있다. 반대로 자기비판을 적게 하는 사람은 자기연민에 대한 필요가 적을 수도 있고, 마음챙김에 자기연민을 추가하여 혼성체를 만들기에 앞서 마음챙김의 토대를 굳건히 하는 것이 오히려 유익할지도 모른다.

전념

당연한 이야기지만 자신에게 가장 좋은 수행은 자신이 가장 전념하는 수행이다. 그러므로 여러 마음챙김과 자기연민 실습을 시도해 보았다면 이후로 자신의 가장 좋은 스승이 되어야 할 책임이 있는 사람은 그 누구도 아닌 참여자 자신이다. 즉, 참여자들은 자신에게 가장 즐겁고 뜻 깊으며 효과가 있는 수행을 알고 규칙적으로 실천해야 한다.

자기연민과 타인을 위한 연민

어떤 이들은 MSC가 타인을 위한 연민보다 자기연민에 초점을 맞추는 것을 불편해한다. 여기에는 다음과 같은 몇 가지 공통된 질문이 따른다.

'자기'에 초점을 맞추면 고통이 완화되기는커녕 오히려 더 많은 고통이 유발되는 것은 아닌가? 경직되고 분리된 '자기'가 우리 삶에서 가장 불필요한 정서적 고통의 근원이라는 사실에 전적으로 동의한다. 특히 현실과 상상의 끊임없는 위협으로부터 우리의 자아(ego)를 보호하고 촉진하려는 투쟁에서 그 점은 더욱 뚜렷해진다. 그러나 역설적으로 우리가 고통스러울 때 우리 자신을 향해 연민을 갖게 되면 분리되었다는 감각은 사라지기 시작한다. 그 예로 우리가 힘겨울 때 자신을 위로하고 지지하려 가슴에 손을 얹는 행동을 들 수 있다. 이런 친절한 행동은 우리가 자기중심적이고 반추하는 사고에서 벗어나 새로운 눈으로 세상을 보게 해 준다.

'자기연민'이라는 용어보다 더 나은 표현은 없는가? 언어는 개념을 더 견고히 만들곤 한다. 자기연민에 상응하는 다른 표현은 '내면의 연민'이다. 우리가 이를 '자기연민'이라고 칭하는 이유는 이 용어가 자기 자신과 싸우고 있을지도 모를 수행 초심자들이 이해하기 쉽기 때문이다. 명상적 탐구를 통해 고정된 '자기'가 없다는 것을 발견한 수행자들에게는 '내면의 연민'이 더욱 알맞은 표현일 것이다.

자기연민 훈련 자체가 정서적 활성화는 아닌가? 자기연민 훈련을 받는 누구라도 힘겨운 예전 기억들이 훈련 동안 수면 위로 떠오르는 경험을 할 수 있다. MSC는 참여자가 마음챙김과 연민이라는 새롭고 건강한 방식으로 오래된 상처들을 만나도록 고안되었다. 정서적 활성화는 오래된 상처들을 탈바꿈할 때 필수적이고 피할 수 없는 과정이다. 강렬한 감정 한가운데에 놓이는 그 순간 참여자가 자각을 안정시킬 수 있도록 자기연민 훈련에서 마음챙김을 함께 지도하는 것이다. 친절한 공동체 속에서 고통을 겪어 내게 하는 집단의 지지 또한 자기연민 훈련의 중요한 부분이다.

자기연민 훈련과 타인을 위한 연민 훈련 모두에 매진해야 하지 않나? MSC가 완전무결한 연민 훈련 프로그램이라는 것이 결코 아니다. 연민이 완전해지려면 그 방향은 내면과 외부 모두를 향해야 할 것이다. 그러나 안타깝게도 우리가 사는 세상에는 자기를 향하는 연민보다 타인을 위한 연민이 더 가치 있다는 편견이 널리 퍼져 있다. 우리는 이러한 불균형을 바로잡고자 자기연민에 특히 중점을 맞추어 MSC를 고안하였다. 연민의 범주 안에 그저 우리 자신을 포함하는 것이 우리의 소박한 숙제이다. 물론 MSC에서도 타인을 위한 연민을 지도하지만, 이를 MSC가 중점을 두는 자기연민과 연결 짓는다. 연구에 따르면 MSC 훈련은 타인에 대한 연민을 계발시킬 뿐만 아니라(Neff & Germer, 2013) 타인을 위한 연민이 커지면 자기연민이 성장하는 데도 도움이 된다(Breines & Chen, 2013).

시작해 볼까요

지금부터는 MSC 프로그램 전반을 안내하려 한다. 제1부의 나머지 부분인 2장부터 4장까지는 자기연민과 자기연민 훈련의 이론 및 학술 연구 근거에 관한 내용이다. 2부에서는 자기연민 훈련을 지도하는 방법을 다룰 것이다. 5장은 MSC의 구조와 커리큘럼을, 6장은 교육 주제를 지도하는 방법과 명상 및 교실 실습을 안내하는 방법을, 7장은 자기연민을 체화하고 연민 어린 지도자가 되는 방법을, 8장은 집단에서의 과정을 잘 다루기 위한 통찰과 제안사항을, 9장은 탐구를 기반으로 하는 학습과 지도를 위한 여정의 시작을 살펴볼 것이다.

3부에서는 MSC 프로그램 여덟 회기에 각 장을 할애하여 회기별로 깊이 있게 들여다볼 것이며, 반나절 동안의 안거에 대해서도 별도의 장을 통해 다룰 것이다. 각 장에서는 해당 회기(그리고 안거)의 개요로 시작하여 교육 주제를 설명한 다음, 명상, 일상 수행, 교실 실습에 대한 지도 방법을 두루 살펴보고, 체험 활동 및 뒤이은 탐구의 예시를 소개할 것이다(학습, 수행, 지도 방법과 관련된 추가 자원은 이 책의 부록 참조).

4부에서는 자기연민을 심리치료에 통합하는 것에 특별히 초점을 맞출 것이다. 먼저 MSC와 심리치료의 유사점과 차이점에 대해 간략히 다루고, 이어서 심리적 외상이나 수치심 같은 특별한 주제들에 관해 상세히 다룰 것이다.

이 책에서 어떤 한 개인에 관해 지칭할 때는 남성형 대명사와 여성형 대명사를 번갈아 사용할 것이다. 이는 꾸준히 발전하는 어법과 문화에 발맞추어 가독성을 높이기 위함이지, 다른 성적 정체성을 가진 독자들을 무시하려는 것이 아님을 밝힌다. 우리는 모든 이가 MSC 속에서 함께한다고 느끼기를 진심으로 소망한다. 아울러 현대 영문 표기 추세를 따르기 위해 이 책에서는 MBSR이나 MBCT 같은 구조화된 훈련 프로그램의 정식 명칭을 풀어쓸 때도 영문 소문자를 사용하겠지만, 만약 이 책에서 다루는 8주 과정 마음챙김 자기연민 프로그램의 정식 명칭(Mindful Self-Compassion)이나 약어(MSC®)를 문서나 온라인에서 영문으로 기재할 때에는 대문자를 사용하여야 한다. 마지막으로, 명상 지도에서는 영문 어휘 대부분을 현재 분사형('-ing')으로 사용할 것이다. 글로써 읽을 때는 어색할 수도 있겠지만, 입말로 내어 보면 연속성과 연결성의 감각을 포착하는 데 도움이 될 것이다.

자기연민이라는 내면으로의 항해를 시작한 당신에게 깊은 감사를 전하며, 이 책에 담긴 내용이 모쪼록 당신의 개인적인 측면과 전문가로서의 직업적인 측면 모두에 공들이는 데 도움이 되기를 바란다. 책을 읽고 난 후 MSC 8주 프로그램을 직접 지도해 보고 싶다면 MSC 한국 본부인 한국명상심리상담연구원(http://ikmp.org)과 MSC 국제 본부(https://centerformsc.org)에서 지도자 훈련 과정을 확인하길 권한다. MSC 프로그램을 지도하려면 공식 MSC 지도자 훈련 과정을 받는 것은 필수이며, 이는 다른 지도자 과정에서 쌓은 역량과 경험의 정도와는 무관하다. 아울러 MSC는 정서적 활성화를 일으킬 수 있으므로 프로그램 지도에 관한 개인 훈련과 지침은 참여자들이 안전하게 수행하는 데 반드시 필요하며, 이 훈련과 지침은 프로그램 진행 시 발생하는 힘겨운 상황에서 특히 빛을 발할 것이다.

● 이것만은 기억합시다 ●

- 온전한 마음챙김 현존은 우리 가슴의 특질인 자애와 연민으로 가득 차 있다. 이는 마음챙김 자각에서 필수이며, 우리가 힘겨운 감정 한가운데에 놓였을 때 특히 중요하다. 우리는 가슴의 특질인 자애와 연민을 수행으로 함양할 수 있다.
- MSC는 마음챙김 기반 자기연민 훈련이다.
- MSC는 일반 대중을 위해 고안된 자원 구축 프로그램이다. 오래된 상처 치유에 초점을 맞추기보다는 우리가 겪는 정서적 아픔, 그리고 우리 자신과 마음챙김하며 연민 어린 관계를 발달시키는 데 주안점을 둔다. 그러나 자기연민 훈련 동안 오래된 상처가 수면 위로 올라오고 탈바꿈되는 현상 또한 일어나곤 한다.
- MSC 커리큘럼은 다양한 공식 명상, 일상 수행, 실습 및 이를 뒷받침하는 근거로 구성되어 있다. MSC 과정 동안 참여자들이 MSC 기술을 쌓고 이론을 이해하며 자기 자신의 스승이 되도록 독려한다.
- MSC에서는 MBSR의 8주에 걸친 훈련 구조와 탐구 기반 지도 기법을 차용하였다. MBSR의 세 가지 수행법, 호흡 명상, 보디 스캔, 마음챙김 움직임도 MSC에서 개작하여 적용한다.
- MSC는 자기연민 함양에 목적을 두고 특별히 고안된 최초의 구조화된 프로그램이다.
- 이 책에서 기술하는 프로그램을 안전하고 효과적으로 지도하려면 MSC 지도자 과정을 정식으로 이수하여야 한다.

제2장

자기연민이란 무엇인가

만일…… 나 자신에게도 내가 베푸는 친절함이 간절한데, 사랑받아 마땅한 나 자신이 바로 나와 대적하고 있음을…… 내가 발견해야만 한다면?

—카를 구스타프 융(C. G. Jung, 1958/2014, p. 520)

자기연민은 타인을 위한 연민과 정말로 똑같다. 그 느낌과 경험에는 차이가 없다. 차이는 그저 우리 자신은 연민의 범주 밖으로 제쳐 놓은 채, 다른 이들에게 더 쉽게 연민을 전한다는 것뿐이다(Knox, Neff, & Davidson, 2016). 따라서 연민 전반에 관해 먼저 검토해 두면 자기 자신을 향하는 연민이 무엇인지 이해하는 데 도움이 될 것이다.

메리엄 웹스터 온라인 사전에서는 연민을 "다른 사람의 고통이 가라앉길 바라며 그 고통을 함께 느끼는 의식(意識)"으로 정의한다. 고츠, 켈트너, 사이먼-토머스(Goetz, Keltner, & Simon-Thomas, 2010)는 "다른 사람이 괴로워하는 것을 목격할 때 발생하며, 결과적으로 그를 돕고 싶다는 동기를 불러일으키는 감각"으로 규정하기도 한다(p. 351). 또한 연민을 정의하는 중심에는 괴로움을 겪는 사람과의 상호연결감이 자리한다(Cassell, 2002). 연민(compassion)의 라틴어 어원인 '함께(com)' '고통하다(passion)'에서도 이 의미를 엿볼 수 있으며, "연민은 다른 이들을 나와 같은 인간 존재로 여기는 공통된 인간성에 대한 감각이다."(p. 511)라는 블럼(Blum, 1980)의 언급에서도 이를 확인할 수 있다. 따라서 우리가 기꺼이 다른 사람들의 고통과 함께 현존하고자 하며 인간적인 상호연결감을 느끼는 그때, 우리는 연민을 경험한다. 이 경험에는 다른 이들의 고통에 반응하여 그들을 돌보려는 염려와 돕고자 하는 바람 또한 함께 담겨 있다.

예를 들어, 우리가 출근길에 구걸하는 노숙자를 보았다고 가정해 보자. 한심한 술꾼이라 혀를 차며 재빨리 지나칠 수도 있겠지만, 잠시 멈춰서 그 사람의 삶이 얼마나 괴로울지를 곰곰이 생각할 수도 있다. 저 사람에겐 어떤 사연이 있는 걸까? 필요한 정신건강 서비스는 받고 있을까? 우리가 그를 고통스러워하는 실제 인간 존재로 바라보는 순간 우리의 마음은 그와 연결된다. 그를 무시하는 대신 그의 아픔에 마음이 움직이고, 어떻게든 그를 도와주고 싶어 마음이 흔들린다. 그리고 무엇보다 우리가 단순한 동정이 아닌 연민을 느꼈다면 "저 사람도 그저 나와 같은 인간이야. 다른 환경에서 태어났거나 운이 나빴다면 나 또한 살아남으려 애쓰고 있었겠지. 우리는 모두 취약한 존재니까."라고 되뇌었을 것이다.

물론 이런 상황에서 우리의 마음은 완전히 냉담해지기도 한다. 우리도 거리로 내몰릴지 모른다는 두려움에 스스로 거리를 두고, 그 노숙자의 인간 존재로서의 면모 또한 지워 버릴 수 있다. 그러나 이런 냉담함에는 우리가 노숙자보다 우월하다는 느낌이 함께하며 결국 우리에게 고립되고 분리된 감각을 만들어 낸다. 그러나 우리가 진심으로 연민 어린 경험을 한다면 어떨까? 과연 그것은 어떤 느낌일까? 사실 연민은 상당히 괜찮은 감각이다. 마음이 열리면 멋진 일이 펼쳐진다. 연결되고, 살아 있으며, 현존한다는 감각을 더욱 느끼게 될 것이다.

그러나 만약 그 노숙자가 술을 사기 위해 구걸하고 있는 거라면 어떻게 해야 할까? 그래도 여전히 그에게 연민을 전해야 할까? 그래야 한다. 무책임한 행동으로 느껴진다면 당연히 돈을 줄 필요는 없지만, 여전히 그는 연민을 받을 만한 가치가 있는 사람이다. 모든 존재는 연민을 받을 가치가 충분하다. 연민은 비난받을 여지가 없는 희생자들뿐만 아니라, 일상에서 매일같이 마주하는 개인적인 실패나 나약한 면모나 현명치 못한 결정에서 비롯되는 괴로움을 겪는 이들에게도 가 닿는다. 지구라는 행성에서 삶을 경험하는 의식을 가진 인간 존재라는 단 한 가지 사실만으로도 우리는 본질적으로 가치 있고 돌봄을 받을 자격이 충분한 존재이다. 달라이 라마(Dalai Lama, 1984/2012a)는 "본래 인간 존재는 행복하기를 바라며 고통받기를 원치 않는다. 모든 이들은 행복해지려 애쓰고 고통을 없애려 노력하며 이는 인간이 가진 기본권이다. (……) 무엇보다도 진정한 인간 가치라는 관점에서 우리는 모두 동등하다."(p. 180)라고 밝히기도 했다.

우리는 연민에 대한 권리를 얻으려 애쓸 필요가 없다. 연민은 우리의 타고난 권리이기 때문이다. 우리는 인간이며, 우리가 가진 생각하고 느끼는 능력은 고통보다는 행복을 바라는 우리의 열망과 결합하여 연민을 연민으로써 살아 숨 쉬게 한다.

자기연민의 요소

자기연민의 특질은 타인을 위한 연민의 특질과 동일하지만 연민이 우리의 내면을 향한다는 점에서 차이가 있다. 우리 자신의 고통을 분명히 바라보며, 우리의 고통을 돕고자 하는 바람을 담아 고통을 돌보려 반응하고, 우리의 고통은 우리가 모두 공유하는 인간 조건의 일부라고 인식하는 것이 곧 자기연민이다(Neff, 2003b). 자기연민의 요소들은 개념적으로 분명히 구별되며 각기 다른 방식으로 우리에게 친숙한 것들이다. 고통에 대해 (판단을 내리기보다는 친절하게) 정서적으로 반응하고, 자신이 처한 곤경에 대해 (고립이 아닌 인간경험의 일부로서) 인지적으로 이해하며, 아픔에 대해 (과도하게 동일시하는 태도가 아닌 마음챙김하는 태도로) 주의를 기울이는 것이다(Neff, 2016b). 우리가 이 책에서 **고통**(suffering)이라 언급하는 경험들은 많고 적은 아픔이나 불편함을 겪는 모든 순간을 유동적으로 가리킨다는 사실을 주목해 주길 바란다. 우리의 통제 밖에 놓인 괴로운 상황을 마주할 때뿐만 아니라 우리의 개인적인 부족함이나 실수나 잘못을 바라볼 때도 자기연민은 우리와 함께한다(Germer, 2009).

자기친절 대 자기판단

만약 친한 친구나 사랑하는 사람이 실수를 저지르거나 부적절하다고 느끼거나 불운한 순간으로 괴로워한다면 우리는 그들을 친절하고 사려 깊게 대하려 할 것이다. 때로는 그들을 돌보려 한다는 사실을 알려 주려 지지한다거나 이해한다는 표현을 전하기도 하고, 그들을 안아 주기도 하며 애정 표현을 몸짓으로 곁들이기도 할 것이다. "지금 당장 뭐 필요해?"라고 물어보며 그들을 어떻게 도와줄지 고민할 수도 있다. 그런데 기묘하게도 우리 자신을 대할 때면 상황이 매우 달라진다. 친구에게는 절대 하지 않을 가혹하고 잔인한 말들을 우리 자신에게는 서슴없이 내뱉는다. 실제로 우리가 질색하는 사람들을 대할 때보다 우리 자신을 대할 때 우리는 더욱 거칠어진다. 그러나 자기연민에 담긴 친절은 우리가 당연하게 여기고 계속해 오던 자기비난과 내면의 비하하는 목소리에 마침표를 찍는다. 우리 내면의 대화는 자신을 처벌하거나 깎아내리는 대신 더욱 친근하고 지지적인 태도를 보이는 자애롭고 격려하는 목소리로 변화한다. 우리의 약점과 실패를 비난하는 대신 이해하기 시작한다. 부족하고 불완전한 인간 존재인 우리 자신을 조건 없이 수용하는 동시에 우리의 단점들을 인정하게 된다. 무엇보다 중요하게도 우리가 끊임없는 자기비난으로 우리 자신을 얼마나 다치게 했는지 인식하고 다른 방법을 선택하게 된다.

하지만 자기친절은 자기비난을 단순히 끝내는 데서 멈추지 않는다. 자기친절은 도움이 필요한 소중한 친구에게 하듯이 우리 자신의 고통에 반응하며, 우리 자신에게 우리의 가슴을 적극적으로 열어젖힌다. 우리 자신을 판단하지 않고 수용하는 것을 넘어 감정의 소용돌이 한가운데에서도 우리 자신을 부드럽게 하고 위로하며 돌보게 된다. 할 수 있는 한 우리 자신을 돕고 아픔을 가라앉히려 노력하게 되는 것이다. 일반적으로 우리는 예견치 못한 사고처럼 피할 수 없는 문제를 경험할 때조차 우리 자신을 보살피기보다는 문제를 해결하는 데 더 신경을 쓴다. 따뜻함이나 부드러운 관심 대신 냉철하게 억누르는 자세로 자신을 대하면서 문제 해결 상태로 직진한다. 그러나 자기친절이 함께한다면 우리는 삶이 힘겨울 때도 지지와 격려를 전하며 자신을 양육하는 방법을 배울 수 있다. 우리 자신의 아픔에 정서적으로 흔들리도록 허용하며, 잠시 멈추어 "지금 이건 정말 힘든 순간이야. 이 순간 나 자신을 어떻게 돌볼 수 있을까?"라고 질문할 수 있다. 우리가 어떤 식으로든 위협을 받을 때 그 위협으로부터 우리 자신을 보호하기 위해 적극적으로 노력하게 되는 것이다.

우리는 완벽해질 수 없기에 삶에는 언제나 투쟁이 따를 것이다. 우리가 자신의 불완전함을 부정하거나 불완전함에 저항한다면 스트레스와 좌절과 자기비난으로 우리의 고통은 더욱 악화할 것이다. 하지만 우리가 자신을 자애와 선한 의도로 대한다면 우리의 고통을 극복하게 돕는 사랑과 돌봄이라는 긍정적인 정서가 생겨날 것이다.

보편적 인간경험 대 고립

자기연민에는 분리되는 감각 대신 서로 연결되는 감각이 담겨 있다. 가혹한 자기판단의 가장 큰 문제는 그것이 우리를 다른 사람들로부터 고립되고 단절되었다고 느끼게 한다는 것이다. 실패를 겪거나 자신을 부적절하다고 여길 때 우리는 '다른 사람들은 다 괜찮은데 나만 가망 없는 패배자야.'라는 합리적이지 않은 감각을 느낀다. 이는 논리적인 과정이 아닌 이해의 폭을 좁히고 현실을 왜곡하는 정서적 반응이다. 심지어 우리 탓이 아닌(슬프게도 우리는 모든 상황에서 자신 탓을 하지만) 상황으로 삶이 잘못 돌아갈 때도 우리는 다른 이들은 우리보다는 좀 더 편안할 것이며 우리만 비정상적인 상황을 겪는 거라 느끼곤 한다. 마치 '우리는 완벽하며 우리 삶 또한 언제나 우리가 원하는 대로 흘러갈 것'이라 쓰인 계약서에 도장이라도 찍어 두고 태어난 듯 행동한다. "저기, 뭔가 오류가 있는 것 같은데요. 저는 '죽는 순간까지 모든 게 완벽하게 굴러가기'로 계약했거든요. 환불해 주실 수 있나요?" 터무니없게도 우리는 실패하거나 인생이 원치 않는 방향으로 흘러갈 때 무언가 끔찍하게 잘못되었다고 여긴다. 여기에 대해 타라 브랙(Tara Brach, 2003, p. 6)은 '가치가 없다는 느낌은 사람들과 분리되었다는 느낌과 밀접히 관련된다. 만약 우리가 결함 있는 존재라면 어떻게 어딘가에 속할 수 있을까?'라는 질문을 던졌다. 이 물음은 우리의 고통을 크게 악화시키는 두려운 감각인 단절감과 외로움을 불러일으킨다.

그러나 우리는 자기연민을 통해 삶에서 맞닥뜨리는 도전과 개인적인 실패가 인간존재 일부라는 사실을 깨닫게 된다. 도전과 실패는 우리가 모두 공유하는 경험이다. 사실 우리의 결함과 약점은 우리를 인간 종족 집단의 정회원으로 만들어 준다. 또한 보편적 인간경험이라는 요소는 자기연민을 단순한 자기수용이나 자기사랑과 구별하는 데에도 도움이 된다. 물론 자기수용과 자기사랑도 중요하지만, 이것들만으로는 불충분하다. 여기에는 중요한 요소, 즉 다른 사람들이 빠져 있다. 정의에 따르면 연민은 '관계적'이다. 이는 고통스러운 경험에는 기본적으로 상호관계가 깔려 있으며 인간경험이 불완전하다는 인정으로부터 비롯된다. 그렇지 않다면 실수한 사람을 다독일 때 "우리는 그저 인간일 뿐인 걸."이라고 하겠는가. 자기연민은 모든 인간존재는 실수할 수 있으며, 잘못된 방향으로 가는 것 또한 삶에서 피할 수 없는 부분이라는 사실을 존중한다(속담에도 있듯이 '떳떳한 양심이란 대개 기억력이 나쁘다는 증거이다'). 보편적 인간경험과 접촉하면 사람은 누구나 부적절함과 실망감을 느낀다는 사실을 떠올릴 수 있다. 우리가 힘겨운 시간 동안 느끼는 아픔은 다른 이들이 힘겨운 시간 동안 느끼는 아픔과 동일하다. 아픔을 촉발하는 원인이나 상황, 아픔의 강도는 모두 다를 수 있지만 아픔을 느끼는 과정은 동일하다. 자기연민과 함께라면 고통을 겪는 모든 순간은 다른 이들과 더 가까워지고 연결되어 있다는 감각을 느낄 기회가 된다. 우리는 혼자가 아니라는 사실을 자기연민이 다시 한번 알려 주는 것이다.

마음챙김 대 과도한 동일시

우리 자신에게 연민을 전하기 위해 우리는 기꺼이 우리 자신의 고통으로 방향을 돌려 마음챙김으로 우리의 고통을 인정해야 한다. 마음챙김이란 매 순간 경험에 저항하지 않고 경험을 회피하거나 과장하지도 않는 균형 잡힌 자각의 한 유형이다. 존 카밧진(Jon Kabat-Zinn, 1994, p. 4)은 마음챙김을 "특별한 방식, 즉 의도적으로 현재 순간에 비판단적으로 주의를 기울이는 것"이라 기술했다. 이런 수용적인 마음 상태에서 우리는 우리의 부정적인 생각이나 느낌을 알아차리게 되며, 싸우거나 부정하려 들지 않고 그저 있는 그대로 부정적인 생각이나 느낌과 함께 머무를 수 있다. 우리가 느끼는 것들을 즉시 고치거나 사라지게 하려는 노력 없이 고통스러운 순간을 알아차리는 것이다.

우리의 고통을 마음챙김으로 알아차려야 할 필요는 없다고 생각할지도 모른다. 고통은 너무나 명백하지 않은가? 하지만 실제로는 그렇지 않다. 우리가 가진 이상향에 도달하지 못할 경우 우리는 분명 아픔을 느끼지만, 우리의 마음은 실패에 따른 아픔보다는 실패 그 자체에 집중한다. 여기에서 중대한 차이가 발생한다. 우리의 주의가 우리가 지각한 부족함에 완전히 매몰되면 우리는 우리 자신 안에 갇히게 된다. 우리 자신을 부정적인 생각이나 느낌과 과도하게 동일시하여 혐오 반응에 휩쓸려 버리게 되는 것이다. 이런 유형의 반추는 "실패를 겪었을 뿐만 아니라 내가 바로 실패자이다. 실망스러웠을 뿐만 아니라 나의 삶이 실망 그 자체이다."처럼 우리의 주의를 협소하게 만들고 자부심에 과장된 영향을 미친다(Nolen-Hoeksema, 1991). 과도한 동일시란 일시적인 사건을 확정적이고 영구적인 것으로 지각하며, 매 순간 경험을 구체적이며 공고한 사실로 여기는 것을 의미한다.

그러나 마음챙김을 통해 모든 것은 변화한다. 부정적인 자기개념과 우리의 실제 자기를 혼동하는 대신 우리의 생각과 느낌을 그저 생각과 느낌으로 알아차릴 수 있게 되는 것이다. 그로써 우리는 '부적절하고 쓸모없는 자기'에 대한 이야기에 더는 빠져들지 않는다. 마음챙김은 맑고 잔잔하고 고요한 연못처럼 왜곡 없이 일어나는 그대로를 비추어 주기에 우리는 우리 자신과 삶에 대해 더욱 객관적인 관점을 가질 수 있다. 또한 마음챙김은 우리가 상황을 다른 방식으로 바라보고 행동하는 데 필요한 정신적인 공간과 평정심을 제공한다. 마음챙김을 하면 필요한 순간에 우리 자신을 도울 최선의 행동 절차를 현명하게 결정할 수 있다. 비록 마음챙김이 그저 부드럽고 애정 어린 자각으로 우리의 경험을 가볍게 붙들고 있는 정도만일지라도 말이다. 물론 우리 자신의 고통을 향하고 고통을 인정하는 데에는 큰 용기가 필요하지만, 고통에 반응하여 우리의 마음을 열고자 한다면 이 용기 있는 행동은 반드시 필요하다. 우리가 느끼지 못한 것을 치유할 수는 없기 때문이다. 그러므로 마음챙김은 자기연민을 지탱하는 기둥이다. 샤론 샐즈버그(Sharon Salzberg, 2011a)는 다음과 같이 언급했다.

> 마음챙김은 혐오스러운 느낌으로부터 우리를 자유롭게 하며, 우리에게 유연한 주의, 낙천적이고 확장된 주의를 선사한다. 우리의 경험을 다른 각도에서 바라볼 수 있게 하며, "나는 너무 멍청하고 늘 이럴 거야." "당신은 몹시 나쁘고 영원히 그럴 거야." 같은 경직된 특성 너머를 보게 하는 유연성을 허용한다. 마음챙김이 자애와 연민으로 향하는 문을 열어 주는 것이다(p. 181).

자기연민의 구성요소들은 개념적으로 뚜렷이 구분되며 동일한 방식으로 함께 변화하지는 않지만, 구성요소들이 서로 영향을 주고받는 것은 분명한 사실이다. 예를 들면, 마음챙김의 수용하는 자세는 자기판단을 줄이는 데 도움이 되고, 보편적 인간 경험을 인식하는 데 필요한 통찰을 제공한다. 이와 비슷하게, 자기친절은 부정적인 정서 경험의 영향을 줄여 주어 부정적 경험을 더 쉽게 마음챙김하도록 돕는다. 고통과 개인적인 실패가 다른 이들과도 공유하는 것이라는 사실을 깨달으면 자기비난의 강도를 줄이는 한편 과도한 동일시 과정을 잠재우는 데도 도움이 된다. 이렇듯 자기연민은 여러 구성요소가 상호작용하여 상승 효과를 만들어 내는 역동적인 체계라 볼 수 있다(Neff, 2016b).

자기연민은 마음챙김과 어떻게 관련되는가

마음챙김이 안녕감에 미치는 유익한 영향이 이미 많은 문헌에서 보고되었을 뿐만 아니라(Davis & Hayes, 2011; Keng, Smoski, Robins, Ekblad, & Brantley, 2012) 자기연민을 구성하는 주요 요소가 마음챙김이기도 하므로, 마음챙김의 구조와 자기연민의 구조에서 유사한 부분과 다른 부분이 무엇인지 고려해 볼 가치가 있다. 비숍 등(Bishop et al., 2004)이 집필한 영향력 있는 논문에서 **마음챙김**은 현재 순간 경험에 주의를 집중하며, 동시에 해당 경험에 대해 호기심을 가지고 판단하지 않는 태도를 유지하는 메타인지(metacognition) 기술로 정의되었다. 마음챙김이 강력한 이유는 바로 이 두 가지 요소로 설명된다. 현재 순간에 주의를 기울이면 과거를 반추하거나 미래를 불안해하는 상태에 빠지지 않을 수 있고, 우리의 경험을 수용하면 우리가 달가워하지 않는 대상과 싸우고 저항하며 생겨나는 좌절과 스트레스를 피할 수 있다. 달리 말하자면, 마음챙김은 현실의 벽을 들이받아 이미 힘겨운 상황을 더욱 악화시키는 행동을 하지 않을 수 있게 해 준다.

자기연민을 구성하는 한 가지 요소로서의 마음챙김은 일반적으로 언급되는 마음챙김보다 다소 협의의 관점을 가진다는 점을 주목할 필요가 있다. 자기연민에서의 마음챙김 요소는 **부정적인** 생각과 느낌에 대한 자각을 특별히 일컫는다. 반면 일반적으로 언급되는 마음챙김은 경험의 긍정적·부정적·중립적 특성과는 무관하게 어떤 경험이든 평정심을 가지고 주의를 기울이는 능력을 뜻한다. 마음챙김을 하며 건포도를 먹는 것은 가능하지만(마음챙김을 지도할 때 흔히 사용하는 실습; Kabat-Zinn, 1990 참조), 건포도를 먹는 자신에게 연민을 전하는 것은 이치에 맞지 않을 것이다. 어린 시절 건포도를 먹다 심리적 외상을 입은 경우를 제외하면 말이다!

완전한 구성을 갖춘 자기연민은 비숍 등(2004)이 정의한 마음챙김보다 넓은 범주를 가진다. 자기친절 요소와 보편적 인간경험 요소를 포함하기 때문이다. 즉, 자기연민에는 고통스러운 경험이 나타날 때 자신을 적극적으로 위로하고 부드럽게 하며, 그러한 고통스러운 경험은 인간 존재 일부라는 사실을 기억하는 것도 포함된다.

이들은 마음챙김의 본질적인 부분을 협의의 관점으로 정의하여 아우를 수 있는 특질이 아니다. 물론 자기친절과 보편적 인간경험을 느낄 때 고통스러운 경험에 대한 마음챙김이 동반될 수 있으며, 그렇기에 자기연민은 많은 경우 마음챙김 그 자체와 함께 일어난다. 그러나 이 둘이 언제나 온전히 함께 일어나지는 않는다. 자신을 적극적으로 위로하거나 부드럽게 대하지 않고 고통스러운 경험이 공통된 인간경험의 한 부분이라는 사실을 떠올리지 않아도 괴로운 생각과 느낌을 어느 정도 마음챙김할 수 있다. 마음챙김이 늘 온전히 활짝 꽃피는 것은 아니기 때문이다. 그러므로 때로는 우리 자신의 고통을 향해 연민을 전하려는 의도적인 노력이 별도로 필요하며, 특히 고통스러운 생각이나 감정이 자기판단이나 부적절하다는 느낌과 관련이 있을 때 이러한 노력이 더욱 필요할 것이다.

마음챙김과 자기연민은 각 수행의 대상에서도 차이를 보인다. 마음챙김은 '경험'과 관계하는 방법인 반면, 자기연민은 고통을 경험하는 '사람'과 관계하는 방법이다(Germer, 2990; Germer & Barnhofer, 2017). 마음챙김은 현재 순간을 알아차릴 때 떠오르는 생각, 감정, 감각 등을 비판단적으로 수용한다. 연민은 지각을 가진 존재(sentient being, 중생)가 고통으로부터 자유로워지고 행복하기를 바라는 마음을 수반한다(Salzberg, 1995). 예를 들어, 무릎에서 느껴지는 찌르는 듯한 감각에 마음챙김을 한다면, 감각에 판단을 내리거나 저항하려 들지 않고 화끈거리고 욱신거리는 감각을 알아차리며 그 감각이 있는 그대로 경험될 수 있는 정신적 공간을 마련하려 할 것이다. 그러나 그러한 고통에 대한 반응으로 자기연민이 일어난다면, 자신이 무릎 통증을 겪고 있다는 사실에 돌봄과 염려 또한 느낄 것이다. 즉, 현재 순간 경험을 저항하지 않고 마음챙김으로 수용하는 동시에 고통을 겪고 있는 경험자로서의 자신이 괴로움으로부터 자유로워지길 바라는 마음 또한 함께 존재하게 된다.

마음챙김과 자기연민 사이에는 일종의 역설이 놓여 있다. 마음챙김은 우리를 경험과 함께 그저 '존재'하도록 초대하지만, 자기연민은 우리가 어떤 '행위'를 하도록 안내한다. 자기연민은 우리가 괴로운 경험을 할 때 가능한 한 우리 자신을 부드럽게 하고 위로하며 지지하도록 동기를 부여한다(예를 들어, 자리에서 일어나 스트레칭을 하면 무릎 통증이 가라앉을 것이다). 우리가 '존재(being)'와 '행위(doing)'를 동시에 함께 지닐 수 있는 이유는 '행위'가 그 행위를 경험하고 있는 경험자와 관계하는 특별한 방법이기 때문이다. 자기연민은 우리 자신이 지금 괴로워하기 때문에 우리 자신을 온전히 포용하고자 하는 것이지, "이 아픔을 없애기 위해 나 자신에게 친절해질 거야!"라는 태도를 보이는 것이 아니다. 만약 저항하려는 목적으로 자기연민을 잘못 사용하면 고통은 완화되기는커녕 악화될 것이다. 이럴 때 마음챙김이 우리가 수용의 확장된 태도를 유지하도록 도울 것이다.

타인의 고통에 대해서도 동일한 과정이 일어날 수 있다. 누군가 우리에게 고통스러운 상황을 이야기할 때 진심으로 경청하지도 않고 고통에 공감하지도 않으며 곧장 문제를 해결하기 위한 조언을 하려는 데(그리고 자신의 불편함을 없애려는 데) 급급해진다면, 우리는 진정으로 연민 어린 상태가 아닐 것이다. 연민이 고통으로 향하고 저항 없이 고통의 존재를 수용하려면 마음챙김이 필요하다. 연민은 고통을 가라앉히는 데 초점을 두지만, 그렇다고 연민에 따른 결과에 집착하거나 의존하지는 않는다(즉, "이 아픔이 줄어들지 않더라도 나는 앞으로도 친절할 거고 너그러울 거야."). 오히려 연민은 마음챙김 상태, 즉 고통의 존재를 충분히 느끼고, 고통의 존재에 열려 있으며, 고통의 존재를 수용하는 상태가 되는 데 필요한 정서적 안전감을 제공한다. 그러므로 마음챙김과 연민은 서로를 북돋우며 없어서는 안 되는 방식으로 밀접하게 연관되어 있다.

자기연민의 음과 양

자기연민에 작용하는 속성들을 탐구해 보면 일견 상반되는 특질, 즉 상호 보완적이면서도 상호 의존적인 특질들을 발견하게 된다. 이는 마치 전통 동양철학에서 제시하는 음과 양의 개념과도 같다. 자기연민의 '음'에는 연민 어린 방식으로 우리 자신과 함께 '존재'하는 속성이 담겨 있으며, 우리 자신을 위로하고, 부드럽게 하며, 인정해 준다. 자기연민의 '양'에는 이 세상에서 '행동'하는 속성이 담겨 있으며, 우리 자신을 보호하고, 우리 자신에게 무언가를 제공해 주며, 우리 자신이 움직일 동기를 부여한다.

자기연민의 음

- 위로하기(comforting): 삶에서 고군분투하는 소중한 친구를 대하듯 우리 자신을 대하는 것이다. 우리 자신에게 정서적으로 필요한 지지를 제공하는 것을 의미한다.
- 부드럽게 하기(soothing): 우리 자신의 기분이 나아지게 하는 또 다른 방식으로, 특히 우리를 신체적으로 더 차분해지게 한다.
- 인정해 주기(validating): 우리가 우리의 경험을 분명히 이해하고, 그 경험에 알맞은 말을 발견할 수 있으며, 친절하고 부드러운 태도로 우리 자신에게 말할 수 있는 것을 의미한다.

자기연민의 양

- 보호하기(protecting): 자기연민을 향한 첫 번째 단계는 위험으로부터 안전함을 느끼는 것이다. 보호하기는 우리에게 상처를 주는 사람이나 우리 자신에게 고통을 가하게 되는 여러 위험한 상황에서 "안 돼!"라고 거부하는 것을 의미한다.
- 제공하기(providing): 우리가 진정으로 필요로 하는 것을 우리 자신에게 제공하는 것이다. 먼저 우리에게 필요한 것을 알고 긍정하고 나서야 우리의 필요를 충족시키는 방향으로 노력할 수 있다.
- 동기 부여하기(motivating): 우리 모두에게는 바라 마지않는 꿈과 열망도 있고, 더는 도움이 되지 않기에 그만 내려놓아야 하는 행동습관도 있다. 자기연민은 가혹한 비난과는 거리가 먼 훌륭한 코치처럼 우리를 격려하고, 지지하고, 이해하며 우리에게 동기를 부여한다.

자기연민의 '음'은 우리가 투쟁하기를 멈추고 우리 자신을 위해 열린 가슴으로 존재하도록 허용한다. 우는 아이를 보듬고 달래는 부모가 자기연민의 '음'의 속성에 대한 좋은 예일 것이다. 우리가 상처받았거나 부적절하다고 느낄 때, 우리는 다정한 방식으로 우리 자신과 관계하며 우리의 아픔을 인정해 주고 우리 자신을 있는 그대로 수용할 수 있다. 한편 자기연민의 '양'은 우리에게 활동 에너지를 제공한다. 위협으로부터 새끼들을 보호하고, 새끼들에게 먹일 물고기를 사냥하며, 먹이가 고갈되면 기꺼이 안락한 서식지를 떠나 더 많은 먹이가 있는 새로운 곳을 찾아 나서는 '엄마 곰'을 은유적 예로 들 수 있다. 따라서 자기연민의 '양'은 사나울 수도 있다. 우리의 경계를 명확히 하고, 거절하며, 우리 자신을 지켜야 하기 때문이다. 자기연민의 '양'의 측면에서 우리는 우리 자신의 정서적 · 신체적 · 영적 필요가 중요하다는 것을 알기에 이를 충족하고자 전념한다. 이때 건설적인 비판을 활용하여 변화에 동기를 부여하는 것은 우리 자신을 돌보며 고통받지 않기 위해서이지, 가치 없는 존재가 될까 두려워하는 마음에서가 아니다.

자기연민의 핵심은 '지금 나에게 필요한 것은 무엇인가?'라는 질문이다. 우리는 세상 앞에 나서는 결단에 찬 행동을 해야 할 때도 있고, 아주 부드럽고 다정하게 우리 자신을 향해야 할 때도 있다. 때로는 둘 다 필요하다. 무엇보다 중요한 점은 사납고도 부드러운 자기연민의 두 측면을 모두 존중해야 한다는 것이다. 자기연민의 음과 양이 서로 조화를 이루며 결합할 때 돌봄의 힘은 비로소 드러난다. 힘의 초점이 괴로움을 완화하는 데 맞추어져 있기에 힘이 가진 위력은 무언가를 돌볼 때 더욱 크게 발휘된다. 이는 사회 변혁 운동을 연민 어린 방식으로 실천한 마하트마 간디(Mahatma Gandhi), 테레사 수녀(Mother Teresa), 마틴 루서 킹(Martin Luther King, Jr.) 목사 같은 위대한 지도자들이 주는 메시지이기도 하다. 우리는 또한 이 힘을 우리의 내면으로 향하게 할 수도 있다. 자기연민의 음과 양으로 어려움을 극복하고 내면의 힘을 기르며 진정한 평화와 행복을 발견하는 것이다.

자기연민의 뿌리

진화심리학의 렌즈로 자기연민이 발달하는 과정을 들여다 본 폴 길버트(Paul Gilbert, 2009)는 우리가 자기 자신과 관계 맺는 방식에 따라 인체의 생리학적 작용이 달라진다고 제안했다. 예를 들어, 자기비난은 인체의 위협 방어 시스템(위험을 지각하여 교감신경계를 각성시킴)을 활성화시킨다. 가장 오래된 뇌 영역 중 하나인 편도체(amygdala)는 환경 속에서 나타나는 위협을 신속하게 감지하며, 우리가 위험하다고 느낄 때 혈압, 아드레날린, 부신피질호르몬을 증가시키는 신호를 전달하여 우리가 위협에 맞서거나 위협을 피하는 데 필요한 힘과 에너지를 가동케 한다. 이 방어 시스템은 외부의 물리적인 위험에 대응하기 위해 진화적으로 설계되었지만, 우리의 자기개념이 위협당할 때도 쉽게 활성화된다. 자기비난은 자존감에 대한 내면의 도전에 맞서 싸우는 불행한 방법이다. 아울러 자기비난을 할 때 우리는 가해자인 동시에 피해자가 되므로 위협과 방어를 담당하는 교감신경계는 특히 크게 활성화된다.

이와는 대조적으로, 길버트(2009)는 자기연민이 포유류의 돌봄 시스템(자기를 진정시키고 소속감과 안전감을 느끼며 부교감신경계를 활성화함)과 연관된다고 주장했다. 파충류에서 포유류로 진화했다는 것은 종의 어린 개체들이 아주 미성숙한 상태로 태어나기에 이들이 환경에 적응하기 위한 긴 발달 기간이 필요해졌다는 뜻이기도 하다. 포유류에게는 지지와 보호와 양육을 제공하고 받을 수 있는 능력이 있다. 다시 말해, 포유류 부모는 갓 낳은 포유류를 버려 두지 않으며, 위험한 야생에서 어린 포유류 개체가 홀로 돌아다니게 하지도 않는다(Wang, 2005). 애정과 상호연결감을 느낄 수 있는 능력은 우리의 생물학적 본능이다. 우리는 돌봄을 주고받도록 프로그래밍 되어 있다.

자기연민의 다양한 요소를 교감신경계와 부교감신경계가 이루는 지속적인 상호작용과 동시다발적 변화의 균형상태(3장 참조) 관점에서 구성해 볼 수도 있을 것이다(Porges, 2007). 이러한 관점에서 자기판단, 고립, 과도한 동일시는 우리의 자기개념이 위협받을 때 우리 내면을 향하는 스트레스 반응이다. 자기판단은 자기비난과 자기공격의 형태로 나타나는 투쟁 반응이고, 고립은 다른 이들로부터 도망치고 부끄러움에 숨으려 하는 도피 반응이며, 과도한 동일시는 자신에게만 몰두한 채 우리 자신의 무가치함을 반추하는 되풀이되는 생각 속에 갇힌 동결 반응으로 볼 수 있다. 같은 방식으로 보면 자기친절, 보편적 인간경험, 마음챙김은 위협에 대응하여 안전감을 만들어 내는 반응이다. 자기친절은 우리 자신을 보호하고 양육하며 지지하는 반응으로 자기비난적인 투쟁 반응을 해독하며, 보편적 인간경험은 연결감과 소속감을 만들어 내며 고립되는 회피 반응을 중화시키고, 자기연민에 담긴 마음챙김은 관점 취하기에 대한 감각과 심리적 유연성을 제공하여 과도한 동일시로 인한 얼음 반응을 해소한다(Creswll, 2015; Tirch, Schoendorff, & Silberstein, 2014). 물론 시스템을 구성하는 모든 요소 사이에는 훨씬 더 많은 상호작용이 존재하며, 여기에서 제시한 모델은 이를 단순하게 표현한 것이다. 실제로 관련 연구에서도 스트레스 상황이 발생한 후의 교감신경계 반응 감소를 나타내는 지표(예: 알파 아밀레이스, 인터루킨-6 등; Neff, Long, et al., 2018) 및 부교감신경계 반응 증가를 나타내는 지표(예: 미주신경 매개 심박 변이도; Svendsen et al., 2016)와 자기연민의 여러 구성요소 간 연관성은 큰 차이를 보이지 않는 것으로 확인되었다. 포지스(Porges, 2003)가 명확히 밝혔듯이 교감신경계와 부교감신경계로 불리는 자율신경계의 두 유형이 나타내는 반응은 마치 하나의 시스템처럼 상호작용하며 함께 변화한다.

자기연민과 자존감의 관계

자기연민(self-compassion)과 자존감(self-esteem)은 특히 혼동하기 쉽기에 이 둘을 잘 구별해야 한다(Neff, 2011b). **자존감**은 우리가 우리 자신을 긍정적으로 평가하는 정도로, 자존감의 밑바탕에는 대개 다른 사람과의 비교가 깔려 있다(Harter, 1999). 건강한 정신 상태에는 자존감이 필요하다는 점과 자존감이 부족하면 안녕감이 줄어들고 우울증과 불안 같은 정신병리가 심해진다는 점에 대해서는 이미 전반적인 합의가 이루어졌다(Leary, 1999). 그러나 높은 자존감에는 숨겨진 문제가 있는데, 이러한 문제는 높은 자존감 자체보다는 자존감을 키우고 유지하려는 것에서 나타나게 된다(Crocker & Park, 2004).

현대 문화권에서 자존감이 높아지려면 대중 속에서 돋보여야 한다. 즉, 평균 이상으로 특별해야 한다(Heine, Lehman, Markus, & Kitayama, 1999). 만약 누군가 당신의 업무 실적, 육아 방식, 지적 능력을 '그냥 평균 정도'라고 평가한다면 당신은 어떻게 느낄 것 같은가? 아마도 윽, 하는 소리가 절로 나올 것이다. 하지만 모든 사람이 동시에 평균 이상이 될 수는 없기에 문제는 발생한다. 우리가 남달리 뛰어난 방면도 있겠지만 우리보다 더 매력적이고 성공한 인기인들 또한 어딜 가나 있기에, '더 잘난' 사람과 비교할 때마다 우리 자신이 마치 실패한 것처럼 느끼게 된다.

우리 자신이 평균보다 더 낫다고 여기고픈 욕구는 우리가 아주 질 낮고 고약한 행동을 하게끔 만들 수도 있다. 어째서 초기 청소년기에 다른 아이들을 괴롭히게 되는 걸까? 우리가 괴롭히기로 점찍은 소심한 아이와 대조되어 남들에게 멋지고 강하게 보이면 우리의 자존감은 올라가기 때문이다(Salmivalli, Kaukiainen, Kaistaniemi, &

Lagerspetz, 1999). 어째서 편견을 갖게 되는 걸까? 우리가 속한 인종, 성별, 국가, 정치 집단이 그들보다 낫다고 여기면 이때에도 우리의 자존감은 올라가기 때문이다(Fein & Spencer, 1997).

실제로 현대 사회에서 자존감을 강조하는 풍조가 우려할 만한 추세로 나타나고 있다. 샌디에이고 주립대학교의 진 트웬지(Jean Twenge) 교수와 조지아 대학교의 키스 캠벨(Keith Campbell) 교수는 1987년부터 현재까지 대학생들의 자기애(narcissism) 정도를 추적해 온 결과, 오늘날 대학생들의 자기애가 측정 이래 최고 수준이라는 사실을 발견했다(Twenge, Konrath, Foster, Campbell, & Bushman, 2008 참조). 자기애가 강한 나르시시스트들은 극단적으로 높은 자존감을 보이지만, 자신을 특권을 가진 우월한 사람처럼 여기며 비현실적인 자기개념을 가지고 있어 결국 다른 사람들이 그들 곁을 떠나게 하곤 한다(Twenge & Campbell, 2009). 트웬지 교수와 캠벨 교수는 양육자나 교사가 아이들이 얼마나 특별하고 대단한지 말해 주는 것은 비록 자존감을 높여 주려는 좋은 의도일지라도 결과적으로는 자기애를 증가시키는 잘못된 행동이라고 지적했다.

자기연민은 자존감과 다르다. 자기연민과 자존감 모두 심리적 안녕감과 강력히 연관되지만, 자존감이 자기가치에 대한 긍정적인 평가인 반면 자기연민에는 어떠한 판단이나 평가도 존재하지 않는다. 자기연민은 오히려 우리가 실패했거나 부적절하다고 느낄 때도 끊임없이 변화하는 우리 자신의 있는 모습 그대로 친절과 수용으로 관계하는 방식이다.

자존감은 본래 손상되기 쉬우며 우리가 가장 최근에 겪은 성공과 실패에 따라 오르락내리락한다(Crocker, Luhtanen, Cooper, & Bouvrette, 2003). 우리의 운이 다하면 우리 곁을 떠나는, 그야말로 좋을 때만 옆에 있는 친구이다. 그러나 자기연민은 늘 우리 곁에 머물며 우리에 대한 세상의 평판이 추락할 때조차 기댈 수 있는 믿음직한 존재이다. 자존심이 무너지면 여전히 상처는 받겠지만, 상처받았기에 우리는 이런 말을 건네며 우리 자신에게 친절할 수 있다. "와, 망신살 엄청 뻗쳤다. 너무 속상한데. 그렇지만 괜찮아. 일어날 수 있는 일인 걸."

자존감에는 다른 사람보다 낫다는 느낌이 필요하지만, 자기연민은 그저 우리가 불완전한 인간 조건을 가지고 있다는 사실만 인정하면 된다. 우리 자신을 괜찮은 존재로 느끼는 데 다른 사람과의 비교는 필요치 않다는 것이다. 또한 자기연민은 언제나 우리를 위해 존재하기에 자존감보다 더 많은 정서적 안정을 내어 준다. 우리가 세상의 정점에 오를 때도, 나락으로 떨어져 만신창이가 될 때도 자기연민은 우리와 함께한다. 우리의 삶이 맑을 때도 궂을 때도 항상 지니고 다니며 의지할 수 있는 친구가 바로 자기연민이다.

자기연민이 받는 흔한 오해

현대 문화에서 자기연민에 다가가려면 많은 장애물을 넘어야 한다. 이 장애물들은 대개 자기연민의 의미와 자기연민이 가져오는 결과에 관한 오해에서 비롯되었다(Robinson et al., 2016). 오해를 해소할 연구들은 3장에서 다룰 예정이므로, 여기서는 자기연민에 관한 가장 흔한 오해 몇 가지에 대해 먼저 다루어 보고자 한다.

자기연민이 받는 첫 번째 오해는 자기연민은 이기적이라는 것이다. 많은 사람이 자기 자신에게 친절하며 자신을 보살피는 데 시간과 에너지를 쓰게 되면 자신에게 집중하느라 다른 이들에 대해서는 자동으로 외면하게 되리라 추측한다. 그러나 정말 연민이라는 것이 모 아니면 도일까? 당신이 자기비난으로 극도로 괴로웠던 때를 떠올려 보라. 그때 당신의 초점은 당신을 향해 있었는가, 아니면 다른 이들을 향해 있었는가? 그때 다른 이들에게 베풀 수 있는 자원은 더 많았는가, 아니면 더 적었는가? 자기판단에 몰두하는 순간 부적절하고 가치 없는 자기 자신 이외에는 다른 무언가를 생각할 여유는 사라지게 된다.

불행하게도, 겸손하고 자신을 내세우지 않으며 다른 이들의 복지를 돌본다는 이상에는 우리 자신을 홀대하는 경향이 필연적으로 동반되곤 한다. 이는 남성에 비해 자기연민 정도가 조금 낮은 것으로 밝혀진 여성에게서 특히 두드러지며, 심지어 다른 이들을 더 잘 보살피고 공감해 주며 더 많이 베푸는 여성에게서도 이런 특성이 확인된다(Yarnell et al., 2015). 어쩌면 당연한 결과일 것이다. 여성이 배우자, 자녀, 나이 든 부모를 사심 없이 돌보도록 사회화되는 동안, 정작 그들 자신을 돌보는 방법을 가르쳐 준 이는 없었기 때문이다. 페미니즘 운동이 여성의 역할을 확장하는 데 일조하고 경제 · 정치 분야에서 그 어느 때보다도 많은 여성 지도자가 등장했지만, 여성이 자신을 배제하며 돌봄을 제공해야 한다는 관념은 아직도 사라지지 않았다.

즉, 이제 여성은 가정에서 최후의 돌봄 제공자가 되어야 할 뿐만 아니라 자신의 경력에서도 성공을 거두어야 하는 존재가 되었다.

추측과는 달리 자기 자신을 잘 대하면 타인을 잘 대하는 정서적 자원을 얻게 되지만, 자신에게 가혹하게 대하면 그저 방해만 받을 뿐이다. 일례로, 자기연민을 잘 전하는 사람들이 자신의 파트너와의 관계에서 더 잘 돌보고 베푼다는 평가를 받는다는 연구 결과가 보고되었다(Neff & Beretvas, 2013). 이는 충분히 이해되는 결과이다. 만약 우리 자신에게 스스로는 냉정하면서 파트너가 우리의 모든 정서적 필요를 채워 주길 바란다면, 파트너가 우리 성에 차지 않을 때는 파트너에게 못되게 굴 것이다. 그러나 만약 우리가 자신을 돌보고 지지할 수 있어 우리가 가진 많은 필요를 스스로 채울 수 있다면, 우리는 파트너에게 줄 수 있는 정서적 자원 또한 더 많이 가지게 될 것이다.

또 다른 흔한 오해는 자기연민이 자기 자신을 안쓰러워하는 감정인 자기동정(self-pity)을 그저 잘 포장한 것일 뿐이라는 견해에서 비롯된다. 그러나 실상 자기연민은 불운함을 탓하는 성향과 자기동정을 해독하는 역할을 한다. 이러한 해독작용은 자기연민이 나쁜 상황을 외면해서 얻는 것이 아니다. 오히려 자기연민은 우리가 힘든 감정을 친절함으로 더욱 기꺼이 수용하며 경험하고 인정케 하여, 우리에게 일어난 상황을 소화하고 앞으로 나아가도록 역설적인 도움을 준다. 자기연민을 잘 전하는 사람은 자신이 얼마나 불운한 상황인지에 관한 자기동정적인 생각에 덜 잡아먹힌다(Raes, 2010). 이 점이 바로 자기연민을 잘 전하는 사람들이 정신건강이 더 좋은 이유 중 하나로 여겨진다. 자기동정은 분리감이 주는 자기중심적인 느낌과 개인의 고통 정도를 과장하는 반면, 자기연민은 우리 자신의 고통을 타인의 고통과 연결시켜 주기 때문이다. 이로써 우리는 자신과 타인 사이에 그어 두었던 내면의 경계를 완화하게 된다. 게다가 보편적 인간경험을 인식하면 우리 자신이 처한 상황을 더 넓게 조망할 수도 있다. 우리 자신의 고통을 부정해 버린다는 말이 아니다. 보다 큰 그림에서 보면 우리에게 놓인 문제가 원래 생각했던 정도만큼 나쁘지는 않을 수도 있다는 것이다.

어떤 이들은 자기연민은 연약하거나 비겁하거나 최소한 수동적인 상태라는 오해로 인해 자기연민을 두려워한다. 이는 연민의 감각을 '언제나 착한 상태'와 혼동한 것이다. 그러나 앞서 언급했듯이 자기연민의 양의 형태는 사나울 수도 있으며, 해로운 상황에 연민으로 맞서 강경하고 단호한 태도를 취할 수 있다. 자기연민은 우리를 나약하게 만드는 원인이 아닌 극복과 회복탄력성의 중요한 원천이다. 우리가 이혼, 중병, 외상 같은 삶 속 중대한 위기를 헤쳐 나갈 때 자기연민은 우리가 생존하기 위한 다양한 변화를 만들어 낼 수 있는 능력을 부여하고, 심지어 역경 속에서도 성장하고 번영하게 한다(Brion, Leary, & Drabkin, 2014; Hiraoka et al., 2015; Sbarra, Smith, & Mehl, 2012). 이는 우리가 삶에서 마주하는 상황뿐 아니라, 힘겨움 속에서 상황을 성공적으로 헤쳐 나가는 능력의 크기를 결정하는 우리 자신과 관계 맺는 방식, 즉 내면의 옹호자가 될 것인지 또는 적이 될 것인지를 선택하는 과정까지 아우른다.

자기연민이 받는 또 다른 흔한 오해는 자기연민이 우리를 자기방종(self-indulgence)으로 끌고 간다는 것이다. 우리 자신에게 친절해진다는 건 우리가 원하는 건 무엇이든 우리 자신에게 주어야 한다는 뜻이지 않은가?("좀 울적하네. 음, 저 초콜릿 아이스크림이 지금 딱 좋겠어.") 이러한 오해를 해소하려면 자기연민이 온 힘을 다해 집중하는 목표는 고통의 완화라는 것을 반드시 기억해야 한다. 이와는 대조적으로 방종이란 장기적으로는 해로운 대가를 치르면서 짧은 즐거움을 우리 자신에게 제공하는 것이다. 연민 어린 엄마라면 자녀에게 아이스크림을 끝없이 주지도 않을뿐더러, 자녀가 원한다고 매번 학교를 빠지도록 내버려 두지도 않을 것이다. 이러한 행동은 방종일 것이다. 그 대신 연민 어린 엄마는 자녀에게 숙제를 하고 야채를 먹으라고 할 것이다. 자기연민은 우리에게 해로운 자기방종을 멀리하며, 장기적인 관점에서 우리의 안녕과 건강을 위해 당장의 욕구를 충족하는 행동을 빈번히 미루게 만들곤 한다.

많은 이는 '그러나 때로는 우리 자신에게 비판적이어야 할 필요 또한 있지 않은가?'라는 질문을 던지며 자기연민의 가치에 의문을 가지기도 한다. 이런 경우는 가혹한 자기판단과 건설적인 비판 사이에서 혼선이 생긴 것이다. 자기연민은 '나는 게으르고 아무 짝에도 쓸모없는 패배자야.' 같은 자신을 헐뜯고 깎아내리는 자기판단을 내려놓게 한다. 우리 자신을 돌보게 되면 자신을 비하하는 대신 조금 더 잘 해낼 수 있는 건설적인 방향을 우리 자신에게 가리킬 수 있다. 이런 건설적인 비판은 구체적인 행동을 목표로 삼을 뿐 자신에 대한 전반적인 평가를 하지는 않는다. 예를 들면, 자기연민이 담긴 내면의 목소리는 "지난 6개월 동안 헬스장에 가지 않아서 쉽게 지치고 건강하지 않은 상태가 된 건 사실이야. 변화가 필요해."라고 말할 것이다. 이는 "이 느려터진 게으름뱅이야!"라고 말하는 것보다 훨씬 더 건설적인(그리고 분명히 덜 고통스러운) 피드백이다. 비판의 성격이 건설적인지 또는 파괴적인지를 메시지의 어조가 결정하기도 한다.

자기연민의 행동하는 특성(양의 측면)에 대한 이해 없이, 자기연민은 자기수용(음의 측면)일 뿐이라고 생각하여 자기연민이 개선하고 발전하려는 동기를 약화시킬 것이라 우려하는 경우도 있다. 자신의 기준에 부합하지 못한 자신을 비판하지 않으면 나태한 패배주의에 자동으로 굴복하는 것이라는 관념 때문이다. 안타깝게도 이것이 바로 자기연민을 가로막는 주된 장애물이다. 그렇지만 연민 어린 부모가 자녀에게 성공적으로 동기를 부여하는 방식을 잠시 생각 보자. 어느 날 십 대 자녀가 형편없는 영어점수를 받아들고 집에 왔을 때, 아이를 지긋지긋하다는 듯이 쳐다보며 "멍청하기는. 너는 대체 뭐가 될래. 내가 네 부모라는 게 창피하다."라고 빈정거릴 수도 있다(아마 움찔했을 것이다. 우리가 자신의 높은 기대를 충족하지 못했을 때 우리 자신에게 하는 말과 정확히 일치하는 방식이니까). 대개 이런 수치스러운 말은 자녀에게 동기를 부여해 주기는커녕 자기 자신에 대한 믿음을 잃고 외부 요인을 탓하게 하고("시험이 공정하지 않았어."), 끝내는 모든 노력을 포기하게 만들 것이다.

이런 반응 대신 다음과 같이 말하며 연민 어린 접근을 해 볼 수도 있다. "아휴 저런, 많이 속상했겠다. 이리 온, 한번 안아 보자. 이런 일은 누구에게나 일어날 수 있단다. 그렇지만 우리가 알기론 네가 좋은 대학을 가기를 바라니, 영어점수를 좀 올릴 필요는 있겠구나. 다음번에 더 잘하려면 우리가 어떻게 도와주면 좋을까? 우리는 널 믿어." 이 말에는 실패에 대한 솔직한 인정, 자녀의 불행에 대한 동감, 그리고 순간의 좌절을 넘어서기 위한 격려가 담겨 있다는 점에 주목하기 바란다. 이런 이상적인 돌봄 반응은 자녀의 자신감을 유지하고 정서적으로 지지받은 느낌을 갖게 할 것이다. 아울러 자녀 자신이 잘못한 부분이 어디인지(공부를 더 많이 하고 비디오 게임 시간을 줄여야 했다든지 등) 꼼꼼하게 살펴보는 데 필요한 안전감도 함께 제공하여 자녀가 자신의 실수로부터 스스로 배우도록 할 것이다.

건강한 부모 역할을 떠올려 보면 자기연민이 동기부여에 도움이 된다는 사실을 이해하기란 쉬워 보이지만, 같은 논리를 우리 자신에게 적용하기란 쉽지 않다. 우리는 자기비난과 강하게 밀착되어 있고, 아픔이 어느 정도는 도움이 된다고 여기기 때문이다. 자기비난이 동기를 부여하는 작용을 정말로 하는 것 같다면, 그것은 우리가 실패했을 때 자기판단을 회피하려는 욕구가 이끌어 낸 것이다. 그러나 만약 실패로 인해 자기비난의 집중포화를 마주할 것이라는 사실을 알고 있다면, 때로는 시도하는 것조차 너무 두려울 수도 있다. 자기비난이 부진한 성취, 또는 미루는 행동 등의 자기 불구화(self-handicapping, 역주: 실패의 구실을 만들기 위해 최대한의 노력을 다하지 않음, 일을 하기 전에 안 좋은 결과가 나올 것을 대비해 미리 구실을 마련하는 행동) 전략과 연관되는 이유가 여기에 있다(Powers, Koestner, & Zuroff, 2007). 아울러 우리는 자기비난을 개인적인 약점을 마주할 때 우리 자신을 망신 주는 수단으로도 이용하지만, 이런 접근은 자기검열을 회피하기 위해 약점이 인정되지 못한 채 남겨져 있는 경우 역효과를 낳는다(Horney, 1950). 그러나 자기연민과 함께라면 우리가 무언가를 성취하려 노력하는 이유는 매우 달라진다. 우리는 **돌보려 하기**에 성취하려 한다. 자기비난 이면에 있는 두려움이지만 자기연민 이면의 동기는 사랑이라 할 수 있다. 만약 우리가 진심으로 우리 자신을 돌본다면 자신을 행복하게 해 줄 새로운 프로젝트에 도전하거나 새로운 기술을 배우려 할 것이다. 그리고 자기연민은 우리의 약점을 인정하는 데 필요한 안전감도 제공하기에, 우리는 자기연민을 통해 더 나은 변화를 불러올 수 있는 더 나은 위치에 있게 될 것이다.

행복에 이르는 길

다음 장에서 제시할 연구에서 확인되었듯 자기연민은 우리 삶에서 안녕감과 만족감을 성취하는 강력한 방법이다. 우리 자신에게 무조건적인 친절과 지지를 제공하고 우리의 불완전함을 인간 조건의 일부로 수용함으로써 우리는 행복이나 낙관주의 같은 긍정적인 마음 상태를 촉진시키는 한편 우울, 불안, 스트레스 같은 힘겨운 심리 상태를 완화할 수 있다(Zessin et al., 2015). 자기연민의 양육적인 특질은 우리가 번성하고 번영하게 하며 힘든 시기에서조차 삶의 아름다움에 감사하게 해 준다. 우리의 삶과 삶에 대한 우리의 정서적 반응을 통제하려 들거나 일이 뜻대로 되지 않을 때 화내고 좌절하는 대신, 우리는 자기연민이라는 다른 길을 선택할 수 있다. 자기연민의 음의 특질로 동요하는 마음을 진정시킬 수 있고 자기연민의 양의 특질에서 힘을 빌릴 수도 있기에, 우리는 앞길에 닥칠 도전에 더욱 잘 대처할 수 있을 것이다.

자기연민은 긍정과 부정이 오가는 자기판단의 폭풍우가 몰아치는 바다에서 우리에게 안전한 피난처를 마련해 준다. 그로써 우리는 "나는 그들만큼 괜찮은가? 나는 충분히 괜찮은 사람인가?"와 같은 물음을 마침내 멈출 수 있다. 자기연민이 주는 행복에는 우리가 다른 사람보다 더 나은지도, 우리의 노력으로 성공을 이루었는지도 필요치 않다. 자기연민이 주는 행복은 열린 가슴과 마음으로 완벽하지 않은 인생, 완벽하지 않은 우리 자신과 관계 맺는 것으로부터 찾아든다.

우리는 우리가 간절히 바라온 따뜻하고 지지적인 돌봄을 우리 자신에게 제공할 수단을 가지고 있다. 우리 내면의 깊은 친절의 샘으로 다가가 인간경험의 공통된 본질을 인정하고 현재 순간의 사실에 열려 있을 때, 우리는 더욱 충만하고 살아 있음을 느낀다. 자기연민은 고통을 기쁨으로 탈바꿈시키는 연금술 같은 과정이다. 우리의 동료 미셸 베커(Michelle Becker)가 언급하였듯 열린 가슴으로 우리의 고통을 포용하면 자기연민의 세 가지 요소에 상응하는 '애정 어린 연결된 현존'이라는 새로운 상태가 나타난다. 특히 자기연민이 가진 부드러운 치유의 힘의 고통을 완화하려는 사나운 전념과 결합될 때, 우리는 도전과 변화의 한가운데에서 번창할 수 있다.

● 이것만은 기억합시다 ●

- 자기연민은 간단히 말해서 우리 내면을 향하는 연민으로, 우리가 처하는 모든 큰 고통의 순간에 적용할 수 있다.
- 자기연민은 ① 자기친절 대 자기판단, ② 보편적 인간경험 대 고립, ③ 마음챙김 대 과잉동일시라는 세 가지 핵심 요소(그리고 대비 요소)로 구성된다.
- 마음챙김은 일반적으로 경험에 대한 애정 어린 자각과 연관된다. 자기연민은 경험하는 사람에 대한 애정 어린 자각이다.
- 자기연민이 가진 음의 특질이란 우리 자신을 수용하며 존재하는 특성으로, 우리의 고통을 위로하고, 진정시키며, 인정한다. 자기연민이 가진 양의 특질이란 우리의 고통을 완화하기 위해 행동하는 특성으로, 필요할 때마다 우리 자신을 보호하고, 우리 자신에게 무언가를 제공하며, 동기를 부여한다.

- 자기연민과 자존감 모두 우리 자신과 긍정적으로 관계를 맺는 방식이지만, 자존감은 조건이 달린 자기가치에 대한 평가이자 성공이라는 근거가 따라야 한다. 자기연민은 우리가 실패했을 때도 조건 없이 우리 자신을 수용하게 한다.
- 자기연민이 흔히 받는 오해는 다음 내용으로 불식시킬 수 있다.
  - 자기연민은 이기적이거나 자기중심적인 것이 아니다. 자기연민은 우리가 다른 이들을 돌볼 때 필요한 정서적 자원을 제공한다.
  - 자기연민은 자기동정이 아니다. 자기연민은 과장 없이 자신과 타인의 경험이 서로 연결되어 있음을 볼 수 있게 한다.
  - 자기연민은 나약한 것이 아니며, 오히려 자신을 격렬히 보호하고 지지하는 것이다. 도전이 되는 상황에서 우리가 힘과 회복탄력성을 얻을 수 있는 원천이 바로 자기연민이다.
  - 자기연민은 자기방종이 아니다. 자기연민의 궁극적인 목적은 고통의 완화이므로, 우리가 단기적인 쾌락보다는 장기적인 안녕을 선택하도록 돕는다.
  - 자기연민은 건설적인 비판과 분별력을 제공한다. 가혹하게 자신을 비하하는 자기판단은 자기연민이 아니다.
  - 자기연민은 동기를 약화시키지 않을 뿐만 아니라 오히려 강화시킨다. 자기연민은 자기비난이 동기를 부여하는 방식인 두려움과 수치심 대신 돌봄, 지지, 격려로써 우리에게 동기를 부여한다.

제3장

자기연민의 과학

우리는 인류가 대를 거듭하며 깨달아 온 이치를 과학으로 검증하는 시대를 살아가고 있다. 그것은 바로 연민은 사치가 아니며, 우리의 안녕과 회복, 그리고 생존을 위해 필수라는 것이다.

―조안 핼리팩스(Joan Halifax, 2012b)

점점 더 세속적이 되어 가는 다양한 세상에서 과학 연구는 우리의 삶을 이해하고 사실과 허구를 구별하게 도와주는 중요한 방법이다. 자기연민을 향한 도전의 길에 발을 내딛는 것처럼, 무언가 새로운 것을 시도할 수 있는 자신감 또한 과학 연구가 우리에게 주는 선물이다. 자기연민에 관한 연구는 마음챙김 연구가 밟아 온 궤적과 비슷한 양상으로 기하급수적으로 확장되고 있으며([그림 3-1] 참조), 최근 들어 마음챙김과 자기연민은 현대 사회의 모든 측면으로 흡수되고 있다. 이 장에서는 자기연민에 관한 기존 연구들을 검토하고, 자기연민 연구의 최신 동향에 대해서도 살펴볼 것이다.

자기연민 연구 방법론

지금까지 자기연민에 관한 연구 대부분은 자기연민척도(Self-Compassion Scale: SCS; Neff, 2003a)를 사용하여 수행되었다. 이 척도는 자기연민을 측정하기 위해 네프(Neff, 2003b)가 정의한 총 26개 문항으로 구성된 자기보고식 검사이다. 총 12개 문항으로 구성된 단축형 자기연민척도(SCS-SF) 또한 기존 자기연민척도와 거의 완벽한 상관관계를 가지고 있어 연구에 자주 활용된다(Raes, Pommier, Neff, & Van Gucht, 2011). 자기연민척도는 사람들이 얼마나 자주 자기연민의 각 차원에 부합하는 다양한 생각, 감정, 행동을 보이는지를 간단한 질문으로 평가한다. 자기연민을 총체적인 단일 구성으로 측정하기 위해 고안된 척도이지만, 6개의 하위척도를 이용하여 힘든 상황에서 긍정적 자기반응의 증가 및 부정적 자기반응의 감소와 관련된 자기연민의 측면들을 개별적으로 측정할 수도 있다. 각 하위척도는 자기친절("나는 감정적으로 힘들어질 때, 내 자신을 사랑하려고 애를 쓴다."), 자기판단("나는 내 자신의 결점과 부족한 부분을 못마땅하게 여기고 비난하는 편이다."), 보편적 인간경험("나는 상황이 나에게 좋지 않게 돌아갈 때, 그러한 어려움은 누구나 겪을 수 있는 인생의 한 부분이라고 여긴다."), 고립("나는 내 부족한 점을 생각하면 스스로 세상과 단절되고 동떨어지는 기분이 든다."), 마음챙김("나는 기분이 처질 때면 호기심과 열린 마음을 갖고 내 감정에 다가가려고 노력한다."), 과도한 동일시("나는 어떤 일로 기분이 상할 때, 내 감정에 휩싸이는 경향이 있다.")로, 괄호 안 문장들은 하위척도별 예시 문항이다(2장의 내용을 함께 참조). 부정적인 항목들은 역채점하여 합산하며, 점수가 높을수록 자기연민 수준이 높다고 볼 수 있다.

자기연민척도는 높은 내적 신뢰도가 확인되었으며(Neff, 2003a), 다른 사람에 의

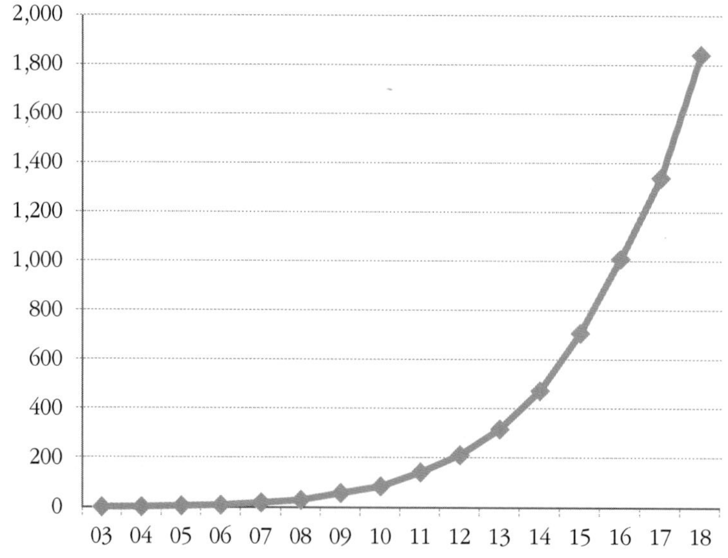

[그림 3-1] 자기연민 관련 연구의 출판 동향(2003년부터 20017년까지)
(N=1,840, 구글 스칼라 검색에서 연구 제목에 '자기연민'이 들어간 검색 결과에 근거함.)

해서도 쉽게 관찰될 수 있는 행동들을 문항에 적용하였다. 대상자 자신이 평가한 자기연민척도 점수와 대상자와 오랜 관계를 이어 온 파트너가 평가한 점수가 매우 높은 상관관계(0.70)를 보인 것이 그 예이다(Neff & Beretvas, 2013). 홈페이지 https://self-compassion.org에서 자기연민척도를 이용해 볼 수 있으며, 척도에 대한 응답을 마치면 평가 점수는 자동으로 계산되어 제공된다(영문 자료). 심리치료, 마음챙김, 연민 훈련, 또는 삶 전반에서 자기연민을 배울 때 자신이 변화한 정도를 추적할 수 있는 유용한 방법이 될 것이다.

일부 연구에서는 자기연민척도에서 연민적인 자기반응과 연민적이지 않은 자기반응을 분리해서 측정해야 하고, 자기연민에 관한 긍정적 측면 점수와 부정적 측면 점수를 합산하기보다는 별도로 측정해야 한다고 제안했다(예: Costa, Marôco, Pinto-Gouveia, Ferreira, & Castilho, 2015; Gilbert, McEwan, Matos, & Rivis, 2011; Muris, 2015). 그러나 자기연민척도에서 이러한 2요인 방식에 대한 근거는 아직까지는 일치된 결과가 보고되지 않았다(예: Cleare, Gumley, Cleare, & O'Conner, 2018; Neff, Whittaker, & Karl, 2017). 네프, 토스-키라이, 야넬 등(Neff, Tóth-Király, Yarnell, et al., 2018)은 자기연민척도의 6가지 구성요소가 하나의 역동적인 시스템으로 작용한다는 점을 고려한다면 탐색적 구조방정식 모델(explanatory structural equation modeling: ESEM)과 결합된 2요인 접근방식이 자기연민척도 측정에서 이론적으로 가장 일관성 있는 방법이라고 주장했다. 반면, 대규모로 수행된 국제 공동연구(N=11,685)에서 2요인 접근방식을 사용한 결과, 6개의 개별 하위 척도 점수와 총점 모두에서 타당성이 확인되었지만 긍정적 자기반응과 부정적 자기반응으로 나누어 확인한 결과에서는 타당성이 확인되지 않았다. 게다가 95% 신뢰 변인이 일반 요인에 속하는 것으로 확인되었다.

자기연민이 상호작용하는 6개의 요소로 구성된 시스템이라는 견해가 최선이라 지지하는 근거는 대다수의 중재 연구에서 자기연민의 변화 정도를 측정하였을 때 세 개의 긍정적 하위 척도 점수가 동시에 증가하고 세 개의 부정적 하위 척도 점수가 거의 같은 크기로 감소하였다고 보고한 결과에서 찾아볼 수 있다. 이러한 결과는 자기연민 명상 훈련(Albertson, Neff, & Dill-Shackleford, 2015; Toole & Craighead, 2016; Wallmark, Safarazadeh, Daukantaite, & Maddux, 2012), 온라인 심리교육(Finlay-Jones, Kane, & Rees, 2017; Krieger, Martig, van den Brink, & Berger, 2016), 연민중심치료(Beaumont, Irons, Rayner, & Dagnall, 2016; Kelly & Carter, 2015; Kelly, Wisniewski, Martin-Wagar, & Hoffman, 2017), MSC 훈련(Finlay-Jones, Xie, Huang, Ma, & Guo, 2018; Neff, 2016a) 등 다양한 방법론을 적용한 연구들에서 모두 보고된 결과이다. 자기연민의 여섯 가지 구성요소가 동시에 변화한다는 사실은 자기연민이 총체적으로 작동한다는 점을 시사한다.

자기연민을 측정하는 다른 방법도 있으며, 이들 방식 또한 연구에서 쓰이고 있다는 사실 또한 주목해야 할 것이다. 일례로, 길버트, 클라크, 헴펠, 마일스와 아이언스(Gilbert, Clarke, Hempel, Miles, & Irons, 2004)는 자기비판과 자기위안형태 척도(Forms of Self-Criticism and Self-Reassuring Scale)를 개발하였다. 아울러 최근 길버트 등(2017)이 고안한 연민 참여 및 행동 척도(Compassion Engagement and Action Scales: CEAS)는 연민의 광범위한 정의, 즉 연민을 고통 완화에 전념하려는 고통에 대한 민감성으로 여기는 개념에 기반을 두고 있다(Goetz, Keltner, & Simon-Thomas, 2010). 이 척도에서 자기연민은 하위척도로 구성되어 있으며, 고통과의 관계(예: 고통에 대한 참을성과 민감성) 및 고통을 완화시키려는 동기(도우려는 생각과 행동)에 관한 문항을 자기연민 측정에 사용하였다. 무엇보다 따뜻함, 친절, 관심, 인간경험을 공유하는 감각 등이 이 척도에서는 연민의 특성에 포함되지 않기에, 네프(2003b)가 제안한 자기연민과는 매우 다르게 개념화된 자기연민을 제시한다는 점이 특징이다.

자기연민이 안녕감에 미치는 영향을 경험적으로 검증하는 연구에서는 자기보고 형식이 아닌 다른 대안적인 방법을 점점 더 많이 적용하고 있다. 글쓰기를 통해 자기연민 마음 상태를 실험적으로 유도하는 방법(예: Breines & Chen, 2012), 대화나 녹취록에서 드러나는 자기연민의 정도를 관찰하는 방법(예: Sbarra et al., 2012), 단기 또는 장기 자기연민 중재 방법(예: Neff & Germer, 2013; Smeets, Neff, Alberts, & Peters, 2014)이 여기에 해당된다. 자기연민을 어떤 방법으로 측정하였든 간에, 현재까지 확인된 연구 결과들은 자기연민 연구의 전반에 신뢰를 제공하는 방향으로 수렴된다(Neff et al., 2017).

주요 연구 결과를 예로 들면 다음과 같다. 높은 자기연민척도 점수는 더욱 큰 행복감, 낙천주의, 삶의 만족도, 몸에 대한 감사함, 지각된 유능감, 동기 수준과 관련되어 있었으며(Hollis-Walker & Colosimo, 2011; Neff, Hsieh, & Dejitterat, 2005; Neff, Pisitsungkagarn, & Hsieh, 2008; Neff, Rude, & Kirkpattrick, 2007), 우울, 불안, 스트레스,

반추, 자기비난, 완벽주의, 몸에 대한 수치심, 실패에 대한 두려움과는 낮은 관련성이 있었고(Breines, Toole, Tu, & Chen, 2014; Finlay-Jones, Rees, & Kane, 2015; Neff, 2003a; Neff et al., 2005; Raes, 2010), 스트레스 상황에서 더 건강하게 반응하는 것과도 관련되어 있었다(Breines, Thoma, et al., 2014; Friis, Johnson, Cutfield, & Consedine, 2016). 자기연민을 향상시키기 위해 고안된 행동 중재나 기분 조작 기법을 적용한 연구에서도 동일한 결과가 보고되었다(Albertson et al., 2015; Arch et al., 2014; Breines & Chen, 2012; Diedrich, Grant, Hofmann, Hiller, & Berking, 2014; Johnson & O'Brien, 2013; Leary, Tate, Adams, Allen, & Hancock, 2007; Mosewich, Crocker, Kowalski, & DeLongis, 2013; Neff & Germer, 2013; Odou & Brinker, 2014; Shapira & Mongrain, 2010; Smeets et al., 2014).

자기연민과 정서적 안녕감

자기연민과 정서적 안녕감의 연관성은 경험적 연구 문헌들을 통해 매우 강력하게 뒷받침된다(MacBeth & Cumley, 2012, Neff, Long, et al., 2018; Zessin et al., 2015). 가장 일관되게 발견되는 사실은 자기연민 수준이 높을수록 우울, 분노, 스트레스 정도는 낮다는 것이다. 실제로 20개의 연구를 메타분석하여 자기연민과 정신병리적 특성 간 연관성을 분석한 결과, 이 둘 사이의 효과 크기가 매우 큰 것으로 확인되었다(MacBeth & Cumley, 2012). 해당 연구들은 대부분 성인을 대상으로 수행되었지만, 청소년을 대상으로 자기연민과 심리적 고통의 연관성을 메타분석했을 때도 둘 사이의 부적 상관성을 큰 효과 크기로 뒷받침하는 결과가 보고되었다(Marsh, Chan, & MacBeth, 2018). 물론 자기연민의 핵심적 특징 중 하나가 자기비난을 하지 않는 것이고, 자기비난은 우울과 불안의 주요 예측 요인이기에 이러한 결과는 당연한 것처럼 보인다(Blatt, 1995). 그러나 자기비난과 부정적 정동을 통제한 때도 자기연민은 우울과 불안의 보호 요인으로 작용하였다(Neff, 2003a; Neff, Kirkpatrick, & Rude, 2007). 더불어 연구 대상자의 신경증적 경향성을 통제한 상황에서도 자기연민은 정서적 안녕감을 예측하는 요인으로 확인되었다(Neff, Tóth-Király, & Colisomo, 2018; Stutts, Leary, Zeveney, & Hufnagle, 2018).

자기연민이 정신병리적 특성으로부터 심리 상태를 보호하는 효과 또한 다양한 연구에서 검증되었다. 예를 들어, 사회 불안증 경향이 있는 학생들에게 자기연민적 기분 상태를 유도하면 발표 전 예기 불안이 감소한다는 사실이 발견되었다(Harwood & Kocovski, 2017). 스터츠 등(Stutts et al., 2018)은 자기연민의 기저 수준이 6개월 후 우울, 불안, 부정적 정동 상태의 감소를 예측하고, 이런 부정적인 상태와 자기연민이 덜 밀접하게 관련되는 이유는 스트레스가 미치는 영향을 자기연민이 매개하기 때문이라고 보고하였다. 이와 유사하게 우울 집단에서 잡념(mind wandering)이 미치는 해로운 영향에 대한 자기연민의 보호 효과 또한 확인되었다(Greenberg et al., 2018). 비임상 집단에서의 비자살성 자해 행동 및 자살 사고 감소와 자기연민이 관련되어 있다는 사실은 특히 주목할 만하다(Chang et al., 2016; Jiang et al., 2016; Kelliher Rabon, Sirois, & Hirsch, 2018; Xavier, Gouveia, & Cunha, 2016).

비록 자기연민이 부정적 사고를 감소시키는 결과가 확인되었지만(Arimitsu & Hofmann, 2015), 이는 자기연민이 긍정적 측면만을 보게 하거나 고통스러운 감정을 회피시키기 때문이 아니다(Krieger, Altenstein, Baettig, Doerig, & Holtforth, 2013). 자기연민을 잘 전하는 사람들은 자신이 고통스러운 순간을 인식하며 자기 자신에게 친절을 베풀고, 그 순간 다른 모든 인간존재와 연결되어 있다는 것도 함께 알아차린다. 연구 대상자들에게 연구 시점으로부터 지난 20일 동안 겪었던 문제에 대해 질문하여 자기연민을 잘 전하는 사람들이 삶 속 부정적인 사건에 어떻게 대처하는지 조사한 연구를 예시로 들 수 있다(Leary et al., 2007). 이 연구에서 자기연민 수준이 높은 사람들은 자신의 문제를 더 잘 조망하였고, 문제로 인한 고립감을 더 낮은 정도로 보고하였다. 이들은 자신이 겪은 힘겨운 순간을 떠올릴 때도 불안과 자의식 또한 적게 경험하는 것으로 확인되었다. 다른 연구에서도 자신의 약점을 글로 쓰게 했을 때, 자기연민을 잘 전하는 사람들은 더욱 연결된 느낌이 담긴 언어를 사용하는 경향이 확인되었다. 즉, 나(I)라는 1인칭 단수 표현보다는 우리(we)라는 복수 표현을 더 많이 사용하였고, 친구나 가족 등 다른 이들을 사회적으로 더 많이 참조하였다(Neff, Kirkpatrick, & Rude, 2017).

자기연민은 높은 정서 지능과도 관련되어 있으며(Heffernan, Griffin, McNulty, & Fitzpatrick, 2010; Neff, 2003a; Neff, Long, et al., 2018), 이는 자기연민이 힘겨운 느낌을 다루는 현명한 방법이라는 점을 시사한다고 볼 수 있다. 자기연민 수준이 높은 사람은 낮은 사람에 비해 부정적인 생각이나 감정을 더 적게 반추하는 것으로, 다시 말해 부정적 사고의 늪에 빠지지 않는 것으로 확인되었다(Fresnics & Borders, 2017; Odou & Brinker, 2015; Raes, 2010). 아울러 이들은 부정적인 기분 상태로부터 원상태로 회복하는 능력 같은 정서적 대처 기술 또한 더욱 숙달된 양상을 보였다(Diedrich, Burger, Kirchner, & Berking, 2017; Neely, Schallert, Mohammed, Roberts, & Chen, 2009; Neff et al., 2005; Sirois, Molnar, & Hirsch, 2015).

수치심을 다루는 데도 자기연민이 도움이 되는 것으로 보인다. 한 연구에서는 참여자들에게 자기 자신을 부끄러워했던 과거의 일화를 떠올리게 한 다음, 그 사건에 대해 자기연민적인 글을 작성하도록 요청했다(Johnson & O'Brien, 2013). 예를 들면, 참가자들에게 "마치 그런 경험을 한 친구에게 관심과 염려를 표현하듯 여러분 자신에게 이해, 친절, 염려를 표현하는 문장을 작성해 주세요."라고 안내한 것이다. 연구 결과 자기연민 글쓰기에 참여한 집단은 대조군보다 수치심과 부정적 정동이 뚜렷하게 감소하였다. 어려운 과제(네 자리 숫자에서 가능한 한 빠른 속도로 17씩 빼는 과제)를 수행한 결과에 대해서도 자기연민적인 집단에서 수치심을 덜 느끼는 경향을 보였다(Ewert, Gaube, & Geisler, 2018). 아울러 수치심을 유발하는 양육 행동에 대해 자기연민적으로 느끼도록 도움을 받은 부모들은 대조군보다 수치심과 죄책감을 덜 느꼈다고 보고되었다(Sirois, Bogels, & Emerson, 2018). 최근 자살을 시도했던 아프리카계 미국인을 대상으로 시행한 연구에서는 수치심이 우울증으로 이어지는 과정에서 자기연민이 완충 역할을 하는 것으로 나타나기도 했다(Zhang et al., 2018).

마지막으로, 자기연민은 부정적인 마음 상태를 줄여 줄 뿐만 아니라 긍정적 마음 상태도 북돋아 주는 것으로 드러났다. 자기연민 수준이 높을수록 심리적 안녕감, 삶의 만족도, 희망, 행복, 낙천주의, 감사함, 호기심, 활력, 긍정적 정동을 더 많이 경험하는 것으로 확인되었다(Breen, Kashdan, Lenser, & Fincham, 2010; Gunnell, Mosewich, McEwen, Eklund, & Crocker, 2017; Hollis-Walker & Clolsimo, 2011; Hope, Koestner, & Milyavskaya, 2014; Neff, Long et al., 2018; Neff, Rude, & Kirkpatrick, 2007; Umphrey & Sherblom, 2014; Yang, Zhang, & Kou, 2016). 더불어 더 큰 진정성을 경험하는 것과도 관련이 있었다(Zhang et al., 2019). 자기연민은 또한 자율성, 유능감, 유대감과도 관련된 것으로 확인되었는데(Neff, 2003a; Gunnell et al., 2017), 이는 자기연민이 보이는 자기에 대한 지지적인 태도가 데시와 라이언(Deci & Ryan, 1995)이 안

녕감의 근본이라 주장한 기본 심리 욕구를 충족하는 데 도움이 된다는 점을 시사하는 것으로 보인다. 한 종단 연구에서 5일 동안 자기 자신에게 자기연민적인 편지를 쓰는 행동의 효과를 검증한 결과, 이 행동이 이후 3개월 동안 대상자의 우울감을 감소시켰을 뿐만 아니라 6개월 동안 행복감을 증가시키기까지 했다는 점을 발견하였다(Shapira & Mongrain, 2010). 이것이 바로 자기연민의 묘미이다. 우리가 고통을 자기연민으로 따뜻하게 감싸 안을 때, 우리는 부정적 감정을 나아지게 하는 동시에 애정 어린 연결된 현존이라는 긍정적인 감각을 만들어 낼 수 있다.

자기연민 대 자존감

연구에 따르면 자존감이 정신건강에 주는 유익함과 비슷한 이점을 자기연민도 만들어 내지만, 자존감이 숨겨 놓은 함정은 자기연민에는 존재하지 않는 것으로 보인다. 일례로, 네덜란드에서 지역사회를 대상으로 8개월(평가 시점 총 12회)에 걸쳐 수행한 대규모 연구에서, 높은 자기연민척도 점수는 특성 자존감(trait self-esteem, 역주: 성격처럼 자리 잡은 자존감)과 비교하였을 때 자기가치에 관한 감정 상태의 안정성과 더 큰 관련을 보였다. 아울러 자기연민은 자존감보다 신체적 매력이나 뛰어난 성과 같은 개인 특성과는 덜 관련된다는 점도 확인되었다. 사회적 비교, 공적 자의식, 자기반추, 분노, 폐쇄적 마음 상태 측면에서는 자존감이 자기연민보다 더 큰 관련이 있었다. 게다가 자기애 또한 자존감과 강한 관련을 보였으며, 반면 자기연민은 자기애와 관련성이 나타나지 않았다. 이러한 결과는 자기연민을 잘 전하는 사람들은 자존감이 높은 사람들보다 자기 자신을 평가하거나, 다른 이들보다 우월하다고 느끼거나, 자기의 견해를 방어하거나, 자신에게 반대하는 이들에게 분노에 찬 반응을 보이는 데 덜 집중한다는 사실을 시사한다.

스트레스에 대처하는 능력 또한 자존감보다 자기연민이 더 잘 제공하는 것으로 여겨진다. 대상자들에게 스마트폰으로 2주 동안 하루에 두 번씩 스트레스 정도를 응답하게 한 연구에서는 전반적 자기연민 수준이 스트레스 상황에서 부정적 정동을 예측하는 요인으로 확인되었지만, 전반적 자존감 수준은 예측 요인에 해당하지 않았다(Krieger, Hermann, Zimmermann, & Holtforth, 2015). 자기연민은 낮은 자존감이 안녕감에 미치는 영향에 완충작용을 하기도 한다. 예를 들어, 중학생 청소년을 대상으로 1년간 수행한 종단 연구에서는 자존감과 자기연민 수준이 모두 낮은 학생들보다 자존감 수준은 낮아도 자기연민 수준은 높은 학생들이 심리적으로 더 건강했다는 결과가 확인되었다(Marshall et al., 2015).

리어리 등(Leary et al., 2007)은 피드백을 수용하는 측면에서 자기연민과 자존감을 비교한 연구를 진행하였다. 이 연구에서는 대상자들에게 자신을 소개하고 설명하는 동영상을 만들도록 요청한 다음, 다른 사람들에게 영상을 보여 주고 대상자가 얼마나 따뜻하고 친절하며 지적이고 호감이 느껴지며 성숙해 보이는지에 대한 피드백을 받도록 했다(피드백은 연구진이 섭외한 사람들이 제공하였다). 대상자 절반은 긍정적인 피드백을 받았으며, 나머지 절반은 중립적인 피드백을 받았다. 피드백을 받고 난 뒤, 자기연민적인 사람들은 피드백의 특성과 무관하게 비교적 차분한 모습이었으며, 양쪽 피드백 모두 자신의 성격에 근거한 내용이 맞다고 흔쾌히 응답했다. 그러나 자존감이 높은 사람들은 중립적인 피드백을 받았을 때 속상해하는 경향을 보였다("뭐라고요, 제가 고작 **평균** 정도라고요?"). 자존감이 높은 집단은 또한 중립적인 피드백이 자신의 성격에 근거한 내용이라는 것을 부정하려는 경향을 보였고, 오히려 관찰자의 기분 같은 다른 요인 때문에 자신이 중립적인 피드백을 받은 것이라 응답했다. 이러한 연구 결과는 자기연민적인 사람들은 다른 사람들에게서 받는 칭찬의 정도와는 무관하게 있는 그대로의 자신을 더 잘 수용한다는 사실을 시사한다. 반대로 자존감은 자신의 평판이 좋을 때만 기세가 오르며, 자신에 대한 달갑지 않은 진실을 마주할 가능성이 있는 상황은 회피 전략으로 모면하려 한다(Swann, 1996).

자기연민과 마음챙김의 비교

자기연민과 마음챙김이 안녕감에 서로 다른 영향을 미치는지 탐구하는 연구도 수행되었다. 자기에 관한 부정적 생각에 대한 마음챙김이 자기연민에 포함되어 있지만, 자기연민에는 자기친절 요소와 보편적 인간경험 요소가 함께 포함되며 이들 요소 또한 정신건강에 긍정적으로 기여한다. 일례로, 중등도 이상 불안 또는 우울을 호소하는 사람을 대상으로 마음챙김, 자기연민, 안녕감 간의 관련성을 탐색한 결과,

마음챙김보다 자기연민이 불안, 걱정, 우울, 삶의 질을 더 잘 설명하는 요인인 것으로 나타났다(Van Dam, Sheppard, Forsyth, & Earleywine, 2011). 대학생을 대상으로 시행한 연구에서도 자기연민이 마음챙김보다 우울, 불안, 행복, 긍정적 및 부정적 정동, 삶의 만족도를 더 강력하게 예측하는 요인인 것으로 드러났다(Woodruff et al., 2014). 아울러 우울증 병력을 가진 대상자에서 슬픈 감정에 대해 자기연민적인 반응을 유도하는 것이 마음챙김 수용 전략보다 우울한 기분을 감소시키는 데 더 효과적이라는 결과가 확인되기도 했다(Ehret, Joormann, & Berking, 2008).

자기연민은 수치심 경향성(shame-proneness)에 대한 부적 예측 요인이지만, 마음챙김은 예측 요인이 아니라는 흥미로운 보고도 있다(Woods & Proeve, 2014). 즉, 수치심으로 드러나는 자기에 관한 부정적인 생각을 예방하는 데 친절함과 연결감이 함께 필요하다는 것이다. 또한 마음챙김과 자기연민은 정신질환을 가지고 있는 사람 및 에이즈에 감염된 사람의 자기 낙인(self-stigma)과 안녕감의 관련성에 뚜렷이 다른 역할을 하는 것으로 보인다(Yang & Mak, 2016). 마음챙김은 정신질환을 가진 사람에서 자기 낙인의 자동성을 주로 완화시키고, 자기연민은 에이즈에 감염된 사람의 낙인 정체성(stigma identity)과 안녕감 사이의 관련성을 주로 완화시키는 것으로 확인되었다.

명상 수행으로부터 얻는 안녕감 측면에서 마음챙김과 자기연민의 역할을 비교한 연구도 있다. 마음챙김과 자기연민의 증진 모두 명상과 행복감 사이의 관련성을 설명할 수 있지만(Campos et al., 2016), 명상 수행자 대상 연구에서 자기연민이 마음챙김보다 심리적 안녕감을 더 강력하게 예측하였으며, 명상 수행 경험을 통제한 경우에도 동일한 결과가 확인되었다(Baer, Lykins, & Peters, 2012). 청소년을 대상으로 5일 동안 명상 안거를 진행한 연구에서도 자기연민으로부터 얻은 이득이 마음챙김으로부터 얻은 이득보다 지각된 스트레스, 반추, 우울 증상, 삶의 만족도, 긍정적 및 부정적 정동 측면에서 안녕감을 더욱 강력히 예측하는 요인인 것으로 나타났다(Galla, 2016). 또 다른 연구에서 마음챙김 명상 회기에 앞서 참여자들에게 따뜻하고 연민 어리게 자신을 대하도록 간단히 안내하자 참여자들이 더욱 기꺼이 명상 훈련을 계속하였다는 점에서 볼 때(Rowe, Shepstone, Carnelley, Cavanagh, & Millings, 2016), 자기연민으로 자신을 지지하면 마음챙김 명상에서 어려운 기술을 배울 때 좌절하거나 포기하지 않는 데 도움이 되는 것으로 보인다.

자기연민과 동기

일부에서는 자기연민이 현실에 안주하게 만든다는 우려를 내비치지만, 자기연민은 동기를 떨어뜨린다기보다 오히려 강화한다는 개념을 뒷받침하는 임상 근거는 이미 충분히 존재한다. 예를 들어, 자기연민은 완벽주의와는 부적 상관관계를 보이며, 개인이 자기 자신에게 적용하는 표준 수행 능력 기준과는 아무런 연관성이 없다(Neff, 2003a). 자기연민을 잘 전하는 사람들은 높은 목표를 추구하는 만큼이나 자신이 늘 목표를 달성할 수는 없다는 사실 또한 인식하고 수용한다. 간단한 자기연민 훈련이 자기주도성(personal initiative), 즉 자신의 잠재력을 최대한 발휘하려는 욕구를 증대시키기도 했다(Dundas, Binder, Hansen, & Stige, 2017). 아울러 자기연민 수준이 높은 사람들은 자기연민이 부족한 사람들보다 동기 불안이 적고, 미루는 버릇 같은 자기 불구화 행동을 더 적게 하는 것으로 확인되었다(Sirois, 2014; Williams, Stark, & Foster, 2008). 이들은 학업 환경에서 성취동기를 저해하는 일명 '가면 현상(imposter phenomenon)' (역주: 자신이 이룬 성과에 대해 자신은 자격이 없으며 타인을 속이고 있다고 여김)으로 괴로워하는 경향도 더 적었으며(Patzak, Kollmayer, & Schober, 2017), 구직난에 부딪혔을 때도 긍정적인 태도를 더 잘 유지했다(Kreemers, van Hooft, & van Vianen, 2008). 더불어 네프 등(2005)이 수행한 연구에서는 자기연민이 숙달 목표(배우고 성장하기 위한 내적 동기)와 정적 상관을 보이며, 성과 목표(자아상을 증대시키려는 욕구; Dweck, 1986)와는 부적 상관을 보이는 것으로 확인되었다. 따라서 자기연민적인 사람들은 성취하려는 동기가 높지만, 이러한 동기는 내면으로부터 비롯되는 것이지 사회적으로 인정받기 위한 것은 아니라고 볼 수 있다. 한 종단 연구에서는 대학 신입생들을 대상으로 입학 후 첫 일 년 동안 목표를 향한 노력이 좌절되었을 때의 반응에 자기연민이 미치는 영향을 탐색하였는데, 자기연민 수준이 높을수록 목표를 달성하지 못한 날에도 부정적 정동 수준이 높지 않다는 결과가 발견되었다(Hope et al., 2014). 또한 해당 연구에 참여한 자기연민적인 학생들은 목표 달성 여부보다는 목표의 개인적 의미에 더 큰 관심을 두었다는 사실도 함께 확인되었다. 즉, 자기연민은 개인이 결과에 덜 집착하면서 목표와 현명한 관계를 맺도록 돕는 것으로 보인다.

자기연민적인 사람들은 실패에 대한 두려움이 더 적고(Neff et al., 2005), 실패하고 나서도 곧잘 다시 시도하는 경향을 보였다(Neely et al., 2009). 이처럼 자기연민은 우리를 실패로 인해 나약해지게 만든다기보다 오히려 실패로부터 배우게 한다. 사람들이 후회하는 과거의 행동을 생각하는 방식에 자기연민이 미치는 영향을 탐색한 일련의 연구가 그 예이다(Zhang & Chen, 2016). 첫 번째 연구에서는 대상자가 블로그에서 후회하는 경험에 관해 자연스럽게 표현한 내용에서 나타나는 자기연민의 정도를 코드화했는데, 자기연민을 담아 경험을 기술한 사람일수록 개인적 성장과 관련된 표현으로 자신의 경험을 평했다. 두 번째 연구에서는 자기연민 특성이 높은 경우, 후회스러운 경험에 관한 회상으로부터 개인적 성장을 더 많이 보고하는 것으로 확인되었으며 이 결과는 대상자와 관찰자 평가 모두에서 동일하게 나타났다. 세 번째 연구에서는 대상자가 후회스러운 경험을 회상할 때 연민과 이해가 담긴 관점을 가지도록 도와준 집단에서 다른 두 대조군("당신의 긍정적인 특질을 인정하세요."와 "당신이 즐겨 하는 취미에 대해 생각해 보세요.")보다 더 많은 개인적인 개선을 보고했다는 결과가 확인되었다. 연구 결과를 종합해 보면, 우리가 후회를 마주할 때 자기연민은 우리의 긍정적인 성장을 자극하는 것으로 보인다.

또 다른 연구에서는 자기연민이 실패로부터 배움을 얻고자 하는 동기에 미치는 영향을 조사하였다(Breines & Chen, 2012). 연구에 참여한 학생들은 어려운 단어 시험에서 모두 낮은 점수를 받았다. 한 집단에게는 실패에 자기연민으로 반응하게 했고, 다른 집단에게는 자존감을 북돋우는 말(예: "이 대학에 들어온 걸 보면 당신은 우수한 사람입니다.")을 들려주었으며, 나머지 한 집단에게는 아무런 안내도 해 주지 않았다. 그다음 학생들에게 두 번째 단어 시험 일정과 단어장을 전달하며 시험을 보기 전 그들이 원하는 시간만큼 공부하도록 안내했다. 동기 강화 정도를 확인하는 변수로 각 집단의 공부 시간을 측정하였다. 자기연민 안내를 받은 집단은 다른 두 대조군 학생들보다 더 많은 시간을 공부하였다. 또한 공부 시간은 두 번째 시험의 실제 수행 결과와도 연관성을 보였다. 이러한 연구 결과는 우리가 실패하거나 실수했을 때 자신에게 친절하게 대하는 것은 우리가 최선을 다하도록 할 뿐만 아니라 실망스러움 속에서도 계속 시도하는 데 필요한 정서적 지지를 제공한다는 점을 시사한다. 아울러 성공적인 인생의 열쇠로 알려진 투지와 회복탄력성을 기르는 데에도 자기연민이 필요한 것으로 보인다(Duckworth, 2016).

스포츠 영역에서도 자기연민이 동기를 강화한다는 점을 제시한 연구도 있다. 자기연민적인 사람들은 운동하려는 내재된 동기가 더 크며, 그들이 운동하는 목표는 타인에게 더 나은 사람으로 보이는 것 같은 자아와 연결된 내용보다는 그들 자신의 건강과 더 크게 관련되어 있다는 연구가 있다(Magnus, Kowalski, & McHugh, 2010; Mosewich, Kowalski, Sabiston, Sedgwick, & Tracy, 2011). 자기연민적인 운동선수가 정서적으로 힘든 스포츠 상황에서도 더욱 건설적으로(긍정적으로, 인내하며, 책임감 있게) 반응하고 부적응적인(반추하는, 수동적인, 자기비판적인) 반응은 더 적게 보인다는 사실도 연구에서 발견되었다(Ferguson, Kowalski, Mack, & Sabiston, 2015). 이뿐만 아니라 모제위치 등(Mosewich et al., 2013)은 한 주 동안 시행한 자기연민 훈련이 운동선수가 경기에서 빚어지는 차질에 더욱 생산적인(자기비난과 반추와 실수에 대한 염려를 더 적게 하는) 방식으로 대응하는 데 효과적이었다는 사실을 발견하기도 했다.

한편, 일부에서는 자기연민이 '우리 자신에게 주는 면죄부를 의미하는 것은 아닌지' 우려를 보이지만, 연구에 따르면 자기연민은 오히려 우리의 행동에 대한 개인적인 책임을 지려는 동기를 강화한다. 일례로, 대상자들에게 그들 자신을 여전히 나쁘게 여기게 만드는 죄책감을 유발하는 최근 행동(예: 시험에서 커닝한 것, 연인에게 거짓말한 것, 상처 주는 말을 한 것)을 떠올리게 한 연구가 있다(Breines & Chen, 2012). 연구에서 최근 자신이 저지른 행동에 대해 자기연민을 보이도록 도움을 받은 대상자들은 다른 두 대조군의 대상자보다 자신의 행동을 사과하려는 동기가 더 크고, 같은 행동을 반복하지 않으려 전념한다는 결과가 확인되었다. 서로 다른 두 문화권인 미국과 중국에서 학생들의 자기연민과 도덕적 해이를 용납하는 것 간의 관련성을 조사한 비슷한 맥락의 연구도 있다(Wang, Chen, Poon, Teng, & Jin, 2017). 이 연구에서는 두 문화권의 학생들 모두 자기연민이 높을수록 도벽이나 표절 행위 또는 게임 과제에서 이기적으로 구는 것 같은 행동을 덜 용납하는 경향을 보였다. 그러므로 자기연민은 자기 자신을 더 잘 수용하게 하지만, 나쁜 행동까지 용납하는 결과로 이어지지는 않는다고 볼 수 있다.

이러한 연구들 중 단 하나의 연구에서만 예외적인 결과가 확인되었다(Baker & McNulty, 2011). 성별, 양심, 자기연민과 연인 관계에서 빚은 실수를 바로잡으려는 경향(예: 문제를 해결할 방법 찾기) 간의 연관성을 밝히려는 연구였다. 연구 결과, 자기연민적이면서 양심적인 남성은 자신이 한 실수를 바로잡으려고 하는 반면, 자기연민적이지만 양심적이지 않은 남성은 실수를 바로잡으려는 경향이 더 적은 것으로 나타났다. 후자의 경우 바른 일을 하지 않는 것에 대한 변명으로 자기연민을 이용했다는 점을 시사한다. 물론 자기연민적인 사람들은 대개 더 양심적이라는 사실을 유념해야 한다. 따라서 일부 예외적인 하위집단(자기연민이 높지만 양심적이지 않은 남성)에서 발견된 특이점이라는 것을 고려하여 연구 결과를 일반화하지 않도록 주의해야 할 것이다. 그러나 이는 또한 개인의 의도가 진실하지 않다면 무엇이든 오용될 수 있다는 점을 상기시키는 유용한 결과이기도 하다.

자기연민과 건강

자기연민이 자기방종으로 이어질 수도 있다는 흔한 두려움은 자기연민이 건강 행동을 증진시킨다는 결과를 제시한 연구들로 반박된다(Biber & Ellis, 2017; Homan & Sirois, 2017). 자기연민이 건강한 노후의 중요한 특징이며(Allen & Leary, 2014; Brown, Huffman, & Bryant, 2018), 자기연민적인 노인들은 필요한 경우 의료적 도움을 더 잘 구하고(Terry & Leary, 2011), 보행 장치 같은 보조 기구들을 더 많이 사용하는 경향이 있다(Allen, Goldwasser, & Leary, 2012)는 연구 결과를 그 예로 들 수 있다. 연속으로 수행된 세 연구에서도 자기연민을 잘 전하는 사람들이 건강을 잘 유지하려는 동기가 높고, 건강 문제에 대해 치료를 더 잘 받는다는 점이 발견되었다(Terry, Leary, Mehta, & Henderson, 2013). 아울러 동기화된 자기친절과 자애로운 자기대화가 자기연민과 예방적인 건강 행동을 매개한다는 사실도 확인되었다. 자기연민은 균형 잡힌 식사, 규칙적인 운동, 충분한 수면 같은 실제 건강 행동뿐만 아니라 건강에 대한 자기효능감(자신의 건강을 돌보는 주요 행동을 수행할 수 있다는 자신감)과도 연관되어 있다(Sirois & Hirsch, 2019; Sirois, Kitner, & Hirsch, 2015). 셀리악 병(celiac disease, 역주: 장 내 영양분 흡수를 저해하는 글루텐 감수성 증가로 인한 자가면역질환)을 가진 사람들에게서 식이 순응도가 높아지고(Dowd & Jung, 2017), 당뇨 환자들의 자기돌봄 행동이 늘어나는 데도 자기연민이 관련된다(Ferrari, Dal Cin, & Steele, 2017). 후천성면역결핍증(HIV/AIDS)을 가진 사람들을 대상으로 시행한 대규모 다국가 연구에서는 자기연민이 높은 사람일수록 위험한 성관계 같은 행동을 더 적게 한다는 사실이 발견되기도 했다(Rose et al., 2014).

자기연민은 또한 담배를 끊거나 흡연량을 줄이는 데도 도움이 된다. 흡연을 포기하는 어려움에 대해 3주 동안 연민중심치료로 연민 훈련을 받은 집단은 흡연에 대해 반성하고 흡연 행동을 추적 관찰하도록 훈련받은 집단보다 흡연 양상이 더 크게 감소하였다(Kelly, Zuroff, Foa, & Gilbert, 2009). 자기연민 중재는 자기비난이 심하거나 변화에 저항하는 사람들에게 특히 효과적이었다. 이 외에도 자기연민적인 사람들은 초콜릿에 중독될 가능성도 더 적고(Diac, Constantiescu, Sefter, Raşia, & Târgoveţu, 2017), 알코올 의존 환자가 자기연민을 키우면 음주량이 감소한다는 연구 결과도 보고되었다(Brooks, Kay-Lambkin, Bowman, & Childs, 2012).

자기연민, 스트레스, 대처 기술

자기연민은 힘겹고 스트레스를 주는 정서 경험에도 효과적인 대처 방법이다(Allen & Leary, 2010). 이혼 후 적응하는 과정에서 자기연민의 핵심 역할에 관한 연구를 예로 들 수 있다. 이 연구에서는 이혼 절차를 밟고 있는 성인들이 자신의 헤어짐에 대한 이야기를 4분 동안 의식의 흐름에 따라 녹음한 다음, 독립적인 평가자들이 그들의 발화가 얼마나 자기연민적인지 평가하였다. 이혼에 관한 이야기에서 보다 많은 자기연민을 보인 대상자들은 녹음 당시뿐만 아니라 9개월이 지난 후에도 심리적으로 더욱 잘 적응했다는 점이 확인되었다(Sbarra et al., 2012). 대학 생활에 적응하는 데에도 자기연민이 도움이 된다. 높은 수준의 자기연민을 보이는 대학생들은 학업 부담과 사회적 어려움을 마주했을 때 심리적 고통을 덜 경험하는 것으로 나타났으며(Kyeong, 2013), 대학에서의 첫 학기 동안 향수병도 더 적게 경험하는 것으로 확인되었다(Terry, Leary, & Metta, 2013). 한 종단 연구(Gunnell et al., 2017)에서는 대학 신입생들에서 자기연민 정도의 변화가 안녕감의 변화와 연관되어 있으며, 자기연민과 심리적 욕구 충족 간의 관련성이 이에 대한 부분적인 이유로 작용한다는 점을 발견하였다.

자기연민은 다양한 건강 문제를 성공적으로 대처하는 강력한 도구라는 점도 연구를 통해 확인되었다. 예를 들어, 자기연민적인 사람은 정서 균형을 더 잘 유지하며, 일상 기능을 더 잘하고, 만성 통증으로 인한 주관적 통증을 더 적게 느끼는 것으로 나타났다(Costa & Pinto-Gouveia, 2011; Wren et al., 2012). 인체면역결핍바이러스(HIV)를 보유한 개인(Brion et al., 2014)이나 암을 진단받은 개인(Gillanders, Sinclair, MacLean, & Jardine, 2015)에서 자기연민은 낮은 스트레스, 불안, 수치심과 관련되어 있을 뿐만 아니라 더 나은 적응 행동과도 관련되어 있었다. 실제로 여성들이 유방암 치료를 할 때 심리적인 고통을 덜 경험하고 암으로 인한 신체 변화에 잘 적응하여 항암치료 과정에 더욱 잘 대처하는 데에도 자기연민은 도움이 되었다(Przezdziecki et al., 2013). 척추 갈림증(spina bifida)을 가진 성인(Hayter & Dorstyn, 2013)이나 다발성 경화증(multiple sclerosis)을 가진 성인(Nery-Hurwit, Yun, & Ebbeck, 2017)의 회복탄력성과도 자기연민은 관련성을 보였다. 불임으로 인한 스트레스를 완화하는 데에도 자기연민은 도움이 된다(Galhardo, Cunha, Pinto-Gouveia, & Matos, 2013). 시로이스, 몰나와 허쉬(Sirois, Molnar, & Hirsch, 2015)는 자기연민을 잘 전하는 만성질환자는 적응적인 대처 방식(예: 상황을 긍정적으로 재구성하거나 수용함)은 많이 보이고 부적응적 대처 방식(예: 포기하거나 자신을 비난함)은 적게 보이기 때문에 스트레스를 덜 받는다는 사실을 발견했다. 아울러 커플이 만성음부통(volvodynia)에 대처할 때도 심리적 · 성적 · 관계적 적응에 자기연민이 도움이 되는 것으로 나타났다(Santerre-Baillargeon et al., 2018).

그다지 놀라운 사실은 아닐지도 모르지만, 자기연민은 외상후스트레스에도 중요한 보호 요인으로 작용하는 것으로 보인다(Beaumont, Galpin, & Jenkins, 2012; Thompson & Waltz, 2008). 예를 들어, 이라크 및 아프가니스탄 파병 경험이 있는 참전 군인의 정신건강 기능을 조사한 결과, 자기연민적인 군인이 전투 노출로 인한 외상후스트레스장애(PTSD) 증상을 더 적게 경험하는 등 더 나은 일상 기능을 보이는 것을 발견하였다(Dahm et al., 2015). 실제로 낮은 수준의 자기연민이 높은 전투 경험 노출 빈도보다 외상후스트레스장애 증상 발달에 더 강한 예측 요인인 것으로 확인되었다(Hiraoka et al., 2015). 고무적인 사실은 12주에 거친 자애 훈련이 참전 군인의 우울감과 외상후스트레스장애 증상을 감소시켰으며, 이러한 효과는 훈련으로 증진된 자기연민으로 설명할 수 있다는 것이다(Kearney et al., 2013). 지역사회 일부를 파괴한 규모의 큰 산불이 발생한 직후부터 해당 지역 청소년들의 정신건강을 조사한 결과, 자기연민 수준이 더 높은 청소년들이 산불 발생 후 6개월 뒤 외상후스트레스

장애, 공황, 우울 증상 및 자살 경향성을 더 적게 경험하는 것으로 확인되기도 했다(Zeller, Yuval, Nitzan-Assayag, & Bernstein, 2015). 끝으로, 심각하고 반복된 대인관계 외상을 경험했던 여성에서 자기연민이 외상후스트레스장애 증상 경감의 예측 요인으로 작용하는 기전은 정서 조절 기술의 증대로 인한 것으로 보인다(Scoglio et al., 2018). 이러한 연구 결과를 종합해 볼 때, 자기연민은 우리가 삶에서 거대한 도전을 대처할 때 큰 도움이 된다.

자기연민, 신체상, 섭식장애

자기연민이 긍정적인 신체상과 관련되며 섭식장애 증상을 감소시킨다는 근거는 체계적 문헌 고찰로 확인되었다(Braun et al., 2016). 높은 수준의 자기연민은 신체에 대한 불만족과 수치심이 적고, 신체상에 대한 염려가 낮다는 점과 관련된다는 사실 또한 여러 연구에서 보고되었다(Daye, Webb, & Jafari, 2014; Ferreira, Pinto-Gouveia, & Duarte, 2013; Mosewich et al., 2011; Przezdziecki et al., 2013; Wasylkiw, MacKinnon, & MacLellan, 2012; Webb, Fiery, & Jafari, 2016). 사회적 외양에 대한 비교, 즉 자신의 신체적 모습을 타인과 비교하여 사회적 매력에 접근하려는 경향과 자기연민은 부적 상관성을 띠는 것으로 보인다(Duarte, Ferreira, Trindade, & Pinto-Gouveia, 2015; Homan & Tylka, 2015). 뿐만 아니라 자기연민은 외모에 관한 염려에도 자존감보다 더욱 적응적으로 반응하는 것으로 여겨진다. 모피트, 노이만과 윌리엄슨(Moffitt, Neumann & Williamson, 2018)은 신체상에 대한 위협 후 자기연민을 증진하는 것이 자존감을 증진하는 것보다 신체에 대한 불만족을 줄이고 자기개선의 동기를 강화시킨다는 점을 발견했다. 신체 불만족을 감소시키는 것과 더불어, 자기연민은 여성이 자신의 신체를 인정하고 감사하는 능력을 증가시키는 것으로 보인다(Homan & Tylka, 2015; Marta-Simões, Ferreira, & Mendes, 2016; Pisitsungkagarn, Taephant, & Attasaranya, 2013; Wasylkiw et al., 2012). **신체 감사**(body appreciation)란 여성이 체중, 몸매, 불완전함에도 불구하고 자신의 몸을 좋아하고, 수용하며, 존중하는 정도로, 낙관주의 및 삶의 만족도와 관련된 긍정적인 심리적 힘을 일컫는다(Avalos, Tylka, & Wood-Barcalow, 2005). 불완전한 신체를 연민으로 포용함으로써 몸이 주는 선물에 감사하는 능력을 키울 수 있는 것이다.

훈련을 통해 자신의 몸을 더욱 자기연민으로 대할 수 있는 것으로 보인다. 예를 들어, 유방암 치료를 받은 사람들을 대상으로 간단한 자기연민 글쓰기 중재를 했을 때, 고통스러운 신체상 관련 삽화에 더 자기연민적인 태도를 보이며 그 결과 부정적인 정동을 더 적게 경험하는 것으로 나타났다(Przezdziecki & Sherman, 2016). 다양한 연령대의 여성을 대상으로 3주간 시행한 자기연민 명상 훈련은 신체 만족감을 개선시킨 것으로 확인되었다(Albertson et al., 2015). 이들은 대기(wait-list) 대조군보다 신체에 대한 불만족, 신체에 대한 수치심, 외모에 의존하는 자기가치감 정도가 현저하게 감소하였을 뿐만 아니라 자신의 신체에 더욱 감사함을 보였다. 이러한 개선점들은 훈련 후 3개월이 지난 시점까지도 유지되었다. 신체상에 대한 자기연민 명상의 영향을 조사한[앨버트슨(Albertson) 등이 2015년에 시행한 방식과 동일한 방법론을 채택] 연구에서는 일주일간의 훈련만으로도 대기 대조군보다 신체 감사는 증가하고 외모에 의존하는 자기가치감과 신체를 감시하는 행동은 감소한 결과가 확인되었다(Toole & Craighead, 2016). 청소년이 자신의 신체에 자기연민을 갖게 돕는 핸드폰 어플리케이션 보디모조(BodyMojo)를 이용하면 외모 관련 자존감이 증진되는 것으로 나타나기도 했다(Rodgers et al., 2018).

자기연민은 섭식장애 증상을 완화하는 역할도 한다. 이는 심각한 폭식을 줄일 뿐만 아니라(Webb & Forman, 2013), 섭식장애 임상군 여성에서 이상 식이를 줄이는 것과도 관련된다(Ferreira et al., 2013). 일련의 종단 연구(Kelly & Carter, 2014; Kelly, Carter, & Borairi, 2014; Kelly, Carter, Zuroff, & Borairi, 2013)에서는 섭식장애 치료 초반에 자기연민을 획득하는 것이 이후 섭식장애의 감소를 예측한다는 점이 발견되었다. 대학생의 자기연민과 이상 식이의 연관성을 조사하기 위해 고안된 일지 연구에서는 대상자가 자신의 외모에 대해 더 높은 자기연민을 보고한 날에 이상 식이 행동이 더 적었다는 사실이 확인되기도 했다(Breines, Toole, et al., 2014). 그러므로 우리가 건강한 식이 행동을 하는 데 자기연민이 도움이 될 뿐만 아니라 이를 위한 기술을 배울 수도 있다.

폭식장애(binge-eating disorder) 환자를 자기연민 기반 중재, 인지행동치료, 대기 대조군에 무작위로 배정하여 시행한 연구 결과, 자기연민 기반 중재가 폭식장애 병리, 체중, 식사에 대한 염려를 줄이는 데 가장 효과적이었다(Kelly & Carter, 2015). 다른 연구를 통해 자기연민이 어떻게 건강한 식생활을 장려하는지 살펴보자. 다이어트를 하는 사람들은 흔히 역설적인 경향을 보인다. 다이어트 중간에 고칼로리 음식을 먹어 버리고 나면, 자신의 재발과 관련된 나쁜 느낌을 없애기 위해 더 많이 먹곤 하는 것이다(Heatherton & Polivy, 1990). 애덤스와 리어리(Adams & Leary, 2007)는 여대생들을 대상으로 도넛을 먹어야 하는 이유에 대한 연구를 수행하였다(식습관 연구의 일환이었다). 도넛을 먹고 나서 대상자 중 절반은 다음과 같은 안내를 받았다. "도넛을 먹고 나니 기분이 좋지 않다고 이야기하시는 경우가 있어요. 저희는 여러분이 자책하지 않기를 바랍니다. 누구나 가끔 건강하지 않은 음식을 먹고, 이 연구에 참여한 모든 사람이 도넛을 먹으니, 여기에 대해 기분이 좋지 않을 이유가 전혀 없다고 보거든요." 다이어트 중이던 대상자 중 별도의 안내를 받지 않은 대조군은 죄책감과 부끄러움 등을 느꼈다고 응답했다. 이들은 또한 '미각 테스트' 과정에서 원하는 만큼 많은 사탕을 먹을 수 있게 되었을 때 다른 집단(심지어는 다이어트를 하지 않는 집단)보다 더 많은 사탕을 먹었다. 반대로 도넛을 먹은 행동에 대해 자기연민으로 반응하도록 격려받는 대상자 중 다이어트를 하던 집단은 도넛을 먹고 난 후 자신에게 더 친절해지고 덜 속상해했으며, '미각 테스트' 과정에서 다른 집단보다 사탕을 적게 먹었다. 따라서 자기연민은 건강한 식이 목표를 지키는 데 도움이 되는 것으로 보인다.

집단 간 자기연민의 차이

자기연민 수준은 연령, 성별, 문화마다 차이를 보일 수 있다. 예를 들어, 나이가 들면서 자기연민이 증가하고 남성이 여성보다 자기연민을 더 크게 보인다는 메타분석 결과가 보고되었지만, 이 차이의 효과 크기는 매우 작았다(Yarnell et al., 2015). 이러한 차이의 근거는 불분명하지만, 나이가 어릴수록(분석에 포함된 젊은 연령층 대부분은 대학생이었다) 세상에서 자신의 자리를 찾고자 고군분투해야 하는 자신을 수용하기 어려워한다고 짐작해 볼 수 있다. 성별에 따른 차이는 여성이 남성보다 더 자기비판적이고 반추하는 형태의 대처 기술을 더 많이 사용하기 때문일 수 있다(Leadbeater, Kuperminc, Blatt, & Hertzog, 1999; Nolen-Hoeksema, Larson, & Grayson, 1999). 그러나 이 메타분석 연구에서는 연령과 성별 사이의 중요한 상호작용이 추가로 확인되었는데, 자기연민의 성별 차이는 낮은 연령대에서는 나타났지만 높은 연령대에서는 나타나지 않았다는 것이다. 즉, 여성은 나이가 들고 성숙해지면서 자기비판에 대응하는 자기친절 기술을 학습하는 것으로 보인다. 흥미롭게도, 자기연민에서 연령과 성별의 상호작용은 청소년 집단에서도 확인되었다(Bluth & Blanton, 2015). 고등학교 여학생들은 중학교 여학생들보다 자기연민이 더 적은 경향을 보였으며, 고등학교 여학생들만 동일 연령대 남학생들에 비해 자기연민이 더 적은 것으로 나타났다(Bluth, Campo, Futch, & Gaylord, 2016). 이 발견은 후기 청소년기 여학생들이 자기연민 측면에서 특히 어려움을 겪고 있음을 시사하며, 영화 〈퀸카로 살아남는 법(Mean Girls)〉에서 강조되었던 인기와 신체상에 대해 염려하는 상황과도 관련지을 수 있다(Michaels & Waters, 2004). 그러나 다행스럽게도 이러한 차이는 시간이 지나며 사라지는 경향을 보인다.

또한 자기연민에서 성별 차이를 고려할 때는 성의 복잡성을 염두에 두어야 한다. 예를 들어, 더욱 성평등적인 성역할 규범을 지지하는 여성은 남성보다 낮은 자기연민으로 고통받지 않으며, 이런 성별 차이는 주로 '여성스러운' 여성에서 발생하는 것으로 보인다(Yarnell, Neff, Davidson, & Mullarkey, 2018). 자기희생이라는 전통적인 여성 성역할 규범이 여성이 자신의 필요에 주의를 덜 기울이게 만들 수 있기 때문이다. 이와 비슷하게 '남자다운' 성역할 규범에 맞게 행동하려는 남성이 더 낮은 자기연민을 보이는데, 정서 조절과 지배 같은 전통적인 남성 행동을 고수하는 것이 남성의 자기연민 능력을 약화시키는 것으로 보인다(Reilly, Rochlen, & Awad, 2014). 히스, 브레너, 보겔, 라닌, 스트라스(Heath, Brenner, Vogel, Lannin, & Strass, 2017)가 수행한 연구에서는 남성의 성역할 고수와 정신건강 상담 방문 장벽 간 연관성에 자기연민이 매개 요인으로 작용한다는 것을 확인하였는데, 자기연민 수준이 높은 남성은 도움을 청할 때 자기 낙인을 덜 경험하며 상담사에게 자기공개를 하는 것을 덜 두려워하였다. 따라서 자기연민과 성역할 규범 간 상호작용은 복잡할 뿐만 아니라 양방향으로 일어날 가능성이 크다.

다른 인구통계학적 특성에 따른 자기연민의 차이를 조사한 연구는 매우 드물다. 대학 소재 정신건강센터를 찾은 대학생(미국 전역의 6개 주에 위치한 10개의 대학교 재학생)을 대상으로 연구를 수행한 결과, 인종/민족, 성적 지향성, 재학 중인 학년에 따른 자기연민의 차이는 발견되지 않았다(Lockard, Hayes, Neff, & Locke, 2014). 그러나 자신의 성적 정체성을 완전히 개방한 성소수자(LGBTQ)는 자기연민 수준이 더 높았으며(Crews & Crawford, 2015), 이 집단에서는 자기연민이 높을수록 더 큰 행복감을 느끼는 것으로 확인되었다(Greene & Britton, 2015).

자기연민에도 문화적 다양성이 존재하지만, 이는 단순한 동서양의 차이는 아닌 것으로 보인다. 태국, 대만, 미국의 자기연민 수준을 조사한 연구에서 자기연민은 태국에서 가장 높고, 대만에서 가장 낮았으며, 미국은 둘 사이의 중간 수준이었다(Neff et al., 2008). 태국의 결과는 불교의 강력한 영향으로 양육과 일상 속 상호작용에서 연민의 가치가 강조되기 때문일 것이다. 대만은 강력한 유교 영향권 아래에서 수치심과 자기비판을 양육과 사회 통제의 수단으로 강조하기에 자기연민 수준이 가장 낮게 나온 것으로 보인다. 미국의 경우는 미국 문화가 긍정적인 자기존중 측면에서 주는 혼재된 메시지(예: 자존감에 더해 고립과 경쟁 정신을 함께 강조)로 인한 결과로 여겨진다. 실제로 미국이 보고한 자존감 수준은 태국과 대만보다 훨씬 높았다. 그러나 세 문화권 모두에서 자기연민은 낮은 우울감과 높은 삶의 만족도에 대한 분명한 예측 요인으로 작용하였으며, 이런 결과는 문화 차이를 넘어 자기연민이 가지는 보편적인 이점을 제시한 것으로 볼 수 있다.

대인관계에서의 자기연민

자기연민은 한 사람의 심리 상태에 이로울 뿐만 아니라 사람과 사람 사이의 관계에서도 이롭다는 근거 또한 제시되었다. 이성애자 커플을 대상으로 수행한 연구(Neff & Berettvas, 2013)에서, 자기연민적인 사람은 그렇지 않은 사람보다 파트너의 보고상 더욱 감정적으로 연결되어 있고, 수용적이며, 상대의 자율성을 지지하고 관심을 보이고, 통제하려 들지 않으며, 언어적 또는 물리적으로 공격적이지 않은 사람으로 묘사되었다. 아울러 자기연민은 이들 커플에서의 관계 만족도와 애착 안정성과도 관련성을 보였다. 이러한 결과는 자기를 스스로 잘 돌보고 지지하는 자기연민적인 사람이 파트너에게 줄 수 있는 정서적 자원도 더 풍부하기 때문인 것으로 보인다. 자기연민적 성격 특성은 애정관계에서의 질투(romantic jealousy)의 부적 예측 요인으로 확인되었으며, 이러한 연관성은 부분적으로 자기연민적인 사람에게서 관찰

되는 파트너를 기꺼이 용서하려는 태도로 설명된다(Tandler & Petersen, 2018). 자기연민은 또한 커플 중 한 사람이 폐암 진단을 받은 상황에도 도움이 되는 것으로 보인다. 한 연구에서는 자기연민적인 사람이 암 진단에 덜 고통스러워하며 암에 대한 내용도 더 잘 소통하는 것으로 확인되었다(Schellekens et al., 2016). 그뿐만 아니라 자신의 파트너가 자기연민이 높다고 보고한 경우, 커플 관계 수준에서의 심리적 고통이 더 낮았다. 즉, 한 파트너가 자기연민을 적게 보일 때 다른 파트너가 더 많은 자기연민을 보이면서 이를 보상하여 커플의 심리적 고통을 완화하는 것으로 보인다.

자기연민 수준이 높은 대학생은 친구와 룸메이트의 관계에서 연민적인 목표를 가지는 경향이 있다고 보고한 연구도 있다. 다시 말해, 이들은 자신이 관계를 맺고 있는 이들에게 사회적 지지를 보내고 대인관계에서의 신뢰를 북돋으려 한다는 것이다(Crocker & Canevello, 2008; Wayment, West, & Craddock, 2016). 다른 연구(Yarnell & Neff, 2013)에서는 자기연민적인 사람들이 부모와 연인 관계에서 발생하는 갈등 상황에서 양보할 가능성이 크고, 자기연민이 부족한 사람들은 자신의 필요를 상대방을 통해 충족하려고 한다는 결과를 보고하기도 했다. 자기연민 수준이 높은 사람은 타인에게 하듯 자기 자신에게도 친절하다고 보고하지만, 자기연민이 낮은 사람은 자기 자신보다 타인에게 더 친절하다고 보고하는 점을 고려한다면 이러한 결과는 납득할 만하다(Neff, 2003a). 이 연구에서는 또한 자기연민적인 사람은 관계에서의 갈등을 해결할 때 진정성은 더 크게, 혼란스러움은 더 적게 경험하며 대인관계에서 더 큰 안녕감을 느끼는 것으로 확인되었다. 이와 유사하게, 자기연민 수준이 높은 사람은 타인에 대한 병적 관심(pathological concern), 즉 타인의 필요를 충족해 주기 위해서는 과도하게 투자하고 자신의 필요는 억압하거나 부정하는 경향도 더 적게 보이는 것으로 나타났다(Gerber, Tolmacz, & Doron, 2015). 마지막으로 자기연민은 과거 관계에서 입혔던 상처에 대해 사과하고 관계를 회복하려는 경향과 대인관계에서 화합을 촉진하려는 경향과도 연관성을 보였다(Breines & Chen, 2012; Howell, Dopko, Turowski, & Buro, 2011; Vazeou-Nieuwenhuis & Schuman, 2018).

자기연민이 대인관계에서 사과를 더 잘 주고받는 방식에 미치는 영향을 연구한 일련의 두 연구를 살펴보자(Allen, Barton, & Stevenson, 2015). 첫 번째 연구에서는 대상자가 의도치 않게 타인을 실망시키는 가상 시나리오(예: 회사에서 발생한 급한 일 때문에 친한 친구의 자녀를 하굣길에 데리러 가는 데 45분 늦음)를 상상케 한 다음 그 반응을 조사하였다. 연구 결과, 자기연민적인 사람은 자신이 실망시킨 사람에게 실수를 저지른 것에 대해 자기비판적인 말(예: “날 믿어 준 너를 실망시키다니, 내가 형편없는 인간이 된 것 같아.”)보다는 자기연민을 반영한 말(예: “하려던 일을 못하게 만드는 상황이 생각이 갑자기 생기기도 하네.”)을 하는 것으로 나타났다. 두 번째 연구에서는 첫 번째 연구와 유사한 가상 시나리오에서 누군가가 의도치 않은 실수로 타인을 실망시켰을 때 자기연민적인 반응과 자기비판적인 반응 중 이상적으로 어떤 반응을 하길 바라는지 조사한 결과, 자기연민적인 대상자는 자기연민이 반영된 반응을 선호하였으며, 상대방의 반응과 무관하게 상대방을 용서해 줄 가능성이 크다는 것을 발견하였다. 그러나 자기연민이 낮은 사람의 경우 자기비판적인 반응을 더 선호하고 이러한 반응을 보인 상대방을 용서해 줄 가능성이 더 컸다. 이러한 결과는 타인을 실망시켰을 때 적응적인 내적 반응은 자기연민이지만, 자기비판적인 타인을 실망시킨 상황에서는 외적으로는 자기비판적인 태도를 취하는 것이 더 효과적일 수 있음을 시사한다.

자기연민과 타인에 대한 배려

자기연민이 타인을 위한 연민과는 어떤 관련이 있는지에 대한 궁금증은 우리의 호기심을 자극한다. 자기 자신을 향한 열린 마음가짐을 배양하는 과정은 인간의 상호연결성을 알아차리게 하기에 이론적으로는 다른 이들을 친절히 대하고, 용서하며, 공감하는 과정 또한 촉진시켜야 한다. 이 주제에 대해서는 앞으로 더 많은 연구가 필요하겠으나, 예비 연구에 따르면 자기연민은 타인에 대한 배려와 분명히 관련되어 있다. 그러나 이 연관성은 연령과 삶의 경험에 따라 다소 차이를 보인다.

네프와 포미에(Neff & Pommier, 2013)가 대학생, 지역사회 노년층, 불교 명상 수행자를 대상으로 자기연민과 타인에 대한 배려 사이의 연관성을 조사한 연구에서는 세 집단 모두에서 자기연민을 잘 전하는 사람들은 개인적 고통을 덜 경험하는 것으로 나타났는데, 이는 그들이 타인의 고통에 압도되지 않고 고통을 더 잘 마주할 수 있다는 것을 의미한다. 또한 자기연민은 관점 취하기(perspective taking)와 타인을 용서하는 행동과도 큰 관련성을 보였다. 이런 행동들은 인간 행동에 광범위하게 얽혀 있는 원인과 조건에 대한 이해가 선행되어야 가능한 행동이다. 따라서 자신의 불완전한 인간성을 이해하고 용서하는 능력은 타인에게도 적용할 수 있는 것처럼 보인다. 자기연민은 지역사회 노년층과 불교 수행자에서는 타인에 대한 연민, 공감적 배려, 이타주의와 약하지만 유의미한 연관성을 나타냈다. 대다수의 사람이 자신보다 타인에게 더 연민적인 탓에 연관성이 약화되어 예상보다 강력하지 않게 나타난 것으로 보인다(Knox et al., 2016). 흥미롭게도, 대학생에서는 자기연민과 타인에 대한 배려(즉, 연민, 공감적 배려, 이타주의) 간 연관성이 확인되지 않았다. 젊은 성인들은 삶 속 경험에서 인간 공통의 측면을 인식하기 어려워하며 자신과 다른 이들과의 차이점을 과대평가하기 때문일 것이다(Lapsley, FitzGerald, Rice, & Jackson, 1989). 즉, 자신이 돌봄을 받을 자격이 있다는 믿음과 타인이 돌봄을 받을 자격이 있다는 믿음이 제대로 통합되지 못한 것이다. 자기연민과 타인에 대한 배려 사이의 연관성은 명상 수행자에서 가장 강력하게 나타났으며, 이는 자신과 타인을 향하는 연민을 키우려는 의도로 고안된 자애 명상 등을 수행한 결과로 보인다(Hofmann et al., 2011). 실제로 자애 명상을 수행한 사람들은 자신과 타인을 향한 연민이 커지는 것으로 나타났다(Weibel, 2008). MSC 프로그램에 대한 연구(4장 참조)에서도 자기연민 훈련이 자신과 타인을 향한 연민을 증가시킨다는 것을 발견하였다(Neff & Germer, 2013). 이들 결과는 자신을 향하는 연민 없이도 타인을 향한 연민을 가질 수는 있지만, 자기연민이 커지면 타인을 향한 연민도 커지는 경향이 있음을 시사한다.

자기연민이 커지면 이타적 행동이 증진된다는 결과를 제시한 연구도 있다. 자기확증(self-affirmation)에 관한 글을 작성하는 작업을 통해 자기연민을 증가시키면 실험실 선반 무너짐 사고에 대한 반응으로 도움을 주는 행동(예: 실험자가 자리를 비웠을 때 선반이 '우연히' 무너진 후 떨어진 사물을 주워 줌)을 더 많이 하게끔 하는 것으로 나타났다(Lindsay & Creswell, 2014). 자기연민 수준이 높은 사람들은 부분적으로는 스스로 자초한 곤경에 처한 타인을 더 기꺼이 도와준다는 결과가 확인되기도 했다(Welp & Brown, 2014). 자기연민적인 사람들은 실수를 하게 되는 것을 인간 조건의 일부로 여기기에, 이들에게는 기꺼이 돕고자 하는 마음이 비난 섞인 판단보다 더 앞서기 때문일 것이다. 이러한 일련의 연구를 종합해 볼 때, 자기연민이 대인관계에서 타인에 대한 배려를 불러일으키는 데 도움이 되는 것으로 보인다.

돌보는 이들을 위한 자기연민

돌봄 제공자(caregiver)에게도 자기연민은 중요한 자산이다(Raab, 2014). 예를 들어, 치료자, 간호사, 소아청소년의학과 전공의, 조산사, 성직자 등 다양한 전문 영역의 돌봄 제공자 집단을 대상으로 하는 연구에서는 자기연민이 커질수록 **돌봄 피로**(caregiver fatigue, 환자의 고통에 공명할 때 느껴지는 부정적인 스트레스와 소진)는 줄어들고, **연민 만족도**(compassion satisfaction, 자신의 일에서부터 얻는 긍정적인 느낌으로 세상을 변화시킬 수 있다는 데서 얻는 활기, 행복, 감사함 등)는 높아지는 것으로 확인되었다(Atkinson, Rodman, Thuras, Shiroma, & Lim, 2017; Barnard & Curry, 2012; Beaumont, Durkin, Hollins Martin, & Carson, 2016a, 2016b; Durkin, Beaumont, Hollins Martin, & Carson, 2016; Olson, Kemper, & Mahan, 2015; Richardson, Trusty, & George, 2018; Ringenbach, 2009). 높은 수준의 자기연민은 의사 집단에서의 개인의 회복탄력성(Trockel, Hamidi, Murphy, de Vries, & Bohman, 2017), 의료 전문가 집단에서의 낮은 수면 불편감과도 관련되었으며 이는 스트레스 수준을 통제한 이후에도 유의미하였다(Kemper, Mo, & Khayat, 2015). 비공식적인 돌봄 제공자에게도 자기연민은 도움이 된다(Lloyd, Muers, Patterson, & Marczak, 2018). 치매 노인을 돌보는 이들을 대상으로 한 연구에서 돌봄에 대한 적은 부담감과 돌봄 스트레스에 대한 더욱 기능적인 대처와 자기연민 간의 관련성이 확인된 점을 예로 들 수 있다(Lloyd, Muers, Patterson, & Marczak, 2018). 이와 유사하게, 자폐 아동의 부모를 대상으로 한 연구에서도 높은 수준의 자기연민을 보이는 대상자가 스트레스와 우울증이 적고 삶의 만족도와 희망을 더 많이 느끼는 것으로 확인되었다(Neff & Faso, 2014). 실제로 자기연민이 자폐 증상 심각성 자체보다 부모의 적응에 더 강력한 예측 요인으로 확인되었으며, 이는 부모가 직면하는 돌봄에서의 어려움 정도보다 어려움의 한가운데에서 그들 자신과 관계를 맺는 방식이 더욱 중요하다는 점을 시사한다.

다행히도, 연구에 따르면 돌봄 제공자에게 자기연민을 훈련시킬 수 있다. 의료 전문가를 대상으로 한 연구에서는 마음챙김 훈련으로 자기연민이 증가되었으며, 결과적으로 스트레스 수준 감소의 예측 요인으로 작용하였다(Shapiro, Astin, Bishop, & Cordova, 2005). 게다가 수련 과정 치료자를 대상으로 6주 동안 온라인으로 자기연민 연습을 시행하였을 때 대상자의 스트레스가 줄어들고 감정 조절과 안녕감이 개선되기도 했다(Finlay-Jones et al., 2015). 따라서 자신에게 연민을 전하면 다른 이들에게 돌봄을 제공하는 데 필요한 정서적 자원을 얻는 것으로 보인다.

반대로 다른 이들을 돌보는 활동은 우리가 어떻게 자기연민적이 될 수 있는지 아는 데에도 도움이 된다. 자기 자신보다 타인에게 친숙하게 전하는 지지적인 대화를 내면에 모델링하면 자기연민을 학습하는 데 도움이 된다고 제시한 연구가 있다. 브레인스와 첸(Breines & Chen, 2013)은 지지 제공 도식을 활성화하면 자기연민 상태를 증가시킬 수 있다는 가설을 일련의 네 가지 실험으로 검증하였다. 처음 두 실험에서는 대상자가 과거의 부정적 사건을 회상하거나 시험에서 실패하는 경험을 하고 난 다음, 다른 이들과 즐거운 시간을 보내거나 다른 이들을 지지했던 경험을 회상하도록 무작위로 배정되었다. 마지막으로, 대상자들의 자기연민 상태를 측정하자 다른 이들을 지지했던 경험을 회상한 집단이 더 자기연민적인 것으로 나타났다. 두 가지 후속 실험에서는 실제로 다른 이들에게 지지를 제공(서면으로 조언)한 집단에서의 자기연민 상태와 다른 이들의 문제를 단순히 읽거나 지지를 제공하지 않은 집단에서의 자기연민 상태를 비교하였다. 이들 실험에서도 실제로 지지를 제공한 집단이 자기연민적이 될 가능성이 더 크다는 결과가 나타났다.

자기연민과 초기 가족사

연구에 따르면 초기 가족 경험은 자기연민의 발달에 중요한 역할을 한다. 애착 유형(attachment history)은 자기연민과 관련되며, 불안정 애착 유형이 안정 애착 유형보다 낮은 자기연민 수준과 관련된다는 점을 예로 들 수 있다(예: Joeng et al., 2017; Mackintosh, Power, Schwannauer, & Chan, 2018; Raque-Bogdan, Ericson, Jackson, Martin, & Bryan, 2011; Wei, Liao, Ku, & Shaffer, 2011). 관련 연구 대부분에서는 상관관계를 확인하였지만, 애착 안정성을 실험적으로 점화(예: 편안하고 안전하며 속상할 때 의지할 수 있는 특정 사람을 시각화하도록 요청)하자 자기연민 상태가 증가했던 결과를 비추어 보면 둘 사이에는 인과관계도 존재하는 것으로 여겨진다(Pepping, Davis, O'Donovan, & Pal, 2015). 이와 유사하게, 따뜻함과 안전감에 관한 초기 기억은 자기연민과 정적 관련성을 가지며(Kearney & Hicks, 2016; Marta-Simões, Ferreira, & Mendes, 2018), 부모의 거부, 비판, 과잉보호 및 스트레스가 심한 가족 관계는 부적 관련성을 가지는 것으로 알려져 있다(Neff & McGehee, 2010; Pepping et al., 2015).

당연하게도, 아동기 정서적 학대는 낮은 수준의 자기연민과 관련이 있으며(Barlow, Turow, & Gerhart, 2017), 심리적 외상 이력을 가진 개인이 자기연민의 수준이 낮으면 정서적 고통을 더 많이 경험하며 알코올을 남용하거나 심각한 자살 시도를 할 가능성 또한 높아진다(Tanaka, Wekerle, Schmuck, Paglia-Boak, & MAP Research Team, 2011). 자기연민의 감소는 초기 외상이 향후의 기능 저하로 이어지는 주요 기전으로 확인되었다. 예를 들어, 자기연민은 아동기 학대 및 방임과 향후 정서조절장애(emotional dysregulation; Vettese, Dyer, Li, & Wekerle, 2011) 및 외상후스트레스장애 증상(Barlow et al., 2017)을 매개하는 요인으로 보고되었다. 아울러 심리치료를 받는 성인에서 지각된 부모의 학대 및 방임과 정신건강 증상의 심각도 간 관련성에서도 자기연민이 매개 요인으로 작용하는 것으로 밝혀졌다(Westphal, Leahy, Pala, & Wupperman, 2016). 이는 심리적 외상 이력을 가진 사람이 자신에게 연민을 전하는 방법을 학습하면 자신의 과거를 보다 생산적인 방식으로 다룰 수 있으리라는 점을 시사한다. 실제로 자기연민은 외상 후 성장 및 치유와 관련성이 크다(Wong & Yeung, 2017). 그러나 아동기 학대로부터 생존한 이들은 MSC에서 정의한 역류(backdraft)와 관련된 자기연민에 대한 두려움을 더 많이 경험하며(Boykin et al., 2018), 이러한 두려움은 자기연민 자원의 계발을 가로막는 중요한 장벽이 될 수 있다.

임상 집단에서의 자기연민

일반 인구 집단보다 양극성장애(Døssing et al., 2015), 우울증(Krieger et al., 2013), 범불안장애(Hoge et al., 2013), 사회불안증(Werner et al., 2012), 물질사용장애(Phelps, Paniagua, Willcockson, & & Potter, 2018), 피해망상(Collett, Pugh, Waite, & Freeman, 2016) 같은 정신건강질환 기준에 해당되는 개인은 자기연민 수준이 더 낮은 경향이 있다. 또한 자기연민 수준의 차이는 임상 집단이 겪는 정신건강 증상의 정도를 설명하는 데에도 도움이 되는 것으로 나타났다. 예를 들어, 조현병(Eicher, Davis, &

Lysaker, 2013), 강박장애(Wetterneck, Lee, Smith, & Hart, 2013), 범불안장애(Hoge et al., 2013) 환자에서 높은 자기연민은 증상의 감소와 관련된다. 아울러 자기연민은 사회불안증 환자에서 부정적 평가에 대한 두려움의 감소(Werner et al., 2012)와 과잉 성적장애 남성의 수치심, 반추, 성욕 과잉의 감소(Reid, Temko, Moghaddam, & Fong, 2014)도 예측하는 것으로 확인되었다.

자기연민은 단극성 우울증 환자의 우울 증상 감소와도 관련되며, 이러한 관련성은 부정적 감정을 견딜 수 있는 능력으로 매개되는 것으로 밝혀졌다(Diedrich et al., 2017). 더 나아가 주요우울장애 환자에게 자기연민을 훈련시킬 수도 있다. 다이드리흐 등(Diedrich et al., 2014)은 실험 연구에서 슬픈 음악을 배경으로 일련의 진술문(예: "나는 패배자인 것 같다.")을 읽게 하여 대상자에게 우울한 기분을 유발시킨 다음 자신의 기분 상태를 평가하게 했다. 이후 대상자들을 각각 자기연민, 인지 재평가, 수용을 통해 감정을 조절케 한 세 집단 및 대기 집단으로 배정한 다음 기분 상태를 다시 평가하게 하였다. 연구 결과, 처음에 높은 수준의 우울감을 느꼈던 대상자들 중 자기연민 집단이 다른 세 집단에 비해 더 많은 이점을 얻었다. 흥미롭게도, 동일한 연구진(Diedrich, Hofmann, Cuijpers, & Berking, 2016)이 수행한 다른 연구에서는 대비 전략으로 자기연민을 사용하도록 배운 주요우울장애 환자 중 인지 재평가 집단이 대기 집단에 비해 우울감이 더 크게 감소한 것으로 확인되었으며, 이는 서로 다른 감정 조절 기술이 상호 지지적일 수 있음을 시사한다.

자기연민의 변화는 치료 행위의 핵심 기전인 것으로 보인다(Baer, 2010; Galili-Weinstock et al., 2018; Germer & Neff, 2013). 네프, 커크패트릭과 루드(Neff, Kirkpatrick, & Rude, 2007)가 수행한 연구에서는 내담자가 경험한 자기연민의 변화를 한 달 간격으로 추적하였다. 치료자는 내담자가 자기비판을 줄이고 그들 자신에 대해 더 많은 연민을 전하도록 돕기 위해 고안된 게슈탈트 빈 의자 기법(Gestalt two-chair technique)을 사용하였다(Greenberg, 1983; Safran, 1998). 연구 결과, 한 달 동안 증가된 자기연민 수준(해당 연구와 무관한 연구를 이유로 들어 평가함)은 자기비판, 우울감, 반추, 사고 억제, 불안을 적게 경험한 것과 관련되는 것으로 확인되었다. 다른 연구에서는 자기연민이 C군 성격장애로 진단된 개인의 치료 결과에서도 중요한 역할을 하는 것으로 보고되었다(Schanche, Stiles, McCullough, Svartberg, & Nielsen, 2011). 이 연구에서 자기연민의 증가는 치료 초반에서부터 후반까지 치료 전후 대상자의 증상, 대인관계 문제, 성격 병리의 감소를 뚜렷하게 예측하였다.

남아 있는 흥미로운 질문은 치료가 진행되는 동안 자기연민과 정신병리의 관계에서의 방향성에 관한 것이다. 한 연구에서는 심리치료를 받는 외래 환자에서 자기연민과 우울 삽화 간 관계에서의 방향성을 탐색하기 위해 치료 직후, 6개월 후, 12개월 후에 평가하여 교차지연시간분석을 시행하였다(Krieger, Berger, & Holtforth, 2016). 그 결과 자기연민척도 점수의 증가는 향후 우울 증상의 감소를 예측하였지만 우울 증상은 향후 자기연민 수준을 예측하지 않았는데, 이는 자기연민이 우울 증상의 감소에 인과적 역할을 한다는 점을 제시한다. 외상후스트레스장애 환자 치료의 변화 과정에도 자기연민이 영향을 미치는지에 관한 연구도 수행되었다(Hoffart, Økfedalen, & Langkaas, 2015). 해당 연구에서 10주에 걸친 치료 기간 동안 매주 자기연민 수준을 측정한 결과, 자기연민의 변화는 외상후스트레스장애 증상을 예측(자기연민의 증가가 증상 감소를 예측)하지만 역방향성은 성립하지 않는 것으로 나타났다. 이는 자기연민이 치료적 변화에서 중요한 인과 요인으로 작용할 가능성을 시사한다.

자기연민의 신경생리학

자기연민은 정서적 안녕감에 더불어 신체적 안녕 또한 증진시키는 것으로 보인다. 예를 들어, 높은 수준의 자기연민은 복통, 피부 발진, 귀앓이, 호흡기 문제 같은 자기보고 형태의 신체 증상 감소와 관련된다(Dunne, Sheffield, & Chilcot, 2018; Hall, Row, Wuensch, & Godley, 2013). 높은 자기연민 수준은 스트레스 상황을 마주할 때 일어나는 면역 기능 저하와 연관된 과각성 수준을 낮추는 것과 관련되며, 이러한 관련성은 유방암 여성(Kearney & Hicks, 2017)에서뿐만 아니라 자가면역 질환인 경피증 환자에서도 확인되었다(Kearney & Hicks, 2016). 유방암 여성을 대상으로 한 연구에서는 자기연민이 암 발병 연령을 늦추는 데도 관련된다는 점이 확인되었는데, 이러한 결과는 자기연민적인 개인의 향상된 면역 기능으로 인한 것으로 제안되었다. 실제로 연구진은 자기연민을 지도하는 중재가 면역글로불린A(IgA)로 측정한 면역 기능을 증가시켰다는 사실을 발견하였다.

자기연민이 자율신경계에 미치는 영향에 대한 연구는 꾸준히 늘어나고 있으며, 이는 길버트(2009)가 제시했듯이 자기연민이 자기위로(self-soothing) 반응 활성을 촉진하며 위협 반응 활성은 감소시킨다는 결과와 궤를 함께한다(Kirschner et al., 2019). 달리 표현하자면, 자기연민은 교감신경계 활동은 억제하고 미주신경을 자극하여 부교감신경 활동은 증가시켜 스트레스에 대한 위협 반응을 감소시키는 것으로 보인다(Porges, 2003). 일례로 록리프, 길버트, 맥이완, 라이트먼과 글로버(Rockliff, Gilbert, McEwan, Lightman, & Glover, 2008)가 수행한 연구에서 대상자들에게 연민을 받아들이고 연민이 몸에서 어떻게 느껴지는지 상상해 보도록 한 결과, 타액 코르티솔 수치(교감신경계 활성 지표)는 낮아지고 심박 변이도(부교감신경계 활성 지표, 유연한 반응 및 스트레스 상황에서 자신을 위로할 수 있는 능력과 관련됨)는 증가하였다(Porges, 2007). 다른 연구(Herriot, Wrosch, & Gouin, 2018)에서는 막심한 후회, 신체 건강 문제, 기능 저하를 호소한 노인에서 높은 수준의 자기연민이 대상자의 일일 코르티솔 수치의 감소와 관련된다는 점이 발견되기도 했다. 더 높은 수준의 자기연민은 미주신경 자극으로 매개되는 심박 변이도의 증가와 관련되며(Svendsen et al., 2016), 실험적으로 유발된 스트레스에 대한 반응에서도 이러한 결과가 확인되었다(Luo, Qiao, & Che, 2018). 대상자에게 자기 자신이 부끄러웠거나 자신에게 실망했던 최근 삽화를 떠올리도록 한 다음 거울을 보며 자신에게 연민적으로 말해 주도록 요청한 연구에서는 자기연민이 위로가 되는 긍정적 정동과 심박 변이도를 증가시킨 결과가 발견되기도 했다(Petrocchi, Ottaviani, & Couyoumdjian, 2016). 표준 실험실 기반 스트레스 유발 테스트에 대한 반응으로 교감신경계 과각성을 타액의 알파아밀라제(alpha-amylase; Breines et al., 2015)와 인터류킨 6(interleukin-6; Breines, Thoma, et al., 2014) 수치로 측정한 결과, 높은 자기연민 수준은 과각성 반응의 감소와도 관련을 보였다. 이와 유사하게 간단한 자기연민 명상 훈련이 타액의 알파아밀라제 수치와 스트레스에 대한 불안 반응을 감소시키고 대조군에 비해 심박 변이도를 안정화시킨다는 연구 결과도 보고되었다(Arch et al., 2014).

심리적 안녕감과 자기연민의 관련성에 대한 예비적인 신경학적 증거는 다음과 같다. 패리시 등(Parrish et al., 2018)은 기능적 자기공명영상(functional magnetic resonance imaging: fMRI) 연구에서 복내측시상하핵 전전두엽 피질(ventromedial prefrontal cortex: VMPFC)과 편도체의 연결과 전반적인 자기연민 사이에 부적 상관관계가 있다는 것을 발견하였다. 복내측시상하핵 전전두엽 피질은 편도체의 위협 관련 활성화에 직접적으로 영향을 미치는 것으로 알려져 있기에, 이 두 영역의 연결이 자기연민이 가지는 스트레스와 부정적 정서로부터의 보호 효과의 기전일 수도 있다. 피레스 등(Pires et al., 2018)이 수행한 기능적 자기공명영상을 활용한 다른 연구에서는 정서적으로 불편한 심상에 대한 반응으로 더 높은 수준의 자기연민을 보인 여성 관리자에서 설전부(precuneus, 대뇌 두정엽에 위치한 자기를 참조하여 정보를 처리하는 것과 관련된 뇌 영역)가 더 활성화되었으며, 스트레스와 우울감 또한 더 적게 느끼는 것으로 확인되었다. 이는 자기연민이 부정적 정서에 압도당하지 않으면서 더 많은 주의를 기울이는 데 도움이 된다는 점을 시사한다.

마지막으로, 프리스 등(Friis et al., 2015)의 연구에서는 당화혈색소(hemoglobin A1c: HbA1c) 검사로 측정한 당뇨와 관련된 괴로움의 부정적인 영향에 높은 자기연민 수준이 완충작용을 한다는 점, 즉 더욱 자기연민적인 사람에서는 당뇨로 인한 괴로움이 당화혈색소 수치 증가로 이어지지 않았다는 점을 발견하였다. 동일 연구진이 당뇨 환자를 위한 MSC 프로그램에 대해 시행한 무작위 대조군 연구에서도 MSC 집단이 대기 대조군보다 당뇨와 관련된 괴로움과 당화혈색소 수치가 감소한 결과를 보였으며, 이러한 개선은 3개월 후 추적 시점에도 유지되었다(Friis et al., 2016; 4장 참조). 이것이 바로 자기연민이 부리는 마법이다. 고통스러운 순간에 우리 자신과 더욱 지지하는 방식으로 관계를 맺을 때, 우리는 고통을 줄이고 몸과 마음의 안녕을 증진시킬 수 있다.

• 이것만은 기억합시다 •

- 자기연민에 관한 과학 연구는 기하급수적으로 늘어나고 있다. 자기연민척도(SCS)를 이용하여 상관관계를 확인한 연구가 대부분이지만, 자기연민 훈련 결과를 측정하거나 실험 연구 기법을 도입하는 등 연구 방법론 또한 다양해지는 추세이다.
- 연구 결과는 자기연민에 대한 잘못된 인식에 정면으로 도전한다. 연구에 따르면 자기연민 수준이 높은 사람들이 가지는 특성은 다음과 같다.
  - 자신감이 높고, 실패한 후에도 개선하려는 동기가 크다.
  - 실수에 대한 개인적 책임을 더 잘 진다.

- 건강 행동에 더 수월하게 참여한다.
- 도전이 되는 환경에 대처하는 힘이 더 크다.
- 배려하는 대인관계를 더 많이 경험한다.

● 연구에 따르면 자기연민은 다음 요인들과 관련된다.

- 우울, 불안, 수치심 같은 부정적 정서 상태를 감소시키고, 행복과 삶의 만족도 같은 긍정적 정서 상태는 증가시킨다.
- 자기애성 성격, 사회적 비교, 자기가치 수반성, 정서적 불안정성 같은 자존감을 높이기 위한 노력과 연관된 문제가 적다.
- 더욱 건강한 신체 이미지와 연관되며, 섭식장애 행동은 감소한다.
- 돌보는 사람들의 소진 위험을 경감시킨다.
- 신체 건강과 면역 기능을 향상시킨다. 이는 특히 부교감신경계 활성화 및 교감신경계 안정화에 따르는 결과로 나타났다.

● 여성이 남성보다 자기연민 수준이 다소 낮은 경향이 있으며, 성적 지향성, 연령, 문화 또한 자기연민에 영향을 미친다.

● 자기연민은 타인에 대한 더 많은 배려와 연관되지만, 사람들은 자신보다 타인에게 더욱 연민적인 경향을 보인다.

● 초기 아동기에 가족과 경험한 긍정적인 상호작용은 자기연민 수준을 증가시키고, 초기 외상은 자기연민 수준을 감소시키는 경향이 있다.

● 임상 집단에서는 자기연민 수준이 상대적으로 낮게 확인되었으며, 심리치료에서 증가된 자기연민은 치료적 변화의 주요 기전일 것으로 여겨진다.

제4장

자기연민 가르치기

모든 개인은 위대한 연민과 철저한 무관심을 함께 품고 있다. 무관심에서 탈피하여 연민의 날개를 펼칠 능력 또한 우리 안에 있다.

—노먼 커즌스(Norman Cousins, 1974/1991, p. 72)

자기연민으로부터 얻는 이점이 확실해진 시점에서 남겨진 핵심 질문은 우리가 자기연민을 배울 수 있는가일 것이다. 그 답은 한마디로 '배울 수 있다.'이다. 연구에 따르면 자기연민을 증진할 방법은 다양하다. 이 장에서는 자기연민 훈련에 관한 연구를 검토하고, 가능한 경우 훈련을 통해 자기연민이 증가한 정도를 백분율(자기연민척도 총점 기준)로 제시할 것이다.

자기연민으로 향하는 한 가지 방법은 요가를 비롯한 신체 기반 접근이다. 4개월에 걸친 상주 요가 프로그램에 참여한 젊은 성인은 인구통계학적으로 일치하는 대조군에 비해 자기연민이 증가(11%)하였으며, 증가된 자기연민은 스트레스 감소 및 삶의 질 향상으로 연결되었다(Gard et al., 2012). 성학대 생존자를 대상으로 요가가 자기연민에 미치는 영향에 대해 수행한 질적 연구에서는 요가가 자기돌봄의 중요한 방식이라는 것이 확인되기도 했다(Crews, Stolz-Newton, & Grant, 2016). 한 대상자는 이를 다음과 같이 표현하였다.

> 전에는 제 자신을 위해 아무것도 하지 않았어요. 그렇지만 이제 저를 위한…… '저를 사랑하는' 작은 시간이 생긴 거죠. 제 몸, 어깨, 마음을 편안하게 만들기도 하고, 때로는 요가 매트 위에서 낮잠을 잘 수도 있는 거예요. 그냥 그렇게 편안하게…… 몸 안에서 느끼는 것.

> 그렇게 제가 제 몸을 위해 무언가를 몸으로 하고, 몸으로 보는 건…… 제가 저를 위해 반창고를 붙여 주는 거예요. [요가를] 하면 제 자신에게 '그래, 괜찮아.'라고 말해 줄 수 있어요 (p. 148).

이들에게 요가란 자신의 몸을 받아들이고 부드럽게 대함으로써 그들 자신을 온전한 전체로서 받아들이고 부드럽게 대하게 하는 직접적인 통로로 작용하였다.

자애 명상(Loving-Kindness Meditation: LKM) 또한 자기연민을 증진하는 효과적인 방법으로 여겨진다. LKM은 일련의 대상, 전형적으로 자기 자신, 도움을 주는 사람, 중립적인 사람, 도전이 되는 사람, 최종적으로는 모든 생명체에 대해 선한 의도를 품는 연습이다. 이러한 선한 의도를 표현하기 위해 "당신이 안전하기를. 당신이 행복하기를. 당신이 평화롭기를. 당신이 편안하게 살기를." 같은 문구들을 사용한다. LKM은 선한 의도의 대상인 자기 자신이 고통의 한가운데에 놓였을 때 자기연민을 함양하는 데 쓰인다(13장 참조). 전통적인 LKM 수행에서는 '자기 자신'이 많은 대상 중 하나에 불과하지만, 자기 자신이 잘 지내기를 기원하는 데 시간을 들이는 수행은 자기연민을 증가시키는 것으로 보인다(Boelinghaus, Jones, & Hutton, 2014 참조). 외상후스트레스장애 증상을 가진 참전 군인들을 대상으로 12주에 걸친 LKM 훈련을 진행한 예비 연구에서 대상자들의 자기연민이 상당히 증가(25%)한 것으로 확인되었으며, 이로써 훈련 과정 동안 대상자들에게서 나타난 외상후스트레스장애 증상 및 우울 증상의 감소도 설명되었다(Kearney et al., 2013). 아울러 자기비판 경향이 심한 사람들을 대상으로 수행한 무작위 대조군 연구(Shahat et al., 2015)에서도 LKM 훈련을 7주 동안 받은 집단이 대기군보다 자기연민이 크게 향상(17%)된 것으로 나타나기도 했다.

마음챙김 및 수용 기반 중재에서의 자기연민

마음챙김 기반 중재(mindfulness-based intervention)는 자기연민을 증진하는 또 다른 중요한 방법이다. 마음챙김이 자기연민의 핵심 요소인 것을 고려한다면 놀라운 사실은 아닐 것이다. 가장 널리 적용되는 마음챙김 기반 중재는 MBSR로 주 8회의 집단 회기, 반나절 안거, 공식 및 비공식적 마음챙김 명상 수행으로 짜인 핵심 커리큘럼으로 구성된 경험적 학습 과정이다(Kabat-Zinn, 1990). 점차 더 높은 관심을 받고 있는 MBCT는 MBSR을 임상적으로 변형한 프로그램으로, 특히 우울증 재발 방지를 목표로 삼는다(Segal et al., 2013). 메타분석 연구 결과 MBSR과 MBCT는 광범위한 인구 집단에서 신체적 · 심리적 기능을 크게 향상시키는 데 도움이 되는 것으로 확인되었다(Chiesa & Serretti, 2009; Grossman, Niemann, Schmidt, & Walach, 2004; Hofmann, Sawyer, Witt, & Oh, 2010).

마음챙김 기반 중재에 참여하면 자기연민이 증진된다는 근거가 꾸준히 축적되고 있다. 해당 중재 후 자기연민 수준이 높아지는 결과가 MSBR [Birnie et al., 2010(16%); Evans, Wyka, Blaha, & Allen, 2018(17%); Raab et al., 2015(10%); Shapiro, Brown, & Biegel, 2007(16%)]과 MBCT[Goodman et al., 2014(26%); James & Rimes, 2018(35%); Proeve, Anton, & Kenny, 2018(26%); Rimes & Wingrove, 2011(7%); Taylor, Strauss, Cavanagh, & Jones, 2014(33%)]를 대상으로 시행한 여러 연구에서 확인되었다. 비록 MBSR과 MBCT에서 자기연민을 직접적으로 지도하는 것은 아니지만, 이들 프로그램의 지도자는 참여자들의 질문에 대한 반응과 정서적 온화함을 성품으로 체화한 모습을 통해 자기 자신에게 친절하고 부드럽게 대하는 것의 중요성을 암묵적으로 전달하곤 한다. 따라서 앞서 언급된 연구에서 참여자들의 자기연민 증가 정도가 각기 다른 것은 부분적으로는 지도자의 온화함 정도에 따른 것일 수도 있는데, 여기에 대해서는 추가 연구가 필요할 것이다. 또한 MBSR에서는 전체 프로그램의 일부로서 진행되는 하루 동안의 묵언 안거에서 LKM을 지도하는데(Santorelli, Meleo-Meyer, & Koerbel, 2017), LKM은 자기연민을 증진하는 것으로 알려져 있다. 아울러 마음챙김이 자기연민의 핵심 요소라는 점을 고려한다면, 부정적인 생각과 감정을 마음챙김하면 자기연민이 증진된다는 개념은 당연한 이치이기도 할 것이다.

MBSR과 MBCT에서 다른 참여자들의 관심과 지지를 느끼는 과정은 자기연민이 증가하는 주요 기전 중 하나로 작용한다. 예를 들어, MBCT에 대한 질적 연구(Allen, Bromley, Kuyken, & Sonnenberg, 2009)에서 한 대상자는 다음과 같이 응답하였다(p. 420). "저는 죄책감을 느끼지 않게 되었습니다. 안전하다는 느낌, 그러니까 모든 사람이 같은 문제를 안고 있다는 느낌과 내가 이 집단에 들어갈 수 있다는 느낌을 받았고, 아무도 '어이, 정신 차려!'라고 말하지 않으리라는 것을 알 수 있었고…… 내가 어떻게 느끼는지 모두가 이해하고 있다는 걸 알 수 있었거든요."

몇몇 연구에서는 마음챙김 기반 중재가 안녕감을 향상시키는 핵심 기전이 자기연민이라고 제안하였다(Baer, 2010; Evans et al., 2018; Hölzel et al., 2011; Wyka, Blaha, & Allen, 2018). MBSR 프로그램을 받은 의료 전문가 집단이 대기 대조군에 비해 자기연민이 증가(22%)하였고 스트레스 감소 효과 또한 현저하였으며, 자기연민의 증가가 프로그램에서의 스트레스 감소를 매개한 것을 확인한 연구는 이러한 주장을 뒷받침한다(Shapiro et al., 2005). MBSR에 대해 수행한 유사한 연구에서도 MBSR 시행군에 대기 대조군에 비해 자기연민이 증가(24%)하였을 뿐만 아니라, 자기연민의 증가가 프로그램이 걱정과 두려움에 미치는 효과를 매개했다는 결과를 보고하였다(Keng, Smoski, Robins, Ekblad, & Brantley, 2012). 퀴켄 등(Kuyken et al., 2010)이 우울증 재발에서의 MBCT와 항우울제 유지 요법의 효과를 비교한 결과, 15개월간의 추적 조사에서 마음챙김과 자기연민의 증가(12%)가 MBCT와 우울 증상 사이의 연관성을 매개함을 확인하였는데, 이러한 결과에서 인지 반응성과 우울증 재발의 관련성을 감소시키는 것은 마음챙김이 아닌 자기연민의 증가인 것이 발견되기도 했다. 그린버그 등(Greenberg et al., 2018)도 MBCT가 자기연민을 증가(24%)시킨다는 점, 특히 증가된 자기연민이 '마음이 떠도는' 것으로 인한 부정적인 영향으로부터 대상자를 보호하며 MBCT에서의 우울 개선 효과를 예측하는 요인으로 작용한다는 것을 확인하였다.

널리 알려진 마음챙김 기반 치료 모델인 수용전념치료(Acceptance and Commitment Therapy: ACT)에서도 자기연민을 암묵적으로 지도한다(Neff & Trich, 2013). ACT의 여러 주요 원칙은 자신에게 친절하고 연민으로 대할 것을 장려한다. 예를 들어, 개인의 결함과 고통스러운 경험을 수용(acceptance)하고, 자기비판적 사고에 관한 자각을 구축하며 탈융합(defusion)하며, 자기 자신과 유연하고 공감하는 방식으로 관계를 맺으며 맥락으로서의 자기(self-as-context)를 강조하고, 자기친절과 자기돌봄을 강조하는 것을 핵심 가치로 삼기도 한다(Luoma & Plan, 2015). 자기연민을 목표로 시행한 6시간 ACT 워크숍 참여 집단을 대기 대조군과 비교한 무작위 대조군 연구 결과, ACT 기반 워크숍 집단에서 자기연민이 상당히 증가(23%)하였을 뿐만 아니라 심리적 고통과 불안 또한 감소하였다(Yadavaia, Hayes, & Vilardaga, 2014). 여기에 더해 ACT 훈련으로 유발된 심리적 유연성은 자기연민 및 다른 결과의 변화에 주요 매개 요인으로 작용하였다. 웹 기반 ACT 훈련(Viskovich & Pakenham, 2018) 또한 대학생에서 자기연민을 증가(12%)시키는 것으로 확인되었다.

비록 마음챙김 기반 중재가 자기연민을 증가시키는 결과가 보고되었지만 이들 중재에서 일차적으로 중점을 두는 부분은 마음챙김 기술 향상이며, 이들 프로그램이 자기연민 기술을 명시적으로 지도하는 것은 아니다. 힐데브란트, 맥콜과 싱어(Hildebrandt, McCall, & Singer, 2017; 원자료는 제1저자가 제공)의 연구에서는 연민을 명시적으로 강조하였을 때 마음챙김 훈련을 단독으로 받은 경우(4%)보다 자기연민이 더 크게 증가(8%)한 것으로 나타났다. 이는 자기연민을 명시적으로 지도하는 것이 자기연민 기술을 계발하는 데 도움이 된다는 점을 시사한다.

이러한 이유로 자신과 타인을 위한 연민을 계발하는 데 특별히 초점을 맞춘 여러 중재가 고안되었으며, 연구를 통해 이들 연민 기반 중재가 자기연민과 안녕감을 증진하는 데 효과적인 것으로 확인되었다(Kirby, 2017; Kirby, Tellegen, & Steindl, 2017; Møller, Sami, & Shapiro, 2019; Wilson, Mackintosh, Power, & Chan, 2018).

기타 연민 훈련 프로그램

MSC에 더해 연민 훈련을 목적으로 특별히 고안되어 정해진 시간 내에 구조화된 형태로 진행하는 경험적으로 지지된 프로그램은 연민계발수행(compassion cultivation training: CCT; Jazaieri et al., 2013), 인지 기반의 연민 수행(cognitively-based compassion training: CBCT; Pace et al., 2009), 마음챙김 기반 연민적 삶(mindfulness-based compassionate living: MBCL; Bartels-Velthuis et al., 2016; van den Brink & Koster, 2015) 세 가지가 있다. 아울러 연민중심치료(compassion-focused therapy: CFT; Gilbert, 2009)는 정밀하게 구성된 이론적 기반과 풍부한 실제 연습이 담긴 심리치료 모델이다. 이들 연민 기반 프로그램은 기원과 강조점이 다르고 형식과 대상자의 차이는 존재하지만, 모두 자신과 타인에 대한 연민을 함양한다는 목표를 공유한다. 지금부터는 이들 프로그램을 MSC와 비교하고 대조하며 각 프로그램의 고유한 강점에 주목하고 경험적 지지 근거를 탐색해 볼 것이다.

연민계발수행

연민계발수행(CCT) 프로그램은 티베트의 손꼽히는 학자인 툽텐 진파(Thupten Jinpa)와 스탠퍼드대학교 연구진이 개발하였다. CCT의 초점은 전 방향으로 연민을 함양하는 것이다. 8주에 걸친 프로그램 중 한 회기는 특별히 자기친절을 함양하는 데 전념하고, 다른 한 회기에는 자기연민에 중점을 둔다. CCT 훈련은 마음챙김으로 시작하여 사랑하는 사람에 대한 자애와 연민, 자신에 대한 자애와 연민, 보편적 인간경험에 대한 감각 키우기, 어렵고 힘겨운 사람에 대한 친절, 그리고 적극적 연민으로 끝맺는다. 비록 MSC보다 두드러지지는 않지만, CCT에는 자신에 대한 연민이 스며들어 있다. 반대로 MSC에는 타인에 대한 연민이 스며들어 있지만(타인을 위한 연민을 함양하는 일곱 가지 수행과 교실 실습이 포함된다), 이러한 강조는 CCT에 비해서는 덜 두드러진다. 이는 두 프로그램이 중복되지 않고 상호 보완적이라는 점을 암시한다.

CCT에는 다양한 명상이 서로 체계적으로 구성되어 있으며, '적극적인 연민(active compassion)', 즉 티베트의 **통렌**(tonglen) 명상으로 정점을 찍는다. 전통적인 통렌 수행에서 수행자는 숨을 들이쉬면서 다른 사람의 고통을 자신의 안으로 가져오고, 자신의 밝고 빛나는 마음속에서 고통이 녹아 사라지는 것을 상상하고, 고통받는 사람을 위한 연민을 내쉰다. MSC에서 **통렌**은 들숨과 날숨에서 연민을 호흡하며 '들숨에서는 나를 위해, 날숨에는 당신을 위해' 연민 주고받기 수행으로 변형되었다. 실제 수행에서는 두 명상 모두 강조점은 다르더라도 호흡에서 고통 **그리고** 연민을 들이쉬고 내쉬는 감각을 제공한다. 이 두 가지 명상은 또한 자기에 대한 분리된 감각을 위로하고 보편적 인간경험을 함양하게 돕는다.

CCT가 제공하는 유익한 결과는 연구로 제시되었다. 무작위 대조군 연구(Jazaieri et al., 2013) 결과, CCT 수행 집단에서 대조군보다 타인에 대한 연민을 전하는 것에 대한 두려움, 타인으로부터 연민을 받는 것에 대한 두려움, 참여자의 자기연민에 대한 두려움이 감소하였으며 자기연민 또한 증가(15%)하였다. 동일 대상자의 자료를 분석한 결과(Jazaieri et al., 2014), CCT 수행 집단에서 대조군보다 마음챙김과 행복이 증가되고 걱정과 정서적 억압은 감소되었다는 점 또한 확인되었다. 두 연구에서 공식 명상수행의 양적 정도가 개선된 결과와 관련이 있었다. 동일 대상자로 두 가지 후속 연구가 추가로 수행되었다. 자자에리 등(Jazaieri et al., 2016)은 9주에 걸친 CCT 프로그램을 진행하는 동안 하루에 두 번 대상자에게 연락하여 자신의 마음이 즐겁거나, 중립적이거나, 불쾌한 주제로 얼마나 떠돌고 있는지 확인하고, 자신과 타인에게 어떤 돌봄 행동을 전했는지도 확인하였다. 연구 결과, 연민 명상이 중립적인 주제로 마음이 떠도는 것을 감소시켰으며 자신에 대한 돌봄 행동을 증가시켰다는 것을 확인하였다. 경로 분석을 통해 연민 명상 수행을 더 자주 할수록 마음이 불쾌한 주제로 떠도는 것은 감소하고 즐거운 주제로 떠도는 것은 증가하며, 이 두 현상은 모두 자신과 타인을 위한 돌봄 행동의 증가와도 관련이 있었다. 아울러 CCT 참여자는 불안이나 스트레스 같은 부정적 기분 상태를 더 잘 수용하고 시간이 지나면서 고요해지는 느낌을 더 많이 경험하였다(Jazaieri et al., 2018).

CCT에 대한 두 번째 무작위 대조군 연구는 칠레에서 수행되었다(Brito-Pons, Campus, & Ceholla, 2018). CCT 참여 집단은 대기 대조군보다 연민과 관련된 결과에서 상당한 개선을 보였다. 자기연민(28%), 공감적 배려, 타인을 위한 연민, 모든 인간 존재와의 동일시가 증가하였을 뿐만 아니라, 삶의 만족도, 행복, 마음챙김 또한 증가하였고 우울, 스트레스, 개인적 고통은 감소하였다. 마지막으로, 건강 관련 종사자를 대상으로 시행한 CCT 예비 연구(Scarlet, Altmeyer, Knier, & Harpin, 2017)에서는 자기연민(16%), 연민에 대한 두려움, 마음챙김, 직장에서 경험하는 대인 갈등 수준 등에서 유의미한 개선을 보였다. 자기보고상 직업 만족도 또한 다소 개선되었다. 요약하자면, CCT는 일차적으로는 타인에 대한 연민을 계발하는 데 초점을 맞추지만, 연민을 실천하는 사람의 안녕감 또한 증진시킨다는 것이 연구를 통해 확인되었다.

인지 기반의 연민 수행

인지 기반의 연민 수행(CBCT)은 티베트 승려였던 롭상 텐진 네기(Lobsang Tenzin Negi)가 에모리 대학교에서 대학생의 스트레스를 다루기 위해 최초 개발하였다(Reddy et al., 2013). CBCT는 자기중심적으로 좁혀진 사고를 줄이고 타인에 대한 돌봄과 관심을 넓히고 강화하는 티베트 로종(lojong) 수행의 세속화된 형태이다. CBCT에서는 주의의 안정성과 순간순간의 경험에 개방(마음챙김)하는 훈련을 도입 회기로 삼는다. 그다음 자기연민, 보편적 인간경험, 상호의존과 감사함과 애정, 공감적 배려와 참여적 연민이라는 네 가지 모듈로 분석 명상(analytical meditation)을 지도한다(Negi, 2009, 2016; Ozawa-de Silva & Dodson-Lavelle, 2011). 분석 모듈은 자동적인 정서 및 행동 반응을 조사하기 위해 비판적 사고를 적용한다. 주의의 안정성 증가를 발판으로 이들 패턴을 알아차리고 이해하면 참여자들은 인지적 통찰뿐만 아니라 자신과 타인에 대한 친사회적 정동(감사나 친절 등)을 유지하게 한다. CBCT에서 자기연민은 어려운 삶의 환경에 현실적이면서도 긍정적인 태도를 취하기 위한 건강한 동기로 이해된다.

CBCT의 효과에 대한 무작위 대조군 연구는 최소 9차례 시행되었다. 예를 들어, 곤살레스-에르난데스 등(Gonzalez-Hernandez et al., 2018)은 유방암 생존자를 대상으로 CBCT의 영향을 확인한 결과, CBCT가 자기연민을 증가(17%)시키고 암 재발의 두려움으로 인한 스트레스를 감소시켰다는 점을 발견하였다. 로파로, 맥, 패터슨, 네기와 캐슬로(LoParo, Mack, Patterson, Negi, & Kaslow, 2018)가 자살을 시도했던 아프리카계 미국인을 대상으로 CBCT를 수행한 연구에서도 동료 지지 대조군보다 CBCT 집단에서 자기연민이 증가(8%)하였음을 확인하였다. 도즈 등(Dodds et al., 2015)은 유방암을 진단받은 여성에서 CBCT 집단이 대조군보다 마음챙김과 신체적 안녕감은 증가하고 기능 저하, 회피, 피로는 감소하였다는 결과를 보고했다. 마스카로 등(Mascaro et al., 2018)은 CBCT가 의대생에서 연민을 증진시키고 일상 기능을 개선시켰다는 결과를 확인하였다. CBCT 집단에 무작위로 배정된 의대생들은 대기 대조군과 비교하였을 때 연민이 증가함과 동시에 외로움과 우울감이 감소하였다고 응답하였다. 연민 수준의 변화는 기저치에서 높은 수준의 우울감을 보고했던 대상자에서 가장 크게 나타났다. 이는 CBCT가 개인적 고통에 따르는 연민 저하의 연결고리를 끊음으로써 가장 도움을 필요로 하는 사람들에게 이득이 될 수 있음을 시사한다. 위탁 돌봄을 받고 있는 청소년을 대상으로 한 다른 CBCT 연구에 따르면, 수행 시간은 항염증 지표(타액 C-반응 단백질 농도)의 감소(Pace et al., 2013) 및 희망의 증가(Reddy et al., 2013)와 관련성을 보였다. 마지막으로, CBCT는 대조군에 비해 공감의 정확성과 관련된 신경 활성화 측면에서 개선된 결과를 나타냈다(Mascaro, Rilling, Negi, & Raison, 2013). 연구 결과들을 종합해 보면, CBCT는 연민을 증가시키고 심리·생리적 건강을 개선하는 효과적인 방법으로 여겨진다.

마음챙김 기반 연민적 삶

마음챙김 기반 연민적 삶(MBCL)은 네덜란드 마음챙김 분야의 선구자인 두 사람, 즉 정신과 의사이자 심리치료자인 에릭 반 덴 브린크(Erik van den Brink)와 명상 지도자인 프리츠 코스터(Frits Koster)가 마음챙김 수행으로부터 이득을 받고 있지만 자기 자신에 대해 더욱 친절하고 연민적인 태도를 계발할 필요가 있는 정신건강센터 내담자들을 돕기 위해 개발하였다. 이 프로그램은 점차 일반 대중에게도 제공되고 있으며, 마음챙김에 익숙한 참여자, 가급적 MBSR이나 MBCT 또는 이와 동등한 과정을 수강 중인 참여자를 위한 심화 과정으로 고안되었다.

MBCL에서는 서양 심리학과 불교 심리학이 독특한 조화를 이루고 있으며, 폴 길버트(Paul Gilbert, 2009), 타라 브랙(Tara Brach, 2003), 그리고 우리(Germer, 2009; Neff, 2011a)의 작업을 통합한 것이다. MBCL은 CFT의 진화심리학, 특히 감정 조절 및 연민 어린 심상(compassionate imagery)에 관한 CFT 모델을 긍정심리학과 메타(metta) 및 통렌 명상 같은 전통 불교 명상 수행의 세속적인 변용을 결합하였다. MBCL에서 중요한 비공식 수행은 MBCT의 3분 호흡 공간(Three Minute Breathing Space)이라는 수행으로부터 도입한 친절과 연민 어린 호흡 공간(Breathing Spaces with Kindness and Compassion) 연습이다. MBCT에서는 MSC와 유사하게 친절, 연민, 감사의 기쁨, 평정 같은 특성을 명시적으로 함양한다. MBCL에서 발견되는 MSC 요소로는 자기연민 브레이크, 감각하고 음미하며 걷기, 연민 어린 보디 스캔, 일상생활에서의 자기연민, 그리고 역류라는 개념 등이 있다. MBCL과 MSC를 가장 명확하게 구별하는 특성은 MSC는 자기연민을 함양하는 데 중점을 둔다는 점일 것이다. MBCL과 MSC 모두 마음챙김 전통에서 주로 영향을 받은 반면, 다른 연민 훈련 프로그램들은 더 강한 티베트적 경향을 띤다. 또한 MBCL을 받고자 하는 참여자는 MBSR 또는 MBCT 과정을 사전에 수강해야 한다는 조건이 있었지만, 이 요구사항은 지금은 완화되었다.

지역 마음챙김 훈련 센터에서 MBCT를 마친 참여자를 대상으로 9회기에 걸친 MBCL 프로그램을 시행한 예비 연구 결과, 대상자들은 자기연민의 증가(13%)와 마음챙김 증가 및 우울 증상 감소를 보고하였다(Bartels-Velthuis et al., 2016). 재발성 우울 증상을 보이는 참여자들을 대상으로 시행한 두 번째 예비 연구(Sehuling et al.,

2018)에서도 MBCL이 자기연민을 증가(14%)시키는 것으로 나타났다. 여기에 더해 무작위 대조군 연구(Schuling, 2018; Schuling et al., 2016)의 초기 결과에서도 MBCT 이후 MBCL에 참여한 재발성 우울증 환자는 통상 치료 대조군과 비교하여 우울증과 반추가 감소하였을 뿐만 아니라 자기연민(15%), 마음챙김, 삶의 질 또한 뚜렷히 증가한 것으로 확인되었다.

연민중심치료

연민중심치료(CFT)는 영국의 저명한 심리학자 폴 길버트(2000, 2005, 2009)가 정신건강의학과 입원 환자들의 자기비판과 수치심을 다루기 위해 개발하였다. CFT는 진화심리학, 인지행동치료, 티베트 불교 심리학에 기반을 둔다. CFT에서는 자기연민을 계발하는 것을 주요 목표로 삼는 연민 어린 마음 훈련(Compassionate Mind Training, 이하 CMT; Gilbert & Proctor, 2006; Matos, Duarte, Duarte, Gilbert, & Pinto-Gouveia, 2018)로 알려진 광범위한 수행을 실천하는데, 이는 임상 프로그램에서 개인의 고통을 완화하는 것을 최우선 목표로 삼는 것과 일맥상통한다. CFT에서 마음챙김은 연민 훈련 작업에서 주의를 안정시키고 인간의 마음이 어떻게 기능하는지에 스포트라이트를 비추기 위해 사용된다. 이러한 형태의 치료는 내담자가 자기연민적인 마음 속성과 기술을 계발하게 하며, 특히 수치심과 자기공격을 비롯한 습관적인 자기와의 관계성을 보이는 경우 도움이 된다.

CFT는 인간 역사에서 진화해 온 자기비판 같은 자동 감정 반응과 어린 시절에 이러한 반응 패턴이 강화되는 방식에 대한 인식과 이해를 높인다. CFT의 핵심 원칙은 사람들이 자신에 대한 따뜻함과 이해를 넓히도록 돕고, 자신의 안녕을 돌보도록 동기를 부여하며, 자신이 필요에 민감해지고 개인적 고통을 감내하며 자기판단 경향을 줄이는 데 도움을 준다(Gilbert, 2009). CFT는 개인치료의 한 유형이지만, 일정 기간 동안 집단치료로 진행되기도 하며, 4주에서 16주까지 다양한 기간으로 진행된다.

CFT의 발전은 시간이 지남에 따라 MSC의 발전에 이르렀으며, CFT의 요소 중 포유동물의 돌봄 시스템에서 유래된 연민의 생리학을 학습하고(10장 참조), 연민을 활성화시키는 이상적인 연민 어린 심상을 시각화하여(17장의 연민 어린 친구 명상), 위로가 되는 호흡 리듬과 조화를 이루는 실습(11장의 애정 어린 호흡 명상) 같은 여러 부분이 MSC로 옮겨 왔다. MSC에 담겨 있는 자기연민을 유발하는 세 가지 접근방식, 즉 자신으로부터 타인을 향하는 연민("당신은 친구를 어떻게 대하나요?"), 타인으로부터 자신을 향하는 연민("연민 어린 친구는 당신에게 무슨 말을 할까요?), 자신으로부터 자신을 향하는 연민("당신의 연민 어린 자아는 바로 지금 무슨 말을 할까요?)은 CFT에도 존재한다. MSC를 지도하는 치료자는 CFT에도 익숙한 경향을 보인다.

CFT에 관한 방대한 경험적 문헌을 여기에서 모두 적절하게 다룰 수는 없다(Kirby, 2017; Leaviss & Uttley, 2015 참조). 간략히 언급하자면, 이들 연구는 CFT가 자기연민을 높이고 다양한 임상 조건에 놓인 대상자를 치료하는 데 효과적임을 제시하였다. 예를 들어, 섭식장애가 있는 외래 환자를 대상으로 12주간의 CFT를 시행한 무작위 대조군 연구에서 CFT 집단이 통상 치료군보다 자기연민이 증가(34%)하고 수치심과 섭식장애 증상은 감소한 것으로 확인되었다(Kelly et al., 2017). 또 다른 무작위 대조군 연구(Gharraee, Tajrishi, Farani, Bolhari, & Farahani, 2018)에서는 12주간의 CFT 수행 후 사회불안증을 겪는 대상자의 자기연민이 증가(28%)하고 삶의 질이 향상되었으며, 불안 증상은 감소한 것으로 나타났다. 패리와 맬퍼스(Parry & Malpus, 2017)의 연구에 따르면 8주간의 CFT는 지속되는 통증을 겪는 대상자의 자기연민을 증가(32%)시키고 우울과 불안은 감소시키는 것으로 확인되었다. 브랠러 등(2013)은 조현병 환자에서 16회기에 걸친 CFT와 통상 치료군을 비교하는 무작위 대조 연구를 수행하였으며, CFT 집단에서 대조군에 비해 정신증의 고통스러운 측면에 대한 연민이 증가하였고 임상 증상이 개선되었을 뿐만 아니라 우울감 및 지각된 사회적 소외감도 감소하였다. 요약하자면, CFT는 다양한 임상 질환에서 자기연민 계발에 도움이 되는 방법이며, 임상 환자가 자신과 관계를 맺는 습관적인 방식이 부적응적일 때에도 도움이 될 것으로 전망된다.

연구에 따르면 CMT는 비임상군에서도 효과적이다. 보먼트, 레이너, 더킨과 보우링(Beaumont, Rayner, Durkin, & Bowling, 2017)은 여섯 회기의 CMT 훈련을 받은 심리치료자에서 자기연민이 증가(12%)한 것을 발견하였다. 매토스 등(Matos et al., 2018)의 연구에서는 단 2시간의 CMT 훈련과 2주간의 수행만으로도 긍정적인 정동이 증가하고 심박 변이도와 자신과 타인에 대한 연민 또한 개선되었으며, 수치심, 자기비판, 연민에 대한 두려움, 스트레스도 뚜렷이 감소한 것을 확인할 수 있었다[이 연구에서는 자기연민척도 대신 연민 참여 및 행위 척도(Compassionate Engagement and Action Scale)를 사용하였다].

MSC 프로그램에 관한 연구

이 책에서 개괄적으로 다루는 MSC 프로그램에 관한 연구는 아직 초기 단계에 놓여 있지만, MSC 프로그램이 자기연민과 심리적 안녕감 같은 측면을 향상시키는 데 효과적이며 MSC에서 배운 자기연민 기술은 시간이 지나도 유지된다는 근거는 점차 늘어나고 있다. MSC 프로그램의 경험적 지지에 대한 내용들은 이 책의 다른 부분에서도 다루기에 관련 연구 내용 중 일부만 여기에서 자세히 다룰 것이다. MSC 프로그램에 대한 첫 번째 소규모 예비 연구는 21명(여성이 95%, 평균 연령 51.26세)을 대상으로 수행되었다(Neff & Germer, 2013). 프로그램 참여자들은 자기연민이 증가(34%)하였고, 마음챙김, 사회적 연결성, 삶의 만족도, 행복감이 개선되었으며, 우울, 불안, 스트레스는 감소하였다. 이러한 고무적인 연구 결과를 바탕으로 수행된 무작위 대조군 연구(Neff & Germer, 2013)는 대상자 51명(여성이 77%, 평균 연령 50.10세)을 MSC 집단과 대기 대조군 집단으로 무작위 할당하여 진행하였다. 대상자 중 대다수(76%)는 마음챙김 명상에 대한 사전 경험이 있었다. 대상자들은 MSC 프로그램 시행 2주 전과 후에 일련의 자기보고 설문을 작성하였으며, 프로그램 시행 후 6개월 및 1년 후에도 평가를 받았다. 설문지는 자기연민, 마음챙김, 타인에 대한 연민, 삶의 만족도, 사회적 연결성, 행복감, 우울, 불안, 스트레스, 정서적 회피를 측정하는 문항으로 구성되었다.

사전 설문에서는 어떤 항목에서도 집단 간 차이를 보이지 않았다. 그러나 사후 설문에서는 MSC 집단은 대조군보다 자기연민 수준이 증가(43%)하였으며 효과 크기 또한 큰 것으로 나타났다. 또한 마음챙김, 타인에 대한 연민, 삶의 만족도가 증가하였으며 우울, 불안, 스트레스, 정서적 회피도 대조군에 비해 감소하였다.

행복감이나 사회적 연결성에서 집단 간 차이가 나타나지 않았다는 점은 주목할 만하다. 그러나 결과를 추가 분석한 결과 대기 대조군에서도 이들 항목이 개선되었기에 차이가 나타나지 않았음을 확인할 수 있었다. MSC 집단은 모든 항목에서 점수가 증가하였지만 대조군의 자기연민, 마음챙김, 행복감, 사회적 연결성 또한 상당히 증가하였다. 이는 행복감과 사회적 연결 측면에서 MSC 집단과 대조군이 큰 차이가 없었다는 점을 뒷받침한다. 그러나 여전히 대조군에서의 결과가 개선된 이유는 무엇인가에 관한 질문이 남아 있었다. 이 문제를 추가로 탐색하기 위해, 연구 종료 후 대조군 대상자들에게 연락하여 연구 기간 동안 자기연민을 증진시키는 활동에 참여했는지 문의하였다. 구체적으로 자기연민에 관한 독서(예: Germer, 2009; Neff, 2011a) 여부와 자기연민에 관한 정보 및 다운로드 받을 수 있는 명상을 제공하는 웹사이트 방문 여부를 질문하였다. 아울러 일상에서 더 많은 자기연민을 실천하려 했는지도 대조군 대상자들에게 질문하였다. 대상자 대부분이 질문에 응답하였으며, 이들 중 50%는 자기연민에 관해 책을 읽거나 온라인에서 공부하였고 77%는 자신의 삶에서 의도적으로 자기연민을 시도했다고 답하였다. 이러한 결과는 연구 결과에 대한 우리의 자신감을 강화시켜 주었다. 대기 대조군 구성원들이 자기연민을 키우려 적극적으로 시도하였기에 중재 집단이 얻은 비교 이득을 더 두드러지게 한 것으로 해석할 수 있기 때문이다.

시간에 따른 자기연민의 변화 측면에서 MSC 집단의 자기연민 점수는 사전 평가에서 3주 차까지 증가한 후 3주 차에서 6주 차까지 다시 증가하였지만, 6주 차부터 사후 평가까지는 유의미하게 증가하지 않았다. 6개월 후(MSC 집단 중 92%가 응답)와 1년 후(56%만 응답) 조사하였을 때 자기연민 수준의 유의미한 변화는 없었다. 이러한 결과는 MSC 프로그램에서 전달하는 자기연민 기술은 점진적으로 학습되며, 학습된 후에는 상대적으로 안정적으로 유지됨을 시사한다. 또한 참여자들에게 일주일 동안 수행한 공식 명상 횟수와 일상생활에서의 비공식 자기연민 기법 실천 횟수를 질문하였다. 참여자들의 자기연민 수행 횟수는 자기연민의 증가 정도를 예측하였고, 예측에 있어 공식 수행과 비공식 수행의 차이는 없었다[비공식 수행의 중요성은 마음챙김 훈련에 관한 연구(Elwafi, Witkiewitz, Mallik, Thornhill, & Brewer, 2013)에 의해 입증되었다]. 종합하자면 이러한 연구 결과는 자기연민이 '용량 의존적(dose-dependent)'인 지도 가능한 기술이라는 것을 시사한다. 즉, 자기연민은 더 많이 수행할수록 더 많이 배울 수 있다.

연구에서의 다른 항목들도 6개월 및 일 년 사후 조사에서까지 효과가 유지되었다. 실제로 삶의 만족도는 프로그램 완료 시점부터 일 년 후 조사 시점까지 증가하였으며, 이는 자기연민 수행을 계속하면 참여자의 삶이 지속적으로 향상될 수 있음을 제시한다. 그러나 6개월에서 일 년까지의 추적 기간 동안 응답자가 줄어든 점을 고려한다면 결과 해석에는 주의가 필요하다. 자신의 삶에 가장 만족한 참여자들이 일 년 후 조사에 응답할 가능성이 가장 크기 때문이다.

또한 이 연구는 활동 대조군을 포함하지 않았다는 제한점이 있다. 이는 후속 연구에서 다루어져야 할 부분일 것이다. 아울러 참여자 대부분이 이전에 마음챙김 경험이 있다는 점을 고려한다면, MSC에서 지도한 수행이 이미 명상하는 방법을 아는 사람들에게만 효과적인 것은 아닌지에 대한 의문도 확실히 알 수 없다. 그러나 한편으로는 비록 대부분 명상 경험을 가지고 있지만 MSC 참여자의 안녕감이 증가하였다는 사실은 MSC가 명상 이상의 가시적인 이점을 제공한다는 점을 시사한다.

MSC에 관한 두 번째 무작위 대조군 연구는 1형 또는 2형 당뇨병을 앓고 있는 63명(68%가 여성, 평균 연령 42.87세)을 대상으로 수행되었다(Friis et al., 2016). MSC 프로그램(n=32)과 대기 대조군(n=31)에 무작위로 할당된 대상자에 대해 프로그램 시작 전후와 3개월 후 추적 조사에서 자기연민, 우울 증상, 당뇨 증상, 당화혈색소 수치를 측정하여 비교하였다.

사전 측정에서는 모든 변수에서 집단 간 차이가 확인되지 않았다. 그러나 3개월 후 추적 조사에서는 MSC 집단이 대조군에 비해 자기연민이 증가(27%)하였고 우울증과 당뇨병으로 인한 고통은 감소하였다. MSC 집단에서는 초기 시점과 3개월 추적 조사 시점 사이에 당화혈색소 평균 수치 또한 통계적으로도, 임상적으로도 의미 있게 감소하였다. 대기 대조군에서는 측정치의 변화가 확인되지 않았다. 이러한 결과는 (가혹한 자기비판보다) 자신에게 더욱 친절해지는 방법을 배우는 것이 당뇨 환자에게 정서적 · 대사적으로 이득이 될 수 있다는 점을 제시한다.

MSC가 의료 서비스 제공자에게 미치는 영향에 대한 연구도 수행되었다. 딜레이니(Delaney, 2018)는 간호사에게서 돌봄 피로(caregiving fatigue) 및 회복탄력성에 대한 MSC의 영향을 혼합방법론을 적용한 예비 연구로 확인하였다. 연구 결과, MSC 훈련은 자기연민의 증가(24%) 및 마음챙김, 회복탄력성, 연민 만족도 개선과 함께 이차 외상 스트레스와 소진을 감소시키는 것으로 나타났다. 이들 연구 결과는 간호사들이 MSC 훈련이 대처 능력을 높이고 자기비판을 줄이며 긍정적 정신 상태를 증진시켰다고 응답한 정성적 자료로 뒷받침되었다.

MSC의 이점은 비단 서구 문화권에만 국한되는 것도 아닌 것으로 보인다. 중국 베이징에서 지역 여성 주민 44명(평균 연령 36.6세)을 대상으로 수행된 MSC 예비 연구에서 참여자들은 프로그램 전후 및 3개월 후 추적 조사 시점에 일련의 자기보고 척도를 작성하였다(Finlay-Jones, Xie, Huang, Ma, & Gun, 2018). 프로그램 과정에 걸쳐 자기연민의 증가(43%), 타인에 대한 연민과 마음챙김의 향상 및 자기연민에 대한 두려움, 반추, 부적응적 완벽주의, 우울, 불안, 스트레스의 감소가 확인되었으며 효과 크기도 큰 것으로 나타났다. 이러한 개선의 대부분은 3개월 후 추적 조사에도 유지되었다. 이는 MSC가 비서구 문화권에서도 자기연민과 안녕감을 증진시키는 데 효과적임을 시사한다.

청소년을 대상으로 하는 MSC는 '나 자신과 친구 되기(making friends with yourself, 이하 MFY)'라는 명칭으로 로레인 홉스(Lorraine Hobbs)와 카렌 블루스(Karen Bluth)에 의해 만들어졌다(2016). 8주간에 걸친 주별 회기에는 성인 대상 MSC 프로그램의 주제와 대략 비슷한 주제가 담겨 있다. 전반적으로 MFY 프로그램은 성인 프로그램보다 상대적으로 짧은 시간(약 90분) 동안 활동 기반으로 진행되며, 안내 명상 비중은 상대적으로 적다는 점에서 청소년의 발달 관점에서 더욱 적합하다. MFY에는 참여자들이 마음챙김과 자기연민을 스스로 발견하도록 격려하는 직접 할 수 있는 활동들이 담겨 있다. 우리 자신과의 관계를 이해하고 자기연민 수행의 토대를 마련하는 역할극이나, 불완전함의 가치를 보여 주는 예술 활동이 그 예이다. 발달 중인 청소년의 뇌에 대한 토의도 과정 전반에 촘촘히 포함되어 있다.

블루스, 게일로드, 캠포, 멀라키와 홉스(Bluth, Gaylord, Campo, Mullarkey, & Hobbs, 2016)는 청소년 34명(여성이 74%, 14~17세)을 대상으로 혼합연구를 수행하였다. 대상자들을 MFY 프로그램 집단(n=16)과 대기 대조군(n=18)으로 무작위 할당하였으며, 프로그램 시작 전과 종료 후 일련의 자기보고 척도로 자기연민, 마음챙김, 삶의 만족도, 사회적 관계, 우울, 불안, 긍정 및 부정 정서를 측정하였다. 프로그램은 녹음되고 기록되었으며, 참여 청소년들은 프로그램의 수용성에 대해 구두로 피드백을 제공하였다.

MFY 프로그램 참여자들은 대기 대조군과 비교했을 때 자기연민의 증가(11%)와 삶의 만족도 향상 및 우울 증상 감소를 보고하였으며, 마음챙김과 사회적 관계의 증가 및 불안 감소 측면에서도 의미 있는 추세를 보였다. 표본 크기가 작았다는 점을 감안하면 이러한 경향성 또한 대상자 수가 많아지면 유의미한 결과도 나타날 수도 있을 것이다. 다음과 같은 언급처럼 청소년들은 프로그램에 대해 전반적으로 긍정적인 피드백을 제공하였다.

> 제가 배웠던 방법들에 감사해요. 저에겐 특히 학교생활이 너무 불안했었는데, 지난 몇 주 동안 마음챙김을 하고 저 자신을 연민으로 대해 주면서 불안해하는 순간이 줄어든 것 같아요. 그리고 잘은 모르겠지만 제가 해야 하는 것들을 좀 더 편안하게 느끼게 되었어요. 제가 그걸 하든 안 하든 세상이 끝나는 건 아니란 걸 알게 되었거든요(p. 486).

블루스와 아이젠로르-몰(Bluth & Eisenlohr-Moul, 2017)은 다섯 집단에서 MFY에 등록된 청소년(n=47, 여성이 53%, 11~17세)에 관한 결과도 조사하였다. 프로그램 전후 및 6주 추적 조사에서 자기보고 측정이 진행되었다. 다층성장분석 결과, 참여자들은 시간이 지남에 따라 자기연민이 증가(17%)하고 마음챙김, 회복탄력성, 호기심/탐구심, 감사함이 증진되었을 뿐만 아니라 지각된 스트레스 수준이 감소하였다. 캠포 등(2017)은 젊은 여성 암 생존자(n=25, 18~29세)를 대상으로 온라인으로 시행한 변형된 MFY 프로그램에 대한 연구를 수행하였다. 참여자들은 프로그램이 즐거웠으며 도움이 되었다고 보고하였을 뿐만 아니라, 객관적으로도 자기연민의 증가(29%), 마음챙김 및 신체 이미지의 개선과 외상 후 성장, 사회적 고립, 불안, 우울감 감소가 확인되었다. 이러한 발견은 고무적이며, 어린 나이에도 MSC 기술을 배울 수 있고 이를 통해 삶 전반에 걸쳐 이득을 얻을 수 있는 방식으로 청소년의 발달 궤적에 변화가 일어날 수 있다는 점을 시사한다.

마지막으로, MSC 프로토콜을 기반으로 하는 간단한 자기연민 훈련에 관한 연구를 살펴보고자 한다. 스미츠, 네프, 앨버츠와 피터스(Smeets, Neff, Alberts, & Peters, 2014)는 MSC 프로그램에 포함된 수행 방법(자기연민 브레이크, 자기 자신에게 연민 어린 편지 쓰기, 자애 문구 찾기)을 3주에 걸쳐 여성 대학생에게 지도하는 연구를 수행하였다. 참여자는 49명의 심리학과 여학생(평균 연령 19.96세)으로 유럽 소재 대학교 1학년 또는 2학년이었으며, 자기연민 중재 집단(n=27)과 활동 시간 관리 대조군(n=22)으로 무작위 할당되었다. 두 집단 모두 3주 연속으로 3번의 짧은 회기를 마쳤는데, 회기는 두 차례 실제 중재 회기(약 90분) 및 마무리 회기(약 45분)로 구성되었다. 다양한 자기보고 측정이 중재 일주일 전과 후에 실시되었다. 연구 결과, 간략한

MSC 중재 집단이 대조군보다 자기연민이 증가(21%)하였고, 마음챙김, 낙관성, 자기효능감 또한 증가하였을 뿐만 아니라 반추 경향 또한 현저히 감소하였다.

이러한 간단한 훈련의 성공은 매우 고무적이며 명상 없이도 자기연민의 이점을 학습할 수 있다는 점을 시사한다. 이러한 이유로 현재 우리는 교사, 만성질환 아동의 부모, 소진 위험에 처한 건강관리 종사자 같은 이들에게 간단한 형태의 MSC를 적용하는 예비 연구를 진행 중이다. 아동병원의 건강관리 종사자를 대상으로 회기당 1시간, 총 6회기로 구성된 간단한 프로토콜을 시행한 무작위 대기 대조군 연구의 예비 결과에서는 간단한 중재가 해당 집단에 효과적인 것으로 나타났다. 참여자들은 프로그램을 즐겼다고 응답했을 뿐만 아니라, 자기연민의 증가(16%)에 더해 마음챙김, 타인에 대한 연민, 연민 만족도의 증가와 스트레스 감소를 보고하였다. 프로그램 시행 전 자기연민이 낮았던 참여자가 프로그램 시행 후 우울증의 상당한 감소를 경험하는 조절 효과 또한 확인되었다(기초 자료에서 자기연민이 높았던 참여자에서는 이러한 결과가 확인되지 않았다). 아울러 모든 효과는 3개월 후 추적 조사에서도 유지되었다. 이러한 간단한 중재는 적은 시간이 소요된다는 점에서 유망하다고 여겨지며, 명상 수행이 어렵고 자기연민 수행을 일상에 통합하는 방식을 선호하는 이들에게 더욱 적합할 수 있다. 그러나 이들 연구는 아직 초기 단계이며, 장기적으로 영향을 주는 방식으로 자기연민의 새로운 습관을 배우는 데 필요한 수행의 정도를 향후 확인해야 할 것이다.

자기연민 지도: 암묵적 방식 대 명시적 방식

MBSR이나 MBCT 등 마음챙김 기반 중재가 자기연민을 증가시키며 이것이 곧 마음챙김 중재의 핵심 기전일 것으로 여겨지지만, 자기연민을 가장 잘 지도하려면 암묵적 방식과 명시적 방식 중 무엇을 택해야 하는지는 어느 정도 이견이 존재한다. 존 카밧진(Jon Kabat-Zinn, 2005)은 MBSR 지도자는 "항상 자애를 드러내고자 하나…… 명시적으로 그것에 대해 언급할 필요는 조금도 없다고 본다. 그보다는 우리 자신의 모습과 우리가 했던 모든 일에 최선을 다해 다정하고 친절하게 대하는 것이 더 나을 것이며, 그것으로 충분하다."(p. 285)라고 언급했다. 시걸 등(Segal et al.,

2013)도 MBCT 지도서에서 이 주장에 화답하며 자기연민은 암묵적 방식으로 지도하는 것이 최선이라고 주장했다.

> MBCT에서 자기연민이 스며들듯 간접적으로, 심지어는 암묵적인 지도를 통해 계발된다면 이를 체화해야 할 책임 대부분은 지도자의 몫이다. 친절함은 초반에는 지도자의 개인적인 따뜻함, 사려 깊음, 환영하는 태도로부터 전달되며, 프로그램이 진행되는 동안 특히 슬픔이나 분노 같은 부정적 정동이 존재할 때 참여자들과 함께하는 부드러운 접근방식을 통해 강화된다. 이렇듯 MBCT 지도자는 마음챙김과 연민을 붙들지도, 가르치려 들지도 않는다(p. 140).

이러한 관점에는 지도자의 따뜻함과 참여자의 질문이나 발언에 대한 반응 같은 암묵적 접근으로 자기연민 기술을 충분한 수준으로 강화시킬 수 있다는 견해가 함축되어 있다.

자기연민이 암묵적 방식과 명시적 방식 중 어느 방식으로 더욱 효과적으로 지도할 수 있는지에 관한 질문은 궁극적으로는 경험적 근거에서 답을 찾아야 할 것이다. 우리가 아는 한 이에 관해 다룬 연구는 단 하나뿐이다. 브리토-폰스 등(Brito-Pons et al., 2018)은 칠레의 한 대학에서 각각 CCT와 MSBR 과정에 등록한 참여자들의 결과를 비교하는 연구를 수행하였지만, 방법론적으로 무작위 할당을 시행하지 않았다는 점을 고려해야 할 것이다. 그럼에도 불구하고 이 연구는 연민에 관한 명시적 지도 방식과 암묵적 지도 방식 사이의 잠재적 차이에 대한 예비적 통찰을 제시한다. 두 집단 모두 자기연민이 유의미하게 증가(CCT=28%, MBSR=15%)하였고, CCT의 증가 비율이 크게 나타나긴 했지만 MBSR과 통계적으로 차이를 보이지는 않았다. 반면 CCT 참여자들은 타인에 대한 연민(8%), 공감적 관심(14%), 인간으로서의 동일시(15%)도 증가하였지만, MSBR 참여자들은 이러한 측면에서는 유의미한 증가가 보이지 않았다(각각 3%, 2%, −1%). 흥미롭게도 두 집단 모두 마음챙김에서 비슷한 수준의 증가가 확인되었으며(CCT=17%, MBSR=16%), 이는 이러한 결과가 각 프로그램의 주제로 인한 것만은 아님을 시사한다.

MBSR, MBCT, MSC와 같은 프로그램의 중첩되는 이점이나 고유한 효과를 이해하기에 앞서, 이들의 상대적 영향을 직접 비교하는 연구가 수행되어야 할 것이다. 각 프로그램이 특정 기술의 향상 측면에서 다른 프로그램들보다 효과가 클 수 있다. 예를 들어, MBSR과 MBCT는 인지 유연성, 주의집중 기능, 내수용감각(interoception) 같은 현상에 더 큰 영향을 주는 반면(Keng et al., 2012), 연민 기반 프로그램은 자기연민과 타인을 위한 배려에 더 큰 영향을 줄 수 있다. 따라서 연민 기반 프로그램은 MBSR과 MBCT와 상호 보완적으로 적용할 수 있으며, 특히 자기비판 경향이 심한 이들에게 유용한 보완재가 될 것이다.

특정 질환을 다루기 위해 명시적인 마음챙김 프로그램과 자기연민 훈련을 결합한 중재 기법을 개발하려는 시도 또한 이어져 왔다. 팔메이라, 핀토-구베이아와 쿠냐(Palmeira, Pinto-Gouveia, & Cunha, 2017)가 마음챙김, 수용전념치료, 연민 기반 접근을 바탕으로 개발한 12주 체중 감량 프로그램(Kg-Free)을 그 예로 볼 수 있다. 프로그램에 대한 무작위 대조군 연구 결과, Kg-Free 프로그램 집단은 통상 치료 대조군보다 자기연민이 증가(13%)하였으며, 건강 행동, 심리적 기능, 삶의 질 또한 향상되었고, 체중 관련 부정적 경험은 감소하였다. 이와 같은 범용 접근법이 한 번에 한 가지 유형에 집중하는 훈련 방식과 효과 측면에서 차이가 있는지는 불분명하지만, 연구 결과로 미루어 볼 때 관련 후속 연구는 필요하다고 여겨진다.

실제로 앞으로는 각 프로그램이 안녕감에 미치는 상대적 영향에 어떠한 개인적 변수가 차이를 드러내는 역할을 하는지 결정하는 연구가 중요해질 것이다. 예를 들어, 마음챙김 수준이 낮은 사람에게는 MBSR과 MBCT가 더 효과적일 수 있으며, 자기연민 수준이 낮은 사람에게는 MSC가 더 효과적일 수 있다. 두 종류의 프로그램을 모두 시행하였을 때 안녕감이 극대화되는지, 만약 그렇다면 어떤 순서로 시행하는 것이 적합할지에 관한 연구도 유망할 것이다. 직관적으로는 고통을 마음챙김하는 것이 자기연민의 토대를 이룬다는 점에서 자기연민에 앞서 마음챙김을 배우는 것이 이상적일 것으로 예상된다. 그러나 극심한 수치심이나 자기비판으로 고통받는 사람에게는 마음챙김으로 자신의 고통을 온전히 마주하는 데 필요한 정서적 안전감을 마련하기 위해 자기연민을 먼저 함양해야 할 수도 있다. 어떤 방식이든 마음챙김 지도와 자기연민 지도가 모두 명시적으로 필요할 것이다. 불교 전통에서도 마음챙김과 연민은 새의 양쪽 날개로 비유되기에(Kraus & Sears, 2009), 우리가 날아가기 위해서도 둘 모두가 필요할 것이다.

향후 연구에서 또 다른 중요한 주제는 실제 대면 환경이 아닌 조건에서 자기연민을 지도하는 분야일 것이다. 앞서 언급한 바와 같이 캠포 등(2017)은 실시간 온라인 자기연민 훈련이 암 생존자들에게 효과적임을 확인하였다. 맥이완과 길버트(2016)는 2주 동안 매일 5분씩 온라인으로 시행한 연민적 심상 연습이 참여자들의 자기연민을 증가(17%)시켰으며, 그 효과는 초기에 자기비판이 높은 사람들에게서 더 강하게 나타났다는 점을 발견하였다. 온라인 연습은 불만족스러움, 우울, 불안, 스트레스 등도 감소시켰으며, 이러한 이점은 6개월 후 추적 평가에서도 대부분 유지되었다.

자기연민은 다양한 교육 형태로 학습할 수 있는 것으로 보인다. 소머스-스파이커만, 트롬페터, 슈뢰어와 볼메이저(Sommers-Spijkerman, Trompetter, Schreurs, & Bohlmeijer, 2018)는 자기연민 학습에 자기계발서가 주는 영향을 조사하였다. 낮거나 중등도 수준의 안녕감을 보고한 네덜란드 거주자(N=122)를 대상으로 CFT 원칙을 기반으로 하는 자기계발서를 배송받은 집단과 대기 대조군을 비교하는 무작위 대조군 연구를 수행한 것이다. 자기계발서 집단은 연습에 대해 매주 이메일을 통해 안내받았다. 연구 결과, 자기계발서 집단은 대조군보다 정서적 · 심리적 · 사회적 안녕감(다양한 척도로 평가함)이 향상되었을 뿐만 아니라 자기연민 수준 또한 증가(25%)하였다. 9개월째 추적 평가에서도 자기연민의 증가(30%)를 비롯한 많은 안녕감 관련 측정 수치가 지속해서 개선되었다. 자기계발서의 편리함(그리고 보편성)을 고려하였을 때 이러한 결과는 매우 유망한 것으로 볼 수 있다.

자기연민 훈련을 제공하는 또 다른 방법은 모바일 애플리케이션(앱)일 것이다. 맥 등(Mak et al., 2018)은 홍콩에서 마음챙김 기반 앱(n=703), 인지행동기반 심리교육(n=753), MSC에 기반한 '마음으로 살기(Living with Heart)' 앱(n=705)을 비교하는 무작위 대조 연구를 시행하였다. 대상자들에게 앱을 28일 동안 사용할 것을 요청하였지만, 일주일 사용 후 사용량은 급격히 감소하였다. 훈련을 마친 참여자들의 수는 마음챙김(n=104), 인지행동(n=126), 자기연민(n=112) 집단별로 고르게 분포되었다. 자기연민의 증가는 자기연민 앱 사용군(12%)과 인지행동 앱 사용군(7%)이 마음챙김 앱 사용군(2%)보다 컸으나, 안녕감과 관련된 다른 측정치에서는 집단 간 차이가 확인되지 않았다.

마지막으로, 팔코너 등(Falconer et al., 2014)은 자기연민 지도에 가상 현실(virtual reality)을 이용하여 뚜렷한 성공을 거두었다. 재발성 우울증 환자를 대상으로 괴로워하는 아이를 가상 이미지로 보여 준 다음, 아이에게 연민을 전하는 과정을 녹화하였다. 대상자들은 연민을 전하는 과정을 1인칭 관점으로 보는 집단(n=22)과 3인칭 관점으로 보는 집단(n=21)으로 무작위 배정되었다. 이러한 방법론을 적용한 결과, 3인칭 관점 집단(−1%)보다 1인칭 관점 집단(28%)에서 자기연민이 상당히 증가하였다. 자기비판은 두 집단 모두에서 같은 수준으로 감소하였으며, 기분에 미치는 영향도 집단 간 차이를 보이지 않았다.

다양한 기술의 용이성과 경제성을 고려하였을 때 이러한 결과는 매우 고무적이다. 온라인 중재, 자기계발서, 모바일 앱, 가상 현실 등 각자의 집에서 편안하게 자기연민을 배우도록 돕는 새로운 방법을 계속 개발하고 개선해 간다면, 이 중요한 삶의 기술을 배울 수 있는 잠재력을 가진 이들의 수는 수백만에 이를 것이다.

● 이것만은 기억합시다 ●

- 자기연민은 요가나 자애 명상 등 다양한 방법으로 배울 수 있다.
- MBSR, MBCT, ACT 같은 마음챙김 및 수용 기반 중재 또한 자기연민을 증진시키는 것으로 나타났다. 비록 마음챙김 기반 접근에서는 자기연민을 암묵적으로 지도하지만, 이 경우에도 자기연민은 프로그램 효과의 주요 기전인 것으로 보인다.
- 타인에 대한 연민에 초점을 맞춘 연민 훈련 프로그램인 CCT와 CBCT도 자기연민과 개인의 안녕을 증진시키는 것으로 여겨진다.
- 또 다른 구조화된 연민 프로그램인 MBCL에서는 연민과 자기연민을 함께 지도하며, 예비 연구를 통해 프로그램 효과에 대한 경험적 지지를 받았다.
- CFT는 연민과 자기연민 배양을 위해 특별히 고안된 심리치료 모형이다. 다양한 임상군을 대상으로 시행한 연구에서 CFT의 효과가 보고되었다.
- MSC에 대해 시행된 두 차례 무작위 통제 연구에서는 자기연민의 향상뿐만 아니라 정신적·신체적 안녕감 증진 효과까지 입증되었으며, 중국에서 시행한 예비 연구 결과에 따르면 비서구권 인구에서도 MSC 프로그램이 유효할 것으로 전망된다.
- MSC 프로그램을 개작한 청소년 대상 프로그램(MYF) 또한 두 건의 예비 연구와 무작위 통제 연구를 통해 효과성이 확인되었다.

- 자기연민에 대한 명시적 접근법과 암묵적 접근법을 비교하고, 참여자들 간 차이가 프로그램 결과에 미치는 영향을 확인하는 후속 연구가 필요할 것이다. 마음챙김, 타인을 위한 연민, 자기연민을 배우는 순서에 따른 효과를 검증하는 연구도 시행되어야 할 것이다.
- 온라인 중재, 자기계발서, 모바일 앱, 가상 현실 등 다양한 기술을 자기연민 지도에 활용하는 방안 또한 탐색이 필요한 유망한 영역이다.

제2부

마음챙김 자기연민 지도하기

진정한 직관적 전문성은

실수에 대한 좋은 피드백이 담긴 꾸준한 경험에서 얻어진다.

—대니얼 카너먼(Daniel Kahneman, 2011)

MSC 프로그램은 경험 학습 과정이다(Kolb, 2015). 모든 교실은 실험실이며 모든 실습은 실험이다. 우리는 참여자에게 호흡 음미하기나 자애 문구 반복하기 같은 다양한 수행법을 소개한 다음, 상호 협력적 탐구와 집단 토의를 거치며 각 참여자가 경험한 것들을 탐구한다. 참여자들은 자신에게 무엇이 작동하는지, 즉 무엇이 현재 순간 경험에 대한 자각에 개방되게 하는지(마음챙김), 무엇이 친절과 이해로 반응하도록 허용하는지(자기연민)를 발견하도록 독려받는다. 한 참여자는 자신의 MSC 프로그램 경험을 다음과 같이 요약했다. "정말 간단했어요. 자리에 앉고, 무엇이 일어나는지 지켜보고, 저 자신에게 사랑을 전했지요." 그렇지만 자기연민을 지도하기란 상당히 복잡하다. 우리가 참여자들에 대해 아는 바가 거의 없기 때문이다. 세상에 간단한 비책이란 존재하지 않는 법이다.

MSC를 지도하는 데는 특정 기술, 달리 말해 몇 가지 역량 영역(domains of competence)이 요구된다. 레베카 크레인 등(Rebecca Crane et al., 2014)은 MBSR과 MBCT 같은 마음챙김 기반 중재를 지도하기 위한 여섯 가지 역량 영역을 신중하게 제시하고 검증했다. 이들 영역 대부분은 MSC에도 적용되지만, MSC는 마음챙김보다는 자기연민 훈련에 초점을 맞추기에 다소 수정을 거쳐야 했다. 예를 들어, 교육 주제를 지도하는 것과 탐구에 참여하는 것은 크레인 등의 모델에서는 동일 역량 영역에 속하지만, MSC에서 탐구는 주로 비언어적 표현과 정서적인 공명으로 진행되는 실습이며, 과정 주제를 전달하는 것과는 무관하기에 이 둘은 서로 다른 역량 영역으로 여겨진다. MSC에서의 역량 영역은 MSC 지도에 필요한 요소를 경험적으로, 실증적으로 이해하고 개선해 가는 과정을 통해 앞으로도 계속 발전할 것이다.

이어지는 장들에서 제시할 6가지 역량 영역은 다음과 같다.

1. 커리큘럼을 이해하기
2. 주제를 교육하고 수행을 안내하기
3. 자기연민을 체화하기
4. 타인과 연민 어린 관계 맺기
5. 집단 과정을 촉진하기
6. 탐구에 참여하기

이들 교육 영역을 검토하고 나면 MSC를 실제로 가르칠 계획이 없더라도 자기연민을 가르치는 데 필요한 태도와 기술에 대한 감각을 얻을 수 있을 것이다.

MSC 지도자 교육을 받기 전에 MSC 과정을 먼저 이수하여야 하며, 기타 전문적인 환경에서 자기연민을 지도하려는 때도 MSC 과정을 먼저 이수하기를 권한다. 영속적인 인식의 전환이 일어나는 데는 개인적인 자기연민 경험이 필요하기 때문이다(Kang, Gray, & Dovidio, 2015). 지도자의 개인 경험은 학습 과정에서 필연적으로 발생하는 장애물과 이를 극복하는 방법을 이해하는 데도 도움이 된다. MSC 프로그램을 온라인이나 직접 수강하는 방법에 대한 자세한 내용은 MSC 미국본부 홈페이지 http://centerformsc.org의 'Train' 항목 또는 한국본부(한국명상심리상담연구원) 홈페이지 http://www.ikmp.org/program/msc.php에서 확인할 수 있다. MSC 8주 프로그램을 지도하려면 공식적인 지도자 훈련 과정을 이수해야 한다. 앞서 언급하였듯이 자기연민은 정서적 활성화를 일으킬 수 있기에 프로그램을 안정하고 효과적으로 지도하려면 훈련을 받아야 한다. 루이스그록-럽톤, 크레인과 도르지(Ruijgrok-Lupton, Crane, & Dorjee, 2017)에 따르면 지도자의 훈련 수준이 지도자의 명상 또는 마음챙김 지도 경험보다 마음챙김 과정 수강생의 안녕감에 더 큰 영향을 미치는 것으로 나타났다. MSC 지도자 훈련에 대한 정보는 MSC 미국본부 http://centerformsc.org의 'Teach' 항목 또는 한국본부(한국명상심리상담연구원) 홈페이지 http://www.ikmp.org/program/msc.php에서 확인할 수 있다.

이어지는 장 중 첫 번째 장인 5장에서는 MSC 프로그램의 구조와 커리큘럼에 대해 살펴볼 것이다. 6장에서는 교육 주제, 안내 명상, 교실 실습을 지도하는 방법을 정리할 것이다. 7장에서는 두 가지 관련 역량 영역인 자기연민의 체화와 연민적인 지도자가 되는 것에 대해 초점을 맞출 것이다. 8장에서는 집단 과정을 촉진하기 위한 통찰 및 제안사항을 다루고, 9장에서는 탐구 기반 지도 및 학습으로의 여정을 시작할 것이다.

제5장

커리큘럼 이해하기

나는 학생들을 가르치는 것이 절대 아니다. 그저 그들이 배울 수 있는 환경을 만들어 줄 뿐이다.

—알베르트 아인슈타인(Albert Einstein, King, 1964, p. 126에서 인용)

MSC 지도자가 갖추어야 할 첫 번째 역량 영역은 커리큘럼을 이해하는 것이다. 이 장에서는 MSC의 8주 과정에 대한 실질적인 세부사항에 대한 개요를 먼저 제공할 것이다. 뒤이어 프로그램의 기본 구조인 공동 지도(co-teaching)와 참여자 선정, 물리적 환경 설정과 과정 진행에 필요한 자료, 각 회기의 구성요소(주제, 명상, 일상 수행, 실습, 탐구 등)를 다룰 것이다. 그다음 MSC 커리큘럼 적용에 대한 논의로 이 장을 마칠 것이다.

MSC 지도자 훈련을 마친 지도자들은 첫 MSC 지도를 앞두고 커리큘럼의 포괄성과 MSC 지도에 필요한 다양한 기술에 자신감을 잃고 위축되곤 한다. MSC를 지도하며 해야 할 일이 많은 건 사실이지만, MSC 커리큘럼은 대화, 교실 실습, 명상, 시, 영화, 움직임, 집단 토의를 통해 참여자들이 자기연민을 단계적으로 깊이 이해하도록 수년에 걸쳐 신중하게 연마되었다. 지도자가 참여자 집단을 편안하게 느끼기까지는 대개 3회에서 4회 정도의 지도 경험이 필요하다. 따라서 지도자들은 자신의 지도자로서의 궤적에 인내심을 갖고 일정 역량 수준에 도달할 때까지 자신을 허용해 주어야 한다. 처음이란 모두가 거쳐야 하는 순간이기 때문이다. 커리큘럼 안에는 많은 작업이 담겨 있으므로, 초심 지도자는 그저 커리큘럼에서 한 번에 한 가지씩 꺼내어 모든 이에게 자연스럽고 열려 있는 방식으로 펼쳐내기만 하면 된다.

MSC의 기본 구조

MSC 프로그램은 매주 2시간 45분(15분 휴식 시간 포함)씩 진행되는 여덟 번의 회기와 추가로 진행되는 4시간에 걸친 안거 회기로 구성되며, 프로그램의 총 지도 시간은 약 24시간이다. 8주 본 회기 과정에 앞서 별도의 오리엔테이션 회기를 예비 참여자에게 제공할 수 있다. 집단 규모는 공동 지도자 2인당 참여자 8~25명가량이 권장된다.

공동 지도

MSC 프로그램은 지도자 과정을 이수한 두 명의 지도자가 진행하는 것이 이상적이다. 지도자의 주요 임무는 커리큘럼을 제공하고 집단의 정서적 요구에 주의를 기울이는 것이다. 이들 활동을 한 사람이 동시에 수행하기 어렵기에 공동 지도가 권장된다. 예를 들어, 한 지도자가 참여자들에게 도전이 되는 실습을 진행하는 동안 공동 지도자는 울고 있는 참여자에게 다가가 돌봄과 배려의 표현으로 휴지를 건넬 수 있다.

공동 지도자는 또한 서로에게도 정서적 지지를 제공한다. 연민 훈련은 정서적 활성화를 일으키기에 지도자들은 참여자들이 겪는 괴로움을 자신의 괴로움처럼 필연적으로 경험하게 된다. 어떤 참여자는 행동으로 자신의 괴로움을 표현하며 집단 과정을 방해하기도 한다. 이런 경우 공동 지도자가 해당 참여자와 연결되어 다른 방식으로 교실에서 긍정적인 태도를 유지할 수 있도록 도와줌으로써 위로가 될 수 있다.

공동 지도가 항상 가능한 것은 아니다. 예를 들어, 한 지역에 지도자 과정을 이수한 MSC 지도자가 부족할 수도 있고, 두 명의 지도자를 재정적으로 지원하기에는 과정이 너무 적을 수도 있다. 이럴 때는 MSC 지도자가 **보조 지도자**(teaching assistant)와 함께 진행하는 방식을 택할 수 있다. 보조 지도자는 마음챙김 지도 같은 MSC 지도와 관련된 기술을 보유하고 있지만, 아직 공식 MSC 지도자 훈련을 받지 않은 사람을 일컫는다. MSC 프로그램을 참여자로 경험했던 사람이 보조 지도자 역할을 맡기도 한다. 보조 지도자는 때때로 명상을 이끌거나 소규모 집단 토의를 촉진하거나 과정 운영에 도움을 줄 수 있다. 이때 프로그램 과정의 내용과 질적인 부분에 관한 책임은 MSC 지도자에게 있다.

아울러 MSC 공동 지도자 중 한 사람은 일정 자격을 이수한 정신건강 전문가(mental health professional)일 것을 권장한다. 보조 지도자를 맡는 정신건강 전문가는 **정신건강 보조 지도자**(mental health assistant)로 칭한다. 이들의 경우 MSC 참여 경험은 무관하며 때로는 수강료 면제를 전제로 프로그램에 집단구성원으로 참여하기도 하고, 다른 참여자의 요구를 주시하며 드물게 발생하는 응급 상황에 개입하는 역할을 맡는다. 예를 들어, 참여자가 정서적으로 자극받아 쉽게 진정되지 않을 때, 정신건강 보조 지도자는 해당 참여자와 함께 교실 밖으로 나가서 개인적으로 대화를 진행하고 지도자는 계속 집단을 이끌어 간다. 정신건강 보조 지도자의 필요 여부는 구성원 각각의 정서적 회복탄력성에 달려 있다.

참여자 선정

가장 좋은 선정 방식은 참여자 스스로 결정하는 것이다. 프로그램 설명에는 정확한 정보가 담겨 있어야 하며, 그로써 예비 집단구성원은 자신의 기대가 프로그램 과정 자체와 일치하는지 확인해 볼 수 있다. 예를 들어, 프로그램 과정을 설명할 때 MSC는 경험 기반 워크숍으로 안거가 아니라는 점(비록 반나절 동안 진행하는 안거가 포함되어 있기는 하지만)을 명확하게 기술해야 한다. 대개 안거가 워크숍보다 조용하고 편안하며 정서적으로 덜 활성화된다고 예상하기 때문이다. 설명에는 MSC에서는 마음챙김 훈련이 아닌 자기연민 훈련이 주를 이룬다는 점도 포함되어야 한다. 마지막으로, MSC가 치유적이기는 하지만 집단치료(group therapy)는 아님을 분명히 해야 한다. MSC는 마음챙김과 자기연민에 대한 자원을 배양하도록 고안된 구조화된 프로그램으로, 오래된 상처를 치료하는 것이 목적은 아니기 때문이다.

어떤 참여자는 자신이 전적으로 선택했다기보다 건강관리 전문가나 가족의 설득 끝에 의뢰되기도 한다. MSC의 인기가 높아짐에 따라 전문가들의 의뢰 또한 더욱 빈번해졌다. 지도자는 이러한 경로로 의뢰된 지원자들이 프로그램의 성격을 잘 이해하고 온전히 참여할 수 있도록 확실히 해 두어야 한다. 그렇지 않으면 참여자의 양가적인 태도가 다른 집단구성원에게도 영향을 미칠 수 있다. 프로그램이 진행되며 나타날 정서적 어려움을 기꺼이 마주하려는 열성적인 개인들로 구성된 집단으로 출발하는 것이 MSC 지도자에게 최적일 것이다.

MSC 프로그램 등록 시 지원자는 개인 신상 정보 양식을 작성하는데, 일반적으로 다음과 같은 항목이 포함된다.

- 연락처
- 프로그램 신청 이유
- 과거 및 최근 명상 수행 여부
- 신체 건강 및 제약사항
- 정신과적 이력
  - 최근 스트레스 상황 및 대처 방법
  - 심리치료 및 약물 복용 여부
  - 치료자 연락처

지원자는 개인 신상 정보 양식에 서명하며 자신이 프로그램의 모든 회기에 참석할 것임을 인지해야 한다. 즉, 지원자는 참여하게 되면 매일 30분씩(공식 수행 및 일상 수행을 합쳐) 마음챙김과 자기연민을 수행할 준비가 되어 있어야 하며, 프로그램 전반에 걸쳐 자신의 안전과 안녕에 책임이 있다는 점을 알고 있어야 한다. 일부 지도자는 지원자에게 프로그램의 정서적 이득과 위험을 설명하는 보다 자세한 설명문을 제공하며 동의서에 서명할 것을 요청하기도 한다(Santorelli et al., 2017 참조).

지도자는 신상 정보를 바탕으로 각 예비 참여자에게 MSC 프로그램이 유익할지를 결정한다. MSC는 임상 질환을 치료하는 것이 아닌 일반 대중을 지도할 목적으로 고안되었기에, MSC 예비 참여자들은 자기성찰을 할 수 있는 능력을 갖추고 압도되지 않으면서 자신 내면의 풍경을 탐색하는 활동에 참여할 수 있어야 한다. 염려되는 지원자가 있는 경우에는 해당 지원자에게 연락하여 지원자가 프로그램에 참여하기에 적절한 시점인지 논의할 수도 있다. 지도자가 불편하게 느끼는 지원자는 선정하지 않아야 하며, 결정을 내리기 어려운 지원자가 있다면 동료들에게 자문해야 한다.

선정 제외 기준

지원자가 선정에서 제외되는 주된 이유로는 정서조절장애(emotional dysregulation)가 있다. 정서적으로 조절이 어려운 참여자에게 지도자의 주의가 너무 많이 쏠려 나머지 참여자들과 과정을 진행하기가 어려울 수 있기 때문이다. 일상 기능을 위협하는 외상성 기억을 재경험하기 쉬운 사람도 정서적으로 안정될 때까지 참여를 미루어야 한다. 지원자가 집단의 학습 경험을 방해할 수 있는 성향을 보이는 경우도 제외 사유가 된다. 예를 들어, 집단을 분열시키려 들거나 자신이 집단을 통제하려고 지도자와 경쟁하려는 경향을 보이는 지원자는 참여 의사를 거두게 해야 할 것이다.

정신질환 진단 자체가 MSC에 참여하는 데 걸림돌이 되어서는 안 된다. 증상을 관리할 수 있는 정신질환자가 자기연민을 학습했을 때 얻는 유익한 점이 매우 많기 때문이다. 그러나 MSC는 정신질환의 급성기(예: 우울장애, 불안장애, 자살, 정신증)에 놓인 사람 또는 심각한 물질 중독을 겪고 있거나 최근에서야 물질 사용을 중단한 사람에게는 적합하지 않을 것이다. 가까운 시일 내 외상(예: 이혼, 폭력, 사랑하는 사람의 죽음)을 경험한 사람은 MSC 과정에 참여하기에 앞서 개인치료 등을 통해 정서적으로 안정되어야 한다. 건강 상태가 급성기 위험(예: 항암 화학요법, 심각한 신체 손상으로부터의 회복)에 놓인 사람은 과정에 온전히 참여할 수 있을 때까지 대기하도록 권해야 한다. 지원자 선별 및 안전 보장에 대한 자세한 내용은 브라운 대학교의 명상 안전 도구 상자(meditation safety toolbox)를 참고하라(https://www.brown.edu/research/labs/britton/resources/meditation-safety-toolbox).

모든 지원자는 개인적 강점과 약점을 바탕으로 고려되어야 한다. 앞서 제시한 제안은 표준 MSC 커리큘럼과 전형적인 MSC 지도자를 위한 것이다. 일부 지도자는 특정 집단(예: 경계성 성격장애, 외상, 물질 남용)에 대한 숙련된 경험을 쌓고 있으며, 이들 집단의 필요 충족에 적용할 수 있는 MSC 프로그램을 현재 개발 중이다.

집단 구성하기

MSC 지도자는 자신이 진행할 프로그램 참여자의 조합을 신중하게 고려해야 한다. 예를 들어, 심리치료자인 MSC 지도자는 집단구성원 일부가 자신의 내담자가 아닌 경우 자신의 내담자를 집단에 참여시키려 할 수도 있고 그렇게 하지 않을 수도 있다. 참여자들이 같은 직장에서 근무하는 경우 지도자는 한 집단에 서로 다른 수준의 권한을 가진 사람(대표와 직원)들을 동일 집단에 포함하는 것이 합리적인지 고려해야 할 것이다. 모든 참여자가 안전하다고 느끼며 다른 이들과 기꺼이 공유하려 하는지가 중요하다. 일반적으로 동질 집단(비슷한 연령대, 민족, 성 정체성, 사회경제적 수준, 지적 기능을 보이는 참여자)이 이질 집단보다 이끌어 가기 쉽지만, 이질 집단은 보편적 인간경험에 대한 더 심도 있는 경험을 제공할 가능성이 크다.

집단을 진행하는 **장소** 또한 중요하다. 사적이고, 중립적이며, 안전하고, 매력적인 환경이 이상적일 것이다. 지도자들은 MSC 과정에서 친절이라는 특별한 문화를 조성하려 노력해야 한다. 직장에서 열리는 MSC 과정을 예로 들자면, 과정 진행이 직장 문화에 영향을 받거나 과정에서 기존의 직장 내 상호작용이 유발될 수 있음을 유의해야 한다.

집단 규모 역시 고려해야 할 사항이다. MSC 커리큘럼은 8~25명으로 구성된 집단을 대상으로 고안되었지만, 커리큘럼에서 소집단으로 상호작용할 기회가 많이 제공되기에 규모를 확장할 수도 있다. 대규모 집단(20명 이상)은 내향적이거나 수줍어하는 참여자에게는 도전이 될 수 있다. 6명 이하로 구성된 집단은 불참자가 발생하면 나머지 집단구성원에게 빈자리가 확연히 느껴질 것이기에 집단을 진행하기에는 너무 작을 것이다. 구성원마다 비중 있게 관심을 쏟을 수 있기에 일정 수준에서는 집단 규모가 작은 것이 지도자에게 실제로 더 효율적일 것이다. 참여자들의 집단 내 배치와 더불어 집단 규모를 고려할 때, 지도자는 자신 또한 구성이 편안하다고 느끼는지 확인해야 한다.

물리적 환경 및 교육 자료

전형적으로 MSC는 의자가 원형으로 배치된 교실에서 진행된다. 원형 배치에서는 집단구성원이 서로를 바라볼 수 있어 집단의 응집성이 촉진된다. 참여자가 25명 이상일 때는 원 바깥에 반원 형태로 의자를 추가로 배치할 수 있다. 명상 경험이 있는 지도자들은 바닥에 방석을 깔고 앉거나 방석과 의자를 번갈아 사용하는 것을 선호하기도 한다.

교실에는 회기 관련 교육 자료가 놓인 탁자가 대개 준비되어 있다. 교재 구성은 일반적으로 다음과 같다.

- 이름표: 이름표는 회기마다 착용하며, 구성원 간 연결을 촉진하는 역할을 한다. 특히 대규모 집단에서 도움이 된다.
- 출석부: 다양한 목적으로 출석 여부를 점검할 수 있다. 회기에 불참하거나 특별한 주의가 필요한 구성원을 확인할 때, 교육 이수 평점을 주어야 할 때, MSC 지도자 과정에 지원하려는 참여자가 지원 기준인 80% 이상 출석하였는지 확인할 때 도움이 된다.
- 워크북: 참여자들에게 『나를 사랑하기로 했습니다: 마음챙김 자기연민 워크북(The mindful Self-Compassion Workbook)』(Neff & Germer, 2018) 사본을 제공할 것을 적극적으로 권장한다. 프로그램 과정의 동반자가 되어 줄 것이다.
- 주간 피드백: 참여자들은 프로그램 과정에서 경험한 것들, 특히 주요 통찰과 도전, 도움이 된 수행과 그렇지 않은 수행, 지도자가 알기를 바라는 자신에 대한 내밀한 사항 등을 매주 서면으로 제출해야 한다.
- 종: 지도자는 종을 울려 참여자들에게 수행 시간과 휴식 종료를 알리거나, 수행이 막바지에 다다랐음을 전달하거나, 회기를 마무리하는 신호를 보낼 수 있다.
- 다과: 휴식 시간에 집단구성원들이 신체적 · 정서적으로 영양을 보충할 수 있도록 간식이 제공된다.
- 플립차트 또는 화이트보드: 대자보 용지나 화이트 보드는 짧은 강의를 할 때 시각 보조 자료로 사용된다. 참여자들이 나중에 토의할 수 있도록 개념에 대한 질문이나 의견을 적어 두는 데도 도움이 된다.
- 필기도구: 참여자들은 지도 중에 메모를 작성하거나 수행과 실습 중 자신의 경험을 기록하도록 독려받는다.
- 꽃: 어떤 지도자들은 꽃을 보조 탁자나 바닥에 두어 교실을 아름답게 꾸미기도 한다.

회기 내용 개요

MSC 커리큘럼은 각 회기 내용이 이전 회기를 기반으로 쌓여 올려지도록 세심하게 짜여 있다.

- 1회기는 환영 회기로, 참여자에게 프로그램 과정을 소개하고 참여자 간 서로 자기소개를 나누는 회기이다. 자기연민의 개념 또한 1회기에서 안내되며, 주중에 연습할 수 있는 일상 수행이 함께 소개된다.
- 2회기는 마음챙김으로 회기의 닻을 올린다. MSC에서의 마음챙김에 대한 이론적 근거와 함께 공식 및 일상 마음챙김 수행을 지도한다. **역류**(backdraft, 자기연민이 힘든 감정을 활성화하는 경우)의 개념과 함께 마음챙김 수행으로 역류를 다루는 방법 또한 제공된다. 1회기와 2회기에서는 전체 과정에 대한 개념적 기초를 다지기 위해 후속 회기들보다 더 많은 교육 자료가 사용된다.
- 3회기에서는 자애를 소개하고 자각을 따뜻하게 덥히는 의도가 담긴 수행을 안내한다. 자애는 고통을 직접 향하지 않아 상대적으로 덜 도전적이기에 연민보다 앞서 자애를 함양한다. 참여자에게는 명상에서 사용할 자신만의 자애 문구를 발견할 기회가 주어진다. 대인관계에서 진행되는 실습은 집단에서의 친밀감, 안전감, 신뢰를 발전시키는 데 도움이 될 것이다.
- 4회기에서는 자애 명상을 자신과의 연민 어린 대화로 확장하며 자기비판 대신 친절로 동기를 부여하는 방법에 초점을 맞춘다. 4회기에 다다르면 많은 참여자가 자기연민이 예상보다 어렵다는 것을 발견하게 되므로, 지도자는 자기연민 수행의 **진행**(progress)이 의미하는 바를 탐색하며 참여자가 혼란스러워하거나 자신이 자기연민을 배우기에 부적절하다고 여길 때도 자신에게 연민을 전하는 수행을 하도록 격려한다.
- 5회기는 핵심 가치와 연민 어린 경청 기술에 중점을 둔다. 5회기의 주제와 수행은 다른 회기보다 정서적 도전이 덜하므로, 프로그램 중반부에 소개하여 자기연민 수행이 깊어지는 도중에도 참여자들이 정서적으로 휴식을 취하게 한다.
- 안거(R회기)는 5회기 이후 열린다. 참여자들이 지난 회기 동안 배웠던 수행에 몰입하며 4시간에 걸친 묵언 동안 마음에 떠오르는 모든 것에 마음챙김 자기연

민을 적용할 기회이다. 걷기, 스트레칭, 자연으로 나가기 등 신체 활동이 동반되는 새로운 수행들도 소개된다.

- 6회기에서는 힘겨운 감정에 마음챙김 자기연민 기술을 적용한다. 힘겨운 감정을 다루는 새로운 일상 수행도 배우게 된다. 수치심은 자기비판과 흔히 관련되며 죄책감이나 분노 같은 '끈끈한' 감정과 얽혀 있으므로, 지도자는 회기 동안 수치심이라는 감정에 대해 자세히 살펴보고 이해하기 쉽게 설명하는 시간을 가진다.
- 7회기는 힘든 인간관계를 다루는 시간이다. 인간관계는 가장 강력한 정서적 고통의 원천이다. 따라서 7회기에서는 정서적 활성화가 일어나지만, 참여자 대부분이 6주 동안 마음챙김 자기연민을 수행한 상태이므로 이를 다룰 준비가 되어 있다. 인간관계에서의 분노, 돌봄 피로, 용서가 7회기의 주요 주제이다.
- 8회기는 마무리 회기로 긍정심리학과 연관되어 있으며, 우리 삶에서의 선함을 포용하는 세 가지 상호 관련된 수행, 즉 음미하기, 감사하기, 자기감사(self-appreciation) 수행으로 끝을 맺는다. 아울러 참여자들이 프로그램을 통해 배운 것, 기억하고 싶은 것, 과정을 마친 후 수행하고 싶은 것을 검토하도록 초대한다.

전체 MSC 프로그램의 개요를 세부 주제, 명상, 일상 수행 및 각 회기에서 다루는 실습과 함께 〈표 5-1〉에 제시하였다.

각 회기의 구성요소

각 MSC 회기는 정해진 활동 순서를 따라 진행된다(활동 종류를 식별하기 위해 다음과 같이 아이콘을 함께 표시하였으며, 각 회기가 자세하게 제시되는 제3부에서도 이 아이콘들을 사용할 것이다).

시작 명상

수업은 정시에 시작되며, 늦게 도착한 사람은 도착한 대로 조용히 자리를 잡은 다음 시작 명상에 참여한다. 시작 명상은 안주/반영(다음 항목 참조) 시간을 포함해서 약 20~30분가량 소요된다. 개인 수행의 중요성을 강조하고 학습을 준비하며

표 5-1 MSC 커리큘럼 개요

회기	제목	주제	명상(M)/일상 수행(IP)	실습
1	마음챙김 자기연민 발견하기	• 환영 • 프로그램 세부사항 • MSC 접근방법 • 자기연민이란 무엇인가? • 자기연민에 관한 오해 • 자기연민에 관한 연구(선택)	• 위로의 손길(IP) • 자기연민 브레이크(IP)	• 내가 왜 여기 있는가? • 규칙 안내 • 나는 친구를 어떻게 대하는가? • 자기연민 손동작(선택)
2	마음챙김 수행하기	• 떠도는 마음 • 마음챙김이란 무엇인가? • 저항 내려놓기 • 역류 • 마음챙김과 자기연민	• 애정 어린 호흡(M; 핵심) • 발바닥 명상(IP) • 일상생활에서의 마음챙김(IP) • 일상생활에서의 자기연민(IP) • 지금-여기 돌멩이(IP; 선택)	• 우리는 어떻게 자신에게 불필요한 고통을 초래하는가?
3	자애 수행하기	• 자애와 연민 • 자애 명상 • 문구와 함께 수행하기	• 애정 어린 호흡(M; 핵심) • 사랑하는 사람을 위한 자애(M) • 연민 어린 움직임(IP; 선택) • 자애 문구 발견하기(IP)	• 우리의 가슴 일깨우기
4	연민 어린 목소리 발견하기	• 진행 단계 • 자기비난과 안전	• 우리 자신을 위한 자애(M; 핵심) • 자신에게 보내는 연민 어린 편지(IP)	• MSC가 나에게 어떻게 진행되고 있는가? • 연민으로 우리 자신에게 동기 부여하기
5	깊이 있게 살기	• 핵심 가치 • 고통에서 숨은 가치 발견하기 • 연민 어린 경청	• 연민 주고받기(M; 핵심) • 서원과 함께 살아가기(IP) • 연민 어린 경청(IP)	• 우리의 핵심 가치 발견하기 • 희망의 빛

안거	안거	• 안거 소개 • 자세 지도	• 연민 어린 보디 스캔(M) • 감각하고 음미하며 걷기(IP) • 애정 어린 호흡(M; 핵심) • 음식 음미하기(IP) • 발바닥 명상(IP) • 우리 자신을 위한 자애(M; 핵심) • 연민 어린 움직임(IP) • 연민 주고받기(M; 핵심) • 연민 어린 걷기(IP; 선택)	• 침묵으로부터 나오기
6	힘겨운 감정 만나기	• 수용 단계 • 힘겨운 감정에 접근하기 • 수치심	• 우리 자신을 위한 자애(M; 핵심) • 힘겨운 감정 만나기(IP) • 수치심과 함께하기(IP; 선택)	
7	힘든 관계 탐색하기	• 도전적인 관계 • 단절의 아픔 • 용서(선택) • 연결의 아픔 • 돌봄 피로	• 연민 어린 친구(M) • 관계 속에서의 자기연민 브레이크(IP) • 평정심과 함께하는 연민(IP)	• 충족되지 않은 욕구 다루기 • 우스꽝스러운 움직임(선택)
8	삶을 포용하기	• 행복 배양하기 • 음미하기와 감사하기 • 자기감사 • 수행을 유지하기 위한 조언	• 자신과 타인을 위한 연민(M) • 작은 것에 감사하기(IP) • 선한 자질에 감사하기(IP)	• 내가 기억하고 싶은 것은 무엇인가?

마음챙김 자기연민 상태를 불러일으키고자 매회기를 명상으로 시작한다. 수업 동안 진행하는 모든 명상은 지도자가 안내한다(명상에 대한 더 자세한 안내는 이어지는 내용 참조).

안주와 반영

각 명상이 끝날 때마다 제공되는 몇 분에 걸친 침묵의 시간 동안 참여자는 자신을 편안히 정착시키고(안주) 자신이 경험한 것들을 비추어 볼 수 있다(반영). 자신이 관찰한 내용을 적어 두는 것을 선호하는 참여자도 많다.

탐구

안주와 반영 시간에 이어 지도자는 참여자 몇 명과 짧은 탐구 시간을 가진다. 한 번에 한 가지씩 각 참여자가 명상에서 직접 경험한 것들이 집단 전체와 공유된다. 탐구는 대개 "무엇을 알아차렸나요?"라는 질문으로 시작되며, 때로는 이전 수행에 대한 구체적인 질문으로 시작되기도 한다. 탐구 과정은 9장에서 자세히 다룰 것이다. 중요한 통찰이 탐구 중에 떠오르기도 하며 지도자는 이러한 통찰을 수인한다.

수행 토의

시작 명상에 관한 탐구를 마친 다음, 참여자들은 지난 한 주 동안 과제 수행에 관한 이야기를 나누도록 초대된다. 토의 초반에 '한 단어로 공유하기'를 할 때는 참여자에게 각자의 경험을 잘 포착하는 한 단어로 자신의 경험을 표현하게 한다. 이를 통해 지도자는 집단의 동향을 쉽게 파악할 수 있다.

이후 지도자는 "지난 한 주 동안 수행하면서 어떤 주목할 만한 일이 있었나요?" 또는 "어떤 도전을 마주했나요?" 같은 질문을 집단에 던지며 토의를 시작한다. 언제나 그렇듯이 참여자들에게 자신의 개인적 삶에 관한 이야기보다는 수행하면서 직접 겪은 경험을 이야기하도록 권장한다. 실습 토의에는 10~15분이 소요되지만, 참여자가 전체 집단이 관심을 가질 문제로 어려움을 겪고 있다면 더 오래 진행할 수도 있다.

해당 회기의 대주제

과제 수행에 관한 토의 이후에는 해당 회기의 주제를 제시하며, 이 주제가 프로그램의 해당 시점에 등장한 이유에 대한 간단한 설명을 곁들인다.

주제

MSC 프로그램 주제는 총 34개로, 회기마다 두 가지 이상의 주요 주제가 제시된다. 가능한 한 간결하게 각 주제를 지도해야 하며, 주고받는 형식으로 즐겁게 지도하는 것이 이상적이다. MSC는 경험을 기반으로 학습하는 프로그램이므로, 주제를 지도하는 주된 목적은 이어지는 명상, 일상 수행, 실습에 참여자가 준비되게끔 하는 것이다.

수행

MSC 프로그램에서 **수행**이란 세 가지 **공식(핵심) 명상**, 네 가지 **기타 명상**, 20가지 **일상 수행**, 14가지 **교실 실습**을 일컫는다.

명상

명상(또는 공식 명상, 공식 명상 수행, 공식 수행)은 최장 30분에 걸쳐 정해진 시간 동안 특정 방식으로 진행되는 수행을 일컫는다. 공식 수행은 자각의 장에서 무엇이 일어나는지를 발견하는 일종의 실험실 역할을 하며, 우리는 호흡의 리듬을 음미하거나, 자애 문구를 우리 자신에게 들려주거나, 우리 몸의 각 부분에 감사함을 전하며 발견을 이어 갈 수 있다. 공식 명상 수행은 앉거나, 눕거나, 걷는 등의 다양한 자세로 이뤄진다. 앉아서 하는 명상(좌선)이 가장 널리 시행되는 공식 명상이지만, 다른 자세로 진행되는 명상을 덜 공식적인 형태로 여기지는 않아야 한다. MSC의 세 가지 핵심 명상은 '애정 어린 호흡' '우리 자신을 위한 자애' '연민 주고받기'로 프로그램이 진행되는 동안 2~3회가량 지도(탐구 시간을 포함하여 20~30분간 시행)되며 MSC 프로그램의 수행 기반을 형성한다. 기타 명상으로는 '사랑하는 사람을 위한 자애' '연민 어린 보디 스캔' '연민 어린 친구' '자신과 타인을 위한 연민'이 있다.

일상 수행

일상 수행이란 우리의 하루 생활, 예를 들어 운전을 하거나, 직장에서 일할 때나, 다른 사람과 대화하는 동안 마음챙김 또는 자기연민 기술을 적용하는 것을 의미한다. MSC의 20가지 일상 수행은 프로그램 중에는 한 번씩만 지도되지만, 일상에서는 언제 어디서나 적용할 수 있다. 공식 명상 또한 일상 수행의 형태로 농축시킬 수 있다. 일례로, 애정 어린 호흡 수행은 몇 분간 호흡의 리듬을 음미하는 형식의 일상 수행으로 전환할 수 있을 것이다.

일상 수행은 MSC 훈련에서 중요한 역할을 한다. 괴로움이 있어야 연민이 불러일으켜지는데, 이러한 괴로움은 우리가 일상을 살 때 발생할 가능성이 더 크기 때문이다. 공식 수행과 일상 수행은 서로를 강화하므로 공식 수행과 비공식 수행 모두를 실천하는 것이 이상적인 MSC 참여자의 모습일 것이다. 예비 연구(Neff & Germer, 2013)에서는 MSC 참여자가 자기연민적이 되는 데 공식 수행과 일상 수행이 동등한 효과를 보인다는 점이 확인되었으며, 이러한 결과는 이후 마음챙김에 관한 연구(Elwafi et al., 2013)에서 확증되었다.

실습

교실 실습은 프로그램 중 토의된 개념을 가슴 깊이 본능적으로 경험(visceral experience)하도록 고안되었다. 실습은 대개 명상에 준하는 방식으로 진행되며, 자기연민을 불러일으키는 순간으로 참여자의 삶 속 과거 또는 현재에 겪는 어려움을 상기시키곤 한다. 일부 실습에서는 참여자들이 자신이 경험하는 것을 기록하기도 한다.

교실 실습은 정서적 활성화를 일으키는 경향이 있으므로 과제 수행으로의 사용은 지양하여야 하며, 상대적으로 안전한 교실에서 진행되는 것이 최선이다. 실습을 마치고 나서 자신이 경험한 것을 2인 또는 3인 1조로 토의할 시간이 참여자들에게 주어지는데, 이를 통해 남아 있는 감정을 통합할 수 있다. 교실 실습의 일부 요소는 일상에서의 수행에 적용될 수 있지만, 일반적으로 실습 전 과정을 일상에서 수행하기를 권장하지는 않는다.

휴식

회기마다 다과를 제공하는 휴식 시간이 중간에 제공된다. 휴식 시간은 집단원들이 서로 상호작용을 하고, 화장실에 다녀오고, 간식을 먹거나 휴식을 취할 기회로 쓰인다. 모든 회기에는 편안한 분위기 조성을 위한 휴식 시간이 주어져야 하며, 지도자가 시간에 압박감을 느끼더라도 휴식시간을 생략해서는 안 된다. 지도자 또한 이 시간을 휴식하는 데 쓰게 된다.

연착륙 명상

휴식 후 지도자는 1~2분에 걸린 연착륙 명상을 이끈다. 이는 참여자들이 수업으로 돌아오는 데 도움이 되며, 일상생활에서 즉석으로 마음챙김 자기연민을 적용하는 예시를 보여 주는 기회가 되기도 한다. 연착륙 명상의 예로는 가슴에 손 얹기, 발아래 바닥의 단단함 느끼기, 호흡의 움직임을 음미하기, 자신에게 내면의 미소 보내기, 신체 움직이기, 자신에게 격려의 말 속삭여 주기 등이 있다.

추가 주제 및 수행

휴식 시간이 주어지기 전 대개 한두 가지 주제 및 관련 수행이 제시되며, 휴식이 끝나고 나서 또 다른 한두 가지 주제 및 관련 수행이 제시된다. 회기 후반부에 집단의 에너지가 감소하는 경향이 있으므로, 후반부 주제는 참여자들이 명료함을 유지하며 참여할 수 있는 상호작용을 더 많이 제공하는 등 참여자들을 북돋는 방식으로 전달되어야 한다. 앞서 언급하였듯 회기에 주어진 주제와 수행을 모두 다루는 것보다 프로그램에서 즐거운 분위기를 유지하는 것이 더 중요하다.

과제 수행

MSC 지도자의 주요 임무는 참여자들이 마음챙김 자기연민의 수행을 일상에서 발전시키도록 돕는 것이다. 이를 위해 회기 막바지에 5분을 할당하여 참여자들이 회기에서 배운 수행을 검토하게 한다. 참여자들은 새로운 수행뿐만 아니라 이전에 배운 수행 중 유익하거나 즐거웠던 수행도 집에 가서 시도해 보도록 권유받는다. 일상에서 권장되는 수행 시간은 공식 수행과 일상 수행을 합쳐 하루 30분이다. 거듭 언급하지만 과정에서 배운 모든 수행을 사용할 수 있다. 모든 참여자가 자기 자신의 가장 좋은 스승이 될 수 있도록, 그들에게 깊이 공명하는 알맞은 방식으로 수행하도록 권장한다.

참여자들의 과제 수행을 지지하기 위해 지도자들은 회기 사이에도 참여자들과 연락을 유지한다. 참여자들에게 영감을 주거나 호기심을 불러일으킬 만한 기사, 인용구, 홈페이지, 수행을 상기시키는 글 등을 이메일로 전송하기도 한다. 참여자들도 이메일이나 다른 온라인 플랫폼을 이용하여 서로 연결을 유지한다.

마무리

회기는 고요함의 순간, 회기 주제를 반영하는 시, 또는 종소리를 마음챙김하며 경청하는 식으로 마무리된다. 마무리 시간은 참여자들이 보여 준 서로에 대한 지지와 수행을 향한 용기와 전념에 지도자가 감사를 표현할 기회이기도 하다. 지도자는 또한 회기를 마치기 전에 한 주 동안의 피드백 종이를 다음 회기에 가져올 것을 참여자들에게 상기시켜 주어야 한다.

MSC 적용하기

숙련되고 노련한 지도자가 진행하는 기본 MSC 프로그램은 다양한 범주의 사람들에게 안전하고 효과적인 것으로 나타났다. 그러나 특정 집단 또는 대상에서는 MSC 프로그램을 그들에게 맞추어 적용할 때 더 유익함을 얻게 될 것이다. 예를 들어, 청소년을 위한 MFY 프로그램(4장 참조)은 표준 MSC 프로그램보다 개인 상호작용은 추가하고 성찰 실습은 더 적게 담았으며, 예술 활동을 추가하였고, 회기 시간은 1시간 30분으로 단축하였다. 전문가 집단(예: 의료, 교육, 비즈니스 전문가 또는 군 관계자)과 임상 집단(예: 불안, 우울, 외상, 암, 또는 만성 통증 환자)에도 신체적 · 정서적으로 접근성을 높이는 방향으로 MSC를 적용할 수 있을 것이다.

대부분의 집단에서 MSC 프로그램의 내용을 크게 변경하지 않는 선에서 집단에 맞추어 진행할 수 있다. 3장에서 소개했던 프리스 등(Friis et al., 2016)이 당뇨 환자를 대상으로 MSC를 수행한 연구가 그 예이다. 이 연구에서는 당뇨에 대한 특별한 언급 없이 MSC가 진행되었으며(물론 프로그램 참여 이유는 모두에게 분명했지만), 연구 결과 MSC는 당 수치의 개선과 함께 참여자들의 당뇨와 관련된 괴로움을 감소시켰다.

경험 많은 MSC 지도자는 특정 집단의 구성원에 따라 표현하는 방식을 달리한다.

MSC 참여자 대다수가 여성일 경우, MSC의 언어는 여성의 감수성을 반영한다. 반면 남성으로 구성된 집단은 과학적인 근거를 듣고자 하며, 내면의 강인함으로서의 자기연민에 초점을 맞추고, 자기연민의 도구적 가치(정서적 회복탄력성을 높이고, 신체·정신 건강을 증진하며, 인간관계를 개선할 수 있는 수단)에 대해 논의하고자 하며, 자기위로(음)의 특질보다는 자기훈련(양)의 특질에 더 중점을 둔다. 숙련된 지도자는 프로그램의 기본 내용을 유지하면서 이러한 응용을 만들어 낸다.

지도자는 집단구성원의 문화적 요구에도 주의를 기울여야 한다. 어떤 기독교인들은 프로그램 과정에서 불교적 내용이 출처가 불분명하게 인용될 경우 공격적인 태도를 보일 수 있다. 유색 인종 구성원들은 지배적 문화권 출신 지도자에게는 보이지 않는 인종차별적 상처를 받았다고 느낄 수 있다. 불가피하게 문화적 실수가 발생하면 지도자는 자신의 실수를 겸손히 인정하고 필요하다면 조정을 해야 한다. MSC의 목적은 마음챙김과 연민이라는 인간 보편의 자원을 지도하는 것이지, 특정 문화를 주입하는 것이 아니기 때문이다.

명칭 사용에 대한 안내

MSC 프로그램의 소유권은 MSC 본부(Center for MSC: CMSC)에 있으며, CMSC는 진정성, 일관성, 우수성을 유지하면서 MSC를 전파할 책임이 있다. 만약 특정 프로그램이 MSC 커리큘럼의 85%를 포함하면 MSC '응용' 프로그램으로 간주하며, '남성을 위한 MSC' '당뇨 환자를 위한 MSC'처럼 특정 집단에 초점을 맞춘 프로그램이더라도 제목에 MSC 또는 '마음챙김 자기연민' 용어를 사용할 수 있다. MSC 커리큘럼의 85% 미만을 사용한 경우에는 MSC를 '적용'한 프로그램으로 간주하며, CMSC 승인하에 부제에 'MSC'를 사용할 수 있다. '회복탄력성 훈련: 의료인을 위한 MSC(Resiliency Training: MSC for physicians)' 같은 프로그램이 그 예이다. 모든 MSC 적용 프로그램에 CMSC의 승인이 필요한 것은 아니지만, 프로그램 제목에 'MSC'를 쓰고자 하는 경우에는 승인을 받아야 한다. MSC 응용 프로그램은 훈련을 마친 MSC 지도자급 이상만 개발할 수 있으며, MSC 적용 프로그램은 공인 MSC 지도자들만 개발할 수 있다.

그러나 우리는 독자가 자신의 전문 활동 영역, 즉 양육 지도, 마음챙김 교육, 심리치료 같은 맥락에서 이 책의 자료를 사용할 것을 진심으로 권한다. 이것이 바로 이 책이 쓰인 이유이기 때문이다. 발췌한 자료는 통상적인 방식으로 인용해야 하며, 이 책의 원문 또는 원문을 적용한 내용을 출간하려면 출판사의 허가가 필요하다. 아울러 구조화된 훈련 프로그램에서 MSC 커리큘럼을 대량으로(8개 이상의 주제나 수행) 사용하려면 CMSC의 허가가 필요하다. CMSC의 사명은 다양한 사람과 상황에 마음챙김 자기연민 수행을 전파하는 것이기에 승인 절차는 비교적 쉬운 편이다. MSC 적용 프로그램의 승인 및 기타 허가에 대한 상세한 최신 지침은 CMSC 홈페이지에서 확인할 수 있다.

이것만은 기억합시다

- MSC 프로그램은 여덟 번의 회기(2시간 45분 소요)와 반나절(4시간)의 안거로 구성되며, 오리엔테이션 회기를 선택적으로 진행할 수 있다. 회기에서는 대화, 명상, 교실 실습, 일상 수행, 탐구, 토의, 움직임, 동영상, 시 등이 제시된다. 집단 규모는 8~25명의 참여자로 구성하는 것이 이상적이다.
- 가능하다면 MSC 지도자는 공동 지도자 또는 보조 지도자와 함께 프로그램을 지도한다. 프로그램을 안내하고 참여자들의 정서적 요구를 다루는 데 도움이 될 것이다. 아울러 숙련된 정신건강 전문가가 교실에 상주하기를 권장한다.
- 프로그램 참여자를 선별하는 가장 좋은 방법은 지원자 스스로 선별 기준을 확인하도록 정확한 정보를 제공하는 것이다. 프로그램에 온전히 참여할 수 있는 역량에 따라 참여자들을 선별하여야 한다. MSC는 참여자들을 정서적으로 활성화시키므로, 급성기 신체 질환이나 정서 질환을 가진 지원자들에게는 참여를 다음으로 미루도록 권해야 한다.
- 각 회기의 주제와 수행은 회기 순으로 차례차례 쌓여 갈 수 있도록 신중하게 구성되었다. 학습은 주로 경험에서 일어난다. 교육 주제는 수행을 시작하는 출발점이며, 수행 이후에는 참여자들의 직접 경험에 관한 탐구가 이어진다.
- 참여자들에게 하루에 30분씩 공식 명상과 일상 수행을 조합하여 마음챙김과 자기연민을 수행하도록 권고한다. 일상에서의 수행은 공식 명상 못지않은 가치를 지니고 있다.

- MSC 프로그램과 수행은 집단의 요구에 따라 조정될 수 있다. 개작한 프로그램에서 'Mindful Self-Compassion'이라는 명칭이나 약어 MSC를 사용하려면 MSC 본부의 승인을 받아야 한다. 해당 명칭을 사용하지 않을 경우에는 승인이 필요치 않지만, MSC 주제 또는 수행을 8가지 이상 포함하는 프로그램이라면 명칭과는 무관하게 MSC 본부의 승인이 필요하다.
- 전문가들에게는 MSC 원칙과 수행을 자신의 업무에서 통합해 보도록 적극 권장한다. 출처를 올바르게 인용하고 작업 결과를 출판하지 않는다면 전문 영역에 MSC를 적용하는 경우에는 승인은 대개 불필요하다.

제6장

주제 교육 및 수행 안내하기

모든 지식이 경험에서 출발한다는 것은 의심할 여지가 없다.

–임마누엘 칸트(Immanuel Kant, 1781/2016)

MSC 지도자가 갖추어야 할 두 번째 주요 역량은 주제를 가르치고 수행을 안내하는 기술로, 교실 실습을 이끌고 시를 낭독하는 것이 여기에 포함된다. 이들 기술에는 '내면으로부터의 가르침'이 필요하다. 마음챙김과 자기연민은 본질적으로 선(先)개념적 경험 상태이므로 참여자가 이를 함양하도록 돕는 것은 마치 손가락으로 달을 가리키는 것과 같다. 그러나 지도자가 자신의 내면 경험으로부터 우러나는 이야기를 전하며 주제에 대한 자신의 열정을 따른다면 참여자들의 몸과 마음이 지도자와 공명하며 지도자가 소통하려 하는 바를 더욱 깊이 이해하게 될 것이다.

자각의 삼각형

MSC 커리큘럼은 신중하게 짜여 있기에 지도자가 딛고 설 견고한 발판이 된다. 따라서 지도자는 커리큘럼을 쉼터가 아닌 일종의 도약대로 여겨야 할 것이다. 그러나 커리큘럼의 일부 요소는 다른 요소보다 더욱 충실히 본문 그대로 진행해야 한다. 예를 들어, 교실 실습에 관한 지침은 최대한 그대로 이행하는 것이 중요하다. 강력한 정서적 활성화를 일으키는 교실 실습에서 안전감과 효과성 모두를 얻을 수 있도록 수년에 걸쳐 개선해 온 결과물이기 때문이다. 그에 비해 교육 주제는 보다 융통성 있게 진행될 수 있다. 여기에서는 지도자 자신의 언어로 주제를 가르치는 것이 가장 중요하다. 공식 수행과 일상 수행 또한 지도자의 어조와 억양으로 참여자가 내면에서 발견하길 바라는 내용을 자연스레 전달할 수 있는 아주 좋은 기회가 된다.

지도자는 교육을 진행하며 세 가지 자각 영역, 즉 ① **내적 자각**, ② **교재 내용**, ③ **집단구성원**에 각각 주의를 분배하여야 한다([그림 6-1] 참조). 이 '자각의 삼각형'은 MSC 지도자 롭 브랜즈마(Rob Brandsma, 2017, p. 65)의 마음챙김 교육 모델에서 차용한 것이다. 각 영역에 비중을 두는 정도는 지도자가 교육하는 것이 무엇인지에 따라 달라진다. 예를 들어, 시를 낭독할 때는 청중(집단구성원)을 살피는 것도 도움이 되지만, 자신의 내면으로부터(내적 자각) 시의 실제 언어를 구사하는 것(교재)만큼 중요하지는 않다. 교육 주제를 가르칠 때는 상호대화를 통해 집단구성원과 연결되는 것(집단구성원)이 무엇보다 중요하고, 실제 교재 내용은 열정과 흥미를 가지고 교육 주제의 개념을 전달하는 데 부차적인 것이 된다. 내적 자각 영역 또한 주제 전달 과정에서 지도자가 자신만의 목소리를 찾을 필요가 있을 때만 주의를 기울인다.

다섯 가지 교육 양식, 즉 명상, 일상 수행, 교육 주제, 교실 실습, 시를 지도할 때 자각의 삼각형 각 측면에 중점을 두는 정도를 〈표 6-1〉에 제시하였다(명상과 일상 수행은 명상 방식으로 동일하게 교육하므로 이 논의에서는 통합하여 다루었다). 이는 교육 방식에 대한 규정이라기보다는 일종의 안내이다. 앞서 언급하였듯 모든 교육 양식에는 '내면으로부터의 가르침'이 어느 정도 필요하다. 예를 들어, 지도자가 시 낭독

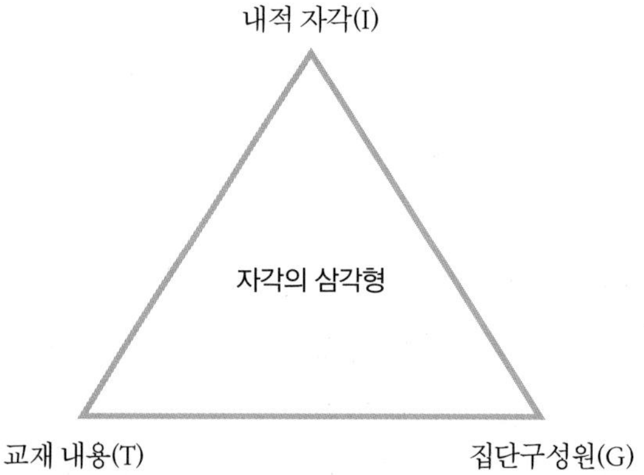

[그림 6-1] 자각의 삼각형. 브랜즈마의 모델(2017, p. 65)에서 인용

표 6-1 교육 양식별 자각 영역에서의 주의 분배

	우선순위		
교육 양식	내적 자각	교재 내용	집단구성원
명상/일상 수행	H	M	L
교육 주제	L	M	H
교실 실습	M	H	M
시 낭독	M	H	L

H: 높음, M: 중간, L: 낮음.

이나 실습을 진행할 때는 정확한 내용 표현이 우선시되지만, 이때도 그 단어들이 자신의 내면에서 느껴지도록 허용하며 자신이 느끼는 바를 목소리에 실어야 한다. 교육 주제를 가르칠 때는 지도자가 원고로부터 자유로울수록 내면으로부터의 가르침이 실현될 가능성이 크다. 이때에는 원고를 글자 그대로 읽는 대신 자신이 말하고자 하는 우선순위를 정하고, 자신만의 소통 방식을 찾고, 그런 다음 지도에서의 맥락을 유지하기 위한 참고 정도로만 원고를 사용할 것을 권한다. 그러나 우리의 가슴 일깨우기(3회기)를 비롯한 몇 가지 교실 실습에서는 원고를 그대로 읽기를 권한다. MSC를 개발한 우리[거머(Germer)와 네프(Neff)] 또한 이 실습에서는 여전히 지침의 90% 이상을 그대로 읽는다. 참여자들의 안전을 최대한 보장하도록 신중히 편집한 원고이기 때문이다. 이어지는 부분에서는 교육 주제를 가르치고, 명상과 일상 수행을 안내하며, 교실 실습을 이끌고, 시를 낭독할 때 고려해야 할 사항을 다룰 것이다.

교육 주제

참여자들이 그들 자신에게 가장 좋은 스승이 되도록 돕는 것이 MSC 프로그램의 주요 목표 중 하나이다. 이를 위해 새로운 수행에 들어가기 전 참여자들에게 수행의 근거를 설명해야 한다. 예를 들어, 자기연민 브레이크를 지도하기 전에는 자기연민의 요소들(해당 수행을 구성하는)을 정의해야 한다. 실습 전에 교육 주제를 다루기에 시간이 충분치 않을 경우에는 실습 이후라도 언제든 그 주제를 다루어야 한다. 대개는 직접 경험이 그 자체를 설명해 주기도 한다.

MSC 프로그램에는 34개의 교육 주제가 있다. 다음은 주제 전달을 위한 몇 가지 제안점이다.

- 간결하게 하라: 교육 주제 설명은 숙련된 지도자의 경우 대개 15분 이내로 진행된다. 주제들은 공식 강의보다는 '예고편'으로, 식사의 주요리보다는 전채로 여겨져야 한다. 학습 대부분은 이어지는 수행 자체에서 일어난다.
- 당신의 에너지와 열정을 따르라: 지도자가 열정적으로 다루는 주제에서 참여자들은 가장 많이 배운다. 지도자는 어떤 주제 영역이 자신에게 에너지를 주고 열정적이 되게 하는지 결정해야 하며, 해당 영역을 중심으로 자신의 설명을 구축해 가야 한다.
- 상호작용이 일어나게 하라: 지도자는 가능할 때마다 유도 질문을 활용하고, 참여자들을 그들 자신의 경험에 연결시키며, 참여자들의 반응을 얻어야 한다. 교육 주제 지도는 상호 학습 경험으로 느껴져야 한다.
- 재미있게 하라: 자기연민을 배울(정서적 고통에 접촉해야 하는) 때는 모두가 큰 웃음에 감사해한다. 지도자는 유머러스한 일화를 이야기하고, 농담을 건네고, 개인적인 사소한 결점을 나누는 데 자유로워야 한다. 설명에 의미를 부여하기 위해 심각해질 필요는 없다.
- 사례를 활용하라: 지도자는 자신이 지도하는 각 주제 영역에 관한 짧고 유용한 개인적 일화를 가지고 있어야 한다. 지도자의 삶에서 우러난 개인 사례들은 이상적인 경우라면 참여자들의 경험을 증진하거나 수인해 줄 것이다. 아울러 지도자는 자신의 지도 요점을 설명하는 이야기들을 수집해 둘 수도 있다. 개념을 말로 자세히 설명하기보다 생생한 이미지로 '보여 주고자' 하는 것이다.
- 다양하게 전달하라: 참여자들은 지도자가 강의, 비디오, 시, 운동, 음악, 독서, 토론, 연구, 질의응답 같은 다양한 방식으로 지도하는 것에 감사해한다. 매우 간단한 주제가 아닌 한 지도자는 다양한 전달 방법을 사용하려 노력해야 한다.

이 책의 MSC 커리큘럼에는 주제별로 시간 내에 전달할 수 있는 것보다 훨씬 더 많은 정보와 보조 자료를 담아 두었다. 초심 지도자들은 흔히 자신이 찾은 모든 정보를 다 담아내야 한다는 압박감을 느끼곤 한다. 그러나 커리큘럼의 모든 요점을 전달하는 것보다는 즐겁고 상호 연결된 분위기를 유지하는 것이 더욱 중요하다. 참여자들은 무엇을 들었는지보다 무엇을 느꼈는지를 더 잘 기억한다. 시간이 흐를수록 지도자는 각 주제를 흥미롭고 간결하게 전달하는 방법을 발견하게 될 것이다. MSC의 핵심은 정보가 아닌 변화이다.

명상과 일상 수행

공식 명상과 일상 수행을 안내하는 과정은 시간과 함께 발전하는 절묘한 예술이다. MSC에서는 참여자가 수행의 감각을 느끼게 하기 위해 두 수행 모두 명상적인 방식으로 지도된다. 참여자가 수행을 시작하는 데 도움을 주기 위해 세 가지 핵심 명상을 녹음해 두기를 권한다. 또는 이 책의 홈페이지에서 핵심 명상과 몇 가지 MSC 수행을 재생하거나 내려 받을 수도 있다(책 뒷부분의 목록 참조-영문 자료). 『나를 사랑하기로 했습니다: 마음챙김 자기연민 워크북』에도 참여자가 녹음 파일을 접할 수 있는 홈페이지가 안내되어 있다.

명상과 일상 수행을 안내할 때 염두에 두면 도움이 될 사항들은 다음과 같다.

- 의도를 이해하라: 지도자는 자신이 안내하는 명상 또는 일상 수행의 목적을 반드시 알아야 한다. 예를 들어, 애정 어린 호흡은 그저 계속해서 호흡으로 돌아가는 집중 수행이 아니며, 호흡의 리듬으로 부드럽게 흔들리고 어루만져지도록 자신을 허용하며 음미하는 수행이다. 명상과 일상 수행을 안내하는 적절한 표현은 지도자가 자신의 목적을 이해할 때 떠오를 것이다. 모든 명상과 일상 수행이 의도하는 바는 3부에서 제시될 것이다.
- 당신 자신을 안내하라: 지도자 또한 '내면으로 들어가' 자신의 명상적 자각에 연결될 것을 권한다. 명상과 수행을 안내하는 시간 대부분 동안 지도자도 눈을 일부 또는 완전히 감는다. 자기 자신의 안내를 들으며 참여자들을 초대하는 과정을 경험하는 충분한 시간을 가질 때, 지도자는 자신만의 알맞은 속도를 찾게 될 것이다.
- 호흡하라: 안내 중간에 들이마시고 내쉬는 한두 차례의 호흡이 때로는 지도자

에게 도움이 된다. 그로써 자기 자신과 참여자들이 안내를 더욱 온전히 경험할 수 있는 기회가 주어질 것이다.

- 자신만의 목소리를 발견하라: 명상과 일상 수행 안내에 대해 인쇄된 내용은 지도자가 참고하는 정도로만 사용되어야 한다. 가끔씩 내용을 곁눈질하는 것은 괜찮지만, 지도자는 자신만의 명상 경험에서 나오는 자연스러운 흐름으로 수행을 안내하여야 한다. 지도자의 안내가 교재를 읽듯이 들리게 되면 참여자들의 정신이 명상으로부터 벗어날 수 있다.
- 꾸밈없는 목소리로 말하라: 연민 명상과 수행이 마음챙김 수행보다 위로하는 것처럼 들리는 경향이 있지만, 지도자는 자신의 안내가 최면이나 달달한 시럽처럼 들리게 해서는 안 된다. 좋은 친구와 함께하듯 자연스러운 목소리를 내기를 권한다. 지도자가 연민 어린 마음에 머무른다면, 즉 애정 어린 연결로써 현존한다면 음색은 자연스레 해결될 것이며, 참여자 또한 지도자가 소통하고자 하는 바를 자연스레 흡수할 것이다.
- 청중을 초대하라: 지도자는 청중을 특정 기분이나 마음 상태로 유도하는 것이 아니며, 청중을 명상 경험으로 반갑게 맞이하는 것이다. 영어 표현에서 이러한 초대하는 표현을 키우는 간단한 문법적 방법은 동사의 현재분사 형태('-ing')를 사용하는 것이다. 예를 들어, '호흡을 느끼세요.'라고 안내하는 대신 '호흡을 느껴봅니다.'라고 표현할 수 있다. 현재분사는 수행이 현재 진행형인 활동이라는 의미를 담고 있으며, 함께 수행하고 있다는 감각을 전달한다(역주: 한국어 표현에서도 현재 순간을 참여자가 능동적으로 생생히 경험하기를 권하는 어법을 사용한다).

  지도자의 어조에도 초대하는 표현을 담을 수 있다. 운전기사에게 방향을 지시하는 어조("신호등에서 좌회전해 주세요.")와 친구를 저녁식사에 초대하는 어조("금요일 저녁에 식사하러 올 수 있어?")의 차이를 떠올려 보라. 초대하는 표현은 목소리의 미묘한 억양으로도 전달할 수 있다.
- 자각의 균형을 잡으라: 명상과 수행을 이끄는 동안 지도자는 주로 자신의 내적 자각에 주의를 유지해야 하며, 집단구성원의 반응과 교재 내용은 가끔씩만 살펴야 한다.
- 한 걸음 물러나라: 지도자는 명상의 결과가 아닌 과정을 안내할 책임이 있다. 열 명이 참여한 집단이라면 동일한 명상이나 수행에 열 가지 다른 반응이 나올 수

있다. 따라서 지도자가 '한 걸음 살짝 뒤로 물러서 있는' 것이 도움이 된다. 모든 사람에게 일어나는 일을 통제할 수는 없겠지만, 마음챙김과 연민 어린 태도로 반응할 수는 있을 것이다.

- 경험을 공고히 하라: 5장에서 언급하였듯, 각 명상을 마친 다음에는 안주와 반영을 위한 시간이 마련된다. 이 시간 동안 참여자들이 경험한 것을 각자 자신의 내면으로 받아들이도록 권한다(Hanson, 2013). 안주와 반영은 명상 상태를 참여자의 특성으로 확장시켜 지속적인 변화를 만들어 내는 데 도움이 된다(Fredrickson, 2004a; Garland et al., 2010).

교실 실습

명상과 일상 수행은 회기를 마친 후 집에서도 수행하는 반면 교실 실습은 회기 내에서만 진행하도록 특별히 고안된 것이다. 교실 실습 중 일부 요소는 집에서도 수행이 가능하지만, 실습 전체를 집에서 수행해서는 안 된다. 실습이 참여자를 정서적으로 활성화시키는 경향이 있어 진행에 숙련된 안내가 필요하기 때문이다. 교실 실습은 많은 경우 다음과 같은 안내로 시작된다. "여러분이 정서적으로 불편함을 느꼈던 상황을 떠올려 봅니다." 참여자(그리고 지도자)의 삶에서는 이러한 안내 없이도 자기연민 수행을 하기에 충분한 정서적 고통이 예고 없이 찾아들 것이다.

교실 실습을 이끌 때는 (자각의 삼각형 중) 교재 내용과 집단구성원이 가장 우선시된다. 지도자는 실습에 관해 기재된 내용을 충실히 따라야 하며, 집단구성원 모두가 괜찮은지 살펴야 한다. 실습은 개인적으로 도전적인 상황을 불러일으키므로 교실 실습에서 지도자의 내적 자각은 명상에서보다 덜 중요해진다. 그러므로 실습을 이끄는 동안에는 자신의 삶 속 실제 상황에 대한 언급보다는 실습의 정서적 분위기에 연결되는 정도가 지도자에게 충분할 것이다.

MSC에는 14가지 교실 실습이 담겨 있다. 교실 실습 지도에는 교육 주제나 명상 안내 과정보다 더욱 세밀한 준비와 주의가 필요하다. 교실 실습에는 눈을 감고 뜨기, 글쓰기와 반영하기, 감각을 느끼기, 기억을 이용하기와 같은 많은 요소가 존재한다. 필기도구가 필요한 경우도 있다. 실습을 이끄는 동안 지도자는 때로는 자신이 무대 감독이 된 듯한 느낌을 받을 것이다.

다음 세 가지 실습은 참여자들을 특히 정서적으로 활성화시킬 수 있다.

- 우리의 가슴 일깨우기(3회기)
- 연민으로 우리 자신에게 동기 부여하기(4회기)
- 충족되지 않은 욕구 다루기(7회기)

이 실습들이 대부분의 사람에게 안전하고 효과적으로 진행되려면 지도자와 동료 참여자들의 지지가 필요하다.

다음 일상 수행은 정서적으로 도전이 될 수 있으므로 교실 실습과 동일한 수준의 안전에 대한 주의가 요구된다.

- 자애 문구 발견하기(3회기)
- 연민 어린 걷기(선택) (R회기, 즉 안거)
- 수치심과 함께하기(선택) (6회기)
- 선한 자질에 감사하기(8회기)

교실 실습과 일상 수행은 괴로움을 유발하는 묵상보다는 일상 속 도전적인 상황에 반응하는 수행이 될 때 더욱 안전할 뿐 아니라 고통 완화 효과 또한 증대되곤 한다. 거듭 강조하지만 일상에서는 교실 실습 전체 과정이 아닌 실습 내 요소를 적용해야 한다.

안전 보장

지도자는 무엇보다 집단구성원의 안전을 보장해야 한다(8장 참조). 새롭게 무언가를 학습할 때는 안전을 느끼는 것과 위험을 감수하는 것 사이에 균형이 잡혀 있어야 한다. 참여자가 안전함으로 돌아갈 수 있다는 것을 알고 있어야 더욱 기꺼이 도전으로 나아갈 수 있다. 반면 과도한 도전은 참여자들을 정서적으로 압도되게 하며 학습 능력을 저해할 수 있다.

교실 실습과 일상 수행을 위해 참여자들에게 그들의 삶 속 문제 한 가지를 선택하게 할 때, 참여자들은 미리 주의를 받더라도 때로는 지나치게 도전적인 문제를 선택하곤 한다. 문제가 너무나 괴로운 경우 참여자들은 자기연민에 대해 무언가를 배우기보다는 초점을 잃고 마음의 문을 닫아 버리게 된다. 따라서 지도자는 참여자들이 그들 자신의 안전 수준을 추적하도록 독려해야 한다. 원한다면 각자에게 도전이 되는 시도를 해 볼 수 있겠지만, 정서적으로 압도되는 경우는 지양해야 한다. 참여자의 정서적 안전에 대한 일차적인 책임은 참여자 자신에게 있다.

1회기에서는 참여자가 자신의 안전 수준을 추적하는 데 도움이 되도록 [그림 6-2]를 제공한다. 이 모델은 교육(Luckner & Nadler, 1997) 및 경영 상담(Senge et al., 1999)에서 습관 형성에 필요한 최적의 각성 수준을 나타낼 때 적용하는 여키스-도슨의 법칙(Yerkes & Dodson, 1908)에 기반을 둔다. 최적 학습 영역은 **도전** 영역으로, **안전**함을 느끼는 안전 영역과 **압도된** 상태가 되는 위험 영역 사이에 위치한다. 심리적 외상 관련 문헌에서는 도전 영역을 '인내의 창(window of tolerance)'이라 일컫는다(Ogden, Minton, & Pain, 2006; Siegel, 2012).

참여자 대부분은 자기 자신을 무리하게 몰아붙이는 실수를 한다. 달리 말하자면, 자신이 겪는 정서적 불편감을 밀쳐내는 수단으로 자기연민을 배우려 고군분투하다 압도되는 영역까지 밀려나곤 한다. 지도자는 안전을 위해 참여자들이 '느린 학습자'가 되도록 권해야 한다.

[그림 6-2] 안전 추적하기

도전적인 교실 실습을 지도하기에 앞서 지도자는 집단구성원 모두가 정서적으로 준비되어 실습으로부터 유익함을 얻을 수 있을지 가늠해 볼 필요가 있다. 이때 집단구성원들에게 다음과 같은 안전상의 주의를 제공할 수도 있다.

- 실습에 참여하지 않아도 괜찮습니다. 그 또한 자기연민입니다.
- 심각하거나 중대한 문제가 아닌, 가볍거나 중간 정도의 힘겨운 상황을 선택합니다.
- 언제든 눈을 뜨거나 감아도 좋습니다.
- 안내를 마음으로 따라가지 않아도 괜찮습니다.
- 호흡이나 발바닥, 또는 다른 어떤 감각의 대상이든 그곳에 주의를 고정합니다.
- 이번 주에 장볼 목록을 정하는 것 같은 건전한 주의분산을 이용하세요.
- 필요하다면 도움 신호를 보낼 수도, 이 방을 자유롭게 나갈 수도 있습니다.
- 실습 이후나 회기를 마친 다음에도 지도자에게 도움을 요청하세요.

안전에 대한 이들 제안을 실습을 진행하는 동안 안내에 엮어 넣을 수도 있다.

지도자는 안내의 속도와 어조를 조율하여 실습의 강도를 조절할 수 있다. 긴 침묵은 참여자가 내면의 경험에 더욱 깊게 파고드는 데 도움이 된다. 어조를 더 부드럽게 하는 것도 참여자가 더욱 깊은 경험으로 나아가는 데 도움이 된다. 지도자가 속도를 내어 많은 정보를 가볍게 전달하면 참여자들은 자신의 경험에 다소 얕게 들어가게 된다. 각 실습을 안내할 방법을 결정하기 위해 집단의 에너지와 분위기를 감지해 볼 수도 있을 것이다.

참여자들 또한 서로 다른 속도로 정보를 처리한다. 어떤 참여자는 본질적으로 내향적이어서 느리고 깊게 생각하는 반면 다른 참여자는 자신의 내면의 풍경을 이리저리 살펴보기를 좋아할 것이다. 쓰기 실습을 할 때 어떤 참여자는 다른 이들이 시작하기도 전에 작성을 마치기도 한다. 집단구성원 모두에게 완벽히 들어맞는 속도를 찾기란 쉽지 않기에, 지도자는 중간 길이의 시간을 목표로 하되 속도가 느린 참여자들에게는 원한다면 집에 돌아가서 이어서 실습하도록 권한다.

시 낭독

MSC 회기 개요를 제시하는 3부에서는 각 회기의 주제를 드러내는 시를 제안할 것이다. 시에는 듣는 이들의 내면에 미묘한 마음 상태를 불러일으키는 고유한 능력이 있다. 안내 명상의 막바지나 휴식 후에 (연착륙 명상으로서) 시를 낭송할 수 있으며, 주제 설명이나 집단 분위기의 전환 또는 회기 마무리에 적용할 수도 있다.

시는 독자가 생명을 불어넣기 전에는 그저 흰 종이에 쓰인 검은 잉크 자국에 불과하다. 낭송하기에 가장 좋은 시는 지도자에게 영감을 주는 시이다. 지도자의 목소리에서 열정이 느껴질 때 참여자들은 시에 감동할 것이다. 그러므로 지도자는 자신의 내적 자각과 연결을 유지하며 내면으로부터 시를 낭송해야 한다.

어떤 시는 비록 길이가 짧더라도 수년에 걸쳐 쓰였을 수도 있기에, 시의 글귀 하나하나가 매우 중요하다. 시를 낭송하기 전 지도자는 자신이 강조하고픈 문구를 미리 발견해 두는 것이 좋다. 독자가 중요하게 여기는 문구가 무엇인지에 따라 시구의 의미가 크게 달라질 수 있기 때문이다.

종이 위 단어의 배열을 비롯한 시의 구조는 낭송하는 방법에 부가적인 단서를 제공한다. 지도자는 참여자에게 시를 낭송해 주기 전에 미리 연습해야 한다. 시는 충분히 천천히 낭송해야 청자가 단어 하나하나를 듣고 내면에서 무엇이 일어나는지 느낄 수 있다. 시구 속 단어가 지도자 자신의 마음에 안착할 정도의 속도면 대개 알맞을 것이다. 마지막으로, 다른 이에게 선물로 전하는 한 편의 시는 감사함으로 받아들여질 것이다.

음과 양 함양하기

MSC에는 각 개인이 탐색할 수 있는 다양한 실습과 수행이 담겨 있다. 어떤 수행은 음의 특질(우리 자신의 고통과 함께 '존재하기')을 함양케 하며, 위로하기, 부드럽게 하기, 인정해 주기를 강조한다. 다른 수행에서는 양의 특질(세상 속에서 '행동하기')을 함양케 하며, 보호하기, 제공하기, 동기 부여하기를 강조한다(2장 참조). MSC 수행

표 6-2 자기연민의 음과 양의 특질을 함양하는 수행 목록

음 (해당 회기)	양 (해당 회기)
자기연민 브레이크-음의 언어 (1)	자기연민 브레이크-양의 언어 (1)
위로의 손길 (1)	일상생활에서의 자기연민 (2)
애정 어린 호흡 (2)	연민으로 우리 자신에게 동기 부여하기 (4)
연민 어린 움직임 (3)	자신에게 보내는 연민 어린 편지 (4)
자애 문구 발견하기 (3)	연민 주고받기 (5)
우리 자신을 위한 자애 (4)	우리의 핵심가치 발견하기 (5)
연민 어린 보디 스캔 (안거)	서원과 함께 살아가기 (5)
힘겨운 감정 만나기 (6)	관계 속에서의 자기연민 브레이크 (7)
연민 어린 친구 (7)	충족되지 않은 욕구 다루기 (7)
선한 자질에 감사하기 (8)	평정심과 함께 하는 연민 (7)

대부분에는 음과 양의 두 가지 특질 모두가 포함되어 있지만, 자기연민의 음 또는 양의 특질에 주로 맞춰진 MSC 수행의 예시를 〈표 6-2〉에 제시하였다.

상황에 따라 자기연민의 다른 특질이 요구되지만, 궁극적인 목표는 자기연민의 음과 양 모두를 존중하고 통합하는 것이다. 그러므로 "지금 이 순간 나에게 필요한 것은 무엇인가?"라는 질문에 대한 참여자의 대답에 따라 음 또는 양을 강조하는 방향으로 여러 수행 안내를 조정할 수 있다. 자기연민의 음과 양을 관통하는 공통 맥락이 돌봄의 자세이기 때문이다.

이것만은 기억합시다

- 지도자는 MSC의 다섯 가지 교육 양식인 명상, 일상 수행, 교육 주제, 교실 실습, 시 모두 '내면으로부터의 가르침'이 되도록 해야 한다.
- 지도자는 자신의 주의를 내적 자각, 교재 내용, 집단구성원의 경험에 분배할 수 있어야 한다. '자각의 삼각형'의 각 구성요소에 주의의 비중을 두는 정도는 교육 양식에 따라 달라진다.
- 공식 명상과 일상 수행 모두 참여자들이 수행에 대한 감각을 느껴 보도록 명상적인 방식으로 지도한다. 명상과 수행을 안내하는 핵심은 지도자 자신을 안내하는 데 있다.
- 교육 주제를 지도할 때는 지도자 자신만의 목소리를 찾아야 한다. 주제에 대한 내용을 간결하게 전달하면서도 즐겁게 상호작용하며 진행하고, 지도자 자신의 열정을 따라가며, 개인 사례를 활용하고, 동영상, 시, 움직임 등 다양한 방식을 적용하여 지도한다.
- 교실 실습은 힘겨운 감정을 활성화시키고 다양한 요소(반영, 글쓰기, 눈 뜨고 감기)를 사용하도록 고안되었기에 가장 복잡한 교육 양식이다.
- 지도자는 MSC 교실에서 참여자들이 힘겨워하는 정도를 주의 깊게 살펴야 한다. 참여자들이 안전하거나 도전이 되는 느낌을 받도록 하되, 압도되는 느낌 영역으로부터는 벗어나도록 도와주어야 한다.
- 시는 비교적 짧은 언어로 참여자들에게 주제에 대한 감각을 느끼게 해 줄 수 있는 기회이다. 지도자는 자신에게 개인적으로도 의미가 있으며 읽는 동안 정서적으로 감동받을 수 있는 시만 낭송해야 한다.
- 자기연민 수행은 부드러운 음의 특질과 격렬한 양의 특질 모두 담고 있으며, 이는 돌봄의 태도를 반영한다. 참여자들은 각자가 놓인 상황에서 시기에 따라 관심이 가는 특질과 수행을 탐색한다.

제7장

연민 어린 지도자로 존재하기

삶에서 가장 의미 있는 이가 누구인지 우리 자신에게 솔직한 답을 구할 때, 충고나 조언이나 해결책을 건네는 대신 우리의 고통을 나눠 받고 따뜻하고 부드러운 손길로 우리의 상처를 어루만지는 쪽을 선택했던 사람, 바로 그 사람이었음을 우리는 깨닫게 된다.

—헨리 나우웬(Henri Nouwen, 2004, p. 38)

자기연민을 지도하는 가장 좋은 방식은 우리 자신과 다른 이들에게 살아 있는 연민으로 존재하는 것이다. 참여자들은 대부분 자신에게 연민을 느끼기 전에 지도자로부터 연민 어린 느낌을 받아야 한다. 따라서 이 장에서는 MSC 지도자의 세 번째, 네 번째 주요 역량인 **자기연민 체화하기**와 **타인과 연민 어린 관계 맺기**에 대해 다룰 것이다. 아울러 연민 어린 지도자로 존재하려 할 때 부딪히는 난관들과 연민 어린 존재가 되기 위해 노력하는 지도자 자신을 스스로 돕는 방법에 대해서도 살펴볼 것이다.

자기연민 체화하기

자기연민의 세 가지 요소인 친절, 보편적 인간경험, 마음챙김은 **애정 어린 연결된 현존**으로 묘사된다. 우리는 애정 어린 연결된 현존 상태에서 자기연민을 체화한다. MSC에서 자기연민이란 지도자의 말, 지도자가 다른 이들과 관계 맺는 방식, 교실에서 피어나는 분위기 등으로 표현되는 일종의 **존재 방식**이다.

MSC 지도자가 자기연민을 '완벽하게' 체화하지 못해도 괜찮다. 유진 젠들린(Eugene Gendlin, 1990, p. 25)은 다음과 같이 언급했다. "다른 이들과의 작업에서 핵심은 살아 있는 존재로 머무르는 것이다. 만약 우리가 똑똑하고, 선하며, 성숙하고, 현명해야 한다면 퍽 곤란할 것이다. 얼마나 다행스러운 일인가." 실제로 자기연민 프로그램에서는 지도자의 실수가 이득이 되기도 한다.

> 이제 막 MSC 지도를 시작한 제니퍼가 들려준 이야기이다. 제니퍼는 자신이 지도할 첫 MSC 프로그램을 위해 그렇게도 꼼꼼히 준비해 두었건만, 강의 노트를 집에 두고 왔다는 것을 수업 직전에야 알게 되었다. 혼란과 불안에 사로잡힌 순간, 제니퍼는 "이것이야말로 정말 고통의 순간이구나!"라고 알아차렸다. 그러고는 자신의 난처한 처지를 당혹스러움을 담아 참여자들과 나누었다. 참여자들은 재미있어 하는 한편 곤혹스러운 경험에 마음을 열고 자기연민으로 반응하는 제니퍼에게 깊은 인상을 받았다. 그 후 제니퍼는 1회기 중 자기연민의 의미를 설명하는 과정에서 실제로 자신이 처했던 곤란한 상황을 활용했다. 프로그램 사후 평가에서 어떤 참여자들은 제니퍼가 이러한 상황을 다루는 모습이 전체 과정 중에서 가장 강렬한 가르침이 되었다고 응답했다.

지도자의 자기연민 체화를 가로막는 결정적인 장애물은 수치심이다. 자기 일을 완벽하게 해내려는 지도자일수록 곤란한 상황에서 수치심을 느끼곤 한다. 이러한 수치심은 '나는 충분치(적합하지) 않다'는 감각으로, 참여자의 말을 잘못 이해하거나, 참여자가 지도자의 권위에 의문을 제기하거나, 참여자가 중도에 그만두는 것 같은 일상적인 도전에 대한 반응으로 일어날 수 있다. 다행히도, 자기연민은 수치심의 해독제로 작용한다(16장 참조). MSC 지도자는 수치심이 나타나는 것을 인식하고(마음챙김), 다른 사람도 이러한 상황에서 비슷한 느낌을 받을 수 있다는 것을 알고(보편적 인간경험), 곤경에 처한 자신을 지지할 수 있다(자기친절). 특히 참여자들 앞에서 이런 식으로 수치심이 일어나는 순간을 수용하는 지도자의 모습은 체화된 자기연민의 본보기가 될 것이다.

MSC 지도자에게 자기연민 체화를 권하는 또 다른 이유는 인간의 마음은 신경학적으로 서로 공명하게 되어 있기 때문이다. 이러한 맥락에서 체화는 중요한 교육 방식으로 작용한다. 지도자가 흔쾌한 자세로 따뜻하고 평화롭게 수용하는 마음가짐을 보일 때, 이러한 지도자의 태도는 교실 구석구석에 스며든다. 지도자가 불안해하면 참여자 또한 불안해진다. 우리 내면의 정서와 태도가 다른 이들에게 영향을 미치지 않을 방도란 없기에 사회신경과학 분야에서는 공명을 핵심 주제로 다룬다 (Bernhardt & Singer, 2012; Decety & Cacioppo, 2011; Singer & Lamm, 2009).

지도자의 자기연민 체화 정도는 수업에서 내리는 결정에도 영향을 미친다. 초심 지도자의 흔한 실수로 알려진 '한 회기에서 전부 다 하려는 시도(교육 요점을 너무 많이 잡거나, 너무 많은 참여자에게 발언권을 주는 등)'가 그 예이다. 자기연민적인 지도자라면 자신에게 불필요한 압박을 가하는 순간을 알아차리며, 자신을 포함한 집단구성원 모두가 따뜻하고 여유롭다고 느끼는 학습 환경을 마련할 것이다.

개인 수행

당연한 말이지만 지도자도 그저 한 인간으로서 하루를 보내며 다양한 수준으로 마음챙김 자기연민을 체화해 간다. MSC를 지도하는 시간 동안 마음챙김과 자기연민을 실천하는 상태로 머물 가능성을 높이려면 무엇을 해야 할까? 바로 개인 수행을 해야 한다! 앞서 언급했던 초심 지도자 제니퍼도 MSC 수업을 지도하기 2년 전부터 꾸준히 마음챙김 자기연민을 수행해 왔기에 괴로운 순간에 적절하게 대응할 수 있었다. 지도자로서 교실에 들어설 때, 마음챙김 자기연민은 제니퍼에게 이미 하나의 습관이었다.

마음챙김 명상 연구에 따르면 수행을 많이 할수록 더욱 자주 마음챙김 상태에 머물 수 있다(Lazar et al., 2005; Pace et al., 2009; Rubia, 2009). 그러나 명상하려 그저 앉아 있다고 해서 실제로 명상을 하는 것은 아니다. 수년 동안 명상을 하면서 정작 강화된 건 공상에 잠기는 습관이었을 수도 있다. 반대로 명상 수행 시간은 짧았더라도 온 힘을 다해 집중하여 삶이 변화되었을 수도 있다. 꾸준히 수행해 온 사람이라면 수행의 질과 양 사이에서 적절한 균형을 잡을 수 있다.

공식 명상을 규칙적으로 수행하기란 특히 쉽지 않다. 그럴 만한 충분한 시간이 누구에게 있겠는가? 게다가 행동을 변화시키는 것도 생각만큼 만만치 않다. 가장 최근에 식습관이나 운동습관을 바꾸려 했던 때를 떠올려 보거나, 새해 다짐을 얼마나 빨리 포기했는지를 떠올려 보라. MSC 지도자로서 누군가에게 조언을 건네기 전에 자신의 수행을 꾸준히 해 나가는 데 필요한 것이 무엇인지를 먼저 알아야 한다. 다음은 공식 명상을 매일 수행하는 데 도움이 될 만한 몇 가지 지침이다.

즐겁게 하기

규칙적으로 수행하려면 명상이 즐거워야 한다. 이는 명상이 무조건 즐거워야 한다기보다 다시 하고 싶을 만큼은 즐거워야 한다는 뜻이다. 명상이 마치 숨쉬기처럼 쉽고, 사랑받는 것처럼 즐거워지려면 어떻게 해야 할까? 명상이 일처럼 느껴지기 시작한다면 자신에게 이렇게 물어보라. '내가 내려놓을 불필요한 애씀은 없을까?' 우리에게 명상이 일이 되어 버린 것은 아마도 스트레스를 줄이거나, 두뇌를 훈련하거나, 더욱 행복한 사람이 되려 하는 등 명상 밖에서 무언가를 얻고자 하기 때문일 것이다. 그저 몇 번이고 호흡의 부드러운 리듬에 따라 흔들리게 하거나, 귓가에 친절한 말을 속삭여 줄 수는 없을까? 물론 그 역시 명상이다.

편안하게 하기

명상할 때는 신체적으로 편안해야 한다. 힘들이지 않고 몸을 지탱할 수 있도록 자세를 조절하라. 신체적으로 고통스럽다면 명상을 하지 않게 될 것이다. 앉건, 서건, 눕건 명상 수행은 가능하다. 반드시 가부좌를 틀어야 하는 것은 아니다. 마음을 평온하게 하면서도 깨어 있게 해 주는 자세를 찾으라.

기대 내려놓기

명상 수행을 하는 동안 기대를, 특히 기분이 나아지리란 기대를 내려놓는 것이 중요하다. 명상하는 동안 마음에서는 불편한 상태가 나타나고 사라질 것이며, 우리가 할 일은 그저 여유롭고 애정 어린 자각으로 그 모든 것을 만나는 것이다. 불편한 상태가 잘못된 수행을 의미하지는 않는다. 명상의 효과는 명상 도중이 아닌 명상을 마친 이후 또는 몇 개월 간격으로 평가하기를 권한다.

소박하게 시작하기

명상 수행에 들여야 하는 시간에 대한 선입견 또한 수행을 가로막곤 한다. 중요한 것은 시작하는 것이다. 조금만 시간을 내어 몇 분 동안 앉아서 무엇이 일어나는지 지켜볼 수 있겠는가? 아침에 이메일을 확인하기 전에 명상하러 잠깐 앉는 것처럼, 앞으로 닥칠 삶 속 어수선한 일들 속에서 그저 멈추는 것만으로도 이 커다란 장애물은 극복될 것이다. 그리고 일단 시작하고 난 다음엔 시간이 없다고 단언했던 것이 무색하게 명상을 계속하고 싶어질 것이다.

핵심 가치와 연결하기

당신의 삶 속에서 명상은 의미가 있는가? 명상이 자애와 연민 안에서 살기, 매 순간의 소중함에 깨어 있기 같은 당신의 핵심 가치를 지지해 주는가? 매일 하는 명상을 삶 속의 더욱 큰 목적과 연결 지으면 수행에도 활력과 의미가 더해질 것이다.

사회적 지지 찾기

어떤 경우에는 명상하기가 너무 외로워서 흥미를 잃기도 한다. 이럴 때는 명상을 지도해 줄 사람을 찾거나, 명상 집단에 참여하거나, 안내 명상을 듣거나, 온라인으로 지지를 받거나, 안거에 참여해 보기를 권한다. 사회적 지지는 행동 변화의 핵심 요소로(Gallant, 2014), 눈에 띄는 보상이 상대적으로 적은 명상에 습관을 들이려면 사회적 지지의 역할이 매우 중요하다. 명상 동료와의 연결은 명상 과정에 빛을 비추어 주고, 명상의 가치를 뒷받침하며, 더 나은 수행을 위한 영감을 부여할 것이다.

자기연민으로 동기 부여하기

자기연민은 수행 유지에 동기를 부여하는 유용한 도구로 작용한다. 명상 수행이 시들해지면 모습을 드러내는 자기비난이나 수치심(예: '나는 엉터리 지도자야.')을 주의하라. 수치심은 명상을 다시 시작할 때 방해가 되는 정서적 부담이기 때문이다. 그 대신 자신의 핵심 가치를 떠올리고, 수행에서 얻는 즐거움과 유익한 점을 생각하며, 삶이 얼마나 복잡한지를 이해한 다음, 살아 있다는 의미를 알려 주고 자신에게 필요한 사랑을 전하는 명상 시간을 선사하라.

안거에 들어가기

안거는 명상이 주는 변화의 가능성을 경험하는 기회이다. 예를 들어, 완벽주의나 자기비난으로 향하는 마음의 무의식적 습관을 안거를 통해 식별하고 내려놓기 시작할 수 있다. 때로는 안거 동안 지속하는 수행에서 경험의 무상한 본질을 직접 체험하거나 모든 존재와 연결된 감각 같은 급진적인 새로운 통찰이 나타나기도 한다. 아울러 안거 동안 명상에 철저히 몰두했던 경험들이 집에 돌아가서 더욱 규칙적인 수행을 하도록 북돋아 줄 수도 있을 것이다.

수행에서 얻어지는 통찰

개인 수행을 꾸준히 하다 보면 다양한 통찰이 나타난다. 이러한 통찰은 우리가 지도자로서 자기연민을 체화하고, 수행을 계속 이어 가며, 우리가 만날 참여자들이 그들의 여정에서 비슷한 장애물을 마주할 때 더욱 연민 어린 반응을 하도록 도울 것이다.

나는 자기연민이 잘 안 된다. MSC 참여자가 프로그램에서 가장 먼저 발견하게 되는 사실은 자신에게 상상 이상으로 자기연민이 부족하다는 점이다. 이는 참여자들을 매우 낙심하게 하지만, 또한 유용한 통찰이기도 하다. 우리 대부분은 마음이 부정적으로 조잘대는 소리를 듣지 못하고, 우리 자신의 필요를 얼마나 자주 무시하는지도 알지 못한다. 우리가 자애와 연민을 향해 마음을 열 때, 우리는 그동안 해 왔던 행동과 바라는 모습 사이의 불일치를 알아차리게 된다. 특히 자기연민이 부족하다는 발견은 우리 내면의 목소리를 더욱 명확하게 들을 준비가 되었다는 강력한 신호이기도 하다. 이러한 발견의 아픔은 우리가 자기연민으로 대응할 수 있는 또 하나의 기회가 된다.

나는 자기연민이 내키지 않는다. 우리는 대개 자기연민에 대해 의혹을 품고 있다. 우리가 내면의 경험에 초점을 맞추고 우리 자신에게 친절을 베풀면 자기중심적이 되거나 자기방종을 저지를까 봐 두려워하는 것이 그 예이다. 역설적으로 연구 결과는 정반대를 가리키며, 이러한 의혹들이 실제로는 그릇된 해석임을 제시한다(2장 참조). 그러나 이들 의혹을 합리적으로 벗겨낸 이후에도 어린 시절의 경험이나 문화적 규범에 반한다는 이유로 자기연민에 대한 오해가 여전히 지속될 수 있다. 그럴 때는 자기연민이 겸허한 기법임을 상기하는 것이 도움이 될 것이다. 우리는 그저 연민의 원 안에 우리 자신도 포함하려는 것일 뿐이다.

자기연민은 무언가를 더하기보다는 덜어 내는 것이다. 우리는 깨어 있는 시간 대부분을 인정, 연결, 명성, 부, 안락함 같은 이런저런 것을 얻기 위해 고군분투하며 보낸다. 이렇게 애쓰는 자세는 연민 어린 사람이 되기 위한 배움이라는 '과업'을 대하는 자세에도 자연스럽게 옮아 간다. 사실 우리가 배우는 것은 자기연민이 아닌 우리 자신의 불완전함을 포용하는 법이다. 연민 어린 사람이 되기 위해 고군분투하는 자신을 발견했다면 그것은 자기연민이 아니다. 자기연민은 그 자체만으로 길게 내쉬는 감미로운 안도의 한숨같이 느껴진다. 덧셈이 아닌 뺄셈인 것이다.

사랑은 그 자신이 아닌 모든 것을 드러낸다. 자기연민은 우리 삶 속 관계의 근원인 애착의 역사와 우리를 연결 짓는다. 우리 자신에게 조건 없는 사랑을 전하는 행동은 우리가 과거에 사랑받지 못했다고 느꼈던 상태(즉, 초기 양육자와의 상호작용, 최근에 겪었던 대인관계, 문화적 편견 등)를 드러낸다. 이는 **역류**라고 불리는 현상으로, 치유 과정에서 필수적인 부분이다(11장 참조). 자기연민 기술을 쌓는 동안 우리 마음은 관계에서의 오래된 고통에 열리게 된다. MSC 지도자로서 우리는 참여자들과 함께 역류의 가능성을 예상하며 이를 마음챙김 자기연민의 자원으로 만나는 방법을 배우게 된다.

수행은 불완전함을 만든다. 자기연민을 처음 접한 어떤 이들은 자기연민이 정서적 고통이나 힘겨운 관계 같은 자신의 모든 문제를 해결해 주리라 믿는다. 그러나 그들은 결국 최선의 노력에도 삶에는 여전히 난관이 즐비하며 자신들 또한 예전과 다름없는 사람이라는 것을 발견하게 된다. 이러한 발견은 다소 실망스러울 수도 있지만, 실제로 이는 진전의 신호이기도 하다. 명상 지도자 롭 네언(Rob Nairn, 2009)의 다음과 같은 말이 이를 가장 잘 대변한다. "수행의 목표는 연민 어린 엉망진창이 되는 것이다." 연민 어린 엉망진창이 된다는 것은 때로는 고군분투하면서도 커다란 연민을 품고 사는 온전한 인간이 된다는 것을 의미한다.

느낄 수 있다면 치유할 수도 있다. 자기연민은 고통을 피하지 않고 고통에 열려 있다. 그렇지 않다면 자기연민이란 그저 기분을 나아지게 해서 매 순간을 조작하려는 사탕발림 같은 헛된 시도일 뿐일 것이다. 사랑과 비탄은 연민 안에서 뒤섞인다. 다행스러운 점은 자기연민을 훈련하기 위해 고통을 온전히 다 경험할 필요는 없다는 것이다. 우리는 그저 젖은 손가락으로 촛불을 건드리듯 고통과 가볍게 접촉하기만 하면 된다.

고통스러운 순간에 하는 수행은 기분이 나아지려 하는 것이 아니며, 기분이 좋지 않기에 하는 것이다. 이것이 바로 자기연민에서 가장 핵심적인 역설이다. 모든 이가 기분이 나아지려 자기연민의 여정을 시작하고, 자기연민 기술을 마치 인간 고통에 마법의 진통제인 양 쓰려고 한다. 이러한 접근 방식은 매 순간 경험에 저항하는 것이기에 실패가 예정되어 있다(11장 참조). 게다가 상황을 악화시키지 않으며 매 순간 경험을 조작할 방도란 없다. 건강한 대안은 어떠한 전략도 없이 그저 고통의 열기에 우리의 가슴이 저절로 녹아내리도록 허용하는 것이다.

다른 모든 것에 실패했다면 자기연민을! 우리 자신에게 연민을 전하면 세 가지 정서 반응이 촉발된다. 기분이 좋거나, 나쁘거나, 아무런 느낌이 없는 것이다. 정서는 살아 있는 것처럼 제멋대로 작동하기에 기분이 좋아지기를 바라는 소원은 MSC 참여자들에게 좌절을 안기는 공통분모가 된다. 그러나 우리는 어떠한 기분 상태에서도 자신을 향한 선한 의도를 연습할 수 있다. 수행이 우리의 기분이 나아지는 데 도움이 되지 않을 때야말로 자기연민을 실천할 순간이라는 점이 MSC 수행자의 통찰에서 가장 중추를 이루는 부분이다.

자기연민은 종착역이 아닌 나아갈 길이다. 수행 경험이 쌓일수록 이 여정에는 끝이 없다는 사실을 더욱 선명히 이해하게 될 것이다. 삶에는 늘 고통이 자리한다. 우리는 고통을 받아들이고 내려놓는 힘을 길러 왔는가? 우리는 우리 자신을 온 마음을 다해 수용하는 방법을, 특히 우리 자신이 고통스러울 때도 그렇게 할 방법을 배워 왔는가? 꾸준한 수행으로 정서적 고통은 분명히 줄어들고 우리의 마음 또한 조금씩 더 열리겠지만, 수행이 더는 필요치 않은 순간은 우리에게 찾아오지 않을 것이다. 우리는 그저 끊임없이 나아갈 뿐이다.

이와 같은 통찰은 자기연민 훈련을 안내하는 지도에 담긴 이정표 역할을 할 뿐, 자기연민 영역 그 자체를 의미하는 것은 아니다. MSC 지도자(또는 참여자)인 우리의 훈련을 지지할 수 있을 만큼 실제적이고 정확한 통찰을 얻으려면 개인 수행과 일상의 고군분투 속에서 이를 몸으로 부딪히며 이해해 가야 할 것이다.

타인과 연민 어린 관계 맺기

MSC 지도자가 갖추어야 할 네 번째 역량 영역은 사람들과 연민 어린 관계를 맺는 것이다. 이는 세 번째 영역인 자기연민 체화와 일부 중복되면서도 또 다른 기술들을 필요로 한다. 타인을 위한 연민을 예로 들자면, 네 번째 영역에서는 연민 어린 관계를 맺는 인간 존재의 범위가 우리와 일면식도 없는 이들로까지 확대되며 더욱 복잡해진다. **자기**연민을 배우려면 연민을 **받기도** 해야 한다. 자기연민을 배우는 과정은 때때로 상당히 힘겹기 때문이다. 참여자가 고군분투하는 동안 지도자인 우리가 함께한다는 걸 느낄 때 참여자들은 자기연민의 가능성에 자신을 더 열어 두게 된다.

자기연민 구성요소 중 특히 보편적 인간경험의 체화에는 지도자 자신의 정체성이 문화 요인에 의해 어떻게 조형되었는가에 대한 자각이 담겨 있다(뒤의 '다양성 포용' 절 참조). 세상 모두가 인정하는 완벽한 사람이 되기란 불가능하며, 문화적으로 규정된 잣대(예: 체형, 피부색, 성별 등)에 따른 편견을 경험하지 않는 것 또한 불가능하다. 일부 소외된 집단의 구성원들에게는 노골적인 탄압이 평생 따라다니기도 한다. 진정으로 연민 어린 존재가 되고자 한다면 지도자는 자신 안에 존재하는 이러한 고통의 근원에 마음을 열고 자기연민으로 이를 다루기 시작하는 동시에 타인이 문화 정체성으로 겪는 고통 또한 인식하고 완화하고자 전념해야 한다.

연민 어린 관계 맺기는 주로 탐구 과정에서 일어난다(9장 참조). 다음은 과제 수행에 관한 논의에서 일어난 탐구이다.

조슈아: 저는 자기연민이 잘 안 되는 것 같아요. 내면을 들여다보면 맘에 안 드는 것들이 너무 많이 보이는데, 도무지 없어지질 않아요. 저 자신에 대해 좋은 기분을 느끼기가 힘들어요. 솔직히 말하자면 이 프로그램을 어떻게 따라가야 할지 정말 모르겠어요.

지도자: 정말로 열심히 작업하고 있다는 것을 알겠어요. 애쓰고 있다는 그 느낌을

좀 더 풀어서 말해 볼까요. …… 어떤 느낌이죠?

조슈아: 네. 제 안에 커다란 구덩이가 있는 것 같아요. 제가 조심하지 않으면 자칫 하다 빠져 버릴 것 같은 구덩이요. 새로운 감각은 아닌데, 그게 느껴져요. 이 감각이 너무 싫어요.

지도자: 큰 구덩이라는 감각이 정확히 몸의 어디에서 느껴지는지 알려 줄 수 있나요?

조슈아: 그럼요. 배 오른쪽 깊숙한 곳이에요.

지도자: 그곳에 매여 있는 감정이 있을까요?

조슈아: 잘 모르겠어요. 글쎄요, 주로 두려움 같아요. 내가 뭘 하고 있는지 잘 몰라서 뭔가 잘못하고 있는 건 아닌지 두려워요. 정말 그래요. 길을 잃어버린 것 같아서…… 그래서. 길을 잃어버릴까 봐 겁을 먹은 것 같아요.

지도자: 그래요, 길을 잃어버린 것 같은데 길을 찾을 수 있을지는 도무지 모르겠고…… 그럴 때 참 두렵죠. 그리고 장담컨대 조슈아 혼자만 그런 느낌이 드는 건 아닐 거예요. (잠시 멈춤) 그 느낌을 잠시 그곳에 그대로 둘 수 있을까요? (잠시 멈춤) 그런 느낌이 들 때 조슈아에게는 무엇이 필요할까요? 고치려 드는 게 아니라 그저 위로하기 위한 거예요. 예를 들어, 불편감이 느껴지는 곳에 부드러운 손길을 전해 보면 어떨까요? (조슈아가 자신의 배에 손을 올린다.)

조수아: 진짜 괜찮은 것 같아요. 말하는 것만으로 나아지기도 했고요. 꺼내기 쉽지 않은 이야기였는데, 이젠 확실히 말할 수 있어요.

지도자: 그렇다면 이미 자신에게 연민 어린 존재가 된 것 아닐까요?

조슈아: (미소 지으며) 해 보니까 제가 자기연민을 그렇게 못 하는 건 아니란 말씀이시죠?

이 탐구에서 지도자는 조슈아가 좀 더 연민 어린 사람이 되고자 고군분투하는 점과 연결되면서도 그 문제를 고치려 들지는 않았다. 대신 지도자는 조슈아의 고통으로 들어갔다. 그리고 조슈아의 불편함이 조슈아의 신체에 닻을 내리게 한 다음, 그 감정에 이름을 붙이고, '나에게 무엇이 필요한가?'라는 물음에 대해 조슈아와 함께 곰곰이 생각했다. 지도자와의 지지적인 상호작용은 조슈아에게 자신이 프로그램의 제 궤도에 올라서 있다는 확신을 주었다.

연민의 특질

지도자가 참여자에게 연민 어린 존재로 머물 때, 다음과 같은 많은 특질이 지도자와 참여자의 상호작용에서 일어난다.

- 호기심: 참여자의 경험에 대한 진심 어린 관심
- 친절: 환대하며 판단하지 않는 태도
- 따뜻함: 상대를 향한 부드러운 마음가짐
- 존중: 각자 가진 고유함을 인정함
- 허용: 고치려 들지 않으며 지금 그대로 모두 온전하고 완전함을 인정함
- 겸손: 서로가 서로에게 무엇이 최선일지 알 수 없다고 여김
- 상호성: 괴로움과 염원에 관한 공통된 감각
- 비밀보장: 상대의 사생활을 보호하려는 의지
- 감수성: 상대의 이야기를 경청하고 배울 수 있는 능력
- 유연성: 참여자에 따라 새로운 방향으로 움직일 수 있는 능력
- 진정성: 도움이 되는 방식으로 기꺼이 열려 있으며 정직함
- 감사: 각 개인에 내재한 강점들을 인식함
- 세심함: 상대의 경험에 주의를 기울이는 능력
- 관대함: 자신이 평소 그어 두었던 선을 기꺼이 넘는 태도
- 공감: 상대의 세계를 자신의 것으로 느낌
- 평정심: 강렬한 감정 한가운데에서도 견실하게 균형을 잡음
- 지혜: 복잡성을 이해하고 꿰뚫어 봄
- 신뢰: 선한 의도로부터 일어나는 내면의 힘

연민과 관련된 이들 특질 중 한 가지에 집중하는 연습으로 다른 이들에게 연민을 전하는 능력을 기를 수도 있다. 잘못된 것을 고치려는 습관을 가진 심리치료자에게는 의도적으로 '고치려 들지 않는' 특질을 배양하는 연습이, 매사 조급해하며 애쓰려는 경향이 있는(흔히 'A형 성격 유형'으로 불리는) 자기연민 지도자에게는 상호성과 감수성을 함양하는 연습이 도움이 될 것이다. 이렇듯 한 번에 한 가지 개인적 특질

에 집중하여 자신의 연민 특성과 기술 범위를 넓힐 수 있다.

지도자는 연민의 특질을 표현하는 방식의 강약과 완급을 적절히 조절하는 지혜 또한 갖추어야 한다. 예를 들어, 지도자가 마치 어머니처럼 따뜻한 어조로 말할 때 어떤 참여자는 위로의 효과를 누리지만 모성에 관해 반감과 배신의 기억을 가진 참여자는 불편함을 느낄 것이다. 누군가에게 약이 되는 것이 다른 누군가에는 독이 될 수 있다. 마찬가지로 지도자가 참여자들을 존중하는 차원에서 일정한 거리를 유지할 때, 어떤 참여자는 자신의 내면세계를 자유롭게 탐구하지만 동일한 거리에서 다른 참여자는 고립감과 외로움을 경험할 수도 있다. 우리는 MSC 지도자로서 성장해 가며 점차 자신의 지도 방식이 어떤지 알게 되며, 참여자 개개인의 필요에 맞추어 우리가 선호하는 방식을 조정할 수 있고 최소한 우리의 지도 방식이 참여자에게 미칠 영향에 대해 인식하게 된다. 기질이 다르거나 지도 방식에서 차이를 보이는 지도자와 공동 지도를 하는 것도 도움이 될 것이다.

정서 조절

최선을 다하는데도 때로는 참여자들에게 연민이 잘 느껴지지 않기도 한다. 예를 들어, 하루의 막바지에 MSC 수업을 열었다고 가정해 보자. 참여자 한 사람이 허기지고 화난 채로 수업에 들어와 불쑥 이 시간이 완전히 시간 낭비 같다고 말한다. 어떻게 반응해야 할까? 지도자 또한 본능적으로 참여자처럼 분노를 느낄 수도 있다. 어쩌면 그 참여자가 프로그램을 이해할 능력이 부족하다고 결론 내릴 수도 있을 것이다. 그리고 그 모든 밑바닥에는 자신이 형편없는 지도자라는 수치심과 걱정이 깔려 있을지도 모른다. 이 때 연민은 어디에서 찾을 수 있을까? 지도자는 어떻게 연민의 상태로 돌아갈 수 있을까?

정서 조절은 MSC 지도자 모두에게 중요한 기술이다. 용기 내어 열린 가슴으로 지도자와 참여자의 정서적 고통과 함께할 수 있는 능력이 정서 조절이기 때문이다. 여기에는 마음챙김 자기연민 자원이 도움이 된다. 예를 들어, 참여자가 지도자를 언어적으로 공격할 때, 이상적인 지도자는 몸에서 일어나는 수치심이나 분노를 알아차리고, 잠시 부드럽게 자신을 위해 들이쉬고 그 참여자를 위해 내쉬는 시간을 가진

다음(14장 참조), 그 참여자가 필요로 하는 것과 프로그램에서 성취하기 바라는 것이 무엇인지 신중하게 탐구할 것이다. 이러한 접근방식은 위협에서 돌봄으로 생리학적 전환을 이끌어 낸다(2장을 참조). 물론 언어적 공격을 받고 나서 회복하는 데는 시간이 걸릴 수 있다. 이 또한 자기연민을 실천할 기회이자, MSC 프로그램을 공동으로 지도하는 이유이기도 하다.

공동 지도

MSC 프로그램은 가능한 한 지도자 두 사람이 함께 지도하기를 권한다(5장 참조). 함께 작업할 것을 떠올릴 때 내면에서 미소가 지어지는 사람이 누구인지 참고하면 공동 지도자 선택에 도움이 될 것이다. 공동 지도자는 당신이 진심으로 감사하고 존경하는 사람이어야 하며, 함께할 때 안전감을 줄 수 있는 사람이어야 한다. 당신의 성격이나 기술을 보완해 줄 수 있는 공동 지도자(또는 보조 지도자)를 선택하는 것도 좋다. 여성 지도자는 남성 지도자와 공동 지도를 고려해 볼 수 있으며, 지식을 추구하는 지도자라면 상대적으로 감정을 중시하는 지도자와 함께 작업하길 바랄지도 모른다. 지도자가 각기 다른 시각에서 수행에 대해 설명하고 다양한 지도 방식을 보일 때 참여자는 지도자와 연결되며 배움의 가능성이 확장된다. 여기에 공동 지도자가 서로에게 배우고자 한다면 가장 이상적일 것이다.

MSC 참여자들은 공동 지도자 간 관계를 주의 깊게 관찰하며, 이러한 관찰은 대개 지도자가 인식하거나 받아들이려는 수준보다 더 밀착되어 이루어진다. 공동 지도자 간 관계는 필연적으로 다른 이들이 교실에서 서로 관계를 맺는 데도 영향을 미친다. 공동 지도자가 서로를 예우하고 감사하는 태도로 함께 지도하는 것을 즐긴다면 이러한 태도는 교실에 있는 모든 이에게 잔물결처럼 번지게 된다.

다음은 CMSC의 상임 이사인 스티브 힉먼(Steve Hickman) 박사가 공동 지도를 준비하는 지도자가 서로를 알아 가는 과정에서 주고받기를 제안하는 질문이다.

- 이 프로그램에서 가장 끌렸던 점은 무엇인가요?
- 당신에게 깊은 인상을 주었거나 영감을 준 지도자는 누구인가요? 그 이유는 무엇인가요?

- 공동 지도에서 가장 기대하는 점은 무엇인가요?
- 공동 지도에서 가장 주저하게 되는 부분은 무엇인가요?
- 어떤 피드백 방식을 선호하나요?
- 공동 지도자가 당신에게 진심으로 감사할 만한 한 가지는 무엇일까요?
- 당신과 함께할 지도자가 알아 두어야 할 당신의 '별난 점'이나 '성격상 결점'은 무엇인가요?
- 교육이나 공동 지도에서 개선하고 싶은 '성장 분기점(grow edge, 역주: MSC 지도자로서 현재 느끼는 한계 또는 앞으로 발전시키고자 하는 교육 기술, 예: 커리큘럼 신뢰하기, 너무 많이 말하지 않기, 탐구 과정 등)'은 무엇인가요?
- 공동 지도에 도움이 될 만한 교육외적 기술이나 재능(예: 구성 능력, 마케팅, 소셜 미디어 사용, 회계 기술 등)이 있나요?
- 프로그램을 진행할 때 유머를 쓰는 것을 어떻게 생각하나요? 당신의 유머 감각은 어떤 편인가요?
- 선호하는 의사소통 방식(이메일, 전화, 문자)은 무엇인가요? 공동 지도자나 참여자와 소통하는 데 필요한 합리적인 시간은 어느 정도라고 생각하나요?
- 이 작업을 하려는 당신의 가장 깊은 의도는 무엇인가요?

프로그램 첫머리부터 공동 지도자별 역할과 기대가 명확해야 한다. 힉먼 박사는 공동 지도자 간 재정(예: 수익 분할, 비용 처리, 장학금), 책임(예: 홍보, 관리, 교실 준비, 수업 이메일 전송), 지도 역할(예: 통솔 안건), 계획(예: 장기 지도 관점) 등의 내용이 담긴 양해 각서를 작성하기를 제안한다. 이에 관한 대화는 처음에는 어색할 수도 있겠지만 미래의 갈등을 예방하는 데 도움이 될 것이다.

공동 지도자 간 관계는 대부분 매끄럽지도 수월하지도 않다. 예를 들어, 커리큘럼 전달 방식이나 특정 참여자와 작업하는 방법에 대해 의견 차이가 발생할 수 있으며, 때로는 참여자들에게 관심받기를 경쟁하거나 서로에게 감명을 주기 위해 애쓰기도 한다. 한 지도자가 다른 지도자보다 경험이 많거나 더 숙련된 경우가 많은데, 이때 덜 숙련된 지도자는 의도치 않더라도 위축되기 마련이다. 따라서 이러한 부조화를 감안하고 프로그램이 진행됨에 따라 서로 융화되어 가는 것이 최선이다. 여느 관계와 마찬가지로 공동 지도자 간 관계 또한 시간이 지나며 변화하기 마련이다(Dugo &

Beck, 1997).

공동 지도자는 매 회기 이후 무엇을 경험하고 배웠는지 서로 나누는 시간을 마련해야 한다. 편안하게 터놓고 피드백을 주고받을 수 있다면 가장 이상적이다. '샌드위치 방식'을 이용하여 피드백을 주고받을 수도 있다. 선한 의도를 강화하는 샌드위치 방식은 다음 세 부분으로 구성된다. ① '저에게 가장 도움이 되었던 부분은…….' ② '달리 했더라면 좀 더 도움이 되었을 것 같은 부분은…….' ③ '도움이 되었던 또 다른 점은…….' 달리 말하자면 이는 개선을 위한 건설적 제안이 두 개의 긍정 진술 사이에 자리한, 긍정으로 시작하여 긍정으로 마무리되는 피드백 방식이다. 아울러 지도자들은 "우리 집단구성원들이 우리를 어떻게 여긴다고 생각하세요?"라고 서로에게 물을 수도 있다. 사려 깊은 준비와 후속 조치가 함께한다면 공동 지도는 모두에게 보람찬 경험이 될 것이다.

윤리

현존하는 윤리 체계 대부분의 핵심에 연민이 자리하는 한 MSC 프로그램은 본질적으로 윤리를 추구할 것이다(Armstrong, 2010). MSC 지도자의 권위는 지도자의 도덕성에 달려 있다. MSC 프로그램 윤리 지침은 지도자가 참여자와 맺는 돌봄 관계를 상기시키고, 연민으로 행동하려는 지도자의 노력을 지지하고자 작성되었다(부록 A 참조). 윤리 지침에서는 참여자의 정서 안전을 도모하고, 재무 건전성을 유지하며, 다양성을 존중하는 자세를 지켜야 한다는 세 가지 원칙을 제시한다.

정서 안전

지도자와 참여자의 관계는 특히 힘의 균형에서 동등할 수 없기에 참여자와 안전한 경계를 지키는 것은 지도자의 몫이다. 프로그램이 진행되는 동안 MSC 지도자는 모든 학생과 전문 지도자 대 참여자로서의 관계를 유지하고, 유·무형의 추가 보상을 삼가며, 참여자들의 정서 및 심리적 안전을 도모해야 한다.

특히 지도자는 성(性)과 관련된 측면에 있어 안전한 경계를 반드시 지켜야 한다. 지도자가 참여자에게 특별한 무언가를 알려 줄 때 참여자는 지도자를 이상화할 수 있으며, 그 이상화는 육체적 매력으로 변질될 수 있다. 이때 이상적으로 보이고픈 욕구가 있거나 사생활에서 외로움을 느끼는 지도자는 참여자와 성적 접촉을 시작하게 되거나 참여자의 성적 초대에 응하게 되기도 한다. 이러한 상황이 발생했을 때 지도자가 이를 인식하고 이 문제에 대해 공동 지도자(그리고 가능한 경우 해당 참여자)와 논의할 역량을 갖추었다면 교실에서의 심리적 안전을 유지하는 데 크게 기여할 수 있을 것이다. 또한 지도자는 프로그램이 진행되며 학생들 사이의 정서적 친밀감이 커지고 서로에게 매력을 느끼게 되는 모습을 발견하게 될 것이다. 이때 지도자는 참여자들에게 낭만적 끌림을 마음챙김하고, 그 낭만적 끌림으로 인해 신체적 경계를 넘게 될 때 교실 밖 그들 삶 속 다른 이들에게 끼칠 수 있는 해로움에 대해서도 마음챙김하도록 요청해야 한다.

재무 건정성

MSC 지도에는 시간, 에너지, 비용이 들기에 지도자들은 자신의 노력에 대한 공정한 보상을 받아야 한다. 많은 MSC 지도자가 가능하다면 무료로 지도하고 싶어 하지만, 생계를 영위하기 위해서는 누구에게나 금전이 필요하다. 따라서 우리는 지도자가 속한 지역에서 MBSR이나 MBCT 등 MSC와 유사한 8주간 훈련 프로그램이 산정한 비용으로 수강료를 산정하기를 권장한다.

지도자의 재정 상태는 프로그램 진행 방식에 영향을 미치게 된다. 예를 들어, 집단 규모가 작을 경우에는 공동 지도자를 두기에 재정적으로 적절하지 않을 수도 있으며, 재정적 이유로 충원하려 할 때는 참여자를 상대적으로 느슨하게 선별할 수도 있다. 재정에 대한 염려는 참여자가 프로그램을 취소하는 경우 지도자의 대처 유연성에도 영향을 미친다. 재정이 안정적인 지도자라면 해당 참여자가 다음 프로그램에 무료로 등록하기를 권할 수도 있다. 교육 기회를 제공받기 어려운 참여자에게는 장학금 제공을 권고하지만, 모든 지도자에게 가능한 선택지는 아닐 것이다. 지도자 자신과 참여자 모두를 존중하는 재정 결정을 내리는 것이 가장 이상적이다.

다양성 포용

MSC 지도자로서 다른 이들에게 연민으로 대응하는 우리의 능력은 보편적 인간 경험을 이해하는 능력과 다른 이들의 삶의 맥락을 헤아리는 능력으로 한정된다. 인간이 가진 차이점으로는 우리가 눈으로 볼 수 있는 것(예: 나이, 피부색, 체형)과 잘 드러나지 않는 것(예: 성적 지향, 성 정체성, 사회경제적 상태, 초기 아동기 경험, 정신 또는 신체 질환, 종교, 정치 성향, 문맹 여부, 지적 기능)이 있다(10장 참조). 유색 인종 같은 일부 소외된 집단구성원은 체제 속에서 억압을 지속적으로 받으며, 이런 억압은 심지어는 여성 같은 소수자가 아닌 경우에도 경험하게 된다.

이러한 차이는 자부심, 수치심, 또는 그 밖의 감정의 원천이 되며, 우리의 정체성이 발달하는 동안 억압을 경험한 정도와 억압이 내면화된 정도 같은 문화 요인에 좌우된다. 수전 앤서니(Susan B. Anthony), 넬슨 만델라(Nelson Mandela), 마틴 루서 킹(Martin Luther King, Jr.)은 소외된 사람들 중 일부는 문화의 억압과 역경에 맞서 강인함과 회복탄력성을 발달시켰다는 사실 또한 기억해야 할 것이다(Burt, Lei, & Simons, 2017; Singh, Hays, & Watson, 2011; Spence, Wells, Graham, & George, 2016).

어떤 형태의 억압이든 **문화 정체성 고통**(cultural identity pain)으로 귀결된다. MSC 지도자로서 우리는 참여자가 가진 문화 정체성 고통을 알아차리고 그에 열려 있어야 하며, 그 고통을 인정하고 고통에 연민으로 대응할 준비가 되어 있어야 한다. 포용성, 다양성, 형평성을 지지하는 MSC 프로그램에서 이러한 공간을 형성하는 것은 일부 MSC 지도자, 특히 지배계층의 문화나 사회적 특권으로 정체성이 형성된 지도자에게는 새로운 역량이 될 것이다. 고통은 보편적이지만 모든 고통이 평등한 것은 아니다. MSC는 궁극적으로 보편적 인간경험을 다루지만 이는 각 개인의 경험, 특히 고통스러운 경험의 고유성을 수인하는 작업으로 접근해야 한다. 문화 정체성 고통은 거의 모든 이에게 수치심, 죄책감, 분노를 불러일으키는 민감한 주제이다. 그러나 다행스럽게도 자기연민은 이러한 느낌을 다루는 강력한 자원이 되어 준다.

처음 MSC 교실에 도착한 참여자는 자신 같은 이들을 위해 마련된 교실을 둘러보며 "여기는 어떤 곳일까?"라고 자문하곤 한다. 설령 아무것도 발견하지 못하더라도 참여자들은 최소한 이 집단의 규범 속에 개개인의 차이를 진심으로 존중하고 각자의 삶에 미친 문화의 영향에 대한 이해가 담겨 있다는 것을 알게 되어야 한다. 무엇보다 MSC 교실에서 보편적 인간경험을 이해하려 노력하는 과정이 개인적·사회구조 차원의 억압으로 인한 고통을 무시하는 과정이 되는 일은 절대로 없어야 한다.

아울러 다양한 문화적 세계관에 대한 심도 있는 자각과 민감성을 개발할 것을 MSC 지도자들에게 강력히 권한다. 이러한 이해를 갖추게 되면 참여자의 문화 정체성을 사회적 불이익 또는 사회적 특권과 관련된 자기의 다양한 정도와 차원에 대한 표현으로 볼 수 있다. 따라서 우리는 참여자들의 다양한 존재 방식을 단순히 일차원적으로 지각하는 대신 복합적으로 상호작용하는 문화 정체성의 영향에 민감해져야 한다. 즉, 언제나 '다양성 안에는 다양성'이 존재한다.

이를 위해 지도자는 자신의 문화 조건을 인식하고, 무의식 속 편견들을 발견하며, 힘과 특권을 누리는 측면에서 자신의 상황을 면밀히 검토하기 위해 문화적 자기에 대한 인식을 추가로 훈련해야 할 수도 있다. 이 과정은 우리의 한계를 인정하고, 불편하더라도 사회적 차이를 탐구하는 방법을 배우며, 문화 정체성 고통이 각자의 자기에 대한 감각과 삶의 경험에 지대한 영향을 미친다는 사실에 열려 있다는 의미로서 문화적 겸손함을 함양하는 데 도움이 될 것이다.

상대적으로 동질적인 문화권에 속한 MSC 지도자라면 다양성, 형평성, 포용성이 자신의 지도에서는 그다지 해당되지 않는다고 여길 수도 있지만, 모든 문화권에는 소외된 집단이 존재하기 마련이다. 우리 삶 속 문화의 영향, 특히 특정 문화권 내부에서 매일 상처받는 이들에게 미치는 영향에 대한 민감성을 확장하는 것은 프로그램 지도뿐만 아니라 우리가 연민으로 살아가는 데에도 중요한 관문이 될 것이다.

연민에 대한 추가 지지

우리의 내면세계는 충동이 부딪히고 들끓는 가마솥과 같아서 연민 어린 상태로 존재하기 쉽지 않을 때가 있다. 그렇기에 우리는 연민을 체화하는 여러 방법, 즉 마음챙김과 자기연민 개인 수행의 꾸준한 실천, 연민 어린 존재가 되기 위한 충실한 노력, 윤리 기준 등을 앞서 제시하였다. 여기에 두 가지를 덧붙여 ① 기본적으로는 자신을 지도자가 아닌 참여자로 여기고, ② 지도자 공동체와 계속 연결을 유지하기를 권한다.

우리 자신을 참여자로 여기면 지도자로서 겸손함과 연민 어린 태도를 유지하는 데 도움이 된다. 체스터턴(G. K. Chesterton, 1908/2015)이 언급하였듯, "천사는 자신을 가벼운 존재로 낮춤으로서 날 수 있다"(p. 78). 우리가 삶에서 고통받는 한, 우리는 마음챙김과 자기연민을 수행해야 할 것이다. 다시 말해, 우리는 모두 배우는 사람이다. MSC 지도자인 우리와 참여자들 사이에 차이가 있다면 우리는 커리큘럼 과정을 알고 있으며, 아마도 참여자보다 조금 더 오랜 기간 수행해 왔고, 지도자 역할을 맡고 있다는 정도일 것이다.

지도자 공동체에 참여하면 또 다른 지지를 받을 수 있다. 공동체 안에서 우리는 서로 돕고, 서로 배우며, 우리가 혼자가 아니라는 사실을 상기하고, 연민을 세상에 전하고자 하는 공동 목표를 향유한다. CMSC에서는 고등훈련 세미나, 특별 분과모임, 학술 회의 등을 온라인 및 대면으로 개최하여 전 세계 지도자 공동체를 지원하고자 노력하고 있다.

● 이것만은 기억합시다 ●

- 자기연민을 지도하는 가장 좋은 방법은 연민 어린 상태가 되는 것이다. 자기연민을 체화하고 다른 이들과 연민 어린 관계를 맺는 것은 지도자가 갖추어야 할 역량 영역 전체를 아우른다.
- 마음챙김과 자기연민의 체화는 지도자와 참여자들 간 정서적 공명의 힘을 통해 지도된다. 지도자는 자신의 개인적인 실수나 불완전함이 자기연민의 영역을 벗어나지 않는다는 점을 참여자들에게 몸소 보여 줄 수 있다.
- 개인 수행(공식 명상과 일상 수행)은 자기연민 체화에 필수이다. 지도자가 참여자들이 부딪히는 수행에서의 장애물을 이해하고 참여자들을 지원하는 데도 개인 수행이 도움이 된다.
- 공식 명상을 꾸준히 수행하는 비결로는 즐겁게 하기, 신체적으로 편안하게 하기, 기대 내려놓기, 소박하게 시작하기, 핵심 가치와 연결하기, 사회적 지지 발견하기, 연민으로 동기 부여하기, 안거에 들어가기 등이 있다.
- 자기연민 훈련에서 힘겨운 감정이 올라온다는 점, 그리고 이런 감정이 변화 과정의 일부라는 점과 같은 개인 수행에서 얻는 통찰은 참여자들이 비슷한 상황을 겪을 때 지도자가 안정되고 연민 어린 상태를 유지하는 데 도움이 된다.
- 지도자가 공동 지도자와 관계 맺는 방식은 전체 집단의 정서적 분위기를 결정한다. 공동 지도자들 간 의견 차이는 불가피하게 일어나므로, 각 회기 전후 서로를 어떻게 지지할 것인지 반드시 논의하여야 한다.
- 다른 이들을 향한 연민은 연민 어린 행동, 자기연민, 다양성 존중, 윤리적 기준에 전념하려는 노력으로 유지된다. 지도자 자신을 기본적으로는 지도자가 아닌 참여자로 여기고, 지도자 공동체 안에서 지지와 피드백을 주고받으며 배움을 이어 나가는 것 또한 도움이 될 것이다.

제8장

집단 과정 촉진하기

어떤 이에게 직접 영향을 주었다면, 그가 누구이든 모든 이에게 간접적으로 영향을 준 것이다. 나는 당신이 마땅히 되어야 할 모습이 되기 전까지는 내가 되어야 할 모습이 절대 될 수 없다. 이것이 현실의 상호 연관 구조이다.

—마틴 루서 킹 주니어(Martin Luther King Jr., 1965)

MSC 지도자가 갖춰야 할 다섯 번째 주요 역량은 **집단 과정**을 **촉진**하는 것이다. 달리 말하자면, MSC 지도자는 모든 참여자가 연민과 지지를 경험할 수 있는 친절의 문화를 조성하려 노력해야 한다. 성장을 보살피는 응집력 강한 환경은 참여자가 불완전함을 비롯한 모든 것을 아우르는 더욱 온전한 자신이 되도록 하는 보편적 인간 경험에 대한 감각을 길러 준다. 연구에 따르면 자기연민을 잘 전하는 사람은 다른 이들이 애쓰는 상황을 목격하거나 자신의 힘겨운 상황을 다른 이들과 함께하게 되었을 때 실패에 더욱 잘 적응한다(Waring & Kelly, 2019). 이 장에서는 안전 조성하기, 심리 외상 작업하기, 집단 분위기 균형 잡기, 출석과 참여 북돋기, 도전하는 참여자 관리하기 등 MSC 집단을 이끄는 데 중요한 기술을 다룰 것이다.

MSC 프로그램에는 참여자들이 수용과 지지의 감각을 얻도록 돕는 네 개의 '그릇'이 존재하며, 이는 ① 물리적 환경, ② 가르침, ③ 지도자(들), ④ 집단 자체를 일컫는다. **물리적 환경**은 가능한 한 안전하고 쾌적해야 한다. 예를 들어, 꽃다발 하나만으로도 교실을 일상 공간처럼 만들어 머무는 사람들에게 보살핌을 받는 느낌을 줄 수 있다. **가르침**은 위로와 지지의 또 다른 원천으로, 참여자들이 힘겨운 시기를 겪어 내도록 돕는다. **지도자**(공동 지도자)의 체화된 현존은 집단구성원들에게 그들 또한 마음챙김 자기연민의 자원을 지니고 있다는 자신감을 불러일으킨다. 마지막으로 **집단**은 영감과 지지의 강력한 원천이다. MSC 프로그램에서 일어나는 상호작용 대부분은 지도자가 아닌 참여자들 사이에서 발생하기에 집단 응집력은 특히 중요하다.

안전 조성하기

자기연민을 배울 때는 안전이 반드시 먼저 확보되어야 한다. 주의 깊은 지원자 선별 과정이 모두에게 안전한 MSC 프로그램이 되는 데 중요한 단계가 된다(Magyari, 2016; 5장 참조). 프로그램 시작 전 모든 참여자가 프로그램의 특성을 숙지하고, 자신의 안전과 정서적 안녕에 스스로 책임을 진다는 내용의 동의서에 서명하는 절차 또한 같은 이유에서 진행된다.

MSC 커리큘럼의 구조와 실습은 참여자 대부분이 안전감을 키울 수 있도록 고안되었다. 1회기 시작부터 비밀 유지하기, 다른 사람의 영역 존중하기, 조언하지 않기, 연민으로 듣기, 다양성을 포용하기 같은 집단규범을 확립하도록 참여자들에게 권유해야 한다. 안전에 필요한 외부 조건을 조성하여 참여자가 MSC라는 도전적인 내면 작업을 할 수 있도록 하는 것이 지도자의 첫 번째 책임이다.

우리가 의도한 바는 MSC 교실을 모든 사람이 편안하게 느끼는 '안전한 공간'일 뿐만 아니라 '용감한 공간'이 되게 하는 것이다(Arao & Clemens, 2003). 용감한 공간이란 각자의 개인 정체성이 인정되고 존중받는 곳, 다른 의견이 받아들여지는 곳, 대인관계 손상을 토의할 수 있는 곳이자 참여자들에게 도전이 되는 대인관계를 토의하지 않을 선택권을 행사할 수 있는 곳이다.

열림과 **닫힘**이라는 개념이 1회기에서 참여자들에게 소개된다. '열림'이란 우리의 자신의 경험을 향해 다가가고, 현재 경험이 긍정적이든, 부정적이든, 중립적이든 받아들이는 것을 의미한다. '닫힘'이란 우리의 경험으로부터 물러나고, 현재 경험에 우리 자신이 노출되는 것을 제한하는 것이다. 우리는 누구나 온종일 정서적 여닫기를 반복하며, 참여자 또한 MSC 과정에서 이를 반복한다. 과도한 열정을 보이는 참여자가 멈추고 쉬어야 할 때도 자신에게 수행을 강요한다면 역효과가 발생할 가능성이 크다. 닫아야 할 때 열도록 강요하는 것은 자기연민이 아니다. 열림과 닫힘이라는 주제는 프로그램 과정 전반에서 언급되며, 특히 참여자들이 자신의 진전에 좌절하거나 자기연민으로 더 나아가기 힘겨워할 때 다루어진다. 이때 지도자는 "지금 자신에게 열려 있는지, 닫혀 있는지 물어본 다음, 닫혀 있다면 닫혀 있도록 허용해 주세요."라고 말하곤 한다. 닫는 방법을 아는 것은 MSC에 참여하는 동안 안전을 유지할 수 있는 중요한 기술이기에 지도자는 이를 정서적으로 활성화되는 수행을 소개할 때 함께 제안한다.

참여자들을 MSC 프로그램의 자원 구축 측면에 집중하게 하는 방식 또한 교실 속 안전감을 증대한다. 이는 참여자들이 오래된 상처를 의도적으로 끄집어내어 고치려 하기보다 마음챙김 자기연민이라는 새로운 방식으로 자신이 겪는 어려움을 마주하도록 지도하는 것을 의미한다. 문제 '마주하기'와 문제 '고치기' 사이에서 나타나는 의도의 미묘한 차이는 참여자들이 프로그램에서 맞닥뜨리는 고통의 정도를 조절하는 데 도움이 된다. 연민을 실천하는 데 고통은 단지 소량만으로도 충분하다. 독감(큰 스트레스) 예방에는 비활성화된 바이러스 백신(적은 스트레스)이면 충분하다는 점을 유용한 은유로 들 수 있다.

역류(11장 참조)가 발생하는 경우 적어도 역류 자체와 대응 방법을 알게 되기 전까지는 안전하지 않다고 느낄 가능성이 커진다. 역류는 자신에게 친절과 연민을 전할 때 발생하는 오래되거나 새로운 정서적 고통이다. 예를 들어, MSC 참여자가 "있는 그대로 나 자신을 사랑하기를."이라고 말할 때, 자신의 사랑스럽지 않은 점이나 있는 그대로 사랑받지 못했던 때를 떠올릴 수 있다. 힘겨운 생각('나는 언제나 혼자야.' '나는 실패자야.')이나 감정(수치심, 비통함, 두려움), 또는 고통스러운 감각(아픔과 통증)이 역류로 인해 나타날 수 있다. 참여자가 자신 또는 다른 이들로부터 철수하고 단절되거나, 자신과 타인을 지적으로 분석하고 비판하는 식으로 역류와 싸우려 할 때 상황은 더욱 문제가 된다. 교실 실습에서 참여자들에게 힘겨웠던 삶 속 사건을 떠올려 보기를 명시적으로 요청할 때도 역류가 유발되곤 한다. 역류에 대해서는 2회기에서 설명하며, 설명과 함께 프로그램 참여 중 어느 때든 압도당한다고 느낄 때 '닫힘' 상태가 되도록 다시 한번 알려 준다.

최후의 안전 예방 조치는 MSC 참여자들이 상담이나 진료를 다니고 있는 정신건강 전문가의 이름과 긴급 연락처를 프로그램 시작 전에 확보하는 것이다. MSC 지도자와 정신건강 보조 지도자에게 필요에 따라 개인 상담을 받을 수 있다고 참여자들에게 공지할 수도 있다. 때로는 지도자가 주도적으로 사전 대책을 마련해야 하는 순간도, 괴로워 보이거나 수줍어서 말을 꺼내지 못하는 것 같은 참여자들에게 먼저 다가가야 하는 일도 있을 것이다.

심리 외상 작업하기

명상 훈련 도중 다양한 범주의 정서적 어려움이 나타날 수도 있다(Compson, 2014; Lindahl, Fisher, Cooper, Rosen, & Britton, 2017; Magyari, 2016; Treleaven, 2018). 수행자가 겪는 이러한 부작용은 불안, 수면의 어려움, 두통, 사회적 위축 같은 경미한 괴로움에서부터 부적절한 신념, 환각, 자살 경향, 무쾌감증 같은 심각한 기능장애에까지 이른다. 부작용 발생에 영향을 미치는 요인들로는 **수행자 본인**(예: 병력 또는 심리학적 이력, 성격, 동기), **수행 자체**(양, 강도, 일관성, 종류, 수행 단계), **대인관계**(예: 어린 시절, 수행 공동체, 문화 맥락), **건강 관련 행동**(예: 식이, 운동, 처방약 및 불법 약물) 등이 있다. 지도자가 이러한 부작용을 확실히 평가하려면 MSC 훈련 중 불편한 경험을 하고 있지는 않은지 참여자들에게 직접 물어보아야 한다(Lindahl et al., 2017). 아울러 브라운 대학교의 윌로비 브리튼(Willoughby Britton) 교수가 개발한 명상 안전 교육을 받기를 권한다(https://www.brown.edu/research/labs/britton/news/2018/02/first-do-no-harm-meditation-safety-training).

자기연민 훈련 중에는 오래된 심리 외상이 떠오르기도 한다. 사람들이 인식하는 것보다 트라우마가 더 자주 발생하기 때문이다. 일례로, 미국에서는 인구의 89.7%가 외상성 사건(예: 화재, 신체 구타, 성폭행, 분쟁 지역 전투, 재난 등)에 노출되었다는 결과가 보고되기도 했다(Kilpatrick et al., 2013). 여기에 더해 자기연민 훈련 자체가 더 나은 방식으로 외상의 후유증(즉, 수치심, 자기비판, 과각성, 무감각, 회피, 침습 기억)을 다루려는 이들의 시선을 끌기도 한다. 따라서 우리는 지원자를 주의 깊게 선별하고 정신건강 전문가가 교실에 상주하기를 권장한다. 그리고 MSC를 임상 목적으로 고안한 것은 아니지만, 일반 인구에도 외상 경험이 빈번하기에 가능한 한 안전하게 진행되도록 수년에 걸쳐 수정하였다. 지도자들이 현재 커리큘럼에 담긴 안전 조치를 취하는 데 최선을 다해 주기를 진심으로 바란다.

'안전제일'은 MSC 훈련에서의 공통 규칙이자 외상 생존자와 작업할 때 특히 적용해야 할 규칙이다. 다른 이들이 그러하듯 외상 생존자 또한 자신에게 도전하고자 하지만, 자신의 경험 강도를 적정 수준으로 조절하고 안전함으로 되돌아가는 방법에 대한 특별한 안내가 필요하다. 예를 들어, 연민 어린 보디 스캔(안거 회기에서의 명상, 15장 참조)을 지도할 때, 외상 생존자에게는 누워서 하는 대신 앉은 자세로 수행하게 하거나, 가만히 있는 대신 움직이도록 권유할 수 있다. 또한 MSC 수행 대부분은 눈을 감고 진행되지만, 외상 이력이 있는 참여자에게는 눈을 뜬 채(절반 또는 완전히) 수행하도록 권할 수도 있다. 아울러 여성의 골반 부위 같은 특정 신체 부위가 다른 부분에 비해 외상 기억을 담고 있을 가능성이 크기에, 연민 어린 보디 스캔을 지도할 때 힘겨운 신체 부위는 건너뛸 수 있는 선택지를 제공해야 한다. 발바닥에 주의의 닻을 내리거나 마음챙김 날숨을 하는 등 착지를 위한 명시적 선택지도 도움이 될 것이다.

외상 이력이 있는 참여자가 안전 전략이 필요할 때 전략을 쓸 수 있는 능력이 있을 거라 가정해서는 안 된다. 어떤 지도자들은 참여자들에게 압도되는 느낌이 들 때 상담을 받는 안전 선택지를 미리 카드에 작성하도록 권하기도 한다. 실습 중 참여자가 압도되어 보이는 상황을 알아차린다면 지지를 제공하기 위해 고안된 다음과 같은 지침을 추가로 안내할 수 있다. "언제든지 [6장에서 제시한 세 개의 원으로 된 안전 모델 중] 압도되는 원으로 이끌려 가는 자신을 알아차린다면, 제가 하는 안내를 무시하고 호흡의 리듬으로 돌아가거나, 몸이 의자나 쿠션에 닿아 있는 지점에 집중하십시오. 눈을 뜨거나 실습을 멈추고 휴식을 취하는 것도 한 가지 방법입니다." 상황을 통제하고 있다는 감각은 외상 생존자가 안전하다고 느끼는 데 필요한 모든 것이다.

외상 생존자와 작업할 때 지도자는 특히 작은 것이라도 분명하고 민감하게 알아차려야 한다. 예를 들어, 집단 활동에 참여하지 않겠다는 고집처럼 보이는 행동은 실제로는 압도되지 않고 교실에 머무르려는 노력일 수 있다. 지도자가 "당신에게는 무엇이 필요한가요?"라고 묻더라도, 자신의 신체에서 해리된 외상 생존자는 그 질문에 대답할 수 없을 때도 있다. 이럴 때는 "당신이 안전하다고 느끼려면 무엇이 필요할까요?" 또는 "지금 이 순간 무엇이 당신을 진정시킬 수 있을까요?"처럼 구체적으로 묻는 것이 더욱 도움이 될 것이다. 그러나 외상이 생존자의 실행 기능을 차단해 버리면 생존자는 어떤 질문에도 대답할 수 없게 된다. 이때 지도자는 자신의 직관을 활용하여 해당 참여자가 교실 밖에서 (공동 지도자와 함께) 짧은 산책을 하게 하거나 자신의 호흡 리듬에 따라 편안해질 수 있는 공간을 제공해야 한다.

심지어 휴식 시간 같은 예기치 않는 순간에도 외상이 드러날 수 있다. 참여자가 지속적인 플래시백을 경험한다면 지도자는 참여자와 대처 방법에 대한 협력적인 대화를 나누어야 하며, 필요하다면 참여자가 프로그램에 안전하게 참여할 수 있을 때까지 프로그램 참여를 중단하고 외부 도움을 요청하는 선택지를 고려해야 한다.

MSC 프로그램의 안전 여부를 가장 잘 판단하는 사람은 대개 참여자 자신이다. 어떤 외상 생존자들은 심각한 증상에도 불구하고 MSC 프로그램에서 상당한 진전을 만들어 낸다. 예를 들어, 아동 성학대로 인해 자신의 몸에 무감각했던 여성 생존자는 호흡에 따라 자신의 몸이 어떻게 흔들리는지에 대해 초점을 맞추고 나서 처음으로 자신의 호흡을 느낄 수 있었다. 아울러 발바닥 명상(걸으면서 발바닥의 감각을 느끼는 수행)은 외상 생존자가 현재 순간에 주의를 기울이며 외상 기억으로부터 멀어지는 데 많은 경우 효과적으로 적용할 수 있는 기법이다. 때로는 신체 외부(모습, 소리)나 신체 주변부(발바닥 같은 접촉 부위) 같은 신체로부터 먼 곳에 주의를 기울일수록 참여자가 더 안전하다고 느끼기도 한다. 행동하는 자기연민(음악을 듣거나 친구들과 수다를 떠는 일상 활동)은 외상 생존자에게 MSC 프로그램의 안전을 유지하는 가장 확실한 방법이다(외상 생존자에게 자기연민을 지도하는 자세한 방법은 이 책의 4부 또는 Brähler & Neff, in press; Germer & Neff, 2015 참조).

집단 분위기 균형 잡기

개인에게 분위기가 있는 것처럼 집단에도 분위기가 있다. 집단의 분위기는 하루 중 시간대(예: 하루의 막바지에는 거의 모든 사람이 피로함), 각 참여자들의 기분(예: 명랑함, 풀죽음, 호기심 어린), 지도자들의 에너지(예: 신남, 소진됨), 프로그램 과정(초반, 중반, 후반), 회기 내용(예: 자애, 핵심 가치, 힘겨운 감정) 등 다양한 요인에 따라 달라진다. MSC 지도자의 임무 중 하나는 고통에 마음을 여는 상태와 마음챙김과 연민으로 대응하는 상태 사이, 즉 부정적인 감정과 긍정적인 감정 사이에서 균형을 유지하는 것이다. 비록 MSC 커리큘럼이 참여자들의 도전의식을 북돋고 회복할 기회를 제공하도록 고안되었더라도 집단 분위기 변화에 줄곧 주의를 기울이는 것은 여전히 지도자의 몫이다.

참여자는 지도자에게 열심히 집중하기에 지도자의 기분 상태를 자신의 기분 상태로 느끼곤 한다. 지도자의 기분 상태는 교실에 있는 사람 수만큼 집단의 분위기로 증폭될 수 있다. 지도자가 MSC 프로그램을 가르치는 걸 즐거워하며 참여자들로부터 기쁨을 얻을 때, 참여자들은 그러한 분위기를 동일하게 반영할 것이다. 지도자가 교실 속 고통에 압도당하고 그것을 여러 방식(예: 침울한 어조, 두려움, 불확실함)으로 표현한다면 집단 전체가 낙담하게 될 것이다. 이런 상황이 발생하여 지도자가 집단 분위기를 긍정적인 방향으로 바꿔야 한다면, 지도자는 자신을 위한 연민 수행을 하거나, 격려하는 방식으로 교실 안 고통을 다루거나, 당면한 주제에 관한 가벼운 내용이 담긴 이야기를 들려줄 수 있다.

물론 때로는 지도자가 집단 분위기에 너무 정서적으로 얽히거나 개인 문제(예: 지도자의 자기의심, 과민함, 절망 등)에 갇혀 집단 분위기를 바꾸지 못할 수도 있다. 그때가 바로 공동 지도자가 나서야 할 순간이다. 예를 들어, 공동 지도자는 참여자들을 소집단으로 서로 연결 지어 주거나(나누기는 집단에 활력을 준다), 신체 움직임(예: 연민 어린 움직임, 우스꽝스러운 움직임)에 참여케 하거나, 잠시 휴식 시간을 가지게 할 수 있다.

몇 차례 MSC 과정을 지도하고 나면 지도자는 더 큰 정서적 회복탄력성을 갖게 된다. 지도자로서 자신의 역량을 신뢰하게 되고, MSC 커리큘럼이 자신에게도 작동한다는 점을 발견하게 되는 것이다. 우리는 초심 지도자들에게 "커리큘럼을 믿으세요. …… 그리고 꼭 끌어안으세요!"라고 말하곤 한다. 실제로 대다수 문제는 프로그램이 진행되는 동안 저절로 해결되며, 참여자 대부분은 행복하고 만족스럽게 프로그램을 마친다.

출석과 참여 북돋기

첫 번째 MSC 회기의 목적 중 하나는 참여자를 다음번 회기에 오게 하는 것이며, 이 가능성은 참여자가 자신이 집단에 소속감을 느끼고 프로그램이 자신의 필요를 어떻게 충족시켜 줄지 알게 되었을 때 커진다.

MSC 프로그램 등록 시점에 참여자들은 모든 회기에 출석하는 데 동의하지만, 예기치 않은 상황이란 발생하기 마련이기에 전체 회기 출석이 항상 가능한 일은 아니다. MSC 프로그램 수료(지도자 훈련 과정의 전제 조건)를 인정받으려면 아홉 번의 회기(정기 회기 8회기 및 안거) 중 최소한 일곱 차례는 참석해야 한다. 1회기와 2회기, 또는 3회기를 결석한 참여자는 과정을 중단하고 다음에 다시 수강하여야 한다. 이는 초반 회기의 특성 때문으로, 1회기는 참여자들이 집단으로서 연결되는 과정을 시작하고, 집단규범을 확립하며, 프로그램의 주요 개념과 수행에 정착시키는 시간이다. 2회에서는 프로그램을 안전히 참여하는 데 필요한 기술인 마음챙김, 저항, 역류에 대한 핵심 정보를 제공한다. 3회기는 참여자들이 서로에게 개방되어 신뢰를 쌓기 시작하는 시간으로, 3회기를 결석한 참여자는 집단과 유대감을 쌓는 데 더 오랜 시간이 걸릴 것이다. 처음 세 회기에 출석한 참여자들은 과정을 완주하고 과정으로부터 도움을 받을 가능성이 크다. 그러나 모든 회기는 그다음 회기로 나아가도록 정교하게 짜여 있기에 가능한 한 모든 회기에 출석하도록 참여자들을 독려해야 한다. 어떤 지도자들은 회기를 놓친 참여자들에게 읽을거리와 명상 녹음본을 제공하거나, 『나를 사랑하기로 했습니다: 마음챙김 자기연민 워크북』(Neff & Germer, 2018) 속 관련 내용을 그들과 함께 작업하기도 한다.

자기연민에 실패하고 있다고 느끼는 참여자들은 프로그램으로부터 이탈하거나, 회기에 불참하거나, 중단할 가능성이 크다. 이러한 실패에 대한 감각을 정상화하는 것이 지도자가 해야 할 일이며, 자기연민은 실제로 놀라울 정도로 드물고 참여자 대부분이 자기연민을 배우는 과정에서 어려움을 겪는다는 점을 참여자들에게 제시해 주어야 한다. 4회기 전반부는 이러한 염려를 다루기 위해 고안되었다. 특히 자기의심을 진전의 징후로 재구성하며 참여자가 자기 고민을 서로 나눌 기회를 제공하는 것이 핵심이다. 참여자가 프로그램으로부터 멀어지게 되는 또 다른 경우는 기대와 실제 과정 사이의 불일치, 다른 집단구성원과의 문화 차이, 집단구성원과의 개인적 갈등으로 인해 소속감을 느끼지 못할 때이다. 끝으로, 일부에서는 예상치 못한 역류가 프로그램을 어렵게 만들 수도 있다. 이들 문제는 인정되고 공개적으로 논의될 때 대부분 해소된다.

구성원 모두가 참여하고 경험을 공유할 때 집단의 학습 경험은 풍부해진다. 그러나 일부 집단구성원은 다른 이들에 비해 적게 말할 것이다. 지도자는 참여자가 침묵하고픈 바람을 존중해야 한다. 수줍어하는 참여자 몇몇에게는 집단에 그저 머무른다는 것조차 엄청난 도전이기 때문이다. 조용한 구성원들은 짝지어 활동할 때나 소집단으로 참여할 때 말할 가능성이 크다. 만약 다른 집단구성원들과 연결되는 데 어려움을 겪고 있는 참여자를 감지했다면, 지도자는 해당 참여자와 개별적으로 접촉하여 참여자가 집단과의 연결을 유지하도록 돕는 구명밧줄 역할을 해야 할 것이다.

말을 많이 하는 참여자들은 대개 프로그램 초기에는 용인되지만, 프로그램이 진행되며 때로는 자중시켜야 할 때도 있다. 지나치게 말이 많은 집단구성원에게는 수행과 관련된 언급만 하도록 상기시켜 주며 과도함을 제한할 수 있다. 때로는 개인적인 대화를 통해 다른 구성원들을 위한 여지를 주도록 요청해야 하는 일도 있다.

집단의 참여를 북돋는 가장 좋은 방법은 집단의 소중한 구성원으로서 각자의 경험을 수인하는 것이다. 참여자들이 집단규범을 인식하고 나면 더욱 자신 있게 경험을 공유할 것이다. 때로는 어떤 참여자가 다른 참여자의 경험을 의도치 않게 비수인할 수도 있다. 이때 지도자는 공유된 경험에서 가치 있는 부분을 언급한 다음, 참여자들에게 경험에는 '옳고 그름'이 없다는 점을 상기시키며 포용의 규범을 강화할 수 있다. 신뢰가 쌓일수록 개인 경험 공유의 깊이와 취약성 또한 증가할 것이다.

도전하는 참여자 관리하기

대부분의 MSC 프로그램에는 도전하는 참여자가 한두 명은 존재한다. 도전하는 참여자란 지도자를 마음의 돌봄 상태에서 위협받는 상태로 옮겨 가게 하는 참여자를 일컫는다. 도전하는 참여자가 보이는 행동은 다음과 같다.

- 프로그램 진행 방식에 불평한다.
- 다른 집단구성원의 느낌을 묵살한다.
- 직접 경험을 공유하지 않고 논리적으로 따지려 한다.
- 자신이 지도자보다 더 전문가라 생각한다.
- 지도자를 이상화하거나 성적 대상화한다.
- 자주 지각하거나 일찍 자리를 뜬다.

- 지나치게 말을 많이 한다.
- 말을 너무 적게 한다.
- 과제 수행을 하기 싫어한다.

이러한 참여자들은 MSC 지도자에게 상황을 가장 잘 다룰 방법을 발견케 하는 지혜를 통해 연민을 증진할 기회를 선사한다. 다음은 도전하는 참여자와 작업하는 과정 전반에서 참고할 만한 제안사항이다.

자신을 위해 연민 수행하기

참여자의 도전을 느낄 때는 다음과 같이 자기연민 브레이크(1회기)를 수행하는 것이 도움이 된다. "이건 고통스러운 순간이네." "고통 또한 지도의 한 부분이지." "내가 나 자신에게 친절하기를." 자기연민 브레이크를 할 시간이 충분치 않은 경우라면 참여자가 도전할 때 연민으로 주고받기(7회기)를 할 수도 있다. 지도자 자신을 위해 다정하고 깊게 숨을 들이쉬고, 도전하는 학생을 위해 연민을 내쉰다.

참여자의 고통 찾아보기

자기연민의 순간은 도전하는 참여자의 동기에 대한 통찰이 나타날 여지를 마련해 준다. 이 참여자는 왜 이렇게 말을 많이 하는 걸까? 왜 불만이 많을까? 왜 고압적인 태도를 보이는 걸까? 어쩌면 외로움, 좌절감, 부끄러움을 느끼고 있는 건 아닐까? 지도자를 힘겹게 만드는 행동 아래 무엇이 있는지 이해하고 나면 위협에 대한 감각이 돌봄 감각으로 돌아올 수 있다.

좋은 점 바라보기

표현 방식이 불편하더라도 도전하는 행동 뒤에는 훌륭한 특성이 숨겨져 있다. 다른 구성원의 감정을 묵살하는 참여자는 역경에 직면했을 때 용기를 발휘할 수 있다. 지나치게 논리로 개념화하려는 참여자는 강력한 지성을 가진 사람일 수 있다. 과제 수행을 하지 않는 사람은 “나에게 정말로 필요한 것은 무엇일까?”에 대한 답을 찾은 것일지도 모른다. 이해하고 인정받았다고 느낀 참여자는 자신의 행동을 점검하고 필요한 변화를 이루게 될 것이다.

돌봄으로 옮겨 가기

지도자를 가장 힘겹게 하는 행동은 사랑받고 싶은 바람을 불행으로 표현하는 행동이다. MSC 지도자 또한 모든 이처럼 사랑받기를 바라기에 참여자가 지도를 힘들게 할 때 위협을 느낀다. 실패하고 있다는 생각은 우리가 사랑스럽지 않다고 느끼게 하기 때문이다. 도전하는 참여자 또한 지도자와 마찬가지로 사랑받길 바란다는 사실을 기억한다면 위협받는 상태에서 빠져나와 돌봄 상태로 옮겨 갈 수 있을 것이다.

도전에 대응하기

지도자에게 도전하는 참여자 중 몇몇은 자기연민이 의미하는 바를 이해하려고 열심히 노력하고 있다. 또는 자기연민에 자신의 시간과 노력을 들일 가치가 있는지 아직 확신하지 못하고 있다. 이때 지도자가 개방성, 기꺼이 함, 친절로 도전을 마주하면 참여자들은 그들 자신의 수행이 시작되도록 허용하는 연민을 직접 처방받는 것이다. 아울러 참여자들은 스트레스나 혼란스러움에 반응하는 그들만의 방식(논리적으로 따지기, 관심 독차지하기, 철수하기, 방해하기, 시선 끌기)을 가지고 있다. 연민 어린 반응은 참여자가 가식을 내려놓고 집단에 의미 있게 참여하는 전환점이 되어 줄 것이다.

집단 보호하기

지도자는 집단 전체를 보호할 책임이 있다. 특정 집단구성원이 논의를 독점하거나, 프로그램에 계속 늦게 도착하거나, 다른 참여자들을 방해하거나, 지도자의 권위에 반복적으로 도전한다면 집단의 안녕을 위해 그 행동을 중단시켜야 한다. 온화한 노력으로 바라던 결과를 얻지 못한다면 도전하는 참여자와 직접 만나 개별적으로 대화를 나눌 수도 있다. 이러한 시도는 참여자에게 창피를 주는 것이 아닌, 집단 전체의 학습 경험을 지지하는 방향으로 참여자의 협력을 유도하려는 방법이다.

공동 지도자 활용하기

공동 지도자는 해당 참여자로부터 도전받는다고 느끼지 않을 때도 있다. 예를 들어, 당신은 외부 관찰자처럼 행동하는 참여자에게 화가 나는 반면, 공동 지도자는 고립되고 홀로된 느낌에도 불구하고 매주 어떻게든 나타나는 그 참여자에게서 용기와 인내심을 볼 수 있다. 서로 다른 관점을 논의하여 그 참여자에게 도전을 덜 받는다고 느끼는 지도자의 관리하에서 조처하면 지도자 둘 모두에게 도움이 될 것이다. 만일 두 사람 모두 한 참여자의 행동에 불편함을 느낀다면 행동 아래에서 무엇이 일어나고 있는지 함께 탐구하고 해결할 수 있다.

자신의 한계 알기

때로는 참여자에게 기대를 내려놓게 하거나 제한을 걸기 위해 개별 대화를 해야 할 수도 있다. 만일 참여자가 학습 과정을 방해하거나 집단구성원 또는 지도자 당신에게 성적인 관심을 보인다면 참여자를 부드럽게 직면시키며 그런 욕구를 충족하는 다른 방법을 찾게 해야 한다. 드문 경우지만 어떤 참여자는 제한을 받아들이지 않거나 협력을 위한 노력에 반응하지 않을 수도 있다. 이럴 때는 도전하는 참여자에게 프로그램을 떠날 것을 요구해야 한다. 고통스러운 대화가 되겠지만, 가능한 한 많은 이의 상호이해와 공동 지도자의 지지가 있다면 이상적으로 마무리될 것이다.

● 이것만은 기억합시다 ●

- MSC 훈련은 친절의 문화 안에서 진행될 때 가장 효과적이다. 참여자들이 자신의 외부에서 연민을 경험할 때 자신의 내면에서도 연민을 발견할 가능성이 더 크기 때문이다.
- 연민 훈련에는 안전하다는 감각이 선행되어야 한다. 참여자들은 자기 자신의 안전에 대한 책임이 있으며, 지도자는 참여자들의 안전에 대한 노력을 지원한다.
- 자기연민적이 되려고 너무 열심히 노력하는 참여자는 감정적으로 압도될 수 있다. '느린 학습자'가 되도록 참여자들을 독려하고, 필요하다면 정서적으로 닫힘 상태를 유지하도록 안내한다.
- MSC는 치료적 측면보다는 자원 구축 기능에 중점을 두고 있으며, 이는 참여자들이 MSC 과정에서 자신이 경험할 정서적 고통을 조절하는 데 도움이 된다.
- 역류란 연민의 맥락에서 상처가 드러나는 현상을 일컫는다. 이러한 과정을 이해하고 대응 방법을 알기 전까지 참여자들은 역류로 인해 고통받을 수 있다. 역류는 자기연민을 통해 이루어지는 정서적 탈바꿈에서 본질적으로 일어나는 부분이다.
- 지도자는 외상 생존자들이 안전 전략에 접근하고 이를 실천할 수 있도록 특별한 노력을 기울여야 한다.
- 새로운 학습을 촉진하는 긍정적인 분위기가 집단 전반에 형성되어야 한다. 지도자는 다양한 종류의 참여 경험을 집단에게 제공하고, 자신의 감정을 조정하여 집단의 분위기를 조절할 수 있다.
- 참여자는 모든 회기에 출석하여 자신의 수행 경험을 집단과 나누는 것이 이상적이다. 집단에 대해 소속감을 느끼지 못하거나, 자기연민에 실패했다고 생각하거나, 예상치 못한 역류 경험을 하는 것은 참여자들이 프로그램을 중단하는 주된 이유이다.
- 도전하는 참여자들은 지도자를 불안하게 하고 집단을 방해한다. 공동 지도자는 이들로 인해 발생하는 문제를 이해하고 해결하기 위해 지도자와 협력해야 한다.

제9장

탐구에 참여하기

가르치는 기술이란 발견을 돕는 기술이다.

—마크 반 도렌(Mark Van Doren, 1961)

MSC 지도자가 갖추어야 할 여섯 번째이자 마지막 역량은 **탐구**에 관한 활동이다. 탐구는 아주 강력한 학습 도구로, 대개 실습을 마친 직후 대화를 통해 참여자 개개인의 경험을 나누는 특별한 방법이다. 탐구의 목적인 마음챙김과 자기연민의 자원을 강화하는 것이다. 지도자가 참여자들이 그들 자신과의 관계에서 함양하길 바라는 애정 어린 연결된 현존을 이상적으로 반영하는 타인과의 대화가 곧 탐구이다. 탐구는 개인적이면서도 동시에 공개적으로 진행되기에 모든 사람이 대화로부터 배울 기회를 얻게 된다.

탐구는 지도자 대부분에게 매우 흥미로우면서도 상당히 당혹스러운 교육 요소이다. 주제 교육을 비롯하여 명상 지도, 일상 수행, 실습, 시 읽기 등에는 능숙해질 수 있지만, 탐구만큼은 언제나 난생처음 겪는 예측 불가능한 경험으로 다가오기 때문이다. 탐구는 일견 간단해 보이면서도 모든 진실한 인간관계가 그렇듯 복잡하다. **실제** 경험으로 **실제** 인간 존재가 **실제** 만나는 것이 탐구이며, 이 과정을 안내하는 것은 호기심, 존중, 겸손함이다.

그러나 탐구 또한 우리가 지도하는 한 발전시킬 수 있는 기술이다. 기술을 연마하는 최고의 방법은 많은 연습과 함께 경험 많은 지도자의 지도에서 탐구를 관찰하고 경험하는 것이다. MSC 지도자 훈련 과정에서는 수행 시간의 절반을 탐구 기술에 할

애한다. 심리치료나 경영 같은 다른 환경에서 마음챙김 자기연민을 지도하려는 독자라면 탐구 과정 요소를 각자 익숙한 지도 방식에 통합하길 권한다. 탐구 과정에 대한 더욱 자세한 설명은 이 책의 3부에서 회기별 수행과 실습 이후 이어지는 예시를 통해 제시할 것이다.

탐구가 아닌 것

탐구를 이해하려면 무엇이 탐구가 아닌지 살펴보는 게 도움이 된다.

- 토의: 토의는 경험에 관한 생각들을 주고받는 것이지만, 탐구는 생각, 감각, 감정을 비롯한 매 순간의 경험 그 자체에 협력적으로 접촉하는 것이다.
- 자세한 설명: 탐구는 늘어놓는 것이 아닌 추출하는 것이다. 우리의 경험에 관한 이야기를 풀어놓는 것과는 상반된다.
- 해석: 해석은 우리의 경험이 의미하는 바를 나타낸다. 의미 부여는 당시 기분이나 과거 경험에 따라 달라질 수 있기에 직접 경험에 비해 해석에는 조건이 달린다.
- 이유 묻기: 탐구에서는 '왜'가 아닌 '무엇'을 묻는다. 후향적 평가나 분석이 아닌 현재 경험에 닻을 내리고 있다.
- 수정하기: 탐구는 지금 이 순간에 일어나는 것들에 열려 있다. 우리의 느낌과 존재를 바로잡으려 하는 예전 시도들은 대개는 우리의 경험을 회피하려는 시도였다.
- 치료: 탐구의 목적은 오래된 상처의 치료가 아닌 마음챙김 자기연민의 자원을 구축하는 것이다.
- 객관성: 우리의 경험은 언제나 주관적이기에 모든 답을 아는 사람은 없다. 그러나 참여자들의 경험에 대한 최고의 전문가는 참여자 자신이다.
- 나와 당신: 탐구는 우리에게서 일어나며, 고유한 대인관계의 장에서 발생하는 복잡하고 새로운 것이다.
- 실행하기: 탐구는 실행이 아닌 존재이다. 함께 존재하는 것이 곧 탐구이다.

- 질의응답: 탐구는 답을 찾으려 파고드는 것이 아니라 부드럽게 펼쳐내는 것이다.
- 공식: 탐구는 인간 사이의 자연스러운 만남이기에 탐구에 관한 규칙들이 방해가 될 때도 있다.

마음챙김 자기연민

이름에서 알 수 있듯이 MSC는 **마음챙김**과 **자기연민** 모두를 함양시키는 프로그램이다. 지도자는 "무엇을 알아차렸나요?" "어떤 감정이 올라왔나요?" "어떻게 반응했나요?" 같은 질문을 던져 참여자들을 탐구로 안내할 수 있다. 마음챙김 훈련으로써 탐구를 진행할 때는 참여자가 경험한 **내용**, 즉 참여자가 매 순간 정확히 무엇을 알아차렸는지에 주로 초점을 맞추고, 그 자각이 여유롭고 비판단적이었는지에 중점을 둔다. 자기연민 훈련으로써 탐구를 진행할 때는 자각의 **특질**("따뜻하고 수용적이었는가?")에 더 초점을 맞추며, 특히 참여자가 **그들 자신**과 친절함과 이해로써 관계를 맺는지에 주목한다.

탐구 과정에서 지도자의 마음에 떠오를 수 있는 마음챙김에 관한 질문으로는 "이 참여자는 어떤 정서적 불편함을 경험하고 있는가?" "그 감정에 이름을 붙일 수 있는가?" "그 감정을 몸에서 발견할 수 있는가?" "어떻게 하면 그 감정에 더욱 편안하게 반응할 수 있을까?" 등이 있다. 자기연민에 관한 질문으로는 "이 참여자가 자기 자신을 더 친절하게 보듬을 수 있을까?" "이 참여자에게 필요한 것이나 도움이 될 만한 것은 무엇일까?" 같은 것들이 있을 것이다. 탐구에서 참여자가 정서적 불편함에 대해 나눌 때, MSC 지도자는 그 참여자가 무언가와 싸우거나, 무언가에 저항하거나, 무언가를 회피하고 있다고 가정할 수 있다. 이때 던지는 "당신은 그것을 어떻게 다루었나요?"라는 질문은 마음챙김 탐구와 자기연민 탐구 둘 모두에 해당한다. 탐구 막바지에는 "지금 기분은 어떠세요?"라는 마음챙김 질문을 던질 수도 있고 "지금 당신에게 필요한 것이 있을까요?"라는 자기연민 질문을 던질 수도 있다. 두 질문 모두 탐구를 부드럽게 마무리하는 데 도움이 될 것이다.

대개 **경험**의 여유로운 자각에 관해 묻는 말은 마음챙김 질문으로, 참여자 **자신**에게 따뜻함과 수용을 전할 수 있었는지를 묻는 말은 자기연민 질문으로 작동한다. 탐구의 전반적인 목적은 참여자들이 자신의 경험 및 자기 자신과 다정한 관계를 맺게 하는 것이다. 실제 수행에서 MSC 탐구는 마치 마음챙김과 자기연민의 실로 섬세하게 짜인 한 필의 옷감처럼 보일 것이다.

3R: 완전한 수용, 공명, 자원 구축

MSC에서 '3R'이라 불리는 탐구의 세 가지 요소를 탐구 진행의 지침으로 삼을 수도 있다. **완전한 수용**(radical acceptance)이란 탐구과정 전반에서 취해야 할 자세이며, **공명**(resonance)은 탐구 참여의 기본 양식이고, **자원 구축**(resource-building)은 탐구에서 기대하는 결과이다.

완전한 수용

완전한 수용이란 "지금 이 순간에 존재하는 무엇이든 온전히 뛰어들어 받아들이는 것"을 의미한다(Robins, Schmidt, & Linehan, 2004, p. 40). MSC에서 완전한 수용은 우리의 경험뿐만 아니라 우리 자신까지 받아들이는 것을 일컫는다. 우리가 변화할 필요가 없을 정도로 완벽하다는 말이 아니다. 의미 있는 변화의 토대로서 지금 이 순간 우리 자신을 이해하고 수용한다는 것이다.

탐구과정에서 완전한 수용이란 판단하지도 않고 바로잡으려 들지도 않는 자세를 일컫는다. 적어도 우리가 탐구하는 짧은 시간만이라도, 있는 그대로가 아닌 다른 무언가가 되고자 하는 갈고리로부터 참여자들을(그리고 지도자인 우리 자신도!) 벗어나게 하는 것이다. 지도자는 참여자에게 수행과 실습을 경험한 방식과 반응에 그저 호기심을 보인 다음, 참여자가 애쓰고 있는 것(대개 참여자가 경험에 저항하고 있거나 자기 자신과 싸우고 있는 상황)을 감지하면 지금 무슨 일이 일어나고 있는지 참여자와 협력적으로 탐색해 볼 수 있다. 물론 이때의 탐구 과정에도 변화를 위한 어떠한 요구도 하지 않는다. 모든 존재는 본능적으로 개인적인 것이든 공감적인 것이든 고통에 저항하는 경향이 있기에, 탐구 동안 완전히 수용한다는 것은 일정한 현실이라기보다는 이상에 가깝다.

완전한 수용은 또한 참여자를 존중하는 자세이다. 즉, 참여자의 필요, 문화 환경, 취약성 및 일체를 존중하는 것이다. 지도자는 참여자의 삶에 대해 아는 바가 거의 없기에 탐구 과정을 조심스럽게 진행해야 한다. 프로그램에서 자신의 이야기를 하는 참여자는 취약하고 노출된 느낌을 받을 수 있다. 특히 오래된 상처가 앞선 실습이나 수행에서 수면 위로 올라왔다면 더욱 그럴 것이다. 따라서 지도자가 보기에 참여자가 취약한 상태임에도 탐구를 계속 진행하고자 한다면 "질문 드려도 될까요?"나 "조금 더 나아가 보아도 괜찮을까요?"라고 물을 수 있다. 어떤 참여자들은 '아니요.'라는 말조차도 쉽지 않기에 지도자는 이러한 질문을 던질 때 어떠한 예상도 하지 말아야 한다. 확실치 않을 때는 지나치다 싶을 정도로 안전에 치중하는 것이 최선이다.

일반적으로 참여자들은 구체적 질문이나 서술보다 개방형 질문을 안전하고 정중하다고 여긴다. 개방형 질문은 참여자들에게 어떤 경험을 기꺼이 나눌 것인지 선택할 수 있는 여유를 제공한다. 예를 들어, 지도자는 "지금 화가 났나요?"라고 묻는 대신 "지금 기분이 어떠세요?"라고 물을 수 있다. 또 다른 예로, 탐구를 마무리 지을 때도 참여자가 해야 할 과제를 직접 제시하기보다 "당신에게 지금 이 순간 필요한 것, 도움이 될 만한 것이 있을까요?"처럼 개방형 질문을 던져 볼 수 있다.

완전한 수용은 지도자가 탐구를 자신의 학습 과정과 연결 짓는 방식과도 관련된다. 지도자는 탐구 진행 역량을 개발하는 동안 자신에게도 인내심을 가져야 한다. 참여자들이 자기연민을 배우려 애쓰는 것이 오히려 자기연민으로 향하는 데 걸림돌이 될 수 있듯이, 지도자가 '제대로 된' 탐구 질문을 하려고 애쓰는 것 또한 지도자와 참여자 사이의 흐름을 가로막을 수 있다. 완벽한 탐구를 진행하려 자기 자신을 의식하기보다는 실수하더라도 자연스럽고 친근한 사람이 되는 것이 더 낫다. 달리 말하자면, 탐구에서 지도자의 의도는 참여자들이 수행하는 동안 경험한 것이 무엇인지를 아는 것이지, 탐구하는 양 행동하는 것이 아니다.

공명

탐구를 진행하는 동안 MSC 지도자의 주요 과업은 참여자들과 정서적으로 공명하는 것이다. 탐구의 90%가 공명이다. 공명이 일어나면 탐구에서 달리 할 일은 그리 많지 않다.

지도자는 공명이 일어나는 동안 귀뿐만 아니라 온몸으로 경청한다. 공명은 체화된 경청이다. 참여자가 "제가 어떻게 느끼는지 선생님이 아시는 것 같아요."라고 말할 때 공명은 일어난다. 그들은 느낌으로 안다(Siegel, 2010, p. 136). 참여자가 공명을 알게 되는 또 다른 상태는 지도자의 애정 어린 연결된 현존이다. 달리 말해, 참여자가 지도자의 따뜻함을 느끼고, 지도자를 친밀하게 여기며, 지도자로부터 이해받았다고 느낄 때 공명은 일어난다.

정서적 공명으로부터 비롯된 친밀감은 깊은 연결감을 일으킨다. 한 참여자가 말했다. "선생님과 제가 이야기를 나눌 때, 선생님이 제게 말하는 것이 마치 제가 저 자신에게 말하는 것처럼 느껴졌어요. 완전히 같았어요." 이처럼 탐구는 각 참여자 내면의 연민 어린 목소리를 활성화하고 강화한다. 아울러 다른 참여자 또한 탐구에서 경험을 나눈 참여자와 공명할 수 있기에 지도자와 참여자의 탐구 과정은 교실 속 모든 이의 자기연민을 활성화할 수도 있다.

자원 구축

탐구의 마지막 핵심 요소는 **자원 구축**이다. 자원은 공명을 통해 함양될 뿐만 아니라 앞선 수행에서 참여자가 마음챙김 자기연민의 자원을 사용한 방식을 수인받거나 탐구 과정 자체에서 마음챙김과 자기연민이 유발될 때도 길러진다.

예를 들어, 한 참여자가 강렬한 감정으로 인해 실습에서 벗어나게 되었다면, 지도자는 그 참여자가 벗어나게 된 지점으로 되돌아가 그 장면에 마음챙김과 자기연민을 불러오게 한 다음 실습의 나머지 한두 부분을 마칠 수 있도록 보호하며 안내한다. 다음은 7회기의 충족되지 않은 욕구 다루기 실습 이후에 참여자 조앤과 함께 한 탐구 과정이다.

조 앤: 저는 이번 실습은 잘 모르겠더라고요. 그래서 중간에 그만두었어요.

지도자: 실습을 중단했던 때가 언제였는지 기억하나요?

조 앤: 정확히는 모르겠어요. 음…… 저에게 상처를 주었던 사람을 내려놓고, 제가 어떻게 느끼는지 더 깊이 들어가 보라고 할 때였던 것 같아요. 저는 그러고 싶지 않았거든요. 제가 바라는 건 그 사람의 사과예요.

지도자: 이해해요. 우리 모두 누군가에게 상처받으면 그럴 수 있죠. 자연스러운 일이지요.

조 앤: 맞아요.

지도자: 궁금한 게 있어요. 실습 중에 '상처받은 느낌을 일으킨 충족되지 않은 욕구'를 물었던 부분에서 무언가를 찾아낼 수 있었나요?

조 앤: 아니요, 슬프고 상처받은 느낌에 갇혀 있었어요.

지도자: 괜찮다면 지금 그 질문에 대해 다시 생각해 볼 수 있을까요? 예를 들어 보자면, 조앤은 그때 좀 더 존중받고 싶었나요, 이해받고 싶었나요, 아니면 소중히 여겨지고 싶었나요?

조 앤: 저는 정말로 그 사람을 사랑했고 그만큼 사랑받길 바랐어요. 그저 사랑을 돌려받고 싶었을 뿐이에요. (눈가가 촉촉해진다.)

지도자: 당연히 그랬을 거예요. 조앤은 사랑을 돌려받아야 했어요. (멈춤) 우리는 사랑을 돌려받을 수 없다고 느낄 때 크게 상처를 받게 되죠. (멈춤) 만약 조앤의 친한 친구가 지금 조앤처럼 이런 간절한 바람을 느끼고 있다면, 조앤은 뭐라고 말해 줄 건가요?

조 앤: 저라면 "너는 정말 사랑스러운 사람이야. 너는 정말 아름다워."라고 말해주고 싶어요. 그 친구가 그걸 모르고 있을 것 같거든요.

지도자: 좋아요. 조앤은 그 친구에게 "너는 정말 사랑스러운 사람이야. 너는 저어어어어엉말로 아름다워."라고 말할 거로군요. 우리가 함께 작은 실험을 해 봐도 될까요?

조 앤: 그럼요.

지도자: 이 문구들을 함께 말해 보는 거예요. 여기 있는 모든 분이 함께 속으로 따라 말해도 좋습니다. 함께 하실 분들은 눈을 감으시고, 다음 말들을 우리 자신에게 조용히 들려주어 봅니다. "너는 정말 사랑스러운 사람이야. 너는 정말 아름다워." (긴 멈춤)

조 앤: (미소 지으며) 알겠어요.

지도자: 무엇을 알게 되었나요?

조 앤: 앞으로도 시간이 좀 걸리겠지만, 그래도 알겠어요. 제가 필요한 걸 저 자신에게 스스로 줄 수 있다는 거요. 실제로 지금 기분이 많이 나아졌어요.

이 짤막한 대화에서 지도자는 충족되지 못한 욕구 다루기 실습에서 조앤이 '그만둔' 그 순간으로 되돌아가게 했다. 이 대화가 직접 경험에 근거하도록 한 것이다. 그러고 나서 지도자는 조앤을 실습 속 다음 작업인 '상처받은 감정 이면에 놓인 충족되지 못한 욕구 발견하기'로 안전하게 이끌었다. 조앤이 작업을 완수할 수 있게 되자 지도자는 조앤을 실습의 마지막 부분인 충족되지 않은 욕구에 대한 반응으로 우리 자신에게 연민을 전하며 그 욕구를 직접 채우는 작업으로 안내했다. 지도자와 나머지 집단구성원들의 도움으로 조앤은 이번에는 실습을 마칠 수 있었다. 이러한 탐구 과정은 전체 구성원들에게도 방금 마친 실습의 각기 다른 요소들을 상기시켜 주었으며, 특히 '자기연민 자원을 활용하여 오래된 관계에서 충족되지 못한 자신의 욕구를 충족하는 방법'을 다시 한번 확인하는 시간이 되었다.

나누고자 하는 동기

탐구 시작 시점에 참여자가 손을 들면 지도자는 그때부터 참여자의 동기를 평가해야 한다. 평가의 목적은 참여자에게 다루어야 할 문제가 있는지, 아니면 참여자가 단순히 자신의 통찰이나 관찰을 공유하기를 바라는 것인지를 최대한 빨리 확인하는 것이다.

문제가 없는 경우

해결해야 할 문제가 없거나, 문제가 있었으나 저절로 해소된 참여자는 다음과 같은 이유로 경험을 나누려 할 것이다.

- 집단에서의 소속감 느끼기
- 성과를 인정받기
- 통찰을 강화하기
- 새로운 발견에 대한 적절한 표현 찾기
- 흥미로운 경험을 공유하여 다른 이들을 돕기

이러한 이유는 모두 환영받는 동기이다. 일반적으로 문제가 없을 때는 지도자가 참여자와 그저 공명하며 경험을 나누는 과정 중에 드러난 자원을 수인하면 된다. 예를 들면 다음과 같다.

- 마음챙김 자원: "당신의 불안에 많은 여유를 내어줄 수 있었던 것 같네요. 용기가 필요한 일이죠."
- 자기연민 자원: "그리고 당신은 가슴 위에 손을 얹고 안도감을 느꼈군요. 훌륭합니다. 다음에 또 그런 기분이 들 때도 그렇게 해 볼 수 있을까요?"

때로는 그저 "감사합니다."라고 하거나, 따뜻하게 미소 짓거나 끄덕이는 정도만으로도 충분할 것이다. 이러한 반응은 집단구성원들에게 그들도 경험을 나눌 수 있다는 자신감과 함께 지도자가 계속 말을 시키지 않을 거라는 확신을 심어 주기도 한다. 지도자가 별다른 논의 없이 몇 가지 언급을 연달아 인정해 줄 때면 서로에게 감사하는 고요한 분위기가 조성된다. 어떤 참여자들은 자신의 경험을 마치 렘브란트의 작품처럼 더할 나위 없이 아름답게 표현한다.

현재 진행형 문제인 경우

현재 진행형으로 겪고 있는 어려움을 다루고 싶은 참여자는 다음과 같은 이유로 손을 들 것이다.

- 실습이 끝나고도 남아 있는 불편함 완화하기
- 계속되는 삶 속 딜레마에 대한 해결책 찾기
- 자신이 올바르게 수행하고 있는지 확인받기
- 자신의 투쟁에서 느끼는 외로움을 다른 사람들과 연결되며 덜어 내기
- 불편함을 회피하기

탐구가 마음챙김 자기연민의 자원을 발견하고, 활성화하며, 강화할 수 있는 순간이 바로 이때이다. 지도자가 할 수 있는 표현은 예를 들면 다음과 같다.

- 마음챙김 자원: "절망감을 느낀다고 말하는 지금 이 순간, 몸에서 그 절망감이 느껴지는 곳은 어디인가요?"
- 자기연민 자원: "지금 당신이 겪는 문제와 같은 문제로 애쓰고 있는 소중한 친구가 있다면, 그 친구에게는 어떤 말을 해 줄 수 있을지 궁금하네요."

수행의 장애물을 극복하는 과정은 프로그램에 참여한 모든 이에게 탐구가 가장 흥미로운 부분이 되는 순간이다. MSC 프로그램 초반 몇 주 동안은 참여자들이 긍정적인 경험과 통찰만을 나누려는 경향을 보이므로, 지도자가 프로그램 초반에 참여자들에게 도전적인 경험 또한 나누어 보도록 요청해야 참여자 각자가 겪는 어려움에서 비롯되는 외로움을 덜어 낼 수 있을 것이다.

공명에서 자원 구축으로 옮겨 가기

지도자는 어디에서부터 말을 꺼내기 시작해야 할까? 대화에서 오고 가는 참여자의 경험 중 강조해야 할 부분은 어디일까? 지도자는 어떻게 공명에서 자원 구축으로 옮겨 갈 수 있을까? 시작하는 방법은 울림(pings)을 따르는 것이다. MSC에서 울림이란 다른 사람이 말하는 동안 몸 안에서 경험하는 두드림이자 현저성(주의 끌림) 또는 관심의 순간이다. 울림은 탐구의 출발점이다. 경험을 나누려는 참여자의 동기는 지도자가 탐구 동안 경험하는 울림의 종류를 결정하는 핵심이다.

문제가 없는 경우

참여자에게 해결할 문제가 없고 그저 통찰이나 경험을 나누고자 한다면 지도자는 참여자가 겪은 가장 생생하고 살아 있는 경험을 체화하는 방식으로 경청하면 된다. 울림이 오는 순간 참여자가 말했던 내용을 머릿속에 기록해 둔 다음, 참여자의 이야기가 끝나면 수인하는 태도로 참여자에게 자신의 울림을 반영한다. 달리 말하자면 마음챙김과 자기연민의 순간을 찾아내어 분명히 보여 주는 것이다. 예를 들어, 대화 속 참여자의 통찰을 염두에 두었다가 다음과 같이 반영해 줄 수 있다. "그리고 나서 근육의 긴장 뒤에 무력감이 있었다는 걸 알아차렸군요." 만약 보편적 인간경험에 관한 경험이 참여자가 이완되는 데 도움이 되었다는 걸 발견했다면, 지도자는 이 발견을 다음과 같이 표현할 수 있을 것이다. "당신은 두려움을 직면할 용기가 있었고, 두려움 속에서 고립되어 혼자가 아니란 걸 알게 되었을 때 숨을 내쉴 수 있었군요." 이런 식으로 참여자들과 공명하며 울림이 느껴지는 순간에 주의를 기울인다면 참여자들의 마음챙김 자기연민 자원을 강화하고 구축할 수 있을 것이다.

때로는 경험에서 드러나는 가장 뚜렷한 특징이 마음챙김과 자기연민 자원 자체가 아닌 용기, 결단력, 호기심, 유머 감각, 자신감, 겸손함, 감수성 같은 마음챙김과 자기연민을 지지하는 **강점**일 수 있다. 이러한 특질을 알아차리게 하는 것은 감탄의 울림이며 지도자는 탐구 과정에서 여기에도 이름을 붙여 줄 수 있다. 지도자가 진정으로 참여자들을 좋아하고 그들의 좋은 점을 보고자 할 때 감탄과 탄성이 울릴 가능성이 더 커질 것이다.

현재 진행형 문제인 경우

참여자가 어려움을 이야기할 때는 지도자 자신의 몸에서 느껴지는 공감적 불편감에 대해 언급하며 체화된 자각을 수행할 수 있다. 예를 들어, 어떤 참여자가 가족의 죽음에 대해 언급할 때는 슬픔을, 제대로 실습을 못한 것에 대해 언급할 때는 수치심을 표현해 볼 수 있을 것이다. 이러한 울림을 알아차리고 부드럽게 공유할 때 지도자는 참여자들의 경험을 수인하며 참여자가 해당 수행을 더 쉽게 이해하도록 도울 수 있다.

우리는 울림으로부터 말할 때 지도자로서 가진 우리의 호기심을 신뢰하며 정중하게 질문을 던지게 된다. 참여자들은 자신의 경험이 깊어질 때 질문받기를 좋아한다. 그러나 우리의 반응이 정확한 것인지 겸손하게 확인하는 것이 중요하다. "당신이 삼촌이 돌아가신 것에 대해 이야기했을 때, 여전히 비통함이 남아 있다고 느껴졌어요. 그런가요?"라는 물음을 예로 들 수 있다. 이때 필요하다면 참여자는 다음과 같이 오해를 바로잡을 수 있을 것이다. "저는 실제로는 비통함을 많이 느끼진 않았어요. 오히려 삼촌이 더는 고통받지 않게 되어 마음이 놓였어요." 어디서부터 시작해야 할지 확신이 들지 않는다면 참여자에게 "수행이나 실습에서 특별히 두드러지게 경험한 것이 있나요?" "수행의 어떤 부분에서 그런 경험이 떠올랐나요?"라고 질문해 볼 수도 있다.

어떤 참여자는 혼자서 감당할 수 없다고 느끼는 진행 중인 문제를 논의하기를 바라기도 한다. 이는 지도자의 현존이 특히 도움이 되는 상황으로, 지도자는 참여자의 느낌을 담아내는 그릇 역할을 하게 된다. 참여자가 처한 곤경에 지도자가 진정으로 감응하여 참여자가 지도자의 연민을 느끼게 된다면, 탐구 도중부터 곧바로 참여자는 문제를 다르게 경험하기 시작할 것이다. 이것이 바로 관계 속에서 자기연민을 지도하는 방법이다.

참여자가 알아차리기 전에 지도자가 참여자의 경험을 느낄 때도 있다. 한 여성 참여자가 자신의 외상성 유산에 대한 경험을 무미건조하게 풀어내는 동안 지도자와 다른 참여자 몇몇의 눈에는 눈물이 차오르는 순간을 예로 들어 볼 수 있을 것이다. 열린 마음에서 비롯된 다른 이들의 반응은 참여자가 자신의 슬픔에 열리게 했고, 그 순간부터 참여자가 외상과 맺고 있던 관계가 바뀌기 시작했다.

마치 문제에 대해 해야 할 일을 찾아내듯이 정서적 공명이 누락된 채 자원 구축 단계로 들어가게 되는 함정을 주의해야 한다. 지도자가 자신의 이야기를 듣지 않는다고 참여자가 느끼게 된다면, 지도자가 아무리 좋은 의도로 자원을 구축하고자 노력해도 참여자는 저항할 것이다. 어떤 경우에는 진실로 참여자가 말하고자 하는 것을 듣고 참여자의 고통을 공감적으로 느끼지만, 무의식적으로 지도자 자신의 고통을 없애기 위해 자원 구축으로 넘어가 버릴 수도 있다. 예를 들어, 참여자가 눈물을 흘리며 강렬한 슬픔을 드러내자마자 지도자가 "가슴에 손을 얹어 보시겠어요?"라고 제안한다면 참여자는 슬픔을 달갑지 않은 것으로 느끼게 될 것이다. 최적의 과정은 지도자가 참여자와 공명하며 애정 어린 자각으로 고통을 받아들이고, 참여자와 함께 그 고통을 수인한 다음 무엇이 가장 도움이 될지 협력적으로 탐색하는 것이다. 구체적인 제안보다 "지금 당신에게 필요한 것이 있을까요?" 같은 개방형 질문이 참여자가 자신의 고통이 수용된다고 느끼는 동시에 고통을 수용할 수 있는 자원을 떠올리는 데 도움이 될 것이다.

반대로 참여자의 고통에 너무 강렬하게 공명하여 자원 구축을 잊어버리는 경우도 발생한다. 지도자는 오직 자원 구축을 위해서만 고통에 접촉해야 한다. 참여자가 불안을 느낄 때 호흡으로 진정시키거나 수치심에 빠져 있을 때 보편적 인간경험에 집중하게 하는 것 같은 연민 어린 반응을 하기 전, 그저 힘겨운 감정에 이름을 붙이거나 감정이 몸 어디에서 느껴지는지 확인하는 정도면 충분하다.

탐구에 참여하는 것 자체가 자기연민의 실천일 수도 있다. 당혹스러운 무언가에 대한 침묵을 깨기 위해 소리 내어 말하는 참여자를 예로 들 수 있다. 아울러 교실에서 고립감을 느끼는 참여자는 소속감을 느끼고자 탐구에 참여할 수도 있을 것이다. 그러므로 지도자는 탐구에서 참여자에게 반응하는 동안 탐구에 참여하는 지금 여기에서의 경험 또한 자원 구축 과정임을 기억해야 한다.

참여 북돋기

수행을 마치고 나서 참여자 중 최소한 한두 명은 기꺼이 탐구에 참여하지만, 자원해서 말하는 사람이 한 명도 없을 때도 있을 것이다. 이런 어색할지도 모를 상황은 모든 사람이 안전하다고 느끼기 전인 MSC 초반 회기나 참여자들이 특히 피로한 날 회기 막바지에 진행하는 수행에서 발생할 가능성이 크다. 아울러 규모가 큰 집단(20명 이상)이나 사생활을 중시하는 문화권에서 진행되는 상황에서도 참여자들의 자발적 참여가 줄어들곤 한다.

참여자들이 명상에 몰입했던 상태로부터 탐구 과정으로 옮겨 올 수 있도록 안주와 반영의 시간이 필요하다. 이 시간 동안 참여자들은 경험에 대해 생각하며 자신의 언어로 경험을 표현할 말을 찾고 탐구에서 소리 내어 이야기할 준비를 한다. 이때 지도자가 참을성 있게 기다려 준다면 참여자들의 사려 깊은 표현으로 보상받게 될 것이다. 탐구 과정을 구체적인 질문으로 시작하는 것도 참여를 북돋는 데 도움이 된다. 예를 들어, '이번 명상을 하는 동안 연민 어린 친구로부터 특별한 선물을 받았나요?'처럼 수행의 한 부분에 대해 질문할 수 있다. 다른 구체적인 질문으로는 '수행 중 도전이 되는 경험을 하신 분?' '이번 수행에서 특별히 좋았던 점이 있나요? 있다면 어떤 점이었나요?' '[특정 느낌]을 느꼈던 분은 손을 들어 주세요. 어떠셨나요?' '이번 실습에서의 경험을 한 단어로 공유해 주실 분 있으신가요?' 등이 있다.

이야기할 참여자가 아무도 없을 때 지도자 자신에게 불안과 괴로움이 나타나지는 않는지 주의 깊게 살펴야 한다. 지도자가 위협받는 상태로 옮겨 가면 참여자들에게 말을 하라는 미묘한 압박을 주게 되고, 모든 이들이 탐구 과정을 불필요한 스트레스를 받는 시간으로 여기게 되기 때문이다. 이럴 때는 탐구를 건너뛰고 다음 부분으로 넘어가는 것이 오히려 낫다.

탐구 정착시키기

MSC 프로그램 첫 회기에서 참여자들은 MSC 회기 중에는 가능한 한 수행 위주의 내용을 이야기하도록 안내받는다. 달리 말하자면, 참여자들에게 수행에서의 **직접경험**을 나누게 한다. 그러나 수행에 초점이 맞춰진 상태를 유지하기란 쉽지 않다. 자기연민이 정서를 활성화시키며 참여자들을 몸에서 머리로 몰고 갈 수 있기 때문이다. 참여자가 탐구 동안 지식으로 무장해야 한다고 느끼거나 개인적인 이야기를 해서 지도자가 다시 수행 위주로 대화를 돌리고자 할 때, 참여자가 내쳐진다고 느끼거나 자신이 잘못했다고 느끼지 않으면서 방향을 수정하도록 안내해야 한다. 이때 다음과 같은 접근방식이 도움이 된다.

- **탐구 과정** 자체에서 경험하는 신체 감각에 대해 질문하라(예: '지금 당신의 몸에서 슬픔을 느낄 수 있나요?').
- 수행 자체에서 경험한 감각이나 감정을 떠올려 보도록 요청하라(예: '그 감각들이 실습 도중에도 나타났나요?').
- 수행 중 **정확히 어느 지점**에서 참여자가 벗어나게 되었는지 질문하라(예: '다른 이들을 위해 연민을 내쉬기 시작했던 그 순간이었나요?').
- 실습 또는 수행의 의도를 염두에 두고, 참여자의 주의가 그 의도로 좁혀지게 하라(예: '사랑하는 사람을 떠올릴 때 당신의 자각을 따뜻하게 데울 수 있었나요?').
- 실습 또는 수행에서 배운 기술에 다시 초점을 맞추게 하라(예: '당신에게 의미 있는 문구를 찾을 수 있었나요?').

이런 방식으로 탐구를 정착시킨다면 프로그램에 담긴 경험적 요소의 학습 잠재력을 극대화할 수 있을 것이다.

어떤 참여자들은 타고나기를 내향형이 아니기도 하고, 직접 경험하기보다는 무슨 일이 일어나는지 생각하려는 경향이 있어 매 순간 수행에서의 경험을 상대적으로 적게 추적할 수도 있다. 지도자들은 이런 참여자들로 인해 탐구에서 좌절감을 느끼며, 다른 참여자들에게 안 좋은 예시가 되진 않을까 걱정한다. 그렇더라도 지도자는 참여자들이 자신들의 방식으로 표현할 수 있는 여지를 주며 참여자들이 직접 경험으로 조금씩 방향을 전환하도록 안내해야 한다.

탐구 마치기

지도자가 몸에서 편안함을 느끼거나 더 할 말이 없다는 느낌이 들면 탐구를 마칠 때가 된 것이다. 참여자의 탐구가 마무리되었는지 확신이 없을 때는 '지금 기분은 어떤가요?'라고 간단히 물으면 된다. 한 차례의 탐구에는 일반적으로 2~3분이 소요되지만, 참여자가 통찰을 공유하며 다루어야 할 문제가 없는 경우에는 1분 이하로 끝나기도 한다. 5분 정도 지속하는 탐구는 드물며, 이런 경우 참여자를 과도하게 노출시킬 위험과 집단의 관심이 저하될 우려가 있다. 만약 참여자에게 탐구 시간이 5분 이상 필요한 개인적인 문제가 있는 것으로 보인다면, 휴식 시간이나 회기를 마친 후에 대화하기를 제안하거나 공동 지도자가 참여자를 데리고 교실 밖으로 나갈 수 있다.

탐구가 늘어지는 데는 지도자에게도 일부 책임이 있다. 지도자가 참여자의 고통을 느끼고 그 고통이 해소될 때까지 대화를 이어 가려 하는 상황을 예로 들 수 있다. 지도자 자신이 좋은 일을 하고 있다고 느끼고 싶어서 탐구를 연장할 때도 있다. 어떤 지도자들은 실제로 할 말이 남지 않았을 때도 적절한 탐구를 위해서 말을 계속해야 한다고 생각한다. 지도자 자신이 너무 많이 말하고 있는 걸 알게 되었을 때는 '나는 왜 말하고 있는가(Why Am I Talking)?'의 약자 WAIT를 적용해 보기를 권한다. 무엇이든 과함은 부족함보다 못하다.

때로는 참여자들이 자연스러운 마무리를 넘어 탐구를 확장하려 시도한다. 여기에는 참여자가 관심을 즐기고 있거나, 기분이 나아지려 애쓰고 있거나, 더 깊은 이해를 바라는 등 다양한 이유가 존재한다. 지도자는 너무 많이 말하는 참여자를 중단시키기를 주저하지 말아야 한다. 참여자가 하는 말을 더 깊이 이해하려는 분명한 의도를 가지고, 참여자를 조용하게 만들기보다 돌봄의 태도를 표현하고자 한다면 특히 그러해야 할 것이다. 자신의 언급에 담긴 정서적 핵심에 다가가기 위해 지도자가 질문하며 끼어들 때(예: '한 가지 질문해도 될까요? 분노가 슬픔을 감추고 있는 걸 실제로 느낄 수 있었다는 말씀이신가요?'), 참여자는 더 깊은 이해에 도달하게 하는 이러한 끼어듦을 대개 반가워한다. 나머지 집단구성원 또한 이러한 지도자의 행동을 대체로 환영한다.

공동 탐구

일반적으로 수행을 이끌었던 지도자가 탐구 과정도 진행한다. 탐구를 마친 다음 중요한 부분을 지나친 것을 공동 지도자가 감지했다면, 공동 지도자는 탐구를 진행한 지도자에게 양해를 구하고 발언권을 얻을 수 있다. 공동 지도자는 해당 주제의 중요성과 탐구를 이끌던 지도자가 권한을 넘길 때 느낄 기분 사이에서 균형을 잡아야 한다. 아울러 참여자들이 지나치게 긴 탐구 과정과 두 지도자의 관심에 과도하게 노출되지 않도록 해야 한다. 탐구 동안 서로의 경계를 존중하면 프로그램에서 존중의 규범을 세우는 데도 도움이 될 것이다.

마음의 방향 바꾸기

두말할 것도 없이 모든 참여자와 모든 순간 공명하는 지도자란 존재하지 않는다. 다양한 이유로 지도자로서 참여자들과 공명하기 어려운 순간이 우리에게 찾아온다(실제로 우리가 참여자들을 잘 모르거나, 참여자가 자신이 말하고자 하는 바를 헛갈려 하거나, 우리가 정서적으로 위협받거나 소진되거나 등등). 이러한 상황은 지극히 정상이며 우리가 모두 인간이기에 일어나는 현상이다.

우리 자신의 정서적 방아쇠를 미리 알고 있으면 공명으로 되돌아가기가 더 수월할 것이다. 참여자의 하품, 지식 측면에서의 위축, 집단구성원의 무시, 참여자의 괴로움을 완화할 수 없는 상황 등이 방아쇠로 작용하곤 한다.

또 다른 방아쇠로는 수치심을 경험하는 순간이 있다. 좋은 지도자가 되기를 진심으로 바라는 우리는 과업에 실패했다고 느낄 때 수치심을 경험하게 된다. 당신은 자신의 몸에서 수치심을 어떻게 느끼는지 알고 있는가? 수치심이 일어날 때 그것을 인식할 수 있는가? 이를 지도 경험의 일부로 이해하며 자기 자신에게 친절할 수 있는가? 수치심을 인식하면 내면의 여유 공간이 마련되어 참여자들에게 수치심을 되돌려주려는 시도를 막을 수 있다. 아울러 다른 이들의 경험과 공명하는 데 가장 큰 걸림돌을 없애게 된다.

탐구 과정에서 참여자들과 연결이 끊어진 이유가 무엇이든 다시 연결되는 첫 단계는 우리가 길을 잃었다는 것을 알아차리고 인정하는 것이다. 우리의 호흡이 연결로 되돌아오는 데 도움이 된다. 예를 들어, 우리 자신을 위해 들이쉬며 우리의 주의와 연민이 내면을 향하게 한 다음, 참여자들을 위해 내쉬며 우리의 주의와 연민이 참여자에게 흘러가게 한다(14장의 연민 어린 경청에 대한 논의를 참조). 이를 몇 차례 반복하며 연결이 복원되면 체화된 경청으로 돌아갈 수 있다.

우리가 탐구 과정에서 길을 잃었을 때, 우리 자신에게 다음과 같은 간단한 질문을 던지며 스스로 방향을 되돌릴 수 있다. '참여자에게 가장 두드러지고 생생한 경험은 무엇인가?' 참여자가 어려움을 겪는 게 분명하다면 던져야 할 질문은 '그 고통이 어디에 있는가?'이다. 예를 들어, 수행 중에 참여자가 졸다 깨어 심란해한다면 다음과 같이 질문할 수 있다. '졸았다는 것을 알아차렸을 때 어떤 느낌이 들었나요? 괜찮았나요, 아니면 어떤 판단을 했나요?' 달리 말하자면 때로는 수행 자체에서 고통이 경험되기도 하고, 때로는 참여자가 수행에 접근하는 방식에서 고통이 발생하기도 한다. 고통의 근원이 무엇이든, 지도자로서 우리의 임무는 먼저 친절과 이해로 참여자의 고통을 인식하고 받아들인 다음, 참여자에게도 이렇게 하는 방법을 지도하는 것이다.

겸손하고 열린 마음으로 참여자들과 함께 배워 간다는 자세가 탐구를 진행하는 가장 안전한 방식이다. MSC 참여자들은 우리가 그들을 돌보려 하고 그들로부터 배우고자 한다는 것을 알 때 우리에게 매우 관대해진다. 그저 인간답게 존재하는 것이 자기연민의 길을 걷는 다른 이들을 위해 우리가 준비할 수 있는 가장 좋은 본보기일 것이다.

이것만은 기억합시다

- 탐구란 MSC 프로그램에서 함양하려는 자기 대 자기의 마음챙김 자기연민 대화를 자기 대 타인의 대화로 반영하는 과정이다.
- 탐구에서의 3R이란 완전한 수용, 공명, 자원 구축을 일컫는다.
- 완전한 수용이란 참여자들과 그들의 경험을 있는 그대로 받아들이는 것이며, 또한 참여자들의 욕구와 역량을 존중하는 것을 의미한다.
- 공명은 참여자들이 '느낌으로 아는' 애정 어린 연결된 현존 상태이다. 탐구의 90%는 공명이라 할 수 있다.
- 자원 구축은 탐구 과정이 마음챙김과 자기연민의 기술을 확인하고, 활성화하며, 강화하고, 구축하는 시간임을 의미한다. 자원은 참여자들을 고치려 들거나 바꾸려 하기보다는 협력적으로 발견해 나가는 과정을 통해 구축된다.
- 탐구 시간에 참여자들은 자신의 경험을 나누거나 발생한 문제에 대한 해결책을 얻고자 이야기를 꺼낸다. 두 경우 모두 지도자는 체화된 태도로 참여자의 이야기에서 가장 두드러지고 생생한 부분이 무엇인지 경청해야 한다.
- 참여자들이 수행에 기반을 둔 이야기가 아닌 내용으로 벗어나는 경우, 신체 감각에 초점을 맞추게 하거나 실습 동안 일어난 일을 언급하며 실습으로 되돌아오게 할 수 있다.
- 탐구에서의 대화를 더욱 심층적인 이해로 이끌 수 있다면 참여자들의 이야기를 방해하는 것을 부끄러워하면 안 된다. 전형적인 탐구는 2~3분가량 진행되며 지도자와 참여자가 마쳤다는 느낌을 받으면 마무리한다.
- 탐구 동안 지도자가 참여자들과 공명할 수 없거나 참여자들의 괴로움을 이해하기 못하는 경우가 빈번히 발생한다. 겸손하고 협력적인 태도가 탐구에서 지도자가 유지해야 할 가장 안전하고 유익한 자세이다.
- 지도자가 연민으로 고통을 포용하는 방법을 참여자들이 모델링하게 돕는 것이 탐구의 목적이다. 때로는 수행 중 내면으로 향하는 여정에서 고통이 일어나기도 하며, 때로는 참여자가 수행 자체와 맺는 관계에서 고통이 일어나기도 한다(애쓰기, 졸기). 둘 모두 탐구에서 유효한 주제이다.

제3부

회기별 지도

제자를 당신과 같은 상태와 명제로 데려오기 전까지는 가르침이란 존재하지 않는다. 수혈이 일어나 제자가 당신이 되고, 당신이 제자가 된다. 그것이 가르침이다. 그렇게 되면 어떤 불친절한 기회나 나쁜 동료도 당신의 제자가 가르침으로부터 얻은 혜택을 완전히 잃게 할 수 없을 것이다.

–랠프 월도 에머슨(Ralph Waldo Emerson, 1841/1883, p. 35)

이어지는 장들에서는 MSC 각 8회기와 반나절 안거에 대한 자세한 설명이 담겨 있다. 또한 자기연민의 원칙과 수행을 자신의 전문 활동(예: 상담, 코칭, 교육, 의료, 사업)에 통합하고자 하는 독자를 위한 자원이자 MSC 지도자를 위한 참고 자료로 사용할 수 있는 연구, 인용구, 시, 영상 같은 내용도 상세히 실려 있다. 우리의 목적은 MSC 지도자에게 감당 못할 부담을 주려는 것이 아닌 지도를 위한 견고한 플랫폼을 제공하는 것이다. 이미 언급하였듯이 자기연민을 지도할 때에는 내용만큼이나 연결이 중요하고, 얼마나 많이 가르치느냐만큼 어떻게 가르치는지 또한 핵심이다. 이상적이라면 참여자는 다정하고 연결된 현존인 모든 MSC 수업에서 자기연민의 따뜻함과 편안함을 경험하게 될 것이며, 지도자의 고유한 목소리로 자기연민에 대해 듣게 될 것이다.

3부 속 일부 자료는 이전 장에서 이미 제시된 바 있지만 이러한 요점들이 커리큘럼 안에서 어떻게 짜임새 있게 구성되는지 보여 주기 위해 다시 언급될 것이다. 다음 장에서부터 각 MSC 회기의 구성요소는 다음 표에 제시된 상자 속 아이콘으로 식별할 수 있다.

어떤 독자는 역량 영역(2부)을 검토하고 이 책에 담긴 각 회기에 관한 자세한 설명(3부)을 읽고 나면 MSC를 지도할 준비가 되었다고 느낄지도 모른다. 특히 노련한 마음챙김 지도자나 경험 많은 심리치료자가 그러할 것이다. 실제로 MSC는 마음챙김 훈련이나 심리치료와 상당 부분 공통점을 가지고 있지만, MSC만의 고유한 특성 또한 존재하므로 대면 지도자 훈련과 MSC를 적절히 이해하고 참여자들에게 전달하기 위한 수행이 필요하다.

	MSC 구성요소
	명상 회기는 대개 공식 명상으로 시작되고, 이어서 탐구가 진행된다.
	수행 토의 참여자들에게 지난 과제 수행에 대한 토의를 요청한다.
	오늘의 회기 참여자들에게 해당 회기에서 배울 내용에 대한 예비 교육(오리엔테이션)을 시행한다.
	주제 각 주제에서는 이후 수행이나 실습에 대한 개념 지도를 제시한다.

일상 수행
일상 수행은 평소 생활에 통합해 볼 수 있는 간단한 수행이다.

휴식
모든 회기에는 15분가량 휴식 시간이 주어진다.

연착륙 명상
연착륙 명상은 휴식이 끝난 후 참여자들이 현재 순간으로 부드럽게 정착할 수 있도록 인도한다.

실습
실습은 핵심 개념을 설명하고자 고안된 교실 활동이다.

과제 수행
참여자들이 회기에서 배운 실습을 상기하며 주중에도 수행할 수 있도록 권장한다.

마무리
각 회기는 간단한 집단 활동으로 마무리된다.

이어지는 장들의 내용이 MSC 지도의 묘미와 복잡성을 전달하고, 독자들이 MSC 프로그램을 지도해 보고픈 마음이 들 때 정식 지도자 훈련을 찾아갈 수 있도록 영감을 주길 바란다.

정식 지도자 훈련에서는 전문 교재인 이 책의 내용을 보강하고 지도 경험을 더욱 원활하고 손쉽게 해 줄 유용한 강의 자료(지도자용 핸드북, 회기 안내 지침, 유인물, 양식 등)를 제공한다. 아울러 지도자 훈련 프로그램 이수자는 전 세계 MSC 지도자 공동체의 일원이 될 뿐만 아니라 온라인 자원과 보수 교육을 통해 자신의 지도 기술을 더욱 증진할 수도 있다.

제10장

1회기

마음챙김 자기연민 발견하기

개요

주제: 환영

실습: 왜 내가 여기에 있는가?

주제: 프로그램 세부사항

주제: MSC 접근방법

실습: 규칙 안내

휴식

연착륙 명상

실습: 나는 친구를 어떻게 대하는가?

주제: 자기연민이란 무엇인가?

실습(선택): 자기연민 손동작

주제: 자기연민에 관한 오해

주제(선택): 자기연민에 관한 연구

일상 수행: 위로의 손길

일상 수행: 자기연민 브레이크

과제 수행

마무리

시작하기

- 이번 회기 목표
  - 서로를 소개하고, MSC 프로그램에 대한 오리엔테이션을 받는다.
  - 자기연민과 자기연민이 아닌 것을 이해한다.
  - 자기연민과 안녕감의 연관성을 과학적 · 경험적으로 탐색한다.

- 왜 지금인가?
  - 수행의 여정을 시작하기 전 자기연민에 관한 개념 기반을 다진다.

- 새로운 수행
  - 위로의 손길
  - 자기연민 브레이크

1회기 및 2회기 지도 유의사항

MSC 회기별 권장 시간은 2시간 45분이지만, 1회기의 경우 3시간으로 계획해야 할 수도 있다. 1회기와 2회기 모두 프로그램 전반에 관한 기초 개념을 전달하는 시간으로 이어지는 회기들보다 더 많은 교육 내용을 포함하고 있기 때문이다.

1회기에서는 **자기연민**이라는 주제를 소개하고, 2회기에서는 **마음챙김**의 토대를 마련한다. 1회기 전반부는 참여자들을 환영하고, 참여자들이 서로 알아 갈 수 있도록 돕는 시간이다. 이러한 대화는 교실에서의 안전함과 연결감을 확립하는 데 필수이다. 1회기 후반부에서는 참여자들이 자기연민의 의미와 수행에 익숙해지게 한다.

지도자들은 1회기와 2회기에 지도할 내용의 우선순위를 신중히 결정해야 한다. 특히 1회기의 경우 이론적 · 과학적 자료가 풍부하여 선택지가 매우 다양하다. 일반적으로 회기의 경험 요소(명상, 실습, 일상 수행)가 교육 자료보다 더 중요하므로 회기에 있는 수행 모두를 지도하는 데 먼저 초점을 맞추어야 할 것이다. 상당수의 초심 지도자들은 1회기를 여유롭고 상호작용하는 방식으로 지도하기 어려워한다. 이럴 때는 다음 두 방안 중 하나를 고려해 볼 수 있다.

1. 오리엔테이션 회기 진행하기: 5장에서 언급하였듯이 8주 과정이 시작되기 전 예비 참여자들에게 오리엔테이션 회기를 별도로 제공할 수 있다. 이때 1회기의 교육 자료(자기연민의 구성요소, 자기연민이 받는 오해, 자기연민에 관한 연구) 일부를 제시하면 이후 본 과정에서는 반복하여 다루지 않아도 된다.
2. 회기 밖에서 읽을거리 제공하기: 1회기를 전후하여 참여자들에게 관련 자료를 제공할 수도 있다. 예를 들어, 네프(Neff, 2015)의 논문 「The 5 Myths of Self-Compassion」이나 학술지 『Scientific American Mind』에 실린 〈The Self-Compassion Solution〉(Krakovsky, 2017)을 1회기 전에 배포하고, 본 회기에서는 경험 요소에 더욱 집중하여 진행하는 방식을 택할 수 있다. 추가로 『나를 사랑하기로 했습니다: 마음챙김 자기연민 워크북(The Mindful Self-Compassion Workbook)』(Neff & Germer, 2018) 이 책의 내용(부록 B), 기타 서적 및 온라인 자료(부록 C)에서 자료를 선택하여 제공할 수도 있다.

환영
(15분)

프로그램 과정은 몇 분에 걸친 일상적이고 환영하는 대화로 시작된다. 이어서 지도자들은 참여자들이 마음챙김과 자기연민을 가볍게 경험해 볼 수 있는 짧은 명상으로 안내한다. 이러한 안내 방식은 지도자들이 즉흥적으로 고안할 수 있으며, 다음은 여기에 관한 몇 가지 예시이다.

- 지금, 우리는 몸으로 현존하고 있습니다. 다음 명상이 우리의 가슴과 마음도 현재 순간으로 가져오도록 도울 것입니다.
- 여러분이 좋아하는 방식으로 편안하게 앉습니다. 그리고 눈을 부분적으로 또는 완전히 감습니다.

- 방 안의 소리를 그저 단순하게 들어 봅니다. 소리 한가운데 앉아서 소리들이 오고 가도록 내버려 둡니다.
- 이제 마음의 눈으로 방 안에 있는 여러분 자신의 몸을 발견합니다. 아마 이 방에 있는 자신을 반갑게 맞이할 수도 있고, 내면의 미소로 자신에게 인사할 수도 있습니다.
- 마치 사랑하는 친구를 바라보듯 여러분 자신을 바라봅니다.
- 이제 여러분의 자각을 몸으로 가져와 여러분의 몸에서 오고 가는 그 감각을 알아차려 봅니다. 즐거운 감각인지 (간격), 즐겁지 않은 감각인지 (간격), 또는 중립적인 감각인지 알아차려 봅니다. (간격).
- 거기에 어떤 즐거운 감각들이 있나요? (간격) 만일 있다면, 잠시 시간을 가지고 즐거운 감각에 감사하고 음미할 수 있나요?
- 거기에 어떤 즐겁지 않은 감각들이 있나요? (간격) 만일 있다면, 그 감각들을 위해 약간의 공간을 마련하고, 지금 한 순간만이라도 그들이 그곳에 있도록 허용할 수 있나요?
- 여러분은 혼자가 아니라는 사실을 기억합니다. 즐겁지 않고 불편한 것은 인간 조건의 일부입니다.
- 그리고 그곳에 불편함이 있다면 가슴을 조금이라도 부드러워지게 할 수 있는지 봅니다. 왜냐하면 그냥 불편하니까요.
- 또는 약간의 격려하는 말을 여러분 자신에게 제공할 수도 있습니다. '괜찮아, 넌 할 수 있어.' 같은 말들을요.
- 그리고 마지막으로, 여러분을 오늘 이 자리에 오게 한 노력과 선한 의도에 감사를 표현해 봅니다. 여러분은 이미 연민 또는 자기연민을 실천한 것입니다.
- 부드럽게 눈을 뜹니다.

이어서 지도자들은 이 짧은 명상에 자기연민의 세 요소, 즉 마음챙김(우리가 경험하고 있는 것에 여유로운 주의 기울이기), 보편적 인간경험(우리가 혼자가 아니라는 것을 기억하기), 자기친절(우리 자신에게 따뜻함과 격려 제공하기)이 모두 담겨 있다고 언급한다. 참여자들이 시작하게 될 MSC 과정은 마음챙김과 자기연민을 머릿속 개념으로부터 삶에서 느끼는 경험으로 옮겨 가게 하고, 이 경험이 일상에 스며들게 하며, 일상에서 마음챙김과 자기연민을 불러일으키는 도구들을 제공하기 위해 고안된 것이다.

이제 지도자는 집단구성원 간 연결감을 형성하는 과정으로 들어간다. 다음과 같은 질문을 던지며 전반적인 조사를 진행할 수 있다.

- 명상이 처음이신 분이 있으신가요?
- 어느 정도 명상을 경험해 보신 분은 몇 분인가요?
- 규칙적으로 명상을 하시는 분?
- 규칙적으로 수행하기를 원하시는 분은 몇 분인가요?
- 자애 명상이나 연민 명상을 하고 있으신 분?
- 기도처럼 종교적인 수행을 하시는 분?
- 현재 하고 있는 자신의 일에 자기연민을 통합시키기를 희망하는 분? 어떤 종류의 일인가요?
- 만약 전문가들이 MSC 과정에 참여한 주목적이 그들의 일이라고 한다면, 이 과정을 먼저 자신의 삶에서 마음챙김 자기연민을 경험할 기회로 삼으며 다른 사람들에게 자기연민을 가르치는 토대로서 과정에 접근하도록 부드럽게 제안한다. 이후 지도자들은 참여자들에게 각자의 이름과 거주지로 인사하게 하고, (집단 규모에 따라) MSC 프로그램에 관심을 갖게 된 이유를 간단히 나누게 할 수도 있다.

왜 내가 여기에 있는가
(25분)

이제 참여자들이 이 과정에 참여하는 목적과 의도에 집중하도록 돕는다. 눈을 감고 다음 두 가지 질문을 깊이 비추어 보도록 요청한다.

- 왜 내가 여기에 있는가? (간격)
- '진짜 왜 내가 여기에 있는가?' (간격) 양파껍질을 벗기듯 좀 더 깊이 무언가를 발견할 수 있는지 봅니다. '왜 지금, 내 인생의 이 특별한 과정에서, 이 특별한

시기에…… 진짜 왜 내가 여기에 있는가?' (간격)

두 번째 질문이 던져지면 보통 몇 사람이 빙그레 웃곤 한다.

각 참여자의 의도를 강화하고 집단구성원을 연결하는 과정을 시작하기 위해, 실습 후 3명씩 소집단을 만들어 서로 소개하고 과정에 참여한 이유를 안전하고 편안한 수준에서 나누도록 요청한다. 첫 번째 질문(왜 내가 여기에 있는가?)에 대한 답으로는 '자기연민을 배우려고' '아내/남편/배우자가 권해서' '사는 게 엉망이라'는 이야기가 나올 수 있다. 두 번째 질문인 왜 진짜 이 프로그램에 왔는지에 대한 응답으로는 '자기비판이 심해서' '자기연민이 나를 더 행복하게 해 줄 것 같아서' '화가 많은데 이 프로그램이 도움이 될 것 같아서' 같은 이야기가 나온다. 종료를 알리는 종을 6~8분 후에 울리고, 앞으로도 상호작용할 기회가 많다고 알려 주며 지도자들 또한 집단구성원들과 개인적으로 연결되기를 바란다고 덧붙인다.

다음으로, 지도자(들)를 자기연민으로 데려온 것은 무엇이었는지, 특히 자신이 왜 자기연민 수행과 지도에 열정적인지를 보여 주는 개인적인 이야기 몇 가지를 나눈다. 만약 집단에 신뢰감을 심어 주는 데 도움이 된다면 지도자의 전문 자격이나 지도 경험을 나누는 것을 부끄러워하지 말아야 한다.

프로그램 세부사항
(5분)

원활한 과정 진행을 위한 다음 세부사항들을 참여자들에게 전달한다.

- 스케줄: 참여자들과 함께 과정 스케줄을 살펴본다. 회기마다 중간에 휴식시간을 갖지만, 언제라도 화장실 사용이 가능하다는 것을 알린다.
- 이름표: 이름을 알면 더 쉽게 서로 연결된다. 비교적 큰 집단에서는 전체 과정 동안 참여자들에게 이름표를 부착하도록 요청한다.
- 좌석: 과정이 진행됨에 따라 괜찮다면 가끔 자리를 바꿔 보도록 요청한다. 자리를 옮기면 새로운 사람을 만날 기회가 생기고, 때로는 다른 관점을 갖게 되기도

한다.

- 워크북: 참가자들은 『나를 사랑하기로 했습니다: 마음챙김 자기연민 워크북』(Neff & Germer, 2018)을 사용하며 MSC 과정의 주제와 실습을 따라올 수 있다. 대개 프로그램 과정에서 지도자가 참여자들과 함께 살펴보는 자료로 활용된다.
- 녹음 자료: 이상적으로는 MSC 지도자 자신의 목소리로 MSC 명상 녹음 자료를 만들어 참여자들과 공유하기를 권한다. 또는 이 책 홈페이지에 게시된 세 가지 핵심 명상 및 다른 MSC 실습 녹음 자료를 재생하거나 내려받을 수도 있다(책 뒷부분 참조). 『나를 사랑하기로 했습니다: 마음챙김 자기연민 워크북』에도 녹음 자료가 수록된 웹사이트가 소개되어 있다.
- 연구: 크리스틴 네프(Kristin Neff)의 홈페이지(https://self-compassion.org)에 자기연민 연구 전반에 관한 목록이 있다.
- 주간 피드백: 일상 속 수행에 관한 주간 피드백 용지를 참여자들에게 제공하고 각 회기마다 가져오도록 요청한다. 피드백 제출은 수행에 대해 숙고하며 지도자와 소통할 기회가 된다.
- 지도자 면담: 필요한 경우 지도자들과 연락할 방법에 대해 알려 준다. 공동 지도자가 있는 경우, 한 지도자와 공유한 내용은 특별히 비밀보장을 요구하지 않는 한 다른 지도자와 공유될 수도 있다는 것을 알린다.
- 필기: 대부분의 회기에 필기구를 사용하는 실습이 포함되어 있으므로 참가자들에게 필기구를 지참하게 한다. 어떤 참여자들은 프로그램 과정 중에도 자신의 경험을 기록하고자 할 수도 있다.
- 녹음: 안전하고 비밀이 보장되는 학습 환경 조성을 위해 회기 중에 녹음은 자제하게 한다. 특별한 경우에는 지도자의 음성만 녹음하도록 허락할 수 있다.
- 이메일 연락처: 대부분의 지도자는 회기 사이에 이메일로 참여자들과 소통한다(예: 지도 내용 요약, 과제 수행 격려, 시 전송, 개인 일화 공유). 참여자들 중 이메일 목록에 포함되는 것을 원하지 않는 사람이 있다면 회기 후 지도자에게 알리게 한다.

MSC 접근방법
(25분)

우리는 다음 오리엔테이션이 MSC 프로그램을 안전하고, 효과적이며, 즐겁게 하는 데 도움이 된다는 것을 발견하였다. 다음 내용은 이끌어 내는 질문과 토론으로 가능한 한 상호작용이 되도록 전달해야 한다.

MSC는 모험이다

지도자들은 "MSC는 여행 이상의 모험입니다. 여행과 모험의 차이는 무엇일까요?"라는 개방형 질문으로 시작할 수 있다. 모험은 우리를 미지의 영역으로 데려가며, 우리는 그곳에서 예상치 못한 장애물과 마주치곤 한다. 그러한 장애물을 발견하고 극복하는 과정은 여행이라기보다는 모험에 가깝다. 그러므로 MSC는 내면의 모험이다.

참여자들은 MSC 과정 동안 일어나는 모든 것에 대해 실험실의 과학자처럼 호기심을 갖고 살펴보아야 한다. 다양한 요소(새로운 태도, 생각, 말, 심상, 감각 등)가 참여자 자신의 경험 실험실에 등장할 것이며, 훌륭한 과학자가 되어 무슨 일이 일어나는지 탐구하도록 격려받을 것이다. 지도자들은 "훌륭한 과학자의 자질로는 무엇이 있을까요?"라고 묻는다. 열린 마음, 호기심, 정직함, 유연함, 그리고 어떤 경험의 발생이나 의미에 대한 지나친 선입견 없이 증거가 이끄는 대로 어디든 기꺼이 따라가는 자세일 것이다.

MSC 과정 동안 각자의 일상에서 마음챙김과 자기연민을 불러일으킬 7가지 명상과 20가지 일상 수행을 익히게 될 것이라고 참여자들에게 전달한다. 아울러 수행의 근거에 대한 설명을 듣고 나면 수행을 이해하고 자신의 개인적 요구에 맞추어 수행할 수 있을 것이라고 알린다. 참여자 각자가 자신에게 최고의 스승이 되는 것이다. 지도자는 참여자에게 MSC 과정 동안 '어떤 수행이 나에게 도움이 되었나?'라는 질문을 스스로 던지며 제공된 주간 피드백 종이에 자신의 수행 경험을 기록하도록 권유한다.

힘겨운 감정들

연민은 행복, 안녕감과 관련된 긍정적 감정이다. 그러므로 자기연민을 배우는 것은 대부분 긍정적인 경험이다. 그러나 '사랑은 그 자신이 아닌 모든 것을 드러낸다.'는 말이 있다. 이는 MSC에 참여하는 거의 모든 이에게 힘겨운 감정이 나타날 수 있다는 것을 의미한다. 지도자들은 "자기연민 훈련 중 어떤 힘겨운 감정이 일어날 수 있을 것 같나요?"라고 질문을 던진다. 흔한 반응으로는 슬픔, 외로움, 그리움, 분노, 두려움, 자기의심이 있다. 자기연민은 오래된 상처를 꺼내게 하지만, 또한 사람들이 이러한 오래된 상처를 새로운 방식으로 마주하고 더 나은 방향으로 탈바꿈하도록 돕는다. MSC는 자원을 구축하는 프로그램으로, 보다 강건한 태도로 도전을 마주할 수 있는 정서 기술과 역량을 구축하고자 고안되었다.

MSC 과정이 힘겨울까 봐 걱정하는 참여자들에게 자기연민의 순간은 힘겨운 일거리가 아니며 실제로는 안도의 순간이라는 것을 전달해야 한다. 우리가 삶을 개선시키기 위해 고군분투하는 대신, 우리의 목표를 타협시키지 않으면서 그러한 고군분투를 내려놓는 것이다.

마음챙김의 순간은 '아~'와 같은 기분 좋은 날숨의 소리를 가지고 있다. 연민의 순간은 부드러운 소리를 가진다. 예를 들어, 누군가의 고군분투에 마음이 동하였다면 '에구~'라는 소리가, 공감적 이해로 마음이 기울 때는 '오~' 하는 소리가 그리고 마침내 무슨 일이 일어나고 있는지 온전히 이해했을 때는 몸을 젖히며 '아~'라는 소리가 난다. 이와는 반대로 고군분투하는 소리는 '으~'나 '으악~'에 가깝다. 목소리는 감정과 태도를 전하는 강력한 수단이다(Kraus, 2017). 지도자들은 이런 소리를 지도 과정에서 낼 수 있고, 참여자들 자신이 고군분투하는 걸 발견할 때마다 이 마음챙김과 자기연민의 소리를 실험해 보도록 권할 수 있다. 지도자들은 비록 자기연민 훈련이 도전이 되는 부분이 있더라도 가능한 한 편안하고 즐거운 과정이 되기를 염원한다.

MSC 프로그램 자체가 자기연민 훈련의 장이다. 만약 MSC가 참여자의 스트레스를 늘리고 있다면 아마도 그 참여자는 너무 열심히 하는 중일 것이다. 자기연민의 길과 목표는 우리 자신과 우리의 경험에 더욱 친절하게 접근하는 것이다. MSC 과정에서 참여자는 자신이 '느린 학습자'가 되도록 허용해 주어야 한다. 자기연민의 길 위에서 지나친 열의는 정서적인 압도로 이어질 수 있다. 따라서 MSC 지도자는 '천천히 가면 멀리 간다.'는 말을 즐겨 한다.

열림과 닫힘

참여자들이 주의를 기울이는 것이 불가능하다고 느끼는 회기들이 있을 것이다. 그때는 참여자들의 마음이 닫혀 있는 것이다. 열림과 닫힘은 폐가 팽창하고 수축하는 것처럼 자연스러운 일이다. 참여자들 스스로 필요하다면 닫고, 때가 되면 열도록 격려해야 한다. 닫아야 할 때 억지로 여는 것은 자기연민이 아니다.

우리가 열려 있다는 신호는 무엇일까? 우리가 살아 있다고 느낄 때, 그리고 우리의 생각, 감정, 감각이 특히 생생할 때 열려 있는 것이다. 뚜렷한 이유 없이 흐르는 눈물 같은 편안함이나 안도감이 열림과 함께 나타날 수 있다. 눈물은 고군분투가 끝났음을 의미한다. 예를 들어, 미인대회 참가자들은 이겨도 져도 울지만 두 경우 다 대회는 끝난 것이다. 역설적으로 우리의 고군분투 대부분은 사랑받거나 연결되기 위한 끊임없는 투쟁처럼 무의식적으로 일어나며, 연민의 순간 사랑과 연결을 느낄 때 눈물이 흐르게 된다.

우리가 닫혀 있다는 신호는 무엇일까? 우리가 산만해지고, 피로하고, 화가 나고, 비판적이 될 때, 즉 우리가 우리의 경험을 차단하거나 밀어내려 할 때 닫혀 있는 것이다. 이때 참여자들은 "나에게 무엇이 필요한가?"라는 자기연민의 본질이 되는 질문을 탐색할 수 있다. 예를 들어, 피로하거나 압도당하는 느낌을 받은 참여자는 특정 실습에 참여하지 않거나 심지어 잠깐 졸기도 한다. 그다음 참여자는 '내가 졸았다는 것을 부끄러워하나? 내가 중요한 내용을 놓쳤다고 걱정하고 있나? 아니면 이 순간 나를 돌보기 위해 잠깐 졸았어야 했나?' 같은 질문을 스스로 던지며 자신에 대해 살펴볼 수 있다. 달리 말하자면, 졸음이 자기연민 행동이었는지, 졸음에 대한 참여자 자신의 반응이 자기연민적이었는지 묻는 것이다. 교실에서 일어나는 모든 순간이 자기연민의 실험 대상이 된다. 다시 말하자면, 자기연민이란 우리가 열려 있어야 할 때 열고, MSC 과정에서마저도 우리가 닫을 필요가 있을 때 닫혀 있도록 하는 것을 의미한다. 자신에 대한 친절한 대응으로써 의식적으로 닫는 한, 그 또한 자기연민의 습관을 만들어 가는 과정이다.

안전

MSC 참여자는 자신의 안녕에 대한 책임이 있다. 참여자가 안전을 보장하고 학습을 강화하는 결정을 내리도록 돕기 위해 지도자는 [그림 6-2](6장)의 세 개의 원(안전, 도전, 압도)을 칠판이나 화이트보드에 제시할 수 있다. 학습과 성장은 도전의 원에서 가장 잘 일어난다. 예를 들어, 참여자들이 안전의 원 안에만 머무르며 수행하지 않고 있음(회피일 가능성)을 발견한다면, 자기연민이 용량 의존적으로 이득을 가져옴을 상기시키고 더 많은 수행을 실험해 보게 하며 참여자들을 도전의 원으로 가볍게 밀 수 있다. 반면 참여자들이 압도의 원 안에서 수행하고 있어 잘 안된다고 한다면, 수행이 더 편안해지기 위해 무엇을 내려놓아야 하는지를 자기 자신에게 물어보게 하며 공식 명상을 줄이고 일상 수행의 비중을 높이는 방법 등을 발견하게 도울 수 있다. 자신이 정서적으로 압도당했다는 것을 알게 된 참여자는 닫힘 상태와 안전의 원 안으로 돌아가야 한다. 닫힘에 대한 지침은 프로그램 전 과정에 걸쳐 제공된다.

명상

MSC는 모든 참여자를 명상가로 만들려 하지 않는다. MSC의 목적은 두 가지로, 참여자들이 ① 자신이 고통스러워하는 때를 알고 ② 친절과 이해로 대응하도록 돕는 것이다. 때로 고통에 가장 유용한 대응은 명상이나 마음 훈련보다 따뜻한 차 한 잔이나 목욕 같은 연민 어린 행동이다.

많은 참여자가 자신은 명상을 하지 못하리라 믿는다. 이는 대개 명상에 대한 잘못된 관념에서 비롯된다. 명상은 아주 단순하다. 몸에서 호흡을 느낄 수 있다면 명상을 할 수 있다. 그러나 우리 인간은 주의가 떠돌게끔 프로그래밍 되어 있다. 따라서 자기연민 명상의 좋은 진전 척도는 마음이 얼마나 자주 떠도는지가 아닌 마음을 얼마나 부드럽게 주의의 대상으로 되돌리는지이다.

명상하려는 이들이 겪게 되는 또 다른 어려움은 시간 부족이다. 이는 명상을 자리

잡고 앉아 매일 20분에서 45분 정도를 들여 수행하는 것이라고 생각할 때 문제가 된다. 5분 정도 짧게 앉아서 하는 것도 명상이다. 자리 잡고 앉는 것을 멈추는 것이 명상하려는 이들이 극복해야 할 가장 큰 장애물이다.

우리는 또한 하루 중 언제라도 일상 수행을 할 수 있고, 이때는 시간을 5분보다 덜 들일 수도 있다. 일상 수행을 위한 시간은 누구나 낼 수 있다. 연민을 불러일으키는 데는 약간의 고통이 필요하고, 고통은 일상 상황에서 일어나기 쉽다는 점에서 자기연민 일상 수행은 특별한 의미를 가진다. 또한 연구에 따르면 일상 수행은 공식 명상만큼 효과적이다(Elwafi et al., 2013; Neff & Germer, 2013). 그러므로 공식 명상과 일상 수행의 조합이 마음챙김과 자기연민을 함양하는 최선의 방법일 것이다. 아울러 일상 경험에서 따뜻함과 친절함을 가져다주는 안도감을 경험할 때 명상을 하려는 우리의 욕구는 커지게 될 것이다.

경험 수준

어떤 MSC 참여자는 수십 년을 넘게 명상 수행을 해 온 반면, 다른 참여자는 명상을 처음으로 시도하는 것일 수도 있다. 경험이 매우 많은 참여자에게는 본인의 기존 방식에 자애 또는 연민 수행을 약간 더하는 것처럼 익숙한 방식으로 수행하도록 권한다. 시작하는 이들에게는 **초심**의 장점, 즉 선입견은 적으면서 가능성은 많은 마음에 감사하며 본인의 위치에서 시작해 보도록 권한다. 또한 명상에서의 자기연민 수행 방식은 기도(Knabb, 2018)를 비롯하며 매우 다양하므로, 참여자 각자에게 알맞다고 느껴지는 방식에 자기연민을 적용하도록 안내한다.

수행 중심 언급

참여자들에게 수행이나 교실 실습에서 방금 전에 일어난 직접 경험에 대해 언급하게 하거나("무엇을 알아차렸나요?" "무엇을 느꼈나요?" "어떻게 대응했나요?"), 시간이 지나며 경험이 어떻게 펼쳐지고 있는지 설명하도록 권한다("어떤 통찰, 도전, 성공이 있었나요?"). 수행에 초점을 둔 언급은 모든 참여자가 다른 이의 경험을 통해 배우게 할 것이다. 참여자에게 이야기를 하기 전 "이 언급이 나 그리고 다른 이들에게 유용한가?"라고 자신에게 물어보도록 안내한다.

개념 위주 토론을 줄이는 또 다른 전략은 플립 차트에 '주차장'이라는 페이지를 만드는 것이다. 개념에 대한 질문이나 언급은 나중에 집단에서 다룰 수 있도록 주차장에 적어 둘 수 있다. 주차장에 주차된 질문 또한 다른 이들과 관련되어 있어야 하며, 개인적인 질문은 지도자와 개별적으로 다룰 수 있다.

내향성과 외향성

MSC 참여자 중 일부는 내향적이고 일부는 외향적이다. 내향적인 사람에게는 많든 적든 본인이 편안하다고 느낄 정도로 말하게 하지만, 말하고 싶다는 욕구를 느낄 때는 말을 하는 쪽으로 스스로 독려하게끔 권한다. 외향적인 사람에게는 다른 사람들의 '발언 시간'을 뺏는다고 주저할지도 모를 내향적인 사람을 위한 자리를 남겨 두도록 권한다. 모든 참여자가 자기 자신으로 존재하며 자신을 표현하면서도, 자신이 다른 이들과 관계를 맺는 습관의 가장자리에서 작업하게 하는 것이다. MSC에서는 또한 소집단(2~3인) 대화를 진행하는데, 이는 내향적인 참여자들이 다른 이들과 더욱 편안하게 이야기하며 연결되게 한다. 모든 집단 토의의 목적은 교실에서 보편적 인간경험에 대한 감각을 촉진하는 것이다.

개인적 요구

우리의 몸은 정신적·정서적 작업의 신체적 플랫폼이므로 참여자들에게 충분히 쉬고, 잘 먹고, 규칙적으로 운동하면서 자신의 몸을 잘 돌보도록 권해야 한다.

만약 프로그램 참여를 저해할 개인적 염려가 생긴다면 지도자 중 한 명에게 이야기하도록 권한다. 회기에 불참해야 할 때도 지도자 중 한 명에게 미리 알려야 한다. 참여자들의 대처 방식을 이해하려는 지도자의 태도는 참여자들이 자신의 요구를 개방적이고 솔직하게 소통하게 할 것이다.

규칙 안내
(15분)

이 실습에서는 참여자들이 안전하고 편안한 분위기, 즉 친절한 문화를 조성하는 집단규범을 숙고해 보는 기회를 제공한다.

- 연민이 일어나려면 안전하다는 감각이 반드시 필요하다. 지도자는 참여자들에게 다음 두 질문에 대한 각자의 답을 적어 보도록 요청한다.
- 내가 이 프로그램에서 안전하고 편안함을 느끼기 위해서 어떻게 대우받기를 원하는가? (2~3분 간격)
- 다른 사람들이 이 프로그램에서 나와 함께하는 것을 안전하고 편안하게 느끼도록 하기 위해서 나는 그들을 어떻게 대해야 하는가? (간격)
- 달리 말하자면, 우리가 이 프로그램을 함께 잘 마치려면 어떤 안내 규칙들을 마음속에 지녀야 할까? (간격)

그런 다음 다른 이들에게 어떻게 대우받고, 다른 이들을 어떻게 대하고 싶은지 전체 집단에서 전반적인 대화를 나눈다. 토론한 내용을 플립 차트나 화이트보드에 적어 둘 수 있다. 만일 다음 지침 중 언급되지 않은 것이 있다면 지도자가 토론에 추가할 수 있다.

- 비밀 유지하기: "회기에서 나눈 내용을 외부에서 이야기하지 않는다."
- 고치려 들지 않기: "나 자신을 비롯한 여기 있는 어느 누구도 고쳐질 필요가 없다고 여긴다."
- 충고하지 않기: "충고는 대부분 간섭으로 경험된다."
- 비판단적으로 수행하기: "우리 모두는 최선을 다하고 있다."
- 차이를 존중하기: "다른 사람이 나와 다름을 허용한다."
- 다양성을 존중하기: "타인의 알지 못하는 부분에 대해 열린 태도를 가진다."
- 포용을 지지하기: "우리 모두가 어딘가에 속하길 바란다는 것을 기억한다."

- 공간 제공하기: "어떤 사람들은 다른 사람들보다 더 많은 사생활이 필요하다."
- 신체적 경계 존중하기: "모든 사람이 접촉을 좋아하거나 원하는 것은 아니다."
- 성적 이끌림에 대한 마음챙김: "MSC 과정의 목적에 집중하며 교실 밖에서 다른 이들에게 상처 주지 않도록 한다."
- 자신의 안전과 편안함 지키기: "나 자신보다 나를 더 잘 알거나 보호할 수 있는 사람은 없다."

집단구성원들은 지도자가 추구하는 바에 대한 감각을 익히고, 대화 과정에서 자신의 개인적 열망이 명료화되므로 이 토론의 끝에는 요약이나 마무리가 대개 필요치 않다. 그러나 토론의 마지막에 지도자는 다음과 같이 명시해야 한다. "우리 대부분은 자신도 모르게 누군가에게 상처를 주거나 우리 자신의 기대에 부응하지 못하며 자신이 만든 규칙을 깨게 될 겁니다. 이는 너무나도 인간다운 것이며, 우리가 자기연민을 수행할 천금 같은 기회입니다."

다양성과 포용

지도자는 개인이 가진 차이에 대한 존중의 개념을 확장하도록 권장한다. 우리가 볼 수 있는 차이와 보기 어려운 차이가 있는데, 이러한 차이들은 불가피하게 우리의 인생 경험과 정체성에 영향을 미친다. 다양성 토론의 목적은 포용의 태도를 권하는 데 있다(7장 참조). 다음은 다양성과 포용을 소개하는 방식의 예이다.

- 우리가 방금 언급했던 지침 중 하나는 '존중'입니다. 존중은 흔히 '차이에 대한 존중'을 의미합니다. 우리 MSC에서는 공통점뿐만 아니라 차이 또한 존중되기를 바랍니다.
- 정체성의 차이에는 우리가 볼 수 있는 차이와 보기 어려운 차이들이 있습니다. 우리가 볼 수 있는 차이로는 어떤 것들이 있을까요? 예를 들면 다음과 같습니다.
  - –나이
  - –성별
  - –인종

- 민족
- 신체 유형

• 그리고 잘 보이지 않는 차이는 무엇일까요? 예를 들면 다음과 같습니다.

- 성적 지향
- 성 정체성
- 사회경제적 지위
- 종교
- 정치
- 출신 국가
- 초기 아동기 경험
- 만성질환
- 교육 수준
- 신체적 · 지적 능력

• 그리고 우리의 공통점은 무엇일까요? 예를 들면 다음과 같습니다.

- 우리는 모두 숨을 쉬고 있다.
- 우리는 모두 삶 속에서 고군분투하고 있다.
- 우리는 모두 기쁨, 슬픔, 공포, 분노와 같은 감정이 있다.
- 우리는 모두 행복하고 고통으로부터 자유롭기를 원한다.
- 우리는 모두 사랑받기를 원한다.

• 특정 문화 정체성은 사회적 억압과 차별, 편견에서 기인한 고통의 원천이 될 수 있으므로 우리의 차이점과 공통점을 존중하는 것이 중요합니다. 이 고통을 **문화 정체성 고통**이라고 부릅니다.

• 어떤 집단은 그들에게 오랜 기간 지속된 억압의 잔재로 인해 문화 정체성 고통을 **불균형적으로** 과도하게 받고 있습니다. 고통은 보편적이지만 각 개인과 집단에 평등한 것은 아닙니다.

• 어떤 이들은 문화적 억압과 역경에 직면하여 놀랄 만한 강점과 회복탄력성을 발휘한다는 것 또한 기억해야 합니다.

• 자기연민은 문화적 상처를 드러냅니다. 비록 외부 세계가 정의롭거나 친절하지 않을지라도, 최소한 우리 자신을 더욱 정당하고 친절하게 대하는 방법은 배

울 수 있습니다. 그것이 우리가 문화적으로 변화를 가져오는 작업을 하는 데 필요한 안정적인 정서적 플랫폼이 되어 줄 것입니다.

- 우리는 MSC 과정에서 모두가 안전하고 환영받는 느낌이 드는 '용감한 공간'(Arao & Clemens, 2013)을 만들고자 합니다. 이를 위해 우리 자신에게 다음 내용을 상기시켜 보겠습니다.
  –우리는 모두 다르다.
  –우리는 모두 인간이다.
  –모두가 자신의 소리를 갖고 있다.
  –모두가 속해 있다.

지도자가 각 참여자의 고유한 경험을 '알 수 없다'는 자세를 함양하면 개방적이고 솔직한 소통의 공간이 만들어진다. 또한 MSC 지도자로서 다양성과 포용에 관한 문화적 담론에 개인 또는 전문가 자격으로 꾸준히 참여해 보기를 권한다.

용서

지도자와 참여자 모두 서로에 대해 아는 바가 거의 없고, 또한 우리 모두에게는 무의식적 편견이 있기에, MSC 과정 동안 의도치 않게 서로에게 상처를 줄 가능성이 존재한다. 지도자 또한 과정을 진행하며 자신도 모르게 참여자에게 상처를 줄 수 있다. 따라서 지도자는 자신을 비롯한 모든 참여자를 대신하여 다음과 같은 '용서하려는 의도'를 전달한다.

- 수업 과정에서 저도 모르게 여러분에게 상처를 드린다면 부디 저를 용서해 주시기를 미리 부탁드립니다. (용서 구하기)
- 이 수업에서 우리가 무의식적으로 누군가에게 상처를 주었다면 우리 자신을 용서할 수 있기를 바랍니다. (우리 자신 용서하기)
- 그리고 이 프로그램의 마지막에는 아마도 완전히 무의식적으로 우리에게 상처를 주었을 다른 사람들을 용서하기를 바랍니다. 그들도 우리에 대해서 잘 몰랐을 테니까요. (용서해 주기)

전체 프로그램을 마칠 때도 이 용서 문구를 반복할 것이다.

시

시는 MSC의 선택적 구성요소로, 지도자 자신이 특별히 즐기는 시를 낭송하기를 권한다. 회기마다 제안되는 시가 주어진다. 1회기의 이 시점에서는 많은 지도자가 데이비드 화이트(David Whyte)의 『Start Close In』(2012, pp. 262-263)을 읽는 것을 선호한다. 이 시에서는 우리 자신의 경험을 존중하며 우리가 놓여 있는 현재 상태에서부터 시작하는 것의 중요성을 강조한다. 시인의 다른 작품으로는 『The Poetry of Self-Compassion』(Whyte, 1992)이 있다.

휴식
(15분)

각 MSC 회기에는 15분의 휴식시간이 포함되며, 이때 참여자는 화장실에 다녀오거나, 간식을 먹거나, 서로 격의 없이 연결되곤 한다. 참여자들의 신체적 · 정서적 안녕은 MSC에서 다른 무엇보다 중요한 점이다. 집단의 에너지와 분위기에 따라 지도자의 재량으로 시간 간격은 조정할 수 있지만, 모든 회기에서 휴식은 필수 요소여야 한다.

연착륙 명상
(2분)

연착륙 명상은 참여자를 현재 순간으로 부드럽게 안내하는 아주 간단한 수행이다(연착륙 명상에 관한 논의는 5장 참조). 현재 순간이 신체적이나 정서적으로 고통스럽다면 현존하기 어려울 수 있다. 마치 폭풍우가 몰아치는 날씨에 비행기가 착륙하는 것과 같다. 연착륙이란 자애와 연민의 지지를 받아 부드럽게 안착하는 것이다. 예를 들어, 호흡의 리듬에 부드럽게 흔들리도록 우리 자신을 허용하거나, 위로와 친절의 문구를 우리 자신에게 전하거나, 따뜻한 내면의 미소를 짓는다면 현재 순간은 더 견딜 만해질 것이다.

연착륙 명상은 참여자들이 이미 배운 것들을 상기하고 일상에서 곧바로 적용해 볼 기회이기도 하다. 따라서 연착륙 명상은 간단하고, 짧고, 따라 하기 쉬워야 한다. 예를 들면 다음과 같다.

- 현재 순간과 우리의 몸에 다시 안주하기 위해 몇 분 정도 시간을 갖겠습니다. 연민의 요소를 넣으며 부드럽게 연착륙을 해 보겠습니다.
- 한두 차례 깊게 호흡하고, 내쉬는 호흡과 함께 '아~' 소리를 내어 봅니다. (간격)
- 이제 눈을 감고, 주의를 안으로 가져와, 몸의 어느 부분에 긴장이나 스트레스가 있는지 알아차립니다. 만일 긴장이나 스트레스가 있다면 여러분의 내면에서 조용히 연민 어린 '아우~' 소리를 전하며, '아우~' 소리를 낼 때마다 여러분의 가슴이 살짝 녹게 합니다." (간격)

연착륙 명상은 종을 울리며 마치거나, "감사합니다." 정도의 말과 함께 다음 내용을 진행하기 전 잠시 간격을 두는 것으로 마무리 짓는다.

나는 친구를 어떻게 대하는가
(15분)

휴식을 마친 다음, 회기 내용은 자기연민의 의미, 자기연민이 받는 오해, 자기연민에 관한 연구, 일상에서 간단히 할 수 있는 자기연민 수행법으로 초점이 옮겨 간다. 자기연민은 자기 자신에게 좋은 친구가 되는 것이므로, 참여자들에게 소중한 친구가 힘겨워할 때 친구를 대하는 방식에 비해 비슷한 상황에 놓인 자기 자신을 대하는 방식은 어떤지 돌아보도록 요청하며 시작한다.

지도

- 참여자들에게 종이 한 장을 꺼내게 한 다음, 잠시 눈을 감고 다음 질문을 곰곰이 생각해 보게 한다.

  "여러분의 친한 친구가 어떤 식으로든 고통스러워했던 상황을 떠올려 봅니다. 배우자나 가족은 때로는 너무 가깝기에 여기에 해당하지는 않습니다. 힘겨운 일을 겪고 있어 여러분이 진심으로 걱정하는 그런 친구를 떠올려 보세요. 예를 들면, 여러분의 친한 친구가 어떤 불행이나 실패, 부적절한 느낌 등으로 고통스러워하고 있습니다. 그런 상황에 처한 친구를 어떻게 대합니까? 뭐라고 말하나요? 어떤 어조를 사용하나요? 여러분의 자세는 어떠한가요? 어떤 비언어적인 몸짓을 사용하나요?" (간격)

  참여자들이 발견한 내용을 작성하게 한다.

- 그런 다음 집단구성원들에게 다시 눈을 감도록 요청하고 다음 질문을 던진다.

  "이제 여러분이 고통스러웠던 여러 순간, 불행, 실패, 부적절하다고 느꼈던 순간들을 떠올려 봅니다. 그런 상황에서 여러분은 대개 자신에게 어떻게 반응합니까? 뭐라고 말하나요? 어떤 어조를 사용하나요? 자세는 어떤가요? 어떤 비언어적인 몸짓을 사용하나요?" (간격)

  다시, 참여자들이 배운 내용을 작성하게 한다.

- 그런 다음 묻는다. "자신과 타인을 대하는 어떤 차이를 알아차렸나요?"
- 3인 1조로 조를 편성하여 조원들이 발견한 내용을 총 5분 정도 나누어 보게 한다. 참여자들이 편안하게 나눌 수 있는 것만 나누고, 서로 충고를 하거나 문제를 고치려 들지 않도록 상기시킨다.

탐구

소집단에서 웃음소리가 들리기 시작하면 과제를 마쳤다고 보면 된다. 이후 몇 분 동안 이 실습에서 참여자들이 무엇을 알아차렸는지 집단 전체를 대상으로 탐구를 진행한다. 대개 다른 이들보다 자기 자신에게 더 엄격하게 대한다고 응답할 것이다(더 인내해 주지 못하고, 덜 이해하며, 더 가혹하고 공격적인 표현을 사용하고, 더 많은 논쟁을 함). 어떤 참여자는 우리 자신의 고통이나 타인의 고통에 관점을 취할 수 있을 때, 즉 약간의 거리를 두고 우리 자신과 타인을 바라볼 때 연민이 일어날 가능성이 커진다는 것을 알아차리기도 한다. 다음은 이러한 탐구의 예시이다.

카리나: (수줍게) 저는 다른 사람이 힘들어할 땐 제가 그 사람에게 다가가지만, 제가 기분이 좋지 않을 땐 저 자신을 차단한다는 걸 알아차렸어요.

지도자: 다가가는 것과 차단하는 것은 다른 느낌인가요?

카리나: 당연하죠.

지도자: 어떻게 다른지 물어봐도 될까요?

카리나: 음, 제 상황이 안 좋을 때는 제 안이 조여들고 쪼그라드는 느낌이라면, 다른 사람이 스스로 힘들어할 때는 부드러운 느낌이 들어요. 제 심장이 뛰는 걸 느낄 수 있을 정도로요.

지도자: 중요한 발견처럼 보이네요. 그 발견이 카리나에게 어떤 의미일까요?

카리나: 저 자신이 힘들 때도 그렇게 느끼고 싶어요! (까르르 웃음)

지도자: 그렇게 할 수 있을까요?

카리나: 그게 제가 여기 있는 이유인 것 같아요.

지도자: (웃으며) 네, 우리 모두 그렇겠지요! 앞으로 어떻게 되는지 보죠.

다른 이들과 자기 자신을 대하는 방식에서 차이가 보이는 현상을 정상화하는 차원에서 지도자는 네프의 연구진(Knox et al., 2016)이 수집한 기초 증거를 인용한다. 연구에 따르면 미국의 일반 인구 대부분(78%)은 자신보다 다른 이들에게 연민을 더 잘 전하며, 16%는 자신과 다른 이에게 비슷한 수준의 연민을 전한다. 다른 이들보다 자신에게 더 연민을 잘 전한다고 응답한 사람은 단지 6%뿐이었다.

이어서 지도자는 자기연민에 대한 비공식 정의 두 가지를 제시하며 이 실습을 마무리한다.

- 자기연민은 일이 잘못되고 있을 때, 친구를 대하듯 우리 자신에게 똑같은 친절과 이해로 대하는 것입니다. (이것은 성서 속 황금률을 뒤집은 것이다. 다른 사람에게 하는 것과 같이 너 자신에게 하라.)
- 자기연민은 다른 사람들, 즉 가족과 친구를 대하듯 우리 자신을 대하는 것입니다.

자기연민이란 무엇인가
(10분)

참여자들은 앞선 과정에서 자신의 삶에서 일이 잘못될 때 본능적으로 어떻게 반응하는지 숙고하는 시간을 가지며 자신을 조금 더 연민으로 대할 수 있을 방법에 대한 감각을 얻기 시작했을 것이다. 지금부터는 자기연민의 과학적 구성요소를 소개한다. 앞 시간과 마찬가지로 이 주제(그리고 MSC의 모든 주제) 또한 가능한 한 참여자들과 상호작용하며 제시하기를 권한다. 집단에 유도형 질문을 던지고, 반응을 끌어내고, 주제를 드러내는 공통분모들을 확인하는 식으로 진행할 수 있다.

예를 들어, 자기연민의 개념을 소개할 때는 먼저 다른 사람에게 연민을 느끼는 데 필요한 구성요소를 생각해 보도록 다음과 같은 첫 질문을 던질 수 있다. "사람들이 바삐 지나가는 길모퉁이에서 잔돈을 구걸하는 노숙자를 상상해 봅시다. 우리가 그 노숙자에게 연민을 가지려면 무엇이 필요할까요?" 참여자들은 대개 먼저 그 사람의 존재를 알아차려야 하고, 특히 그 사람이 고군분투하고 있다는 사실을 알아차려야 한다고 말한다. 다음으로는 인간경험의 감각과 연결감을 느껴야 하고("운이 나빴더라면 나도 저렇게 되었겠지."), 그 불운한 사람을 겉모습으로 판단하기보다 친절과 이해를 느껴야 한다고 응답한다. 마음챙김(고통 알아차리기), 보편적 인간경험(우리 모두 애쓰고 있다는 점을 알기), 친절(따뜻함과 부드러움으로 대응하기) 모두 연민이 일어나는 데 필요하다. 그다음 지도자는 이를 자기연민으로 연결 지을 수 있다. 자기연민이 일어나려면 먼저 우리 자신이 고통받는 순간을 알아차려야 하고, 우리의 고통을 인간경험의 일부로 인정하며, 자기비난보다는 친절로 우리 자신에게 대응해야 한다고 제시한다.

자기연민의 세 가지 구성요소(Neff, 2003b)는 MSC 프로그램 실습 대부분의 개념적 토대를 형성하므로 모든 참여자가 명확히 이해해야 한다(2장 참조). 세 가지 구성요소에 대한 요약은 다음 부분에 제시된다. 지도자는 참여자들의 의견을 구하거나, 자신의 삶에서 예를 들거나, 자기연민에 관한 연구를 소개하며 토의를 풍요롭게 전개할 수 있다.

자기친절 대 자기판단

- 마치 좋은 친구를 대하듯 우리 자신을 친절, 돌봄, 이해, 지지로 대하는 것입니다. 우리 대부분은 우리 자신에게 더 가혹하고, 다른 이들에게는 절대 하지 않을 잔인한 말을 우리 자신에게 퍼붓곤 하지요.
- 연민에는 고통을 완화하려는 바람과 노력이 담겨 있습니다. 자기연민에는 행동 요소가 있습니다. 우리가 아픔을 겪을 때 우리 자신을 적극적으로 위로하고, 보호하며, 지지하는 행동이 포함됩니다.

보편적 인간경험 대 고립

- 우리의 불완전함을 더욱 큰 인간경험의 일부로 보는 것을 의미합니다. 아울러 모든 사람이 고통받고 있다는 사실을 인식하는 것입니다.
- 우리가 고군분투하고 있거나 실패를 겪을 때, 우리는 무언가 잘못되었다고, 일어나서는 안 될 일이 일어났다고 느끼곤 합니다. 이는 비정상이라는 느낌("나는 잘못됐어!")을 만들어 내며 수치심과 고립감을 불러일으킵니다.

마음챙김 대 과도한 동일시

- 우리가 고통받고 있을 때 고통받고 있음을 아는 것입니다. 이는 연민이 일어나는 전제 조건입니다. 마음챙김은 우리가 고통스러운 느낌으로 향하게 하고, 그 느낌과 있는 그대로 '함께하게' 합니다.
- 마음챙김은 자각이 균형 잡힌 상태입니다. 우리가 느끼는 것을 억제하거나 회

피하지 않고, 현재 일어나고 있는 극적인 줄거리에 사로잡히지도 않습니다. 이는 과도한 동일시로 불리곤 합니다.

자기연민의 세 가지 요소를 다정함(자기친절), 연결(보편적 인간경험), 현존(마음챙김)이라는 서정적인 표현으로 바꿔 부르기도 한다. 이러한 별칭은 참여자들이 자기연민의 상태를 이해하는 데 도움이 된다.

자기연민의 음과 양

많은 이가 연민은 관계를 키우고 발전시키므로 자기연민도 주로 부드럽고 매사를 잘 받아들이는 특징이 있으리라 추측한다. 그러나 연민과 자기연민은 강할 수도 있고, 심지어 격렬할 수도 있다. 예를 들어, 군인은 다른 이들의 생명을 보호하기 위해 자신의 생명을 던지기도 하고, 부모는 여러 직업을 동시에 가지며 가족을 먹여 살리기 위해 애쓰기도 한다. 이들 두 가지 또한 모두 연민의 예시이다. 사람들은 자기 자신을 위해서도 격렬한 연민을 보일 수 있다. 심각한 금단증상에도 불구하고 중독 물질을 사용하기 거부하거나, 용기 있는 행동을 보이는 경우(상사의 괴롭힘에 맞서기, 사회 불의에 목소리 내기)가 그 예이다. 온전한 자기연민에는 자기연민의 음과 양 모두 필요하다(2장과 6장 참조). 지도자는 이를 다음과 같이 설명한다.

- 자기연민의 음은 위로하기, 부드럽게 하기, 인정해 주기 같은 연민 어린 방식으로 우리 자신의 고통과 함께 '존재'하는 속성을 담고 있습니다.
- 자기연민의 양은 보호하기, 제공하기, 동기 부여하기 같은 세상에서 '행동'하는 속성을 담고 있습니다.

자기연민의 이러한 두 측면은 서로 다르면서도 동등하게 중요하고 본질적인 돌봄 방식이다. MSC에서는 자기연민의 음과 양 측면 모두를 다룬다. 명상 지도자 조안 핼리팩스(Joan Halifax)는 이를 "강인한 뒷면, 부드러운 앞면"으로 부른다(Halifax, 2012a).

자기연민 손동작(선택)
(5분)

자기연민의 손동작 실습은 참여자들이 자신의 몸에서 자기연민의 세 가지 요소를 느낄 수 있는 기회이자 자기연민의 양의 측면을 경험할 수 있는 순간이다. 참여자들에게 원한다면 이 실습 동안 자리에서 일어나 다리를 곧게 펴도록 권한다.

지도

- 참여자들에게 "양손을 뻗어 주먹을 꽉 쥐어 봅니다."라고 요청한다(공동 지도자와 지도자 모두 시범을 보인다). 20초쯤 지나 집단구성원이 어느 정도 불편함을 느끼기 시작할 때, 참여자들에게 자신의 신체에 주의를 기울여 이 손동작을 유지하는 동안 어떤 감정이 일어나는지 탐색하게 한다. 그런 다음 큰 소리로 자유롭게 자신이 느끼는 것을 말하게 한다('팝콘 스타일' 반응). 전형적인 반응으로는 '긴장' '화' '강함' '두려움' 같은 말이 나온다. 이러한 손동작은 우리 대부분이 많은 시간 동안 무의식적으로 하고 있는 우리 자신 또는 우리의 경험과 투쟁할 때의 느낌에 대한 은유이다.
- "이제 손을 펴고, 손바닥이 위를 향하도록 합니다."라고 요청하며 두 지도자 모두 이 동작을 보여 준다. 참여자들에게 다시 주의를 몸으로 가져가 손바닥을 펼 때 일어나는 감정을 알아차리게 한다. "무엇을 느끼나요? 어떤 감정이 일어나는지 큰 소리로 말해 주세요." '평화로움' '해방감' '수용' '편안함' '개방' 등이 전형적인 반응이다. 개방되고 여유로운 자각으로 지금 일어나는 것들을 수용하는 마음챙김의 느낌이 이와 같다고 언급한다.
- "이제 여러분의 팔로 어떤 사람 또는 온 세상을 안고 있다고 상상하며 팔을 앞으로 뻗어 봅니다." 지도자들은 몸을 살짝 돌려 서로를 향해 손과 팔을 뻗으며 동작에 대한 시범을 보인다. "이 동작은 여러분의 내면에서 어떤 감정을 불러일으키나요?"라고 묻는다.
- 참여자들은 대개 '포용하는' '연결되는' '다가가는' '아우르는' 같은 말로 표현한

다. 지도자는 이 동작이 보편적 인간경험의 감각으로, 분리된 자신을 넘어서 타인을 수용할 때 느끼는 감각이라고 알려 준다.

- “이제 한 손을 다른 손 위에 포개어 천천히 가슴으로 가져갑니다. 가슴 위에 얹어진 손의 따뜻함과 부드러운 무게를 느낍니다. 부드럽게 호흡합니다.” 지도자는 아주 잠깐 멈추어 참여자들의 반응을 이끌어 낸다. ‘안전한’ ‘차분함’ ‘보호받는’ ‘사랑받는’ ‘부드러운’ ‘평화로운’ 같은 반응이 전형적으로 나타난다. 지도자는 이 동작이 우리가 필요로 할 때 자신을 편안하게 해 주는 자기친절을 불러일으킨다고 언급한다.
- 지도자는 이 세 동작의 조합이 자기연민, 특히 자기연민 음의 상태에 관한 감각을 포착하게 해 준다고 언급한다. 또한 한 손 또는 두 손을 가슴에 올리는 자기친절의 동작은 어떤 사람에게는 안전감이나 위로를 느끼게 하지 않기 때문에 (불안을 유발할 수도 있다), 회기의 다음 부분에서 좀 더 위로가 될 대안 동작들을 탐색할 것이라고 덧붙인다.
- 이제부터는 참여자들에게 자기연민의 양의 측면을 경험케 한다. “그대로 서 있는 상태에서, 또는 기꺼이 일어날 수 있다면, ‘기마 자세’를 취해 보도록 하겠습니다. 이는 태극권이나 태권도 같은 무예에서 취하는 자세입니다. 다리를 넓게 벌리고 무릎을 약간 구부려 무게중심을 낮추고 안정된 자세를 취합니다.” 지도자가 시범을 보인 다음, “이 동작을 하니 느낌이 어떤가요?”라고 묻는다. 여기에 대해 참여자들은 ‘강한’ ‘안정적인’ ‘유연한’ 같은 표현으로 답한다. 지도자는 우리가 중심을 잡고 닻을 내린다는 느낌을 받을 때 행동을 실천하기에 유리한 입장을 가지게 된다고 설명한다.
- “우리는 우리 자신을 보호할 수도 있습니다(지도자는 손바닥을 들고 팔을 뻗으며 “안 돼!”라고 말하는 시연을 두 번 이상 보인다). 이렇게 할 때 어떤 기분이 드는지, 여러분 내면에서 일어나는 에너지를 알아차려 봅니다. 우리는 또한 우리 자신뿐만 아니라 타인을 위해서도 제공할 수 있습니다(지도자는 뻗었던 두 팔을 모으는 동작을 하며 “예스”라고 말한 다음, 두 팔을 바깥으로 펼치며 타인에게 주는 동작을 하며 한 번 더 “예스”라고 말한다). 잠시 여러분의 몸 내면을 느끼며 자신과 타인 사이의 균형을 느껴 봅니다. 마지막으로, 우리는 어려운 일을 해내기 위해 자신에게 동기부여를 할 수도 있습니다(지도자는 “여러분은 할 수 있어요!”라고 말하

며 엄지를 척 들어 올리는 동작을 시연한다). 그리고 만일 성공했다면 자신에게 축하해 줄 수도 있습니다(지도자는 공동 지도자와 '하이파이브'를 하고, 참여자에게도 똑같이 해 보도록 요청한다). 만약 실패했다면 자신에게 음의 자기연민을 줄 수 있습니다(지도자는 두 손을 가슴에 얹고 부드럽게 '아우~' 소리를 낸다). 자기연민의 음과 양은 우리가 필요할 때 항상 사용할 수 있습니다."

자기연민에 관한 오해
(10분)

많은 이가 수행에 심혈을 기울이지 못하게 하는 자기연민에 관한 오해를 품고 있다. 대표적인 오해로는 자기연민이 의도치 않은 부정적 결과를 불러올 수 있다고 염려하는 것이다(Robinson et al., 2016). 참여자들이 대개 자기연민에 대해 긍정적이고 낙관적이더라도, 친구나 동료와 자기연민에 대해 이야기하다 보면 기저에 깔려 있던 자기연민에 대한 불편함이 올라올 수도 있다.

자기연민에 관한 오해는 일반적으로 자기연민이 실제로 무엇인지에 관한 개념이 잘못된 데에서 기인한다. 지도자는 집단으로부터 자기연민에 관한 염려를 수집하여 목록을 만든 다음 과학적 증거에 비추어 하나씩 다룰 수도 있고, 자기연민의 의미를 더욱 명료하게 밝히며 잘못된 개념을 떨쳐내도록 돕는다(이어지는 내용 참조). 다음은 흔히 언급되는 자기연민에 관한 오해이다(2장과 3장 함께 참조).

자기연민은 자기동정의 한 형태이다

- 자기연민은 누구나 고통한다는 사실(보편적 인간경험)을 우리에게 상기하며, 고통의 정도를 과장하지 않는다(마음챙김). '나만 고통한다'는 태도는 자기연민이 아니다.
- 연구에 따르면 자기연민 수준이 높은 사람들은 자신의 고통에 몰두하는 대신 폭넓은 관점을 취할 가능성은 더 크고(Neff & Pommier, 2013), 상황의 부정적인 상태에 대해 반추하는 경향은 더 적다(Raes, 2010).

자기연민은 약하다

- 자기연민은 강하며, 우리가 어려움을 마주할 때 회복탄력성을 제공한다.
- 연구에 따르면 자기연민을 잘 전하는 사람은 이혼(Sbarra et al., 2012), 심리 외상(Hiraoka et al., 2015), 만성통증(Wren et al., 2012) 같은 힘겨운 상황에 더욱 잘 대처한다.

자기연민은 이기적이다

- 우리 자신을 연민의 원 안에 포함시키면(겸손한 의도!) 타인과 분리된 것 같은 감각을 줄일 수 있다.
- 연구에 따르면 자기연민 수준이 높은 사람은 연인 관계에서 상대를 더욱 잘 돌보며 지지하는 경향을 보이며(Neff & Beretvas, 2013), 대인관계에서 갈등이 생길 때 더 잘 조율하고(Yarnell & Neff, 2013), 다른 이들에게 연민을 더욱 잘 전한다(Neff & Pommier, 2013).

자기연민은 자기방종이다

- 연민은 단기적인 즐거움보다는 장기적인 안녕을 강조한다(연민 어린 엄마가 아이가 달라는 대로 아이스크림을 주는 대신 "야채를 먹으렴."이라고 말하는 것과 같다).
- 연구에 따르면 자기연민을 잘 전하는 사람은 운동(Magnus et al., 2010), 바른 식생활(Schoenefeld & Webb, 2013), 절주(Brooks et al., 2012), 규칙적인 병원 진료(Terry, Leary, Mehta, & Henderson, 2013) 등 건강행동을 더 많이 한다.

자기연민은 변명의 한 형태이다

- 자기연민은 우리가 실수했을 때 남의 탓을 할 필요를 만들지 않고 자신의 실수를 인정하는 데 필요한 안전감을 제공한다.
- 연구에 따르면 자기연민 수준이 높은 사람들은 자신의 행동에 개인적 책임을 더 잘 지고(Leary et al., 2007), 누군가에게 잘못했을 때 사과도 더 잘한다(Breins & Chen, 2012).

자기연민은 동기를 저하시킬 것이다

- 자기연민이 수반된 동기는 건강과 안녕에 대한 욕구에서 비롯된다. 자기연민을 더욱 잘 전하는 사람들은 가혹한 자기비난보다는 (지지적인 코치처럼) 격려로 자신에게 동기를 부여하기 때문에 실제로 동기가 더욱 잘 부여된다.
- 연구에 따르면 자기연민을 잘 전하는 사람들은 개인 기준을 높게 잡는다. 이들은 실패했을 때 자신을 괴롭히지 않는다(Neff, 2003b). 이러한 결과는 이들이 실패를 두려워하지 않고(Neff et al., 2005), 실패한 후에도 다시 일어서서 도전을 계속할 가능성이 크다는 것들 의미한다(Breines & Chen, 2012).

여기에서 전하고자 하는 핵심 메시지는 자기연민에 관한 과학적 증거는 오해들과는 정반대의 방향을 가리킨다는 것이다. 자기연민에 관한 오해 중 많은 부분은 수행에 관한 의구심(예: 자기연민은 힘들다, 자기연민은 정서적으로 과도히 활성화시킨다)과 함께 프로그램이 진행되며 다시 떠오를 것이며, 그때마다 다시 다루어져야 할 것이다.

무엇이 방해가 되는가

만일 시간 여유가 있다면 지도자는 자기연민에 관한 오해보다는 참여자들이 자기연민으로 향할 때 나타날 것 같은 개인적 장애물을 확인하는 '반복 질문'을 던질 수 있다. 이 실습은 참여자들이 서로 개방되고 연결감을 느끼는 데도 도움이 된다. 길버트 등(Gilbert et al., 2011)이 '연민 공포'라고 언급한 '나 자신에게 너무 연민적이게 되면 나쁜 일이 일어날까 봐 두렵다.' '나 자신에게 너무 연민적이면 다른 사람들이 나를 거부할까 봐 두렵다.' '나는 결코 나 자신에게 연민을 느껴 본 적이 없다. 자기연민을 어디서부터 발달시키기 시작해야 할지 모르겠다.' 같은 개념과 맞아떨어진다.

실습은 두 명씩 짝을 지어 진행한다. 한 사람이 질문을 던지면 3분 동안 다른 사람이 질문에 답한 다음 역할을 바꾼다. 다시 말하지만, 참여자에게 자신이 편안하게 느끼는 내용을 나누도록 상기시켜야 한다. "둘씩 짝을 지어 누가 먼저 질문할지 정하세요. 머리가 긴 사람이 먼저 질문합니다."라고 지도자가 가볍게 운을 뗀다. 그러면 질문자가 상대방에게 "당신이 좀 더 자기연민적이 되는 데 방해가 되는 것은 무엇인가요?"라고 묻는다. 대답을 듣고 나면 질문자는 "감사합니다. 그리고 당신이 더 자기연민적이 되는 데 방해가 되는 다른 것은 무엇이 있나요?"라고 묻는다. 3분 후에 종이 울리면 참여자들은 역할을 바꾼다. 모든 사람이 말하고 나면 지도자는 집단 전체에 "무엇을 발견했나요?"라고 묻는다. 이 실습에서 나눈 장애물들이 이후 MSC 과정에서 참여자들에게 나타날 가능성이 크다.

자기연민에 관한 연구(선택)
(15분)

지도자는 집단구성원의 요구와 관심에 따라 연구에 관한 이야기를 추가할 수도 있다. 이 주제는 1회기 소요 시간을 2시간 45분 이상으로 늘어나게 하겠지만, 그만큼 공을 들일 가치가 있다. 자기연민의 과학에 대한 종합 요약은 3장을 참고하길 바라며, 최신 지견은 http://self-compassion.org에서 확인할 수 있다.

연구에서 제시하는 주요 메시지는 자기연민이 안녕감과 일관된 관련성을 보인다는 것이다. 자기연민은 우울, 불안, 스트레스, 수치심(Johnson & O'Brien, 2013; Zessin et al., 2015), 그리고 신체 불만족(Albertson et al., 2015) 같은 부정적인 상태는 경감시키며, 행복, 삶의 만족도, 낙관성 같은 긍정적인 상태와 관련된다(Neff, Rude & Kirkpatrick, 2007). 아울러 자기연민은 더 건강한 신체 상태와도 연결된다(Friis et al., 2015; Hall et al., 2013). 고통을 자기연민으로 따뜻하게 감싸 안으면 부정적 상태는 완화되고 긍정적 상태는 생성된다.

자기연민 연구의 다른 분야로는 자기연민과 자존감의 관계, 자기연민과 자기비난의 생리학 등(두 분야 모두 3장에서 다룬다)이 있다. 끝으로, 지도자는 자기연민 훈련, 특히 MSC 프로그램 자체에 관한 연구(4장 참조)를 요약할 수도 있다. 참여자들이 연구 결과를 이해하고 나면 훈련을 계속해 나갈 자신감이 생길 것이다.

위로의 손길
(5분)

MSC 프로그램에서는 일상에서 자기연민을 불러일으킬 수 있는 다양한 방식을 제공한다. 그중 한 가지는 신체적 방식으로, 위로와 지지를 제공하는 손길을 자신에게 전하는 것이다. 연구에 따르면 접촉은 다른 이들에게 친절과 연민을 표현하고(Hertenstein, Keltner, App, Bulleit, & Jaskolka, 2006; Keltner, 2009) 생리적 변화를 촉발하는 검증된 방법이다(Maratos et al., 2017). 그리고 다른 사람이 가슴에 손을 얹는 간단한 동작을 보는 것만으로도 생각과 감정에 영향을 받는다(Parzuchowski, Szymkow, Baryla, & Wojciszke, 2014). 일화적 증거에 따르면 자신에게 위로의 손길을 주는 것도 비슷한 효과를 불러일으키는 것으로 보인다. 그러나 참여자 중 소수에서는 가슴 위에 손을 얹는 동작이 불안을 유발할 수도 있다. 아마도 자기돌봄에 당혹감을 느끼거나, 이 동작이 참여자들에게 취약하다는 느낌을 들게 하기 때문일 것이다. 그러므로 우리는 접촉으로 자신을 지지하는 대안 방식을 탐색하도록 권한다. 접촉이 자기연민의 음의 측면을 전달하는 데 특히 중요하기 때문이다.

지도

지도자는 다음과 같은 동작을 통해 집단구성원 스스로 어떤 형태의 접촉이 가장 위로나 지지가 되는지 발견하도록 돕는다.

- 두 손을 가슴 위에 올려놓기
- 한 손을 주먹 쥐어 가슴 위에 올려놓고 다른 손으로 감싸기
- 한 손은 배 위에, 다른 손은 가슴 위에 올려놓기
- 두 손을 배 위에 올려놓기
- 한 손을 뺨에 대기
- 두 손으로 얼굴을 부드럽게 감싸기
- 두 팔을 부드럽게 토닥거리기

- 두 팔을 교차해서 자신을 부드럽게 안아 주기
- 가슴을 위아래로 또는 작은 원을 그리며 부드럽게 쓰다듬기
- 두 손을 포개어 무릎에 놓기

그런 다음 몇 분 동안 참여자들 스스로 이러한 동작이나 또 다른 선택을 탐구하게 한다.

대개 위로의 손길 이후에는 탐구를 진행하지 않고 곧바로 다음 일상 수행인 '자기연민 브레이크'로 넘어간다. 만약 참여자가 위로의 손길을 어려워한다는 것을 지도자가 알아차린다면 "반려동물을 쓰다듬거나 따뜻한 목욕을 하는 것처럼 자신을 신체적으로 위로하거나 지지할 수 있는 다른 방법으로는 무엇이 있을까요?"라고 질문해 볼 수 있다. 이후에도 참여자 한두 명이 여전히 실습에 어려움을 겪는 것처럼 보인다면 탐구 또한 유용할 수 있다.

탐구

다음은 위로의 손길 실습에서 이어지는 탐구의 예시이다.

지도자: 여러분이 각자 몸에서 위로나 지지가 되는 부분을 발견했는지 궁금하네요.

조 지: 저는 완전히 그렇지 않은 것 같은 부위를 한 무더기 발견했어요.

지도자: 예를 들면요?

조 지: 음, 배에 손을 얹었을 때는 내가 얼마나 뚱뚱한지 떠올랐고, 어깨에 팔을 얹었을 때는 좀 우스웠어요. 정말 한심하고, '왜 내가 나를 안아 주고 있는 거지?' 싶었고요.

지도자: 그렇다면 편안한 부위를 찾다가 자기판단을 발견했다는 거군요? 그렇게 말해도 되나요?

조 지: 네, 그런 것 같아요.

지도자: (집단을 향해) 이 실습 중에 자기판단이 떠올랐던 또 다른 분? (집단구성원 중 절반가량이 손을 든다.) 조지, 보면 알겠지만 당신만 그랬던 건 아니네요. 그게 인간이니까요. 그렇다면 접촉했을 때 몸에서 실제로 좋은

느낌이 들었던 곳도 있었나요?

조 지: 네, 신기했어요. 한 손으로 얼굴을 받치고 있을 때요. 아버지가 종일 일하다 퇴근하시고 식탁에서 그 모습으로 미소 짓고 계신 사진을 가지고 있거든요.

지도자: 그래서 그 동작이 좋은 추억을 불러일으켰군요. 손으로 얼굴을 받치는 그 동작이 신체적으로도 좋은 느낌이 들었나요?

조 지: (그 동작을 반복하며) 네, 아마도 그런 것 같아요.

지도자: 멋지네요. 괜찮다면 집에서도 그 동작을 언제든 써 보길 바랍니다. 조지에게 알맞은 위로의 손길을 이미 발견한 것일 수도 있고, 또 다른 동작이 있을지도 몰라요.

조 지: 알겠어요. 감사합니다.

이 탐구를 통해 집단은 다 함께 자기위로라는 주제를 탐구할 수 있었고, 자기판단이 어떻게 자기위로에 장애가 되는지도 알 수 있었다. 지도자는 참여자에게 집에서도 이 탐색을 계속하도록 상기시켜 주어야 하고, 위로하고 지지하고자 하는 소망부터 이미 자기연민 행동이라는 것을 알려 주어야 한다. 위로의 손길로 매번 기분이 좋아질 수는 없지만, 이러한 동작 이면에 담긴 선한 의도가 이 수행의 진정한 핵심이다.

자기연민 브레이크
(15분)

자기연민 브레이크는 참여자 스스로 스트레스 상황에 놓여 있음을 발견했을 때 언제든 실천할 수 있는 일상 수행이다. 교실에서는 수행의 여러 요소를 풀어내기 위해 명상 성찰로 지도하지만, 충분한 훈련이 동반되면 이를 일상에서 적용할 때는 단 1분도 걸리지 않는다. 자기연민 브레이크는 대개 위로의 손길 직후(시간이 제한되어 있을 때는 탐구 시간 없이) 지도한다.

지도

- 여러분의 삶 속에서 건강 문제, 중요한 관계 문제, 일 문제, 또는 누군가 여러분의 경계를 침범했거나 여러분을 존중하지 않았던 것 같은, 지금 여러분에게 스트레스가 되고 있는 힘든 상황을 떠올려 봅니다. 너무 심각한 문제가 아닌 적당한 문제를 선택합니다. 자기연민 기술을 처음 배우면서 너무 압도되는 것을 우리는 원하지 않습니다.
- 몸에서 약간의 불편감이 느껴질 정도로 여러분 자신이 그 문제 안으로 들어가서 보고, 듣고, 느끼도록 합니다. 몸 어디에서 그것이 가장 강하게 느껴지나요? 당신 몸에서 느껴지는 불편함과 접촉합니다.
- 그런 다음 자신을 향해 천천히 친절하게 말합니다. "이것은 고통의 순간이다." 그것이 마음챙김입니다. 이 외 "아프다, 아야, 이건 기분이 나쁘네."로 말할 수도 있습니다.
- 다음은 자신에게 다시 천천히 분명하게 "고통은 삶의 일부다."라고 말해 줍니다. 그것이 보편적 인간경험입니다. 그 밖의 가능한 선택은 "나는 혼자가 아니야, 내 주변의 다른 사람들도 이런 상황에서는 나처럼 느껴." "나는 혼자가 아니야." "나도 마찬가지야."라고 말해 줄 수 있습니다.
- 이제, 손을 가슴 위 또는 위로를 느끼는 곳에 올려놓고, 손에서 느껴지는 따뜻함과 부드러운 손길을 느낍니다. 자신에게 "내가 나 자신에게 친절하기를." "내가 필요로 하는 것을 나 자신에게 줄 수 있기를."이라고 말합니다. 그것이 자기친절입니다. 아마도 지금 당장 자신이 필요로 하는 자기연민의 특질이 무엇인지, 음인지 양인지 스스로에게 물어볼 수도 있습니다. 음의 특질이라면, "내가 있는 그대로의 나 자신을 수용하기를", 또는 "내가 지금 이 순간에 나 자신을 부드럽게 돌봐 주기를"이라고 말해 줄 수 있을 것입니다. 양의 특질이 필요하다면 "안 돼, 나는 이런 식으로 내 자신이 해롭게 되는 것을 허용할 수 없어." 또는 "내가 변화할 수 있는 용기와 힘을 가질 수 있기를."이라고 말해 줄 수도 있습니다.
- 만일 적절한 말을 발견하는 데 어려움이 있다면, 친한 친구나 사랑하는 사람이 여러분과 똑같은 어려움을 겪고 있다고 상상합니다. 여러분은 그 사람에게 무슨

말을 해 줄 건가요? 만일 여러분의 친구가 당신이 건넨 몇 마디의 말을 가슴에 담아 두고 있다면 그것이 어떤 말들이길 바라나요? 어떠한 메시지를 전달하고 싶은가요? (간격) 이제, 똑같은 메시지를 자신에게도 말해 줄 수 있나요?

안주와 반영

수행을 내면에 안착시키고 방금 일어났던 일을 반영해 보는 시간이 참여자들에게 주어진다. 참여자들이 원한다면 필기를 할 수도 있다. 반영의 시간 동안 지도자는 참여자들에게 "무엇을 알아차렸나요?" "무엇을 느꼈나요?" 같은 질문으로 탐구 과정을 점화한다. 이번 수행의 주제에 관한 특정 질문을 던질 수도 있다. "'이것은 고통의 순간이다.'라고 말했을 때, 여러분의 내면에서 일어난 변화를 알아차렸나요?" "모든 존재가 고통받고 있다는 것을 자신에게 일깨워 주었을 때 무슨 일이 일어났나요?" "여러분의 상황에서 여러분에게 해 줄 친절한 말이 있었나요? 자기연민의 음과 양 중 무엇이 필요했나요?" 같은 질문을 던진다.

탐구

자기연민 브레이크는 언어를 사용하여 자기연민을 불러일으키는 첫 실습이다. 말의 의미는 맥락에 따라 달라지기 때문에 제시된 문구는 모든 사람에게 맞지 않을 수도 있다. 자기연민을 불러일으키는 진정한 문구는 3회기(12장)에서 마저 탐색해야 할 개인적인 내면의 여정이다. 다음은 자기연민 브레이크에 관한 탐구의 예시이다.

지도자: "이것은 고통의 순간이다."라고 말했을 때 내면에서 일어난 변화를 알아차린 분 있나요?

티아나: 네, 저는 더 이상 저의 힘겨움에 사로잡히지 않게 된 것 같은 느낌을 받았어요. 마치 힘겨움은 거기 있고, 저는 여기에 있는 것처럼요. 조금 거리를 두게 된 것 같았어요. 안도의 한숨까지 나오더라니까요. (미소 짓고 다시 한숨)

지도자: 마치 몸으로 메시지를 받은 것처럼 들리네요. 두 번째 문구인 '고통은 삶

의 일부다'는 어땠는지 물어봐도 될까요?

티아나: 그건 절 우울하게 만들었어요. 모두가 얼마나 애쓰고 있는지 생각하고 싶지 않거든요.

지도자: 아마도 티아나는 다른 이들의 고통에 크게 공감하는 것 같군요.

티아나: 꼭 그렇지도 않아요. 다른 사람이 얼마나 힘들어하는지 생각하니 "그럼 나는 누구에게 불평하지?"라는 말이 나오더라고요.

지도자: 아, 그렇군요. 그 부분이 티아나의 외로움을 덜어 주기보다 실제로는 더 외롭게 만들었네요.

티아나: 그게 실습의 요점은 아니었을 텐데요, 그렇죠? (찡그리듯 미소 짓는다.)

지도자: 티아나에게 더 잘 맞는 다른 단어가 있을지 궁금하네요.

티아나: (멈춤) 선생님께서 하신 말을 전부 떠올려 보려 했는데, 그럴 수가 없네요. 저는 '누구나 문제가 있다'는 말에 사로잡혔었거든요. 엄마가 불평 좀 그만하라고 말씀하신 게 떠올라서요.

지도자: 그럼 다른 사람들의 문제가 티아나 자신의 문제보다 더 중요하다는 말을 들었던 적이 있나요?

티아나: (눈물이 차오르며) 네, 그랬던 것 같아요. (긴 멈춤)

지도자: 그걸 이해하는 데는 용기가 필요하죠. (기다리다) 다른 말들이 무엇이었는지 여전히 알고 싶나요?

티아나: 네, 알고 싶어요.

지도자: '나는 혼자가 아니야.' 그리고 '다른 사람도 나와 똑같아.'였어요.

티아나: 이해했어요. 저는 그 앞의 말에 조금 휩쓸렸던 것 같아요.

지도자: 언제나 일어나는 일이죠. 지금은 어떤가요?

티아나: 괜찮아요. 다른 분들의 시간을 더 빼앗고 싶지 않아요.

지도자: 알겠습니다. 말씀해 주셔서 감사해요.

이상의 탐구에서 지도자는 티아나가 수행의 여러 부분을 살펴보게 하며 티아나를 도왔을 뿐만 아니라 전체 집단이 자기연민 브레이크를 깊게 이해하도록 안내했다. 이를 통해 티아나는 중요한 개인적 통찰을 갖게 되었다. 타인의 고통에 개방한다는 것은 티아나에게는 자신의 문제를 비수인해야 한다는 것을 의미했다. 이런 정신습관은 티아나를 외롭게 만들었다. 티아나는 집단의 관심을 받는 것에 불편함을 느꼈지만, 보편적 인간경험의 가치와 자신이 힘겨울 때 다른 이들로부터 자신을 어떻게 고립시켰는지 인식하고 미래의 힘겨운 순간에 다른 사람들과 연결될 언어("나는 혼자가 아니야.")를 발견하고 나자 탐구가 마무리되었다.

자기연민 브레이크는 MSC에서 가장 인기 있는 일상 수행 중 하나이다. 참여자들은 자기연민의 세 가지 요소를 독자적으로 또는 함께 적용하며 자신을 위로하거나(음) 세상을 향해 용감하게 나아갈 수 있다(양). 시간이 지나면 각 요소를 수행할 필요 없이 간단한 동작(위로와 지지의 손길)만으로도 자기연민 브레이크 경험 전체를 불러일으킬 수 있을 것이다. 지도자는 MSC 과정에서도 참여자들이 필요할 때마다 자기연민 브레이크를 수행하도록 상기시킨다.

과제 수행
(5분)

모든 회기는 참여자가 집에서 해 보도록 권할 수행들을 검토하며 마무리된다. 첫 회기이므로 자기연민 훈련에서 얻는 긍정적 변화의 크기는 부분적으로 참여자들의 연습 횟수에 달려 있다는 점을 참여자들에게 알려 주어야 한다. 자기연민 수행의 이득은 용량 의존적이다.

수행 시작하기

이번 회기에서 배운 새로운 수행은 다음과 같다.

- 위로의 손길
- 자기연민 브레이크

참여자들은 MSC 프로그램을 등록할 때 하루에 최소 30분 동안 어떤 방식으로든 공식 수행과 일상 수행을 조합하여 마음챙김과 자기연민을 수행하기로 서약한다.

그러나 1회기에서 배운 수행은 짧은 공식 수행이므로 다음 한 주 동안은 그 정도로 길게 수행할 수는 없을 것이다. 대신 일상에서 스트레스 받는 순간을 인식하고 위로의 손길이나 자기연민 브레이크로 대응할 때 어떤 일이 일어나는지 탐구하도록 격려한다.

주간 피드백

주간 피드백의 목적은 자기반영으로, 참여자들의 학습 과정을 촉진하고 지도자와 소통하기 위한 것이라고 간략히 언급한다. 참여자들에게 다음 회기에 피드백 종이를 작성해 오도록 권한다. 피드백에는 ① 주중에 참여자들이 일반적으로 겪은 자기연민 경험, ② 시도한 수행의 종류와 수행에서의 경험, ③ MSC 과정 자체에 대한 경험이 포함된다. 피드백 내용은 철저히 비밀을 유지한다.

이메일

지도자로부터 단체 이메일을 받게 될 것이라고 참여자들에게 안내한다. 이메일 받기를 원치 않거나 다른 집단구성원들과 메일 주소를 공유하고 싶지 않은 참여자는 지도자 중 한 명에게 알려야 한다.

마무리
(3분)

MSC 회기 마무리 방식은 지도자마다 선호하는 방법이 다르다. 참여자들에게 감사와 격려의 말을 전하기도 하고, 종소리를 마음챙겨 듣도록 권할 수도 있다. 지도자가 시를 읽어 줄 수도 있다. 다음은 MSC 참여자가 프로그램을 수료한 직후 자기연민의 겸손함, 부드러움, 보편적 인간경험을 아름답게 담아낸 시이다.

〈나만을 위해(Just For Me)〉

안나 빌라로보스 지음, 나의현 번역

세상에 나만을 위한 시가 있다면?
듣는 이가 그저 나로서,
여기 살아 있는 육신 안에
의식과 감정을 지닌, 귀한 존재로 충분하다면?
이 존재의 귀함이
세상에서 해야 하는 쓸모가 아닌
이 세상의 일부로 존재하는
부드럽고 다정한 가슴 때문이라면?
이 가슴의 귀함이
내면을 향한 친절의 귀함 때문이라면?
별종, 고독, 유일무이한 고립, 그림에서 떨어져 나온 조각으로
존재한다는 감각 속에서도
다른 모든 존재와 끊어지지 않고 연결된다면–
켜켜이 쌓인 방어, 아래 깊이, 줄곧 취약했으니.
오, 나를 숨게 해 주오
더할 나위 없이 위대하게,
더할 나위 없이 수줍게,
나를 없애주오, 그럼 나는 무엇이 되지……
않더라도……

여전히 나는 존재하네.
다른 이들과는 터무니없이 다르고, 실은–거기–없더–라도
나는 있네
무엇으로 변장을 했든–
천재, 바보, 찬란함, 찌꺼기–
그 아래, 여전히 나, 여기 있네

온기와 숨결과 인간으로
그저 다시 한번 안녕을 전하며
나의 다정함을 깨닫고
작은 친절을 이 존재에게도 전하려 하네
그 또한 귀한 존재이기에.

제11장

2회기

마음챙김 수행하기

개요

시작 명상(핵심 명상): 애정 어린 호흡

수행 토의

오늘의 회기: 마음챙김 수행하기

주제: 떠도는 마음

주제: 마음챙김이란 무엇인가?

일상 수행: 발바닥 명상

휴식

연착륙 명상

주제: 저항 내려놓기

실습: 우리는 어떻게 자신에게 불필요한 고통을 초래하는가?

주제: 역류

일상 수행: 일상생활에서의 마음챙김

일상 수행: 일상생활에서의 자기연민

일상 수행(선택): 지금-여기 돌멩이

주제: 마음챙김과 자기연민

과제 수행

마무리

시작하기

- 이번 회기 목표
  - –현재 순간의 경험에 마음챙김 자각을 가져온다.
  - –호흡 명상에 음미하기와 감사를 결합하여 자각을 따뜻하게 덥힌다.
  - –저항이 어떻게 고통을 일으키는지 이해한다.
  - –역류를 알아차리고 이해한다.
  - –일상생활에서 마음챙김과 자기연민으로 자각의 닻을 내린다.
  - –마음챙김과 자기연민의 의미를 탐색한다.

- 왜 지금인가?
  - –참여자들이 마음챙김으로 고통을 자각하고 연민 어린 반응을 위한 공간을 마련하도록 돕는다.
  - –힘든 감정이 활성화될 때 참여자들의 자각을 안정화시킨다.

- 새로운 수행
  - –애정 어린 호흡
  - –발바닥 명상
  - –일상생활에서의 마음챙김
  - –일상생활에서의 자기연민
  - –지금–여기 돌멩이 (선택)

애정 어린 호흡
(30분)

애정 어린 호흡은 MSC의 3가지 핵심 명상 중 처음으로 소개되는 명상이다. 호흡의 감각은 상대적으로 알아차리기 쉽고 어딜 가든 우리와 함께하기에 편리한 명상 대상이 된다.

우리의 호흡 리듬으로 우리 자신이 위로받고 진정되도록 허용하면 전통적인 호흡 명상에 몇 가지 중요한 요소, 즉 호흡에 의해 지지받는 감각, 호흡의 즐거움, 호흡이 우리 몸을 양육하는 것에 대한 감사함이 더해진다. 호흡의 편안한 리듬에 초점을 맞추는 것은 폴 길버트(Paul Gilbert, 2009)에게서 영감을 얻었다. 그러나 애정 어린 호흡에서는 몸을 안정시키기 위해 의도적으로 리듬감 있게 호흡하는 길버트의 방식이 아닌 호흡의 자연스러운 리듬을 음미하기를 강조한다.

명상에서 호흡을 음미하는 한 가지 이유는 수행을 쉽게 하기 위한 것이다. 명상을 일(마음 훈련, 집중력 학습하기, 더 나은 사람 되기)처럼 접근하면 우리는 모르는 새 애쓰는 태도를 취하게 된다. 그러나 우리가 호흡을 긍정적인 것으로 경험하고, 호흡 그 자체가 우리 모두를 위로하고 진정시키고 양육한다는 것을 알아차린다면 우리의 주의는 자연스럽게 그 방향으로 기울어질 것이다. 더불어 호흡으로 어루만져지고 부드럽게 흔들리는 경험은 자기연민 음의 측면의 중요한 원천인 깊은 위로가 된다. 마지막으로, 우리가 안전함을 느끼며 호흡을 따를 때, 심지어는 기꺼이 호흡에 우리를 맡길 때 우리는 짧은 시간 동안 호흡 자체가 되도록 허용할 수도 있다. 이러한 무아의 상태는 대개 깊은 안녕감을 동반한다.

지도자는 일부 초심 명상가나 외상 생존자가 호흡에 자신을 맡길 때 불안을 경험할 수도 있다는 걸 알고 있어야 한다. 이러한 참여자들에게는 호흡이 내면을 돌보는 느낌이나 호흡 자체가 '되게' 하기보다는 그저 호흡의 리듬을 느껴 보도록 권한다.

어떤 명상 수행자들은 집중하려 애쓰다 호흡이 경직되어 힘겨워한다. 어떤 이들은 체화된 느낌을 좋아하지 않는데, 아마도 신체 질환이나 심리적 외상 때문일 것이다. 일화적인 근거에 따르면 호흡의 리듬, 특히 들숨과 날숨의 구체적인 감각보다는 전신이 호흡에 의해 부드럽게 흔들리는 느낌에 초점을 맞출 때 이러한 부작용이 나타날 가능성이 적다. 호흡 명상을 계속 힘들어하는 참여자는 위로의 손길(1회기)이나 문구의 반복(3회기, 자애 문구 찾기) 같은 것들로 집중의 대상을 변경할 수 있다.

어떤 참여자들은 선천적으로 산만해서 자신이 더 집중할 수 있기를 바란다. 이때 지도자는 떠도는 마음과의 적대 관계를 미묘하게 강화하지 않도록 주의해야 한다. 그러나 참여자가 자신의 마음을 향해 친절한 태도를 보이며 그저 조금 더 주의를 집중하길 바라는 거라면, 지도자가 도움을 줄 수 있는 한 가지 전략은 호흡에 마음을 더 많이 기울이게 하는 것이다. 예를 들어, 호흡에 자애 문구를 결합하거나, 1부터

10까지 호흡에 반복해서 숫자를 붙이거나 각 들숨과 날숨에 '들숨' '날숨'이라고 덧붙이게 할 수 있다. 그러나 MSC에서 호흡 명상의 주된 목적은 집중을 높이는 것이 아닌 호흡으로 주의를 부드럽게 되돌리고 호흡을 양육과 지지의 원천으로 경험하며 자각을 따뜻하게 덥히는 것이다.

2회기 도입부에서 참여자들에게 앞으로 20분에 걸쳐 MSC의 첫 번째 핵심 명상을 배우게 될 것이라고 알린다(안내 명상에 대한 지침은 6장에 제시되어 있다). 명상에 대해 느긋하고 즐기는 태도를 보이도록 권하며, 각자의 경험을 좋을 것도 나쁠 것도 없이 있는 그대로 허용하도록 격려한다.

지도

- 명상하는 동안 몸이 편안하고 지지받을 수 있는 자세를 찾습니다. 그런 다음 눈을 부드럽게 부분적으로 또는 완전히 감습니다. 몸에 불필요한 긴장감을 풀어 주면서, 천천히, 편안하게 숨을 쉽니다.
- 우리가 단지 자각이 아닌 **애정 어린** 자각을 우리의 호흡과 우리 자신에게 가져오고 있다는 것을 상기하면서, 만일 여러분이 원한다면 한 손을 가슴 위나 다른 위안이 되는 곳에 올려놓습니다. 손을 그대로 두어도 되고, 언제든지 내려놓아도 좋습니다.
- 이제 숨을 들이쉬는 몸을 느끼고 숨을 내쉬는 몸을 느끼면서, 자신의 몸에서 호흡을 알아차리기 시작합니다.
- 여러분의 몸이 어떻게 들숨으로 양육되고, 어떻게 날숨으로 이완되는지 알아차립니다.
- 그저 몸이 **여러분을 호흡하도록** 합니다. 여러분이 해야 할 것은 아무 것도 없습니다.
- 이제 흘러 들어오고 흘러나가는 호흡의 **리듬**을 알아차리기 시작합니다. (간격) 잠시 호흡의 리듬을 느끼기 위해 시간을 갖습니다.
- 아마도 여러분이 사랑하는 아이나 소중한 친구에게 할 수 있는 것처럼 여러분의 호흡에 주의를 기울입니다.
- 마치 바다의 움직임처럼 여러분의 **몸 전체**가 미세하게 호흡과 함께 움직이는

것을 느낍니다.
- 여러분의 마음은 호기심 많은 어린아이나 작은 강아지처럼 자연스럽게 떠돌 수 있습니다. 그럴 때 그저 호흡의 리듬으로 부드럽게 돌아옵니다.
- 만일 호흡을 관찰하는 감각에 주의를 기울였다면, 그것을 내려놓고, 그것을 느끼면서 단지 호흡과 함께 존재할 수 있는지 봅니다.
- 호흡에 의해 여러분의 몸 전체가 부드럽게 흔들리고 어루만져지도록, 안으로 어루만져지도록 허용합니다.
- 만일 원한다면, 여러분의 호흡에 여러분 자신을 맡길 수도 있습니다.
- 그저 호흡합니다. 호흡이 됩니다. (긴 간격)
- 그리고 이제 호흡에 대한 주의를 부드럽게 내려놓고, 자신의 경험 속에 고요히 앉습니다. 그리고 여러분이 느끼고 있는 것이 무엇이든 느끼면서, 그저 있는 그대로의 여러분이 되도록 허용합니다.
- 준비가 되면 천천히 그리고 부드럽게 눈을 뜹니다.

안주와 반영

명상이 끝나면 안주와 반영 시간을 안내한다.

> "이제 방금 전 경험에 여러분 자신을 푹 담그며 여러분 마음에 안주하는 시간을 잠시 가져보겠습니다. (간격) 그리고 다음 질문을 던지며 여러분의 경험을 스스로 반영해 봅니다. '내가 무엇을 알아차렸는가?' '나는 무엇을 느꼈는가?' '나는 지금 무엇을 느끼고 있는가?' 이 명상에서 특별히 즐겁거나 도전이 되는 것을 발견했나요? 원한다면 여러분이 체험한 것을 자유롭게 적어 보아도 좋습니다."

탐구

지도자는 앞서 제시한 일반적인 방식으로 탐구를 시작하거나, 나누기를 촉진하기 위해 다음과 같은 더욱 구체적인 질문을 던질 수도 있다.

- 만일 여러분이 호흡 명상에 익숙하다면, 이번 수행에 애정과 감사를 가져오고, 여러분의 호흡이 자신을 부드럽게 위로하도록 허용하는 것은 어땠나요?
- 호흡을 즐길 때, 여러분의 주의가 자연스럽게 끌려가는 것을 알아차렸나요?
- 이 명상을 하는 동안 마주친 장애나 도전이 있었나요?

다음은 애정 어린 호흡 수행에 이어진 탐구의 예이다.

모 라: 지금까지 저는 여러 해 동안 호흡 명상을 수행해 왔는데요, 이런 변형 방식은 새로웠어요. 이번에는 제 호흡에 진짜로 빠져들 수 있었다는 걸 발견했어요.

지도자: 진짜로 호흡에 빠져드는 것이 모라의 몸에서 어떻게 느껴졌는지 말해 줄 수 있을까요?

모 라: 아, 네, 정말 이완되는 느낌이었어요. …… 부드럽고 이완되는 느낌이요.

지도자: 호흡은 어땠나요?

모 라: 호흡만이 전부인 것 같았어요. 그저 호흡만이 있었어요.

지도자: 우리를 양육하는 호흡의 특질과 연결될 수 있었나요?

모 라: 네. 정말 기분이 좋고 편안했어요. 그게 제가 평소보다 더 집중하기 쉬웠던 이유였던 것 같아요. 제 호흡이 저를 어루만지고 부드럽게 흔들리게 허용하는 걸…… 기억해야겠어요. 에이, 호흡은 제게 늘 그렇게 해 주고 있었는데. 제가 깨닫지 못하고 있었어요!

지도자: 좋아요, 모라. 경험을 나누어 주어 고맙습니다.

이 탐구에서 모라는 그저 통찰을 나누어 주고 싶었을 뿐 수행에서 문제를 겪진 않았다. 따라서 지도자는 모라의 발견을 수인해 주기만 하면 되었다. 지금부터는 애정 어린 호흡 명상 수행 동안 카를로스에게 일어났던 문제를 살펴보도록 하자.

카를로스: 저는 명상을 잘 못해서 걱정이에요. 집중을 잘 못하는 것 같아요. 호흡을 느끼자마자 주의가 마구 떠돌아요.

지도자: 주의가 마구 떠돌기 전까지 얼마나 걸리나요, 카를로스?

카를로스: 아마도 3초 정도요!

지도자: (전제 집단을 향해) 3초 내로 주의가 떠도는 것을 알아차렸던 분은 한번 손을 들어 보시겠어요? (집단구성원 중 절반가량이 손을 든다.)

카를로스: 어, 저 혼자가 아닌 것 같네요. (웃으며) 그래도 집중을 더 잘할 수 있으면 좋겠어요.

지도자: 우리 모두가 그런 마음이죠! 혹시 호기심 많은 어린아이나 작은 강아지처럼 우리의 마음을 자연스럽게 호흡의 감각으로 가져오게 하라는 안내를 들었나요?

카를로스: 네.

지도자: 그때는 어땠나요?

카를로스: 솔직히 말하자면, 제 아들 브라이언에 대해 생각하기 시작하면서 실은 그 안내를 따라가지 못했어요. 이제 막 걸음마를 뗐는데, 하루 종일 제가 쫓아다녀야 하거든요. 정말 귀엽긴 하죠.

지도자: 만일 아들을 대하듯이 카를로스 자신의 떠도는 마음을 대한다면 어떻게 될지 궁금하네요. 카를로스의 마음이 떠돌 때, "저~리로 간다~!"라고 하는 거죠. 아들의 손을 잡고 있어야 할 자리로 데려오는 것처럼 자신의 주의를 다시 가져오는 거예요.

카를로스: 무슨 말씀이신지 알겠어요. 한번 해 볼게요. 감사합니다.

지도자: 네, 좋습니다.

이 탐구에서 지도자는 자기판단이 명상 수행에 장애가 된다는 점을 확인하였고, 카를로스의 아들을 향한 타고난 자애를 자신의 마음과 관계 맺는 새로운 모형과 연결 지었다. 탐구 과정이 명상 수행에서 느끼는 친근함과 따뜻함을 높여 주는 기회가 된 것이다.

새로운 명상 지도에 따르는 탐구 과정에는 약 10분이 소요된다. 지도자가 사용할 수 있는 시간보다 더 많은 질문과 이야기가 나오는 경우도 종종 있으므로, 지도자는 탐구를 마칠 시간을 결정하고 "좋아요, 시간상 앞으로 한 분 정도 더 들을 수 있겠네요."라고 말하며 마지막으로 말할 사람을 선택한다. 그러나 집단에서 발표하려면 용기를 내야 하기에 처음으로 손을 든 사람에게는 말할 기회를 주어야 한다.

애정 어린 호흡에 대한 탐구는 존 애스턴(John Astin, 2013)의 〈This constant lover〉 같은 시를 읽으며 마무리 짓는다. 이 시에서는 사랑과 자각의 통합을 이야기한다. 애정 어린 호흡 수행을 마치고 읽을 수 있는 또 다른 시로는 제인 퓨지/오셔(Pujji/O'Shea, 2007)의 〈My balm〉이 있다. 자신의 호흡에 안겨 부드럽게 어루만져지는 감각을 아름답게 포착한 작품이다. 명상이 끝난 직후 참여자들이 아직 눈을 감고 있을 때 시를 낭송해 주는 것이 좋을 때도 있다. 명상적 자각 상태에서 시를 접하면 더욱 깊이 들을 수 있기 때문이다.

수행 토의
(15분)

참여자들은 지난 한 주 간의 자기연민 수행 경험을 나누는 시간을 가진다. 수행 토의를 시작할 때 각 참여자가 자신의 수행에서 포착한 것을 한 단어로 말하게 하면 집단 전체를 아우르며 수행 토의를 시작할 수 있으며 우리는 이 방법을 '한 단어 공유하기'라고 부른다. 한 단어 공유하기는 각 참여자가 집단 경험에 기여하도록 돕는 방법이다. 아울러 이 방법은 지도자에게는 매주 집단구성원의 필요를 확인할 수 있는 기회가 된다.

토의에서는 대개 이전 회기에서 배웠던 수행에 초점을 맞춘다. 이번 회기에서 토의 대상이 되는 수행은 다음과 같다.

- 위로의 손길
- 자기연민 브레이크

과제 수행에 대한 이야기는 참여자가 수행을 많이 하지 못했을 때 죄책감이나 수치심을 느낄 수 있기에 조심스러운 주제이다. 게다가 지도자는 참여자가 수행을 하지 않으면 자신이 실패한 것으로 여긴다. 그러므로 MSC의 주목적이 성실한 명상가가 되는 것이 아닌 자기연민을 배양하는 것임을 기억해야 한다. 심지어 수행을 단 한 번도 하지 않으면서도 진전을 이루는 결과도 나타난다(Germer & Neff, 2013).

지도자는 "지난주에 위로의 손길이나 자기연민 브레이크를 수행할 필요를 느꼈던 분 있나요?"라고 묻는다. 참여자들은 "지난주에 수행한 분 있나요?"라는 질문보다 이 질문에 대답할 가능성이 더 크다. 참여자들은 수행을 많이 하지 않았다고 여길 때조차 지난 한 주 동안 자신에게 더 친절한 방식으로 말했던 때나 가슴에 손을 얹었던 때를 떠올릴 수 있다. 아주 작은 성공도 서로 나누면 수행에 격려가 된다.

수행 토의는 참여자들 간 혼선을 줄이고 서로 충고하는 것을 지양하기 위해 지도자가 탐구 기법으로 진행한다. 다음은 수행 토의에서 진행되는 탐구의 예이다.

존: 솔직히 말씀드리면 지난주에는 전혀 수행을 못했어요. 지금 직장에서 일어나고 있는 변화들 때문에 시간이 없었거든요.

지도자: 솔직히 이야기해 주어서 고마워요, 존. 그 말을 꺼내려면 용기가 필요했겠어요.

존: 타이밍이 안 좋으니 이번 과정에 참여하면 안 되는 거였나 싶기도 하고요.

지도자: 그럴 수도 있지만, 현실적으로 생각했을 때 언젠가는 시간이 날 거라 생각하나요?

존: (웃으며) 그렇지도 않아요. 사는 게 정신이 하나도 없거든요.

지도자: 얼마나 정신이 없는지 몸에서도 느낄 수 있나요?

존: 네. 턱관절 통증이 있어요. 진통제를 먹어야 할 정도로 이를 악물거든요.

지도자: (미소 지으며) 진통제 요법에 약간의 자기연민을 더해 볼까요?

존: 네. 애초에 이 통증이 저를 이곳에 오도록 따귀를 날린 거거든요. (다시 웃음, 연민에 뛰어들게 된 역설적인 상황에 대해 인정함)

지도자: 존, 당신의 소중한 시간을 너무 많이 쓰지 않으면서는 무엇을 해 볼 수 있었나요?

존: 좀 쑥스럽긴 하지만, 우리가 지난주에 했던 가슴에 손을 얹고 "사랑한다, 친구"라고 해 주는 게 효과가 있는 것 같았어요. 진정이 되더라고요. 제가 중요하다는 걸 떠올리게 해 주는 것 같았고요.

지도자: 훌륭한 수행이었던 것처럼 들리는데요. 지금은 '사랑한다, 친구' 정도로 충분한 것 같은데요?

존: 그런 것 같아요. 감사합니다.

수행 토의의 주목적은 성공을 축하하고 수행의 장애물을 제거하는 것이다. 이 예시에서 존은 전혀 수행하지 않았고, 여기에 대해 당혹감을 느꼈다. 지도자는 존을 판단하기보다는 정신없이 바쁜 존의 생활방식의 결과를 탐구하고 수행할 수 있는 현실적인 방식이 무엇일지 존이 생각해 보도록 도왔다. 특히 참여자들이 자기연민을 배울 때는 수행이 공식적이어야만 할 필요가 없다. 그저 자신에게 좀 더 친절하고 부드럽게 대하는 것이 중요할 뿐이다. 수치심은 새로운 습관 형성에 도움이 되지 않기에, 수행하지 않는 것에 관한 대화는 참여자의 필요와 상황을 철저히 수용하며 진행해야 한다.

집단구성원들이 서로 경험을 나눌 때는 가능한 한 수행에 기반을 둔 언급을 하도록 상기시켜 주어야 한다. 참여자가 수행과는 모호하게만 연관된 이야기를 꺼낼 때, 지도자는 참여자가 현재 말하는 내용에서의 핵심 정서를 확인하고 참여자가 여기에 자기연민으로 대응했는지 탐색하는 것이 도움이 된다. 예를 들어, 마리아나는 자신의 이웃이 당한 뺑소니 교통사고 소식에 심하게 흥분한 상태로 수업에 왔다.

마리아나: 그런 짓을 하는 사람들이 있다니, 우리는 대체 어떤 세상에 살고 있는 걸까요? 아주 속이 뒤집혀요! 그 가족들이 지금 느낄 고통을 상상할 수 있을 뿐이에요. 때론 인류는 가망 없는 존재라는 생각이 들어요.

지도자: 그래요, 이 세상에는 너무나 많은 슬픔과 너무나 많은 고통이 있지요.

마리아나: 제가 그걸 견디기 힘들어한다는 걸 발견했어요. 가슴이 아파요.

지도자: 그렇게 가슴이 아플 때 마리아나는 어떻게 반응하나요?

마리아나: 그냥 울어요. 너무 고통스럽거든요.

지도자: 교통사고 소식을 들었을 때 자기연민 브레이크를 해 볼 생각이 들었나요?

마리아나: 아니요. 못했어요. 제가 힘들 때만 하는 거지, 다른 사람들이 고통을 겪을 때 하는 건 아니라고 생각했거든요.

지도자: 그런데 마리아나 또한 고통스러워하고 있지 않나요? 비통함에 빠졌을 그 가족의 고통을 느끼면서요.

마리아나: 어떻게 보면 다른 사람의 아픔이 곧 나의 아픔인 것 같아요.

지도자: 네. 그래요. 마리아나의 이야기를 듣는 것만으로도 우리 모두 그 고통을 겪고 있지요. 우리 모두 잠시 가슴에 손을 얹고 함께 호흡해 보면 어떨까

요? (집단 전체가 함께 한다.)

마리아나: (이제 미소를 지으며) 네, 결국 우리 인간에게는 희망이 있을지도요.

이 예시에서 처음에 마리아나는 지난주에 배웠던 실습에 대한 이야기보다는 교실 밖에서 일어난 사건 때문에 자신이 얼마나 화가 났는지에 대한 이야기를 하고 싶어 했다. 지도자는 이 상황을 마리아나의 공감적 고통을 확인하고 이를 위로의 손길 수행과 보편적 인간경험으로 연결 짓는 기회로 삼았다. 결과적으로 이 탐구 과정은 모두를 위한 학습 기회가 되었다.

앞서 언급했듯이 얼마나 많이 수행하느냐보다는 어떻게 수행하느냐가 더 중요하다. 참여자 대부분은 MSC 과정 동안 자기연민 수행의 순간이 실제로는 일감이 아닌 안도감이라는 것을 발견하게 되며, 이는 자기연민 수행이 주는 자기보상이 된다. 참여자들의 삶이 프로그램이 진행되는 8주 만에 급격히 변화하지는 않겠지만 자기연민의 매 순간은 변화의 씨앗을 심는 순간이 되어 줄 것이다.

마음챙김 수행
(1분)

수행 토의를 마치고 나면 참여자들에게 오늘의 주제인 마음챙김 수행을 소개한다. 수업 내용에 대한 매우 간략한 개요와 함께 이 자료가 지금 제시되는 이유에 대해 설명하는 시간이다.

예를 들어, 지도자는 다음과 같이 이야기할 수 있다. 1회기에서는 자기연민의 의미에 대해 살펴보고, 자기연민이 받는 오해를 다루고, 자기연민 감각을 불러일으키는 간단한 전략 두 가지를 배우며 이미 자기연민 훈련의 기초를 구축했다. 이어지는 2회기의 주요 주제는 마음챙김이다. 연민 어린 반응을 하려면 우리가 고통스러워하는 순간을 자각해야 하기에 마음챙김은 자기연민의 전제 조건이 된다. 우리는 자신의 생각에 너무 쉽게 휩쓸리므로 자신의 내면에서 무엇이 일어나는지 알기 어렵다. 이런 주의집중의 어려움으로 인해 우리는 오랜 시간 고통에 사로잡히는 대가를 치른다. 우리는 이런 상태와는 반대되는 마음챙김이라는 기술, 즉 여유롭고 부드러운 자각이라는 새롭고 건강한 방식으로 우리의 정서적 불편감에 주의를 기울일 수 있다.

MSC 프로그램에서 마음챙김의 이론 및 수행에 주로 비중을 두는 회기는 2회기가 유일하지만, 연민 어린 보디 스캔, 감각하고 음미하며 걷기, 연민 어린 움직임, 힘겨운 감정 만나기 실습 등을 통해 수행 전반에서 꾸준히 지도될 뿐만 아니라 각 수행을 마치고 진행되는 탐구 과정에서도 간접적으로 다루게 된다.

1회기와 마찬가지로 2회기도 다른 회기들보다 이론 교육 구성이 많은 편이다. 참여자들이 마음챙김과 자기연민 기술을 수행하기 전에 이들에 관한 기초 개념을 구축해야 하기 때문이다. 경험적 훈련이 많으리라 기대했던 참여자들에게는 이어지는 회기들에서는 이론 교육보다 수행 비중이 더 커질 거라고 안심시킨다.

떠도는 마음
(5분)

다음은 떠도는 마음에 대해 10분 정도로 압축하여 설명할 수 있는 배경 정보이다. 참여자들이 인간의 주의는 원래 떠돌아다니도록 프로그래밍 되어 있다는 것을 이해하면 명상에서 주의가 떠돌 때 자신에게 더욱 연민 어린 반응을 하는 데 도움이 된다.

지도자는 "애정 어린 호흡 명상을 하는 동안 마음이 떠돌았다는 것을 알아차린 분 있나요?" 같은 다소 장난스러운 질문으로 토의를 시작한다. 마음챙김 명상에서 얻는 첫 번째 통찰은 상상했던 것보다 마음이 훨씬 더 많이, 자주 떠돈다는 것이다. 이는 특히 '제대로 하기'를 원하는 참여자들에게는 큰 스트레스가 된다. 수십 년 동안 명상 수행을 해 온 사람들조차 몇 초마다 자신의 주의가 호흡(또는 다른 자각의 대상)에서 벗어나 떠돈다는 것을 인정할 때면 멋쩍어한다. 묵언 수행 안거 중에는 집중력이 향상되곤 하지만, 참여자의 주의는 언제나 떠돌기 마련이다.

떠도는 마음은 지극히 정상이다. 여기에 관해 매튜 킬링스워스와 대니얼 길버트(Matthew Killingsworth & Daniel Gilbert, 2010)가 저명한 과학 학술지 『사이언스(Science)』에 발표한 연구 결과를 참여자들에게 요약해 줄 수도 있다. 이 연구에 따르면 측정 당시 마음이 떠돈다는 응답의 평균 비율은 49.6%에 달했고, 어떤 활동에서도 마음이 떠돈다는 응답률이 30% 미만으로 떨어지는 경우는 없었다(유일한 예외는 성관계를 가질 때로, 이때 마음이 떠돈다고 응답한 사람의 비율은 10%였다). 이는 아이폰 애플리케이션을 통해 '지금 얼마나 행복하다고 느끼십니까?' '지금 무엇을 하고 계시나요?(예: 업무, 독서, 쇼핑, 대화)' '지금 하고 있는 활동이 아닌 다른 것을 생각하고 계시나요?'라는 질문을 무작위 간격으로 보내어 측정한 결과이다. 연구진은 **활동 종류와는 무관하게** 마음이 떠돌 때 행복감이 덜하다는 점을 발견하였다. 그러므로 떠도는 마음은 정상이지만, 여기에는 대가가 따른다.

디폴트 모드 네트워크

마음은 왜 이렇게나 많이 떠도는 것일까? 여기에 대해 지도자는 우리의 마음은 떠돌아다니도록 프로그래밍 되어 있다고 설명할 수 있다. 우리의 마음이 떠돌 때는 **디폴트 모드 네트워크**(default mode network: DMN)라고 불리는 두뇌의 특정 네트워크 구조가 활성화된다(Gusnard & Raichle, 2001; Hasenkamp & Barsalou, 2012). 뇌영상 검사로 확인해 보면 DMN은 우리 뇌 중앙부의 전면부터 후면까지 위치해 있다. 우리가 홀로 생각에 잠길 때, 즉 과거를 떠올리고, 미래를 상상하고, 다른 사람의 관점을 취할 때가 DMN이 주로 활동하는 순간이다(Buckner, Andrews-Hanna, & Shacter, 2008).

DMN은 다음과 같은 자기참조적인 생각을 할 때도 활성화된다. "과거에 나에게 무슨 일이 일어났지? 앞으로 나에게 어떤 일이 일어날까? 지금 나는 어떻게 지내고 있지?" 분리된 자기(자아)를 창조하고 위험으로부터 이를 보호하는 것이 DMN의 주요 기능이라고 할 수 있다. 유감스럽지만 틈만 나면 자신의 안녕에 위협이 되는 것들을 찾아 헤매는 기능이 행복을 위한 처방은 아닐 것이다. 우리 인간은 행복이 아닌 생존을 위해 프로그래밍 되어 있다.

우리가 홀로 생각에 잠겨 있을 때 자신의 결점에 집중하고 이를 반추하기 시작한다는 사실은 이미 충분히 많은 연구를 통해 입증되었다(Nolen-Hoeksema, Wisco, & Lyubomirsky, 2008). 앤 라모트(Anne Lamott, 1997)의 글처럼 "내 마음은 못된 이웃이다. 그래서 나는 그곳에 홀로 방문하지 않으려 한다."

다행스럽게도, 우리의 생각을 무방비하게 내버려 두지 않을 방법이 있다. 마음챙김은 우리의 마음이 더 안전하고 행복한 이웃이 되도록 우리를 도와줄 것이다. 브루어, 개리슨과 위트필드-가브리엘리(Brewer, Garrison, & Whitfield-Gabrieli, 2013)

는 DMN의 주요 구조, 특히 후대상피질(Posterior Cingulate Cortex: PCC)이 경험 많은 수행자가 명상을 할 때 상대적으로 비활성화된다는 것을 발견했다. PCC 활성화는 자신의 경험을 마음챙김하는 상태가 아닌 경험에 '사로잡히는' 과정과 관련된다. 테일러 등(Taylor et al., 2013)은 경험이 많은 명상가에서는 명상 상태에서 벗어난 후에도 DMN 활성화가 감소된 상태가 유지된다는 것을 발견했다. 경험 많은 명상가(1,000시간 이상을 수행한 사람)와 초심자의 뇌 구조를 휴식 상태에서 fMRI로 측정한 결과, 명상가의 DMN은 초심자의 DMN보다 덜 촘촘하게 짜여 있었다. 이는 명상가는 초심자보다 떠도는 마음에 덜 사로잡히는 현상과도 일맥상통한다.

마음챙김이란 무엇인가
(10분)

MSC 참여자들의 마음챙김에 대한 이해 수준과 수행 경험의 정도는 저마다 다양하다. 다음 정보는 집단구성원의 개인적 필요에 따라 지도자가 조정하여 적용할 수 있다.

"매 순간 전개되는 경험에 현재 순간에서 의도적이고 비판적으로 주의를 기울일 때 나타나는 자각"(Kabat-Zinn, 2003, p. 145)이 마음챙김에 대한 가장 일반적인 정의이다. "수용과 함께 현재 순간의 경험을 자각하는 것"으로 마음챙김을 정의하기도 한다(Germer, 2013, p. 17). 지도자는 마음챙김의 다양한 정의를 참여자들에게 요청할 수도 있다. 그러나 궁극적으로 마음챙김은 언어로 포착할 수 없다. 비개념적이고 비언어적인 자각의 순간이 마음챙김이며, 생각과 말은 현실 자체가 아닌 현실을 나타내는 상징일 뿐이기 때문이다. 예를 들어, 우리는 사과라는 단어를 냄새 맡거나, 맛보거나, 먹을 수 없다. 마음챙김은 우리가 생각의 렌즈를 통하지 않고 세계와 직접 접촉하게 한다.

마음챙김을 실용적으로 정의한다면 '경험하는 동안 무엇을 경험하고 있는지 아는 것'일 것이다. 예를 들어, 참여자들에게 손을 들어 손가락을 꼼지락거려 보게 한다. 손가락의 꼼지락거림을 느낀다면 그것이 곧 마음챙김이다. 마음챙김 자체가 색다른 것은 아니지만, 꾸준히 마음챙김을 하는 사람은 실로 드물다. 수행이 시작되는 지점이 바로 여기이다. 마음챙김 수행이란 따뜻한 자각과 함께 현재 순간으로 몇 번이고 의식적으로 되돌아오려 시도하는 연습이다.

지도자는 참여자가 자신의 감각을 활용하여 마음챙김을 경험해 보도록 권한다.

- 청각: 눈을 감고 잠시 주위의 소리를 들어 봅니다. 그 소리가 여러분에게 오도록 합니다. 여러분이 듣는 것을 알아차리면서 들려오는 소리를 한 번에 하나씩 인식하는 내면의 끄덕임과 함께 알아차려 봅니다. 여러분이 듣는 것에 이름을 붙일 필요는 없습니다.
- 시각: 이제 눈을 뜨고, 부드럽고 넓은 시야로 바라봅니다. 다시 여러분이 무엇을 보든지, 차례로 들어오는 시각적인 인상을 알아차립니다.
- 촉각: 여러분의 손을 부드럽게 문지르면서, 손을 움직일 때 그 손이 어떻게 느껴지는지 알아차립니다.
- 후각: 여러분의 손에서 어떤 냄새가 나는지를 알아차려 보고, 냄새 맡고 있다는 것을 자각하면서 머뭅니다.
- 미각: 여러분의 입 안에 어떤 향이나 맛, 어쩌면 마지막 음식의 맛과 향이 남아 있는지 봅니다.

이후 지도자는 참여자들의 경험에 대해 몇 마디 언급을 요청한 다음, "항상 마음챙김으로 현존한다면 어떨 것 같나요?"라는 탐구 질문을 던질 수 있다. 압도당할 것 같다는 응답이 나올 수도 있다. 늘 마음챙김으로 살면 삶이 얼마나 강렬하고 통렬할지 보여 주기 위해 〈Moments〉라는 짧은 동영상(온라인에서 Moments와 Radiolab으로 검색)을 보여 줄 수도 있다.

발바닥 명상
(10분)

발바닥 명상(Singh, Wahler, Adkins, Myers, & Mindfulness Research Group, 2003에서 재구성)은 참여자가 정서적으로 압도된다고 느낄 때 마음을 진정시킬 수 있는 간단하고도 효과적인 마음챙김 수행이다. 반복해서 주의를 되돌릴 단일 정신 대상(즉, 발바닥의 감각)에 자각의 닻을 내리는 수행 방법이다. 지도자는 현재 순간 자각을 제시할 때뿐만 아니라, 이번 회기 후반부에 역류에 대해 토의할 때 역류가 나타나는 순간 착지와 안정화를 위한 수행으로도 발바닥 명상을 소개할 수 있다.

균형 잡기가 힘들거나 걷기 어려운 사람은 의자에 앉아서도 발바닥 명상을 수행할 수 있고, 이때는 걸음에 대한 지도자의 안내를 무시해도 된다고 알린다. 휠체어에 앉아 있는 사람은 발바닥 대신 휠체어를 손으로 움직이며 손의 감각에 집중하면 된다. 이 일상 수행을 실습하기에 앞서 장애를 가진 참여자와 여기에 관한 대화를 나누고 그들에게 맞추어 지도 내용을 조정함으로써 그들에게 존중을 보일 수 있다.

지도

- 마룻바닥에 맞닿아 있는 발바닥의 감각, 즉 촉각에 집중하기 시작합니다.
- 발바닥의 감각을 더 잘 느끼기 위해, 발을 앞뒤로 부드럽게 흔들고 좌우로 부드럽게 흔들어 봅니다. 서 있는 분들은 무릎으로 살짝 원을 그리면서 발바닥에서 일어나는 감각의 변화를 느껴 봅니다.
- 마룻바닥이 여러분의 몸 전체를 어떻게 지탱하고 있는지 느껴 봅니다.
- 마음이 떠돈다면, 그냥 다시 발바닥을 느낍니다.
- 이제 천천히 걸으면서 발바닥에서 일어나는 감각의 변화를 알아차려 봅니다. 발을 들어 올리고, 한발 앞으로 내딛고, 마룻바닥에 발을 내려놓는 감각을 알아차려 봅니다. 이제 다른 쪽 발을 똑같이 해 봅니다. 그런 다음 한 발씩 걸으면서 해 봅니다.
- 걷는 동안 어쩌면 내 발바닥 면적이 이렇게나 작았는지, 어떻게 이 작은 발로 몸 전체를 지탱하는지 감탄할지도 모릅니다. 원한다면, 우리의 발이 하고 있는, 평소 당연하다 여겼던 힘겨운 그 일에 감사를 전하는 순간을 가져 봅니다.
- 원한다면, 마룻바닥에 각 발걸음으로 친절이나 평화의 발자국을 남깁니다. 여러분의 인생에서 배양하고 싶은 것이 무엇이든 남기면서 걷습니다.
- 또는 걸을 때마다 여러분을 떠받치고 있는 지면을 상상할 수도 있습니다.
- 계속해서 천천히 걸으면서 여러분의 발바닥을 느껴봅니다.

• 이제 자기 자리로 돌아와서 몸 전체로 자각을 확장합니다. 무엇을 느끼든지 느끼도록 그대로 두고, 그냥 있는 그대로의 여러분 자신이 되게 합니다.

탐구

참여자들이 자리로 돌아간 다음, 지도자는 "발에 주의를 고정했을 때 무엇을 알아차렸나요?" 또는 "발에만 집중했을 때 마음이 차분해지거나 활기를 띠던가요?"라고 질문한다. 탐구 과정은 참여자들의 직접 경험을 통해 실습의 목적을 명확히 하는 데 도움이 된다. 다음은 그 예시이다.

타 냐: 저만 그랬던 건지 모르지만, 저는 걸으면서 제가 얼마나 불안정하게 비틀거리는지 알아차렸어요. 제가 얼뜨기 같았어요.

지도자: (미소 지으며) 우리 중에 불안정하게 비틀거렸던 사람이 타냐만 있던 건 아니었을 걸요. 이걸 또 알아차린 분 있나요? (교실 안 많은 사람이 손을 든다.) 그리고 얼뜨기 같다고도 느꼈다고요?

타 냐: 네. 너무 불안정하게 비틀거려서 좀 당황스러웠고, 발바닥을 느끼기보단 저 자신을 안정시키는 데 집중하고 있다는 걸 발견했어요.

지도자: 불안정하게 비틀거리는 모습을 보여 주고 싶지 않았군요.

타 냐: 네, 발레리나처럼 균형을 잡고 싶었나 보죠. (냉소적인 미소를 짓는다.)

지도자: 누군들 안 그랬을까요. 그럼 발바닥을 느끼는 것보다 자신을 안정시키는 데 더 주의를 기울였다는 걸 알아차린 건 수행을 하는 도중이었나요, 아니면 수행이 끝난 다음인가요?

타 냐: 거기에 대해 이야기가 나온 다음에야 알았어요. 자의식이 그렇게 쉽게 슬그머니 끼어들었다는 게 우스워요. 자기판단이라는 게, 참. 제 삶 속에서도 이런 경우가 많았을 것 같아요.

지도자: 저도 그래요! 자기를 판단하는 것과 우리가 지금 하는 것에 주의를 기울이는 것은 서로 반대되는 사고방식이죠. 그 점을 짚어 주어 고마워요. 이런 차이를 알아차린 게 이미 우리가 한 걸음 나아갔다는 거겠지요.

타 냐: 제가 가망 없이 불안정한 건 아니라니 다행이네요. (미소 지음)

이 탐구 과정은 타냐의 마음챙김 근육을 강화하는 데 도움이 되었다. 타냐는 실습 도중에 자신이 걸으면서 불안정하게 비틀거린다는 점을 알아차렸고, 당황해하며 자기비판을 하기 시작했다("너는 얼뜨기야."). 그리고 나머지 실습 동안에는 좀 더 안정되게 걸으려 노력하며 시간을 보냈다. 지도자는 부드럽게 질문하며 타냐(그리고 집단 전체)에게 감각에 대한 마음챙김 실습의 목적을 상기시켰고, 자의식과 자기판단이 얼마나 쉽게 우리의 주의와 경쟁하는지 강조했다. 특히 이 회기는 MSC 초기 회기이므로, 타냐를 과도하게 노출시키지 않기 위해 지도자는 타냐의 개인적인 자기판단 경향보다는 자기판단의 보편성에 초점을 맞추었다.

휴식
(15분)

지도자는 회기 중 어느 때라도 휴식을 제안할 수 있다. 지도자 스스로 피로를 느끼거나 참여자가 들썩이고 산만해지는 것 같으면 휴식을 취할 때가 되었다는 신호이다. 아무리 시간에 쫓기더라도 2시간 45분에 걸친 수업 시간 중 15분은 휴식에 써야 한다.

연착륙 명상
(2분)

매 회기에 2분 정도 길이로 맞춘 새로운 수행을 연착륙 명상으로 제시한다. 이 명상은 참여자들이 경험에 편히 안착할 수 있도록 몇 마디, 몇 가지 요소만으로 간단히 구성해야 한다. 이번 연착륙 명상에서 활용할 수 있는 수행은 소리에 주의 기울이기, 발바닥 감각 느끼기, 위로의 손길, 부드러운 발성('아~' '아우~'), 내면의 미소, 자기연민 브레이크의 세 가지 요소(스트레스 수인하기, 보편적 인간경험 인식하기, 자기친절의 말 제공하기), 호흡의 부드러운 리듬으로 자신을 위로하기 등이 있다. 다음은 2회기 연착륙 명상의 예시이다.

- 2분 동안 현재의 순간에 안주하기 위해 배웠던 수행을 실천해 봅니다.
- 눈을 부분적으로 또는 완전히 감고, 여러분의 몸이 어떻게 호흡하는지 알아차려 봅니다. 호흡을 할 때 마다 가슴이 팽창하고 수축하는 것을 느껴봅니다.
- 이제 그저 바다처럼 일어났다가 가라앉는 호흡의 부드러운 리듬에 초점을 맞춰 봅니다. 그리고 호흡에 의해 여러분 자신이 부드럽게 유지되고, 흔들리도록 내버려 둡니다. (1분 간격)
- 부드럽게 눈을 뜹니다. 감사합니다.

저항 내려놓기
(10분)

마음챙김의 두 가지 주요 측면은 현재 순간의 자각과 수용이다. 수용의 반대는 저항이다. 우리의 매 순간 경험이 있는 그대로가 아닌 무언가 다른 것이어야 한다고 믿을 때 발생하는 투쟁이 곧 저항이다. 지도자는 참여자들이 저항의 개념을 이해하고 참여자의 일상에서 저항이 일어나는 순간을 알아차리도록 도와야 한다. 불필요한 저항을 인식하고 놓아주는 과정이 고통을 줄일 뿐만 아니라 마음챙김과 자기연민 수행의 핵심이기 때문이다. 지도자는 다음 단락 내용을 이용하여 저항에 대해 간결하게 지도할 수 있다.

지도자는 저항의 정의를 제시한 다음, "우리가 저항하고 있다는 것을 어떻게 알 수 있을까요? 저항의 증상과 징후는 무엇일까요?"라고 질문하며 참여자의 관심을 이끌어 낸다. 우리의 주의가 불쾌한 사건에서 튕겨져 나올 때, 쉴 새 없이 걱정할 때, 근육이 긴장할 때(신체 부상을 막기 위해 방패를 두르듯), 무의미한 오락으로 주의를 흩트릴 때, 우리가 느끼는 것을 회피하기 위해 과도하게 먹고 마실 때를 저항의 예로 들 수 있다.

저항이 없다면 우리는 일상 경험의 강렬함에 쉽게 압도당할 것이다. 시인 에밀리 디킨슨(Emily Dickinson, 1872)은 "삶이란 놀랍도록 선명하여 다른 여지를 주지 않는다."라고 쓰기도 했다. 저항은 우리의 기능에 도움이 되지만, 대가 또한 치르게 한다. "저항하면 지속된다."라는 말도 있지 않은가. 사랑하는 사람을 잃거나, 부상을 입고 질병을 앓게 되거나, 재정적인 어려움을 겪듯이 삶에서 고통은 불가피하게 일어나지만 우리는 이에 저항하며 고통을 연장시키고 증폭시킨다. 예를 들어, 한밤중에 깨었을 때 다시 잠에 들려 몸부림을 치면 어떤 일이 일어날까? 이 투쟁은 오히려 우리를 더 오래 깨어 있게 하지 않을까? 단 하루 잠들지 못한 날이 시간이 흐르며 심각한 불면증으로 악화될 수도 있다. 이와 마찬가지로 비통함과 싸우면 비통함은 우울증이 되고, 불안을 회피하려 애쓰면 불안이 공황장애가 되기도 한다. 한 참여자는 "딸이 데리고 온 형편없는 남자친구와 싸우면 무슨 일이 일어나는지 아세요? 형편없는 사위를 얻게 된답니다!"라는 농담을 던지기도 했다.

명상 지도자 신즌 영(Shinzen Young, 2017)은 저항의 위력을 보여 주는 기발한 공식 '고통=아픔×저항'을 만들어 냈다. 아픔은 피할 수 없지만 고통은 선택이다. 저항이 없으면 고통은 영(0)에 수렴한다. 그러나 유감스럽게도 저항은 대부분 무의식적으로 일어난다. 우리의 경험이 있는 그대로가 아닌 다른 것이기를 바라며, 경험과 투쟁하고 회피하는 무수히 많은 무의식적 방법으로 저항은 일어난다. 지그문트 프로이트(Sigmund Freud)가 제시한 방어기제(부정, 투사, 해리 등)를 무의식적인 저항의 예로 볼 수 있다. 저항은 우리 인간의 마음에 기본적으로 내장되어 있다.

저항의 반대 개념을 '느낀다면 치유할 수 있다'로 표현할 수도 있다. 우리가 매 순간 느끼는 불편함을 **수용**하면 그 자체에서 변화가 일어날 가능성이 커진다.

저항을 극적으로 보여 주고자 한다면 〈The Fly〉라는 짧은 동영상(송한진 제작, 온라인에서 The Fly와 mindfulness로 검색 가능)을 보여 줄 수 있다. 이 영상에서 한 무도인은 명상을 하다 귀찮은 파리 한 마리 때문에 짜증이 난다. 그는 칼로 파리를 반으로 토막 내어 죽이려 하지만, 반으로 잘린 파리는 순식간에 두 마리의 파리가 된다. 이 과정이 반복될수록 파리는 무수히 늘어날 뿐이다. 마침내 그는 이 투쟁에 지쳐 쓰러지고, 파리 떼 한가운데서 명상을 하기로 한다. 그가 꽉 쥐었던 주먹을 펴자 단 한 마리의 파리가 날개를 펴고 멀리 날아가는 것으로 이 동영상은 끝이 난다.

우리의 삶도 이와 같지 않은가? 손을 펴기보다는 주먹을 꽉 쥔 채 애써 견디며 살고 있지는 않은가? 이것이 바로 저항이다. 다행스럽게도, 우리는 투쟁을 내려놓고 매 순간 경험과 더욱 원만하게 살아갈 수 있다. 이것이 바로 **마음챙김**이다. 우리는 또한 더 나은 사람이 되려고 우리 자신과 벌이던 끊임없는 투쟁도 내려놓고 있는 그대로의 자신과 친해지는 법도 배울 수 있다. 이것이 바로 **자기연민**이다. 저항의 강력한 해독제가 마음챙김과 자기연민인 것이다.

우리는 어떻게 자신에게 불필요한 고통을 초래하는가 (20분)

마음챙김과 저항의 개념을 소개하고 나서 지도자는 저항이 집단구성원의 삶의 질에 직접 미치는 영향을 들여다보게 하는 실습을 진행한다. 그리고 마음챙김과 자기연민이 불필요한 저항을 줄이는 데 어떻게 도움이 될지 탐구한다. 이 실습에는 필기구가 필요하다.

지도

- 현재 여러분의 삶에서 원치 않는 실제 경험에 저항하고 있는 상황을 떠올려 봅니다. 여러분은 그 저항이 불필요한 고통을 가져오고, 실제로 상황을 더 악화시킬 수도 있다고 여깁니다. 여기서 말하는 저항이란 부당함에 대항하는 것이 아닙니다. 우리가 즐겁지 않은 무언가에 저항할 때, 우리가 어떻게 느끼는지를 살펴볼 것입니다. 그리고 단지 실습을 위한 것이므로 크게 심각하지는 않은 상황을 선택합니다. 시끄러운 이웃에게 화가 난다거나, 세금 납부를 미루고 있거나, 수다스러운 친구의 전화를 받지 않는 것 같은 비교적 가벼운 상황을 선택하기 바랍니다[지도자 자신의 일상에서 예를 들 수도 있다]. 또한 이 내용을 소집단에서 서로 나눌 것이므로, 다른 사람과 편안하게 나눌 만한 상황을 선택해서 종이에 적길 바랍니다.
- 여러분이 저항하고 있다는 것을 어떻게 알 수 있나요? 몸이나 마음에 어떤 불편감이 있나요? 그것에 대해 묘사할 수 있을까요?
- 저항이 어떤 방식으로 여러분에게 이득이 될 수 있을까요? 일시적으로 대처하는 데 저항이 도움이 되나요? 만일 힘겨운 감정이 일어난다면, 부디 여러분 자신에게 친절하기 바랍니다. 저항이 여러분을 이 세상에서 기능할 수 있게 하는

것을 알아주고, 여러분의 저항을 존중해 주길 바랍니다.

- 저항이 여러분에게 도움이 안 될 수도 있을까요? 예를 들자면, 만약 여러분이 저항을 멈추거나 조금 줄인다면 여러분의 삶은 어떻게 더 편해질까요?
- 이제 마음챙김이나 자기연민이 어떻게 이러한 상황에서 여러분의 저항을 줄이는 데 도움이 될지 생각해 봅니다. 예를 들어, 자기연민 브레이크의 요소를 사용해 봅니다. 아픔을 인정하고("이건 참 힘들다."), 보편적 인간경험을 이해하고("이런 상황에서는 사람들이 이렇게 느끼지."), 자신에게 친절을 제공합니다("네 잘못이 아니야." "내가 너를 지지하기 위해 여기 있어.").

토의

집단구성원은 짝을 지어 각자 5분씩 자신의 상황에 대해 말하고 마음챙김과 자기연민이 어떻게 그 상황을 편안하게 할 수 있을지에 대해 토의한다. 지도자는 현재 겪고 있는 개인적 어려움을 낯선 이들과 나누는 시간은 누구에게나 취약한 느낌을 들게 한다는 점을 인지하고, 참여자들이 편안하다고 느낄 정도로만 토의하게 해야 한다. 또한 소집단에서 상대방의 사생활을 존중하고, 열린 가슴으로 경청하며, 충고하지 않도록 강조해야 한다.

탐구

소집단 대화를 마친 다음 집단 전체가 짧은 탐구 시간을 가진다. 다음은 참여자의 삶에서 마음챙김이 어떻게 불필요한 저항을 극복하는 데 도움이 될지에 초점을 맞춘 대화 예시이다.

지도자: 마이클은 무엇을 발견했나요?

마이클: 저는 사이클 선수예요. 매일 자전거를 타죠. 가끔은 정말 훌륭한 선수인 친구와 함께 타는데, 그 친구가 항상 "나는 언덕이 너무 좋아."라고 말하거든요. 그 말을 들을 때마다 그 친구가 저보다 나은 선수라는 생각이 들어서 짜증이 나요. 어쨌든 함께 달리다 가파른 언덕이 나오면 저는 고통

과 피로감에 대비하는데, 언덕을 오를 때 제가 얼마나 끔찍하다고 느낄지, 얼마나 오래 견뎌야 할지 예상해요. 심지어 가끔은 집을 나서기 전부터도 언덕을 떠올리다 지친다고 느낄 때도 있어요.

지도자: 그리고 이 실습에서 새로운 것을 발견했나요?

마이클: 웃기는 건 제가 운동을 정말 좋아하고, 일단 넘고 나면 그 언덕 때문에 기분이 좋아진다는 거예요. 언덕을 넘으려 할 때 스스로 삶을 비참하게 만드는 걸 그만해야 할 것 같아요.

지도자: 언덕에 대한 마이클의 저항이 어떤 식으로 도움이 되었는지 궁금하네요.

마이클: 저도 거기에 대해 생각해 봤는데요. 제 일부는 운동 훈련이 아니라 그저 즐기기를 바라는 건 아닐까 싶어요.

지도자: 그럴 수 있겠네요. 엉뚱한 질문이긴 한데, 마이클이 언덕을 즐길 수 있는 방법도 있을까요?

마이클: 어려운 주문이네요! 언덕을 오를 때 허벅지의 후끈거리는 느낌에 초점을 맞춰서 좋은 일로 볼 수도 있을 것 같아요. 그건 정말 좋은 일이거든요. 그저 느낌만 안 좋을 뿐이죠. 생각 좀 해 봐야겠어요.

지도자: (장난스러운 미소를 지으며) 아무튼, 마이클의 친구가 언덕에 대해 한 말도 진심은 아닐 것 같아요.

이 실습에서 마이클은 저항을 인식하고 저항이 사이클링의 즐거움을 어떻게 감소시켰는지 알 수 있었다. 지도자는 마이클이 신체 단련으로 발생한 아픔을 마음챙김으로 포용하게 이끌면서도, 조언하는 선에서 탐구를 마무리하며 마이클의 도전을 열린 결말로 만들었다.

다음은 실습에서 더욱 도전을 경험했던 다른 집단구성원과 진행한 탐구의 예이다. 어려움을 겪는 참여자가 고립감을 느끼지 않게 하고, 탐구 과정을 모두를 위한 학습 기회로 삼을 수 있다는 점에서 도전에 관한 물음은 중요하다.

홀 리: 우리를 고통스럽게 하는 것에 열려 있어야 한다고 말씀하셨는데, 저는 그렇게 되면 제대로 못 살 것 같아요. 치매에 걸린 아버지를 돌보려고 최근에 일을 그만두었거든요. 너무 힘든 상황인데, 이 생각만 하면 너무 압도

되면서 어찌해야 할지 전혀 모르겠어요.

지도자: 그래요, 홀리. 정말 힘들겠네요. 지금 이 교실에도 홀리가 무슨 말을 하는지 알 만한 사람이 한둘쯤은 있을 거예요.

홀 리: 저 혼자 이런 건 아니란 걸 알아요. 저희 세대 모두가 이러고 있죠. 대처하는 차원에서 하루에 한 번씩은 그걸 받아들이고 있어요.

지도자: 좋은 방법인 것 같네요. 홀리의 몸에서 스트레스를 가장 잘 느끼는 부위가 어디인지, 지금 이 순간 말할 때도 어디에서 가장 스트레스가 느껴지는지 물어봐도 될까요?

홀 리: 가슴 한가운데에요. 제 존재의 중심이죠.

지도자: 잠시 가슴 위에 손을 얹고 자신에게 약간의 친절을 전할 수 있을까요? (모두 5초 동안 침묵한다.)

홀 리: 진정은 되는데, 제 상황이 바뀌는 건 아니잖아요.

지도자: 알아요. 저도 홀리가 그런 일을 겪지 않아도 되길 바라요.

홀 리: (잠시 침묵) 네.

지도자: (멈춤) 홀리가 그 상황에 처해 있는 동안 자신을 지지할 수 있는 무언가가 있을까요?

홀 리: 그냥 너무 끔찍해요. 이건 불공평해요. (흐느끼기 시작한다.)

지도자: (좀 더 나직하게) 가끔 우리가 아무것도 할 수 없을 때도 있죠. 잠시 우리 모두 그저 함께 머무를 수 있을까요?

홀 리: (계속 흐느끼는 동안 한 참여자가 휴지를 건네고, 다른 참여자가 팔로 감싼다.) 감사합니다.

지도자: (집단을 향해) 이것이 말로 표현할 수 없는 진정한 열림입니다.

홀 리: (위로하는 사람들에게) 정말 감사합니다. 전 괜찮을 거예요.

지도자: 그럴 거라고 확신합니다. 하지만 시간은 걸리겠지요. 우리와 나누어 주어서 감사합니다.

홀리는 죽어 가는 아버지를 돌보는 상황에 이미 압도당해 있었고, 거기에 '열려' 있게 되면 자신이 처한 역경에 더욱 압도되리라고 믿었다. 홀리는 아버지의 병환뿐만 아니라 경력 단절에 대한 비통함의 자연스러운 결과이자, 이렇게 불공평한 상황에 처한 것에 대한 저항의 한 형태로 분개했다. 홀리가 몸에서 저항이 자리한 곳을 찾아내고 집단의 친절과 지지를 경험하자 조금은 저항을 내려놓고 안도의 눈물을 경험할 수 있었다. 탐구 과정 동안 저항에서 어떻게 풀려날 수 있는지를 보여 주는 예시였다.

역류
(15분)

역류(backdraft)란 우리가 자신에게 연민을 전할 때 나타나는 고통을 일컫는다. 자기연민 훈련 중 나타나는 불편한 감각, 생각, 감정을 설명하기 위해 역류를 이 시점에서 소개한다. 참여자들은 프로그램 진행 동안 역류에 저항할 수밖에 없기에 저항에 대한 토의 다음에 역류를 다루는 것이다. 역류는 자기연민으로 정서가 탈바꿈되는 과정에서 중요한 부분을 차지하며, 역류를 확인하고 나면 참여자들이 이를 더욱 효과적으로 작업할 수 있다. 역류를 주제로 제시하는 예는 다음과 같다.

지도자는 "자기연민을 수행하며 때때로 기분이 좋았던 분은 손을 들어 주세요. 기분이 나빴던 분? 아무 느낌이 없던 분?"이라고 질문하며 이야기를 시작한다. 연민은 긍정적인 감정이므로 좋은 기분이 들었던 건 그럴 만하다. 주의가 흩트려졌거나 정서적으로 닫혀 있었다면 아무것도 느끼지 못했을 것이다. 그런데 자기연민을 수행하는 데 불편한 생각, 감각, 감정은 왜 일어났던 것일까?

우리가 기분이 더 나빠지는 이유 중 하나로, 우리가 무엇인가를 알려면 빛과 어둠, 높음과 낮음, 추위와 더위처럼 **대조**가 필요하다는 점을 들 수 있다. 자기연민은 우리 삶 속 관계의 매트릭스에서 대조를 이루며 작동한다. 우리가 자신에게 조건 없는 사랑을 주려고 하면 사랑받지 못했던 상황을 발견하게 되는 것이다. 만약 자신에게 "내가 나 자신을 있는 그대로 사랑하기를."이라고 말할 때, "자만하지 마!" "이 바보야, 너는 왜 그것도 못하니." "또 시작이네. 넌 원래 글러먹었어."와 같이 우리 자신에게 오랫동안 들려주던 반대 메시지가 떠오른다.

이러한 현상에 대한 은유가 바로 **역류**이다(Germer, 2009, pp.150-152). 역류란 원래 소방관들이 사용하는 용어로, 불이 났을 때 산소가 고갈된 상태에서 열린 문이나 창문으로 신선한 산소가 들어오면 불이 극적으로 거세게 타오르게 되는 현상을 언급한다. 자기연민으로 우리의 가슴이 열릴 때 비슷한 현상이 발생한다. 우리의 가슴에는 많은 아픔이 있으며, 아픔 중 어떤 것들은 일상에서 기능하기 위해 밀쳐 두었던 오래된 상처이다. 우리가 사랑을 느끼고 가슴의 문이 열리면 사랑이 그 안으로 들어가 고통이 드러난다. 지난 회기에도 언급했듯이 '사랑은 자신이 아닌 모든 것을 드러낸다.' 이때 나타나는 힘겨운 감정들은 자기연민이 만드는 것이 아니다. 자기연민으로 아픔을 경험할 수 있을 만큼 충분히 안전하고 안정된 감각을 느끼기에 오랜 아픔을 그저 다시 경험하게 된 것이다.

극적인 느낌은 덜하지만, 혹한의 날씨에 손이 무감각해졌다가 따뜻한 곳에 가면 손이 아파오기 시작하는 현상을 역류의 또 다른 은유로 들 수 있다. 이때 느끼는 아픔은 우리의 손이 따뜻해지고 있다는 것을 의미하므로 실제로는 좋은 징후이다. 이와 마찬가지로 살면서 아픔에 무감각해졌던 우리가 자기연민으로 따뜻해지기 시작하면 숨겨져 있던 아픔이 스스로 모습을 드러낸다.

역류는 정신적·정서적·신체적으로 경험된다. 다음은 역류의 몇 가지 예시이다.

- 정신적: '나는 혼자다.' '나는 실패자다.' '나는 가치가 없다.'
- 정서적: 수치, 두려움, 비통함
- 신체적: 신체적 기억, 아픔, 통증

지도자는 훈련에서 참여자들이 이미 경험했던 역류가 어느 종류에 해당하는지 물어볼 수 있다.

역류는 치유 과정의 한 부분이다. 우리는 마음챙김과 자기연민으로 오랜 상처를 활성화시킨 다음, 이 상처를 마음챙김과 자기연민으로 마주하며 탈바꿈시킨다. 이 과정을 통해 우리는 우리 자신을 '재양육'하는 기회를 가진다. 어린 시절 우리가 놓쳤던 친절과 이해를 우리 자신에게 전하는 것이다(Shonin & Van Gordon, 2016).

역류가 본질적인 문제인 것은 아니다. 문제는 극심한 고통을 불러일으키는 역류에 대한 우리의 본능적인 저항이다. 역류에 대한 저항의 예로는 근육의 긴장, 사회적 고립, 과도한 지식화, 자신이나 타인을 향하는 비난, 멍해지거나 해리되는 상태를 들 수 있다. 마음챙김과 자기연민은 역류에 대한 우리의 저항을 줄이며 덜 고통스럽게 역류와 마주하게 돕는다. 이때 역류는 '피바람'이 아닌 '피어남'이 된다.

역류는 실제로 좋은 징후이다. 자기연민 훈련이 효과를 나타내기 시작했다는 신호이기 때문이다. 소방 활동과 관련된 은유를 확장해 보면, 소방관들은 닫힌 문 뒤에 불이 타오르고 있다는 것을 알 때, 벽이나 창문에 이쑤시개 크기 정도로 작은 구멍을 내어 산소가 천천히 유입되게 한다. 이와 마찬가지로 자기연민은 천천히, 조심스럽게 수행해야 한다. 우리가 다정한 자각으로 우리 자신과 우리의 경험을 수용하는 능력을 개발할수록 역류는 가라앉을 것이다. 4세기 기독교 성녀 신클레티카(Amma Syncletica)의 은유를 또 다른 예로 들 수도 있다. "불을 지피려는 사람은 처음에는 연기로 눈물을 흘려야 하지만 마침내는 자신이 구하려던 불을 얻게 된다." (Chittister, 2000, p.40에서 인용)

역류는 대개 '연민 공포'와 관련된다(Gilbert et al., 2011; Kelly et al., 2013). 이때 우리가 두려워하는 것은 연민 그 자체가 아니라 우리 자신에게 연민을 전할 때 겪게 되는 불편함이다. 자기연민 수행이 우리의 개인적 또는 문화적 가치에 반할 때도 역류를 두려워하게 된다(Robinson et al., 2016).

심리치료자를 겸하는 MSC 지도자라면 역류를 경험하는 집단구성원의 정서적 이력을 탐색하고픈 유혹을 받을 것이다. 선한 의도가 불러온 충동이겠지만, MSC 지도자로서 참여자에게 이러한 작업에 필요한 만큼 개인적 관심을 기울이기는 어려울 것이다. 역류의 내용으로 깊이 들어가길 바라는 참여자에게는 개인 상담을 받도록 권해야 한다(4부 참조).

역류와 작업하기

참여자들에게 역류와 작업하는 다양한 방법을 지도한다. 첫 번째 방법은 자각의 배경에 공간을 만들어 역류가 그 안으로 스며들게 허용하고, 저절로 사라지는지 지켜보는 것이다. 두 번째 방법은 역류가 발생했을 때 하고 있던 수행을 줄이는 것이다. 역류가 여전히 문제로 남아 있다면, 마지막 방법은 ① 주의를 조절하여 감정을 조절하거나 ② 일상생활에서 마음챙김과 자기연민을 수행하는 것이다.

주의 조절하기

우리의 주의를 어디에 어떻게 두는지(마음챙김)가 우리의 정서에 영향을 미친다. 주의 분산은 정서 조절의 핵심 측면이다(Denkova, Dolcos, & Dolcos, 2014). 다음과 같은 마음챙김 수행을 역류에 적용해 볼 수 있다.

- 역류의 경험에 이름을 붙인다. "오, 이것이 역류구나!"
- 가장 강한 감정에 이름을 붙이고 친절한 목소리로 그 감정을 수인한다("아, 이건 비통함이구나.").
- 감정이 몸의 어느 부위에 머물고 있는지 탐색한다. 아마도 뱃속의 긴장이나 가슴 부분의 공허함일 수 있다. 그리고 자신에게 위로의 손길을 보낸다(16장에서 제시되는 6회기에서 이 부분을 더 자세히 탐색할 것이다).
- 호흡과 같은 몸 안의 중립적인 초점으로 주의를 되돌린다. 또는 발바닥과 같은 몸의 경계에 있는 감각이나, 주변 소리와 같은 바깥세상의 감각 대상 등 무엇이든 가장 용이한 중립적인 대상으로 초점을 되돌린다.

일상생활에서의 마음챙김과 자기연민

만일 역류가 지속되어 정서적 괴로움이 일어난다면, 참여자들은 자신이 하고 있던 정신 수행이 무엇이든 일단 멈추고 행동 수행에 초점을 맞추어야 한다. 이것이 MSC 안전 수칙이다. 행동 수행이란 우리가 일상에서 이미 즐겁게 해 온 것들을 우리 자신을 돌보는 수단으로 실천하는 것이다. 이어서 소개하는 행동 수행은 일상생활에서의 마음챙김과 일상생활에서의 자기연민 수행이다.

일상생활에서의 마음챙김
(5분)

마음챙김은 그저 전략이나 기술이 아닌 우리가 살아가는 방식이므로, 우리는 일상에서 언제라도 마음챙김을 수행할 수 있다. 샤워하며 등에 흐르는 물줄기를 느끼고, 음식의 맛을 음미하며, 밤중에 들려오는 귀뚜라미 울음을 듣는 것도 마음챙김이다. 마음챙김은 우리를 현재 순간 '집'으로 돌아오게 한다. 그러나 소란한 삶 속에서 마음챙김을 하려면 우리는 마음챙김을 하겠다고 의식적으로 선택해야 한다. 일상을 마음 챙겨 경험하고자 한다면 다음 단계를 따른다.

지도

- 일상적인 활동을 선택합니다. 아침에 따뜻한 차나 커피 마시기, 양치질, 또는 샤워하기 등을 선택할 수 있습니다. 너무 많은 주의가 분산되기 전, 하루 중 가능한 한 일찍 일어나는 활동을 선택합니다.
- 감각적인 경험 하나를 선택합니다. 여러분이 마시는 커피 맛의 감각이나 샤워를 하는 중에 몸에 닿는 물의 감각과 같이 활동 중에 탐색할 감각적인 경험 하나를 선택합니다.
- 그 경험에 흠뻑 빠져들어 마음껏 음미합니다. 마음이 떠도는 것을 알아차릴 때마다 반복해서 마음을 그 감각으로 되돌립니다.
- 그 활동이 끝날 때까지 그 활동을 향해 부드럽고 친절한 자각을 가져옵니다.

이 실습을 집단구성원들과 함께 살펴본 다음, 지도자는 다가오는 한 주 동안 참여자들이 마음챙김을 해 보고자 하는 활동 한 가지를 선택해 보기를 요청한다. 아울러 일상에서 마음챙김을 할 가능성을 창의적으로 살펴보는 데 영감을 줄 수 있는 예시들을 들어 달라고 요청한다.

일상생활에서의 자기연민
(5분)

MSC의 목표는 일상에서 자기연민을 전하며 사는 것이다. 이는 많은 이에게 동떨어진 꿈같이 보일 수도 있지만, 우리 대부분은 삶 전반에서 이미 자신을 돌봐 왔기에 우리가 예상하는 것보다 이 목표에 더 가까이 있다. 고통을 완화하고자 하는 의식적인 의도를 가지고 실천하는 자기돌봄은 곧 자기연민이 된다. 이는 삶에서 우리 자신을 위해 제공하는 자기연민의 중요한 양의 형태 중 하나이기도 하다.

지도자는 "여러분이 이미 하고 있는 자기돌봄 활동으로는 무엇이 있나요?"라는 질문으로 수행을 시작하며, 참여자들이 하는 자기돌봄 활동 세 가지를 적어 보도록 요청한다. 그다음 '팝콘 스타일'(10장 참조)로 참여자들이 자신을 위해 하는 활동을 나누어 보게 한다. 여러 활동을 아우르기 위해 지도자는 다음과 같은 자기돌봄 활동 범주를 염두에 두고 있어야 한다.

- 신체적: 운동하기, 마사지 받기, 따뜻하게 목욕하기, 차 마시기
- 정신적: 명상하기, 재미있는 영화 보기, 영감을 주는 책 읽기
- 감정적: 시원하게 울기, 애완동물 쓰다듬기, 음악 듣기
- 관계적: 친구들 만나기, 생일 카드 보내기, 게임 하기
- 영적: 기도하기, 숲에서 걷기, 다른 사람 돕기

물론 일상에서 고군분투할 때 이러한 자기돌봄 활동을 떠올릴 수 있는지가 무엇보다 도전이 되는 지점일 것이다.

지금-여기 돌멩이(선택)
(5분)

현재 순간, 특히 정서적 괴로움 한가운데에서 주의의 닻을 내리기 위한 또 다른 수행 방법은 바로 지금-여기 돌멩이 연습이다. 이 수행은 자연석을 즐기는 기법인 '수석' 감상을 각색한 것이다(Covello & Yoshimura, 2009). 이 수행에서는 어느 정도 크기(3~5cm)의 광택이 나는 돌멩이가 필요하다. 참여자들에게 이런 돌멩이를 챙겨 오라고 요청할 수도 있고, 온라인에서 지도자가 직접 구매할 수도 있다. 돌멩이를 문지르는 감각은 참여자가 현재 순간으로 되돌아올 때 사용된다. 참여자가 자신의 돌을 즐기게 하면 이는 또한 음미하기 수행이 된다.

지도자가 돌멩이를 준비했다면 접시 위에 돌들을 올려놓고 참여자들에게 가장 마음에 끌리는 돌을 고르게 한다. 이 과정이 실습을 진행하기 전, 휴식이 끝날 때 즈

음 시작되어야 참여자들이 준비를 끝마칠 수 있을 것이다.

지도

- 돌멩이를 주의 깊게 탐색하기 시작합니다. 색깔, 각도, 돌의 구부러진 선에 따른 빛의 굴절 등을 알아차립니다.
- 자신이 돌을 즐기도록 허용합니다.
- 이제 눈을 감고 돌멩이에 닿는 촉감을 탐색합니다. 먼저 돌을 손으로 감싸 쥐고 단단함을 느낍니다. 그리고 돌멩이의 질감을 알아차립니다. 부드러운가요? 거친가요? 온도는 어떤가요?
- 다시 눈을 떠 나의 시선이 돌멩이에 빠져들게 하고, 이 아름다운 돌멩이를 만지는 경험에 흠뻑 젖어 봅니다.
- 여러분이 감상하며 돌에 집중할 때, 과거나 미래에 대한 후회나 걱정할 여지가 거의 없음을 알아차립니다. 여러분은 현재 순간의 집에 있습니다.
- 여러분의 지금-여기 돌멩이를 집에 가져가셔도 됩니다. 돌멩이를 주머니에 넣고 다니다, 스트레스를 느낄 때면 돌멩이를 느끼며 문지르는 감각을 즐기고 현재 순간으로 되돌아옵니다.

마음챙김과 자기연민
(10분)

이 주제는 참여자들이 2회기 전체를 이해하는 데 도움이 될 뿐만 아니라, 자기연민과 마음챙김의 개념적 관계를 이해하는 데도 특히 도움이 된다. 경험이 많은 마음챙김 명상가들은 이 둘의 관계에 대해 특별한 호기심을 보인다. 회기 막바지에 이 주제가 제시되므로, 지도자는 가능한 한 간결하면서도 상호작용을 통해 이를 전달해야 할 것이다.

마음챙김 수행자들은 마음챙김이 자기연민 훈련에 어떻게 통합되는지 궁금해한다. 자기연민 훈련에서 마음챙김의 주요 역할은 다음과 같다.

① 우리가 고통할 때, 고통하고 있다는 사실을 알게 한다. 연민 어린 반응을 하려면 고통을 자각해야 한다.
② 정서적으로 압도될 때 현재 순간 경험에 자각의 닻을 내리고 안주하게 한다.
③ 몸에서 힘겨운 감정을 찾아낸 다음, 마음챙김 자각으로 그 감정과 연결되면 감정을 다룰 수 있다.
④ 연민이 평정심, 고요함, 여유로운 자각과 균형을 이루게 한다. 연민 어린 행동을 선택하려면 안정된 마음이 필요하다.

마음챙김과 자기연민은 서로 어떤 관계일까? 우리가 고통을 마주할 때 자기연민은 마음챙김의 핵심이다(Germer & Barnhofer, 2017 참조). 따뜻함은 공간을 창조하고, 공간은 따뜻함을 창조한다. 자기연민이 만들어 내는 공간 없이는 힘겨운 과정을 견뎌 낼 수 없다. 역으로 자기연민이 되고자 할 때도 마음챙김이 필요하다. 마음챙김과 연민 모두가 만개할 때 서로 함께 현존하는 것이다. 그러나 우리의 마음챙김과 자기연민은 대개 욕망, 혐오, 혼란으로 얼룩져 일부로만 존재하거나 불완전하므로, 능숙하게 수행하려면 마음챙김과 자기연민의 차이를 이해해 두는 것이 좋다. 마음챙김과 자기연민에 관한 현대적 이해에서 둘 사이의 주요 차이점은 다음과 같다.

- 마음챙김은 경험에 대한 애정 어린 자각이지만, 자기연민은 경험하는 사람에 대한 애정 어린 자각이다.
- 마음챙김은 "지금 내가 무엇을 경험하고 있는가?"를 묻고, 자기연민은 "지금 나에게 무엇이 필요한가?"를 묻는다.
- 마음챙김은 "폭 넓은 자각으로 당신의 고통을 느끼라."라고 말하고, 자기연민은 "당신이 고통을 겪을 때, 당신 자신에게 친절하라."라고 말한다.
- 마음챙김은 주의를 통해 정서를 조절하고, 자기연민은 연결을 통해 정서를 조절한다.
- 마음챙김은 평온하고, 자기연민은 따뜻하다.

마음챙김과 자기연민의 상대적 이점에 대해 논쟁이 벌어질 수도 있겠지만, 마음챙김과 자기연민은 서로 다투지 않는다. 이 둘은 서로에게 '가장 친한 친구'이기 때문이다.

종합하자면, 마음챙김과 자기연민은 고통을 완화하는 강력한 공식을 만들어 낸다. 우리가 정서적으로 압도되어 우리 자신을 위한 공간을 만들어 낼 수 없을 때도 우리는 여전히 우리 자신에게 연민을 전할 수 있다. 달리 말하자면, 우리의 소중한 친구에게 하듯 우리 자신에게 초점을 맞추고 우리의 아픔을 수인할 수 있다. 마음챙김과 자기연민 모두 우리가 삶 속에서 저항을 줄이게 하여 우리의 고통을 완화한다.

우리의 자각에 따뜻함과 친절함을 더하는 자기연민이 마음챙김보다 더 의도적이라고 여길 수도 있기만, 그렇다고 해서 자기연민에 마음챙김보다 더 큰 노력을 들여야 하는 것은 아니다. 자기연민은 고통을 밀쳐내는 것이 아니라 저항을 내려놓고 고통의 열기로 우리의 가슴이 녹아내리도록 허용하는 것이다. 우리가 고군분투하고 있을 때 자신에게 연민을 전하는 것은 기분이 나아지기 위해서가 아니라 기분이 나쁘기 때문이라는 사실이 자기연민이 가진 역설이다. 독감에 걸린 아이를 그 예로 들 수 있다. 독감에 걸린 아이에게 우리는 자연히 친절해진다. 친절이 병을 낫게 해서가 아니라 그저 아이가 아프기 때문이다. 우리의 기분이 좋지 않을 때도 이와 같은 친절을 우리 자신에게 전할 수 있을까? 고통을 없애려는 목적으로 자기연민을 시작하면 저항의 한 형태가 되어 버리므로 이러한 역설을 참여자들에게 이해시키는 것이 중요하다. 반면 그저 우리가 상처받았기에 우리 자신에게 연민을 전한다면, 고통에 저항하지 않으며 마음챙김 자각으로 우리의 아픔을 수용할 때 필요한 따뜻함과 안전함을 제공하는 우리 자신에게 제공하는 자기연민을 실천하는 것이다.

어떤 마음챙김 수행자들은 자기연민이 '자기'에 대한 경직되고 분리된 감각을 강화시켜 고통을 증가시키지는 않을까 염려한다. 그러나 마음챙김과 자기연민 모두 자기에 대한 감각을 줄이고 부드럽게 한다. 마음챙김은 자기를 매 순간에 일어나는 경험으로 해체하며, 자기연민은 따뜻함과 연결감을 생성하여 자기에 대한 분리된 감각을 녹여 낸다.

과제 수행
(5분)

참여자들에게 이번 회기에 배웠던 새로운 수행들을 상기시킨다.

- 애정 어린 호흡
- 발바닥 명상
- 일상생활에서의 마음챙김
- 일상생활에서의 자기연민
- 지금-여기 돌멩이(선택)

핵심 명상인 애정 어린 호흡이 이번 회기에 소개되었으므로, 참여자들은 지금부터는 매일 30분씩 공식 명상과 일상 수행을 병행하여 수행할 수 있다. 명상 초심자들은 안내 명상을 해 보는 것이 도움이 될 것이다. 기존에 명상 수행을 하고 있던 참여자들에게는 본인의 방식대로 계속 수행하되, 애정 어린 호흡을 비롯하여 각자 흥미를 느끼거나 마음이 끌렸던 MSC 수행 요소를 추가해 보도록 권장한다.

규칙적으로 명상 수행을 하기란 쉽지 않다. 일반적으로 과제 수행은 즐겁고 편안해야 하며, 10분에서 15분 정도 소요되는 짧은 명상부터 시작해 보는 것이 최선일 것이다. 아울러 일상 수행을 공식 수행보다 삶 속에 통합하기 더 쉽다고 느낄 가능성이 크다. 일상 수행 또한 공식 수행만큼 큰 가치가 있을 것이다.

마무리
(2분)

이번 회기는 한 단어 공유하기, 침묵의 시간 갖기, 종을 울리기, 시 낭독 등 다양한 방법으로 마무리할 수 있다. 이 회기의 주요 주제, 특히 마음챙김과 저항 극복을 담아낸 제니퍼 웰우드(Jennifer Welwood, 1998/2019)의 시 〈Unconditional〉을 추천한다.

제12장

3회기

자애 수행하기

개요

시작(핵심) 명상: 애정 어린 호흡

수행 토의

오늘의 회기: 자애 수행하기

주제: 자애와 연민

실습: 우리의 가슴 일깨우기

휴식

연착륙 명상

주의: 자애 명상

명상: 사랑하는 사람을 위한 자애

일상 수행(선택): 연민 어린 움직임

주제: 문구와 함께 수행하기

일상 수행: 자애 문구 발견하기

과제 수행

마무리

시작하기

- 이번 회기 목표
  - –자애와 연민의 차이를 이해한다.
  - –자애와 연민의 느낌을 불러일으키는 방법을 배운다.
  - –자애 명상에서 쓰일 문구를 발견하고 활용하는 방법을 배운다.

- 왜 지금인가?
  - –2회기에서 매 순간 경험에 애정 어린 자각을 가져오는 방법을 배운 다음, 이번 회기에서는 참여자 자신에게 애정 어린 자각을 가져올 수 있도록 돕는다.

- 새로운 수행
  - –사랑하는 사람을 위한 자애
  - –연민 어린 움직임(선택)
  - –자애 문구 발견하기

애정 어린 호흡
(20분)

애정 어린 호흡 명상을 간략히 안내하며 이번 회기를 시작한다. 애정 어린 호흡 명상은 수행 전반에서 실천해야 하는 핵심 명상이므로, 프로그램 과정에서도 총 세 차례(정기 회기 두 번, 안거 한 번)에 걸쳐 실습한다. 애정 어린 호흡 명상 안내는 2회기(11장)를 참조하라. 명상이 끝나면 탐구 시간을 가진다.

수행 토의
(15분)

지도자는 한 단어 공유하기 시간을 가진 다음 수행 토의를 시작하거나, 과제 수행에서 겪은 참여자들의 경험, 특히 새로운 수행에 대한 경험을 나누는 탐구 시간을 곧바로 진행할 수도 있다. 2회기에서 참여자들이 배웠던 새로운 수행은 다음과 같다.

- 애정 어린 호흡
- 발바닥 명상
- 일상생활에서의 마음챙김
- 일상생활에서의 자기연민
- 지금-여기 돌멩이(선택)

토의를 촉진하기 위해 지도자들은 "지난주에 과제 수행을 하면서 어려움을 경험한 분이 있나요?"라고 질문하며 탐구를 진행한다. 다음은 이에 관한 예시이다.

월 마: 지난 시간에 여기서 같이 했던 애정 어린 호흡 명상이 너무 좋아서 집에서 해 보고 싶었는데요, 주말 동안 시댁 식구들이 찾아오는 바람에 할 수가 없었어요.

지도자: 양쪽에서 월마를 끌어당겼던 것 같네요. 시댁 식구들을 돌보고 싶으면서, 동시에 월마 자신도 챙기고 싶었군요.

월 마: 맞아요, 그리고 시댁 식구들 쪽이 이겼어요. 놀랍지도 않죠 뭐. (웃음)

지도자: 그때 월마 자신이 애쓰고 있다는 것을 자각할 수 있었나요?

월 마: 네, 그랬어요. 명상을 하고 싶을 때 시댁 식구들의 아침식사를 준비해야 한다는 게 정말 답답하더라고요. 수업에 와서 명상을 못했다고 말하고 싶지도 않았고요.

지도자: 답답함을 느낄 때 어떻게 하셨나요?

월 마: 저 자신한테 착지법을 써 보려 했어요. 조용히 '발바닥…… 발바닥' 하면서

요. 실제로 안정이 되긴 했지만, 제가 진짜 바랐던 건 그게 아니었긴 해요.

지도자: 그런데도 마음챙김을 수행하셨던 거로군요. 조금 다른 방식이긴 했지만요?

월 마: 어, 그랬던 것 같아요! 알겠어요, 제가 생각했던 것만큼 태만하진 않았네요. (미소)

지도자: 그럼요. 제 생각도 그래요. (함께 미소)

이 짧은 탐구는 참여자가 수행하지 못했던 경험을 비롯하여 주어진 삶의 상황을 수행에 어떻게 활용할 수 있는지를 보여 준다. 수행을 떠올릴 수만 있다면, 장애물처럼 느껴지는 상황은 오히려 우리 모두에게 수행할 수 있는 이상적인 기회가 된다. 월마는 수행을 떠올리며 자신의 답답함을 발바닥에 자각의 닻을 내리는 수행(마음챙김 수행) 기회로 삼았다.

과제 수행에 관한 토의는 참여자가 자신에게 자기연민으로 동기를 부여하는 방법을 배우는 좋은 기회이다(4회기 참조). 자기연민은 **자기방종**("수행하기 싫어.")과 **과도한 애쓰기**("나한테 좋은 거니까, 어쨌든!") 사이의 중간 지점에 자리한다. 과도한 애쓰기 쪽으로 기울어진 참여자들에게는 자기비난보다 격려로 동기를 부여하는 방법을 스스로 발견하도록 도와주어야 한다. 다음 질문들을 참고하라.

- 어떻게 하면 수행을 더 편안하게 할 수 있을까? 수행이 일이 되지 않으려면 어떻게 해야 할까?
- 어떻게 하면 수행을 더 즐겁게 할 수 있을까?
- 나는 어떤 목소리를 듣고 있지? 비난일까, 격려일까?
- 이 순간 내가 정말 필요로 하는 것은 무엇일까?

자기방종 쪽으로 기울어진 참여자들을 대하는 지도자는 수행을 전혀 하지 않는 자기방종 자체가 자기연민의 중요한 첫걸음이 될 수 있다는 점을 기억해야 한다. 그러나 참여자 한두 명을 위한다고 집단에 과제 수행을 하지 않아도 된다는 규칙을 심어 주지는 않도록 반드시 주의하여야 한다.

참여자들이 자기연민 습관을 기르려면 자기연민의 순간이 진정한 편안함과 안도감을 선사한다는 것을 스스로 발견해야 할 것이다. 참여자가 일상 속 스트레스 상황에 반응하여 친절한 말이나 가슴에 손 얹기 같은 간단하고 일상적인 자기연민 행동을 했다는 것에 지도자가 초점을 맞추어 주면 거기에서 통찰이 일어나곤 한다. 공식 명상을 할 때도 어떤 추가적인 기대 없이 편안하게 앉아 있었다거나 명상을 호흡만 유지하는 식으로 했다는 등, 명상을 더욱 즐겁게 할 수 있었던 작은 변화들에 지도자가 초점을 맞추어 줄 수도 있다. 편안하고, 즐겁고, 의미가 있을 때 수행은 자기강화를 일으킨다.

자애 수행하기
(1분)

이번 회기는 지난 회기에서 배웠던 마음챙김을 바탕으로 자애를 수행하는 시간이라고 설명한다. “지난주에 우리는 자각을 따뜻하게 덥히는 방법을 배웠습니다. 오늘 시간에는 자애를 우리 자신에게 향하게 하는 방법을 알아보겠습니다. 우리가 한창 애쓰고 있을 때 우리 자신에게 향하는 자애는 곧 자기연민이 됩니다.” 이번 회기에서 참여자들은 자애와 연민의 개념적 차이를 탐색하고, 자애와 연민을 직접 경험해 보며, 문구를 활용한 명상 수행(자애 명상)을 배운 다음, 진정한 자기만의 자애 문구를 발견하는 실습을 하게 될 것이다.

자애와 연민
(2분)

이 짧은 주제는 개념 토의라기보다는 다음 실습을 위한 전환점 역할을 한다. 참여자들이 나중에 검토해 볼 수 있도록 플립차트의 ‘주차장’ 부분(1회기, 10장)에 질문을 적어 두도록 안내한다.

연민과 자기연민

지도자는 연민에 대한 조작적 정의인 "다른 사람의 고통을 목격했을 때 일어나는 감정 및 그로써 다른 이를 도우려는 욕구에 동기를 부여하는 감정"(Goetz et al., 2010, p. 351)을 소개하며 이야기를 시작한다. 이 정의에는 다른 이들의 아픔을 인식하고 공감하는 측면과 함께 그들을 돕고자 하는 소망이 담겨 있으며, 연민이 가지는 행동 측면, 즉 고통을 완화하기 위해 무언가를 한다는 개념까지 포함한다. 종합하자면, 연민에는 보고, 느끼고, 소망하고, 행동하는 모습이 담겨 있다. 연민을 그저 자기 자신에게 향하게 하면 자기연민이 된다. 자기연민이란 내면의 연민이다.

자애와 연민

'자애와 연민의 차이는 무엇인가?' 이 질문에 대한 달라이 라마(Dalai Lama, 2003)의 답은 다음과 같다.

- 자애란 "모든 존재가 행복하기를 바라는 소망"이다.
- 연민이란 "모든 존재가 고통으로부터 자유롭기를 바라는 소망"이다(p. 67).

자애가 고통을 맞닥뜨려 사랑으로 남게 되면 그것이 곧 연민이다. 미얀마에는 "자애의 햇살이 고통의 눈물과 만나면 연민의 무지개가 피어난다."라는 말이 있다. 연민 훈련은 우리가 고통을 마주할 때 자애의 자세를 유지하도록 도와줄 것이다. 자애와 연민 모두 선한 의도를 수행하는 것이다.

자애 명상은 자애와 연민을 함양하는 명상으로, 문구를 활용하는 명상이다. 행복을 지향하는 문구("내가 행복하기를" "내가 편안하게 살기를")는 자애 문구로, 고통스러운 경험을 애정 어린 방법으로 다루는 문구("내가 두려움으로부터 자유롭기를" "내가 나 자신에게 친절하기를")는 연민 문구로 간주된다. MSC에서는 이들 문구를 분류하지 않고 자애 명상에서 모두 사용한다. 이러한 유형의 명상은 고대 메타(metta, 팔리어: 자애, 우정) 명상에서 유래하였다(Germer, 2009, pp. 30-131). 지도자는 맥락에 따라 자애를 따뜻함, 우정, 선한 의도, 자비, 친절, 사랑 등으로 자유롭게 바꾸어 사용한다.

우리의 가슴 일깨우기
(40분)

이 실습의 목적은 선한 의도의 네 가지 측면인 자애, 자기친절, 연민, 자기연민을 직접 경험하며 서로를 구별하게 하는 것이다. 또한 우리 자신과 다른 이들에게 친절과 연민을 향했을 때 차이가 있는지 알아보는 기회가 된다. 여기에 더해 집단구성원 간 연결감을 만들고 정서적 취약성을 대비한 안전한 공간을 조성하게 한다. 실습을 소개하기 전 참여자들과 간단한 스트레칭을 할 수도 있다. 우리의 가슴 일깨우기 실습은 조애나 메이시(Joanna Macy, 2007)가 처음 언급하고 잭 콘필드(Jack Kornfield, 2008)가 개작한 실습에 기반을 두고 있다.

이 실습이 참여자들에게 정서적으로 도전이 될 수 있는 첫 번째 교실 실습이다(6장 참조). 지도자는 실습을 진행하기 전 실습을 충분히 숙지하고 있어야 한다. 모든 도전이 되는 실습과 마찬가지로, 지도자는 자신이 실습 진행을 편안하게 느끼고 힘겨운 감정이 떠오를 때 이를 다룰 수 있는 역량이 있다고 여길 때만 실습을 지도해야 한다. 또한 우리의 가슴 일깨우기와 같은 실습을 지도하는 훈련을 이수하여야 하고, 필요하다면 다른 MSC 지도자에게 기꺼이 자문을 받아야 한다.

우리의 마음 자각하기 실습 동안 참여자들은 짝을 지어 서로의 얼굴을 마주 본다. 한 사람은 눈을 뜨고, 다른 한 사람은 눈을 감은 상태로 번갈아 진행하며, 짧은 시간(5초) 동안은 함께 눈을 뜨고 서로의 눈을 들여다본다. 서로 마주 보는 행동은 도전이 되거나 일부 문화권 참여자에게는 부적절한 것으로 여겨질 수 있으며, 외상 생존자처럼 누군가에게 보이는 것에 민감한 참여자들은 안전하지 않다는 느낌을 받게 할 수 있다. 따라서 집단구성원의 특성에 따라 이 실습은 과정에서 제외할 수도 있으며, 취약한 참여자에게 실습하지 않을 선택권을 줄 수도 있다. 지도자의 목소리 어조와 속도를 변화하여 실습 강도를 조절하기도 한다. 가벼운 어조와 빠른 속도(실습 시간을 20~25분으로 단축)로 진행하면 실습 강도를 낮출 수 있다. 많은 참여자가 실습 중에 눈물을 흘리기 때문에 티슈를 미리 준비해 두는 것이 좋다.

안전을 위한 제안

실습 전 참여자들에게 안전에 대한 다음 주의사항을 알려 준다면 대부분의 참여자는 이 실습에 참여하며 실습의 의미를 알게 될 것이다. 참여자들이 두려워하지 않도록 다음 안전에 대한 제안을 분명하고 친절하게 전달한다.

- 이 실습을 하는 동안 서로 짝을 이루어 마주 볼 것입니다. 실습을 하는 동안 서로 번갈아 가며 눈을 뜨고 감게 됩니다. 이 과정은 총 네 차례 반복됩니다. 두 사람이 함께 눈을 뜨고 있는 시간도 아주 짧게 가질 것입니다.
- 이 실습은 마음을 상당히 움직이기 때문에, 여러분이 정서적으로 활성화될 수도 있습니다. 자신이 눈물이 많다고 생각하시는 분은 티슈를 손에 들고 실습을 하셔도 좋습니다.
- 지금 이 순간 여러분이 정서적으로 열려 있는지, 닫혀 있는지 알아차려 봅니다. 만약 여러분이 정서적으로 닫혀 있다면 언제든 휴식을 취하고 이 실습은 건너뛰시길 바랍니다. 이 또한 좋은 자기연민 수행입니다.
- 또는 이 실습을 하는 동안 짝을 이루지 않고 혼자 앉아서 명상 안내를 그저 듣기만 할 수도 있습니다. 하지만 확실히 결정할 수 없다면, 아마도 짝을 이루어 참여하면 더 많은 것을 얻을 수 있을 겁니다.
- 만약 실습을 하는 동안 어떤 불편함이 올라온다면, 여러분 자신을 충분히 돌보시기 바랍니다. 다음과 같은 것들을 해 볼 수 있습니다.
  - 마음챙김 수행－호흡을 느끼고, 감정에 이름을 붙이고, 느끼고 있는 것에 공간을 내어줍니다.
  - 자기연민 수행－위로의 손길이나 자신을 격려하는 말을 전합니다.
  - 필요에 따라 눈을 뜨거나 감습니다.
  - 주의를 분산시킵니다. 다음번 쇼핑 목록 같은 것들을 생각합니다.
  - 잠시 교실에서 자리를 비울 수도 있습니다.
- 이 실습에서는 우리 자신과 다른 사람을 어린아이로 상상하는 부분도 있습니다. 이 과정이 여러분에게 괴로울 것 같다면 그 안내는 무시하고 성인인 자신의 모습을 떠올리면 됩니다.

- 또 다른 질문이 있으신 분?

명상 안내

- 이제 옆에 있는 사람을 향해 얼굴을 마주 보고 20분 정도 유지할 수 있는 편안한 자세로 앉습니다. 그런 다음 바로 눈을 감습니다.
- 손을 가슴이나 다른 편안한 곳에 얹습니다. 이는 우리의 경험에 주의를 기울이고 있을 뿐만 아니라, 애정 어린 주의를 기울인다는 것을 상기시키기 위함입니다. 실습을 하는 동안 손을 위로가 되는 곳에 올려놓거나 무릎에 편하게 내려놓아도 좋습니다.
- 우리는 여러분에게 자신과 타인을 향하는 자애를 직접 경험하게 하고, 이어서 자신과 타인을 향하는 연민을 직접 경험하게 하고자 합니다.
- 제가 눈을 뜨고 있는 분들에게 말할 때, 눈을 뜨고 있는 분은 눈을 감고 있는 파트너를 향해 마음으로 그 말을 들려줍니다. 파트너를 직접 보거나 경우에 따라 잠깐만 쳐다볼 수도 있습니다. 여러분이 가장 편안하게 느끼는 대로 하면 됩니다. 동시에 눈을 감고 있는 분들은 자신에게 마음으로 그 말을 들려줍니다.
- 파트너에게 어떤 강한 느낌이 일어나면, 저절로 파트너를 쓰다듬어 주고 싶거나 위로해 주고 싶을 것입니다. 그런데 그렇게 하면 여러분의 파트너가 자신의 경험을 온전하게 할 수 없으므로, 그 충동을 자제하기 바랍니다.
- 자, 이제 다 같이 눈을 뜨고, 누가 먼저 눈을 뜨고 있을 것인지 상의하세요. 머리가 더 긴 사람이 먼저 눈을 뜨고 있는 것도 방법입니다.

자애 I

- 눈을 뜨고 있는 사람은 여러분의 파트너 안에 있는 고유한 재능과 장점을 상상해 봅니다(눈을 감고 있는 사람은 자신의 고유한 재능과 장점을 생각해 봅니다). (간격) 이 사람에게는 이미 실현된 재능과 장점이 있고, 여전히 잠재력의 씨앗이 있음을 알아차립니다. 모든 인간의 삶이 그렇듯이 이 사람에게도 장점, 용기, 유머, 창의성, 너그러움, 부드러움의 멋진 순간들이 있습니다. 다른 모든 사람의 가슴과 마찬가지로 여러분의 가슴과 이 파트너의 가슴에는 여러분이 지금

까지 꿈꿔 왔던 것보다 더 많은 사랑과 친절함이 있습니다. (간격)

- 눈을 뜨고 있는 사람은 앞의 파트너를 어린아이라고 상상합니다. 눈을 감고 있는 사람은 자기 자신을 어린아이로 상상합니다. 만일 불편하면 자신을 성인으로 상상해도 됩니다. (간격) 모든 사람이 그렇듯이 이 사람 내면에는 여전히 아이가 있음을 인식합니다. (참여자가 이러한 이미지를 형상화할 수 있도록 길게 간격을 둠)
- 이 어린아이가 얼마나 돌봄을 받고 싶어 하고, 얼마나 자신의 잠재력을 충분히 발휘하고 싶어 하는지 느껴 봅니다. (간격) 이 아이가 잘 지내고, 해로움으로부터 안전하고, 평화롭고, 행복하기를 얼마나 많이 원하는지 느껴 봅니다. 이 아이가 가지고 있는 아름다움을 끄집어내어 많이 축복해 주고 싶어 하는 자신을 느껴 봅니다.
- 만약 여러분이 이 사람의 잠재력을 보고 있고, 이 사람을 소중히 여기고 경의를 표하고 싶은 마음이 일어난다면, 여러분은 지금 타고난 자애의 역량을 경험하고 있다는 사실을 알기 바랍니다. 또 자신을 향해 그와 같은 경험을 하고 있다면, 그것이 자기친절입니다. (간격) 그러한 능력은 항상 여러분 안에 있습니다.
- 두 파트너는 눈을 뜨고, 잠시 서로의 눈을 말없이 바라봅니다. (약 5초의 간격) 그리고 다 함께 눈을 감습니다. 자신이 느낀 것을 알아차리고, 자신이 느끼고 있는 것을 그대로 느껴 봅니다. (간격) 어떤 사람은 자애를 느낄 것이고, 어떤 사람은 느끼지 않을 수도 있습니다. 자신이 무엇을 경험하든 수용하는 태도를 가질 수 있는지 봅니다.
- 다시 말하지만, 여러분이 자기연민으로 해야 할 일이 있다면, 주저하지 말고 안내에서 벗어나 자신의 가슴이나 호흡으로 향해도 좋습니다. 필요하다면 파트너에게 양해를 구하고 휴식을 취할 수도 있습니다.

자애 II

- 눈을 떴던 사람은 감고, 감았던 사람은 뜹니다. 원한다면 친절함을 상기하는 의미에서 자신에게 위로의 손길을 보내 봅니다. 눈을 뜨고 있는 분들은 제가 여러분에게 말할 때 진심을 다하여 그 말들이 파트너에게 향하도록 마음을 보내 봅니다. 동시에 눈을 감은 사람은 자신에게 그 말이 오도록 합니다.

- 눈을 뜨고 있는 사람은 여러분의 파트너 안에 있는 고유한 재능과 장점을 상상해 봅니다(눈을 감고 있는 사람은 자신의 고유한 재능과 장점을 생각해 봅니다). (간격) 이 사람에게는 이미 실현된 재능과 장점이 있고, 여전히 잠재력의 씨앗이 있음을 알아차립니다. 모든 인간의 삶이 그렇듯이 이 사람에게도 장점, 용기, 유머, 창의성, 너그러움, 부드러움의 멋진 순간들이 있습니다. 다른 모든 사람의 가슴과 마찬가지로 여러분의 가슴과 이 파트너의 가슴에는 여러분이 지금까지 꿈꿔 왔던 것보다 더 많은 사랑과 친절함이 있습니다. (간격)
- 눈을 뜨고 있는 사람은 앞의 파트너를 어린아이라고 상상합니다. 눈을 감고 있는 사람은 자기 자신을 어린아이로 상상합니다. 만일 불편하면 자신을 성인으로 상상해도 됩니다. (간격) 모든 사람이 그렇듯이 이 사람 내면에는 여전히 아이가 있음을 인식합니다. (참여자가 이러한 이미지를 형상화할 수 있도록 길게 간격을 둠)
- 이 어린아이가 얼마나 돌봄을 받고 싶어 하고, 얼마나 자신의 잠재력을 충분히 발휘하고 싶어 하는지 느껴 봅니다. (간격) 이 아이가 잘 지내고, 해로움으로부터 안전하고, 평화롭고, 행복하기를 얼마나 많이 원하는지 느껴 봅니다. 이 아이가 가지고 있는 아름다움을 끄집어내어 많이 축복해 주고 싶어 하는 자신을 느껴 봅니다.
- 만약 여러분이 이 사람의 잠재력을 보고 있고, 이 사람을 소중히 여기고 경의를 표하고 싶은 마음이 일어난다면, 여러분은 지금 타고난 **자애**의 역량을 경험하고 있다는 사실을 알기 바랍니다. 또 자신을 향해 그와 같은 경험을 하고 있다면, 그것이 **자기친절**입니다. (간격) 그러한 능력은 항상 여러분 안에 있습니다.
- 두 파트너는 눈을 뜨고, 잠시 서로의 눈을 말없이 바라봅니다. (약 5초의 간격) 그리고 다 함께 눈을 감습니다. 지금 자신이 느끼고 있는 것을 느끼는 그대로 존재하면서, 자신이 어떻게 느끼고 있는지 알아차리기 위해 잠시 동안 시간을 갖습니다. 이제 천천히 몇 차례 깊은 숨을 쉬면서, 자애의 느낌을 내보냅니다.

연민 I

- 눈을 떴던 사람은 감고, 눈을 감았던 사람은 눈을 뜨기를 바랍니다.
- 다시 한번, 파트너를 쳐다보거나 내면을 들여다보면서 자신에게 위로의 손길

을 전합니다. 지금 이 사람 안에 있는 슬픔의 크기를 여러분 스스로 비추어 보게 합니다. 모든 인간의 삶이 그렇듯이 일생 동안 안고 살아온 마음의 짐, 누적된 고통과 아픔을 알아차려 봅니다. (간격)

- 거기에는 실망, 실패, 외로움, 상실, 상처가 있습니다. 한때는 견디는 게 불가능해 보였지만 어떻게든 견뎌 냈습니다. 이 아픔에 여러분 자신을 개방하고, 그 아픔으로 다가가 그것을 받아들여 봅니다. (간격) 여러분은 아픔을 고치거나 사라지게 할 수는 없지만, 용기를 가진 영혼과 열린 가슴을 가지고 그 아픔과 함께할 수는 있습니다. (간격)
- 이제 파트너를 어린아이라고 상상해 봅니다. (눈을 감고 있는 사람은 괜찮다면 자신을 어린아이로 상상해 봅니다.) 이 사람의 내면에 때로는 놀라고, 상처받고, 혼동되고, 애쓰는 그런 어린아이가 여전히 살고 있는 것을 인식해 봅니다. (간격)
- 여러분이 얼마나 이 아이에게로 다가가서 위로하고 안심시키고 싶어 하는지 느껴 봅니다. 얼마나 이 아이가 여러분에게 기대어서 지지받고, 이해받고, 사랑받고, 수용받기를 원하는지 느껴 봅니다. (간격)
- 이러한 인간의 취약함을 보고 있다면, 고통의 한가운데에 있는 이 사람을 돕고, 보호하고, 위로하고 싶어 하는 소망이 일어나고 있는 것입니다. 여러분이 지금 경험하고 있는 것이 **연민**이라는 것을 알아차립니다. (간격) 만일 그러한 마음이 자신을 향해서 일어난다면 그것이 **자기연민**입니다. 그러한 능력은 항상 여러분 안에 있습니다.
- 이제 다 같이 눈을 뜨고 잠시 서로의 눈을 말없이 바라봅니다. (약 5초의 간격) 다시 두 사람 모두 눈을 감습니다. 지금 자신이 느끼고 있는 것을 느끼고, 있는 그대로 존재하면서 자신이 어떻게 느끼고 있는지 알아차리기 위해 잠시 시간을 가집니다. 어떤 사람은 연민을 경험하고, 또 어떤 사람은 그렇지 않을 수도 있습니다. 무엇이 일어나든지 그것을 위해 공간을 줄 수 있는지 봅니다.

연민 II

- 눈을 떴던 사람은 감고, 눈을 감았던 사람은 눈을 뜨기를 바랍니다. 원한다면 자신에게 부드러운 위로의 손길을 보냅니다.
- 지금 이 사람 안에 있는 슬픔의 크기를 여러분 스스로 비추어 보게 합니다. 모

든 인간의 삶이 그렇듯이 일생 동안 안고 살아온 마음의 짐, 누적된 고통과 아픔을 알아차려 봅니다. (간격)

- 거기에는 실망, 실패, 외로움, 상실, 상처가 있습니다. 한때는 견디는 게 불가능해 보였지만 어떻게든 견뎌 냈습니다. 이 아픔에 여러분 자신을 개방하고, 그 아픔으로 다가가 그것을 받아들여 봅니다. (간격) 여러분은 아픔을 고치거나 사라지게 할 수는 없지만, 용기를 가진 영혼과 열린 가슴을 가지고 그 아픔과 함께할 수는 있습니다. (간격)
- 이제 파트너를 어린 아이라고 상상해 봅니다. (눈을 감고 있는 사람은 괜찮다면 자신을 어린아이로 상상해 봅니다.) 이 사람의 내면에 때로는 놀라고, 상처받고, 혼동되고, 애쓰는 그런 어린아이가 여전히 살고 있는 것을 인식해 봅니다. (간격)
- 여러분이 얼마나 이 아이에게로 다가가서 위로하고 안심시키고 싶어 하는지 느껴 봅니다. 얼마나 이 아이가 여러분에게 기대어서 지지받고, 이해받고, 사랑받고, 수용받기를 원하는지 느껴 봅니다. (간격)
- 이러한 인간의 취약함을 보고 있다면, 고통의 한가운데에 있는 이 사람을 돕고, 보호하고, 위로하고 싶어 하는 소망이 일어나고 있는 것입니다. 여러분이 지금 경험하고 있는 것이 **연민**이라는 것을 알아차립니다. (간격) 만일 그러한 마음이 자신을 향해서 일어난다면 그것이 **자기연민**입니다. 그러한 능력은 항상 여러분 안에 있습니다."
- 이제 다 같이 눈을 뜨고 잠시 파트너의 부드러운 시선을 말없이 바라봅니다. (약 5초의 간격) 다시 두 사람 모두 눈을 감습니다. 지금 자신이 느끼고 있는 것을 느끼고, 있는 그대로 존재하면서 자신이 어떻게 느끼고 있는지 알아차리기 위해 잠시 시간을 가집니다.

토의

이제 참여자들에게 천천히 눈을 뜨게 하고, 방금 과정을 함께한 파트너에게 감사를 표하게 하며, 10분 동안 파트너와 서로 경험을 나누게 한다. 이 대화는 대개 활기차게 진행되기 때문에, 지도자는 참여자들이 우아하게 토론을 마무리 지을 수 있도록 종료 2분 전에 신호를 보낸다.

탐구

탐구는 10분 이상 진행되기 쉬우나, 짝을 지어 이미 경험을 나누었기 때문에 10분을 넘겨 진행할 필요는 없다. 탐구를 시작하기 전 지도자는 이번 실습에 참여한 참여자들의 용기와 이렇게 친밀한 방식을 접할 때 자연스럽게 올라오는 불안을 수인해 줄 수도 있다. 탐구는 참여자들에게 실습의 목적을 상기하는 데 도움이 된다. 다음과 같은 명시적이고 분명한 질문을 던져 볼 수도 있다.

- 자애와 연민은 다른 느낌이었나요? 만약 그렇다면 어떻게 달랐나요? 둘 중 어떤 게 더 수행하기 쉬웠나요?
- 다른 이들에게 선한 의도를 느끼는 게 더 쉬웠나요, 자기 자신에게 느끼는 게 더 쉬웠나요?
- 자애와 연민을 주고받을 때 마주친 어려움은 무엇이었나요?

탐구 과정은 참여자들이 실습에서 직접 경험한 역류(2회기)의 의미를 상기하는 데도 좋은 기회가 된다. 다음은 이러한 탐구의 예시이다.

메 이: 전에도 이런 수행을 했는데, 그때는 계속 눈을 뜨고 있다 보니 엄청 강렬했거든요. 이번에는 눈을 감고 해서 다행이었어요.

지도자: 눈을 감는 게 어떤 점에서 더 좋았을까요?

메 이: 저 자신의 경험에 좀 더 집중할 수 있었어요. 처음에는 제가 알지도 못하는 사람에게 연민을 느낄 수 없다고 생각했는데, 나중에는 제 파트너에 대해 아무것도 모르더라도 그분의 상실이나 실패 같은 것들과 연결될 수 있다는 걸 알아차렸어요.

지도자: 보편적 인간경험을 경험한 것처럼 들리는데요?

메 이: 네, 멋진 경험이었어요.

지도자: 메이가 파트너에게 자애와 연민 중 어떤 것이 더 느끼기 쉬웠는지도 궁금하네요.

메 이: 확실히 연민이 더 쉬웠어요. 더 깊고 끌리는 느낌이었다고 할까요. 너무

나 부드러워서 심장이 고장 날 것 같았어요.

지도자: 메이의 몸에서도 그걸 느낄 수 있었나요?

메 이: 네…… (가슴을 가리키며) 바로 여기요. 터질 것 같았어요.

지도자: 눈을 감고 문구가 메이 자신을 향할 때도 연민의 느낌이 그 정도로 강렬했는지 물어봐도 될까요?

메 이: 음…… 생각 좀 해 볼게요. (멈춤) 솔직히 그 정도는 아니었던 것 같아요. 조금 길을 잃은 느낌이었어요. 친구가 세상을 떠났을 때처럼.

지도자: 아. 그런 일이 있었군요. 안되었네요. 그 느낌이 여전히 남아 있나요?

메 이: 아주 약간 남아 있어요. 제가 살포시 안고 있거든요. (가슴에 손을 얹어 보인다.)

지도자: 감사합니다. 그 느낌은 우리가 지난 회기에서 이야기했던 역류일 수 있어요. 이미 메이는 역류를 연민으로 만나고 있는 것 같네요. (멈춤) 그리고 메이의 경험을 우리에게 넉넉하게 나누어 주어서 고맙습니다. 많은 경험을 한 실습이었네요. 그렇죠?

메 이: 당연하죠! 혹시 이 실습 사본을 받을 수 있을까요? 다른 사람들과도 해 보고 싶어서요.

지도자: 글쎄요, 이 실습 안내에 대한 사본을 드리지는 않아요. 이 실습은 사람들을 정서적으로 활성화시키기 때문에, 이 실습을 안내하려면 실제 훈련을 받는 것이 좋거든요. 답이 되었을까요?

메 이: 네, 무슨 말씀이신지 알겠어요. 감사합니다.

메이는 몇 년 전부터 마음챙김을 수행해 왔기 때문에 자애와 연민이 주었던 느낌의 차이, 우리 자신과 타인에게 주의를 향했을 때의 차이와 같은 실습의 여러 측면을 지도자와 빠르게 훑어볼 수 있었다. 일부 참여자에게 실습에서 도전이 되는 부분으로는 다른 이에게 자신을 보여야 한다는 점, 자신을 아파하는 어린아이로 상상해야 한다는 점, 잘 알지 못하는 사람의 내면의 삶을 상상해야 한다는 점, 짧은 시간이지만 눈을 마주친다는 점 등이 있다. 그러나 실습이 불러일으키는 이러한 취약한 감각은 연결감과 상호존중의 감각으로 대부분 상쇄된다.

지도자는 친절과 슬픔의 친밀한 관계를 아름답게 묘사한 나오미 쉬하브 나이

(Naomi Shihab Nye, 1995)의 시 〈Kindness〉의 마지막 두 구절 또는 다른 시를 낭독하며 실습을 마무리한다.

휴식
(15분)

우리의 가슴 일깨우기 실습을 마친 참여자들은 대개 다리를 펴고 자리에서 일어나 활기를 찾고 싶어 한다. 어떤 참여자들은 실습에 대한 토의를 휴식시간까지 이어가기도 하지만, 대부분은 교실 안을 돌아다니며 일상적인 대화를 나눈다. 이 휴식시간은 또한 우리의 가슴 일깨우기 실습에 참여하지 않은 참여자들이 집단과 다시 연결되는 기회가 되기도 한다.

연착륙 명상
(2분)

참여자들이 일상에서 수행하는 마음챙김과 연민은 회기가 진행될수록 확장되므로, 지도자는 연착륙 명상 시간에 이들 수행을 즉흥적으로 해 볼 수도 있다. 앞선 수행에 이어서는 자각의 닻을 내리는 수행이 좋다. 참여자들에게 호흡의 리듬을 느끼게 하고, 우리의 가슴 일깨우기 실습에서 나타는 어떠한 정서적 울림에도 열려 있게 한 다음, 모든 사람이 있는 그대로 존재하는 공간을 만드는 것이다. 수행 중에도 필요하다고 느낀다면, 특히 감정에 갇히거나 압도당한다고 느끼는 경우 연착륙 명상을 수행하도록 상기시킨다.

자애 명상
(2분)

이 주제의 교육 목적은 명상 대상으로 단어나 구를 사용하는 데 흥미를 유발하고, 자애 명상의 기본 원리를 설명하는 데 목적을 둔다.

명상에 언어를 사용하는 건 일부 참여자에게는 어색하게 느껴질 것이다. 단어의 의미가 각 개인의 경험에 크게 좌우되기 때문이다. 자애 명상은 다양한 요소가 담긴 복합 명상이기도 하다. 초심 수행자들은 자애 명상을 수행할 때 과하게 의욕을 부리는 경향이 있는데, 처음에는 기술적인 세부사항에 숙달되는 것보다 따뜻한 감각에 더 초점을 맞추고 간단히 해 보아야 한다. 또한 모든 이에게 적합한 만능 문구란 존재하지 않는다. 심지어 한 연구에 따르면 자애 명상이 특정 사람에게 긍정적인 경험으로 작용하는 여부에는 유전자 수준에서까지 영향을 미친다(Isett, Algoe, Boulton, Way, & Fredrickson, 2016).

자애 명상은 언어가 가진 힘으로 우리의 마음에 더욱 사랑과 연민이 어리게 하는 훈련이다. 언어의 힘을 설명할 때, 지도자는 "살면서 뼈가 부러졌던 분 있나요? (간격) 지금은 다 치유되었나요?"라고 묻는다. 그다음 다음과 같이 묻는다. "말 때문에 상처받은 분 있나요? 몇 년 전에 들었던 말에 치유되지 못하고 여전히 아파하는 분 있나요?"

자애 명상은 ① 언어의 힘뿐만 아니라 ② 심상, ③ 집중, ④ 연결, ⑤ 돌봄의 힘을 함께 활용한다. 자애 명상의 집중(초점화된 주의) 측면은 본질적으로 우리를 진정시켜 주지만, 자애 명상에 담긴 친절한 목소리, 위로하는 심상, 연결감, 돌봄의 자세 같은 여러 특질 또한 우리가 진정하는 데 도움이 된다.

앞서 언급하였듯이 자애 명상은 선한 **의도**를 함양하는 훈련이다. 의도는 인간 심리에서 가장 미묘한 측면으로, 생각, 감정, 행동 같은 여러 요소로부터 드러난다. 우리 내면의 대화를 이끌어 내는 것 또한 의도이다. 선한 의도 수행(자애 명상)은 4회기에서 더욱 폭넓은 내면의 연민 어린 대화로 확장될 것이다.

사랑하는 사람을 위한 자애
(20분)

자애 명상은 전통적으로는 자신을 향하는 친절함에서부터 시작한다. 이는 살아 있는 모든 존재가 자신의 안녕을 증진하기 위해 노력하고 있고, 우리가 만약 이 사실을 인식한다면 다른 이들에게도 친절해질 수 있으리라는 관념에서 비롯된 것이다. 문제는 현대에 와서는 우리 자신에 대한 우리의 느낌이 더 이상 타인을 대하는 방식의 신뢰할 만한 기준이 되지 못한다는 것이다. 그러므로 이번 자애 명상에서는 우리가 사랑하는 사람을 어떻게 느끼는지부터 시작한 다음, 거기에 슬며시 우리 자신을 끼워 넣을 것이다.

지도

- 앉거나 누워서 편안한 자세를 취합니다. 원한다면 우리의 경험과 우리 자신에 대한 단순한 자각뿐만 아니라, 애정 어린 자각을 가져온다는 사실을 상기하는 의미에서 한 손을 가슴이나 다른 위로가 되는 곳에 올려놓습니다.

당신을 미소 짓게 하는 살아 있는 존재

- 여러분을 저절로 미소 짓게 하는 한 사람, 또는 다른 살아 있는 존재를 마음속으로 가져옵니다. 편안하고, 복잡하지 않은 관계에 있는 대상이 좋습니다. 어린아이, 할머니, 할아버지, 고양이 또는 강아지, 누구든 여러분 가슴에 자연스럽게 행복을 가져오는 존재일 수 있습니다. 만일 여러 사람이나 다른 살아 있는 존재가 떠오른다면, 그중 한 대상만 선택합니다.
- 그 존재와 함께 현존하는 느낌을 느껴 봅니다. 여러분 자신이 좋은 사람과 함께 있는 것을 즐깁니다. 마음의 눈으로 이 존재의 생생한 이미지를 그려 냅니다. (간격)

당신이 ……하기를

• 이제 여러분이나 다른 모든 살아 있는 존재가 그러하듯, 이 존재가 얼마나 행복해지고 싶어 하고, 고통으로 벗어나고 싶어 하는지 인식합니다. 여러분이 하는 말을 소중함을 느끼면서, 부드럽고 친절하게 반복해 봅니다.

–당신이 행복하기를.

–당신이 평화롭기를.

–당신이 건강하기를.

–당신이 편안하게 살기를.

(두 번 천천히 반복한다, 간격)

• 사랑하는 사람을 위해 가장 깊은 바람을 담은 여러분 자신의 말을 사용할 수도 있고, 또는 계속해서 이 문구들을 반복할 수도 있습니다.

• 마음이 떠도는 것을 알아차리면, 이 문구들과 여러분 마음에 있는 사랑하는 사람의 이미지로 돌아옵니다. 일어나는 따뜻한 느낌을 음미합니다. 시간을 가지고 천천히 해 봅니다.

당신과 내가(우리가) …… 하기를

• 이제 우리의 선한 의도의 원 안에 여러분 자신을 포함시킵니다. 사랑하는 사람과 자신이 함께 있는 이미지를 떠올리면서 다음 문구를 반복합니다.

–당신과 내(우리)가 행복하기를.

–당신과 내(우리)가 평화롭기를.

–당신과 내(우리)가 건강하기를.

–당신과 내(우리)가 편안하게 살기를.

(두 번 천천히 반복한다, 간격)

• 이제 사랑하는 대상의 이미지를 내려놓습니다. 그가 떠나기 전에 감사를 표합니다. 그러고 나서 모든 주의의 초점을 남아 있는 여러분 자신에게 향하게 합니다.

내가 …… 하기를

• 손을 가슴에 얹고, 손의 따뜻함과 부드러운 접촉을 느껴 봅니다. 마음의 눈으

로 자신의 몸 전체를 떠올려 보고, 남아 있는 어떤 스트레스나 불편함을 알아차려 봅니다. 그리고 여러분 자신에게 다음의 문구들을 들려줍니다.

–내가 행복하기를.
–내가 평화롭기를.
–내가 건강하기를.
–내가 편안하게 살기를.

(두 번 천천히 반복한다, 간격)

- 마지막으로, 몇 차례 심호흡을 하고, 자신의 몸 안에서 조용하게 휴식합니다. 무엇을 경험하든 있는 그대로 수용합니다.
- (지도자가 부드럽게 종을 울린다.)

안주와 반영

참여자들과 방금 경험한 것에 대한 반영의 시간을 가지기 전에, 수행을 내려놓고 자신의 자각이 몸 안에 머무르도록 시간을 주어야 한다. 어떤 참여자에게는 내면의 성찰에서 집단에서의 대화로 전환하는 데 더 많은 시간이 필요할 수도 있다.

탐구

"무엇을 알아차렸나요?" "무엇이 나타났나요?" 같은 일반적인 질문으로 탐구를 시작한다. 또는 "자기 자신보다 사랑하는 사람이나 둘 모두를 향한 자애 수행이 더 쉽다고 느끼신 분 있나요?" "이 명상에서 특별히 도전이 되었던 점이 있나요?" 같은 구체적인 질문으로 시작할 수도 있다. 다음은 탐구의 간단한 예시이다.

카 밀: 저를 늘 미소 짓게 하는 누군가를 찾는 게 좀 힘들었어요. 저의 모든 관계가 얼마나 복잡한지 깨달은 시간이었어요! (웃음)

지도자: 결국 무언가 하나를 찾아내셨나요?

카 밀: 그런 대상은 찾지 못했고요. 대학에서 고생하고 있는 딸을 선택해서 해 봤어요.

지도자: 그렇군요. 명상에서 도전을 마주했네요. 우리가 맺고 있는 인간관계 대부분에 어느 정도 양가감정이 담겨 있지요. 그래서 안내할 때 강아지나 고양이를 함께 언급하는 것이기도 해요. 자, 그래서 어떻게 되었나요?

카 밀: 그게, 딸아이한테 초점을 맞추자마자 엄한 엄마처럼 말하고 있더라고요. 그러다 딸아이와 저에게 함께 초점을 맞추니 달라졌어요. 저를 포함시키면서 저 자신에게도 초점을 맞추니까 우리 둘 모두 이 관계에서 고통받고 있다는 걸, 우리 둘 다 그저 행복해지려 노력하고 있다는 걸 알 수 있었어요.

지도자: 중요한 통찰인 것 같네요. 그다음에는 어떤 일이 일어났나요?

카 밀: 명상 안내를 따라가다가, 저하고만 있는 것이 싫어서 딸아이와 같이 있는 상태로 다시 돌아갔어요.

지도자: 카밀 자신하고만 있는 게 무엇이 어려웠나요?

카 밀: 너무 외로웠어요. 딸아이와 연결되어 있다는 느낌을 계속 받고 싶었던 것 같아요.

지도자: 그곳이 카밀이 필요로 하는 곳인 것 같군요. 거기에서 자신을 딸과 같이 머무르게 할 수 있을까요?

카 밀: 그럼 정말 좋죠!

지도자: 그렇게 하시면 됩니다. 우리는 자기연민 훈련을 하고 있고, 카밀은 지금 이 순간 카밀 자신에게 필요한 것을 주고 있는 거예요. 그리고 자애를 받는 대상보다는 자애의 에너지를 만들어 내는 우리의 역량이 더 중요하답니다. 대학생 딸이라는 살벌한 대상으로 수행했음에도 카밀은 아주 효과적으로 해낸 것 같고요!

카 밀: 감사합니다. (미소)

이번 탐구에서 카밀은 자신을 위한 자애와 타인을 위한 자애의 미묘한 차이를 탐구하고, 안내를 무조건 따르기보다 자신이 필요를 충족하는 것에 관한 상담을 받았다. 지도자는 카밀과 참여자들에게 양가감정이 덜한 관계를 첫 대상으로 택하는 것이 더 쉽다는 점을 알려 주었다. 그다음 카밀이 가진 자원 몇 가지, 즉 우리 모두 행복해지기 바란다는 통찰, 연민을 불러일으켰다는 점, 안내가 주의를 흩뜨릴 뻔했던 상황에서도 연민에 머무를 수 있던 역량을 수인해 주었다. 카밀의 경우에는 자신에 대한 자애와 연민의 태도를 활성화시키는 데 '나'보다는 '우리'가 필요했다.

많은 참여자에서 사랑하는 사람을 위한 자애 실습을 해 본 결과 표준 자애 문구에 한계가 드러났고, 참여자 각자가 개별 문구를 만들고픈 바람이 확인되었다. 이러한 개별 문구에 대해서는 회기 후반에 다룰 것이다. 아울러 자애 명상에는 인내심이 필요하다. 수행이 따뜻하고 포근한 느낌이 들지 않는다고 해서 수행이 잘못되었다고 느끼게 해서는 안 된다. 다음은 자애 명상이 작동하는 원리를 보여 주는 감동적인 유대인 우화이다.

> 한 제자가 랍비(유대교 스승)에게 물었다. "왜 율법에서는 우리에게 이런 거룩한 말씀을 가슴 안에 담아 두라 하지 않고, '가슴 위에 올려 두라'고 하는지요?" 랍비가 대답하기를, "우리의 가슴은 닫혀 있어서 거룩한 말씀을 담을 수 없기 때문이다. 그래서 우리는 말씀을 가슴 위에 올려놓는다. 그리고 언젠가 우리의 가슴이 무너져 내려 말씀이 안으로 떨어져 내릴 때까지 우리 가슴 위에 말씀이 계속 머물게 하는 것이다." (Movers & Ketcham, 2006. p. 233)

연민 어린 움직임(선택)
(5분)

이 수행은 참여자들에게 몸을 움직일 휴식 기회가 필요하거나 안내에 마음을 새롭게 열어야 할 때 언제든 진행할 수 있다. 연민 어린 움직임 수행이란 "지금 나에게 신체적으로 필요한 것은?"이라는 질문을 던지고 답하는 것이다. 어떤 규정된 방식에 얽매이지 않고 내면으로부터 밖으로 연민 어리게 몸을 움직이는 것이 이 수행의 주요 개념이다. 수행이 천천히, 부드럽게 진행되면 신체에 편안함과 위로를 전하는 자기연민의 음의 특질을 가져다줄 것이다. 그러나 자기연민의 양의 에너지가 필요한 참여자가 있다면 제자리 뛰기나 몸 흔들기를 하며 좀 더 활기차게 움직여 볼 수도 있다고 언급해 주어야 한다.

지도

닻을 내리기

- 일어서서 바닥에 닿아 있는 발바닥을 느껴 봅니다.
- 앞으로 뒤로, 왼쪽으로 오른쪽으로 몸을 살짝 흔들어 봅니다. 무릎으로 작은 원을 그리면서 발바닥에서 일어나는 감각의 변화를 느껴 봅니다. 자각을 발바닥에 고정합니다.

개방하기

- 이제 자각의 장을 개방하고 다른 감각을 위해 자신의 몸 전체를 훑어봅니다. 긴장이 있는 부위뿐만 아니라 편안함이 있는 부위도 알아차립니다.

연민으로 반응하기

- 이제 잠시 동안 불편한 부위에 집중합니다. 점차 몸이 정말 기분 좋게 느끼는 방식으로 자신에게 연민을 보내며 몸을 움직이기 시작합니다. 예를 들어, 어깨를 부드럽게 비틀고, 고개를 돌리고, 허리를 비틀고, 몸을 앞으로 구부리는 등 무엇이든 지금 자신에게 알맞다고 느껴지는 것을 합니다. (간격) 자신의 몸이 이끄는 대로, 자신의 몸이 필요로 하는 움직임을 줍니다.
- 마지막으로, 고요함으로 돌아옵니다. 다시 멈추어 서서 자신의 몸을 느낍니다. 변화를 알아차려 봅니다.

문구와 함께 수행하기
(10분)

이 시간은 자애 명상에서 사용할 수 있는 개별 문구를 발견하는 실습을 하기 전에 참여자들을 준비시키는 시간이다. 일상에서 명상할 때 가장 유용한 문구의 종류, 문구를 발견하는 방법, 명상에서 문구를 가지고 작업하는 방식을 다루게 된다. 늘 그렇듯 지도자는 다음 요점들을 자세히 살펴본 다음, 지도자의 관심과 집단의 필요가 반영된 간결한 대화를 만들어 진행하면 된다.

문구의 언어

자애 문구를 발견하는 과정은 시 쓰기와 같다. 언어 너머의 무언가를 언어로 표현하는 시도이기 때문이다. 좋은 시에 담긴 단어 몇 개가 듣는 이에게 마음의 얼개를 전달하듯, 좋은 자애 문구에는 수행자에게 자애와 연민의 자세를 불러일으키는 힘이 담겨 있다.

호흡 명상의 대상이 호흡인 것과 마찬가지로, 자애 명상에서 집중의 대상은 자애 문구이다. 집중의 힘을 활용하려면 수개월 또는 수년 동안 반복해서 사용할 수 있는 기본 문구 몇 가지를 찾는 것이 도움이 된다. 어떤 자애 문구는 일상 수행에서 한순간에 즉흥적으로 만들어지기도 한다.

많은 MSC 참여자는 기존 지도자들로부터 받은 전통 자애 명상 문구를 사용하고 있다. 이 문구들은 '사랑하는 사람을 위한 자애'에서 사용된 문구와 유사할 것이다. 굳이 다른 문구로 바꿀 필요는 없지만, 마음의 공명이나 진정성이 느껴지지 않는 문구를 고수할 필요 또한 없다.

이상적으로 문구는 **단순하고, 분명하고, 진실하고, 친절해야** 한다. 자신에게 자애 문구를 전할 때 마음에서 논쟁이 일어나서는 안 된다. 좋은 문구라면 자신에게 들려주었을 때 "오, 감사합니다! 고맙습니다!" 같은 감사하는 마음이 올라올 것이다. 좋은 문구는 오랫동안 듣고 싶었던 어떤 것을 마침내 들은 것처럼 우리의 가슴과 마음에 안식을 가져다준다. 우리가 들을 필요가 있던 말이 무엇이든 이 문구들은 자기연민의 음(위로, 진정, 수인) 또는 양(보호, 양육, 격려)의 특질을 지니고 있다.

자애 문구는 본질적으로 소망이며, 오만한 긍정 확언(예: "나는 매일 강해지고 있다.")이 아님을 명심해야 한다. 연구에 따르면 긍정 확언은 높은 자존감을 가진 사람들의 기분을 더 행복하게 하지만, 낮은 자존감을 가진 사람들의 기분은 더 나쁘게 만드는 경향이 있다(Wood, Perunovic, & Lee, 2009). 확언과 현실의 생활이 너무 극명하게 대조를 이루면 남는 것은 실망뿐이다. 자애 문구에 대한 논쟁이란 불가능하다. 우리가 처한 조건이 어떻든 우리의 소망은 진실하기 때문이다.

또한 '내가 ~하기를'이라는 문구 형식이 어색하거나 너무 간청하는 것처럼 느껴진다면 이 형식을 사용하지 않아도 된다. '내가 ~하기를'은 선한 의도를 함양하고자 우리의 가슴과 마음을 긍정적인 방향으로 기울이는 형식이기 때문이다. 반복할 때 가슴이 선한 의도로 기울어지는 것 같다면 어떤 문구도 사용할 수 있다. '내가 ~하기를'은 실제로는 '그렇게 된다면~' '모든 조건이 허락한다면~'이라는 뜻이다. 이러한 표현을 일부 언어권에서는 가정법이라고 부른다. 자애 문구는 세속적인 축복이나 기도와 같다.

자애 명상에서 우리 자신을 지칭하는 방법은 다양하다. 알맞다고 느끼는 정도에 따라 '내가 ~하기를' '당신이 ~하기를'이라고 말하거나, 이름을 부를 수도 있고, 애정 표현을 사용할 수도 있다. 수행의 목적이 동기부여에 있다면 '내가'보다는 '당신이'라는 표현이 행동으로 옮겨 갈 동기를 부여할 가능성이 더 크다(Dolcos & Albaracin, 2014; Kross et al., 2014).

자애 명상에서는 '누가 누구에게 말하는가?'라는 의문이 들 수도 있다. MSC에서 선한 의도를 제공하는 존재는 개인적 자기의 연민 어린 부분이거나, 본질적으로 지혜롭고 연민 어린 더욱 보편적인 자기이다. 자애와 연민을 받는 대상은 대개 신체와 연결된 일반적인 자기에 대한 감각이지만, 어린 시절이나 상처받은 부분 같은 자기의 일부일 때도 있다.

자애 문구는 구체적이라기보다는 일반적이어야 한다. 예를 들어, "내가 당뇨병으로부터 자유로워지기를"보다는 "내가 건강하기를"이라고 하는 것이 좋다. 우리가 아무리 바라더라도 우리 삶 속 많은 상황의 결과들을 통제할 수는 없다. 결과가 고쳐지는 데 집착하기보다 문구가 소망하는 측면을 고수하는 것이 문구의 핵심이다. 일부 초심 수행자는 특정 결과를 기대하며 시간을 다 쏟기보다는 마음을 기울이는 느낌을 받기 위해 단순히 '내가 ……' '내가 ……' '내가 ……'만 반복할 수도 있다. 소망의 자세가 깊이 배어 있다면, 문구 대신 '평화'나 '사랑' 같은 한 단어를 사용해도 괜찮다.

마지막으로, 문구의 어조가 매우 중요하다. 이는 우리가 말하는 내용이 아니라 말하는 방식에 반응하는 갓난아기나 반려동물과 대화하는 것과 같다. 우리는 내면의 대화에서 어조가 좋고 나쁨도 느낄 수 있다. 자애 문구는 천천히, 따뜻하게 들려주어야 한다. 서두르지 않아야 한다. 문구를 말하는 횟수보다는 명상 전반에 널리 퍼져 있을 태도가 더 중요하다.

나에게 필요한 것은 무엇인가

진실하고 의미 있는 문구를 찾는 한 가지 방법은 자기연민의 핵심 질문인 '나에게 필요한 것은 무엇인가'에 초점을 맞추는 것이다. 욕구(필요한 것)와 바람(원하는 것) 사이에는 차이가 있다. 바람은 목 위쪽에서 나타나고 사람마다 다르며("더 좋은 직업을 갖고 싶어." "체중을 3kg 빼고 싶어." "새 차를 사고 싶어."), 욕구는 목 아래에서 나타나며 보편적이다. 바람은 끝없이 늘어나는 속성이 있는 반면, 욕구는 몇 개 되지 않으며 충족하기도 쉽다.

보편적인 인간 욕구의 예로는 수용되고, 수인받고, 보여지고, 들려지고, 보호받고, 사랑받고, 알려지고, 소중히 여겨지고, 연결되고, 존중받는 것이 있다. 또한 **관계**에 대한 욕구도 있다(관계적 욕구를 발견하기 위한 설득력 있는 방법은 "다른 사람에게 듣고 싶은 말은 무엇인가요?"라고 묻는 것이다). 참여자들은 음식, 의복, 피난처 같은 **물질적** 욕구나 지혜, 성장, 건강 같은 **개인적** 욕구를 언급하기도 하지만, 대부분은 관계적 욕구를 찾아낸다. 참여자들이 자신의 욕구를 파악하는 데 어려움을 보인다면 지도자는 다음과 같이 말해 줄 수 있다.

> 인정이나 성공 같은 욕구처럼 자신의 욕구가 다른 사람에게 달려 있다면 자신을 위한 소망을 발견하는 데 어려움을 겪을 수 있습니다. 만약 그렇다면, 여러분 자신에게 이렇게 물어보세요. "만약 세상 모든 사람에게 인정을 받는다면, 세상에서 가장 크게 성공한다면 나는 어떤 느낌을 받을까?" 그렇게 되면 아마도 긴장이 풀리고, 미소를 지으며, 자신이 가치 있다고 느끼고, 마침내 자기 자신에게 좋은 느낌을 받게 될까요? 그렇다면 그러한 결과, 즉 '내가 편안하게 살기를' '내 가슴이 미소 짓기를' '내 자신의 가치를 알기를' '내가 있는 그대로 충분하기를' 같은 소망을 자신을 위해 가져 볼 수 있을 겁니다. 좋은 자애 문구는 마침내 우리의 가슴을 쉬게 해 줍니다.

이어지는 '자애 문구 찾기' 일상 수행은 참여자들이 **진정으로 필요한** 것이 무엇인지, 다른 이들로부터 **들어야** 할 말은 무엇인지 발견하도록 돕기 위해 고안되었다. "내가 다른 이들로부터 들어야 할 말은 무엇일까?"라는 질문은 오래전 어린 시절부터 간절히 바라왔던 것을 활성화시킬 수 있다. 이러한 현상은 특히 어린 시절 방임이나 학대로 고통받았던 참여자들에게서 나타난다. 이 질문은 또한 참여자들이 현재 삶에서 무엇을 놓치고 있는지 상기시킬 수도 있다. 지도자는 참여자들에게 안전에 대해 조언해야 하며, 특히 참여자가 닫아야 할 상태에서는 수련을 하지 않을 수도 있다는 선택지를 알려 주어야 한다.

자애 문구 발견하기
(30분)

다음 지도는 참여자들이 질문을 충분히 성찰하고 자신의 내면에서 답이 올라올 수 있도록 시간을 들여 천천히 진행해야 한다.

지도

- 이 실습은 펜과 종이를 가지고 합니다. 우리는 눈을 감고 반영해 본 후, 다시 눈을 뜨고 쓸 것입니다. 그런 다음 눈을 감고, 뜨기를 반복할 것입니다.
- 질문이 있더라도 실습이 끝난 후에 하기를 바랍니다.
- 이 실습은 여러분에게 깊은 의미가 있는 자애와 연민 문구들을 발견하도록 돕기 위해 고안되었습니다. 만일 여러분이 이미 문구들을 가지고 있고, 그것을 계속 사용하기 원한다면 새로운 문구를 찾을 필요 없이 이 실습에서도 그 문구들을 사용하시면 됩니다.
- 시작하기 위해, 눈을 감고 한 손을 가슴이나 다른 곳에 올려놓습니다. 그리고 자신의 몸이 부드럽게 호흡하는 것을 느낍니다.

나에게 필요한 것은 무엇인가

- 잠시 동안 여러분의 가슴이 부드럽게 열리도록 허용합니다. 따뜻한 햇살에 꽃이 저절로 피어나듯 가슴이 열리는 것을 상상할 수 있습니다. (간격)
- 이제 여러분의 내면에서 자연스럽게 답이 떠오르도록 하면서 자신에게 물어봅니다.

–나에게 필요한 것은 무엇인가? (간격), "진실로 나에게 필요한 것은 무엇인가? (간격)

–만일 어떤 날에 이러한 욕구가 충족되지 않는다면, 나의 하루가 완성되지 않은 느낌을 받는가? (간격)

–그 대답은 연결, 친절, 건강, 평화, 자유로움에 대한 욕구와 같은 보편적 인간의 욕구가 되도록 합니다. (간격)

- 준비가 되면 눈을 뜨고 여러분에게 떠오른 것을 적습니다. (간격)
- 여러분이 발견한 말들은 명상에서 그대로 사용할 수도 있고, 다음과 같이 자신을 위한 바람으로 다시 쓸 수도 있습니다.

–내가 내 자신에게 친절하기를.

–내가 내 자신에게 친절해지기 시작하기를.

–내가 속해 있음을 알기를.

–내가 나의 근본적인 선함과 연결되기를.

–내가 나의 가치를 알기를.

–내가 두려움으로부터 자유롭기를.

–내가 사랑으로 휴식하기를.

(긴 간격)

내가 듣기 원하는 것은 무엇인가

- 이제 다시 눈을 감고 두 번째 질문을 생각해 봅니다. 이 질문은 여러분을 좀 더 깊게 데려갈 수 있으므로, 자신이 편안하게 갈 수 있는 만큼만 깊게 갑니다. 질문은 다음과 같습니다.

–'내가 다른 사람들에게 듣기를 원하는 것은 무엇인가?' (간격) '한 인간으로서 이런 말을 진정으로 들을 필요가 있기에 내가 들어야 하는 말은 무엇인가?' (간격)

–예를 들면, '나는 너를 사랑해.' '나는 너를 위해 여기 있어.' '나는 너를 믿어.' '너는 좋은 사람이야.' 같은 말들이 있습니다.

–가슴의 문을 열고 그 말들이 들어오기를 기다립니다. (간격)

–아직 말들이 찾아오지 않았다면, 자신에게 이렇게 물어봅니다. '가능하다면,

사는 내내 어떤 말들이 매일 내 귀에 속삭여지면 좋을까? 들을 때마다 '오, 감사하고, 감사하다'고 말하게 하는 말들은 무엇일까?' (간격)
–용기를 갖고, 자신이 취약해지거나 이러한 가능성에 개방하는 것을 허용합니다. 그리고 들어 봅니다. (간격)

- 이제 다시 부드럽게 눈을 뜨고 여러분이 들은 것을 적습니다. (간격) 많은 말을 들었다면, 그 말들을 자신에게 보내는 메시지처럼 짧은 문구로 만들 수 있는지 봅니다. (간격)
- 여러분이 적은 말들은 그대로 자애 명상에 사용할 수도 있고, 자신을 향한 소망으로 다시 쓸 수도 있습니다. 사실, 우리가 다른 이들로부터 반복해서 듣고 싶은 말들은 우리가 쉽게 잊어버리는 말들이거나, 우리가 자신의 삶에서 실현하고 싶은 자질, 또는 우리의 가슴에 확고하게 심어 놓고 싶은 태도일 수 있습니다. 예를 들어, "나는 너를 사랑해."라는 말을 듣기를 원한다는 것은 우리가 정말 사랑받을 만한 존재인지 알고 싶다는 의미입니다. 그것이 우리가 그 말들을 반복해서 듣기 원하는 이유입니다.
- 여러분이 분명하기 알기 원하는 것은 무엇인가요? 원한다면 여러분의 말들을 자신을 위한 소망으로 다시 만들 수 있습니다. 예를 들면 다음과 같습니다.
  –'나는 너를 사랑해'는 '내가 있는 그대로의 나 자신을 사랑하기를'이라는 소망이 될 수 있습니다.
  –'나는 너를 위해 여기 있어'는 '내가 속해 있음을 알기를'이라는 소망이 될 수 있습니다.
  –'너는 좋은 사람이야'는 '내가 나 자신의 선함을 알 수 있기를'이라는 소망이 될 수 있습니다. (긴 간격)
- 이제, 잠시 여러분이 적은 말들을 다시 살펴보고, 명상에서 사용하고 싶은 말들이나 문구를 2~4개로 정합니다. (간격) 이 말들이나 문구는 여러분 자신에게 주는 선물입니다. 자신의 말들을 기억하기 위해 잠시 시간을 가집니다.

문구로 수행하기

- 마지막으로 눈을 감습니다. 우리는 자신을 향해 그 말들을 반복할 것입니다. 마치 따뜻한 욕조에 미끄러져 들어가듯, 이 과정이 가능한 한 편안하게 이루어

질 수 있는지 봅니다. 성취해야 할 것은 아무것도 없습니다. 그저 말들이 모든 것을 하도록 맡겨 둡니다.

- 여러분의 말들이나 문구들을 반복해서 말하기 시작하면서 천천히 부드럽게, 마치 사랑하는 사람의 귀에 속삭이듯 여러분 자신에게 그 말들을 속삭입니다. (3~4분 간격)
- 할 일도 없고, 갈 곳도 없습니다. 단지 친절한 말들로 자신을 감싸고, 자신이 듣기 원하는 그 말들로 자신을 씻어 내게 합니다.
- 그리고 마음이 떠돌 때마다, 위로의 손길을 보내거나 단지 몸속 감각을 느끼면서 자신의 목적으로 돌아올 수 있습니다. 그리고 여러분 자신에게 다시 그 문구들을 제공합니다.
- 이제 부드럽게 문구들을 내려놓고, 여러분 자신이 경험 안에서 휴식하게 합니다. 이 실습은 그것이 어땠든 그대로 두고, 있는 그대로의 자기 자신이 됩니다. (간격)
- 이 실습은 자신에게 맞는 문구를 탐색하는 시작 정도로 생각하기를 바랍니다. 자애 문구 발견하기는 영적이고 시적인 여행입니다. 기대하건대, 여러분은 앞으로 나아가며 이러한 과정('나에게 필요한 것은 무엇인가?' '내가 듣기 원하는 것은 무엇인가?')으로 되돌아가는 자신을 발견할 것입니다.
- 부드럽게 눈을 뜹니다.

탐구

탐구 과정에서는 문구의 실제 내용보다는 문구를 찾아가는 과정을 집단에서 나누도록 안내해야 한다. 문구의 내용에는 참여자가 혼자만 간직하고픈 취약한 욕구가 반영되었을 가능성이 크기 때문이다. 다음이 자애 문구 발견하기 실습 이후 주고받게 되는 전형적인 탐구의 예시이다.

지 니: 저는 좋은 문구 몇 개를 찾았다고 생각해요. 그러면서도 조금 곤란했던 순간도 있었어요. 저에게 필요한 것이 무엇인지와는 잘 연결할 수 있었는데, 다른 사람들로부터 들어야 할 말이 무엇인지 물어보자 곧바로 어린 시

절로 돌아가면서 느끼고 싶지 않은 감정이 물밀듯이 밀려왔어요.

지도자: 지니, 아직도 그 감정을 느끼고 있나요?

지 니: 네.

지도자: 괜찮다면 그 감정에 이름을 한번 붙여 볼 수 있을까요?

지 니: 외로움이에요. 저에게 외롭다는 감정은 늘 수면 아래 자리하고 있거든요.

지도자: 그렇군요. 다른 이들로부터 들어야 할 말과 연결되는 것이 외로움이군요. 그런 외로움을 수면 위로 떠오르는 일이 이번 실습에서 일어났고요. 그걸 역류라고 해요. 거기에 이름을 붙인 지니의 용기에 특별히 감사드립니다. 이와 같은 감정과 접촉한 사람이 여기에 지니뿐만은 아닐 거라고 확신하니까요.

지 니: 그런가요? (주위를 둘러보며 여기저기서 고개를 끄덕이는 모습을 본다.)

지도자: 지니, 한 가지 더 궁금한데요. 수년 동안 외로움과 함께 살아온 친구가 있다면 그 친구에게 마음을 터놓고 어떤 말을 해 줄 수 있을까요?

지 니: (눈가가 촉촉해지며) "알고 있어, 이해해."라고 말해 줄 것 같아요.

지도자: 그리고 그 친구가 지니로부터 어떤 말을 듣고 싶어 할 거라고 생각하세요?

지 니: 그냥, 정말로…… 그 친구가 혼자가 아니라는 걸 알았으면 해요.

지도자: 그 친구를 위한 소망을 담아 볼까요?

지 니: 오, 알겠어요. 이렇게 말할 거예요. "네가 혼자가 아니란 것을 알기를."

지도자: 고마워요, 지니. 그리고 저 또한 지니를 위해 그 소망을 빌게요. 아마도 우리 모두 그럴 것 같네요.

지 니: 저도 저를 위해 해 볼 수 있을 것 같아요.

지도자: 네, 저도 그러리라 믿어요. 하지만 너무 애쓰지 않았으면 해요.…… 그 순간에 느끼는 걸 들려주면 됩니다. …… 과하게는 말고요.…… 들으면 진정으로 위로가 되는 것을요. 알겠지요?

지 니: 네, 잘 알겠어요. (부드럽게 미소 짓는다.)

이번 사례에서 지니는 관계적 욕구를 묻는 질문("다른 사람들에게 듣기를 원하는 말은 무엇인가?")에 감정이 북받쳐 적당한 문구를 찾지 못했다. 탐구 과정은 지니가 벗어났던 그 감정으로 되돌아가게 했고, 지도자는 같은 기분을 느끼는 친구에게 해 주고픈 말과 연결 지으며 지니가 자애 문구를 발견하도록 도와주었다. 지니가 과거 외상에 쉽게 압도되는 모습을 보였기에, 지도자는 지니에게 천천히 하도록 상기시키며 실제로 위로와 진정이 되는 자애 문구만을 사용하였다. 이럴 때는 참여자들의 충족되지 않은 욕구의 강도를 적정 수준으로 맞추는 '내가 ~하기 **시작하기를**' 또는 '내가 ~하는 것을 **배우기를**' 같은 표현을 사용해 보도록 권할 수 있다.

다행스럽게도, 참여자 대다수는 자애 문구를 발견하고 명상에 문구를 사용하면서 긍정적인 경험을 한다. 여기에 관한 예시는 다음과 같다.

사이먼: 우와, 정말 깊은 경험이었어요! 몇 년 동안 자애 문구를 사용해 왔지만, 이렇게 깊고 감동적인 문구를 찾게 된 건 처음이에요.

지도자: 깊은 감동을 준 문구를 찾았다니 저도 참 기쁘네요. 사이먼이 느낀 것을 이야기해 주겠어요?

사이먼: 음, 제 문구들은 저에게 개인적으로 직접 말을 걸어 왔어요. 마치 누군가가 제 이름을 부르고 제 주의가 모두 거기에 쏠린 것 같았어요. 그 문구들을 말할 때마다 온몸이 이완되었어요. 마치 알지도 못한 채 몇 년 동안 바라왔던 무언가를 가진 것처럼, 몇 년 동안 듣고 싶었던 말을 들은 것처럼. 특히 가슴 한가운데가 정말 편안해졌어요. 지금도 느껴져요.

지도자: 사이먼이 말하는 동안 저도 그걸 느꼈어요. 우리를 사이먼 마음에 들여 나누어 주어서 감사하고, 그 문구들을 마음속에 들여 주어서 또한 감사합니다.

이 탐구에서 사이먼은 그저 자신의 놀라움과 경이로움을 나누고 싶었기 때문에 지도자는 사이먼과 감정적으로 공명하도록 자신을 허용하며 사이먼의 나눔에 감사를 전했다. 이처럼 언급할 문제가 없을 때는 탐구가 상당히 짧게 마무리되기도 한다.

과제 수행
(5분)

참여자들에게 이번 회기에서 배운 것들을 수행해 보도록 상기한다.

- 사랑하는 사람을 위한 자애
- 연민 어린 움직임(선택)
- 자애 문구 발견하기

참여자들에게 어떤 단어나 문구가 자신에게 깊은 의미를 주는지 계속 탐구해 보도록 요청한다. (이 책의 홈페이지에서 실습 파일을 내려받을 수도 있다. 책 마지막 부분의 오디오 파일 목록을 참조하라.) 자애 문구 발견하기의 궁극적 목적은 참여자가 명상에서 반복적으로 사용할 수 있는 문구 몇 개에 안착하는 것이다. 같은 과정을 통해 일상 속 특별한 순간에 우리가 필요로 하는 것이 무엇인지를 발견할 수도 있다. 예를 들어, "지금 이 순간 내 귀에 속삭여 주어야 할 말은 무엇일까?"라고 묻는다면, 아픈 가슴에 연고가 되어줄 새로운 문구가 떠오를 것이다.

이 시점에서 주간 피드백을 제공하며 회기마다 가져오도록 참여자들을 다시 한 번 격려한다. 다시 말하지만, 주간 피드백의 목적은 하루에 30분씩 수행하지 않는 사람들을 당황하게 만드는 것이 아니며, 참여자들이 자기연민을 배우는 과정을 성찰하고 지도자와 의사소통을 할 수 있도록 돕는 데 있다. 지도자는 또한 참여자들의 수행을 상기하고 격려하기 위해, 참여자들 간 온라인 소통을 촉진하기 위해 회기 사이에 이메일을 계속 보내야 한다.

마무리
(3분)

지도자가 선호하는 방식으로 회기를 마무리한다. 종을 울리고 잠시 침묵하는 시간을 가지거나, '한 단어 공유하기' 시간을 가지거나, 아일랜드 시인 존 오도노휴(John O'Donohue)가 자애 문구의 힘과 보편성을 담아낸 두 편의 시 〈Beanacht〉(2011)과 〈For Belonging〉(2008) 중 한 편을 낭송하며 마무리할 수도 있다.

제13장

4회기

연민 어린 목소리 발견하기

개요

시작(핵심) 명상: 우리 자신을 위한 자애

오늘의 회기: 연민 어린 목소리 발견하기

주제: 진행 단계

실습: MSC가 나에게 어떻게 진행되고 있는가?

휴식

연착륙 명상

주제: 자기비난과 안전

실습: 연민으로 우리 자신에게 동기 부여하기

일상 수행: 자신에게 보내는 연민 어린 편지

과제 수행

마무리

시작하기

- 이번 회기 목표
  - 공식 명상으로 자애 수행을 배운다.
  - 자기연민으로 향하는 진행 단계를 확인한다.
  - 비난 대신 격려로 자신에게 동기를 부여한다.

- 왜 지금인가?
  - 개인 문구를 활용하여 우리 자신을 위한 자애 수행을 심화한다.
  - MSC 프로그램에서 참여자들이 경험하는 진행 단계를 검토하고, 각자 위치한 자기연민의 단계에서 자신을 더욱 온전히 수용할 수 있는지 살펴본다.
  - 자애 명상에서 확립한 선한 의도의 자세를 바탕으로 삶의 긍정적 변화에 동기를 부여하는 연민 어린 내면의 목소리를 함양하도록 돕는다.

- 새로운 수행
  - 우리 자신을 위한 자애
  - 자신에게 보내는 연민 어린 편지

지도자 참고사항: 본 회기에서는 참여자들의 수행 현황을 다루는 'MSC가 나에게 어떻게 진행되고 있는가?' 실습이 포함되어 있으므로 과제 수행 토의는 생략한다.

우리 자신을 위한 자애
(30분)

'우리 자신을 위한 자애' 실습은 MSC 프로그램에서 두 번째로 등장하는 핵심 명상이다. 참여자들은 3회기의 '자애 문구 발견하기' 실습 막바지에 자신을 위한 문구를 들려주며 이 명상을 맛보기로 경험해 보았다. 어떤 참여자들은 '우리 자신을 위한 자애' 녹음 파일을 지난주에 이미 듣고 왔을지도 모른다. 이 실습은 집단 전체가 명상 전 과정을 수행한 다음 탐구에 참여하는 첫 번째 시간이기도 하다.

이번 회기에서 지도자는 참여자들에게 자신의 문구를 검토하고 명상에서 사용할 문구를 미리 결정하도록 요청하여 이 명상이 새로운 문구를 찾는 용도가 되지 않게 한다. 그러나 자연스럽게 새로운 문구가 떠오르는 것은 괜찮다. 자애 명상은 다른 명상에 비해 다소 복잡하므로 참여자들에게 불필요한 노력이나 기대를 내려놓게 하고, 제대로 하고 있는지 걱정하지 말고 그저 느긋하게 자신에게 문구를 전하기만 하면 된다고 안내한다. 참여자는 수행이 마치 따뜻한 물이 담긴 욕조에 미끄러져 들어가는 것처럼 수월해지도록 자신을 허용하면 된다.

지도

- 편안한 자세를 찾아서 앉거나 눕습니다. 눈은 완전히 감거나 부분적으로 감습니다. 여러분의 몸과 현재 순간에 안주할 수 있도록 심호흡을 두세 번 합니다.
- 자신의 경험과 자기 자신에게 자각을 가져갈 뿐만 아니라 애정 어린 자각을 가져온다는 사실을 상기시키는 의미에서 손을 가슴 또는 편안하고 위로가 되는 위치에 놓습니다.
- 이제 자신의 호흡이 가장 쉽게 느껴지는 곳에서 호흡을 느껴 봅니다. 호흡의 부드러운 리듬을 느껴 봅니다. (간격) 주의가 배회하면 부드러운 호흡의 움직임을 다시 한번 알아차립니다.
- 이제 호흡에 두었던 초점을 내려놓고, 호흡을 부드럽게 자각의 배경 속에 둡니다. 그리고 자신에게 가장 의미 있는 문구를 여러분 자신에게 들려줍니다. 괜찮다면 그 말들을 자신의 귓가에 나지막이 속삭여 줍니다. (긴 간격)
- 해야 할 일도, 가야 할 곳도 없습니다. 그저 친절한 말로 자신을 씻겨 주면서, 여러분이 들을 필요가 있는 말들 속에 흠뻑 젖어듭니다. (긴 간격)
- 괜찮다면 말들에 흠뻑 빠져서 자신의 존재가 말로 채워지게 합니다. 몸의 모든 세포와 말들이 공명을 일으키게 합니다. (간격)
- 마음이 배회하고 있다는 사실을 알아차릴 때마다, 위로의 손길을 주거나 몸에서 일어나는 감각을 느끼면서 자신의 목적을 새롭게 합니다. 몸이라는 집으로

돌아옵니다. 그런 다음 그 말들을 다시 자신에게 들려줍니다. 친절의 집으로 돌아옵니다. (간격)

- 마지막으로 문구를 내려놓고, 여러분 자신의 몸에 고요하게 휴식합니다.
- 이제 부드럽게 눈을 뜹니다.

안주와 반영

명상에서의 경험에 흠뻑 빠진 채 그 경험을 비추어 보도록 참여자들에게 2~3분간 시간을 주고 머무르게 한다. 그런 다음 '이번에는 무엇을 알아차렸나요?' '명상에서 어떤 부분이 특히 중요하게 느껴졌나요?' '명상에서 도전이 되는 부분은 없었나요?' 같은 질문을 통해 탐구의 씨앗을 부드럽게 심는다.

탐구

4회기쯤 되면 탐구 시간에 말하기를 선호하는 참여자와 듣기를 선호하는 참여자가 분명해진다. 경험의 나눔은 집단 모두의 경험을 깊게 하므로, 집단구성원 전원의 이야기를 들어 보는 것이 바람직하다는 점을 상기시키기에 좋은 시점이기도 하다. 이번 실습을 마친 후 진행되는 탐구의 예시는 다음과 같다.

제 프: 솔직히 말씀드리면 이 명상에 대해서는 확신이 안 서요. 저는 명상을 단순한 방식으로 하는 걸 좋아하는데, 이 명상은 해야 할 게 너무 많았어요. 예전에는 의미 없는 음절을 가지고 하는 만트라 명상을 했고, 지금은 호흡 명상을 하고 있거든요. 이번 명상에서 쓰는 문구는 너무 길고 어색하게 느껴졌어요.

지도자: 이런 종류의 명상이 모든 사람을 위한 게 아닌 건 분명해요. 그리고 제프는 이미 좋은 명상 수행을 하고 있는 것 같고요. 그래도 조금만 돌아보고 살펴볼 수 있으면 어떨까 한데요. 안내 명상이 언제부터 어색하다고 느껴졌는지 이야기해 줄 수 있을까요?

제 프: 아마도 호흡을 포기하고 문구로 들어가고 싶지 않았던 것 같아요.

지도자: 아, 알겠어요. 실제로 호흡을 포기할 필요는 없어요. 그저 호흡이 자각의 배경으로 옮겨 가게 두면 된답니다. 그런데 문구를 덧붙이는 게 특히 싫었던 것 같은데요?

제 프: 네, 맞아요. 호흡의 리듬을 즐기면서 마음이 차분해지는 걸 느꼈거든요. 거기에 방해받고 싶지 않았어요.

지도자: 물론이죠, 이해합니다. 그런데 궁금하네요. 호흡 명상의 고요함이 사라지면서 스트레스 받는 생각이나 느낌을 가지게 되는 걸까요?

제 프: 네, 잠시 그러는 것 같아요.

지도자: 그렇다면 지지와 친절이 담긴 몇 마디 말이 그 순간에 어떤 느낌을 줄 것 같은가요?

제 프: 아마 그다지 나쁘지 않은 느낌일 것 같아요.

지도자: 제프가 우리 모두에게 중요한 수행 요점을 제시해 주었네요. 이 실습을 우리 자신의 필요에 맞추는 것이 정말 중요해요. 제프는 호흡 명상을 좋아한다고 했으니, 그대로 호흡 명상을 하면 됩니다. 그리고 제프의 마음이 어두운 구석으로 향할 때, 몇 마디 자애의 말이 도움이 되는지 살펴보면 돼요. 도움이 안 된다면 굳이 신경을 써야 할까요? 제 말이 무슨 뜻인지 아시겠지요?

제 프: 네, 알겠습니다.

지도자: 제 개인적으로는 15분에서 20분 정도 호흡 명상을 하며 마음이 고요해지기 전까지는 문구가 제게 와 닿지 않아요. 시작할 때부터 문구가 와 닿는다는 사람들도 있고요. 우리 모두가 다르죠.

제 프: 어쩌면 제가 너무 애썼던 건 아닌가 싶어요.

지도자: 아마도 그럴 거예요. 문구와 함께 느긋하게 머물러 보죠. 어떤 것에도 얽매이지 않으면서요. 문구는 축복의 말과 같으니까요.

제 프: 알겠습니다. 그렇게 한번 해 보겠습니다.

지도자: 고맙습니다, 제프.

이번 탐구는 여러 갈래의 도움이 될 만한 방향으로 진행할 수 있던 시간이었다. 예를 들어, 지도자는 제프에게 맞지 않던 특정 문구에 초점을 맞출 수도 있었고, 제

프의 불편감에 공명하여 제프가 가진 힘겨움에 연민을 불러오도록 도울 수도 있었으며, 문구의 사용을 건너뛰도록 허락해 줄 수도 있었다. 그러나 지도자는 제프의 말에서 그가 명상에 문구를 사용하는 이유를 여전히 찾고 있다고 느꼈고, 자신의 경험을 지침으로 삼아 제프와 연결되고 나서 명상에서 문구가 나오는 시점 때문에 문구가 거추장스러워 보일 가능성을 제프에게 안내했다. 아울러 지도자는 전체 참여자를 염두에 두고 수행을 자신에게 맞추어 가는 과정과 어떠한 기대 없이 자애 명상을 수행하는 것의 중요성을 다루었다. 참여자들의 경험에서 주의가 떨어지게 하거나 참여자들의 현실에 개입하지 않는 한 지도자 자신의 명상 경험 일부를 공유하는 것은 전적으로 허용된다.

연민 어린 목소리 발견하기

(1분)

오늘 회기인 '연민 어린 목소리 발견하기'의 제목과 개요를 공유하며 참여자들을 안내한다. 더불어 현재 우리가 프로그램에서 '진흙탕 한가운데'를 지나가고 있다는 것도 언급한다. 4회기는 자기연민 훈련의 전형적인 진행 단계에 대한 검토에서 시작하여 현재까지의 MSC 경험에 관한 참여자들의 성찰로 이어진다. 그런 다음 삶에서 긍정적 변화를 일으키는 동기를 비판이 아닌 친절과 이해로 부여하는 방법을 참여자들과 함께 탐구한다. 자애 명상에서 생성된 선한 의도로 연민 어린 내면의 대화를 함양하는 것이기에 자애 문구를 익힌 다음 연민 어린 동기에 대한 토의를 시작한다. 변화를 위한 **동기 부여**는 또한 자기연민의 행동 요소인 양의 특질을 강화시켜 일전에 배운 위로와 진정 수행을 통해 함양된 음의 특질과 균형을 맞출 것이다.

진행 단계

(15분)

참여자 대부분이 자기연민에 관한 자신의 역량을 의심하기 시작했을 것이므로,

자기연민 훈련의 진행 단계를 이 시점에서 다루게 된다. 참여자들은 더욱 심화된 수행의 서막인 '환상에서 깨어나기' 단계에 있다(본 진행 단계는 Morgan, 1990을 개작하였다). 이 주제는 이어지는 집단 실습인 'MSC가 나에게 어떻게 진행되고 있는가'와 함께 참여자들이 느낄 외로움을 줄어들게 하고, 자신의 노력을 포기하게 하는 실패한 느낌을 극복하게 돕는다.

이 주제는 가볍게 제시하여야 한다. 결국 진전이라는 개념을 포기하는 것이 자기연민에서의 진전을 의미하기 때문이다. 지도자는 다음과 같은 질문으로 토의를 시작한다. "우리는 이제 프로그램의 '진흙탕 한가운데'에 있습니다. 자기연민적으로 되어 가는 자신의 능력을 의심하고 계신 분 있나요?" 적어도 참여자 중 1/3이 동의하며 고개를 끄덕일 것이다. 이때 지도자는 "그게 바로 여러분이 진전하고 있다는 걸 의미한답니다!"라고 말하며 참여자들을 안심시킨다.

자기연민 훈련 참여자들은 전형적으로 ① 애쓰기, ② 환상에서 깨어나기, ③ 완전한 수용이라는 세 단계를 거친다. 집단구성원들이 2회기에서 〈The Fly〉 동영상을 시청하였다면, 이 동영상으로 진행의 세 단계를 묘사할 수 있다. 무도인이 파리를 죽이려 하는 것이 '애쓰기'이고, 고군분투가 허무하게 무너져 내릴 때가 '환상에서 깨어나기'이며, 펼친 손에서 파리 한 마리가 날개를 펴고 날아갈 때 '완전한 수용'이 일어난 것이다.

누구나 진전을 이루어가다 보면 때로는 자기증진의 목적을 내려놓아야 할 때도 있기 마련이다. 수행을 대하는 우리의 의도를 정제해야 할 때이다. 우리 자신을 고치려 하거나 매 순간의 느낌을 바꾸려는 것이 아닌, 자기연민 그 자체를 배우는 것이 우리의 의도이다. 마지막 진행 단계인 완전한 수용을 향해 나아갈 때 일어나는 의도의 정제는 앞서 언급된 자기연민의 역설로 가장 잘 표현된다. 우리가 고군분투하고 있을 때 자신에게 친절을 전하는 것은 기분이 나아지기 위해서가 아니라 기분이 나쁘기 때문이다.

애쓰기

자기연민 수행을 비롯한 모든 자기계발을 위한 노력은 기분이 나아지고자 하는 의도를 담아 시작된다. 이때 우리는 희망으로 가득 차 있다. 때로는 수행이 곧바로

성과를 내기도 한다. 우리가 처음으로 '내가 나를 사랑할 수 있어!'라는 깨달음을 발견했을 때처럼 말이다. 이러한 깨달음은 마치 막 사귀기 시작한 연인들이 사랑의 열병을 앓는 단계처럼 상당히 마음을 들뜨게 한다.

환상에서 깨어나기

물론 모든 연애가 그렇듯 사랑의 열병이 식으면 환상이 깨어지는 순간이 뒤따른다. 사랑하는 사람이 우리의 모든 문제에 해답이 될 수 없으며, 그 또한 결국 한 사람의 인간일 뿐이라는 것을 깨닫게 된다. 마찬가지로 자기연민 수행의 환상에서 깨어날 때도 불편한 감정과 개인적인 결함을 그대로 지니고 있는 '나는 여전히 예전과 다를 바가 없다'는 사실을 발견하게 된다. MSC에서 이런 일이 벌어지면 참여자들은 기대에 부응하지 못한 자기 자신이나 프로그램을 탓하곤 한다. 문제는 대개 수행에 깔려 있는 의도에 있다. 열린 가슴으로 '무언가를' 수용하기보다 자신의 성격이나 느낌을 바꾸려는 참여자들의 소망이 문제가 된다. 저항이 자기연민을 납치해 버린 것이다. 기법이 잘못된 게 아니다. 기법을 사용할 때 숨겨진 의도가 잘못된 것이다.

불면증을 극복하기 위해 자애 문구를 사용하는 경우를 떠올려 보자. 우리가 처음 자애를 배우던 호기심 많은 초심자의 마음이었을 때는 한밤중에 잠들지 못할 때 그 문구로 자신을 위로하다 보면 스르륵 잠들 수 있었다. 아침에 일어나자마자 우리는 이 성공에 흥분하며 다음 날 밤에도 숙면을 위해 자애 문구를 사용하기로 결심했다. 짐작할 수 있듯이 자애 문구를 사용하는 의도가 자신을 위로하는 것에서 잠들기 위한 전략으로 바뀌며 효과가 없었고, 효과가 없어지자 속만 더 상할 뿐이었다. 이때가 환상에서 깨어나기 시작하는 시점이다. 명상 지도자 밥 샤플즈(Bob Sharples, 2003)는 우리 자신을 '고치려는' 이러한 노력을 "자기계발의 미묘한 공격성"으로 표현하며, 여기에 대한 해독제로 그는 "사랑하듯 명상을 수행하라"고 권하였다. '환상에서 깨어나기' 단계에서는 역효과를 내는 우리의 고군분투가 드러나므로 자기연민 훈련에서 중요한 단계이다.

완전한 수용

진행 단계의 마지막은 '완전한 수용'이다. 9장과 19장에서 언급되듯이 완전한 수용이란 매 순간 자신의 경험과 자기 자신을 있는 그대로 온전히 수용하는 것을 의미한다. 우리는 어떻게 완전한 수용으로 나아가게 될까? 이 단계에서 우리 대부분은 더 소박해진다. 완전한 수용 단계에서는 연민을 내던져 고통을 쫓아내지 않는다. 다정하고 부드러운 가슴으로 고통을 받아들인다. 다음은 완전한 수용을 설명하는 몇 가지 언급이다.

- 영적 수행의 요점은 자신을 완벽하게 만드는 것이 아니라, 자신의 사랑을 완벽하게 만드는 것이다(Kornfield, 2017).
- 우리는 여기에 자기연민을 배우러 온 것이 아니라, 우리의 불완전함을 포용하러 온 것입니다!
- 나는 괜찮지 않습니다. 당신도 괜찮지 않고요. …… 하지만 그걸로 괜찮습니다!

앞서 언급했던 비유를 다시 들어 보자면, 완전한 수용이란 독감 걸린 자녀를 돌보는 부모와 같다. 부모는 친절함으로 독감을 몰아내려 하지 않는다. 그 대신 독감이 저절로 나을 때까지 자녀의 고통에 대한 자연스러운 반응으로 자녀에게 돌봄과 위로를 전한다. 인간 존재는 누구나 인생에서 고통을 겪는다. 독감에 걸린 아이를 대하는 연장선상에 놓인 친절과 애정을 우리 자신에게 전할 수 있을까? 그럴 수 있다면 우리는 완전한 수용을 실천하는 것이다.

완전한 수용의 의미를 설명할 때 지도자가 사용할 수 있는 추가 인용문들은 다음과 같다.

- 오랜 수행에도 우리는 여전히 제정신이 아닐 수 있다. 오랜 수행에도 우리는 여전히 화낼 수 있다. 오랜 수행에도 우리는 여전히 소심하거나, 질투하거나, 무가치함으로 가득 찰 수도 있다. 중요한 점은…… 우리 자신을 내동댕이치지 않고 더 나은 존재가 되는 것이다. 이미 있는 그대로 우리 자신과 친구가 되는 것이다(Chödrön, 1991/2001, p. 4).

- 인간은 자신의 콤플렉스를 없애려 애쓰지 말고, 콤플렉스와 하나가 되어야 한다(Freud: Jones, 1955, p. 188에서 인용).
- 인생에서 흥미로운 역설은 나 자신을 있는 그대로 받아들일 때 내가 변할 수 있다는 것이다(Rogers, 1961/1995, p. 17).
- 수행의 목적은 연민 어린 엉망진창이 되는 것이다(Nairn, 2009).

연민 어린 엉망진창이 된다는 것은 오롯이 인간이 된다는 것을 의미한다. 종종 고군분투하고, 불확실해하고, 혼란스러워하면서도 깊은 연민을 가진 존재가 되는 것이다. 이것이 자기연민으로의 초대이다.

진행 단계가 언제나 선형적이며 순차적으로 나아가지는 않는다. 어마어마한 도전을 마주하면 불가피하게 '애쓰기'와 '환상에서 깨어나기' 단계로 돌아가게 되지만, 애정 어린 여유로운 자각으로 우리가 놓인 단계를 깨닫는 순간 '완전한 수용' 단계로 되돌아갈 수 있다. 진전은 상승 나선에 가까운 형태로 일어난다. 수년간 수행하다 보면 애쓰기와 환상에서 깨어나기 시간은 줄어들고 완전한 수용의 시간은 늘어날 것이다.

지도자 또한 MSC 지도자가 되어 가는 여정에서 진행 단계를 거친다. 처음으로 얻는 교훈 중 하나는 사람들을 더 자기연민적으로 만들기 위해 애쓰는 것은 오히려 역효과를 낼 수 있다는 것이다. MSC 지도자 훈련을 주도하는 스티브 힉먼(Steve Hickman)의 말처럼 "지도자가 뒤로 기대면 그들은 안으로 인도되고, 지도자가 앞으로 기울이면 그들은 밖으로 인도된다." 지도자도 참여자들과 함께 진행 단계를 거치며, 특히 '진흙탕 한가운데'에 놓인 기간 동안 과정이 어떻게 진행되고 있는지 혼란스럽고 불확실할 수 있다. 그럴 때는 커리큘럼을 신뢰하고 그저 주어진 일을 하는 것만으로도 나아가는 데 도움이 될 것이다.

MSC가 나에게 어떻게 진행되고 있는가
(35분)

이 실습에서는 참여자들이 현재 어떤 진행 단계에 있는지 탐색하고, 과정 자체에서 자신을 얼마나 연민으로 대하고 있는지 검토하며, 자신의 고군분투에서 보편적 인간경험을 알게 한다.

지도

- 종이와 펜을 준비합니다.
- 우리가 여러 진행 단계를 오고 간다는 사실을 기억하면서, ① 애쓰기, ② 환상에서 깨어나기, ③ 완전한 수용의 단계를 경험했던 순간들을 적어 봅니다.
- MSC 프로그램이 중간 부분에 와 있는 **바로 지금**, 여러분이 어느 단계에 와 있는지 살펴봅니다. 불필요하게 **애쓰고** 있는 자신을 발견했다면, 여러분의 애씀에 약간의 여유를 가지는 것이 가능할까요?
- 또는 여러분이 **환상에서 깨어나는** 단계에 있다면, 지금보다 자기연민적인 사람이 될 수 있을지 의심하고 있을 수도 있습니다. 자신의 의심하는 마음과 부드러운 방법으로 함께할 수 있을까요? 여러분 자신에게 위로나 격려가 되는 말을 해 줄 수 있을까요?
- 그리고 만약 여러분이 **완전한 수용**의 순간에 있다면, 적어도 지금만큼은 그 경험을 음미할 수 있을까요?

소집단 토의

지도자는 참여자들에게 MSC 과정이 지금 어떻게 진행되고 있는지 토의하기 위해 3인으로 소집단을 구성하도록 요청한다. 한 사람당 최대 5분씩 자신이 편안하게 공유할 수 있는 어떤 것이라도 나누게 한다(지도자는 종을 울려 교대 시간을 안내한다). 듣는 사람은 충고하거나 문제를 고쳐 주려 들지 말고 그저 화자의 이야기에 주의를 기울인다. 편안하고 열려 있으며 연민 어린 자세를 의도적으로 취하는 것이 도움이 된다. 이 토의는 참여자들이 인간의 불완전함과 고군분투 속에서 보편적 인간경험을 체험하는 기회가 될 것이다.

탐구

이번 탐구 예시에서는 실습을 마치고 난 후 자신의 자기연민 학습 역량을 계속 염려하고 있는 참여자를 다룬다.

버니스: 말씀해 주신 '진행 단계'가 저에겐 정말 많은 도움이 되었어요. 저는 분명히 '환상에서 깨어나기' 단계에 있었거든요.

지도자: 그래요, 지금은 어느 단계에 있나요?

버니스: 아직도 그 단계에 있지만, 빠져나오고 있는 것 같기도 해요. (혼자 쿡쿡거리며 웃는다) 소집단으로 함께 이야기 나누면서 제가 혼자가 아니란 걸 알게 된 게 좋았어요.

지도자: 버니스의 이야기를 들으니 저도 기쁘네요. 버니스의 '환상에서 깨어나기' 상태를 한번 묘사해 줄 수 있을까요? 어떤 걱정이나 좌절을 경험했나요?

버니스: 음, 저의 기분과 있는 그대로의 저를 받아들이고 싶지 않았어요! 우울증 치료를 받고 있는데, 치료자 선생님이 제가 저 자신을 너무 가혹하게 대한다고 하면서 이 프로그램에 연결해 주셨거든요. 제가 느끼는 감정을 그저 받아들여야 한다고 생각하면 우울해져요.

지도자: 그럼 받아들인다는 수용의 개념이 버니스에게는 아무것도 변하지 않을 것이라는 걸 의미하는 거로군요?

버니스: 그런 뜻이 아니었나요?

지도자: 버니스가 중요한 점을 제시해 주었네요. 수용이란 지금 이 순간에 우리가 느끼는 것과 있는 그대로의 우리 자신에게 열려 있는 것을 의미해요. 그리고 열려 있을 때 우리는 실제로 새로운 가능성을 만들어 내게 되고요.

버니스: 그렇지만 저는 단 한순간도 그런 느낌을 받고 싶지 않아요! 가끔 견딜 수 없을 정도로 기분이 안 좋기도 하거든요.

지도자: 바로 지금도 그런 기분이 드나요?

버니스: 아니요. 다른 사람한테 말하고 나면 그렇다는 게 아니라, 그런 일이 자주 일어난다는 거예요.

지도자: 버니스, 제 생각엔 버니스가 스스로 생각하는 것보다 자기연민을 더 잘하

는 것 같아요. 자기연민을 전하기 위해 너무 애쓰지 말아야 한다는 이야기를 듣고 버니스가 안심했다는 건, 그때 무언가가 버니스의 내면과 연결되었다는 거예요. 그러고 나서는 소집단에서 보편적 인간경험이 주는 안도감을 느낄 수 있었지요. 또한 너무 많은 슬픔을 느끼고 싶지 않다는 이야기도 감사해요. 그게 바로 지혜로운 자기연민이랍니다.

버니스: 정말 그렇게 생각하세요?

지도자: 물론 버니스가 제일 잘 판단하겠지만, 저는 버니스가 자신에게 점점 더 가슴을 열고 부드러워지고 있다는 걸 느껴요. 남은 프로그램 과정은 버니스에게 또 어떻게 펼쳐질지 우리 한번 기다리며 차차 살펴보면 어떨까요?

버니스: 제 생각에도 제가 그렇게 된 것 같아요. 혼란스러워지는 게 저의 주특기인데요, 어쩌면 연민 어린 엉망진창이 되는 것도 잘 배울 수 있을지도 모르겠네요. (다시 쿡쿡거리며 웃는다.)

이번 탐구 역시 몇 가지 다른 방향으로 진행할 수도 있었다. 지도자는 이번 실습의 주제이기도 한 버니스의 '환상에서 깨어나기' 단계를 붙들기로 했다. 이 과정에서 버니스가 우울증 치료를 받고 있어서 고통에 개방하는 것을 조심스러워한다는 점이 빠르게 드러났다. 고통에 가슴을 여는 것은 MSC의 핵심 부분이지만, 여러 자원이 인식되고 강화되어야만 작동이 가능하다. 이 사례에서 지도자는 버니스의 자원 중 몇 가지에 이름을 붙여 주고 버니스의 자기연민을 함양하는 능력에 신뢰를 표현했다. 버니스가 분명히 집단에 참여하고 배워 가고 있기 때문이었다. 버니스가 유일하게 놓친 자원은 인내심이었을지 모르며, 지도자는 탐구 시간이 끝날 때 즈음 이를 부드럽게 암시했다.

휴식
(15분)

어떤 참여자들은 소집단 토의를 휴식 시간까지 이어 갈 것이다. 집단구성원 간 연결이 3주째 발전해 가며 휴식 시간 또한 점점 더 느긋해지고 즐거워지곤 한다. 다과를 항상 구비해 두는 것이 좋으며, 저녁 프로그램인 경우에는 특히 그렇다.

연착륙 명상
(2분)

2분에 걸친 연착륙 명상은 지도자가 직접 안내하거나, 참여자들이 스스로 수행하도록 안내한다. 연착륙 명상에 대한 책임을 넘겨받은 참여자들은 이 시간을 지금까지 배운 수행 및 수행 요소를 상기할 계기로 삼을 수 있다.

- 내면의 미소
- 위로의 손길
- 친절한 말: "그렇게 느끼는 게 당연해."
- 보편적 인간경험: "바로 나처럼"
- 자애 문구 찾기
- 호흡의 리듬
- 발바닥 명상
- 주변의 소리
- 지금-여기 돌멩이(선택)
- 연민 어린 움직임

집단 전체가 불안정해 보인다면 '발바닥 명상'이나 '연민 어린 움직임' 같은 신체 활동이 이번 연착륙 명상의 훌륭한 선택지가 된다.

자기비난과 안전
(10분)

이번 주제는 자기비난이 우리 삶에서 한 가지 목적, 특히 정서적 안전 보장에 기여하고 있을 가능성을 소개하기 위해 고안되었다. 우리는 방금 우리 자신의 모든 측면을 수용하는 것의 중요성에 대해 토의했지만, 일반적으로는 우리가 수용하고 싶지 않은 한 부분이 존재한다. 바로 내면의 비난이다. 우리는 자기비난을 고통의 근원으로 보고 그것을 없애고자 한다. 지도자는 다음 요점을 이용하여 자기비난을 주제로 한 짧은 대화를 구성할 수 있을 것이다.

인간이 들이는 수고의 대부분은 안녕감을 높이는 노력이기에 자기비난에도 비슷한 목적이 있다고 보는 것이 타당하다. 지도자는 "자기비난의 기능은 무엇일까요? 자기비난에는 어떤 가치가 있을까요?"라는 질문으로 이번 주제를 시작한다. 참여자들의 답변은 대개 다음과 같다.

- 자기비난은 우리가 발전하도록 동기를 부여한다.
- 우리가 더 나은 행동을 하고 더 이상의 비난을 피할 수 있도록 도와준다.
- 통제에 관한 환상을 일으킨다("내가 더 잘 했더라면 문제를 피할 수 있었을 텐데.").
- 우리의 기대를 낮추어 자신에게 실망하지 않도록 한다.
- 다른 사람들을 기분 좋게 만들어서 그들이 나를 더 좋아하게 한다.

자기비난은 대개 지각된 위험으로부터 우리 자신을 보호하기 위한 시도이다. 비록 그 시도가 생산적이지 않아 보일지라도 말이다.

이 토의에서는 비평하는 분별력보다는 가혹한 자기비난에 초점을 맞춘다. 모든 차이는 비판하는 목소리의 어조에 달려 있다. 분별력은 사려 깊고 비판단적이지만, 가혹함에는 위협과 분노가 담겨 있다.

일부 MSC 참여자에게는 자기비난에 유용한 목적이 없을 수도 있다. 그들은 어린 시절 학대와 방임을 일삼던 양육자로부터 내면화된 자기비난("다 네 잘못이야." "넌 실패자야." "아무도 널 사랑하지 않아.")을 가지고 있다. 그리고 그 내면화는 어린 자신의 안전과 생존이 달린 문제였다. 그러나 성인이 된 참여자에게 이들 메시지는 고뇌만 일으킬 뿐 안전의 가치는 없다. 만약 이러한 내면의 비난을 가진 참여자들이 있다면, 자신에게 친절을 전하기 시작하며 강렬하고 설명할 수 없는 두려움이 나타날 것이므로 이 사실을 반드시 미리 알려 주어야 한다. 때로는 참여자들이 자기 자신에게 친절을 전하기 시작하면, 즉 자신이 친절을 받을 가치가 있다고 여기기 시작하면 자신을 학대하던 양육자들과 보이지 않는 계약을 파기하는 것처럼 느끼기도 한다.

반면, 몇몇 운 좋은 참여자에게는 가혹한 내면의 비난이 없다. 이들은 간혹 자기의심을 가지기도 하지만, 일반적으로는 내면에서 안정감을 느낀다. 또 다른 참여자들은 비난의 목소리를 인식하지 못하지만, 자신의 삶에서 일이 잘못될 때 신체적이나 정서적으로 소진됨을 느낀다. 이러한 소진은 자기연민으로 다루어야 하는 낙담이나 무의식적인 자기비난의 반영이다. 지도자는 모든 가능성을 열어 두고 다음 실습에서 참여자가 발견하는 무엇이든 호기심과 수용의 자세를 가지고 대하도록 격려해야 한다.

연민으로 우리 자신에게 동기 부여하기 (45분)

이 실습에서는 행동을 변화하는 동기를 부여하는 데 있어 자기비난과 자기연민의 차이를 탐색한다. 참여자들은 자신의 비판적인 측면을 마주하고 가혹한 태도 뒤에 숨겨진 동기를 살펴보게 되겠지만, 수행의 주요 초점은 새로운 연민 어린 목소리를 위한 공간을 만드는 것이다. 이는 격려와 자애로 변화에 동기를 부여하는 자기연민의 양이 담긴 목소리이다. 이 실습의 요소들은 리처드 슈워츠(Richard Schwartz, 1995)가 개발한 내면가족체계 치료에서 영감을 받았다. 내면가족체계에서 각 부분이 연민으로 작동하는 임상 차원을 살펴보고 싶은 전문가들은 코넬(Cornell, 2013), 슈워츠(1995, 2013), 스위지와 지스킨드(Sweezy & Ziskind, 2013) 및 이 책의 20장을 참고하라.

'연민으로 우리 자신에게 동기 부여하기' 실습은 이 프로그램에서 정서적으로 크게 도전이 되는 실습 중 하나이다(즉, 이 실습은 역류를 촉발할 수 있다). 지도자는 실습을 간략히 설명하고 참여자들이 정서적으로 열려 있는지 또는 닫혀 있는지 스스로 들여다보도록 요청한 다음, 실습 참여 여부를 선택하게 한다. 만약 참여자들의 자기비난이 과거 자신에게 심리적으로 외상을 입혔던 누군가를 내면화한 가혹한 목소리라면 이 실습을 건너뛰는 것을 고려해 보도록 조언한다. 또한 실습에 들어간 이후에도 스트레스가 너무 많이 올라오면 언제든 자유롭게 중단할 수 있다고 안내한다. 핵심 메시지는 바로 이것이다. "우리가 실습을 진행하는 동안 여러분 자신을 잘 돌보시고, 필요한 것이 있다면 무엇이든 자신에게 주세요."

이 실습에 대한 지침은 매우 광범위한 범주의 사람들에게 안전하고 효과적일 수 있도록 신중하게 제작되었다. 이 실습의 목표는 참여자들이 연민 어린 목소리가 체화된 경험을 하는 것이다(Falconer et al., 2014). 지도자는 대개 문구를 상당히 근접하게 따라가면서도 진정으로 집단의 필요에 부합하는 목소리로(즉, 참여자들이 경험하는 정도의 강도를 조절하는 어조와 속도로) 말해야 한다.

지도

- 종이를 준비합니다.
- 여러분이 바꾸고 싶은 행동, 무언가 자주 심하게 자책하는 행동을 생각해 봅니다. 여러분을 너무 힘들게 하는 행동이 아닌, 적당히 스트레스가 되는 정도의 행동을 선택합니다. 그리고 잠재적으로 변화가 가능한 행동을 선택합니다('내 발은 너무 크다' 같은 영구한 특징은 선택하지 않습니다). 여러분 자신을 비난하는 행동의 예를 들어 본다면 다음과 같습니다.
  –나는 정크 푸드를 너무 많이 먹는다.
  –나는 운동을 충분히 하지 않는다.
  –나는 늑장을 부린다.
  –나는 참을성이 없다.
  –나는 너무 쉽게 화를 낸다.
- 여러분이 바꾸고 싶은 행동을 적어 봅니다. 그러나 우리는 보통 자신을 바꾸려 노력할 때 자신에게 가혹한 비난을 합니다. 이러한 반응이 가져오는 문제점들에 대해서도 적어 봅니다. (긴 간격)

자기비난의 목소리 발견하기

- 이와 같은 행동을 할 때, 자신에게 어떻게 전형적으로 반응하는지 적어 봅니다. 자기비난의 목소리가 어떻게 표현되나요? 어떤 친절하지 않은 말들을 사용하

나요? (간격) 그리고 목소리의 말투는 어떤가요? 때로는 말투에 모든 것이 담겨 있습니다.

- 때로는 자기비난이 말로 분명하게 드러나지 않고, 단순하게 냉소적인 느낌 또는 실망감이 느껴질 수도 있습니다. 어떤 신체 자세나 이미지가 마음속에 떠오르나요? 여러분 자신을 못마땅해하는 태도가 어떻게 표현되나요? (간격)

비난받은 느낌에 관한 자기연민

- 이제 관점을 바꾸어서 비난받고 있는 여러분 자신의 일부와 접촉하는 순간을 가져 봅니다. 비난의 메시지를 받는 느낌이 어떤지 알아차리기 위해서 잠시 시간을 가져 봅니다. 여러분에게 어떤 영향을 주었나요?
- 만일 원한다면, 그렇게 거친 대우를 받는 것이 얼마나 힘든 일인지 자신에게 연민을 보내면서, '힘들구나' '아프구나' 같은 아픔을 인정하면서 자신과 공감하는 순간을 가져 봅니다.

내면의 비난으로 향하기

- 이제 관심과 호기심을 가지고 여러분 내면의 비난으로 향해 봅니다. 그런 비난이 왜 그렇게 오래 있어 왔는지에 관해 잠시 생각해 봅니다. 비록 그 결과가 비생산적이라 할지라도, 여러분 내면의 비난은 어떤 방식으로든 자신을 보호하고, 위험으로부터 안전하게 지키고, 자신을 도우려 했나요? 그렇다면 자신 내면의 비난에 동기를 부여해 준 것이 무엇인지 적어 봅니다. (긴 간격)
- 만일 내면의 비난이 어떤 식으로든 여러분을 도우려 했다는 걸 도무지 알 수 없거나(때로는 비난에는 어떤 가치도 없습니다), 그 내면의 대화가 여러분을 어떤 식으로든 학대했던 누군가의 목소리가 내면화된 것이라고 느낀다면, 과거에 자기비난으로 고통받았던 여러분 자신을 향해 계속 연민을 보냅니다. (간격)
- 그러나 만약 내면의 비난이 어떤 식으로든 여러분을 안전하게 지키려고 애썼다는 사실을 확인했다면, 여러분이 그 노력을 인정해 줄 수 있는지 살펴봅니다. 고맙다는 말 몇 마디를 적어 줄 수도 있습니다. 비록 지금 제대로 도움이 되

진 않았지만, 비난의 의도는 선한 것이었고 최선이었다는 사실을 여러분 내면의 비난이 알게 합니다. (긴 간격)

연민 어린 목소리 발견하기

- 여러분 내면의 자기비난 목소리를 들어 보았으니, 이번에는 다른 목소리, 즉 내면의 **연민 어린 목소리**를 위한 약간의 공간을 만들어 봅니다. 여러분의 이 부분은 여러분을 무조건적으로 사랑하고 수용합니다. 이 목소리는 또한 지혜롭고 명석하며, 자신을 비난하는 행동이 어떻게 문제를 일으키고 해롭게 하는지를 알고 있습니다. 연민의 목소리도 여러분이 변화하기를 원하지만, 그 이유는 아주 다릅니다.
- 눈을 감습니다. 손을 가슴이나 다른 위로가 되는 곳에 얹고, 그 따뜻함을 느껴 봅니다. 자신 안에 있는 연민 어린 측면이 드러나도록 허용합니다. 아마도 이미지이거나, 자세, 또는 단순히 따뜻한 느낌일 수도 있습니다. (간격)
- 이제 다시 여러분이 애쓰고 있던 행동을 깊이 생각해 봅니다. 여러분 내면의 연민 어린 목소리, 또는 연민 어린 자아는 여러분이 변화하기를 원합니다. 자신을 있는 그대로 수용할 수 없어서가 아니라, 변화하는 것이 여러분을 위해서 가장 좋기 때문입니다. 연민 어린 목소리의 본질을 담고 있는 문구를 반복해 봅니다. 예를 들면 다음과 같습니다. (문구의 순서를 바꾸거나, 지도자가 문구를 직접 만들 수도 있다.)

  −나는 너를 사랑해, 나는 네가 고통받는 걸 원하지 않아.

  −나는 너에게 깊이 마음을 쓰고 있어. 그래서 네가 변화하는 것을 돕고 싶어.

  −나는 네가 계속해서 스스로 상처받는 원하지 않아. 너를 지지하는 내가 여기 있어.

  (1분간 온전하게 간격을 둠)
- 만일 도움이 된다면, 여러분에게 깊이 마음을 쓰고 있는 사람의 이미지나, 여러분에게 연민을 나타내는 이상적인 이미지를 떠올려 봅니다. 그리고 그 사람이 바로 지금 여러분에게 무슨 말을 할지 상상해 봅니다.
- 이제 눈을 뜨고 여러분이 바꾸고 싶어 하는 행동을 향해, 자유롭고 꾸밈없는 연

민 어린 목소리로 짧은 편지를 씁니다. "나는 너를 사랑해. 네가 고통받는 걸 원하지 않아."처럼, 깊은 느낌과 바람으로부터 무엇이 일어나나요? 변화하기 위해 어떤 말들을 들을 필요가 있을까요? (간격)

–만일 말들을 발견하기 어렵다면, 여러분과 같은 문제로 애쓰고 있는 사랑하는 친구에게 전할 말을 적어 봅니다. 그 친구에게 전할, 여러분의 사랑하는 가슴에서 흘러나올 말들을 따라 적어 보는 것이 더 수월할 수도 있습니다. (가능하다면 참여자들이 글을 쓰도록 최소한 5분 정도 시간을 준다.)

–이제 글쓰기를 마무리합니다. 이 편지는 집으로 돌아가서 계속 써도 좋습니다. 또는 필요하다고 느낄 때마다 새로운 편지를 써도 좋습니다.

- 여러분 자신에게 몇 마디 연민 어린 말을 쓸 수 있었다면, 그것을 읽으면서 자신의 손에서 흘러나온 그 말들의 느낌을 음미합니다. 만약 연민 어린 말을 발견하기 어려웠다면, 그것도 괜찮습니다. 이 과정은 때때로 시간이 걸립니다. 중요한 것은 우리 자신에게 더 친절하고자 하는 의도로 전환해 보았다는 데 있고, 결국 그 새로운 습관은 자리를 잡을 것입니다. (간격)

소집단 토의

참여자들에게 3인 1조로 이번 실습의 경험을 나누어 보도록 안내한다. 토의에는 총 15분 정도가 소요된다. 토의에서 실습의 **내용**(자신을 비난하는 내용)은 나눌 필요가 없으며, 그저 **과정**만 나누면 된다고 상기시킨다. 예를 들면 다음과 같다.

- 내면의 비난과 연결되거나, 자기비난의 목소리를 들을 수 있었나요?
- 비난 받는 자신의 일부에 연민을 보내어 보니 어땠나요?
- 비난의 목소리가 어떤 식으로든 여러분을 도우려 했다는 사실을 발견했나요?
- 내면의 비난이 해 왔던 노력에 고마움을 표현하는 게 합당하게 느껴졌나요?
- "나는 너를 사랑해, 네가 고통 받는 걸 원하지 않아."라는 말을 했을 때 어떤 영향을 받았나요?
- 연민 어린 목소리의 관점에서 편지를 쓸 수 있었나요?

토의가 진행되는 동안 참여자들은 서로 어떤 것도 끼어들거나, 조언하거나, 고치려 들지 말고 모든 말하는 이에게 진심으로 주의를 기울여야 한다.

탐구

이번 탐구의 초점은 때로는 내면의 비난을 만들어 내는 선한 의도를 발견하고 연민 어린 목소리를 위한 공간을 마련하는 데 있다. '연민으로 우리 자신에게 동기 부여하기' 실습 이후 진행되는 탐구의 예시는 다음과 같다.

창: 정말 흥미로웠어요. 솔직히 말하자면 한 방 얻어맞은 느낌이었어요. (잠시 멈춤) 저는 늘 꾸물대다 결국 일이 안 풀린다고 자책하는 사람인데요, 그건 제가 더 일을 미루게 만들 뿐이었거든요. 악순환이죠. 저의 내면의 비난도 더 사나워지고요.

지도자: 그랬군요. 그렇다면 내면의 비난과 연결되는 건 꽤 쉬웠겠는데요? (약간 역설을 담으면서도 부드럽게 말한다.)

창: 아, 네, 그건 정말 식은 죽 먹기였어요. 언제나 제 곁에 있거든요. 제가 게으르고, 가치 없고, 아무짝에도 쓸모없다고…… 비난이란 비난은 다 퍼붓죠. 열네 살 때부터 그 목소리를 들어 왔어요.

지도자: 저런, 정말 고통스러웠겠군요. 그로 인한 고통에 스스로 연민을 얼마나 전할 수 있었나요?

창: 그러지 못했어요. 내면의 비난에 익숙해져서 무감각해졌거든요.

지도자: 그렇군요. (멈춤) 내면의 비난에게 동기를 부여하는 것이 무엇인지는 알아낼 수 있었나요?

창: 두려움이요. 분명히 오래된 두려움이었어요. 제 일부분은 제 삶이 무너지는 것을 끔찍이도 두려워하고 지금 상태를 계속 지키려 저를 계속 채찍질하죠.

지도자: 그래서 그 두려움과 접촉할 수 있었나요?

창: 네. 내면의 비난이 왜 그렇게 잔인하게 굴었는지 깨달을 수 있었어요. 그저 겁에 질려 있던 것뿐이었어요.

지도자: 그렇군요. 그러고는 내면의 비난에게 감사를 전했나요?

창: 네, 그렇게 했어요. "나를 보호하려 애써 줘서 고마워."라고 말해 줬어요. 그런데 정말 이상한 일이 일어났어요. 내면의 비난들이 안도하는 거예요. 제가 마침내 그 말을 듣고 받아들였기 때문에 소리 지를 필요가 없어졌다는 듯이요. 생전 처음으로 내면의 비난이 잠잠해졌어요.

지도자: 우와, 굉장한 경험이었겠네요. (멈춤) 그리고 내면의 연민 어린 자기와 접촉하려 하자 어떤 일이 일어났나요? 연민 어린 자기가 해 준 말이 있었나요?

창: 음, 처음에는 전혀 접촉할 수가 없었어요. 너무 낯선 느낌이었거든요. 그런데 그때, '나와 같은 문제를 가진 친구에게 무슨 말을 해 줄 수 있겠느냐'는 안내에 무슨 말을 해 주어야 할지 곧바로 알게 되었어요. 이렇게 말해 주었어요. "물론 너는 일을 미루고 있어. 그리고 엄청 바쁘고, 압도당하고 있지. 너에겐 휴식이 필요해. 하지만 미루는 건 너의 삶에 더욱 스트레스가 되겠지. 나는 정말 너를 아끼는데, 네가 이렇게 애쓰는 걸 보니 마음이 아파." 가장 놀라운 점은 내면의 비난이 저를 그만큼 아끼고 있다는 걸 깨달았다는 거예요. 다만 어떻게 표현해야 할지를 몰랐을 뿐이고요.

지도자: 상당히 큰 깨달음이군요. (잠시 멈춤) 지금 이 순간 창에게 필요한 게 있을까요?

창: 아뇨, 없어요. 오랜 시간 갖지 못했던 희망을 가지게 되었거든요.

지도자: 멋지네요. 우리에게 창의 여정을 넉넉히 나누어 주어서 정말 고맙습니다.

이 실습이 항상 이렇게 매끄럽게 전개되는 것은 아니며, 한 사람과의 탐구가 이렇게 완전히 진행되는 경우 또한 드물다. 이 사례에서 창은 자신의 경험 전체를 집단과 나누길 바랐고, 지도자는 실습의 여러 단계에서 창에게 어떤 일이 일어났는지 진심으로 궁금해했다. 참여자들이 새로운 긍정적인 통찰을 나누고자 할 때, 참여자들로부터 들은 것들에 감동을 받도록 자신을 허용해 주는 것이 탐구에서 지도자가 하는 주된 일 중 하나이다.

이 탐구는 또한 집단 전체에게 실습 단계를 검토하고 자신의 삶에서 연민 어린 목소리의 잠재력을 살펴보는 기회가 된다. 지도자는 창이 자기비난의 고통에 연민을 전하도록 돕는 데 더 많은 시간을 할애할 수도 있었지만, 창의 목소리 어조가 슬프지 않았고 그가 무언가 더 중요한 것을 나누고 싶어 하는 것 같다고 여겼다. 또한 창이 비난의 목소리를 듣기 시작한 열네 살 때 어떤 일을 겪었는지 탐색해 보고픈 유혹을 느꼈을지도 모르지만, 탐구의 목표는 치료와 달리 창의 개인사를 파고드는 것이 아니다. 그 대신 지도자는 창이 계속 이야기를 이어 가게 했고, 내면의 비난이 선한 의도를 가지고 있다는 통찰의 중요성을 수인해 주었다. 지도자는 탐구의 마지막에서 창이 끝마쳤다는 느낌을 확실히 해 주는 것 말고는 탐구에서 어떤 것도 더 할 필요가 없었다.

지도자는 메리 올리버(Mary Oliver, 2004)의 인상적인 시 〈The Journey〉를 낭송하며 탐구를 마칠 수도 있다. 이 시는 이번 실습과 비슷하게 자기비난의 목소리를 발견하는 것으로 시작하여 새롭고 진실하며 연민 어린 목소리를 위한 공간을 마련하는 내용으로 이어진다.

자신에게 보내는 연민 어린 편지
(5분)

'우리 자신에게 연민으로 동기 부여하기' 실습에서 격려가 필요할 때마다 자신에게 연민 어린 글쓰기를 과제 수행으로 계속해 보라고 안내한다. 지도자는 연민 어린 편지 쓰기에 대해 더욱 구체적으로 알려 줄 수도 있고, 장기적으로 행복을 증진하고 우울을 줄이는 방법으로써 이 수행의 필요성을 지지하는 연구를 인용할 수도 있다(Odou & Brinker, 2014; Shapira & Mongrain, 2010).

자기연민 편지를 쓰는 실제적인 방법은 세 가지로 나뉜다. 첫 번째 방법은 '우리 자신에게 연민으로 동기 부여하기' 실습에서 했던 것처럼 연민 어린 자기가 애쓰는 자기에게(내가 나에게) 쓰는 것이다. 두 번째 방법은 연민 어린 누군가, 무조건적으로 지혜롭고, 다정하고, 연민 어린 상상 속 친구의 관점으로 자신에게(당신이 나에게) 쓰는 것이다. 세 번째 방법은 연민 어린 자기가 다른 이에게, 예를 들어 같은 걱정으로 힘들어하는 진실로 사랑하는 친구에게(내가 당신에게) 쓰는 것이다(연민 어린 자기를 함양하는 다른 방법은 Gilbert, 2012 참조). 편지를 쓴 다음 편지를 보관해 놓거나 자신에게 우편으로 보내서 시간이 지난 후에 그 편지를 읽고 거기에 담긴 말에 스며들 수 있는 시간을 가지는 것도 좋다.

과제 수행
(5분)

이번 회기에서 배운 두 가지 수행을 참여자들에게 상기시킨다.

- 우리 자신을 위한 자애
- 자신에게 보내는 연민 어린 편지

참여자들이 집에서 연민 어린 동기 실습 전체를 반복할 필요는 없다. 그 대신 일상에서 자기비난을 알아차릴 때, "나는 너를 사랑해. 네가 고통받는 걸 원하지 않아."라는 자세로 자신에게 말해 보도록 한다. 이는 '자신에게 보내는 연민 어린 편지' 수행에서 도움을 받을 수 있을 것이다.

회기를 마무리하기 전 과제 수행에 대한 간단한 토의에서 참여자들에게 "왜 명상을 하나요?"라고 묻는다. 일반적인 답변으로는 ① '내가 한 서약을 지키기 위해', ② '두뇌를 훈련하기 위해', ③ '더 나은 하루를 위해', ④ '스트레스를 줄이기 위해' 등이 나온다. 모두 좋은 의도이지만, 이들은 수행으로 애쓰기 요소를 불러오며 명상의 본질적인 즐거움을 줄어들게 한다. 명상을 그저 ① 매 순간 살아 있다는 것이 어떤 것인지 알기 위해(마음챙김), ② 다른 이들로부터 하루 종일 받는 것보다 더 많은 사랑(자애와 연민)을 주기 위해 해 보는 것은 어떤지 생각해 보도록 참여자들에게 안내한다. 참여자들이 가장 편안하고 즐거운 방식으로 수행하는 것이 요점이다.

마무리
(2분)

지도자는 집단 경험을 짧게 나누며 회기를 마무리 지을 수 있다. 만약 낭독으로 마무리하는 것이 분위기에 맞는다면, 마저리 윌리엄스(Margery Williams, 1922/2014)의 『The Velveteen Rabbit』 중 '진짜라는 건 뭐예요?'부터 시작하여 '그러나 빼빼 마른 말은'으로 시작하는 문장까지 낭독한다(pp. 5-8). 이 구절은 우리가 진실되게 살며 친절함으로 우리 삶의 핵심을 향할 때 내면의 아름다움이 어떻게 일어나는지를 잘 보여 준다.

제14장

5회기

깊이 있게 살기

개요

시작(핵심) 명상: 연민 주고받기

수행 토의

오늘의 회기: 깊이 있게 살기

주제: 핵심 가치

실습: 우리의 핵심 가치 발견하기

일상 수행: 서원과 함께 살아가기

휴식

연착륙 명상

주제: 고통에서 숨은 가치 발견하기

실습: 희망의 빛

주제: 연민으로 경청하기

일상 수행: 연민 어린 경청

과제 수행

마무리

시작하기

- 이번 회기 목표
  - 호흡 명상을 자신과 타인을 위한 연민 함양에 활용하는 것을 배운다.
  - 핵심 가치를 발견하고 일상에서 그 가치로 다시 향하는 법을 배운다.
  - 삶 속 힘겨움에 숨은 의미를 발견한다.
  - 다른 이의 말을 경청하는 동안 연민과 자기연민을 수행한다.

- 왜 지금인가?
  - 자기연민 명상을 다른 이들에게로 확장한다.
  - 가장 가치 있게 여기는 것을 발견하게 하여 참여자들의 자기연민 역량을 심화시킨다.
  - 다른 이들의 말을 연민으로 경청하는 능력을 증진시킨다.

- 새로운 수행
  - 연민 주고받기
  - 서원과 함께 살아가기
  - 연민 어린 경청

연민 주고받기
(30분)

MSC 프로그램의 세 번째 핵심 명상은 '연민 주고받기'이다. 앞선 두 가지 핵심 명상인 '애정 어린 호흡'과 '우리 자신을 위한 자애'에 기반을 두고, 호흡에 초점을 맞추고 그 위에 말, 심상, 감각으로 친절과 연민을 쌓아올리며 진행하는 수행이다. 자신을 위해 들이쉬고 타인을 위해 내쉰다는 호흡의 새로운 측면은 자신을 위한 연민을 수행하는 동안 다른 이들과 연결을 유지하는 데 도움이 된다. 들숨은 또한 우리의 필요를 충족하기 위해 다른 이들에게 전적으로 초점을 맞추기보다 우리 스스로 자신에게 제공하는 방식인 연민이 가진 양의 측면으로 여겨진다.

지도

- 편안하게 앉아서 두 눈을 감습니다. 원한다면 여러분의 경험과 여러분 자신에게 단순히 자각을 가져가는 것이 아닌 애정 어린 자각을 가져간다는 사실을 떠올리는 의미에서 손을 가슴이나 다른 위로가 되는 장소에 얹습니다.

호흡 음미하기

- 깊고, 이완하는 호흡을 두어 차례 합니다. 숨을 들이쉴 때 호흡이 몸을 어떻게 양육하는지, 또 내쉴 때 몸을 어떻게 위로하는지 알아차려 봅니다.
- 호흡이 스스로 자연스러운 리듬을 발견하도록 내버려 둡니다. 계속해서 들숨과 날숨에서 호흡의 감각을 느껴 봅니다. 자신이 호흡의 리듬에 의해서 부드럽게 흔들리고 어루만져지도록 허용합니다.

자각을 따뜻하게 데우기

- 이제 주의를 들숨에만 집중하고, 한 호흡 한 호흡 들이쉴 때의 감각을 음미하면서 들숨이 어떻게 여러분의 몸을 양육하는지 알아차려 봅니다.
- 괜찮다면 숨을 들이쉬면서 자신을 위한 친절과 연민을 들이마셔 봅니다. 숨을 들이쉴 때 친절과 연민의 특질을 그저 느껴 봅니다. 원한다면 친절의 말이나 이미지가 호흡을 타고 들어가게 합니다.
- 이제 주의를 날숨으로 이동합니다. 숨을 내쉴 때 여러분의 몸을 느껴 봅니다. 날숨의 편안함을 느껴 봅니다.
- 이제 여러분이 사랑하는 사람이나, 고통으로 인해 연민이 필요한 사람을 떠올려 봅니다. 그 사람을 자신의 마음속에 선명하게 떠올려 봅니다.
- 날숨을 그 사람에게 향하게 하고, 날숨의 편안함을 그 사람에게 전합니다.
- 만일 원한다면, 숨을 내쉴 때마다 그 사람에게 친절과 연민을 보냅니다.
- 어느 편이 더 편안한지에 따라, 특정한 사람을 떠올리는 대신 보통 사람들에게

날숨과 함께 친절과 연민을 보내어 봅니다.

나를 위해 들이쉬고, 당신을 위해 내쉬고

- 이제 숨을 들이쉬고 내쉬는 감각 모두에 주의를 두면서 들숨과 날숨의 감각을 음미합니다.
- 자신을 위해 들이쉬고, 다른 이를 위해 내쉬기를 시작합니다. '들숨은 나를 위해 날숨은 당신을 위해' '나를 위해 한 번, 당신을 위해 한 번.'
- 호흡을 하면서 자신을 위한 친절과 연민을 들이쉬고, 다른 이를 위해 무언가 좋은 것을 내보냅니다.
- 들숨과 날숨의 균형을 자유롭게 조절해 봅니다. '나를 위해 두 번, 당신을 위해 한 번' 또는 '나를 위해 한 번, 당신을 위해 세 번' 또는, 그저 서로에게 동등한 흐름이 되도록 내버려 둡니다. 그저 지금 이 순간 알맞다고 느끼는 대로 합니다.
- 모든 불필요한 노력을 내려놓습니다. 이 명상이 숨을 쉬듯 편안하게 이루어지게 합니다.
- 마치 바닷물이 경계 없이 흘러 들어오고 나가듯이, 호흡이 자연스럽게 흐르도록 허용합니다. 자신을 이 무한하고 경계가 없는 흐름의 일부가 되도록 내버려 둡니다. 연민의 바다 일부가 됩니다.
- 부드럽게 눈을 뜹니다.

안주와 반영

참여자들에게 경험이 안착하고 그 경험에 흠뻑 젖을 수 있도록 얼마간 침묵의 시간을 가진다. 그런 다음 명상 동안 그들 자신의 내면 풍경에 어떤 변화가 일어났는지 알아차리도록 안내한다. 명상 경험은 더 좋을 것도, 더 나쁠 것도 없이 있어야 할 그대로 일어났다는 것을 참여자들에게 다시 알려 줄 필요가 있다.

탐구

이번 탐구는 젊은 초보 엄마 아니야와 함께 진행되었다. 아니야는 수유 시간 때문에 7개월 된 자신의 아기를 교실에 데려오게 되었다. 교실에 아기가 있는 건 흔한 경우는 아니었지만, 이 갓난아기의 존재는 집단구성원의 주의를 전혀 흩뜨리지 않고 오히려 교실 분위기를 따뜻하게 덥혀 주었다.

아니야: 이번 명상은 저에게 꽤나 놀라운 경험이었어요. 호흡 리듬에 빠져들어 호흡이 저를 어루만지게 허용해 주고 있었죠. 그런데 들숨에 집중하라는 이야기를 들었을 때, 토할 것처럼 속이 불편해지기 시작했어요.

지도자: 토할 것 같았다고요?

아니야: 네, 정말 이상했어요. 저를 위해 들이쉰다는 게 마치 제 아기에게 갈 공기를 빼앗는 것 같아 속이 울렁거렸어요. 아기에게 필요한 공기까지 모조리 저를 위해 마시는 것 같았어요. 정말 기겁했어요.

지도자: 정말로 불편했을 것 같네요. 그다음엔 무슨 일이 일어났는지 물어봐도 될까요?

아니야: 음, 명상 안내에서 주의를 다른 사람에게 옮기라고 해서, 저는 제 아기에게로 주의를 돌리고 아기를 위해 숨을 내쉬었어요. 그랬더니 곧바로 기분이 나아졌어요. 저 자신을 위해 들이쉴 수는 없었지만, 아기를 위해 내쉴 수는 있었어요. 정말 강렬한 경험이라 너무 이상했어요.

지도자: 모성 본능을 실제로 느꼈던 것 같은데요! 지금 기분은 어떤가요?

아니야: 괜찮아요. 초보 엄마인 저를 위한 들숨을 어떻게 해야 할지 궁금하긴 해요.

에 바: (손을 든다.)

지도자: 네, 에바?

에 바: 다른 관점을 나누어도 될까요?

지도자: 잠시만요. (아니야를 향해) 괜찮을까요, 아니야?

아니야: 네, 그럼요.

에 바: 음, 저는 아이가 넷인데, 모두 다 커서 집을 떠났거든요. 이번 명상 막바지에 우리가 원하는 만큼 들이쉬고, 누구에게든 우리가 원하는 만큼 내쉬라고 하셨잖아요. 그래서 저는 이렇게 했어요. "나를 위해 한 번, 너희 넷 모두에게 사이좋게 나눠서 한 번!"

집단 전체: (큰 소리로 웃는다.)

지도자: 이해가 확 되네요. 그렇죠? (한참 웃다가, 멈추고, 다시 아니야를 향해) 아니야, 이번 수행이 엄마로서 자신을 돌보는 데 도움이 될 것 같나요?

아니야: 그렇게 되기를 간절히 바라요. 들숨과 날숨 모두 핵심인 것 같아요. 가끔 저 자신을 위한 들숨을 떠올려 보면 어떨까요?

지도자: 좋은데요.…… 아니야의 호흡이 안내하게 하면 됩니다. 그러면 아니야 자신, 그리고 아기와의 연결을 동시에 느낄 수 있을 거예요. 경험을 이야기해 주어서 고마워요. 놀라운 경험이었네요.

아니야와의 탐구는 호흡의 방향이 자기 자신에 대한 감각 및 다른 사람에 대한 감각과 얼마나 강력하게 관련되어 있는지 보여 준다. 아니야의 마음속에서 자신의 호흡은 아기에게 필요한 호흡과 밀접하게 섞여 있어서, 자신만을 위해 숨을 들이쉬자 어쩔 줄 모를 정도로 두려움이 엄습했다. 아니야는 수행에서 보인 자신의 반응이 엄마로서 자신을 돌보는 능력 면에서 어떤 의미인지 탐구 과정 동안 지혜롭게 비추어 보았다. 이 짧은 탐구 마지막에 아니야는 의식적인 들숨이 자신을 돌보기 시작하는 좋은 방법이 될 수 있을지 궁금해했다. 여기에 더해 지도자는 호흡의 들숨과 날숨의 흐름을 아니야가 자신과 다른 이와의 연결을 유지하는 방식으로까지 부드럽게 넓혀 주었다.

다른 참여자인 에바가 대화에 참여하기를 요청하며 탐구에 짧은 중단이 있었다. 대개는 탐구에서 상호대화를 장려하지 않는다. 상호대화는 너무나 쉽게 조언으로 빠질 수 있기 때문이다. 그러나 이 탐구에서는 지도자가 자신의 직접 경험을 이야기하는 에바의 특성을 알고 있었기에 아니야와의 탐구로 돌아가기 전 에바의 유머러스한 관찰을 나눌 기회를 가졌고, 이는 만족스러운 결론으로 이어졌다.

수행 토의
(15분)

수행의 세세한 부분으로 더욱 깊이 들어가기 전 '한 단어 공유하기'로 과제 수행 토의를 시작한다. 4회기에서 배웠던 수행은 다음과 같다.

- 우리 자신을 위한 자애
- 자신에게 보내는 연민 어린 편지

수행 토의가 참여자들의 영감을 불러일으키는 유익한 시간이 되려면 자신들이 겪은 도전과 새롭게 얻은 통찰을 집단에서 나누도록 조심스레 권해야 한다.

어떤 참여자는 자신의 개인적인 이야기를 너무 길게 하여 다른 이들의 소중한 시간을 빼앗기도 한다. 토의에 들어갈 때 참여자들에게 수행에서 얻게 된 직접 경험에 초점을 맞추어 이야기하도록 상기한다. 즉, 수행에서 불러일으켜진 감정이나 신체 감각이 무엇이었는지, 그리고 참여자들이 거기에 어떻게 반응했는지에 초점을 맞추도록 강조한다. 지도자가 집단을 위해 참여자의 이야기를 중단시켜야 할 때는 “이야기 중에 잠시 실례해도 될까요……?”라고 말한 다음, 대화를 더 깊은 수준으로 이끌거나, 수행에 닻을 내리게 하거나, 현재 순간에 어떻게 느끼는지 묻는 질문을 던지며 토의가 자연스럽게 이루어지게 할 수 있다. 참여자의 말을 중단하는 일은 지도자가 불안하거나 위협을 느끼지 않고 긍정적이고 돌보는 자세를 유지할 때 매끄럽게 흘러간다.

프로그램 과정 전반에서 참여자들의 과제 수행을 지지해 주어야 한다. 매 수행 토의의 주제는 연민 어린 동기이며, 참여자는 비난 대신 격려로 동기가 북돋워져야 한다. 만약 참여자가 지난주 동안 수행을 하지 못해 부끄러워한다면, 토의 내용을 지난주 동안 스트레스를 받았던 순간과 그때 참여자가 원하던 반응 방식은 무엇이었는지에 대한 것으로 전환할 수 있다. 그러고 나서 다음 기회가 찾아오면 그 방식을 실천해 보도록 참여자들을 격려한다.

참여자들에게 주간 피드백을 제출하도록 다시 한번 요청한다. 지도자는 주간 피드백 용지를 제출해 주는 것에 대해 감사를 전하거나 수행 토의에서 피드백에 적힌 내용을 (일반적이고 익명으로) 언급할 수 있다. 지도자에게 피드백이 중요한 정보라는 것을 알면 참여자들이 피드백을 제출할 가능성이 커진다.

깊이 있게 살기
(1분)

이 회기의 제목이 깊이 있게 살기인 이유는 참여자들이 이번 회기에서 자신의 핵심 가치를 확인하고, 자신의 고군분투에 숨겨진 의미를 발견하며, 다른 이들을 깊이 있고 연민 어린 태도로 경청하는 기술을 습득하기 때문이다. 이번 회기와 다음에 이어지는 안거(15장 참조)에서 지도자와 참여자들은 연민을 일깨우는 아픔과 직접적으로 연결되지는 않는다. 힘겨운 감정과 도전이 되는 관계를 다루는 6회기와 7회기에 뛰어들기 전 한숨 돌리는 기회를 가지는 것이다.

핵심 가치
(10분)

이번 교육 주제의 목표는 이어지는 실습인 핵심 가치를 발견하는 작업에 앞서 핵심 가치가 무엇인지 참여자들에게 설명하는 것이다. 이번 주제와 실습은 헤이즈, 스트로살과 윌슨(Hayes, Strosahl, & Wilson, 2012)의 작업과 수용전념치료에 그 기반을 두고 있다. 다음 내용은 상호작용을 통해 전달될 수도 있지만, 이어지는 실습에 모든 질문에 대한 답이 들어 있기에 이 시간에 토의는 대개 필요하지 않다.

왜 MSC에서 핵심 가치를 다루어야 할까? 자기연민에서 본질적인 질문은 '나에게는 무엇이 필요할까?'이며, 이 질문에 대답하려면 우리 삶에서 가장 가치 있게 여기는 것이 무엇인지, 즉 핵심 가치가 무엇인지 알아야 한다. 또한 연구에 따르면 핵심 가치를 확실히 알면 자기연민이 증진된다(Lindsay & Creswell, 2014).

인간의 욕구와 **핵심 가치**는 우리가 느끼는 안녕감의 근원이다. 인간의 욕구는 일반적으로 신체적 · 정서적 생존과 연관되어 있으며, 핵심 가치는 우정이나 창조성 같은 삶의 의미와 더욱 관련되어 있다. 물론 욕구와 가치는 서로 중복되기도 한다. 예를 들어, 의미가 없으면 살아갈 가치도 없어지므로 의미 역시 생존에 반드시 필요하다. 아울러 우리 자신의 욕구와 가치를 알면 우리 자신을 보호하고, 우리 자신에게 무언가를 제공하며, 우리의 행동에 동기를 부여하는 능력(자기연민의 양의 측면)을 뒷받침할 수 있다(McGehee, Germer, & Neff, 2017).

게다가 고통은 핵심 가치 안에 둥지를 틀고 있으므로, 핵심 가치는 우리가 삶에서 겪는 괴로움의 정도에 한몫을 한다. 예를 들어, 내가 만약 야외 활동에 가치를 두는 사람이라면 승진을 못하는 게 오히려 다행스러운 일일 수 있겠지만, 만약 가족을 부양하기 위해 더 많은 돈을 벌어야 하는 입장이라면 승진을 못하는 게 엄청난 충격일 수도 있다. 마찬가지로 만약 내가 친구와 시간을 보내는 데 가치를 둔다면 친구가 만남을 취소했을 때 실망스럽겠지만, 독서나 사색에 가치를 둔다면 이 취소 소식이 뜻밖의 선물이 될 수도 있다.

핵심 가치의 의미를 분명하게 하기 위해 지도자는 집단에 "목표와 핵심 가치의 차이는 무엇일까요?"라는 질문을 던진다. 여기서 언급해야 할 요점은 다음과 같다.

- 목표는 성취하면 끝이 나지만, 핵심 가치는 목표를 성취한 이후에도 우리에게 방향을 안내한다.
- 목표는 우리가 가야 하는 목적지이며(예: 알래스카의 주노), 핵심 가치는 그 방향이다(예: 정북향).
- 목표는 우리의 행동이고, 핵심 가치는 우리의 무엇이다.
- 목표는 우리가 정하는 것이며, 핵심 가치는 우리가 발견하는 것이다.

예를 들어, 대학을 졸업하는 것이 목표라면 기저에 깔린 핵심 가치는 '배움'일 것이다. 결혼 생활을 유지하는 것이 목표라면 기저에 깔린 핵심 가치는 '신의'일 것이다. 만약 참여자들에게 핵심 가치의 예시를 묻는다면 '연민' '관용' '정직' '사회 정의' '권한' '평화' '자율성' '연결' 같은 답을 할 것이다.

사회규범과 핵심 가치의 차이점 또한 존재한다. 자신의 핵심 가치가 우리 삶의 동력이 되어 주는가? 만약 그렇다면 그것은 단순한 사회규범이 아니라 진정한 핵심 가치일 것이다. 연구에 따르면 자기연민은 우리가 어떤 사람이 되어야 하는지가 아니라 우리를 있는 그대로 포용하게 하며 우리에게 진정성을 키워 준다(Zhang et al., 2019). 지도자는 참여자들이 핵심 가치를 발견하는 데 도움이 되도록 가치 분류 카드(Miller, Matthews, C'de Baca, & Wilbourne, 2011) 같은 핵심 가치 목록을 나누어 줄 수도 있다.

우리의 핵심 가치 발견하기
(25분)

이번 실습은 참여자들이 자신의 핵심 가치를 발견하여 지혜롭고 연민 어린 돌봄을 스스로 전하게 한다. 아울러 실습을 통해 참여자가 지향하는 핵심 가치에 따라 삶을 살아가는 데 방해가 되는 내적 또는 외적 장애물을 탐색한다. 마지막으로, 참여자들은 자신의 핵심 가치를 따르는 삶을 사는 데(또는 그럴 수 없는 현실을 다루는 데) 자기연민이 도움이 되는지 생각해 볼 기회를 가질 것이다.

토머스 머튼(Thomas Merton, 1975)의 다음 말이 이번 실습의 단계를 정하는 데 도움이 될 것이다. "만약 당신이 나에 대해 알기를 원한다면 내가 사는 곳, 내가 좋아하는 음식, 내가 빗질하는 방식을 묻지 말고, 내 삶의 목적을 자세히 묻고, 내가 원하는 대로 온전히 살지 못하게 하는 것이 무엇이라 생각하는지 물어보라."(pp. 160-161)

지도

- 이번 실습은 글로 쓰면서 여러분 자신을 비추어 보는 실습이므로, 펜과 종이를 준비해 주세요.
- 이제 눈을 감고 마음의 눈으로 이 공간에 있는 자신을 발견해 봅니다. 가능하다면 환영하는 의미로 미소를 지어 봅니다.
- 손을 가슴이나 다른 신체 부위에 얹고 자신의 몸을 느껴 봅니다. 이 몸은 오랜 시간 여러분과 함께 하며, 행복한 삶을 살기 위해 애써 왔습니다.

되돌아보기

- 인생의 황혼기에 있는 자신의 모습을 상상해 봅니다. 여러분은 지금 아름다운 정원에 앉아 자신의 삶을 찬찬히 살펴보고 있습니다. 지금까지 살아온 세월들을 되돌아보며 깊은 만족감과 즐거움, 흡족함을 느낍니다. 삶이 늘 편안했던 건 아니지만 자신에게 최대한 진실하려고 노력해 왔습니다.
- 어떤 핵심 가치가 여러분의 삶을 대표하나요? 예를 들면 행복, 평화, 연민, 공정

함, 포용력, 신의, 모험, 성실함 같은 것일까요? 여러분의 핵심 가치를 적어 봅니다.

핵심 가치에 따라 살지 않았던 것은?

- 이제 다시 내면으로 향해서 현재 핵심 가치에 따라 살지 못하고 있다고 느껴지는 부분이나 핵심 가치와 조화를 이루지 못하고 있다고 느끼는 부분이 있는지 자신에게 물어봅니다. 특히 개인적인 것들을 살펴봅니다. 예를 들어, 자연에 있는 것을 가장 좋아하면서도 너무 바빠서 자연에서 조용한 시간을 보내지 못했을 수도 있습니다. (간격)
- 만약 조화를 이루지 못하고 있다고 느껴지는 핵심 가치가 여러 개라면, 이번 실습에서 작업해 보고 싶은 특별히 중요한 가치 하나를 선택해서 적어 봅니다.

장애물

- 외적 장애물: 우리 모두 핵심 가치에 따라 사는 데 방해가 되는 장애물들을 가지고 있습니다. 어떤 장애물은 돈과 시간이 충분하지 않다거나, 권력이나 권한이 부족하다거나, 서로 충돌하는 너무 많은 의무를 짊어지고 있는 것 같은 외적인 것일 수 있습니다. 잠시 동안 이런 것들에 대해 생각해 보고, 자신에게 어떤 외적인 장애물이 있는지 적어 봅니다. (간격)
- 내적 장애물: 우리의 핵심 가치와 조화롭게 사는 데에는 내적 장애물 또한 존재합니다. 예를 들자면, 여러분은 실패를 두려워하나요? 또는 자신의 능력을 의심하고 있나요? 또는 방해가 되는 내적 비난을 가지고 있나요? 자신의 내면을 비추어 본 다음, 어떤 내적인 장애물이 있는지 적어 봅니다. (간격)

자기연민이 도울 수 있을까?

- 이제 자기연민이 여러분의 가치를 따라가는 삶을 사는 데 도움이 될지 생각해 봅니다. 예를 들어, 내면의 비난 같은 내적인 장애물을 다룰 수 있게 해 주거나, 새로운 행동을 취하고, 실패를 무릅쓰고, 도움이 되지 않는 것들을 내려놓을 수 있도록 충분한 안전감과 자신감을 느끼게 해 줄까요? 다시 한번 잠시 살펴보는 시간을 가진 다음, 여러분이 발견한 것을 적어 봅니다. (간격)

극복하기 힘든 장애물을 위한 연민

- 마지막으로 자신의 가치에 맞게 살아가는 데 극복할 수 없는 장애물이 있다면, 그런 역경에 처한 자신에게도 연민을 전할 수 있을까요? 잠시 시간을 가지고 시도해 봅니다. 어쩌면 핵심 가치에 대한 존중과 감사의 말을 자신에게 전해 볼 수도 있습니다. (조금 긴 간격)
- 설령 완벽하지는 않더라도, 여러분의 인생에서 이제까지는 고려해 보지 못했던 자신의 핵심 가치를 표현해 볼 수 있는 방법이 있을까요? (간격)
- 만일 극복하기 힘든 그 문제가 모든 인간 존재가 그러하듯 여러분이 불완전하기 때문이라면, 그런 사실에 대해서도 자신을 용서할 수 있을까요? (간격)

안주와 반영

참여자들이 이야기하기 전에 이번 실습에 대해 안주와 반영을 위한 시간을 가진다. 지도자는 다음 질문으로 참여자들이 방금 전에 경험했던 것을 상기시킨다.

- 어떤 핵심 가치를 발견했나요? 그중 특별히 가장 강하게 떠오른 것은 무엇인가요?
- 여러분의 핵심 가치에 따라 사는 데 방해가 되는 내적 및 외적 장애물에 이름을 붙여 보니 기분이 어땠나요?
- 이러한 장애물을 겪고 있는 자신에게 연민을 전하자 어떤 일이 일어났나요?
- 불완전한 존재인 여러분 자신을 용서해 줄 수 있었나요?

소집단 토의(선택)

시간이 허락한다면 참여자들에게 짝을 지어 자신이 배웠던 것을 한 사람당 5분씩 토의해 보도록 요청한다. 이 대화는 대개 활발히 이루어지며, 핵심 가치에 대한 이야기는 참여자가 핵심 가치에 따라 살고자 하는 서원을 강화하는 데 도움이 된다.

탐구

핵심 가치에 대한 이야기는 참여자를 취약하게 만들기보다는 그들이 힘을 받게 하는 경향이 있다. 많은 참여자가, 특히 이번에는 남성 참여자들이 자신의 실습 경험을 기꺼이 나누려 한다. 다음 탐구 내용 또한 핵심 가치와 인간적 욕구 사이의 밀접한 관계를 보여 준다.

자 말: 저에게 중요했던 몇 가지 핵심 가치가 떠올랐어요. 하지만 가치들이 서로 충돌하는 것 같더군요. 예를 들어, 전 정말로 좋은 아버지가 되고 싶지만, 동시에 좋은 변호사도 되고 싶어요. 이런 삶의 목표가 저를 좋은 사람이 되고 싶고, 성공한 삶을 살고 싶다는 핵심 가치로 이끌었죠. 그렇지만 밤늦게까지 야근하는 동안, 집에 가서 아이들 잠자리를 봐 주고 싶은 마음이 간절할 때 이런 가치들이 서로 충돌하는 것을 알아차리게 됩니다.

지도자: 상황을 사려 깊게 분석해 주어서 고마워요, 자말. 상황이 상당히 분명해 보이는데, 그런 딜레마에 빠진 사람이 자말만은 아닐 것 같네요.

자 말: 저도 압니다. (미소) 토의 시간에도 그 이야기가 나왔거든요.

지도자: 집이나 직장 등, 우리 삶 속 많은 다른 부분에서 우선순위를 정하기가 때로는 너무 힘들죠.

자 말: 그럼 거기에 어떻게 대처해야 할까요? 저는 어느 쪽에서든 부족함을 느끼게 되는데요.

지도자: 자말, 아까 이야기했던 장애물들을 좀 더 자세히 살펴봐도 될까요?

자 말: 물론입니다.

지도자: 그 장애물 중에 외적인 장애물이 있나요?

자 말: 네, 시간이요. 제가 하고 싶은 일들을 모두 할 수 있는 시간이 없어요.

지도자: 좋은 발견이네요. 그럼 내적인 장애물은요?

자 말: 음, 글쎄요. 아마 완벽해지고 싶은 마음이 아닐까 싶습니다. 뛰어난 변호사이자 멋진 아빠가 되고픈 거죠.

지도자: 완벽해지고픈 자말의 바람 속에는 어떤 핵심 가치가 깔려 있는지 궁금한데요?

자 말: 좀 한심하게 들릴지도 모르겠지만, 전 모든 사람이 저를 좋아해 줬으면 하는 것 같습니다. 아니, 좀 더 솔직히 말하자면, 모든 사람이 저를 사랑해 줬으면 해요. 그런데 이건 핵심 가치는 아니잖습니까, 그렇죠? (쑥스럽게 웃는다.)

지도자: 그렇지 않아요, 자말. 그건 인간이 가진 지극히 기본적인 욕구예요. 모든 사람이 자말을 사랑해 주면 어떨 것 같나요?

자 말: 안전하고 편안하게 느낄 것 같습니다. 저 자신을 증명하기 위해 여기저기 뛰어다니지 않아도 될 테니까요.

지도자: 그건 중요한 통찰인 것 같네요. 모든 사람에게 사랑받는 건 자말이 안전하다고 느끼게 해 준다고 말했지요. 그런데 말이에요, 자말, 당신이 완벽하지 않은 지금 이 순간에도 안전하고 사랑받는다고 느낄 수 있지 않나요?

자 말: 오, 이런! 네, 이제 알겠습니다. 자기여~~~~언민이로군요. (장난스러운 태도로 말꼬리를 늘인다.)

지도자: 그걸 위한 프로~오그램이 여기 있지요. (역시 장난스럽게 미소 지으며) 이제 진지하게 이야기해 보죠, 자말. 만약 완벽한 사람이 되기 위해 녹초가 되도록 애쓰고 있다며 털어놓은 친구에게 진심으로 무슨 말을 해 줄 수 있을까요?

자 말: 남자라면, 특히 이 바닥에서는 그렇게 말하지 않죠. 그렇지만 저라면 이렇게 말해 줄 것 같군요. "이봐 친구, 넌 완벽하진 않지만 그래도 좋은 사람이야."

지도자: 그 말을 가끔씩 자말 자신에게 들려주면 어떻겠어요?

자 말: 도움이 될 것 같습니다. 맞는 말이기도 하고요. 반복해서 떠올릴 필요가 있겠군요.

지도자: 모두 앞에서 솔직한 모습을 보여 주셔서 정말 감사합니다. 많은 용기가 필요한 일이었을 텐데요.

자 말: 별 말씀을요. 앞으로 어떻게 되어 가는지도 알려 드리겠습니다.

우리는 핵심 가치 사이에 충돌이 일어나는 일을 흔히 경험한다. 우리 존재의 불완전함이 모든 핵심 가치에 따라 삶을 사는 데 방해 요소가 되는 것도 흔한 일이다. 자

말이 경험한 가치의 충돌을 해결하는 데 도움을 주고자 지도자는 자말의 핵심 가치 아래에 깔려 있는 정서적 욕구를 대화로 가져왔다. 그런 다음 지도자는 "친구에게는 뭐라고 말해 주겠어요?"라고 묻는 기법을 사용하여 자말이 자신을 위한 연민을, 특히 자신의 인간적인 불완전성에 대한 연민을 활성화하도록 도왔다.

자말의 경우, 그가 추구하는 핵심 가치는 자신의 인간적 욕구에 달린 것이었다. 때로는 상황이 반대가 되기도 한다. 예를 들어, 자연 속에서 시간을 보내고픈 **욕구**는 지구를 보호하려는 **핵심 가치**와 연관되어 있을 수 있다. 가치는 개념적인 특색이 있는 반면 욕구는 감정적인 특색을 띤다. 연결, 자율성, 진정성, 안전 같은 경우처럼 욕구(특히 보편적 인간 욕구)와 가치가 동일할 때도 있다. MSC에서는 욕구와 가치의 의미를 찾기보다는 각 개인에게 중요한 것들이 무엇인지 깊이 통찰하고, 가치의 충돌을 연민으로 마주하는 과정이 더 중요하다.

서원과 함께 살아가기
(5분)

이 일상 수행은 참여자들이 일상에서 핵심 가치를 적용하는 것을 상기하도록 안내하며 '우리의 핵심 가치 발견하기' 실습을 보충한다. 불만족, 좌절, 불안은 우리가 핵심 가치를 따라서 살지 못하고 있다는 자각에서 비롯되곤 한다. 우리가 잘못된 장소에서 잘못된 시간에 잘못된 사람들과 함께 잘못된 일을 하고 있다는 걸 알아차릴 때, 그때가 바로 우리의 핵심 가치를 떠올려야 할 순간이다. 우리는 삶에 변화를 주기 위해 자기연민의 행동하는 측면을 가져올 필요가 있다. 여기에 서원이 도움이 된다.

서원(vow)이란 무엇일까? 우리의 행동이 핵심 가치를 따르고 있지 않다는 것을 알아차릴 때 우리의 방향을 재조정해 주는 강한 **열망**이 바로 서원이다. 이는 명상에서 호흡과 같은 기능을 한다. 달리 말하자면, 일상의 혼돈 속에서 우리가 되돌아갈 수 있는 안식처이다. 일상에서 자신이 방황하는 걸 알아차릴 때도, 명상을 할 때와 마찬가지로 (어떤 부끄러움이나 비난도 없이) 자기 자신에게 연민을 전해야 한다. "이 세상의 모든 존재가 행복하고 고통으로부터 자유롭기를" "모든 존재하는 것들을 사랑하는 법을 배울 수 있기를" 같은 자애 문구가 핵심 가치를 반영한다면 이 문구 자체를 서원으로 쓸 수도 있다.

지도

- 여러분의 남은 인생에서 드러내고 싶은 핵심 가치 하나를 선택합니다.
- 그것을 '내가 ~하기를' 또는 '내가 할 수 있는 데까지 ~하기를 서원합니다.'의 형식으로 적어봅니다.
- 눈을 감고 자신의 서원을 조용히 반복해 봅니다. 자신의 의도를 이러한 방향으로 설정하니 어떤 느낌이 드나요? 알맞다고 느껴지나요?

참여자들에게 매일 아침 잠자리에서 일어나기 전에 가장 먼저 자신의 서원을 반복해서 말해 보거나, 양초를 켜 놓고 서원을 말하는 것처럼 소소한 의식을 만들어 보는 방법을 제안할 수 있다. 서원과 함께 하루를 시작하면 참여자들의 하루가 올바른 방향으로 나아가는 데 도움이 될 것이다. 또는 잠들기 전 하루 동안 자신의 핵심 가치와 일관되게 행동한 일들을 되짚어 보며 서원을 떠올려 보는 것도 도움이 된다(Jinpa, 2016).

지도자는 이 주제를 마무리하기 전 핵심 가치에 대한 윌리엄 스태포드(William Stafford, 2013)의 시 〈The Way It Is〉를 낭독해 줄 수도 있다.

휴식
(15분)

다음 경험 실습에 몰입하기 전 스트레칭을 하며 재충전을 할 시간이 필요하다. 이번 회기에서의 휴식은 핵심 가치와 연민 어린 경청이라는 서로 다른 두 주제를 구분지어 준다.

연착륙 명상
(2분)

참여자들이 자리에 앉고 나면 지도자가 연착륙 명상을 이끌거나 2분 동안 참여자들 스스로 수행하도록 권유한다. 연착륙 명상을 참여자 스스로 수행하게 하면 이후 참여자가 일상에서 짧은 수행을 적용하는 데도 도움이 된다.

고통에서 숨은 가치 발견하기
(5분)

연민은 우리가 친절과 이해로 고통을 마주하게 해 주기 때문에 우리가 고통스러울 때 좋은 자원이 된다. 이번 시간에는 우리가 겪은 고통에 호기심을 가져오며 고통을 마주하게 될 것이다. 우리 대부분은 실패와 고난을 두려워하지만, 다른 곳에서는 배우지 못했을 교훈을 그로부터 얻게 되기도 한다. "진흙 없이는 연꽃도 필 수 없다."라는 명상 지도자 틱낫한(Thich Nhat Hanh, 2014)의 말처럼, 아름다운 연꽃은 호수 깊은 곳 진흙으로부터 자양분을 끌어 온다.

도전은 우리 자신의 내면을 깊이 들여다보고 미처 알지 못했던 자원과 통찰을 발견하게 하기도 한다. 지도자는 자신의 이야기를 이에 대한 예로 들 수도 있고, MSC 공동 개발자인 크리스(Chris)의 이야기를 예로 들 수도 있다. 만약 크리스가 오랜 시간 대중 강연 불안으로 고통받지 않았더라면 MSC는 적어도 지금의 모습으로 만들어지지는 않았을 것이다. 크리스는 자기연민 덕분에 결함 있는 인간 존재인 자신을 수용할 수 있었고, 자신의 불안에 깔린 수치심을 이해하고 수용할 수 있게 되었다(서문 참조). 자기연민은 우리 모두 더욱 안전하게 느끼게 해 주고, 고통과 마주하고 고통에 머물며 고통으로부터 배울 용기를 불어넣는다.

희망의 빛
(10분)

이 실습에서는 참여자들의 지난 삶에서 견디기 버거웠음에도 값어치를 매길 수 없을 정도로 소중한 인생의 교훈을 안겨 주었던 사건 하나를 살펴보는 시간을 가진다. MSC 프로그램에서는 이러한 사건을 '희망의 빛 이야기'라고 부른다. 희망의 빛이라는 용어는 "모든 먹구름에는 은빛으로 반짝이는 희망의 빛이 담겨 있다."라는 영어 속담에서 비롯되었다. 희망의 빛 실습의 두 번째 목적은 이어지는 일상 수행인 연민 어린 경청 실습에서 서로 나눌 내용을 준비하는 것이다. 희망의 빛 이야기에는 강렬한 경청의 경험에 필요한 '파토스(pathos)'와 '에피파니(epiphanies)'가 모두 담겨 있다.

지도

- 이 실습은 여러분 자신을 비추어 보는 실습으로, 펜과 종이가 필요합니다.
- 눈을 감고, 한때 여러분 인생에서 아주 힘겨웠고, 심지어 견디기 불가능해 보일 정도였던 일을 생각합니다. 하지만 지금 되돌아보면 그 일은 여러분에게 중요한 교훈을 안겨 주었습니다. 충분히 오랜 시간이 흘러 이제는 완전히 해결되었고, 여러분이 교훈을 얻을 수 있었던 과거의 사건을 하나 선택합니다. (간격)
- 모든 시련이 희망의 빛을 가지고 있는 것은 아닙니다. 때로는 고통으로부터 아무것도 배우지 못할 수도 있고, 우리가 거머쥔 승리라는 건 그저 평범한 삶으로 돌아오는 것일 뿐일 수도 있습니다. 그것 또한 괜찮습니다. 그러나 이번 실습에서는 희망의 빛이 반짝였던 도전적인 사건을 선택하길 바랍니다.
- 어떤 상황이었나요? 무엇이 도전이 되었나요? 그 내용을 종이에 적어 봅니다. 우리는 잠시 후에 소집단에서 이 경험을 나눌 것입니다. 그러므로 다른 사람들과 나누어도 불편하지 않을 사건에 대해 생각하길 바랍니다. (긴 간격)
- 원한다면 여러분이 견뎌 내었음을 인정해 주는 친절한 말들을 적어 봅니다. 이를테면 '그건 힘든 일이었어.' '그건 너의 잘못이 아니야…… 그 상황을 피하는

방법을 알지 못했을 뿐이야.' '네가 그걸 견뎌 낼 힘을 가졌다는 게 자랑스러워.' 같은 말을 적어 볼 수 있습니다.

- 이제 그 도전과 위기가 여러분이 다른 곳에서는 절대 배우지 못했을 어떤 깊은 교훈을 가르쳐 주었는지도 적어 봅니다. (긴 간격)
- 곧 우리는 이 실습 경험을 서로 연민 어린 경청을 연습할 기회로 삼을 것입니다.

이 실습 다음에는 대개 탐구가 필요하지 않다. 지도자는 다음 주제인 연민으로 경청하기와 이어지는 일상 수행인 연민 어린 경청으로 곧바로 넘어간다. 연민 어린 경청 수행은 참여자들이 자신의 희망의 빛 이야기를 나누고 완전히 이해할 충분한 기회가 되어 줄 것이다.

연민으로 경청하기
(3분)

이번 주제에서는 깊이 있게 살기의 또 다른 측면, 즉 고통스러운 경험에 처한 다른 이들과 연결을 유지하는 능력을 소개한다. 지도자는 참여자들에게 다음과 같은 질문을 던진다. "여러분이 누군가에게 힘겨운 상황에 관해 이야기했는데, 듣고 있던 사람이 덜컥 해결책이라며 충고의 말을 건넨 적이 있나요? 그런 일이 일어나면 기분이 어떨까요?" 참여자들은 대개 답답함과 함께 상대방이 자신의 말을 듣질 않았거나 자신이 수인받지 못했다는 느낌이 들 것 같다고 대답한다. 여기에다 지도자는 "우리 중 누군가도 그랬던 적이 있을까요?"라고 농담조로 덧붙일 수 있다.

다른 사람이 자신의 힘든 경험을 나누려 할 때 우리는 왜 끼어들게 되는 것일까? 누군가의 고통스러운 이야기를 들으면 우리가 그들의 고통을 공감하며 나누어 받게 되어 듣고 있기 어려워지는 것이 첫 번째 이유이다. 달리 말하자면, 우리가 듣는 강도를 줄이려 이야기에 끼어들게 되는 것이다. 가끔은 머리를 굴리며 상대방의 문제에 대한 해결책을 찾아내려 애쓰곤 하는데, 이는 상대의 필요보다는 우리 자신의 감정을 조절하려는 시도이다. 안타깝게도, 문제 해결에 대한 충고로 섣불리 넘어가게 되면 상대방과의 정서적 연결이 끊어지게 된다. 의식적으로든 무의식적으로든 상대방은 우리로부터 연민을 받고자 하는 것이며, 이때 우리가 전하는 연민은 그 자체만으로도 고통을 탈바꿈하는 강력한 수단이 된다.

우리가 견뎌 내기에는 너무나도 커다란 고통에 처해 있는 사람과 어떻게 연결을 유지할 수 있을까? 먼저 **우리 자신**과 연결을 유지해야 한다. 달리 말하자면, 우리 자신의 공감적 고통을 자각하고 우리 자신에게 연민을 전하는 것이 우선이다. 압도되는 느낌이나 촉발되는 느낌을 비롯하여 상대방에 대한 우리 자신의 현재 진행형 반응에 열려 있고 그 반응을 수용할 때, 상대방의 말을 멈추게 하거나 조형하려 들지 않고 상대가 이야기하도록 허용할 수 있다.

연민 어린 경청
(40분)

이번 수행에서 참여자들은 힘겨운 대화를 이어 나가는 동안 연민으로 상대의 말을 경청하는 기술을 배운다. 참여자들은 목 아래로부터 듣기, 즉 MSC에서 '체화된 듣기'라고 부르는 방법을 발견한 다음, 마음이 방황할 때 연결로 되돌아가는 방법으로 연민 주고받기 명상을 적용하는 방법도 발견하게 될 것이다.

참여자들은 3인 1조로 소집단을 구성하여 집단구성원 전체가 자신의 희망의 빛 이야기를 서로 나누는 기회를 가진다. 이 실습에는 많은 요소가 담겨 있기에, 지도자는 진행에 앞서 지도 내용을 철저히 숙지해야 한다. 이 수행은 참여자들의 가슴을 많이 아프게 할 수 있으므로 눈물을 흘릴 참여자들을 위해 티슈가 준비되어야 한다. 이미 완전히 지난 일 중에서 희망의 빛 이야기를 선택하게 안내하지만, 이야기를 꺼내다 보면 감정의 찌꺼기가 나타나곤 한다.

지도

- 우리는 희망의 빛 실습에서 발견했던 이야기를 연민 어린 경청 실습에 사용하려 합니다. 우리가 흔히 하듯 상대방에게 조언을 해 주기보다는 가슴으로 들으며 지지적인 현존을 제공하는 시간이 될 것입니다.

• 잠시 후 우리는 세 명씩 집단을 만들 것입니다. 한 사람당 5분씩 자신의 전화위복 이야기와 거기에서 얻은 교훈에 대해 나눕니다. 이야기하길 원치 않는다면 편하게 다음 사람으로 넘어가도 좋습니다. 이야기를 나누지 않아도 좋고, 실습 전부를 빠져도 좋습니다. 이제 세 명씩 집단을 만들고 다음 안내를 기다립니다.

지도자는 참여자들이 소집단을 만들 때까지 안내를 잠시 중단하고 기다린다. 만약 4인 1조를 만들어야 하는 경우가 있다면, 소집단 중 한 사람은 자진해서 청자 역할만 맡도록 요청할 수도 있다.

체화된 듣기

• 이 실습은 일종의 사회적 실험으로, 말하지 않고 경청하는 시간을 가집니다. 한 사람이 어떤 일이 있었고, 그로부터 배운 교훈을 이야기하는 동안 다른 사람들은 주의 깊게 그 사람의 이야기를 듣습니다. 듣는 사람은 말하지도 않고, 터치하지도 않습니다. 그 외에는 그저 평상시처럼 연민 어린 태도로 바라보고 행동합니다.

• 들을 때는 어떤 말을 해 줄지 속으로 생각하지 않고, 목 아래로 듣는 기회를 가집니다. 즉, 귀와 눈으로 경청할 뿐만 아니라, 여러분의 몸으로 말하는 것을 느껴 봅니다. [이 상황에 부합하는 인용구인 "대부분의 사람은 상대를 이해하려고 듣는 것이 아니다. 그저 상대의 말에 대답하려고 듣고 있는 것이다."(Covey, 2013. p. 251)를 언급할 수도 있다.]

• 여러분이 들은 이야기에 자신이 감동받고 감격하도록 내버려 둡니다. 이 실습은 고통과 회복에 관한 이야기를 서로 나누며 보편적 인간경험을 신체적으로 경험할 기회입니다.

• 우리는 체화된 듣기뿐 아니라 사랑에 찬 연결된 현존, 연민을 실습하고 있습니다. 그러므로 말하는 사람에게 따뜻한 느낌이 여러분 안에서 일어난다면 그것이 일어나도록 허용합니다. 그리고 여러분의 얼굴과 눈으로 연민을 자유롭게 표현합니다.

• 여러분의 자세와 몸의 언어를 알아차리고, 의도적으로 편안하고 개방적이며 연민 어린 자세를 취해 봅니다.

연민 주고받기

- 잠시 후, 우리는 서로의 이야기를 나누기 시작할 것입니다. 들을 때는 호흡이 자각의 배경에서 고요하게 일어나도록 내버려 둡니다. 물론 여러분의 마음은 순간순간 떠돌 것입니다. 예를 들어, 이야기에 감정적으로 빠져들거나 압도되는 자신을 발견하거나, 이야기와 연관된 자신의 이야기로 마음이 분산될 수도 있습니다. 또는 자신의 이야기를 말하고 싶은 강한 충동을 느낄 수도 있습니다. 그때가 바로 연민 주고받기 실습을 시작할 때입니다.
- 잠시 동안 자신의 호흡에 초점을 두고, 자신을 위해 연민을 들이쉬고 말하는 사람을 위해 연민을 내쉽니다. 여러분 자신을 위해 들이쉬는 것은 여러분과 여러분의 몸을 다시 연결해 줄 것입니다. 다시 연결되고 체화된 방식으로 들을 수 있다고 느낄 때까지 계속 연민을 들이쉬고 내쉽니다.
- 숨을 들이쉬고 내쉬는 신체 활동은 우리가 사랑에 찬 연결된 현존을 유지하게 해 줍니다. 무슨 말을 해 줄지 생각하는 대신 호흡할 수 있기에 말하고픈 충동 또한 충족됩니다.
- 그저 듣고 호흡하며 무엇이 일어나는지 보며 편안하게 실습합니다. 완벽하게 해야 할 필요가 없습니다. 그저 몸으로 듣고 몸으로 호흡합니다.
- 이제 각자에게 5분간 말할 시간이 주어질 것이고, 5분 간격으로 종을 울릴 것입니다. 말하기가 일찍 끝나면 다 같이 눈을 감고 종이 울릴 때까지 고요하게 앉아 있습니다. 말할 차례였던 사람은 침묵하는 동안 무엇이든 마음에 떠오르는 것이 있다면 덧붙여도 좋습니다. 만약 할 말이 남아 있는데 종이 울렸다면 하던 이야기를 부드럽게 마무리하는 순간을 가집니다.
- 나누는 시간 사이에는 1분 동안 침묵이 주어질 것입니다. 이때는 모두 눈을 감고 말했거나 들었던 이야기가 내면에 안주하게 합니다. [지도자는 침묵의 시간 동안 마음이 산만해지면 들숨과 날숨으로 연결되도록 상기시킨다.] 1분 후에 다음 종이 울리면 다음 사람이 나누기를 시작합니다.
- 소집단에서 나누기가 끝나면 각자 나눈 이야기의 소중함을 새기고, 이런 방식으로 이야기를 주고받은 경험에 대해 다 같이 비추어 볼 수 있는 추가 시간이 5분에서 10분가량 주어질 겁니다.
- 질문이 있나요? 안내가 복잡하다는 점은 저도 잘 알고 있습니다. 실습을 진행

하면서 다시 알려 드릴 겁니다.

- 이제 처음 말할 사람, 두 번째 말할 사람, 세 번째 말할 사람을 정합니다. 이번에는 이름의 가나다순으로 순서를 정해 볼 수도 있습니다.

지도자는 종을 울려 실습을 시작한다(초시계를 사용하면 시간을 정확히 재는 데 도움이 된다).

소집단 토의

각자 이야기가 끝나고 나면 지도자는 마지막 종을 울리고 모든 참여자가 눈을 감고 방금 했던 경험을 비추어 보는 시간을 가진다. 그런 다음 지도자는 소집단 구성원들이 서로 이 경험에 대해 토의하도록 안내한다. 각 참여자가 나누어 준 이야기를 존중하고, 조언이나 고치려 드는 경향을 멀리하며, 다음 두 질문을 반영해 보게 한다.

- "다른 사람 이야기를 이런 식으로 들어 보니 어땠나요?"
- "다른 사람들이 내 말을 이렇게 경청해 주니 어땠나요?"

탐구

연민 어린 듣기에 관한 자신의 경험을 토의해 보고자 하는 지원자의 수가 부족하지는 않을 것이다. 다음은 한 참여자가 화자와 청자가 되어 본 경험을 나누어 준 예시이다.

루 스: 이 실습은 저에게 정말 효과적이었어요. 뭐라도 말해야 한다는 압박에서 벗어나 그저 듣기만 하는 그 경험이 정말 좋았어요. 다음에 무슨 말을 해야 할지 계획하지 않고, 그저 상대가 말하려는 바를 듣기만 했어요.

지도자: 그럼 대답을 해 주어야 한다는 함정에서 벗어났던 거로군요?

루 스: 네, 호흡이 거기에 도움이 되었어요. 내내 제 호흡만 느꼈기 때문에 제대로 했는지 확신이 서진 않지만요. 가끔 누군가가 눈물이 고이면 말하고픈

충동을 느끼기도 했어요. 하지만 말하는 대신 호흡에 집중했고, 그러다 보니 결국에는 제가 말할 필요가 없었다는 걸 발견하게 되었어요.

지도자: 호흡을 항상 배경에 두고, 필요할 때면 호흡에 집중하셨군요.

루 스: 네, 그랬어요. 그런데 질문이 하나 있어요. 항상 이런 식으로 다른 사람의 이야기를 들어 주어야 하나요?

지도자: 루스 자신은 무엇이 최선이라고 생각하나요?

루 스: 글쎄요, 저는 치료자니까, 조금 더 이렇게 해 봐도 좋을 것 같아요. 이번 수행을 하면서 다른 분들이 저에게 귀 기울일 때, 그분들이 더 말해 주어야 한다고 느끼지 않았거든요. 오히려 그분들에게 무언가를 해 드릴 필요 없이 제 경험에 온전히 집중할 수 있어서 좋았어요. '부족할수록 풍족하다'를 알려 준 경우죠. 완전히 몰입해서 제 말을 들어 주고 있는 분들의 사랑과 너그러움을 느꼈어요. (부끄러운 듯 킥킥댄다.) 제 생각엔 이 수행이 저의 치료자로서의 시스템을 재부팅시켜 준 것 같아요. 대학원에서 배우긴 했지만, 잊어버렸던 방식을요. 상대가 힘들어할 때 아무런 말도 하지 않는 건 너무 어려우니까요.

지도자: 정말 그렇지요!

루 스: 어쨌든, 감사합니다. 생각할 거리가 참 많네요.

루스는 실습을 마치고 참여자들이 주로 나누고자 하는 핵심들을 언급했다. 말해야 한다는 의무 없이 그저 듣기만 하는 것이 안도가 되었고, 호흡이 말하지 않는 데 도움이 되었으며, 방해받지 않고 말하는 동안 자신만의 답을 찾을 수 있었고, 다른 이들의 많은 말이 필요치 않았다는 점을 말이다. 참여자 대부분은 다른 이들이 자신의 이야기를 이렇게 들어 주는 경험에 감동받고 감사해하지만, 모든 참여자가 다 그런 것은 아니다. 예를 들어, 어떤 참여자는 자신이 힘든 이야기를 꺼냈을 때 집단에 있는 그 누구도 자신을 지지하는 목소리를 내주지 않자 당혹스러움과 외로움을 느꼈다고 말했다. 그러므로 지도자는 이러한 '사회적 실험'에 대한 모든 반응에 열려 있으며 이를 기꺼이 받아들여야 한다.

연민 어린 듣기는 청자인 우리가 듣는 내용 못지않게 그 말을 하는 사람에게도 집중하고 있다는 사실을 전제로 한다. 이 전제는 우리가 그 사람이나 문제를 바로잡고자 하는 욕구를 버리고, 산만해지려는 마음과 말하고자 하는 욕구도 자제하며, 그 사람을 위해 무슨 일이 일어나고 있는지 깊이 감지할 때만 가능한 일이다. 연민으로 듣는 능력은 탐구 과정을 효과적으로 만드는 힘이기도 하다. 지도자는 연민으로 참여자들을 경청하며 자기연민의 방법을 암묵적으로 지도한다.

과제 수행
(5분)

이번 회기에서 배운 수행은 다음과 같다.

- 연민 주고받기
- 서원과 함께하는 삶
- 연민 어린 듣기

희망의 빛 실습의 확장으로, 현재 겪고 있는 어려움에도 희망의 빛이 있을지 숙고해 보는 수행을 다음 주 동안 추가 과제 수행으로 제시할 수도 있다. 이 수행을 통해 참여자들은 현재의 딜레마에 숨겨진 교훈과 자기연민이 그 교훈을 배우는 데 어떻게 도움이 될 수 있을지 비추어 볼 수 있을 것이다.

지도자는 어떤 MSC 수행이 자신에게 편안하고, 즐겁고, 특히 의미 있는지 알아차리도록 참여자들을 상기시켜 주어야 한다. 그 수행이 참여자가 앞으로 계속할 가능성이 가장 큰 수행이다. 아울러 참여자들에게 주간 피드백을 제출하도록 다시 한번 요청하고, 마지막으로 곧 있을 안거에 대해 전달한다.

안거

4시간에 걸친 묵언 안거는 일반적으로 5회기를 마치고 난 주말에 점심식사를 마친 오후 1시부터 5시까지 진행된다. 지도자는 별도 주간에 안거를 진행하고, 그다음 주에 6회기를 진행하는 것을 대개 선호한다. 참여자들이 안거를 준비할 수 있도록 다음 정보를 안내한다.

> 안거는 마음챙김과 자기연민을 심화할 수 있는 특별한 기회입니다. 우리가 이미 배운 것을 실습하고, 몇 가지 새로운 실습도 배울 겁니다. 4시간 동안 방해받지 않고 실습에 몰입할 수 있는 기회입니다. 안거는 묵언으로 진행되며(지도자 제외), 참여자 대부분은 시간이 매우 빠르고 편안하게 지나간다고 느낄 것입니다. 필요하다면 누구나 지도자와 대화할 수 있습니다. 편안한 옷을 입고 오시고, 원한다면 쿠션이나 요가 매트를 가져오셔도 됩니다. 마지막으로, 안거 경험을 소화하고 음미하기 위해 안거를 마친 저녁은 고요히 보내시길 바랍니다.

마무리
(2분)

지도자는 자신이 선호하는 방식으로 5회기를 마무리할 수 있다. 로즈메리 와톨라 트로머(Rosemerry Wahtola Trommer, 2013)의 시 〈One Morning〉에서는 무엇인가를 고치거나 해결할 필요 없이 다른 이들과 현존하는 의미를 묘사한다.

제15장

R회기

안거

개요

주제: 안거 소개

명상: 연민 어린 보디 스캔

일상 수행: 감각하고 음미하며 걷기

주제: 자세 안내

핵심 명상: 애정 어린 호흡

일상 수행: 음식 음미하기

일상 수행: 발바닥 명상

핵심 명상: 우리 자신을 위한 자애

일상 수행: 연민 어린 움직임

핵심 명상: 연민 주고받기

일상 수행(선택): 연민 어린 걷기

연습: 침묵으로부터 나오기

집단 토의

마무리

시작하기

- 안거 회기 목표
  - 마음챙김과 자기연민을 통합된 전체로서 경험한다.
  - 마음챙김과 자기연민의 경험을 음미한다.
  - 묵언 명상 안거가 가진 힘을 발견한다.

- 왜 지금인가?
  - 참여자들이 이미 배운 수행을 더욱 깊이 이해하게 한다.
  - 새로이 배워야 할 내용과 집단 실습 비중을 줄여 더욱 여유롭고 편안한 분위기에서 수행할 기회를 제공한다.

- 핵심 명상
  - 애정 어린 호흡
  - 우리 자신을 위한 자애
  - 연민 주고받기

- 새로운 수행
  - 연민 어린 보디 스캔
  - 감각하고 음미하며 걷기
  - 음식 음미하기
  - 연민 어린 걷기(선택)

안거 소개
(15분)

반나절(4시간) 안거의 목표는 참여자들이 마음챙김과 자기연민의 경험에 몰두할 기회를 제공하는 데 있다. 안거는 참여자들이 안전하고 사생활이 보호받을 수 있다고 여기는 장소에서 이루어져야 한다. 안거 동안 배우게 될 세부 수행과 그 순서는 집단의 필요에 따라 결정하며, 일반적으로는 세 가지 MSC 핵심 명상(애정 어린 호흡, 우리 자신을 위한 자애, 연민 주고받기)에 몇 가지 새로운 수행을 동반하는 형태로 구성한다. 참여자들이 편안함과 기민함을 동시에 유지할 수 있도록 좌선 명상과 움직임 수행을 번갈아 진행한다. 지도자는 따뜻함을 보이면서도 스스로 즐거움을 느끼며 참여자들이 긍정적인 경험을 할 수 있도록 도와야 한다. 언제나 그렇듯 정해진 시간 안에 많은 수행을 우겨 넣듯 진행하는 것보다는 편안한 분위기를 만드는 것이 훨씬 더 중요하다.

지도

지도자는 다음 질문을 던지며 안거 회기를 시작한다.

- 명상 안거가 처음인 분?
- 일주일 이상 안거를 경험해 보신 분?

이어서 안거를 소개하며 다음과 같은 점들을 이야기한다.

- 안거가 처음이라 해도 걱정하지 않으셔도 됩니다. 우리의 의도는 이번 안거 동안 모든 사람이 보람찬 경험을 하는 데 있습니다. 앞으로 4시간 동안 마음챙김과 자기연민을 함께 연습할 텐데, 이 시간은 주로 묵언으로 진행될 것입니다. 시간은 대부분 빠르게 지나갈 것입니다. 말할 필요가 있는 분은 누구든 지도자에게 이야기하시면 됩니다.
- 안거는 마음챙김과 연민에 우리를 깊이 담가 보는 기회입니다. 안거가 어떻게 진행되어야 한다든지, 여러분이 안거를 어떻게 느껴야 한다든지 같은 기대를 내려놓는 것이 도움이 될 것입니다. 우리는 그저 순간순간 경험에 우리 자신을 개방하고 우리 자신에게 친절과 연민을 전하고…… 무슨 일이 일어나는지 보면 됩니다.

- 안거에서는 우리가 평소 회기에서 실습 다음에 하던 토의를 하지 않고, **다정한 침묵**을 유지할 것입니다. 여러분 가운데 일부는 **거룩한 침묵**을 수행하는 안거를 해 보았을 것입니다. 거룩한 침묵에서는 시선을 가만히 아래로 두고, 눈 맞춤도 하지 않으며 침묵에 머물렀을 것입니다. 다정한 침묵 동안에는 눈 맞춤도 가능하고 미소를 지으며 다른 사람과 연결될 수도 있지만, 모든 것은 말없이 이루어집니다.
- 침묵은 우리의 주의를 내면으로 이끌어 줍니다. 어떤 사람들은 이 침묵이 안거 작업의 주된 수단이라고 말하기도 합니다. 그러므로 다른 사람을 향해 친절히 대하더라도 말로써 그들에게 관여하지는 않도록 노력해 주세요. 다른 사람들이 그들 자신의 경험을 하도록 내버려 둡니다. 여러분 또한 다른 사람들에게 주의를 기울여야 한다는 의무로부터 자유로워집니다. [침묵의 고유한 특성을 설명하기 위해 지도자는 웬델 베리(Wendell Berry, 2012)의 시 〈The Silence〉를 낭송하거나, 바바라 허드(Barbara Hurd, 2008)의 에세이 중 "아퀴나스의 지혜에 덧붙여 나는 침묵이 비행을 멈추게 한다고 말하고 싶다……."(p. 47)로 시작하는 부분을 읽을 수도 있다.]
- 안거 동안 우리는 두 번 정도 걷는 시간을 가질 것입니다. 화장실을 가셔야 할 분은 걷기 시간을 이용하시길 바랍니다. 물론 원한다면 언제든 화장실을 사용하실 수 있습니다.
- 명상 대부분은 20분에서 30분 정도 진행됩니다. MSC의 세 가지 핵심 명상인 애정 어린 호흡, 우리 자신을 위한 자애, 연민 주고받기와 함께 몇 가지 새로운 명상도 실습할 것입니다. 명상 동안에는 최소한의 안내만 드리고, 여러분이 온전히 자신의 경험을 할 공간을 마련해 드리고자 합니다. 아울러 자신에게 이미 익숙한 수행과 비슷한 안내는 신경 쓰지 않으셔도 됩니다.

연민 어린 보디 스캔
(40분)

연민 어린 보디 스캔은 몸에 대한 마음챙김을 강화하고, 특히 신체적 · 정서적으로 불편한 부위에 따뜻하고 연민 어린 자세로 몸을 돌보는 역량을 기를 수 있는 기회이다. 보디 스캔은 존 카밧진(Jon Kabat-Zinn, 1990)의 MBSR 프로그램으로 대중화되었다. 여기에 제시된 보디 스캔 방법들은 다양한 방식으로 몸에 대해 따뜻함과 선의가 담긴 태도를 함양하는 데 초점을 맞추어 고안되었다.

- 내면의 미소(친절하게 마음 기울이기)
- 위로의 손길(몸을 위로하기)
- 안전한 장소(정서적으로 중립적인 몸의 부위로 되돌아가기)
- 자애(친절한 태도와 말)
- 연민(몸에 불편한 부분이 있을 때)
- 감사(몸에서 느껴지는 선물 같은 부위에 대해)

연민 어린 보디 스캔은 몸에 대한 애정 어린 여유로운 자각을 연습하는 수행으로, 편안함이 느껴지는 부분에는 감사를 전하고 불편함이 느껴지는 부분에는 연민을 전하며 진행된다. 또한 위로하기, 부드럽게 하기, 인정해 주기 같은 자기연민 음의 특질을 체화함으로써 자신의 몸과 친구가 되는 시간이기도 하다.

지도

도입

- 편안한 자세를 찾습니다. 등을 바닥에 대고 누워, 손은 옆구리에서 15cm 정도 떨어진 곳에 놓고, 발은 어깨 너비만큼 벌립니다. 그런 다음 한 손 또는 두 손을 가슴 위(또는, 위로가 되는 다른 곳)에 올려놓습니다. 이 동작은 실습하는 동안 자신의 몸에 애정 어린 연결된 현존을 가져온다는 사실을 상기하는 역할을 합니다. 따뜻하고 부드러운 손길을 느껴 봅니다. 세 번 천천히, 이완되게 호흡을 합니다. 그런 다음, 원한다면 두 팔을 몸 옆에 다시 내려놓습니다.
- 이 명상에서 우리는 다양한 방식으로 몸의 각 부분에 가슴 따뜻한 주의를 가져올 것입니다. 한 부분에서 다른 부분으로 이동하며 몸의 각 부분에 친절하고 연민 어린 방식으로 함께하는 방법을 실습합니다. 우리는 마치 어린아이를 대하듯이 호기심과 부드러운 자각으로 우리의 몸을 대할 것입니다.

- 만일 몸의 특정 부위에서 편안함과 안녕감을 느낀다면 몸의 그 부위를 향해 감사한 마음을 일으키고 감사를 표현합니다. 만일 몸의 특정 부분에 대해 판단이 일어나거나 즐겁지 않은 감각이 있다면 그러한 힘겨움에 공감하고, 자신의 가슴이 부드러워지도록 허용하고, 연민과 지지를 보내는 의미로 손을 그 신체 부위에 얹습니다. 그리고 손과 손가락을 통해 따뜻함과 친절함이 몸속으로 흘러 들어가는 것을 상상합니다.
- 만일 함께 머무르기에 너무 힘겨운 신체 부위가 있다면 잠시 다른 부위로, 특히 정서적 · 신체적으로 중립적인 부위로 주의를 부드럽게 이동합니다. 그래서 이 실습이 최대한 편안하게 이루어질 수 있도록 합니다.

보디 스캔

- **왼쪽 발 발가락**에서부터 시작합니다. 발가락에 어떤 감각이 있는지 알아차려 봅니다. 발가락의 감각이 어떤가요? 따뜻한가요 혹은 차가운가요, 건조한가요 혹은 촉촉한가요? 발가락에 있는 감각을 있는 그대로 그냥 느껴 봅니다. 편안한지, 불편한지, 아무 느낌도 없는지 느껴 봅니다. 그리고 일어나는 감각을 그냥 있는 그대로 내버려 둡니다. 만일 발가락의 느낌이 좋다면 발가락을 꼼지락거려 보고 감사의 미소를 보냅니다.
- 그런 다음 왼쪽 **발바닥**으로 이동합니다. 발바닥에 어떤 감각을 감지할 수 있나요? 우리의 발바닥 표면은 아주 작습니다. 그런데도 온종일 우리 몸 전체를 떠받치고 있습니다. 발바닥은 우리를 위해서 정말로 열심히 일합니다. 동의한다면 자신의 왼발에 작은 감사를 보냅니다. 만일 그곳에 불편함이 있다면 부드럽게 그 불편함에 개방합니다.
- 이제 **발 전체**를 감지해 봅니다. 만일 발이 편안하다면 불편함이 없는 것에 대해 감사를 보냅니다. 어떤 불편함이 있다면 그 부분을 마치 따뜻한 수건으로 감싸듯이 부드럽게 해 줍니다. 원한다면, "약간 불편함이 느껴지네, 이제 괜찮아." 같은 친절한 말로 그 불편함을 인정해 줍니다.
- 주의를 점차 다리로 옮겨 봅니다. 한 번에 한 부위씩, 현재 몸에서 느껴지는 감각을 알아차려 봅니다. 만일 그 부위가 기분 좋게 느껴진다면 감사함을 보내고, 불편함이 느껴진다면 연민을 보냅니다. 천천히 왼쪽 몸에 집중하면서 이동

합니다. 자신의……

–발목

–정강이와 종아리

–무릎으로 이동합니다.

• 언제나 그렇듯이 마음이 배회하고 있는 것을 알아차리면, 그저 몸 부위의 감각으로 주의를 되돌립니다."

• 또한 친절이나 연민의 말을 보내고 싶을 수도 있습니다. "나의 [무릎]이 편안하기를, 잘 지내기를." 그런 다음 주위를 다시 몸의 각 부분의 단순한 감각으로 되돌립니다.

• 이러한 과정들이 탐색적으로, 심지어 몸을 통해 즐겁고 부드럽게 자신의 방식대로 작용하게 합니다. 계속해서 주의를……

–허벅지

–엉덩이로 이동합니다.

• 만일 몸의 어느 부위가 불편하거나, 어느 부위에 대한 판단이 일어나면 손을 가슴에 얹고 부드럽게 호흡합니다. 친절함과 연민이 자신의 손가락을 통해서 몸 안으로 스며들어 가는 것을 상상해 봅니다.

• 만일 편안하게 느껴지면, 마음으로 감사의 미소를 살짝 보내 봅니다.

• 이제 **왼쪽** 다리 전체로 애정 어린 자각을 가져갑니다. 감각하거나 느끼는 것이 무엇이든, 그것에 여유 공간을 만들어 줍니다.

• 이제 **오른쪽** 다리로 이동합니다. 주의를……

–오른쪽 발가락들

–오른쪽 발바닥

–오른쪽 발

–발목

–정강이와 종아리

–무릎으로 이동합니다.

• 만일 너무 많은 신체적 · 정서적 불편함이 일어나면 그 부위를 건너뛰어도 좋습니다. 이제 주의를……

–허벅지

–엉덩이

–오른쪽 다리 전체로 이동합니다.

• 이제 여러분의 자각을 **골반 부위**로 이동합니다. 다리를 지탱하고 있는 강한 뼈들과 골반 부위에 있는 부드러운 조직들로 옮겨 갑니다. 바닥이나 의자에 닿아 있는 엉덩이를 느껴 봅니다. 계단을 올라갈 때 도와주고, 부드럽고 편안하게 앉도록 허용해 주는 큰 근육들을 느껴 봅니다.

• 그리고 이제 **등 아랫부분**으로 갑니다. 등 아랫부분에는 많은 스트레스가 저장되어 있습니다. 만일 어떤 불편함이나 긴장이 감지되면 근육이 이완되고 부드럽게 녹는 것을 상상합니다.

• 혹시 이때 몸을 약간 움직이는 것이 더 편안하다면 자세를 약간 옮깁니다.

• 그러고 나서 **등 윗부분**으로 갑니다.

• 이제 주의를 몸의 앞부분, **복부**로 이동합니다. 많은 장기로 이루어진 배는 여러 기능을 수행하는 아주 복잡한 부위입니다. 배의 각 부분에 감사와 고마움을 보냅니다. 만일 자신의 배에 대해 어떤 부정적인 판단이 일어나면, 그 사실을 알아차리고 친절하고 수용하는 말로 대신할 수 있는지 봅니다.

• 그런 다음 가슴으로 이동합니다. 호흡의 중심인 가슴 한가운데로 갑니다. 그 가슴에 자각, 인정, 수용이 스며들게 합니다. 손을 가슴 한가운데 부드럽게 얹고, 지금 이 순간 느끼는 것이 무엇이든 그것을 느껴 봅니다.

• 몸의 각 부위로 주의를 이동하면서 필요하다면 어느 부위든지 자유롭게 터치해 봅니다. 필요하다면 그 부분을 부드럽게 어루만져 줍니다.

• 계속해서 자각을 몸으로 가져갑니다. 마치 어린아이를 대할 때와 같은 따뜻한 자각으로 자신의 몸을 대합니다.

–왼쪽 어깨

–왼팔의 윗부분

–왼쪽 팔꿈치로 이동하며, 각 부위에서 느껴지는 감각을 느껴 봅니다.

• 몸의 각 부위에 부드러운 자각을 보내 봅니다.

–왼팔의 아랫부분

–왼팔 손목

–왼손

–손가락으로 주의를 가져갑니다.

• 원한다면 손가락의 꼼지락거림을 느껴 보고, 손가락에서 일어나는 감각을 음미합니다. 여러분의 손은 무언가를 잡고 옮길 수 있도록 독특하게 만들어졌으며, 터치에 아주 민감합니다.

• 이제 자신의 왼팔과 손 전체를 사랑스럽고 연민 어린 자각으로 훑어봅니다.

• 그리고 이제 오른쪽 부위로 옮겨 갑니다.

–오른쪽 어깨

–오른팔의 윗부분

–팔꿈치

–팔 아랫부분

–손목

–손

–손가락

–오른팔과 손 전체로 주의를 옮겨 갑니다.

• 이제 목을 시작으로, 여러분의 자각을 머리로 이동합니다. 원한다면 손으로 자신의 목을 만져 봅니다. 목이 어떻게 하루 종일 여러분의 머리를 떠받치고 있고, 어떻게 뇌로 혈액을 공급하고 몸에 공기를 전달하는지 기억합니다. 만약 목에서 좋은 느낌이 든다면, 자신의 목에 정신적 또는 신체적 터치로 감사와 친절함을 제공합니다. 만약 목에 긴장감이나 어떤 불편함이 있다면 연민을 제공합니다.

• 마지막으로 여러분의 머리로 이동합니다. 우리의 뇌를 보호하는 단단한 표면인 뒷부분부터 시작합니다. 필요하다면 손으로 머리 뒷부분을 부드럽게 만져 봅니다. 또는, 나의 자각만으로 어루만져 봅니다.

• 그러고 나서 귀로 이동합니다. 세상에 대해 정말 많은 것을 우리에게 들려주는 섬세한 감각 기관입니다. 들을 수 있어서 기쁘다면 귀에 대해서 일어나는 감사를 허용합니다. 말을 듣는 데 불편이 있어서 걱정이 된다면, 손을 가슴에 얹고 자신에게 연민을 전합니다.

• 그런 다음 다른 감각 기관에 대해서도 똑같이 사랑스럽고 연민 어린 자각을 제공합니다. 여러분의 주의를……

–눈

–코

–입술로 가져갑니다.

- 여러분이 먹고, 말하고, 웃는 데 많은 도움을 주는 뺨과 턱도 잊지 않고 알아차립니다.
- 마지막으로 앞이마와 머리끝 정수리와 뇌 속으로 갑니다. 우리의 부드러운 뇌는 수십억 개의 신경세포로 구성되어 있으며, 이들은 항상 서로 소통하면서 자신이 세상을 감지하도록 돕고 있습니다. 원한다면 자신을 대표해서 끊임없이 작업하는 뇌의 수고에 대해서 고맙다고 말해 줍니다.
- 자신의 몸 전체에 친절하고 연민 어린 주의를 보내고, 마지막으로 연민의 샤워를 자신의 몸에 제공합니다. 머리에서 발가락까지 감사, 연민, 존중으로 샤워를 합니다.
- 그런 다음 부드럽게 눈을 뜹니다.

지도를 끝낸 후에는 참여자들에게 스트레칭 할 시간을 준다. 한쪽으로 뒹굴면서 서서히 앉는 자세로 돌아오게 하고, 그런 다음 토의나 탐구 없이 다음 실습으로 곧바로 넘어간다.

감각하고 음미하며 걷기
(30분)

감각하고 음미하며 걷기는 긍정적인 경험에 관한 마음챙김 수행이다. 이 수행은 안거가 아름다운 자연에서 진행될 때 특히 유용하다. 그러나 모든 이가 돌아다닐 수 있는 충분한 공간이 있다면 실내에서 진행할 수도 있다(공공장소는 다른 사람들의 시선이 의식될 수 있으므로, 감각하고 음미하며 걷기에는 적당치 않다). 감각하고 음미하며 걷기는 심리학자 브라이언트와 베로프(Bryant & Veroff, 2007)가 음미하기 연구에서 고안한 현장 실험에서 개작하였다.

수행을 30분 이내로 마무리하기 위해 참여자들에게 적어도 밖으로 나가는 데 5분,

돌아오는 데 10분의 시간을 주어야 한다. 따라서 실습 자체에는 15분이 주어진다. 참여자들이 실습 장소에 모두 모였을 때 다음과 같이 지도한다.

지도

- 음미하기는 즐거운 경험에 대한 마음챙김입니다. 음미하기는 즐거운 경험을 인식하고, 우리 자신이 그 속에 흠뻑 젖도록 허용하고, 그것과 함께 머무르며, 알맞은 때에 그것을 내려놓는 것을 말합니다.
- 우리는 즐기려고 애쓰지 않습니다. 그저 우리를 부르는 것이 무엇이든 우리들 자신이 알아차리고, 함께 머무르고, 음미하는 것을 허용합니다.
- 우리는 15분 정도 침묵하면서 걸을 것입니다. 걷기의 목적은 어떤 즐거움을 주는 대상을 한 번에 한 가지씩 천천히 알아차리고, 자신의 모든 감각, 시각, 후각, 청각, 촉각, 심지어 미각까지 사용합니다(그렇지만 스마트폰으로 사진을 찍지는 마십시오).
- 걷는 동안 아름답고 매력적이며, 즐겁고 영감을 줄 만한 것을 발견하고 있나요? 신선한 공기, 따스한 햇볕, 아름다운 잎, 돌 모양, 웃는 얼굴, 새의 지저귐, 발 아래 느껴지는 땅의 감촉을 즐기고 있나요?
- 무언가 기쁘고 즐거운 것을 발견하면, 그 속에 들어가서 음미해 봅니다. 원한다면 부드러운 잎이나 막대기의 질감을 느껴 봅니다. 마치 그것이 이 세상에 존재하는 유일한 것처럼 그 경험에 우리 자신을 맡겨 봅니다.
- 새로운 뭔가를 경험할 준비가 되면 음미하던 것을 떠나보내고, 뭔가 다른 즐겁고 유쾌한 것을 발견할 때까지 기다립니다. 하나에게서 채워지면 또 다른 하나로 옮겨 갑니다.
- 시간을 가지고, 무엇이 일어나는지 봅니다.

지도자는 15분 뒤 종을 울려 참여자들에게 안거 장소로 돌아갈 시간이 되었음을 알린다. 모든 사람이 모여 앉으면, 빌리 콜린스(Billy Collins, 2014)의 시 〈Aimless Love〉를 읽어 줄 수 있다. 이 시에서는 감각하고 음미하며 걷기가 불러일으키는 자유로우면서도 다정한 자각을 묘사하고 있다.

자세 지도
(10분)

참여자 대부분은 움직임 수행을 할 때를 제외하면 안거 동안 의자나 바닥에 앉아 있게 된다. 참여자 각자가 원하는 자세로 편안히 앉게 하고, 필요하다면 일어나 있거나 누운 자세도 가능하다. 누워 있다 보면 마음이 산만해지거나 잠들게 될 수도 있지만, 참여자들이 몸에 휴식을 주어야 하는 경우라거나 심지어 필요하다면 낮잠 또한 괜찮다. 그러나 만약 참여자들이 명상 동안 맑은 정신을 유지하기 바란다면, 가장 좋은 자세는 편안하면서도 바르게 앉는 것이다.

의자 또는 바닥에 앉아 있는 참여자들에게는 다음 안내가 편안한 자세를 찾는 데 도움이 된다.

- 어깨를 떨어뜨리고 평평하게 만듭니다.
- 골반을 앞으로 기울입니다.
- 정수리를 천장 쪽으로 잡아당깁니다.
- 턱을 가볍게 집어넣습니다.
- 균형이 잡히는 지점을 찾아봅니다.

바닥에 앉아 있는 참여자들은 방석 위에 앉거나 무릎 아래 베개를 놓으며 자세를 찾을 수도 있다. 만약 엉덩이 부분이 너무 당긴다면 참여자들은 다리 사이에 쿠션을 두고 무릎을 꿇는 자세를 취할 수도 있다. 지도자 역량에 따라 참여자들 사이를 돌아다니며 자세를 교정해 주기도 한다.

애정 어린 호흡
(20분)

첫 번째 MSC 핵심 명상인 애정 어린 호흡에 대한 지도는 2회기(11장)를 참조하라.

음식 음미하기
(15분)

안거 동안 활동에서 활동으로 물 흐르듯 옮겨 가며 마음챙김을 계속 연습하도록 참여자들을 격려한다. 여기에 해당하는 활동 중 하나가 바로 먹기이다. 참여자 다수가 이미 마음챙김 먹기, 즉 매 순간 먹는 행위와 관련된 무수한 감각을 자각하는 수행에 익숙할 것이다. 음식 음미하기 수행에서는 마음챙김 먹기에 더불어 먹는 감각의 즐거움을 함께 경험한다. 지도자는 이 수행을 위해 간식을 미리 준비한다. 참여자들이 자신이 먹을 간식을 골라 자리로 돌아오면 다음 내용을 안내한다.

지도

- 이제 잠시 시간을 가지고 그 음식이 여러분에게 어떻게 보이는지 즐겨 봅니다. (간격) 그런 다음 음식의 냄새를 즐기고, 가능하다면 어떤 감촉이 느껴지는지 봅니다.
- 이 음식이 여러분의 입으로 오기까지 얼마나 많은 손을 거쳐 왔는지 사유할 기회를 가져 봅니다. 농부들, 트럭 운전수, 가게 주인…….
- 이제 아주 천천히 간식을 먹을 준비를 합니다. 먼저 음식을 입으로 가져가면서, 그 음식이 닿기 전에 어떻게 침이 나오는지 알아차리고, 음식이 입술을 거쳐 지나갈 때와, 한 입 씹을 때를 알아차리고, 맛의 풍미를 감상합니다. 그리고 삼키는 감각에 대한 자각을 가지고 삼킵니다. (간격)
- 이러한 방식으로 먹기를 계속하면서, 하나씩 감각이 일어나는 먹는 활동을 알아차리고 즐겨 봅니다. (긴 간격)
- 먹기가 끝나면, 자신이 방금 먹은 것을 상기하는 감각들이 여운처럼 남아 있는지 봅니다.
- 이제 여러분의 자각을 몸 전체로 개방합니다. 자신의 몸에서 지금 어떤 느낌이 일어나는지 봅니다.

발바닥 명상
(15분)

발바닥 명상에 대한 지도는 2회기(11장)를 참조하라. 이는 마음챙김 걷기의 일종으로, 특히 걷는 동안 발바닥에 집중하는 수행이다. 안거 회기에서는 참여자들이 전보다 긴 시간 동안 걸으며 수행할 수 있다. 수행 동안 지도자는 이따금씩 최소한의 몇 마디 안내만 전달한다.

우리 자신을 위한 자애
(20분)

두 번째 MSC 핵심 명상인 우리 자신을 위한 자애 수행을 지도하는 방법은 4회기(13장)를 참조하라. 지도자는 이 명상에서 사용할 문구를 미리 결정해야 한다는 것을 참여자들에게 상기시켜 새로운 문구를 찾는 시간이 되지 않게 해야 한다.

연민 어린 움직임
(5분)

연민 어린 움직임에 대한 지도는 3회기(12장)를 참조하라. 이는 선택 수행으로, 참여자들이 몸을 움직일 필요가 있을 때마다 지도자가 안내할 수 있다. 연민 어린 움직임은 자기연민을 몸으로 표현하는 수행이다.

연민 주고받기
(15분)

세 번째 MSC 핵심 명상인 연민 주고받기를 지도하는 방법은 5회기(14장)를 참조하라. 다시 한번 말하지만, 이 명상 동안 지도자는 집단의 필요에 따라 평소보다 더 많은 침묵을 유지하게 해야 한다.

연민 어린 걷기(선택)
(20분)

이번 일상 수행은 발바닥 명상(마음챙김 걷기), 우리 자신을 위한 자애(자애 문구 사용하기), 연민 주고받기(연민을 들이쉬고 내쉬기)를 기반으로 한다.

연민 어린 걷기 실습은 선택 수행이다. 어떤 참여자들에게는 다른 집단구성원의 눈을 들여다보는 것이 스트레스가 될 수 있으며, 일부 문화권에서는 다른 사람의 눈을 응시하는 것이 부적절하다고 여기기 때문이다. 모든 이의 편안함을 보장하려면 지도자는 수행 내용을 미리 설명하고 집단구성원이 참여 여부를 결정하게 해야 한다. 아울러 수행 동안 사람마다 반응이 다를 수 있음을 언급한다. 예를 들어, 누군가는 눈을 마주치는 걸 초조해할 수도 있고, 누군가는 눈 맞춤이 너무 적어서 실망할 수도 있다. 또한 초반에는 약간 긴장되겠지만 마칠 때는 참여자 대부분이 이 수행을 가치 있게 여기게 된다는 점을 강조하면서, 편안하다고 느끼는 범위 내에서 되도록 이 수행에 참여하도록 격려한다. 연민 어린 걷기는 눈을 마주치라는 지도 없이 진행할 수도 있다.

지도

- 다 같이 일어섭니다. 의자와 방석을 정리하고 15분간 자유롭게 걸어 다닐 수 있는 공간을 확보합니다.

- 준비가 되면 가만히 서 있을 공간을 발견한 다음, 바닥에 닿은 발바닥을 느껴 봅니다. 천천히 앞뒤로 움직이며, 무릎으로 작은 원을 그리면서 발바닥을 느껴 봅니다.
- 이제 몸을 고정하고, 시선은 적당히 바닥을 향하고, 여러분의 몸에서 호흡을 알아차려 봅니다. 여러분의 몸이 숨을 들이쉬고 내쉬는 것을 느껴 봅니다.
- 준비가 되면, 고요히 침묵한 채 문구(예: '내가 행복하기를, 고통에서 벗어나기를')로, 호흡으로, 또는 내면의 미소로 자신에게 친절함과 연민을 보내기 시작합니다.
- 그리고 천천히 공간 안에서 움직이기 시작합니다. 시선은 여전히 바닥에 두고, 여러분 자신에게 친절과 연민을 반복해서 전해 봅니다.
- 다른 많은 이가 여러분과 함께 움직이고 있다는 사실을 알아차릴 것입니다. 필요하다면 자신의 주의를 곁을 지나가는 사람에게 두고, 부드럽게 바닥을 응시하며 여러분 자신에게 했듯이 마음속으로 그 사람에게도 친절과 연민을 보냅니다. 이를테면 '당신이 행복하고 고통에서 벗어나기를' 또는 호흡이나 내면의 미소를 다른 이들을 향해 보냅니다. (간격)
- 원한다면 언제든 주의를 여러분 자신에게로 돌릴 수 있다는 사실을 기억합니다. (간격)
- 마지막으로, 시선을 들어 다른 사람과 눈을 마주칩니다. 잠시 함께 시간을 갖고 가장 편안한 태도로 고요히 친절과 연민을 보냅니다. (간격)
- 말하고 싶거나, 만지거나, 안아 주고 싶은 충동이 일어나더라도 그렇게 하지 않고 여러분의 눈으로 대신합니다.
- 만일 가능하다면 여러분 자신이 육체적인 눈 너머로 바라보도록, 나아가 무언가 보편적인 것, 우리의 보편적 인간경험까지 느껴 보도록 허용합니다.
- 여러분 안에 무엇이 일어나든 마음의 공간을 만들고, 지금 여기에 있는 그대로의 자신이 되고 느끼게 합니다. 필요하다면 언제든지 친절과 연민을 여러분 자신에게로 돌릴 수 있다는 사실을 기억합니다. '내가 행복하고 고통으로부터 자유롭기를.'

지도자는 이따금씩 안내와 격려를 제공하며 참여자들이 4~5분가량 실습할 시간을 준다. 그런 다음 부드럽게 종을 울려 실습을 마치고, 참여자들을 제자리로 돌아오게 한다.

침묵으로부터 나오기
(15분)

이제 참여자들이 침묵으로부터 편안하게 나와서 대화로 들어가게 하는 수행을 안내한다. 지도자는 참여자들에게 두 명씩 짝을 지어 나란히 앉되, 귀를 맞대고 서로 반대 방향을 바라보며 앉도록 요청한다. 안거에서 겪은 개인적인 경험을 5분 동안 상대방에게 귓속말로 이야기하게 하며, 한 사람이 마치고 나면 역할을 바꾸어 이어 간다. 지도자는 정해진 시간이 되면 종을 울려 알린다. 모든 사람이 이야기를 마치면 서로에게 감사함을 표현할 시간을 잠시 가지게 한 다음 전체 집단으로 모이도록 한다.

집단 토의
(15분)

지도자는 (탐구 기법을 이용하여) 참여자들이 수행 동안 겪은 경험 전반에 대한 토의를 촉진한다.

- 무엇을 알아차렸나요?
- 무엇에 감사했나요?
- 무엇이 힘들었나요?
- 어떻게 반응했나요?

다음은 안거 막바지에 진행되는 탐구의 두 가지 예시이다.

파 웰: 솔직히 말하자면 전 이번 안거를 조금 걱정했었어요. 아무 말 없이 4시간이나 앉아 있어야 한다는 게 마치 고문처럼 느껴졌거든요. 제 취향도 아니고요. 돌아다니는 게 제 스타일이라…… 그래서 제가 영업사원으로 잘 사는 것 같기도 하지만요.

지도자: 그래서 어땠나요? 오랜 시간 앉아 있어 보니?

파 웰: 생각보다 상당히 쉬웠어요. 제일 좋았던 건 감각하고 음미하고 걷기였어요. 정말 꿈결같이 멋진 경험이었어요. 마치 환각제를 복용하면 이렇지 않을까 싶을 정도로요. 계속 "우와! 우와!"거렸어요. 나무껍질이 엄청나게 멋져 보이고, 개미들은 마치 움직이는 작은 기적 같았어요. 밖에서 들리는 새들의 노랫소리가 제 안에서도 울려 퍼졌어요. (살짝 눈물을 비치며) 너무나 아름다웠어요.

지도자: (파웰의 기쁨을 느끼며 미소 짓는다.)

파 웰: 절대 잊지 못할 거예요. 제가 깨달은 또 다른 사실은, 우리가 명상할 때뿐만이 아니라 언제든 마음챙김하며 연민 어린 상태로 존재할 수 있다는 거예요. 이 방에 계시는 다른 분들이 "에이!" 하실 수도 있겠지만, 전 이제 마음챙김 자기연민이 명상이나 수행에 관한 것이 아니라 우리의 마음이 하는 그 자체라는 걸 정말 이해할 수 있게 되었어요. 그래서 우리는 어디든, 어디서든 명상할 수 있는 거고요. 간단한 내면의 변화만으로 우리는 하루 중 언제든 자유로워질 수 있어요.

지도자: 그 점이 매우 중요한 것 같아요, 파웰. 내면의 변화에 대해 조금 더 이야기해 줄 수 있을까요? 정말 궁금해서 그러니, 괜찮다면 조금 더 이야기해 주세요.

파 웰: 말로 표현하기 어려운데요. (멈춤) 마치 선물이나 은총 같았어요. 일부러 그렇게 할 수 있을지는 모르겠어요. 그렇게 할 수도 있겠지만, 너무 많은 노력을 들이지는 않아도 될 것 같아요. 제 생각엔 그저 시간을 주고, 내려놓고 열려 있으면 될 것 같아요. 네, 바로 그거예요. 감각하고 음미하며 걷기를 할 때, 그저 받아들이려 했을 뿐 다른 무엇도 하려고 애쓰지 않았어요. 그게 바로 변화라고 생각해요. 정말 감사한 경험이었어요. 고맙습니다.

지도자: 고마워요, 파웰!

그리고 파웰의 뒤를 이어 다음 탐구가 이어졌다.

다니엘: 파웰의 이야기 감사히 잘 들었어요. 저도 파웰과 비슷한 경험을 했어요. 저에게 이번 안거가 준 가장 중요한 교훈은 인내심이에요. 오늘 우리는 다양한 수행을 했는데, 마치 하나의 수행인 것처럼 서로 섞여 들어가는 것 같았어요. 스트레스를 받을 때 그저 마음을 열어 두고 나 자신에게 엄청 친절하게 대하는 게 이런 거구나 하고 느꼈어요. 파웰이 말한 것처럼 그건 어떤 기술이 아니라 마음의 상태였어요.

지도자: 그리고 인내심에 대해서도 배우셨다고 했지요?

다니엘: 갈 곳도 없고, 할 일도 없다는 안내가 도움이 되었어요. 핸드폰을 다 꺼 놓은 것도 도움이 되었고요! 그럴 때가 매우 드물잖아요. 바쁘게 돌아다니면서 언제나 계획을 세우고 전략을 짜는 게 마음챙김과 자기연민을 가로막고 있다고 생각해요. 이번 안거 전에 저는 유감스럽지만 제 일상에 명상 수행을 억지로 우겨 넣었던 것이지, 진정으로 자기연민적이지는 않았어요. 하지만 이번엔 달랐어요. 파웰이 말했던 것처럼 말이죠. 우리는 이리저리 돌아다니는 걸 멈추고 마음을 열어야 해요. 그러면 마법이 일어나죠.

지도자: 그래서 속도를 늦추는 것이 자기연민을 '작업'하는 게 아니라, 마음챙김과 자기연민의 경험에 실제로 들어가는 데 도움이 되었나요?

다니엘: 네, 바로 그거예요. 연습과 경험은 별개였어요. (짧은 멈춤) 둘 다 우리에게 필요하다고 생각해요. 제 생각엔, 수행에는 인내심이 필요하다는 걸 제가 기억해야 할 것 같아요.

지도자: 이제 알 것 같아요, 다니엘. 정말 중요한 교훈이네요. 정말 우리 모두를 위한 교훈이에요.

다니엘: 앞으로도 인내심을 기억할게요.

지도자: 우리네 바쁜 인생에서 쉬운 일은 아니겠지만, 충분히 기억할 가치가 있지요. 고맙습니다, 다니엘.

파웰과 다니엘은 안거 동안 일어나는 핵심 통찰을 발견했다. 바로 애씀과 성급함이 마음챙김과 자기연민을 가로막는다는 것이다. 이 통찰은 말로 표현되기는 하지만 삶에서 변화가 일어나려면 이 통찰을 직접 경험해야 한다(7장의 '수행에서 얻어지는 통찰' 절을 참조). 이렇듯 안거는 수행을 더욱 깊이 경험하고 새로운 이해에 도달할 수 있는 훌륭한 기회를 제공한다.

마무리
(5분)

지도자는 시를 낭송하거나, 침묵의 시간을 가지거나, 피터 메이어(Peter Mayer, 2010)의 노래 〈Japanese Bowl〉을 들려주며 안거를 마무리한다. 이 곡에서 메이어는 깨진 도자기를 금으로 이어붙이는(긴츠키 공법) 은유를 통해 우리가 인생 여정에서 얻은 균열과 멍 자국들을 소중히 여길 때 생겨나는 내면의 아름다움을 노래한다.

안거를 마무리하기 전 지도자는 참여자들에게 그들이 평소보다 정서적으로 더욱 열려 있는 상태란 것을 상기시키고, 남은 하루 동안 휴식을 취하고 안거에서의 경험을 충분히 음미하며 자신을 더욱 잘 돌보아야 한다는 점을 강조해야 한다.

제16장

6회기
힘겨운 감정 만나기

개요

시작(핵심) 명상: 우리 자신을 위한 자애

수행 토의

오늘의 회기: 힘겨운 감정 만나기

주제: 수용 단계

주제: 힘겨운 감정에 접근하기

일상 수행: 힘겨운 감정과 함께하기

휴식

연착륙 명상

주제: 수치심

일상 수행(선택): 수치심과 함께하기

과제 수행

마무리

시작하기

- 이번 회기 목표
  - –마음챙김과 자기연민으로 힘겨운 감정을 만나는 법을 배운다.
  - –수치심의 의미를 이해하고, 자기연민이 수치심의 해독제임을 배운다.

- 왜 지금인가?
  - –더욱 힘겨운 상황 속에서도 적용할 수 있도록 기존에 배웠던 기술을 강화한다.
  - –참여자들이 고통의 보편적 근원인 힘겨운 감정에 자기연민과 마음챙김을 적용하도록 돕는다.

- 새로운 수행
  - –힘겨운 감정과 함께하기: ① 감정에 이름 붙이기, ② 몸에서 일어나는 감정에 대한 마음챙김, ③ 부드럽게 하기–위로하기–허용하기
  - –수치심과 함께하기(선택)

우리 자신을 위한 자애
(20분)

우리 자신을 위한 자애를 지도하는 방법은 4회기(13장)를 참조하라. 만약 이번 회기에서 선택 수행인 수치심과 함께하기를 지도할 계획이라면, 이 수행은 탐구를 포함하여 15분 이내로 제한을 두고 진행해야 할 것이다.

수행 토의
(15분)

참여자들은 지난 안거 경험이나 안거가 과제 수행에 준 영향에 대해 비추어 보는 시간을 갖기를 바랄 수 있다. 안거에서 배웠던 새로운 수행은 다음과 같다.

- 연민 어린 보디 스캔
- 감각하고 음미하며 걷기
- 음식 음미하기
- 연민 어린 걷기(선택)

아울러 이전 정규 회기(5회기)에서 배웠던 새로운 수행은 다음과 같다.

- 연민 주고받기
- 서원과 함께 살아가기
- 연민 어린 경청

다음은 여전히 명상 수행에 어려움을 겪고 있는 한 참여자와 함께한 탐구 내용이다.

마티나: 전 여전히 명상하는 데 애먹고 있어요. 저는 명상하는 시간을 진짜 많이 좋아하는데, 제대로 하고 있는 것 같지 않아요. 여기에 대해 정말 도움을 받을 수 있으면 좋겠어요. 프로그램은 거의 끝나 가는데, 명상을 규칙적으로 못하고 있다니까요!

지도자: 얼마나 오래 명상을 하고 싶나요, 마티나?

마티나: 음, 매일 아침 30분 정도요. 지금은 이틀에 한 번꼴로 15분씩밖에 못해요. 어이가 없죠!

지도자: 그러니까 명상할 때가 참 좋지만, 시작하려 할 때가 문제란 말이죠?

마티나: 맞아요.

지도자: 그렇다면 명상 시작을 방해하는 가장 큰 장애물이 무엇이라고 생각하나요?

마티나: 이메일이요! 고약한 버릇이긴 한데요, 아침에 컴퓨터를 켜면 오전이 다 날아가요. (멈춤) 생각해 보면, 이메일 작업을 하면 제가 생산적이라는 느낌을 받는 것 같아요. 솔직히 말씀드리면 그렇네요.

지도자: 무슨 말인지 알겠어요. 그런데 궁금하네요. 명상하는 걸 생각할 때 마티나의 마음에 무엇이 지나가나요?

마티나: 음, 저는 명상을 해야만 하고, 그렇지 않으면 어떤 발전도 없을 거라고 생각해요.

지도자: 아침에 '해야만' 하는 일이 하나 더 생긴 것처럼 들리네요. 누가 그걸 바라겠어요?

마티나: 네, 그럴 것 같아요.

지도자: 그런데 마티나는 명상하기를 좋아한다고 했잖아요. 그건 어떤 점을 이야기한 걸까요?

마티나: 저 자신과 연결되어 있고, 제가 원할 때마다 저 자신에게 사랑을 전하거나 사랑에 열려 있는 느낌을 정말 좋아하거든요. 근사한 일이죠. 그 이후에는 하루 종일 해야 할 일들뿐이고요.

지도자: 마티나, 저에게는 마티나가 정말 제대로 명상을 하고 있는 것처럼 들려요. 그래서 정말 좋고요. 특히 명상을 그냥 일처럼 '하고' 있는 것이 아니라, 명상이 마티나 자신과 함께 '존재하고' 있다는 점이 정말 감사하네요.

마티나: 나 자신과 함께하기! 이걸 기억할 수 있다면 좋겠어요. 명상하는 걸 생각만 하면 명상이 그저 아침에 끝내야 할 업무 중 하나가 되어 버리거든요.

지도자: 무엇이 그걸 기억하는 데 도움이 될 것 같나요?

마티나: (긴 시간 생각에 잠겨 있다가) 제가 컴퓨터를 켜기 전에 '난 너를 사랑해. 네가 고통받는 걸 원치 않아.'라는 문구로 시작할 수 있다면 어떨까 싶어요. 이 문구가 제가 이메일에서 읽을 어떤 내용보다 더 듣고 싶은 건 확실하니까요! 그러고 나면 저는 그 자리에서 곧바로 눈을 감고 그 문구에 젖어들게 저 자신을 허용해 줄 거예요.

지도자: 그렇게 되면 마티나는 이미 명상을 하고 있는 거죠!

마티나: 맞아요! 도움이 될 것 같아요. 시도해 보고 나서 말씀드릴게요.

지도자: 꼭 알려 주세요, 마티나. 우리 모두 마티나에게 어떤 일이 일어나는지 알고 싶을 것 같거든요. 저도 마티나처럼 해 봐야겠어요. 컴퓨터 켜기 전에 저 자신에게 문구를 들려주는 거죠. 멋진 아이디어예요!

프로그램의 전 과정 동안 지도자는 참여자들을 계속 지지해 주어야 한다. 새로운 습관은 천천히 형성되기에, 8주라는 시간은 명상습관을 형성하기에는 상대적으로 짧은 기간이다. 마티나와의 탐구에서 지도자는 참여자의 매 순간 경험에 집중하여 마음챙김과 자기연민이 부담스러운 일이 아닌 실제로 일상의 스트레스를 완화하는 습관이 된다는 점을 깨달을 수 있게 도와주었다. 참여자들이 수행의 즐거움을 발견하고 그 순간들을 음미하게 되면, 이후로도 스스로 창의적인 방법으로 수행을 계속해 갈 수 있을 것이다. 고통스러운 것은 자기연민이 아니라는 사실을 기억하라.

힘겨운 감정 만나기
(1분)

힘겨운 감정 만나기 회기를 시작하기에 앞서, 지도자는 참여자들에게 그들이 다양한 종류의 마음챙김과 자기연민 기술을 배웠고 이제 더욱 도전적인 상황에 이 기술들을 적용하게 될 것이라고 알린다. 이번 회기에서는 마음챙김과 자기연민을 힘겨운 감정에 도입하고, 다음 회기에서는 힘겨운 관계 다루기를 진행할 것이다. 아울러 이번 회기에서는 가장 힘겨운 감정 중 하나인 수치심을 자세히 살펴볼 것이다.

수용 단계
(5분)

이 주제는 참여자들이 힘겨운 감정에 접근할 때 신중하고 존중하는 태도로 더욱 자기연민적일 수 있도록 격려하고자 고안되었다. 힘겨운 감정들과 그 감정들이 사라졌으면 하는 현실과 동떨어진 생각으로 우리 자신을 압도하는 것은 어느 누구에게도 자기연민이 될 수 없다. "천천히 가야 멀리 간다."는 속담을 기억하자. 다음 요점들을 지도자 자신의 말로 요약하고, 지도자 자신의 경험에서 나온 예시들로 윤색할 수 있을 것이다.

힘겨운 감정들이란 과연 무엇일까? 분노, 공포, 슬픔 같은 고통을 일으키는 감정들이 힘겨운 감정이다. 힘겨운 감정을 마주할 때, 심지어 마음챙김과 자기연민으로 마주하더라도 우리의 고통은 일시적으로 커질 때가 있다. 명상 수행자는 수행에서 정서적 고통이 허용 가능한 정도가 얼마인지 궁금해하곤 한다. 이에 대해 명상 지도자 틱낫한(Thich Nhat Hanh)은 "많지는 않게!"라고 간단명료히 답했다. 자기연민이라는 자원을 구축하고 싶다면 연민이 생겨나는 촉매로서 정서적 고통과 가볍게 접촉하기만 하면 된다.

정서적 고통을 마주하는 더욱 급진적인 접근을 보여 주려면 13세기 페르시아 시인 루미(Rumi, 1999)의 시 〈여인숙〉을 참여자들에게 낭독해 줄 수 있다. 이 아름다운 시에서는 힘겨운 감정이 우리의 대문을 두드릴 때 기꺼이 그 감정을 맞아들이면, 심지어 감정이 너무 강렬해서 집 안에 있는 모든 가구를 쓸어 버린다 해도 새로운 이해를 위한 공간이 만들어진다는 사실을 묘사한다. 정서적 혼란을 견디고 탈바꿈시킬 수 있는 우리의 역량이 우리가 알고 있는 것보다 더 뛰어날 수 있다며 우리를 안심시키는 것이다. 그러나 선택의 상황에 놓인다면, 우리 삶에 허용하는 고통의 양을 압도당하지 않을 정도로 적당히 조절해야 할 것이다. 뜻밖의 손님이 집 안의 가구들을 난폭하게 휩쓸어 버려도 괜찮을 준비가 되지 않은 경우도 있기 때문이다. 정서적 불편함에 점진적으로 다가가는 것 또한 자기연민의 기술이다.

우리는 힘겨운 감정을 단계적으로 수용하는 방법을 배울 수 있다. 다음은 수용의 다섯 가지 단계(Germer, 2009)로, MSC 지도자 크리스틴 브랠러(Christine Brähler, 2015)가 기술하였듯 루미의 여인숙 은유로 확장할 수 있다.

- 저항하기: 들어오려는 감정에 대항해서 투쟁하기, 집 안에 숨고, 문을 막고, 방문객에게 꺼지라고 소리치기
- 탐색하기: 호기심을 가지고 불편함으로 향하기, 문틈으로 누가 왔는지 들여다보기
- 안내하기: 안전하게 견디며 침착하게 있기, 손님을 안으로 들어오게 하되 현관

에 머무르라고 요청하기
- 허용하기: 감정이 오고 가게 내버려 두기, 집 안에서 손님이 원하는 곳을 둘러보게 허용하기
- 친구 되기: 모든 경험에서 가치 보기, 손님과 함께 앉아 그들이 말하는 것을 경청하기

연속되는 각 단계는 힘겨운 감정에 대한 정서적 저항이 점차적으로 해소되는 과정과 일치한다.

힘겨운 감정에 접근하기
(10분)

힘겨운 감정을 다루는 세 가지 전략을 이번 회기에서 안내한다.

- 감정에 이름 붙이기: 감정을 식별하고 수인하기
- 몸 안에서 일어나는 감정에 대한 마음챙김: 감정에 대해 생각하기보다 감정을 신체 감각으로 느끼기
- 부드럽게 하기–위로하기–허용하기: 힘겨운 감정을 겪는 우리 자신을 돌보고 위로하기

이 실습은 힘겨운 감정을 완화할 뿐만 아니라 감정을 만나고 함께하는 자기연민의 전략이다. 압도된다는 느낌 없이 점차 기분이 나아지게 하며 정서적 고통과 새로운 관계를 맺는 것이다.

감정에 이름 붙이기

힘겨운 감정에 이름을 붙이거나 이름을 불러 주면 그 감정에서 풀려나거나 감정으로부터 '느슨해지게' 된다. "이건 분노야." "두려움이 일어나는구나."라고 말할 수

있다면, 이는 감정에 사로잡히기보다 감정에 대한 관점을 취하게 되는 것이다. 이는 우리에게 정서적 자유를 선사한다. 크레스웰, 웨이, 아이젠버거와 리버맨(Creswell, Way, Eisenberger, & Liberman, 2007)은 우리가 힘겨운 감정에 이름을 붙이면 위험을 알리는 뇌 구조인 편도체의 활성화가 줄어들고 몸에서 스트레스 반응의 촉발될 가능성이 줄어든다는 사실을 발견했다. "이름을 붙이면 길들일 수 있다."

감정에 이름을 붙이는 방식이 중요하다. 우리가 사랑하는 사람에게 하듯 우리의 감정을 수인해 주는 것과, 로봇처럼 단조롭게 감정에 이름을 붙이는 것에는 명백한 차이가 존재한다. 따뜻하고 연민 어린 어조로 감정에 이름을 붙여야 한다. 예를 들어, "오 저런, 당신은 지금 이 순간 너무나 슬프군요."라고 말하거나 "당신이 얼마나 상처받았는지 알겠어요."라는 식으로 말해 주어야 한다.

몸 안에서 일어나는 감정에 대한 마음챙김

감정은 생각 및 신체 감각 같은 정신과 신체 요소 모두를 가지고 있다. 연구에 따르면 감정은 문화적으로 보편적이지만, 감정에 따라 관련된 신체 부위는 서로 다르다(Nummenmaa, Glerean, Hari, & Hietanen, 2014). 예를 들어, 혐오의 감정은 목과 내장의 감각과 연관되어 있고, 슬픔은 가슴 한가운데에서 느껴진다. 혐오와 슬픔의 감정을 느낄 때, 우리는 이들 감정에 관한 생각과 이미지도 가지고 있다. 실제로 감정은 신경학적, 생리학적, 근육, 호르몬으로 구성된 네트워크를 형성한다(Damasio, 2004; Scherer, 2005). 한 가지 요소가 변화하면 네트워크 전체가 영향을 받는다.

신체 자각은 정서 조절에서 중요한 요인이다(Füstös, Gramann, Herbert, & Pollatos, 2013). 생각은 너무나 빠르게 떠오르고 사라지기 때문에 다루기 어려운 반면, 신체는 상대적으로 느리게 움직이다. 우리가 감정의 신체 요소를 찾아내어 마음챙김으로 자각하며 포용할 수 있다면, 모든 감정에 대한 우리의 관계를 변화할 수 있는 유리한 위치에 서게 될 것이다. "느껴라, 그러면 치유될 것이다."

부드럽게 하기-위로하기-허용하기

부드럽게 하기-위로하기-허용하기는 힘겨운 감정뿐만 아니라 우리 자신과 친절하고 연민 어린 관계를 맺는 과정이다.

- 부드럽게 하기: 신체적인 자기연민
- 위로하기: 정서적인 자기연민
- 허용하기: 정신적인 자기연민

부드럽게 하기-위로하기-허용하기는 힘겨운 감정에 저항하기를 멈추게 하고, 저항을 포기한다는 것은 힘겨운 감정으로 고통을 덜 받게 된다는 것을 의미한다(부드럽게 하기, 위로하기, 허용하기는 참여자들과 지도자의 개인적 선호에 따라 그 순서를 바꿀 수 있다). 처음 두 가지 전략, 즉 감정에 이름 붙이기와 몸 안에서 일어나는 감정에 대한 마음챙김은 우리가 힘겨운 감정으로부터 풀려나게 해 주고, 부드럽게 하기-위로하기-허용하기는 우리의 경험을 따뜻하게 덥혀 준다.

힘겨운 감정과 함께하기
(30분)

힘겨운 감정과 함께하기는 복합 요소로 구성된 일상 수행이다. 여기에서는 지도자와 참여자들이 각 요소의 미묘한 차이를 탐색하도록 명상 형식으로 소개되지만, 익숙해지고 나면 일상에서 빠르고 쉽게 적용할 수 있다. 이 수행의 요소들은 단독으로 적용하거나 일상에서 적합하다고 여겨지는 어떤 순서로든 결합하여 적용할 수 있다. 힘겨운 감정과 함께하기 실습은 MSC에서 가장 인기가 많은 일상 수행 중 하나로, 특히 부드럽게 하기-위로하기-허용하기 부분이 가장 인기가 많다.

이번 실습에서는 현재 삶의 딜레마를 마음에 불러들이는 과정이 포함되기에, 참여자들은 그 순간에 정서적으로 열려 있거나 닫혀 있는 정도에 따라 자신이 원하는 만큼만 실습에 참여하도록 조언해야 한다. "여러분이 닫혀 있다면 그저 닫혀 있게 두세요."라고 참여자들에게 상기시킨다. 아울러 지도자는 참여자들이 자신의 신체와 감정을 마음챙김하며 느낄 수 있도록 지도 사이에 충분한 간격을 두어야 한다.

지도

- 앉거나 누워서 편안한 자세를 취합니다. 눈을 감고, 깊게 이완하는 호흡을 세 번 반복합니다. 우리가 힘겨운 감정에 대해 실습할 때는 신체적으로 매우 편안한 상태가 되어야 합니다.
- 손을 가슴이나 다른 위로되는 곳에 얹습니다. 이는 여러분이 지금 이 공간에 있고, 친절함을 받을 가치가 있다는 사실을 스스로 상기하기 위함입니다.
- 지금 이 순간 여러분에게 어느 정도 적당히 힘겨운 상황을 떠올려 봅니다. 건강 문제나 가족 문제, 일 문제 또는 미묘한 차별로 받는 스트레스일 수도 있습니다. 그 문제를 떠올렸을 때, 몸에서 약간의 스트레스가 일어나는 상황을 선택하되, 지나치게 압도될 수 있는 문제는 선택하지 않습니다. 이 실습은 부드럽게 하고 위로하는 자기연민 음의 특질을 강조하기에, 화가 나게 만드는 상황이나 여러분 자신을 보호할 필요가 있다고 느껴지는 상황은 선택하지 않습니다.
- 그 문제를 선명하게 상상합니다. 누가 거기에 있나요? 무슨 말이 들리나요? 무슨 일이 일어났나요? 아니면 무슨 일이 일어날 것 같나요?

감정에 이름 붙이기

- 이제 그 상황을 내려놓고, 여러분 안에 어떤 감정들이 일어났는지 알아차려 봅니다. (간격) 만일 알아차렸다면 그 감정에 이름을 붙일 수 있는지 봅니다. 예를 들자면 이런 것들입니다.

  –걱정?
  –슬픔?
  –비통함?
  –혼란스러움?
  –두려움?
  –열망?
  –절망?

- 만일 여러 감정이 느껴진다면, 그 상황과 연관된 가장 강한 감정에 이름을 붙일 수 있는지 봅니다.
- 이제 마치 친구가 느끼는 감정을 인정해 주는 것처럼, 부드럽고 이해하는 목소리로 자신에게 감정의 이름을 다음과 같이 반복해서 말해 줍니다. "그건 열망이야." "그건 비통함이야."

몸 안에서 일어나는 감정에 대한 마음챙김

- 이제 여러분의 자각을 몸 전체로 확장해 봅니다. (간격)
- (만약 마음에서 힘겨운 상황이 사라졌다면) 그 상황을 다시 한번 떠올려 보고, 그 중 자신이 느끼는 가장 강한 감정에 이름을 붙입니다. 그리고 그 감정이 몸의 어디에서 가장 쉽게 느껴지는지 몸을 훑어봅니다. 마음의 눈으로 머리끝에서 발끝까지 몸을 훑고 지나가면서 약간의 긴장이나 불편함이 느껴지는 곳에서 멈춥니다. 그리고 지금 자신의 몸에서 '느낄 수 있는' 것을 그냥 느껴 봅니다. 그 이상 할 일은 아무것도 없습니다. (긴 간격)
- 이제 감정이 가장 강하게 느껴지는 몸의 한 부위를 선택합니다. 목 근육의 긴장이나 배 속의 불편감, 또는 가슴이 아픈 느낌일 수 있습니다.
- 여러분의 마음 안에서 그 부위로 부드럽게 향합니다.
- 그 감각을 안에서부터 직접 경험할 수 있는지 봅니다. 만약 너무 구체적이거나 강렬하게 느껴지면, 그저 불편한 감각을 전반적으로 느낄 수 있는지 봅니다.

부드럽게 하기-위로하기-허용하기

- 이제 몸의 그 부위를 부드럽게 해 주기 시작합니다. 마치 따뜻한 물에 담그는 것처럼 근육이 부드러워지고 이완되게 합니다. 부드럽게 하기…… 부드럽게 하기…… 부드럽게 하기…… 느낌을 바꾸려 애쓰는 것이 아니라는 사실을 기억합니다. 우리는 그저 그 부위를 부드럽게 포용하고 있을 뿐입니다. 원한다면 그 부위 주변도 부드럽게 합니다.
- 이번에는 이런 힘든 상황에 처한 여러분 자신을 위로합니다. 원한다면 불편함을 느끼는 부위에 손을 얹고, 그저 따뜻하고 부드러운 손길을 느껴 봅니다. 어쩌면 손을 통해 따뜻함과 친절함이 자신의 몸속으로 흘러 들어가는 것을 상상할

수도 있습니다. 자신의 몸을 마치 사랑스러운 아이의 몸처럼 생각할 수도 있습니다. 위로하기…… 위로하기…… 위로하기…….

–그곳에 여러분이 들어야 할 필요가 있는 어떤 위로의 말이 있나요? 예를 들면, 여러분의 친구가 여러분과 똑같은 경우로 힘들어하고 있다고 상상해 봅니다. 그 친구에게 어떤 말을 해 주고 싶은가요? 아마 "네가 힘들어하니 정말 안타까워." "내가 너를 진심으로 걱정하고 있어." 같은 말을 해 줄 수 있을지도 모릅니다.

–나 자신에게도 비슷한 말을 해 줄 수 있을까요? "아, 이런 감정을 느끼는 건 너무 힘들어." "내가 나 자신에게 친절하기를." 같은 말을 해 줄 수 있습니다.

- 필요하다면 눈을 떠도 좋고, 안내를 따라가는 것을 멈추고 그저 자신의 호흡을 느끼기만 하셔도 됩니다.
- 마지막으로, 불편함이 그곳에 있는 것을 허용합니다. 불편함을 위한 공간을 만들고, 불편함이 사라지길 바라는 욕구를 내려놓습니다.
- 그저 이 순간만큼은 있는 그대로의 자신이 될 수 있도록 허용해 봅니다.
- 부드럽게 하기…… 위로하기…… 허용하기. 부드럽게 하기…… 위로하기…… 허용하기. 잠시 시간을 들여 여러분의 방식대로 이 세 단계를 진행해 봅니다. (간격)
- 여러분은 느낌이 움직이기 시작하거나, 심지어는 불편함을 느끼는 위치가 바뀌는 것을 알아차릴 수도 있습니다. 괜찮습니다. 그저 그렇게 머무릅니다. 부드럽게 하기…… 위로하기…… 허용하기.
- 이제 실습을 내려놓고 몸 전체에 초점을 둡니다. 무엇을 느끼든 그저 느껴지는 대로 느끼도록 자신을 허용합니다. 지금 이 순간 있는 그대로의 자신이 됩니다.
- (부드럽게 종을 울린다.)

안주와 반영

자신의 삶에서 매우 힘겨웠던 상황을 선택한 일부 참여자는 이 실습을 마치고 나서도 여전히 힘겨운 감정을 경험하고 있을 수 있다. 그러므로 지도자는 참여자들에게 1분가량 안주할 시간을 준 다음, 탐구 과정을 점화할 다음 질문을 던진다.

- 가장 힘든 감정에 이름을 발견해서 붙여 줄 수 있었나요?
- 감정과 연관된 신체 감각을 여러분의 몸에서 탐색해 보니 어땠나요? 감정이 느껴지는 부위를 어느 정도는 알 수 있었나요?
- 몸의 부위를 부드럽게 하고, 자신을 위로하고, 감정이 그 부위에 머무르는 것을 허용했을 때, 감정이 변화했나요?
- 실습하면서 어떤 어려움을 경험했나요?

만일 참여자들의 경험을 함께 토의하는 게 도움이 될 것 같다면 서로 짝을 이루어 토의하게 할 수도 있다(총 10분).

탐구

힘겨운 감정과 함께하기 실습은 참여자들에게 큰 감동을 주기도 한다. 이 실습에서 이어지는 전형적인 탐구 과정은 다음과 같다.

아이샤: 제가 전혀 예상하지 못했던 일이 일어났어요. 제가 떠올린 사건은 직장상사와 있었던 일인데, 분명 사소한 오해에서 비롯된 일이었어요. 감정에 이름을 붙일 수 있었고, 뱃속이 요동치는 것도 느낄 수 있었어요. 솔직히 처음에는 그 주위를 부드럽게 하는 게 힘들었어요. 그렇지만 가장자리로 옮겨 가자 거기를 부드럽게 하는 건 할 수 있었어요. 그곳에 손을 얹고, 저 자신을 위로하며 감각이 거기에 머물도록 두었어요.

지도자: 좋습니다. 실습을 잘 따라갈 수 있었던 것처럼 들리네요. 그런데 예상치 못했던 일이 일어났다고 했지요?

아이샤: 그게, 뱃속의 요동이 움직이기 시작했어요. 곧장 제 목으로 올라오는 거예요. 그리고 마치 목이 졸리듯 강하게 막히는 느낌이 들었어요. 잠깐 동안 눈을 떠야만 했을 정도로요.

지도자: 눈을 뜨셨다니 다행이네요.

아이샤: 네, 글쎄, 오해 아래 깔려 있던 게 무엇이었는지 깨달았던 거예요. 전 사실 모멸감을 느끼고, 무시당했다고 느낀 거예요. 그건 힘든 감정이었어요.

하지만 새로운 느낌은 아니었죠. 제가 다녔던 학교에서 저는 몇 안 되는 흑인 아이들 중 하나였기 때문에 고통을 많이 받았어요. 대부분이 미묘한 차별이었죠. 교묘하게 에둘러 하는 말들, 아시잖아요.

지도자: 저런, 너무 안타까운 일을 겪었군요, 아이샤. 마음이 아프네요. (멈춤, 모두 아이샤의 아픔을 느낀다.) 그리고 실습을 계속 이어 갔나요?

아이샤: 네, 어느 정도는요. 그런데 꽤 강렬한 경험이었어요.

지도자: 질문을 드려도 될까요? 아직도 그 감정들을 몸에서 느끼고 있나요?

아이샤: (눈물이 차오르며) 네, 느끼고 있어요.

지도자: 지금 아이샤에게 무엇이 위로가 될까요? 친절한 말이나 몸짓이라든지요.

아이샤: 제 위로의 손길은 제 얼굴을 손으로 감싸는 거예요. 어렸을 때 엄마가 해 주시던 것처럼요. (자신의 얼굴을 손으로 감싼다.) 이러면 기분이 나아져요. (끄덕이며) 전 괜찮아요. 괜찮아질 거예요.

지도자: 좋습니다. 하지만 만약 여기에 대해 더 이야기하고 싶다면 알려 주세요. 우리 모두는 깊은 상처를 안고 있고, 이 실습이 그 상처들을 건드릴 수 있어요. 용기 있게 경험을 나누어 주어서 고맙습니다.

이 실습을 하는 동안 감정이 이동하거나 더 깊고 힘든 감정이 발견되는 경우가 흔하다. 아이샤의 경우 더욱 힘겨운 감정을 이미 느끼고 있었기에, 그 감정에 '모멸감'이라는 이름을 붙이고 자기연민의 근원을 불러일으켜 그 감정을 포용하는 데 탐구의 초점을 두었다. 달리 말하자면, 지도자는 탐구 과정에서 새로운 감정에 대해 몇몇 실습 단계를 반복했다. 지도자는 아이샤가 차별받았던 고통스러운 기억에 공명하며 실습 자체와 아이샤의 현재 순간 경험으로 다시 초점을 맞추었다. 아이샤가 겪은 고통의 내용에 좀 더 오래 머무르며 보다 온전히 수인해 주는 게 도움이 되었을 수도 있겠지만, 지도자는 아이샤가 집단에 과도하게 노출되지 않도록 신중히 대했다. 결과적으로 탐구 과정은 모두가 아이샤의 경험과 연결되는 시간이 되었고, 아이샤의 위로의 손길 자원(손으로 얼굴 감싸기)을 강화시켰다.

MSC 수행 대부분에서는 어느 정도 신체에 대한 자각이 필요하지만, 힘겨운 감정과 함께하기 실습에서는 평소보다 훨씬 감각 경험에 집중하게 된다. 따라서 다음과 같은 탐구 과정이 일어나기도 한다.

조 이: 몸에서 감정을 느낄 수 없는 사람도 부드럽게 하기-위로하기-허용하기를 수행할 수 있을까요?

지도자: 조이, 혹시 다른 사람 이야기인지, 아니면 조이 자신의 이야기인지 알려 줄 수 있나요?

조 이: 제가 그런 것 같아요. 아까 자신의 몸에서 감정이 가장 잘 느껴지는 곳을 살펴보라고 하셨을 때 멍해지기 시작하면서 찾을 수 없었거든요.

지도자: 괜찮다면 시간을 조금만 더 뒤로 가 볼까요?

조 이: 네, 좋아요.

지도자: 그 상황에서 가장 강하게 느껴지는 감정에 이름을 붙일 수 있었나요?

조 이: 네, 그건 '비통함'이었어요. 지난주에 제 고양이를 안락사시켜야 하는 상황이었는데요, 지금도 그 일 때문에 괴로워요.

지도자: 아, 정말 안타까운 일이네요, 조이. 그 느낌들이 아직도 선명하겠어요. 하지만 그런데도 그 상황을 다루고 싶었나요?

조 이: 네, 그러지 않았어야 했던 것 같지만 그렇게 했어요.

지도자: 좋습니다. 그런데 그 감정을 몸에서 찾으려 하자 멍해졌다는 말이죠? 거기에 대해 좀 더 자세히 이야기해 줄 수 있나요?

조 이: 네, 그런 것 같아요. 그냥 혼이 빠져 버린 것 같았어요.

지도자: 혼이 빠져 버린 이유가 있을까요? 예를 들자면, 조이의 몸이 조이가 비통함으로 받을 충격을 어느 정도 보호해 주고 있던 건 아닐까요?

조 이: 그랬을지도 모르겠어요.

지도자: 지금 함께 짧은 실험을 한번 해 볼 수 있을까요?

조 이: 네.

지도자: 지금 조이의 몸은 편안한 상태인지, 아니면 몸에서 약간 스트레스가 느껴지는지 말씀해 주시겠어요?

조 이: 약간 스트레스가 있어요. 말하는 것 때문에 그런 것도 있고, 실습 때문에 그런 것도 있고요.

지도자: 그렇군요, 감사합니다. 그렇다면 스트레스를 받고 있다는 건 어떻게 알았지요?

조 이: 음, 가슴과 배 부위가 약간 불편해요. 긴장감이라고 해야 할까요.

지도자: 어느 쪽일까요.…… 좀 더 가슴 쪽 아니면 좀 더 배 쪽?

조 이: 어렵네요.…… 아마 가슴 쪽에 좀 더 가까운 것 같아요.

지도자: (자신의 가슴 위에 손을 얹고 길게 숨을 내쉬면서) 조이는 이 실습을 하는 데 필요한 모든 걸 이미 가지고 있는 것 같아요. 자기연민 훈련에서 우리는 그저 아픔에 접촉하기만 하면 된답니다. 그런 다음엔 우리 자신에게 연민을 전하면 돼요.

조 이: 아, 다행이네요!

지도자: 네, 정말 다행이죠. (미소 지으며) 궁금한 게 하나 더 있어요, 조이. 이 실습을 하기 전에 피곤함을 느끼고 있었나요?

조 이: 완전히 탈진한 상태였어요. 하지만 실습을 빠지고 싶지는 않았고요.

지도자: 우리가 피로할 때나 다루기 힘든 상황을 선택했을 때 멍해지기 쉬워요. 조이는 아마 둘 다였던 것 같고요. 그렇지만 조이는 긴장감이 느껴지는 부위를 대략적으로 알아낼 수 있었지요. 그거면 돼요.

조 이: 네, 저도 그렇게 생각해요.

지도자: 그리고 우리가 프로그램에서 시도하는 실습을 전부 다 할 필요는 없다는 걸 기억해 주세요. 그저 자신에게 알맞다 싶은 것만 하시면 됩니다. 아셨지요? (멈춤) 이런 중요한 주제를 이야기해 주어서 감사합니다, 조이.

참여자들이 몸에 대한 자각을 잘 하기 어려워하는 이유는 다양하다. '머리를 쓰는' 유형이라서 몸 안에서 살지 않거나, (신체적 또는 정서적인) 외상 경험에서 자신의 몸에서 벗어나는 방법을 학습하였거나, 수치심 같은 강렬한 감정 때문에 자각을 몸 밖으로 몰아내거나, 그저 자신의 몸을 좋아하지 않아서 몸 안에 머무르려 하지 않기도 한다. 조이는 지도자가 대중 앞에서는 탐색하지 않는 외상 이력을 가지고 있을 수도 있다(조이가 말한 '혼이 빠진 듯한' 느낌은 해리를 암시한다). 게다가 조이는 정서적으로 닫혀있을 때(탈진 상태) 이 실습을 마무리하려 한데다, 탐색하기 매우 힘든 상황을 선택하였기에 몸에 집중하는 능력이 손상되었다. 그러나 MSC 참여자 대부분은 MSC 전체 실습에 필요한 정도로 신체 자각 능력을 갖추고 있다. 자기연민을 활성화하는 신체적·정서적 불편감에 대한 보편적인 감각 정도만 있으면 충분하기 때문이다.

집단 전체에게 가장 흥미로운 탐구는 참여자가 자신의 장애물이나 고군분투에 대해 토의하고자 할 때이므로, 지도자는 실습에서 이러한 힘겨움을 경험한 사람이 있는지 가끔 물어보아야 한다. 이 특별한 탐구 시간 막바지에 조이는 자신이 실습을 진정으로 해냈다는 점과 실습에서 겪은 어려움이 자신 탓이 아니라는 점(강렬한 감정과 피로감이 집중하는 데 영향을 주었음)을 알게 되며 편안해졌다. 이번 탐구에서 무엇보다 중요한 주제는 자기연민을 배울 때 자신을 몰아붙일 필요가 없다는 점과, 자기 자신을 위하는 방식으로 실습을 할 수 있다는 점을 조이가 알게 되었다는 것이다. 이 주제는 MSC 프로그램에서 아무리 자주 언급해도 지나치지 않다.

탐구를 마치며 지도자는 힘겨운 감정에 마음을 여는 과정을 유려하게 묘사한 다나 폴즈(Danna Faulds, 2002)의 시 〈Allow〉를 낭송할 수 있다.

휴식
(15분)

수치심을 주제로 하는 회기 후반부로 옮겨 가기 전 참여자들에게 충분한 휴식을 제공한다. 서로 더욱 가까워지고, 지도자와도 친숙해지면 참여자들은 휴식시간에 지도자를 더 많이 찾게 된다. 지도자 역시 휴식 시간 동안 쉴 수 있도록 특별히 자신을 보살펴야 한다.

연착륙 명상
(2분)

지도자가 연착륙 명상을 주도할 수도 있고, 참여자 한 명에게 안내하도록 요청할 수도 있고, 각자 스스로 수행하도록 요청할 수도 있다. 지금까지 배웠던 실습 중 2분간의 연착륙 명상에 적용할 만한 실습을 참여자들에게 상기시킨다.

- 위로의 손길

- 부드러운 발성
- 자기연민 브레이크
- 자애 명상
- 애정 어린 호흡
- 발바닥 명상
- 감정에 이름 붙이기
- 부드럽게 하기-위로하기-허용하기
- "나에게 무엇이 필요한가?" 질문하기
- 서원과 함께 살아가기
- 연민 어린 보디 스캔
- 연민 어린 움직임
- 연민 주고받기

다음은 지도자가 주도하는 연착륙 명상의 예시로, 참여자들이 여러 실습에 능숙해졌다는 전제하에 두 개 이상의 요소를 이용하였다.

- 잠시 몇 분 동안 현재 순간에 안주하는 시간을 가져 보겠습니다. 눈을 감고 지금 이 순간 우리 몸이 어떻게 느끼는지 알아차려 봅니다. (간격) 피곤한가요, 활력에 차 있나요? 몸에 긴장이 느껴지는 곳이 있나요? 지금 이 순간 여러분의 몸에 어떤 감정이 자리하고 있나요?
- 이제 자신의 몸이 어떤 리듬으로 들이쉬고 내쉬는지, 호흡의 자연스러운 리듬과 연결해 봅니다. (간격)
- 그리고 친한 친구에게 말하는 어조로 자신에게 물어봅니다. "지금 이 순간 나에게는 무엇이 필요하지?" (간격)
- 무엇인가 마음에 떠오른다면, 숨을 들이쉴 때마다 여러분 자신을 위해 그 특질을 자연스럽고 편안하게 들이쉽니다. 그런 다음 부드럽게 내쉽니다. 한번 호흡하고, 또 호흡하고. (긴 간격)
- 마지막으로, 준비되면 천천히 눈을 뜹니다.

수치심
(15분)

자기연민은 인간에게 가장 힘겨운 감정인 수치심을 다루는 데 유일무이한 효과를 낸다(Gilbert & Procter, 2006; Johnson & O'Brien, 2013). 이번 주제에서는 수치심의 의미, 수치심의 구성요소, 수치심이 생성되고 유지되는 방식 등 수치심에 대한 내용들을 연민의 눈으로 바라보고, 자기연민이 수치심의 해독제인 이유를 분명히 밝힌다. 목표는 수치심을 '수치스러워하지 않는' 것이다.

수치심이라는 주제는 자연스럽게 힘겨운 감정과 함께하기 실습을 뒤따른다. 참여자들이 실습 과정에서 수치심을 마주하고 그에 관해 의문을 가질 가능성이 크기 때문이다. 수치심에 대한 토의는 다음 실습인 수치심과 함께하기를 소개하는 역할도 하게 된다. 수치심과 함께하기는 앞선 실습인 힘겨운 감정과 함께하기의 변형이자 선택 수행이다. 따라서 집단이 이를 실습할 충분한 에너지를 가지고 있을 뿐만 아니라 회기에 시간 여유가 있을 때만 지도해야 한다. 만약 충분한 에너지와 시간이 없다면 참여자들이 이미 배운 힘겨운 감정과 함께하기 실습의 연장선으로 수치심을 다룰 수 있다.

수치심은 터부시되는 단어이다. 누군가는 수치심을 언급하는 것만으로도 겁을 먹는다(Scheff & Mateo, 2016). 그러므로 이번 주제는 사실에 입각한 태도로 참여자들을 안심시키며 제시하여야 한다. 지도자가 내용을 전달하는 어조가 참여자들이 자신의 수치심 경험과 연결되고 관여하는 정도를 조절하는 데 도움이 될 것이다.

수치심의 의미

"관계의 실제 또는 상상된 파열에 관한 정서적 · 생리적 반응 및 심상의 복잡한 조합"이 수치심의 공식 정의이다(Hahn, 2000, p.10). 수치심에 대한 더욱 자세한 내용은 이 책의 20장 및 관련 논문(Dearing & Tangney, 2011; DeYoung, 2011; Gilbert & Andrews, 1998; Nathanson, 1987; Slepian, Kirby, & Kalokerinos, 2019)을 참조하기 바란다.

연민의 눈으로 바라보면 수치심의 혹독한 고통을 완화시켜 주는 세 가지 역설을 확인할 수 있다.

- 수치심은 비난받을 만하다고 느끼게 하지만, 순수한 감정이다.
- 수치심은 고립된 느낌을 갖게 하지만, 보편적인 감정이다.
- 수치심은 영속적으로 느껴지지만, 모든 감정이 그러하듯 일시적인 상태이다.

이들 역설은 자기연민의 세 가지 구성요소, 즉 자기친절, 보편적 인간경험, 마음챙김에 상응하는 통찰이기도 하다. 우리가 수치심으로 괴로울 때 이러한 통찰을 기억한다면 도움이 될 것이다.

첫째, 수치심은 순수한 감정이다. 순수함이라는 단어를 사용한다고 해서 자신이나 타인을 향한 폭력 같은 수치심이 가져오는 비극적 결과를 부정하는 것은 아니다. 그저 수치심이 사랑받고 싶은 보편적 바람으로부터 비롯된다는 것을 언급하고 싶을 뿐이다. 수치심과 사랑받고 싶은 바람은 동전의 양면 같은 것이다. 사랑받고 싶다는 바람으로부터 수치심이 생긴다는 것을 우리 자신에게 상기하면 수치심을 탐색하고 다룰 수 있는 문이 열릴 것이다.

사랑에 대한 우리의 욕구를 보여 주기 위해 지도자는 14세기 페르시아 신비주의자 하피즈(Hafiz)의 시를 다니엘 라딘스키(Daniel Ladinsky)가 의역한 〈With That Moon Language〉를 낭송해 줄 수도 있다(Hafiz, 1999). 이 시에서는 다른 사람과 서로 연결되고자 하는 보편적 끌림을 묘사하고 있다. 지도자는 집단에게 "우리 중 다른 사람의 인정에 조금 덜 민감했으면 하는 사람이 있다면 손을 들어 볼까요?"라고 질문한다. 우리 모두 사랑받기를 바라고 있다는 사실을 한층 더 드러내듯 대개 참여자 대부분이 이 질문에 손을 든다.

사랑받고 싶은 바람은 태어나면서부터 시작된다. 아기는 많은 욕구를 가지고 있지만 그러한 욕구를 충족하기엔 너무나 무력하다. 하지만 갓 태어난 아기가 자신을 사랑해 줄 누군가를 만나게 되면 일반적으로 살아가는 데 필요한 기본적인 것들을 제공받게 된다(Lieberman, 2013). 그리고 우리는 사랑받고픈 바람을 지닌 채 성장한다. 성인이 되어서도 우리는 여전히 위험으로부터 우리를 보호하고, 신체적 욕구를 충족시켜 주며, 우리의 자녀를 양육하는 노력을 지지해 줄 사람이 필요하다. 수치심은 우리가 결점이 너무 많아서 다른 이들로부터 사랑받거나 수용될 수 없다고 믿을 때 일어나는 감정이다. 다른 이들로부터 사랑받는 것은 인간 생존에 필수적이기에, 수치심은 우리를 마치 생존을 위해 싸우듯이 절박한 상태로 만들 수 있다.

수치심이 순수한 감정이라는 점을 상기하는 것에 더불어, 수치심을 느낄 때 혼자가 아니라는 사실을 깨닫게 되면 수치심은 다룰 만한 감정이 된다. 수치심은 보편적인 감정이다. 아울러 수치심은 우리의 영속적인 특성이 아니라 제한된 시간 동안 우리 자신의 일부에 의해서만 운반되는 부담이라는 점을 깨달으면 도움이 된다. 참여자들은 이어지는 실습 과정에서 이러한 세 가지 통찰을 직접 경험하게 될 것이다.

수치심의 원천

수치심은 어떤 이들에게는 더욱 힘겨운 감정이다. 예를 들어, 아동기 방임(Bennett, Sullivan, & Lewis, 2010; Claesson & Sohlberg, 2009)이나 학대(Kim, Talbot, & Cicchetti, 2009)로 고통받았거나, 비난하는 가정에서 성장했거나(Gilbert & Irons, 2009), 지배적인 문화(예: 인종, 민족, 성별, 종교, 성적 지향 등)로 인해 사회적 억압이나 열등감 서사를 겪었을 때(Bessenoff & Snow, 2006) 수치심으로 더 괴로워할 수 있다. 어떤 수치심은 이전 세대에서 경험했던 고통에 근거하기에 대물림되기도 한다(Rothe, 2012; Weingarten, 2004). 수치심은 공감이나 정상적인 수치심의 결여를 보이는 반사회적 성격에서 입증되었듯이 유전적이고 신경학적인 측면도 가지고 있을 것이다(Larsson, Andershed, & Lichtenstein, 2006; Seara-Cardoso & Viding, 2015). 수치심의 경험은 매우 다양한 요소에 의해 결정되므로, "우리의 잘못은 아니지만 책임은 우리에게 있다"(Gilbert & Choden, 2014, p. xv).

수치심과 다른 감정들

죄책감과 수치심은 서로 다른 감정이다(Tangney & Dearing, 2002; Whittle, Liu, Bastin, Harrison, & Davey, 2016). 죄책감은 우리가 했던 어떤 일을 후회하는 감정이고, 수치심은 우리의 존재 무언가에 대해 나쁘게 여기는 감정이다. 이 점을 명확히 보여 주기 위해 지도자는 자신의 개인 사례를 예로 들 수 있다. 저자 중 한 명인 크리스틴은 자폐스펙트럼장애를 가진 아들 로완이 열 살일 때, 자동차 안에서 조수석에 아들을 앉혀 놓고 라디오에서 나오는 음악에 맞추어 노래를 부르던 이야기를 말해 주곤 한다. 한 곡을 부르다가 크리스틴이 갑자기 노래를 멈추고 "난 정말 형편없는 가수야!"라고 소리치자, 로완은 곧장 "엄마는 형편없는 가수가 아니야. 그냥 노래를 형편없게 부를 뿐이야."라고 말했다고 한다. 로완은 비난의 짐을 크리스틴 자신으로부터 행동으로 너무나도 사랑스럽게 옮겨 주었다. 나쁜 존재에서 그저 무언가를 나쁘게 행동하는 것으로 비난의 짐이 옮겨간 것이다.

수치심에는 분노, 비통함, 두려움 같은 많은 힘겨운 감정이 깔려 있다. 힘겨운 감정이 '끈끈해져서' 놓아줄 수 없게 되면 수치심이란 이름의 혈관이 그 감정 사이를 관통하여 흐르게 된다. 예를 들어, 지속되는 분노는 경멸이나 모욕을 느끼는 것에서 비롯된 것일 수도 있다. 달리 말하자면 '자기'에 대한 감각이 공격받는 것이다. 사랑하는 사람의 죽음 이후에 지속되는 비통함은 그 사람이 살아 있을 때 '충분히 잘해 주지' 못했다고 느낄 때 일어날 수 있다. 우리 중 한 명인 크리스에게 강연 불안이 그토록 오래 지속되었던 이유는 수치심으로 생겨난 불안을 다루기 전에 수치심을 먼저 다룰 필요가 있었기 때문이다. 수치심과 관련된 감정과 행동은 그 근원인 수치심 자체를 다루지 않으면 처리하기 어려울 것이다.

적응적 수치심과 부적응적 수치심 사이에도 차이가 존재한다(Greenberg & Iwakabe, 2011). 적응적 수치심은 우리의 기능을 증진시키지만 부적응적 수치심은 우리의 기능을 저하시킨다. 적응적 수치심은 "나는 내가 마음에 안 들어. 그러니까 상황을 개선할 방법을 찾아볼 거야."라고 말하는 반면, 부적응적 수치심은 "나는 나빠."라고 말할 뿐이다. 자기연민은 우리가 부적응적 수치심에서 적응적 수치심으로 옮겨 가는 데 도움이 된다.

수치심은 살다가 나쁜 일이 생기면 우리 중 누구에게나 나타날 수 있다. 예를 들어, 건강, 재산, 사랑, 직업을 잃게 되면 우리는 "왜 나에게만 이런 일이?!"라고 묻게 된다. 강렬하고 괴로운 감정은 다음과 같은 연쇄 반응을 일으키기 쉽다.

- 나는 기분이 나빠.
- 이런 기분을 좋아하지 않아.
- 이런 기분을 원하지 않아.
- 이런 기분은 가지지 않아야 해.

- 이런 기분을 느낀다는 건 내가 잘못된 거야.
- 내가 나빠!

우리는 "나는 기분이 나빠."에서 "내가 나빠!"로 순식간에 옮겨 가게 된다. 그러므로 우리 삶의 조건들이 최적의 상태이더라도 수치심의 씨앗은 우리 안에서 싹을 틔울 수 있다.

부정적 핵심 신념

삶이 매우 힘겨워지면 반복되는 생각 한 가지가 우리의 마음속을 헤집고 다니게 된다. 때로는 어린 시절부터 시작된, 틀림없이 분명하고 사실로 여겨지는 자기 의심이 계속된다. 이것이 우리의 **부정적 핵심 신념**이다(Dozois & Beck, 2008; Young, Klosko, & Weishaar, 2003). 지도자는 부정적인 핵심 신념의 예를 다음과 같이 제공하고 참여자들로부터 추가로 답변을 받는다.

- 난 결함투성이야.
- 난 사랑스럽지 않아.
- 난 무력해.
- 난 부적절해.
- 난 실패자야.

모든 감정이 정신적 · 신체적 요소를 가지고 있듯이 수치심의 정신적 요소는 하나 이상의 부정적 핵심 신념이다. 이러한 신념은 사랑받고 싶은 바람으로부터 비롯된다.

인간이 자기 자신에 대해 가지는 부정적 핵심 신념은 열 가지에서 스무 가지 정도로 그 가짓수가 무한하지 않다. 70억 인구가 존재하는 지구에서 우리를 인류의 나머지와 고립시킨다고 여기는 불완전함이 무엇이든 우리는 최소 3억 5천만 명의 사람들과 어느 한 가지 부정적 핵심 신념을 공유하는 것이다! 그러므로 수치심에 관한 경험이 우리를 몹시 외롭게 만들지라도, 그것은 보편적 인간경험의 징표일 뿐이다.

수치심에 대한 해독제로서의 자기연민

자기연민은 수치심에 대한 건강한 반응이다. 자기연민의 반대는 저항과 회피이며, 이러한 반응은 필연적으로 상황을 더욱 악화시킨다. '자기'에 대한 감각이 공격받을 때 우리에게는 자기연민이 필요하다. 우리 자신을 애정 어린 포용으로 감싸 안아 주어야 한다. 자기연민은 외부의 인정에 의존하지 않으면서 자기가치를 찾아내는 방법이다. 자기친절은 수치심으로 인한 자기판단을 막아 주고, 보편적 인간경험은 수치심으로 인한 고립감을 이겨 내며, 마음챙김은 우리 행동과 과도하게 동일시하는 경향("내가 나빠.")을 극복하게 한다.

수치심과 침묵

무엇이 수치심을 유지시킬까? 침묵의 장막 뒤로 우리의 수치심을 숨기려고 하면 수치심은 매우 오랫동안 지속된다. "우리는 오직 우리의 비밀만큼만 사랑스럽지 않을 뿐이다." 우리 대부분은 우리의 사랑스럽지 않은 자질(부정적 핵심 신념)이 드러나거나, 그것이 사람들에게 알려져 거절당하게 될까 봐 두려워한다. 하지만 역설적으로 수치심은 우리의 보편적 인간경험, 즉 우리가 공유하는 자신에 대한 부정적 핵심 신념과 사랑받고 싶다는 인간의 보편적 바람을 가리킨다. 수치심으로부터 풀려나려면 우리는 먼저 우리 자신이 이러한 핵심 신념을 가지고 있다는 것을 인정해야 하고, 그런 다음 이렇게 고통받는 우리 자신에게 연민을 전하고, 마지막으로 충분히 안전하다고 느낄 때 우리의 자기의심을 다른 이들과 공유해야 한다.

온전한 자기를 위한 연민

인간으로서 우리는 여러 측면과 부분을 가지고 있다(Cornell, 2013; Schwartz, 2013). 우리에게는 상처 입은 부분과 연민 어린 부분이 있고, 사랑스러운 부분과 사랑스럽지 않은 부분이 있으며, 강한 부분과 약한 부분이 있다. 이러한 목록에는 끝이 없다. 우리가 수치심에 사로잡혀 자신이 근본적으로 사랑스럽지 않다고 믿을 때, 우리의 자각은 불가피하게 우리 자신의 아주 작은 일부분에 잠식된다. 자기연민은 우리의 모든 측면을 포용한다.

수치심과 함께하기(선택)
(45분)

수치심과 함께하기는 힘겨운 감정과 함께하기를 응용한 것이다. 이 실습 또한 이름 붙이기(부정적 핵심 신념 확인하기), 몸에 있는 감정(수치심)에 대한 마음챙김, 부드럽게 하기−위로하기−허용하기(연민으로 반응하기) 단계로 진행된다. 부정적 핵심 신념에 이름 붙이기와 몸에서 일어나는 수치심에 대한 마음챙김이 수치심이란 감정을 더욱 실재적으로 다룰 수 있게 하는 '문고리' 역할을 한다.

더불어 수치심에 관한 우리의 경험은 세 가지 통찰, 즉 수치심은 순수한 감정이고(자기친절), 보편적이며(보편적 인간경험), 일시적인 것(마음챙김)임을 기억하면 수치심을 탈바꿈할 수 있다. 지도자는 이러한 요소를 염두에 두고 다음 실습을 진행할 때 이를 우아하게 반복해야 한다.

이번 실습은 참여자들에게 어느 정도 역류를 발생시킬 가능성이 있다. 실습을 진행하기에 앞서 지도자는 집단구성원 중 수치심이 핵심 문제인 사람이 있는지 신중히 살펴야 한다. 지도자는 실습에 충분히 익숙해져 있어야 하며, 실습을 진행하려면 회기에 적어도 45분가량 시간이 남아 있어야 한다. 시작하기에 앞서 지도자는 참여자들에게 수치심과 함께하기 실습에 대해 참여자들에게 간략하게 설명해 주고, 원할 때면 언제든 자유롭게 연습에서 빠지거나 건너뛸 수 있다는 사실을 비롯한 통상적인 안전 수칙을 전달한다. 다시 말해, 안전 수칙이 편안하면서도 사실에 입각한 태도로 전달되면 참여자들은 실습에 더 많이 참여하게 되고 실습이 주는 풍요로움을 더욱 많이 발견하게 될 것이다. 참여자들이 눈물을 흘릴 때를 대비해 티슈를 준비해 두어야 한다.

지도

- 이 실습에서 우리는 수치심을 느꼈거나 당황스러웠던 상황을 떠올릴 것입니다. 여러분은 수치심보다는 당황스러움에 더 초점을 두도록 합니다. 그런데 만일 당황스러움과 창피함의 강도가 0점에서 10점 만점까지 치솟으면, 이 실습을 무시하고 눈을 뜨거나, 호흡에 집중하거나, 잠깐 화장실에 다녀오거나, 다른 방식으로 여러분 자신을 돌보셔도 됩니다.
- 앉거나 누워서 편안한 자세를 취합니다. 눈을 반만 또는 완전히 감고 깊이 이완하는 호흡을 합니다.
- 그런 다음 손을 가슴이나 위로가 되는 장소에 얹고, 자신이 지금 이 공간에 있다는 사실을 기억하면서 손을 통해 친절이 몸속으로 흘러 들어가도록 허용합니다.
- 이제 당황스러움이나 조금 수치스러웠던 상황을 마음속에 떠올립니다. 지금은 완전히 끝난 과거 사건을 떠올립니다. 예를 들면, 무언가에 지나치게 반응했거나, 업무 회의에서 멍청한 소리를 했거나, 문화적으로 무지한 이야기를 했거나, 활동하는 스포츠 팀에서 중요한 경기를 망치게 했을 수 있습니다. [집단 특성에 맞추어 '예배나 묵언 안거 중에 방귀를 뀜' 같은 우스운 상황을 추가할 수도 있다.]
  - 여러분의 몸에서 불편감이 느껴질 정도로 충분히 당황스러운 상황을 선택하기 바랍니다. 만일 불편감이 느껴지지 않는다면 다른 상황을 선택하기 바랍니다. 그렇지만 강도를 1점에서 10점까지 잡았을 때 3점에서 4점 이상의 상황은 선택하지 마십시오.
  - 만약 다른 사람들이 이 상황을 알게 되면 여러분을 깔볼 것 같아, 그 누구도 듣거나 기억하길 바라지 않는 그런 상황을 선택하세요.
  - 여러분 자신에 대해 나쁘게 여겼던 상황을 선택합니다. 그러나 다른 이들에게 상처를 주었거나 누군가에게 용서를 구할 필요가 있다고 느끼는 상황은 선택하지 않습니다.
  - 또한 여러분 자신을 스스로 보호할 필요가 있는 사람에 관한 상황은 선택하지 않습니다. (긴 간격)
- 이 실습을 하는 동안 여러분이 떠올린 상황은 아무도 알지 못합니다. 실습을

끝마치고 나서 소집단 토의를 하게 되겠지만, 내용에 대해서 다른 사람들과 나누지는 않을 것입니다. 오로지 여러분이 알아차리고 느낀 것 같은 실습 과정에 대해서만 나눌 것입니다. 그러므로 이 실습은 여러분 마음속 매우 안전한 공간에서 이루어지는 사적인 탐색입니다.

- 그 상황을 어느 정도 자세히 떠올려 보면서 당황스러웠던 상황으로 조심스럽게 들어가 봅니다. 이 일은 용기가 필요합니다. 여러분의 모든 감각을 사용해서, 몸에서 느껴지는 수치심이나 당황스러움을 알아차려 봅니다.

핵심 신념에 이름 붙이기

- 이제 잠시 그 상황을 비추어 보며 다른 사람들이 자신에 대해 무엇을 알게 될까 봐 두려운지 정확히 짚어 낼 수 있는지 봅니다. 그것에 이름을 붙일 수 있나요? 어쩌면 '나는 부족해.' '나는 친절하지 않아.' '나는 위선자야.' 같은 것들일 수 있습니다. 이런 것들이 부정적인 핵심 신념입니다.
- 핵심 신념이 한 가지 이상 떠올랐다면, 마음에서 가장 무겁게 느껴지는 것 하나를 선택합니다.
- 실습이 진행되어 가면서 여러분은 이미 혼자라는 느낌이 들 수 있습니다. 만일 그렇게 느낀다면, 우리가 '다 함께 혼자'임을 알아차립니다. 이 방에 있는 모두는 여러분이 바로 지금 느끼는 것과 매우 비슷하게 느끼고 있습니다. 수치심은 보편적인 감정입니다.
- 이제 친구에게 이름을 붙여 주듯이 연민 어린 목소리로 부정적인 핵심 믿음에 이름을 붙여 봅니다. 이를테면, "아, 지금까지 너는 너 자신이 사랑스럽지 않다고 생각해 왔구나. 많이 힘들었겠다!"라고 하거나, 그저 따뜻하고 연민 어린 목소리로 다음과 같이 말합니다. "사랑스럽지 않음. 나는 내가 사랑스럽지 않다고 생각하는구나."
- 당황스럽거나 수치스러움을 느끼는 것은 그런 식으로 느끼는 우리의 일부일 뿐이라는 사실을 기억합니다. 비록 그런 느낌이 오래되고 익숙하게 보일지라도, 우리가 항상 이렇게 느끼는 것은 아닙니다.
- 우리의 부정적인 핵심 신념은 사랑받고자 하는 바람에서 일어납니다. 우리는

모두 사랑받기를 바라는 순수한 존재들입니다.

- 다시 한번 말씀드리지만, 이 실습을 하는 동안 불편해지면 언제든 눈을 뜰 수 있고, 어떤 방식으로든 실습에 참여하지 않아도 된다는 점을 기억하기 바랍니다.

몸에서 일어나는 수치심에 대한 마음챙김

- 이제 여러분의 자각을 몸 전체로 확장해 봅니다.
- 힘겨운 상황을 다시 떠올려 봅니다. (간격) 당황스러움과 수치심을 가장 쉽게 느낄 수 있는 몸 부위가 어디인지 살펴봅니다. 마음의 눈으로 자신의 몸을 머리끝에서 발끝까지 훑어보고, 조금이라도 긴장이나 불편감을 느끼는 곳에서 멈춥니다.
- 이제 자신의 몸에서 당황스러움과 수치심이 가장 강하게 나타나는 한 부위를 선택합니다. 근육의 긴장이나 공허함, 가슴 아픔이 느껴질 수 있습니다. 너무 구체적일 필요는 없습니다.
- 당황스러움과 수치심이 머물러 있는 몸의 위치를 발견하는 데 좀 더 시간이 필요한 분은 손을 들어 주세요.
- 다시 한번 말씀드리지만, 이 실습을 하면서 여러분 자신을 잘 돌보기를 바랍니다.

부드럽게 하기-위로하기-허용하기

- 이제 몸의 부위를 향해 여러분의 마음을 부드럽게 기울입니다.
- 그 부위를 부드럽게 합니다. 마치 따뜻한 물 안에 있는 것처럼 근육이 이완되게 합니다. 부드럽게 하기…… 부드럽게 하기…… 부드럽게 하기……. 우리가 느낌을 바꾸려고 애쓰는 것이 아님을 기억합니다. 우리는 단지 부드러운 방식으로 그 느낌과 머무르고 있는 것입니다. 만일 원한다면, 그 부위의 주변도 약간 부드럽게 해 봅니다.
- 이제 이러한 힘든 경험을 겪은 자신을 위로해 줍니다. 원한다면 당혹스러움과 수치심을 간직하고 있는 몸의 부위에 손을 얹고, 나의 몸이 이러한 감정을 간직하기 위해 얼마나 수고스러웠는지 인정해 주면서, 그저 손에서 느껴지는 따뜻

함과 부드러움을 느낍니다. 여러분의 몸을 마치 사랑스러운 아이의 몸처럼 여길 수도 있습니다. 위로하기…… 위로하기…… 위로하기…….

- 거기에 자신이 들어야만 하는 위로의 말이 있나요? 만일 그렇다면, 같은 방식으로 힘들어하는 친구가 있다고 상상합니다. 그 친구에게 마음을 터놓고 어떤 말을 해 주고 싶은가요? 아마도 "네가 그렇게 느낀다니 정말 안타까워." "나는 너를 깊이 염려하고 있어."라고 말해 줄 수 있을 것입니다. 여러분의 친구가 무엇을 알고, 무엇을 기억하길 바라나요?
- 이제 자신과 자신의 고통 받는 몸의 부위에 같은 말을 들려줍니다. "아, 이 느낌은 정말 힘들구나." "내가 나 자신에게 친절하기를." 같은 말을 전할 수 있을 것입니다. 그 말들이 자신에게 스며들게 해 봅니다.
- 다시 한번, 당혹스러움과 수치심을 느낄 때, 그렇게 느끼는 것은 단지 우리의 일부일 뿐임을 기억합니다. 우리가 항상 그렇게 느끼는 것은 아닙니다.
- 마지막으로, 그 불편함이 거기에 있도록 허용합니다. 여러분의 몸이 가지고 있는 감각이 무엇이든, 자신의 가슴이 느끼는 것이 무엇이든 그대로 둡니다. 모든 것을 위한 공간을 마련해 주고 무언가 사라지기를 바라는 욕구를 내려놓습니다.
- 이렇듯 지금 이 순간만이라도 있는 그대로의 자신이 될 수 있도록 허용합니다.
- 부드럽게 하기…… 위로하기…… 허용하기. 부드럽게 하기…… 위로하기…… 허용하기.

보편적 인간경험

- 여기에 있는 모든 사람은 어떤 식으로든 당황스러움과 수치심을 느끼고 있습니다. 우리는 강점과 약점을 동시에 가지고 있는 인간입니다. 바로 지금, 우리는 당황스러움과 수치심이라는 보편적 감정과…… 그리고 사랑받고 싶다는 바람으로 연결되어 있습니다.
- 이제 실습을 내려놓고, 몸 전체로 주의를 가져갑니다. 지금 이 순간 여러분이 느끼는 것이 무엇이든 그것을 느끼도록 허용합니다.
- (부드럽게 종을 울린다.)

안주와 반영

참여자들에게 안주할 시간을 제공하고 나서 다음과 같은 질문을 던진다.

- 당황스러웠거나 수치스러웠던 경험에서 부정적인 핵심 신념을 확인할 수 있었나요?
- 몸에서 당황스러움과 수치심을 발견할 수 있었나요? 그랬다면 어느 부위에서 발견했나요?
- 부드럽게 하기–위로하기–허용하기 경험은 각각 어땠나요?

소집단 토의

집단구성원들은 세 명으로 이루어진 소집단을 구성하여 15분간 편안하게 토의 시간을 가진다. 지도자는 참여자들에게 그들이 경험한 당황스럽거나 수치스러운 상황을 구체적으로 나눌 필요가 없으며, 어떠한 충고도 하지 말고 그저 경청해야 한다는 점을 상기시킨다. 아울러 지금 당장 자신의 경험을 나누고 싶지 않은 참여자는 토의에 참여하지 않아도 좋지만, 참여자들은 대개 활기차게 잘 참여한다.

탐구

따뜻하고 격려하는 어조로 실습을 안내받고 소집단에서 충분한 토의 시간을 가졌다면 참여자 대부분에게 수치심과 함께하기 실습은 긍정적인 경험이 되었을 것이다. 다음 내용은 실습과 소집단 토의 후에 이어지는 전형적인 탐구 과정이다.

네이선: 저에게는 정말 중요한 실습이었어요. 당황스러움을 느꼈던 그 경험이 제가 평생 씨름해 온 핵심 신념으로 어떻게 저를 데려갔는지가, 정말 기이했어요. 제가 당황스러웠던 상황은 이름을 기억하지 못하는 거예요. (집단구성원 중 나이가 지긋한 사람들이 공감하듯 웃는다.) 제 또래에서는 이게 특별히 저 혼자만의 문제가 아니라는 걸 알지만, 제가 여기에 대해

다른 사람들보다 더 걱정하는 것 같아요.

지도자: 그 뒤에 숨겨진 핵심 신념에 이름을 붙여 주었나요? 이야기해 주셔야 한다는 부담은 갖지 않으셔도 되고요!

네이선: 아니에요, 괜찮아요. 제 핵심 신념은 '난 멍청이야'예요. 저 자신에 대한 오래된 생각이죠. 전 제가 멍청하지 않다는 걸 알지만, 굉장히 똑똑한 제 동생에 비하면 언제나 바보 같다고 느껴요. 이름을 기억하지 못할 때 얼어붙게 되는 게 놀랄 일도 아니죠. …… 또다시 멍청이가 되는 거죠!

지도자: 솔직하게 이야기해 주셔서 고맙습니다, 네이선. 부정적 핵심 신념을 발견하고 나서는 실습이 어떻게 되어 갔나요?

네이선: 제가 멍청하다는 수치심이 제가 숨을 못 쉬게 할 정도라는 점을 알아차렸어요. 몸 안에서 마치 호흡 곤란이 일어나는 것처럼 느껴졌어요. 수치심을 느낄 때 제가 숨을 참는 것 같아요.

지도자: (손을 가슴에 얹고 잠시 멈춘 뒤 깊은 숨을 내쉰다.) 그러고 나서는요? 무슨 일이 일어났나요?

네이선: 그런 다음 제 손가락을 통해 가슴으로 사랑을 보냈어요, 그러고 나니 기분이 좋아졌어요. 다시 숨을 쉬기 시작했어요. (멈춤) 정말 흥미로웠던 일은 실습의 다음 부분이었던 우리 자신에게 말을 들려주던 때 일어났어요. 전 제 자신에게 이렇게 말했어요. "넌 그저 사랑받고 싶은 거야. 이름을 잊어버리면 사랑받지 못할 거라고 생각하지. 그게 말도 안 된다는 건 나도 알아. 네가 이름을 기억하지 못할 때조차도, 너는 여전히 같은 사람이고, 있는 그대로 사랑스러워…… 좀 서투르긴 하지만!" (웃기 시작한다.)

지도자: 네이선의 유들유들한 연민 어린 목소리가 참 좋네요! 그럼 이 실습에서 얻은 교훈은 무엇이었는지 궁금하네요.

네이선: 저 자신이 멍청하고 창피하게 느껴질 때 저 자신에게 사랑을 전해 주어야 한다는 거예요. 예전의 저에게는 일어날 수 없는 일이죠. 하지만 필요한 일이에요.…… 왜냐하면 제 나이가 되면 모든 기능이 떨어지게 되거든요! (미소)

지도자: 고맙습니다, 네이선. 우리 모두 피차일반이죠!

이 탐구에서는 노화와 같은 보편적 인간경험과 사랑받고자 하는 보편적 바람뿐만 아니라 많은 유머도 담겨 있다. 이 탐구에서는 지도자의 큰 도움 없이도 수행 자체의 핵심 측면이 잘 드러났다. 네이선은 그럴 필요가 없다는 말을 들었음에도 불구하고 '멍청하다'고 생각하는 자신의 핵심 신념을 기꺼이 공유했다. 하지만 지도자는 그 내용을 깊이 다루지는 않았다. 그 대신 지도자는 네이선이 수행했던 과정, 즉 몸에서 수치심의 느낌을 발견하고 자신에게 연민을 전하는 과정을 다룬 다음 네이선이 배운 것을 공고히 하여 미래에 그것을 자원으로 사용할 수 있도록 도와주었다.

과제 수행
(5분)

회기 중에 발견한 힘겨운 무언가가 계속 참여자들에게 남아 있다면, 지도자는 특히 이번 회기에서 배웠던 기술을 비롯하여 프로그램 과정에서 지금까지 배웠던 기술을 적용할 기회라는 사실을 알려 주어야 한다.

이번 회기에서 배운 새로운 수행은 다음과 같다.

- 힘겨운 감정과 함께하기: ① 감정에 이름 붙이기, ② 몸에 있는 감정에 대한 마음챙김, ③ 부드럽게 하기–위로하기–허용하기
- 수치심과 함께하기(선택)

참여자들에게 힘겨운 감정과 함께하기의 세 가지 요소를 일상에서 적용하도록 권유하지만, 과제 수행을 하면서 이를 공식적인 형태로 수행할 필요는 없다고도 안내한다. MSC에서는 참여자들이 삶에서 겪은 힘겨움을 불필요하게 떠올리는 것을 바라지 않기 때문이다. 아울러 주중에 수치심이 일어나면 회기에서 수치심에 대해 배운 통찰, 즉 수치심은 사랑 받고 싶은 바람에서 비롯되고, 보편적인 감정이며, 일시적이라는 사실을 그 상황에 적용해 보도록 권한다.

지도자는 다음과 같은 조언을 추가로 해 줄 수 있다.

- 여러분이 가장 즐겁고 유익하다고 느끼는 기술들을 계속 연습하세요.
- 연민 어린 상태가 되려는 의도를 함양하되, 애쓰지는 마세요. 즐거운 방식으로 연습하되, 일처럼 하지는 마세요.
- 집단에 있는 다른 분들과 이메일로 연결을 유지하세요. 통찰, 도전, 영감, 질문 등을 나누어 보세요.
- 매주 수행한 내용을 돌아보며 주간 피드백 용지를 제출해 주세요.
- 우리가 함께 수행할 시간이 2주밖에 남지 않았네요. MSC가 거의 끝나갑니다.

지도자는 주차장(10장 참조)에 남아 있는 질문을 다루기 위해 다음 회기를 30분 더 연장하기를 바라는지, 아니면 이메일로 답변을 받길 원하는지도 물어볼 수 있다. 아울러 개인적으로 질문에 대한 답변을 듣고 싶은 참여자들은 회기를 마친 후 지도자와 대화를 나눌 수도 있다.

마무리
(2분)

회기는 간단히 종을 울리며 마치거나, 수치심에 대한 연민 어린 반응과 자기연민의 세 가지 요소를 유려하게 묘사한 메리 올리버(Mary Oliver, 2004)의 시 〈Wild Geese〉를 낭송하며 마무리할 수도 있다. 또는 피터 메이어(Peter Mayer, 2010)의 노래 〈Japanese Bowl〉을 들려주거나 뮤직비디오를 보여 줄 수도 있다. 제시한 시와 노래 모두 안거 회기에서 사용되지 않았을 경우 사용한다. 피터 메이어의 노래는 수치심이라는 주제를 다룬 회기가 끝나는 이 시점에서 참여자들의 가슴을 울릴 것이다.

제17장

7회기

힘든 관계 탐색하기

개요

시작 명상: 연민 어린 친구

수행 토의

오늘의 회기: 도전적인 관계 탐색하기

주제: 단절의 아픔

실습: 충족되지 않은 욕구 채우기

실습(선택): 우스꽝스러운 움직임

주제(선택): 용서

휴식

연착륙 명상

주제: 연결의 아픔

일상 수행: 관계 속에서의 자기연민 브레이크

주제: 돌봄 피로

일상 수행: 평정심과 함께하는 연민

과제 수행

마무리

시작하기

- 이번 회기 목표
  - 관계에서 충족되지 않은 욕구를 자기연민으로 채운다.
  - 자기연민과 평정심을 결합하여 돌봄 피로를 다룬다.

- 왜 지금인가?
  - 참여자들이 마음챙김과 자기연민 자원을 상당히 도전이 되는 상황, 즉 사적 관계에서 적용하도록 돕는다. 모든 이의 정서적 삶의 핵심에는 관계가 놓여 있다.

- 새로운 수행
  - 연민 어린 친구
  - 관계 속에서의 자기연민 브레이크
  - 평정심과 함께하는 연민

연민 어린 친구
(30분)

연민 어린 친구 명상의 목적은 참여자들이 자신의 내면에 있는 지혜롭고 연민 어린 현존 또는 자신의 일부를 발견하도록 돕는 것이다. 연민 어린 친구는 위로의 자원(자기연민의 음)이 될 수도 있고, 필요할 때 행동을 취하도록(자기연민의 양) 용기를 북돋아 준다. 이 명상은 도전적인 관계를 다루기 전에 참여자들이 정서적 지지를 받도록 7회기 시작 시점에 지도한다.

연민 어린 친구는 폴 길버트(Paul Gilbert, 2009)의 연민 어린 심상 명상에서 유래하였다. 이는 수행자가 '참나(true Self)', 즉 자신의 지혜롭고 연민 어린 본성과 연결되도록 돕는 티베트 심상 명상의 세속적인 형태이다. 그러나 연민 어린 친구 명상에서는 내면의 지혜롭고 연민 어린 자원을 발견하기 위해 연민 어린 참나를 반드시 믿어야 하는 것은 아니다.

상상력이 풍부한 참여자는 시각화 수행을 즐기겠지만 아닌 이들도 있을 것이다. 기존에 나온 명상에도 시각화 요소가 일부 포함되어 있었지만, 주로 기반을 둔 부분은 감각 경험(애정 어린 호흡)이나 언어(우리 자신을 위한 자애)였다. 지도자는 명상이 있는 그대로 이루어지며 심상이 자유로이 오가게 하도록 집단구성원에게 기대를 최소화하고 편안한 태도로 수행할 것을 조언한다. 만약 심상이 떠오르지 않는다면 그 또한 괜찮다. 참여자들은 그저 현존하는 지지적인 느낌에 머무르기만 해도 된다. 만약 명상 중에 고통스러운 심상이 떠오른다면 참여자들은 심상을 바꾸거나 명상에서 벗어나 다른 방식으로 자신을 돌볼 수 있다.

지도

- 앉거나 누워서 편안한 자세를 취합니다. 부드럽게 눈을 감습니다. 몸에 편안히 자리 잡도록 깊은 호흡을 몇 차례 해 봅니다. 자신에게 애정 어린 주의를 보낸다는 사실을 상기하기 위해 가슴에 한 손 또는 두 손을 얹습니다.

안전한 장소

- 이제 안전하고 편안한 장소에 있는 자신을 상상해 봅니다. 벽난로에 장작불이 타고 있는 아늑한 방, 또는 따스한 햇볕이 비치고 시원한 바람이 부는 평화로운 해변, 또는 숲속과 같은 장소를 상상합니다. 구름 위에 떠 있는 것 같은 상상의 장소도 좋습니다. 어디든 평화롭고 안전하다고 느끼는 장소를 떠올려 보고, 그러한 장소에서 편안한 느낌을 즐겨 봅니다. (간격)

연민 어린 친구

- 여러분은 곧 한 방문객을 맞이하게 될 것입니다. 그는 지혜와 힘, 무조건적인 사랑을 겸비한 따뜻하고 연민 어린 현존이자 친구입니다.
- 이 존재는 영적인 존재일 수도 있고, 현명하고 연민 어린 스승일 수도 있습니다. 또는 할아버지나 할머니처럼 과거의 사람일 수도 있습니다. 아니면 어떤

특정한 모습이 없는 영혼이나 따뜻한 빛일 수도 있습니다.

- 여러분의 연민 어린 친구는 여러분을 깊이 염려하고, 여러분이 불필요한 고통으로부터 자유로워지고 행복해지기를 바라고 있습니다.
- 그 이미지나 존재를 마음으로 떠올려 봅니다. (간격)

도착

- 여러분은 안전한 장소 밖으로 나가서 연민 어린 친구를 맞이할 수도 있고, 그 친구를 여러분의 안전한 장소로 초대할 수도 있습니다. (간격) 만일 원한다면 지금 그 방문객을 만나 봅니다.
- 연민 어린 친구와의 관계에서 적합하다고 느껴지는 거리를 유지합니다. 존중을 위해 거리를 둘 수도 있고, 매우 가까울 수도 있습니다. 무엇이든 알맞다고 느끼는 대로 합니다. 가능한 한 자세하게 연민 어린 친구를 상상해 봅니다. 특히 이 존재와 함께하는 것이 주는 느낌이 어떤지 허용해 봅니다. 이 순간을 경험하는 것 말고 해야 할 일은 아무것도 없습니다. (간격)

만남

- 여러분의 연민 어린 친구는 현명하고, 모든 것을 알고 있습니다. 여러분이 인생의 여정에서 어디쯤 있는지도 정확하게 알고 있습니다. 이 친구는 지금 이 순간 여러분에게 필요한 것을 말해 주려 합니다. 연민 어린 친구가 무엇을 말해 주려 왔는지 주의 깊게 들어 봅니다. (간격) 만일 아무 말이 없다면, 그 역시 괜찮습니다. 그저 좋은 벗으로 있어 봅니다. 그 자체가 축복입니다. (간격)
- 그리고 아마도 여러분 또한 연민 어린 친구에게 무언가를 말하고 싶을 것입니다. 그 친구는 주의 깊게 들어 주며, 여러분을 완전하게 이해합니다. 여러분이 그 친구와 나누고 싶은 것은 무엇인가요? (간격)
- 그 친구는 여러분에게 물질적인 선물을 남겨 주고 싶어 합니다. 이 물건은 여러분의 손에 주어질 수도 있고, 여러분이 손을 뻗어 그것을 받을 수도 있습니다. 무언가 여러분에게 특별한 의미가 있는 것입니다. (간격) 무엇이 보이나요? 그것이 무엇인가요? (간격)
- 이제, 잠시 연민 어린 친구와의 현존을 즐겨 봅니다. (간격) 여러분의 훌륭한 친

구와 함께 즐기면서, 그 친구는 실제로 자기 자신의 일부라는 사실을 깨닫습니다. (간격) 여러분이 경험하는 모든 연민 어린 느낌, 이미지, 말은 사실 자신의 내면에 있는 지혜와 연민으로부터 흘러나온 것입니다.

돌아옴

- 마지막으로 준비가 되면 연민과 지혜는 항상 자신의 내면에 있고, 특히 자신이 절실하게 필요로 할 때는 더욱 그러하다는 사실을 기억하면서, 마음의 눈으로 이미지들이 서서히 사라지도록 합니다. 필요하다면 언제든 여러분의 연민 어린 친구를 불러낼 수 있습니다.
- 여러분의 몸에 편안히 자리 잡고 방금 일어난 일을 음미해 봅니다. 여러분이 들은 말과 받은 선물을 비추어 봅니다. (간격)
- 그리고 마지막으로 명상을 내려놓고, 여러분이 느낀 것이 무엇이든 그것을 느껴 봅니다. 있는 그대로의 자신이 되어 봅니다.
- 부드럽게 눈을 뜹니다.

안주와 반영

참여자들은 이번 명상에서 깊은 감동을 받곤 한다. 그러므로 지도자는 참여자들이 명상 경험에 안주하며 젖어들고, 방금 경험한 것들을 비추어 볼 수 있도록 1분 정도 침묵의 시간을 갖게 한다.

탐구

탐구 과정에서 어떤 참여자들은 자신의 명상 경험을 시작부터 끝까지 모두 나누려 하기도 하고, 어떤 참여자들은 어디서부터 시작할지 몰라하기도 한다. 다음 질문들은 탐구를 촉진하는 몇 가지 예시이다.

- 자신이 경험하신 걸 기꺼이 나누어 주실 분이 있나요? 감동스러운 순간이나 특별히 도전이 되는 순간이 있었을 겁니다.
- 안전하고 평화로운 장소를 시각화할 수 있었나요?

- 연민 어린 친구가 마음에 찾아왔나요?
- 여러분 삶에서 지금 이 순간 의미 있는 소리를 들을 수 있었나요?
- 메시지의 질감은 어땠나요? 위로였나요, 격려였나요?
- 그 존재에게 말하고픈 것이 있었나요?
- 특별한 의미를 지닌 무언가를 받았나요?
- 여러분이 필요할 때 언제든 다가갈 수 있는 따뜻하고 연민 어린 친구가 사실은 여러분의 일부라는 것을 발견해 보니 어땠나요?

참여자들은 연민 어린 친구로부터 들은 메시지에 놀라곤 한다. 다음 탐구를 참고하라.

티 샤: 와, 전혀 예상 못했어요. 저의 연민 어린 친구는 제가 정말 존경하는 토크쇼 진행자였어요. 우습지만 어쨌든 그분이 찾아왔어요.

지도자: 흥미롭네요.

티 샤: 저는 직업을 바꾸어야 한다는 강력한 메시지를 받았어요. 근무 조건이 너무 열악해서 급여는 괜찮지만 행복하지 않아요. 저는 싱글맘이라 퇴사를 진지하게 생각해 본 적이 없는데, 저의 연민 어린 친구가 제 행복이 중요하다는 걸 깨닫게 도와주었어요. 그게 정말 중요한 거였어요. 그 친구는 저에게 더 잘 맞고 급여도 좋은 다른 직업을 제가 찾을 수 있지만, 그러려면 제가 더 적극적으로 알아보기 시작해야 한다고 말했어요. 하지만 생각만으로도 두려워요. 제가 그런 도약을 할 준비가 되었는지 확신이 없거든요.

지도자: 지금도 두려움을 느끼고 있나요?

티 샤: 네.

지도자: 티샤가 받았던 메시지를 떠올려 보았을 때, 자신을 지지하기 위해 할 수 있는 건 무엇일까요? 티샤 스스로 힘과 용기를 불어넣을 수 있는 자기연민의 양의 측면을 가져온다면 어떨까요?

티 샤: 저도 그게 필요하다고 생각해요. 그러길 바라고요. 그런데 잘 모르겠어요.

지도자: 그럼 천천히 해 보세요. 티샤가 원할 때마다 연민 어린 친구를 불러낼 수 있다는 걸 기억하고요. 그 친구가 토크쇼 때문에 바쁘더라도 말이죠. (미소)

이 탐구에서 지도자는 자기연민의 음과 양의 방향을 가볍게 제시하며, 참여자 자신에게 무엇이 필요한지 스스로 물어보도록 안내한다. 이렇게 질문을 구성하면 참여자가 자신의 경험을 이해하는 맥락을 제공할 수 있다.

다음은 연민 어린 친구 명상에 참여한 집단구성원 중 최소한 한 사람에게는 일어날 수 있는 경험에 관한 탐구이다. 바로 세상을 떠난 누군가와 다시 만나는 경험이다.

제 스: (눈물을 닦으며) 이건 저에게는 정말 큰 경험이었어요. 저희 엄마는 제가 열네 살 때 돌아가셨어요. 엄마와 많이 싸우던 때였죠. 정말이지 조금도 기대하지 않았는데, 엄마가 오셨어요.

지도자: 오, 세상에.

제 스: 엄마가 돌아가셨을 때 저는 마치 엄마를 빼앗긴 기분이었어요. 엄마 인생 마지막 해에 제가 엄마한테 그렇게 대했다는 것도 기분이 좋지 않았고요. 저는 항상 그걸 바로잡고 싶었어요. 제가 바로잡을 수만 있다면 엄마가 다시 살아 돌아올 것만 같았고요. 정신 나간 소리지요.

지도자: 정신 나가지 않았어요, 제스.

제 스: 아무튼, 엄마가 거기 있었고, 제 방 침대 발치에서 저에게 사랑의 빛을 보내고 있었어요. 엄마는 아무 말도 하지 않았지만, 엄마가 언제나 저를 사랑했단 걸 느낄 수 있었어요. 제가 그걸 미처 몰랐어요. (다시 눈물을 닦으며, 멈춤) 그랬어요, 정말로.

지도자: (잠시 멈춤) 엄마가 아무 말도 할 필요가 없었던 것처럼 들리네요.

제 스: 아니, 잠시만요…… 엄마가 뭔가 말했어요.

지도자: 우리에게 나누어 줄 수 있나요, 아니면 혼자서만 간직하시겠어요?

제 스: 마치 엄마가 제 안에서 이야기하는 것 같았어요. "엄마는 네가 정말이지 자랑스럽단다. 네가 하고 있는 걸 계속 밀고 나가렴. 자랑스러운 우리 아들."

지도자: 아름답군요. (미소 지으며, 멈춤) 제스가 들었던 것을 떠올려 보니 느낌이 어떤가요?

제 스: 정말 좋아요…… 강렬하고요. 사랑받는 느낌이 들어요.

지도자: 사랑스럽네요. 한 가지만 더 물어봐도 될까요?

제 스: 그럼요.

지도자: 명상이 끝날 때 즈음 이렇게 말을 했지요. “연민과 지혜는 항상 자신의 내면에 있다는 걸 기억하면서, 마음의 눈으로 이미지들이 서서히 사라지도록 합니다. 그리고 필요하다면 언제든 여러분의 연민 어린 친구를 불러낼 수 있습니다.”라고요. 그 부분은 어땠나요?

제 스: 저는 그게 사실이라는 걸 알아요. 엄마 생각이 날 때마다 제가 엄마에게 했던 행동을 후회하기만 했어요. 하지만 이제 엄마를 되찾은 것 같아요! (눈물이 넘쳐흐른다. 집단구성원들도 일부 흐느낀다.)

지도자: (손을 가슴에 얹으며) 제스와 어머니가 우리 모두에게 선물을 주셨네요. (멈춤, 감사함을 담아 조용히 고개를 끄덕인다.)

연민 어린 친구 명상에서 고인과 다시 연결된 참여자에게 지도자가 해 줄 주요한 일은 그 경험의 증인이 되어 주는 것이다. 이번 탐구에서 지도자는 제스가 들었던 말과 몸에서 느껴지던 감각을 나누어 주기를 요청하여 제스에게 일어난 일을 온전히 받아들일 수 있도록 도와주었다. 연민 어린 친구 명상의 주요 통찰은 마지막 부분에서 일어난다. 바로 참여자가 심상, 지혜, 연민 모두 내면에서 온다는 것을 알아차렸을 때이다. 따라서 탐구 중에 이러한 구성요소를 강조하면 전체 집단에게도 도움이 된다.

연민 어린 친구 명상에서 참여자들이 겪는 경험의 폭은 매우 광범위하다. 정서적으로 취약하거나 외상 이력이 있는 참여자와 작업할 때는 해소되지 않은 정서적 갈등을 지닌 실존 인물보다는 영적 존재나 상상 속 존재 같은 이상적인 연민 어린 심상을 불러일으키도록 안내할 수 있다. 그러나 참여자들이 실존 인물의 연민 어린 부분과 연결되면 일반적으로 그 사람과 화해하기 시작한다.

이번 명상에서 강력한 경험을 한 참여자들은 이 명상이 왜 MSC 핵심 명상이 아니고 프로그램 후반부에 제시되는지 의아해한다. 그 이유는 많은 이가 시각화를 어려워하는 데 있다(Duarte, McEwan, Barnes, Gilbert, & Maratos, 2015). 그러나 연민 어린 친구 명상에서 공명을 경험한 참여자들이 있다면 이를 자신만의 핵심 수행이 되도록 안내할 수 있다.

수행 토의
(15분)

이번 시간이 과제 수행을 토의하는 마지막 시간이다. 그러므로 참여자들에게 지난 회기의 새로운 과제 수행뿐만 아니라 모든 수행 경험과 마음속에서 풀리지 않고 남아 있는 질문들을 나눌 수 있도록 격려한다.

- 힘겨운 감정과 함께하기: ① 감정들에 이름 붙이기, ② 몸 안의 감정에 대한 마음챙김, ③ 부드럽게 하기–위로하기–허용하기
- 수치심과 함께하기(선택)

지도자가 6회기에서 수치심과 함께하기 실습을 진행하지 않았더라도 주중에 삶에서 수치심이 일어난 때를 자각하였는지, 만약 그랬다면 수치심에 어떻게 반응했는지 물어볼 수 있다.

이 시간은 지난 6주 동안 마음챙김과 자기연민 수행이 참여자들의 삶에 어떤 영향을 주었는지 다음과 같은 질문으로 알아보는 좋은 기회가 된다. "프로그램이 시작된 이래 삶에서 어떤 변화를 알아차릴 수 있었나요?" 매일 혈당을 측정해야 하는 당뇨병 환자인 어떤 참여자는 프로그램이 진행될수록 필요한 인슐린 투여량이 더욱 줄어들었다고 말하기도 했다. 이 시기가 되면 참여자 대부분은 다른 이들과 나눌 수 있는 성공담을 가지고 있을 것이다.

참여자들에게 도전이 되었던 일 또한 나누도록 안내해야 한다. 다음은 그 예이다.

안드레: 아마 여기 계신 많은 분이 제가 아내의 부탁으로 MSC에 왔다는 걸 아실 거예요. 왜 그런지 더 자세히 말하고 싶진 않지만, 아무튼 전 아내를 신뢰하지 않아요. 아내한테 심한 상처를 받았거든요. 아내는 심리학자인데, 제가 의심을 극복하려면 자기연민이 더 필요하다고 하더군요. 맞는 말이라고 생각하지만, MSC 프로그램을 시작한 이후로 지금껏 아내를 더 신뢰하는 방법은 못 배운 것 같아요.

지도자: 그렇군요, 안드레는 아내를 더 신뢰할 수 있기를 바라는군요. 여전히 아내를 신뢰하지 않는 느낌은 어떤가요?

안드레: 정말 안 좋아요. 의심하는 걸 싫어하거든요. 그리고 아내가 여기에 대해 할 수 있는 게 하나도 없기 때문에 제가 의심하는 걸 억울해한다는 것도 압니다.

지도자: 그래서 안드레는 의심을 덜 하려고 노력하고 있나요, 아니면 의심으로 괴로워하기 때문에 안드레 자신에게 친절해지길 바라나요?

안드레: 아마 둘 다일 거예요. 하지만 전 경계를 풀기가 두렵습니다.

지도자: 그게 굉장히 중요한 부분이에요, 안드레. 그리고 그 이야기를 해 주셔서 반갑네요. 아마도 또다시 상처받지 않으려면 계속 경계해야 할 필요가 있을지도 모르죠. 안드레가 느꼈던 아픔이나, 아내에게 느끼는 분노에 대해 자신을 위로하고 진정시키기보다 기민한 상태를 유지해야 할지도 모르고요. 자기연민은 보호하는 힘이기도 하지요.

안드레: 흠, 그렇게 말씀해 주시니, 그런 것 같기도 하네요.

지도자: 이 주제를 꺼내 주신 것도 감사해요, 안드레. 왜냐하면 우리는 오늘 도전이 되는 힘겨운 관계를 탐색할 거거든요. 이번 회기의 주요 메시지는 모든 관계에는 아픔이 담겨 있다는 거고, 우리는 이 아픔을 마음챙김과 자기연민으로 만날 때 무슨 일이 일어나는지 실험해 볼 거예요. 집에서 하던 방식을 바꿀 필요 없이 오늘 회기에서 이 접근을 해 볼 수 있을 겁니다.

안드레: 감사합니다.

지도자: 덕분입니다, 안드레.

이 짧은 탐구에서 안드레와 집단은 자기연민이 더 나은 기분을 위한 기발하고 새로운 전략이 아니라는 걸 다시 한번 알게 되었다. 오히려 자기연민은 자신을 질책하거나 우리의 감정을 조절하려는 헛된 수고에 대한 건강한 대안이다. 이는 MSC의 주요 메시지로, 아무리 자주 언급해도 지나치지 않다.

이번 시간의 마지막에는 프로그램을 마치기 전 주차장(10장과 16장 참조)에 남겨둔 질문에 관심을 두어야 한다. 질문 대부분은 마음챙김과 자기연민의 경험을 쌓으면서 참여자들이 스스로 해답을 찾았을 것이다. 그러나 만약 지난주에 주차장 질문을 다루기 위해 회기를 30분 연장하는 데 관심을 보인 참여자들이 있고 시간 여유가 충분하다면 이때 진행할 수 있다.

도전적인 관계 탐색하기
(1분)

7회기는 새로운 시작 명상(연민 어린 친구)부터 정서적으로 부담이 되는 회기이므로, 이번 회기의 주제를 소개하기 전 스트레칭을 하며 짧은 휴식 시간을 가질 수 있다.

이번 회기의 제목이 도전적인 관계 탐색하기라는 점을 공유한 다음, 우리가 가진 정서적 아픔 대부분은 관계 맥락에서 생성될 뿐만 아니라 아픔의 완화 또한 관계 속에서 이루어진다는 점을 제시한다. 여기에는 우리 자신과의 관계도 포함된다. 이번 회기에서 지도자는 관계의 아픔을 탐색하는 데 참여자들이 이미 배운 기술을 적용하는 방법을 알려 주고 새로운 기술 또한 안내한다.

도전적인 관계
(5분)

모든 인간관계에는 때때로 아픔이 존재한다. 성인으로서 우리는 관계의 아픔에 새로운 방식으로 반응하는 방법을 배울 수 있다. 우리는 그 누구보다 우리에게 언제 무엇이 필요한지 잘 알므로, 우리는 우리 자신의 욕구를 직접 충족할 수 있고 충족시켜야 한다.

관계의 아픔이 견디기 어려워질 때, 우리는 본능적으로 아픔으로 차단하려 하거나 아픔을 줄이기 위해 애쓴다(불행히도 마음챙김과 자기연민 수행을 할 때마저도!). 또는 아픔의 원인이 되는 관계나 사람을 변화시키려 노력한다. 7회기에서 지도자는 참여자들이 마음챙김과 자기연민을 도구 삼아 관계를 고치는 게 아니라, 관계의 아픔을 마주하는 방법을 마음챙김과 자기연민으로 배우는 것이라는 점을 확고하게 이해시켜야 한다. 이번 회기의 목적은 참여자들이 특히 자신에 대한 친절과 이해의 씨앗을 심고, 참여자 모두가 인내심을 가지고 무슨 일이 일어나는지 보게 하는 것이다. 만약 지도자가 참여자들에게 이번 회기의 수행들이 그들의 관계를 개선시켜 줄 것이라고 암시한다면 수행은 좌절로 끝날 것이다. 자기연민의 결과로 관계에서의 개선이 나타날 수 있지만, 그 결과는 자기연민 수행이 직접 추구하는 목적이 아닌 부가적인 효과이다.

관계의 아픔이 보편적이라는 것을 깨닫게 되면 우리 모두는 그 아픔에 더욱 열리게 된다. 다음은 관계의 아픔과 보편성에 관한 두 가지(희극적 · 역설적) 인용구이다.

- 타인은 지옥이다! (Sartre, 1989)
- 모든 결혼은 실수이다. 중요한 것은 그 결혼을 어떻게 다루는가이다. (Minuchin: Pittman & Wagers, 2005, p. 140에서 인용)

지도자는 쇼펜하우어(Schopenhauer)의 '고슴도치 딜레마'를 온라인에서 찾아 여러 형식으로 낭독해 줄 수 있다. 이 딜레마에서는 고슴도치들이 추위 속에서 서로 끌어안고 있으려 하지만, 자신이 가진 날카로운 가시로 서로에게 상처를 입히게 되는 상황을 일컫는다. 요점은 관계에서 갈등과 아픔이 불가피하다는 것이다.

이번 회기에서는 관계의 아픔 속 두 가지 광범위한 범주에 초점을 맞춘다. 첫 번째는 **단절**의 아픔(타인들로부터 거절당했을 때, 상실을 경험했을 때, 거리감이나 분리감을 느꼈을 때)이며, 두 번째는 **연결**의 아픔(공감적 고통, 즉 다른 이들의 고통을 우리 자신의 것처럼 경험할 때)이다.

단절의 아픔
(10분)

이번 회기에서는 단절의 아픔을 먼저 살펴본다. 단절의 아픔이 연결의 아픔보다 더욱 정서를 활성화시키고, 따라서 회기 후반부에 단절의 아픔을 다루게 되면 정서적으로 동요된 직후에 회기를 마쳐야 할 수도 있기 때문이다.

단절된 느낌(거절당함, 배신당함, 상실, 외로움)은 많은 힘겨운 감정을 유발할 수 있다. 단절은 우리를 상처 입히고 안전하지 않다는 느낌을 주기에 화는 단절에서 일반적으로 나타나는 반응이다. 화는 자기보호(자기연민의 양)의 자연스러운 형태이지만, 도움이 되지 않으면서도 수년 동안 지속될 수도 있다. 7회기에서는 단절에 마음챙김과 자기연민으로 대처하는 방법의 예로서 단절에서 일어나는 화에 초점을 맞춘다.

화가 반드시 '나쁜' 것은 아니다. 모든 감정처럼 화 또한 긍정적인 기능을 가지고 있다. 지도자는 화가 관계에서 유용한 경우에 대해 집단으로부터 의견을 구할 수 있다. 다음은 몇 가지 가능한 답변이다.

- 화는 어떤 사람이 선을 넘어 우리에게 어떤 식으로든 상처를 주고 있다는 정보를 줍니다.
- 화는 우리 자신을 보호하거나 변화를 위한 행동을 취하는 에너지를 제공해 주기도 합니다. [지도자는 가정폭력에서 벗어나거나 사회 정의를 위해 싸우는 데 화가 동기를 부여하는 예를 들 수 있다.]
- 타인이 입을 피해를 줄여 준다면 화는 지혜로울 수 있습니다. [지도자는 자신을 위험에 빠뜨리는 아이에게 날카롭게 말하는 것과 같은 예시를 들 수 있다. 이는 격렬한 연민, 또는 연민의 양의 측면으로 알려져 있다.]
- 우리가 가혹한 자기비난을 우리 자신에게 향하지 않는다면 화는 우리 일상에서의 안녕에 도움이 될 수 있습니다.

모든 감정이 그렇듯 화가 우리에게 도움이 되는지 또는 해로운지를 결정하는 것은 우리가 화와 맺고 있는 관계이다.

다음으로, 지도자는 화가 우리에게 해로울 수 있는 경우에 대해 집단에 묻는다. 다음은 여기에 관한 몇 가지 예시이다.

- 화는 우리의 신체 건강에 나쁠 수 있습니다(혈압을 증가시키는 등).
- 화는 관계를 망칠 수 있습니다.
- 화는 우리가 현재 순간에서 벗어나게 합니다.

만약 우리가 공격으로부터 우리 자신을 보호하고자 우리의 감정을 굳어지게 하면, 화는 시간이 지나며 억울함과 원망으로 변하게 된다. 화, 억울함, 원망은 '딱딱한 감정들'이다(Christensen, Doss, & Jacobson, 2014). 딱딱한 감정들은 변화에 저항하므로, 더 이상 그 감정들이 필요치 않을 때도 우리가 오랫동안 품고 있을 수 있다. 다음은 여기에 관한 몇 가지 격언이다.

- 화는 자신이 담겨 있는 그릇을 부식시킨다.
- 화는 우리가 다른 사람에게 던지려 쥡는 달구어진 석탄이다.
- 화는 우리가 다른 사람을 죽이려 마시는 독약이다.

마음챙김과 자기연민으로 화와 만나기

만약 화가 우리를 보호해 주지 않고 억울함으로 굳어져 우리에게 더는 도움이 되지 않는다고 결정하였다면, 우리는 화를 탐색하고 새로운 방식으로 대응하는 법을 배울 수 있을 것이다. 관계 속 도움 되지 않는 화와 억울함을 경험할 때 다음 순서로 자기연민을 향하는 문을 열 수 있을 것이다.

- 화 수인(인정)하기: 화에 대해 무엇을 하려 하기 전에 먼저 우리의 화를 온전히 수인해야 한다. 많은 이가 자신이 화가 난 것을 알지만, 여전히 알게 모르게 화가 난 것에 대해 자신을 비난한다. 이는 화를 내면 큰 대가를 치러야 하는 여성 또는 차별을 경험하는 집단에서 두드러진다. 화 수인하기는 자기연민 양의 특질을 지닌다. 우리가 화를 낼 때 화의 진실과 우리 자신의 가치를 지지하는 것이다.
- 부드러운 느낌: 다음 단계는 화라는 딱딱한 느낌 뒤에 숨겨진 부드러운 느낌들을 찾아보는 것이다. 화는 대개 더욱 부드럽고 섬세한 감정을 보호하고 있다. 지도자는 참여자들에게 두려움, 외로움, 상실감 같은 화가 보호하는 부드러운 느낌에 대한 예를 물어본다. 부드러운 느낌을 향하는 것은 자기연민 음의 특질이다.
- 충족되지 않은 욕구: 부드러운 느낌 뒤에는 대개 **충족되지 않은 욕구**가 존재한

다(Rosenberg, 2015). 충족되지 않은 욕구의 예시로는 보여지고, 들려지고, 인정받고, 연결되고, 존중받고, 알아주길 바라는 욕구 등이 있다. 가장 보편적인 욕구는 사랑받고 싶은 욕구이다. 지도자는 화이트(Whyte, 2015)의 수필 〈Consolations〉에서 "화는 연민의 가장 심오한 형태이다."로 시작하는 화의 미묘함을 재조명한 단락을 읽어 줄 수 있다. 참여자들에게 사랑받고 싶은 자신의 욕구를 돌이켜 보고, 만약 자신이 다른 이들과 자신의 그러한 욕구를 보았다면 삶이 어떻게 달라졌을지 생각해 보도록 한다. 참여자들은 만약 자신이 우리 모두가 사랑받고픈 욕구가 있음을 지속적으로 자각한다면 다른 이들을 덜 두려워하고 자신은 덜 외로웠을 거라고 으레 언급하곤 한다.

- 자기연민: 화를 수인하고, 부드러운 느낌을 찾고, 충족되지 않은 욕구를 발견하는 앞선 모든 마음챙김 기술은 마지막 단계인 연민 어린 반응을 가능케 한다. 우리가 더 이상 화로 얼어붙지 않고 충족되지 않은 우리의 욕구가 보편적이고, 타당하며, 가치 있다는 점을 이해한다면 우리 자신을 위한 연민을 불러일으키기 더 수월할 것이다. 자기연민은 우리가 수년에 걸쳐 다른 이들로부터 받기를 열망했던 사랑과 연민을 마침내 자신에게 주는 것이다.

충족되지 않은 욕구 채우기
(30분)

이번 실습의 목적은 자기연민의 음과 양의 특질을 세심히 배합하여 화의 경험을 수인하고 그 아래 깔린 근본적인 욕구를 자기연민으로 충족하는 것이다. 이 실습은 상당히 명민한 참여자들도 어려워할 정도로 많은 단계로 구성되어 있으므로 프로그램 중에 실습으로 지도하여야 한다. 지도자는 실습의 핵심 측면인 충족되지 않은 욕구를 연민으로 채우는 과정이 마지막 부분에 있다는 것을 알고 있어야 한다. 이 단계에서 참여자들은 자신의 화 뒤에 숨겨진 부드러운 느낌과 충족되지 않은 욕구를 명확히 알지 못하더라도 자신의 아픔을 연민으로 마주할 수 있다.

이번 실습을 쉽고 안전하게 하려면 참여자들에게 자신의 화가 더는 보호의 역할을 하지 않는 과거의 관계에 초점을 맞추도록 요청해야 한다. 그러나 이 실습은 필요하다면 참여자들이 여전히 자기연민의 보호 측면과 연결되도록 구성되어 있다. 아울러 참여자들이 실습을 완주할 수 있도록 외상 관계가 아닌 적당히 힘겨운 관계를 선택하도록 반드시 강조해야 한다. 심지어 비교적 적당한 관계를 선택하더라도 오래된 상처와 욕구를 촉발할 수도 있다. 그러므로 모든 도전이 되는 실습 및 다른 수행과 마찬가지로 만약 실습하는 동안 감정에 압도된다면 참여자들은 자유롭게 실습을 중단하거나 건너뛸 수 있다. 실습 안에서 다음 단계로 넘어갈 때도 계속할 것인지를 결정하는 순간이 참여자들에게 주어질 것이다.

지도

- 눈을 감고, 여전히 화가 나고 분한 느낌이 드는 과거 대인관계를 떠올려 봅니다. 가벼운 수준에서 중간 정도로 분하면서도, 심리적 외상으로는 남지 않은 관계를 선택합니다. 분노가 더는 도움이 되지 않는, 분노가 여러분을 보호해 주지 않아 내려놓을 준비가 된 대인관계를 선택합니다. (반영을 위한 긴 간격)
- 이제 그 관계에서 여러분을 힘들게 했던 특정 사건을 선택합니다. 적당히 불편하면서도 너무 힘겹지는 않은 대인관계와 사건을 선택하면 이 실습에 더욱 주의를 기울이며 따라갈 수 있을 것입니다. (반영을 위한 더욱 긴 간격)
- 가능한 한 생생하게 세부 상황을 떠올리며, 여러분의 화와 접촉하고 몸에서 그 화를 느껴 봅니다.

화 인정하기

- 여러분이 그렇게 느끼는 것이 완전히 자연스럽다는 사실을 알고, 자신에게 이렇게 말해 봅니다. "화를 느껴도 괜찮아. 그건 자연스러운 인간 반응이야." "내 화는 나를 보호하려 하는 거야." "너는 혼자가 아니야. 많은 사람이 비슷한 상황에서 그렇게 느낄 거야."
- 상대가 했던 말과 행동에 사로잡히는 대신, 화의 경험을 충분히 인정합니다.
- 화를 인정하는 것이 바로 지금 가장 필요한 것이라면, 여기서 다음 단계로 넘어갈 필요는 없습니다. 어쩌면 과거에 억압했을지도 모를 그 화를 지금 충분히 느낄 필요가 있습니다. 만일 그렇다면 나머지 안내는 배경으로 두고, 화를 판

단하지 않으면서 자신의 몸을 통해 흘러가도록 허용합니다. 원한다면 주먹을 가슴 위에 올려놓고(힘의 표시) 그 주먹을 다른 손으로 감싸는 (따뜻함의 표시) 등, 자신을 지지하는 몸짓을 전해 봅니다.

부드러운 느낌 찾기

- 만약 여러분의 화가 더는 자신을 보호해 주지 않는다는 확신이 들어 그만 화를 내려놓고 싶다면, 화의 밑바닥에 무엇이 있는지 살펴보기 시작합니다. 단단한 화의 느낌들 이면에 어떤 부드러운 느낌들이 있나요?
  –아픈가요?
  –두려운가요?
  –외로운가요?
  –슬픈가요?
  –부끄러운가요?"
- 부드러운 느낌을 확인할 수 있다면 부드럽고 이해하는 목소리로 마치 사랑하는 친구를 지지하듯 그것에 이름을 붙여봅니다. "아, 이건 슬픔이구나." "이건 두려움이구나." (간격)
- 다시 한번, 필요하다면 우리는 지금 단계에 머무를 수 있습니다. 어떻게 하는 게 자신에게 알맞을지 봅니다.

충족되지 않은 욕구 발견하기

- 다음 단계로 넘어갈 준비가 되었다면, 화의 상처에 관한 이야기를 잠깐 내려놓을 수 있는지 봅니다. 어쩌면 옳고 그름에 대해 생각하고 있을지도 모릅니다. 그런 생각들을 잠시 접어 둘 수 있는지 봅니다. 그리고 자신에게 물어봅니다. "나는 어떤 인간적인 기본 욕구를 가지고 있는가? 그 당시에 내게 충족되지 않았던 욕구는 무엇이었을까? 나에게 충족되어야 했던 욕구는……."
  –보여지는 것이었을까?
  –들려지는 것이었을까?
  –안전하길 바랐을까?
  –연결되길 바랐을까?

–가치 있길 바랐을까?

–특별해지길 바랐을까?

–존중받길 바랐을까?

–자유롭길 바랐을까?"

• 다시, 부드럽고 이해하는 목소리로 그 욕구에 이름을 붙여 봅니다. (간격)

연민으로 대응하기

• 다음 단계로 넘어가도 괜찮다면 손을 위로가 되는 방식으로 몸 위에 얹습니다. 다른 사람들로부터 연민을 받기 위해 간절하게 뻗었던 손이 나 자신에게 필요한 연민을 주는 손이 될 수 있습니다. 비록 다른 사람들로부터 친절과 이해를 받길 원했지만, 그들은 여러 가지 이유로 그렇게 할 수 없었습니다.

• 그러나 여러분에게는 다른 자원이 있습니다. 자기연민으로 우리는 자신의 욕구를 직접 채울 수 있습니다. 어떤 말을 듣고 싶었나요? 그 말을 자신에게 들려줄 수 있나요? 예를 들면 다음과 같습니다.

–만일 내가 보여지길 바랐다면, 나의 연민 어린 부분이 상처 입은 부분에게 "내가 너를 보고 있어."라고 말해 줄 수 있습니다.

–만일 연결되는 느낌이 필요했다면, 나의 연민 어린 부분이 상처 입은 부분에게 "내가 너를 위해 여기에 있어." "너는 소속되어 있어."라고 말해 줄 수 있습니다.

–만일 존중받는 느낌이 필요했다면, "내가 너의 가치를 알아."라고 말해 줄 수 있습니다.

–만일 사랑받는 느낌이 필요했다면, "나는 너를 사랑해." "너는 나에게 중요해."라고 말해 줄 수 있습니다.

• 다시 말해, 다른 누군가로부터 오랜 시간 동안 듣기를 갈망했던 말을 지금 자신 또는 자신의 일부에게 말해 줄 수 있습니다.

• 그리고 다른 이들로부터 어떻게 대해지고 싶었나요? 아무리 작은 것이라도 다른 사람들이 해 주길 원했던 대로 우리 자신을 대하고 돌보는 것이 이치에 맞지 않을까요? (간격)

• 만일 충족되지 않은 자신의 욕구를 위해 스스로 연민을 주는 것이 어렵거나, 혼란스러움으로 인해 충족되지 않은 욕구를 확인할 수 없다면, 그러한 어려움에

놓인 자신에게 연민을 전해 줄 수 있는지 봅니다.
- 이제 실습을 내려놓고 그저 자신의 경험 안에서 휴식합니다. 이 순간을 있는 그대로 내버려 두고, 있는 그대로의 자신이 되게 합니다.
- 그리고 부드럽게 눈을 뜹니다.

안주와 반영

참여자들은 도전적인 이번 실습을 마치고 나서 피로감을 느낄 수도 있다. 지도자는 참여자들의 노력을 수인해 주고, 경험에 안주하며 방금 경험한 것을 비추어 보도록 안내한다. 이어지는 탐구를 준비하며 지도자는 다음과 같은 질문을 던질 수 있다.

- 자신의 화를 수인해 주니 어땠나요?
- 화의 이면에 놓인 부드러운 느낌들을 발견할 수 있었나요? 만약 있었다면 무엇이었나요?
- 충족되지 않은 욕구를 발견할 수 있었나요?
- 자기연민으로 충족되지 않은 욕구를 채워 보니 어땠나요?
- 지금 기분은 어떤가요?

탐구

충족되지 않은 욕구 채우기 실습은 탐구에서 다른 어떤 MSC 실습보다 다양한 반응을 이끌어 낸다. 어떤 참여자는 화를 내어도 괜찮다는 허락을 생애 처음으로 받고 자신의 화를 판단 없이 놓아주는 것만으로도 변화가 일어나는 것을 경험했을 수도 있다. 자신의 화를 놓아주고 싶었던 다른 참여자는 실습을 마칠 때까지 순조롭게 나아가며 각 단계별로 감정적 해방을 경험했을 수도 있다. 또 다른 참여자는 실습의 막바지에 도달할 때까지 다른 이들이 자신의 욕구를 충족해 주길 바라는 오랜 소망을 내려놓지 못했을 수도 있다. 실습 동안 주의가 분산되었거나 졸았던 참여자들도 있을 것이다.

지도자는 화가 나쁘다는 메시지를 암묵적으로 전달하지 않도록 반드시 주의해야 한다. 여성 참여자들이나 차별과 박탈을 경험했던 참여자들과 탐구할 때는 여기에 특히 주의를 기울여야 한다. 지도자의 수인은 이번 탐구에서 필수적이다. 다음 예시를 참고하라.

앨리샤: 몸이 떨리네요.

지도자: 괜찮은가요?

앨리샤: 네. 정말 괜찮아요. 그리고 완전 열받았고요!

지도자: 설명해 줄 수 있을까요?

앨리샤: 전 평생 여자는 절대 화내면 안 된다는 말을 듣고 살았어요. 화내면 못생겨진다나요. 그 이야기를 엄마한테 귀에 못이 박히게 들었어요. 남자친구가 최근에 저를 화나게 했는데, 걔를 용서하고 이해해 주고 연민으로 대하려 했죠. 그런데 그거 아세요? 전 화가 났어요!

지도자: 그래서 앨리샤는 실습 첫 부분에 계속 머무르면서 화를 수인해 주고 화를 느껴 보았나요?

앨리샤: 그랬죠. 살면서 처음으로 화를 판단하거나 억누르지 않고 그냥 흐르도록 허용해 주었어요. 저에게는 이 화가 필요했단 걸 깨달았어요! 걔는 그렇게 했으면 안 됐고, 저는 선을 긋고 싶다고 말해야 해요.

지도자: 와우, 멋진데요.

앨리샤: 그렇죠? 앞으로 어떻게 해야 할지 잘은 모르겠지만, 제 화가 마치 저에게 필요한, 저를 통해 흐르는 생명력처럼 느껴져요. 저에게 좋은 것 같고요.

지도자: 우리를 보호하기 위해 일어난 자기연민의 양의 특질은 우리 자신을 돌보는 본질적인 측면이니까요, 좋은 것이죠.

앨리샤: 잠시 동안 여기에 머물러야겠어요. 그리고 남자친구와 그 일에 대해 어떻게 이야기할지 신중하게 생각해 보는 게 나을 것 같아요.

지도자: 그래요, 머물러 계세요. 바꾸어야 할 건 아무것도 없답니다. 그리고 남자친구와 이야기할 때가 오면 앨리샤의 감정을 표현할 가장 좋은 방법을 내면의 지혜를 통해 결정할 수 있을 거라 믿어요.

앨리샤: 감사합니다. 선물 같은 시간이었어요.

많은 참여자에게 이번 실습의 핵심은 자신의 화를 느끼고 포용하도록 돕는 것이다. 이는 화가 보호 기능을 하고 있을 때 특히 중요하다. 화와 같은 감정에 자기연민의 부드러운 음의 측면을 적용하기란 쉽지 않다. 그러므로 만약 강렬한 화가 일어난다면 수인하는 단계에 머무르며 화가 몸을 통해 자유롭게 흐르도록 내버려 두는 것이 낫다. 이번 실습은 참여자들이 자기연민의 보호하는 측면과 힘을 부여하는 측면에 직접 접촉하는 데 도움이 된다. 그리고 지도자의 도움으로 화를 수인하게 되면 화를 탈바꿈시킬 수 있게 된다.

어떤 참여자들은 실습에서 살짝 길을 잃기도 한다. 이럴 때는 집중을 유지하게 도와주며 지지와 격려를 제공하는 지도자와의 탐구 과정에서 다시 길을 찾게 된다. 만약 참여자가 실습에서 실마리를 놓쳤다면, 다음 예시에서처럼 참여자가 주의를 놓쳤던 때로 지도자와 함께 되돌아간 후 함께 실습의 다음 단계(들)로 나아갈 수 있다.

짐: 이번 실습은 저에겐 그다지 효과가 없었어요. 자기연민으로 충족되지 않은 욕구를 채워야 한다는 부분에서, 전처가 한 짓에 대해 저 스스로 연민을 주고 싶진 않아서 화가 났어요. 저에게 필요한 건 사과예요.

지도자: 상처를 받았던 것 같네요. 죄송한 질문이지만, 앞으로 사과를 받을 수 있을 것 같다고 생각하나요?

짐: 아니요, 못 받을 거예요. 그 여자는 사과에는 젬병이거든요. …… 그래요, 화가 나요!

지도자: 물론 화가 나겠지요. 이 실습에서 다루기엔 조금 힘든 관계를 선택한 것처럼 보이지만, 일단 여기에 초점을 맞추기로 했으니 질문 하나 해도 될까요?

짐: 그럼요.

지도자: 짐의 화 뒤에 숨겨진 부드러운 느낌을 찾을 수 있었나요?

짐: 아니요, 못 그랬어요.

지도자: 화가 어떤 식으로든 짐을 보호해 주고 있으니 전처에게 계속 화를 내야 할까요? 아니면 화를 조금이라도 내려놓고 싶나요?

짐: 거기에 너무 많은 시간을 썼기 때문에 이제는 내려놓고 싶어요. AA(익명의 알코올 중독자들 모임)에서 말했던 것처럼, '그 여자가 집세도 안 내고 머릿속에 들어앉아서 나가질 않아요!' 그것 때문에 악몽도 꾼다고요. 십 년 전에 갈라섰

는데도 여전히 아픕니다.

지도자: 그렇군요, 그럼 첫 번째 단계는 아픔이 어디에서 느껴지는지 찾아보는 것일 수 있겠네요. 지금 이 순간에도 몸속에서 느껴지나요?

짐: 네, 속이 뒤틀리는 것 같아요. 배를 걷어차인 느낌입니다.

지도자: 배에 손을 얹고 잠시 그 느낌과 함께 부드럽게 머물러 볼 수 있을까요? (짐과 지도자는 함께 자세를 취한다.) 관계는 이렇게 아플 수 있습니다.

짐: (계속 배에 손을 얹고 있다.)

지도자: 이제 괜찮다면 가슴이나 위로가 되는 다른 곳에 다른 쪽 손을 올려 둘 수 있을까요……. 배만 고통받고 있는 게 아니라, 짐이 고통받고 있으니까요.

짐: (다른 쪽 손을 가슴 위에 올리며, 배에 두었던 손은 내려놓는다.)

지도자: 이렇게 하면서 분노 뒤에 있는 다른 감정적인 아픔과 연결될 수 있나요? 부드러운 느낌과 연결될 수 있는지 보세요.

짐: 네, 외로움 투성이네요. 외로움을 느끼는 것 같아요.

지도자: (짐이 외로움을 느낄 시간을 주기 위해 잠시 멈춤) 몸에서 특히 외로움이 느껴지는 부위가 있나요?

짐: 네, 제 가슴이 공허해요. 아주 잘 아는 느낌이에요.

지도자: 그럼 그렇게 외로울 때 짐에게는 무엇이 필요할까요.…… 어쩌면 지금도 ……. 지금 같은 순간에는 무엇이 필요할까요?

짐: (멈춤) 저는 그저 제가 사랑받고 있다는 걸 알고 싶을 뿐이에요. (눈물이 차오르기 시작한다.)

지도자: 그걸 소리 내어 이야기할 수 있는 용기를 가지고 있네요, 짐. 지금 주위를 둘러볼 수 있다면, 짐의 이야기가 우리 중 많은 사람의 아픈 부분에 가 닿았다는 걸 알아차릴 수 있을 것 같아요.

짐: (주변을 둘러보며 집단구성원들의 촉촉해진 눈을 본다.) 모두…… 감사합니다.

지도자: 짐이 이런 감정을 다음에도 느낀다면 자신에게 어떤 말을 해 줄지 궁금하네요. 친절하고 이해해 주는 말일까요?

짐: 아마도 그냥 "사랑받고 싶은 건 죄가 아니야."라고 해 줄 것 같아요.

지도자: 고맙습니다, 짐. 지금은 기분이 어떤가요?

짐: 조금 나아졌어요. 감사합니다.

짐은 실습 전 과정에 참여했지만 실습 중에는 깊이 느끼지 못했다. 매우 힘든 관계를 선택해서 이를 고치고자 하는 참여자들에게서 잘 일어나는 현상이다. 짐과 지도자는 탐구에서 실습 과정 대부분을 반복하였고, 지도자와 집단의 지지로 짐은 이번에는 자신의 경험과 더 친밀하게 연결될 수 있었다. 짐의 정서적 솔직함은 다른 집단구성원들과 공명을 일으켰고, 전처로부터 오랜 시간 받기를 갈망했던 수용을 집단으로부터 실시간으로 받을 수 있었다. 충족되지 않은 욕구 채우기 실습 전체를 다시 풀어내며 지도자는 참여자들이 일상에서 적용할 수 있는 실습의 요소 각각을 상기할 수도 있다.

감정이 북받쳤던 실습을 마무리하는 한 가지 방법으로 마크 네포(Mark Nepo, 2000)의 〈Being Direct〉 중 다음 말로 시작하는 구절을 읽을 수 있다. "우리는 자신이 누구인지 감추느라 너무 많은 시간을 허비한다."(p. 158) 이 구절은 화 뒤에 숨겨진 상처와 사랑받고픈 우리의 보편적 소망을 함께 보여 주는 내용을 담고 있다.

우스꽝스러운 움직임(선택)
(5분)

이 시점에서 지도자는 교실에 즐거운 분위기를 불러오기 위해 우스꽝스러운 움직임 시간을 제안할 수 있다. 간단한 춤 동작으로 시작해서 점점 빠르게 추게 하거나, 몬티 파이선(Monty Python, 영국의 코미디언 팀)의 'silly work'처럼 자신만의 슬랩스틱 개그를 만들어 보도록 요청할 수도 있다(온라인에서 'Monty Python'과 'silly work'로 검색).

다음은 MSC 참여자 래리 버틀러(Larry Butler)가 제안한 우스꽝스러운 움직임의 지도 예시이다. 이번 실습은 익살스럽게 제시될 수 있으며, 극히 소수의 선택된 이들에게만 전수되는 '밀교의 수행'이라고 소개할 수 있다. 이런 소개는 실습이 아주 재미있어지기 전부터 흥미를 돋운다. 지도자는 직접 시범을 보이며 지도한다.

지도

- 모두 일어나세요. 만약 일어날 수 없다면 앉은 채로 참여합니다. 이제 손에서 물을 털어내듯 바닥을 향해 손을 흔들며 시작해 봅니다. (지도자가 시작한다.)
- 손과 함께 여러분의 온몸이 어떻게 움직이는지 알아차립니다. 손을 흔들 때마다, 리듬감 있게 깡충깡충 뛰어 봅니다. (지도자가 뛰기 시작한다.)
- 흔들 때마다 입에서 이상하고 특이한 소리가 나는 것을 알아차려 봅니다. (지도자가 용쓰는 소리를 고래고래 낸다.)
- 이제 여러분의 발이 바닥으로부터 저절로 떠오르는 것을, 공중부양이 되는 것을 알아차려 봅니다. 이건 우리끼리 비밀입니다! (지도자가 위아래로 점프한다.)
- 이제 여러분의 팔이 마치 저 혼자 살아 있는 것처럼 움직이는 걸 알아차립니다. (지도자가 두 팔을 허공에 휘두른다.)
- 이제 여러분의 다리가 제멋대로 움직입니다! (지도자는 다리를 차올리며 계속 소리를 낸다.)
- 이제 여러분의 몸이 뱅글뱅글 돌기 시작합니다. (지도자가 우스운 소리를 내면서 팔을 휘저으며 빙빙 돈다.)

곧 모두가 웃음을 터트린다. 집단의 움직임이 느려지는 걸 알아차린 지도자는 박수를 보내며 "자, 신사숙녀 여러분, 지금까지 '뻔뻔한 기공'이었습니다!"라고 말한다. (지도자가 '우스꽝스러운 요가' '뚝딱거리기' 같은 다른 이름을 붙일 수도 있다.)

용서(선택)
(10분)

이 주제는 충족되지 않은 욕구 채우기 실습에서 참여자들이 자신에게 아픔을 준 누군가를 용서하기 어렵다고 할 때 자연스럽게 이어서 진행할 수 있다. 우리에게 아픔을 준 다른 이들을 용서할 뿐만 아니라, 다른 이들에게 아픔을 준 우리 자신을 용서하기 위한 다섯 단계 과정으로 소개한다. 용서는 MSC 프로그램에서 이때 처음 소개되는 주제는 아니다. 1회기에서 우리의 차이점(특히 눈에 보이지 않는)으로 우리 모두가 자신도 모르게 어떻게 다른 이들에게 상처를 주는지 이미 언급하였고, 지도자 자신과 집단을 대표하여 용서 문구를 언급했을 때도 이미 소개되었다.

용서라는 주제는 휴식 시간 전에 끝내기엔 대개 시간이 충분치 않기에 선택 항목으로 진행한다. 그러나 참여자들이 이에 관한 이야기를 꺼내면 지도자는 다음 내용을 간략하게 제시하거나 회기를 마치고 이메일로 전달할 수도 있다(용서에 관한 더 자세한 내용은 Aktar & Barlow, 2018; Enright & Fitzgibbons, 2000; McCullough, Pargament, & Thoresen, 2001 참조).

용서 과제의 핵심은 우리가 경험했거나 다른 이에게 준 아픔에 대해 먼저 마음을 열지 않고는 우리 자신과 다른 이들을 용서할 수 없다는 것이다. 다른 이를 용서하려면 먼저 우리가 상처받았다는 단순한 사실을 직시해야 한다. 우리 자신을 용서하려면 먼저 다른 이에게 상처를 주고 생긴 죄책감과 수치심에 마음을 열어야 한다. 속담에서 말하듯 "용서란 더 나은 과거가 되기를 바라는 모든 희망을 포기하는 것이다."

용서는 나쁜 행동을 받아들이거나 우리에게 해를 끼친 관계를 다시 시작하는 것이 아니다. 불안해하거나 두려워하는 상태에 머물러 있으면 아무도 용서할 수 없다. 달리 말하자면, 관계에서 상처를 받고 있다면 상대를 용서하기 전 우리 자신부터 보호해야 한다. 문화적 피해를 입었을 경우 이 명제는 특히 분명한 사실이 된다. 우리를 억압하는 이들의 인간성을 이해하며 용서하기 이전에 반드시 우리가 먼저 안전하다고 느껴야 한다.

다른 이들로부터 우리가 입은 피해가 사적이고 의도적이라고 느껴지더라도, 대개는 시간을 거슬러 원인과 조건이 상호작용하는 우주의 산물이다. 예를 들면, 피해를 입힌 사람들은 부분적으로 그들의 기질을 부모나 조부모에게서 물려받았을 수 있으며, 그들의 행위는 개인의 역사, 문화 정체성, 건강 상태, 최근 상황 등에 조형되었을 수 있다. 그 결과, 자신의 언행과 행동에 대한 지식과 조절 능력이 부족해졌다. 이는 우리 자신을 비롯한 모두에게 동일하게 적용할 수 있는 것이다.

우리는 때로는 의도치 않게 다른 이들에게 상처를 주고, 그런 아픔을 준 것에 대해 줄곧 후회한다. 이는 연인이 더 잘 맞는 사람과 함께하기로 선택했을 때의 느낌, 청소년이 집을 떠나 부모가 느끼는 상실감이나 외로움과 같다. 이러한 아픔은 누구의 잘못도 아니지만, 여전히 인정하고 자기연민으로 치유할 수 있다.

앞서 언급하였듯이 용서는 다섯 가지 단계로 이루어진다. 지도자는 참여자들에게 각 단계를 요약해 주며 개인적인 예시를 들 수도 있다.

① 아픔에 개방하기: 일어났던 일에 대한 아픔을 되살리기
② 자기연민: 원인이나 조건이 무엇이든 아픔에 대한 공감으로 우리의 가슴이 녹아내리도록 허용하기
③ 지혜: 상황이 전적으로 개인적인 것은 아니며, 많은 상호 의존적 원인과 조건의 결과였다는 것을 인식하기
④ 용서하려는 의도: "내가(또는 그들이) 고의로 또는 모르고 그 사람(나)을 아프게 했던 것에 대해 나 자신(또는 그들)을 용서하기 시작하기를."
⑤ 보호에 대한 책임: 해로운 방법을 멀리하고 최선을 다해 같은 실수를 반복하지 않도록 다짐하기

만약 회기에서 시간이 있다면 지도자는 이 다섯 단계를 진행하는 실습으로 참여자들을 안내할 수 있다. 참여자들에게 어느 정도 아픔을 주었던 사람 중 용서하고 싶은 사람이자 더는 그로부터 자신을 보호할 필요가 없는 사람을 떠올려 보게 한 다음, 용서의 단계를 하나씩 나아가게 한다.

타이밍이 중요하다. 용서 실습을 안내하는 대신 노벨평화상 수상자 데스몬트 투투(Desmond Tutu) 대주교와 그의 딸 미포 투투(Mpho Tutu)의 기도문 〈Prayer before the Prayer〉(Tutu & Tutu, 2015)'를 읽을 수도 있다. 이 기도문으로 독자는 오래된 아픔을 되살릴 때 자연스럽게 나타나는 양가감정을 이해할 수 있다. 이러한 양가감정은 진정한 용서를 앞두었을 때 나타난다.

휴식
(15분)

참여자들이 활력을 찾고 서로 편안하게 연결될 수 있는 시간을 평소처럼 제공한다. 7회기는 도전이 되는 회기이므로 휴식 시간은 특히 중요하다.

연착륙 명상
(2분)

참여자들이 지금까지 배운 내용 중에서 지도자가 선별하여 2분 내로 간단히 안내하거나, 다음 실습 목록을 읽어 주고 참여자들에게 자신만의 연착륙 명상을 해 보도록 요청한다.

- 위로의 손길
- 부드러운 목소리
- 자기연민 브레이크
- 자애 명상
- 애정 어린 호흡
- 발바닥 명상
- 감정에 이름 붙이기
- 부드럽게 하기–위로하기–허용하기
- "내게 필요한 것은 무엇인가?" 질문하기
- 서원과 함께 살기
- 연민 어린 보디 스캔
- 연민 어린 친구
- 연민 어린 움직임
- 연민 주고받기

연결의 아픔
(10분)

7회기 후반에는 관계에서 겪는 다른 유형의 아픔인 연결의 아픔에 초점을 맞춘다. 이는 우리와 가까운 누군가가 괴로워할 때 우리 모두가 느끼는 아픔이다. 연결의 아픔은 다른 이들과 공감적으로 공명할 수 있는 우리 인간의 능력에 기반을 둔다.

지도자는 개인 일화, 연구 문헌, 동영상이나 시 같은 교육 자료를 사용하여 이 주제를 흥미롭게 전달한다. 이어지는 내용은 연결의 아픔에 관한 개념 구조를 참여자들에게 제공하는 데 도움이 될 것이다.

인간은 매우 사회적인 뇌를 가지고 있다(Adolphs, 2009; Lieberman, 2013). 우리 뇌에는 다른 이들이 느끼는 것을 우리 자신의 몸으로 느끼게 하는 **거울 뉴런**이라 불리는 뉴런이 있다(Gallese, Eagle, & Migone, 2007; Rizzolatti, Fadiga, Gallese, & Fogassi, 1996). 게다가 다른 이들의 감정 표현을 보면 우리 자신이 감정을 경험할 때와 유사한 신경 회로가 활성화된다(Decety & Lamm, 2006; Keysers, Kaas, & Gazzola, 2010; Lieberman, 2007). 예를 들어, 다른 사람이 고통스러워하는 것을 목격하면 우리가 고통받는 것과 유사한 뇌 구조가 활성화된다(Bernhardt & Singer, 2012; Decety & Cacioppo, 2011; Saarela et al., 2007).

다른 이들과 공감적으로 공명할 수 있는 우리의 능력은 진화적으로 적응한 결과이다. 이 능력은 다음 세대를 양육하는 데도 필요할 뿐만 아니라 생존을 위해 서로를 이해하고 협동하는 데도 필요하다. 찰스 다윈(Charles Darwin) 하면 '적자생존'이라는 표현이 일반적으로 떠오르겠지만, 다윈은 실제로는 한 종이 생존하는 데 도움이 된 핵심 요소가 **협동**, 즉 '친절생존'이라고 여겼다(Keltner, 2009, p. 52).

정서는 전염된다(Hatfield, Cacioppo, & Rapson, 1993; Nummenmaa, Hirvonen, Parkkola, & Hietanen, 2008; Wild, Erb, & Bartels, 2001). (지도자는 온라인에서 'talking twin babies'를 검색하면 나오는 공감적 공명에 대한 익살스러운 영상을 보여 줄 수 있다.) 부모는 자녀가 부모의 감정을 거울처럼 비추고, 부모 자신의 감정을 변화시키면 자녀의 감정 또한 조절되는 경험을 한다(Calkins, 1994; Morris, Silk, Steinberg, Myers, & Robinson, 2007). 갓난아기도 부모와 정서적으로 소통한다는 점을 미루어 보아, 공감은 아이가 말문이 트이기 전 일어난다는 것에 주목할 필요가 있다.

정서적 공명은 친밀한 반려 관계에서도 발생한다. 예를 들어, 우리의 배우자는 즐거운 기분으로 퇴근했지만, 우리는 기분이 좋지 않은 경우를 떠올려 보자. 우리는 우리의 감정을 감추고 여기에 대해 아무 말도 하지 않는다. "무슨 일인데?"라고 배우자가 투덜대며 묻는다. 그러면 우리는 "나 말이야? 당신이 무슨 일 있는 거 아니야?"라고 말한다. 아무리 애써도 우리의 진짜 느낌을 감추거나 정서적 전염을 막기란 어렵다. 우리는 반짝이는 눈, 긴 한숨, 목소리 음역에서 생긴 약간의 변화 같은 여러 미묘한 의사소통으로부터 영향을 받는다. 그러므로 우리는 필연적으로 다른 이들의 감정에 (최소한 어느 정도는) 책임이 있으며, 그들 또한 우리의 감정에 책임이 있다.

전염성이 큰 우리의 감정들은 우리를 감정의 하향 나선으로 이끌 수 있다. 즉, 한 사람이 가진 부정적인 감정은 부정적인 생각과 판단을 촉발하고, 이는 다른 사람이 가진 생각과 감정 또한 비슷한 정도로 부정적으로 만들거나 심지어는 더 나쁘게 만든다(Fredrickson, Cohn, Coffey, Pek, & Finkel, 2008). 다행스러운 소식은 자기연민이 이러한 악순환을 끊을 수 있을 뿐만 아니라 상향 나선으로 나아가게 할 수 있다는 것이다. 우리 자신과 타인에 대한 친절과 관심의 느낌을 일으키면, 즉 연민을 함양하면 우리의 개선된 태도가 우리를 긍정적인 생각과 타인과의 긍정적 상호작용으로 이끌 것이다.

관계 속에서의 자기연민 브레이크
(1분)

하향 나선에 사로잡히는 대신 관계 속에서 자기연민 브레이크(1회기에서 지도, 10장 참조)를 적용하면 의사소통의 어조와 방향을 변화시킬 수 있다. 앞으로 일상에서 열띤 논쟁을 벌이는 상황이 오면 자기연민 브레이크를 가져 보도록 참여자들에게 안내한다. 예를 들어, 상호작용에서 빠져나와 자기친절 또는 자기보호의 표현(참여자 자신의 욕구도 중요함을 상기하며)으로 손을 가슴이나 다른 부위에 얹고, "이것은 고통의 순간이구나. …… 고통은 모든 관계의 일부이지…… 내가 굳건하기를…… 내가 나 자신에게 필요한 연민을 주기를."이라고 조용히 반복한다. 참여자 또는 참여자와 대화 상대 모두 위협받는 느낌에서 어느 정도 보살핌과 관심을 받는 느낌으로 옮겨갔다고 여겨지면 대화를 다시 시작할 수 있다. 상대를 보자마자 연민 어린 마음 구조가 사라진다면, 대화로 돌아갈 때 잠시 연민 주고받기(5회기에서 지도, 14장 참조)를 수행하는 것이 도움이 될 것이다.

돌봄 피로
(15분)

돌봄 피로(caregiving fatigue)는 우리의 연결이 고통스러워지는 또 다른 예시이다. MSC 프로그램 참여자 대부분은 어린 자녀, 연세가 든 부모, 배우자 등 개인적으로 누군가를 돌보고 있거나, 의학, 정신건강, 교육 분야에서 전문적으로 돌봄을 제공하는 사람들이다. 이 주제를 상호작용하는 방식으로 흥미롭게 전달하기 위해 지도자는 돌봄의 두 상황이 담긴 다음 질문으로 이야기를 시작한다.

- 의사, 간호사, 치료자 등 전문적으로 돌봄을 제공하시는 분 있나요?
- 어린 자녀, 연세가 든 부모, 친구, 배우자 등 개인적으로 다른 사람을 돌보는 분 있나요?

그런 다음 정서적 공명이 어떻게 모든 돌봄 관계에서 핵심이 되는지, 오랜 시간 타인의 고통을 느낄 때 어떻게 돌봄에 압도당하며 소진하게 되는지에 대한 토의를 시작한다.

지도자는 다음 질문을 던진다. "돌봄 피로의 징후는 무엇일까요?" 참여자들은 좌절감, 짜증, 건망증, 흥미 저하, 회피, 외로움, 걱정, 수면 부족 같은 증상과 징후를 언급한다. 그러면 지도자는 돌봄 피로는 우리의 약점이 아닌 우리가 인간이라는 징후임을 분명히 한다. 견딜 수 있는 정서적 괴로움의 정도에는 한계가 있다. 정서적 고통이 너무 심해서 우리가 그 경험에 저항하게 되면 우리는 피로해지고 그만두게 된다. 우리가 돌보아야 하는 바로 그 사람을 원망하는 결과를 초래하기도 한다. 이러한 태도의 변화는 자신이 연민을 타고났다고 여기는 이들을 두 배로 당황스럽게 만들곤 한다.

지도자는 "돌봄 피로에 시달릴 때 무엇으로부터 힘을 받나요?"라는 질문을 이어간다. 흔히 나오는 대답은 운동하기, 친구들과 시간 보내기, 휴가 가기 같은 자기관리 활동이다.

이는 "이러한 자기관리 전략의 가장 큰 한계는 무엇일까요?"라는 질문으로 이어진다. 주요 한계점은 자기관리는 일을 놓아야 할 수 있다는 것이다. 우리에게는 일하는 중에도 도움이 되어 줄 무언가가 필요하다. 목표는 돌보는 역할 자체가 소진을 덜 일으킬 방법을 찾는 것이다.

"연민이 너무 많은 게 우리가 더욱 강인해지는 데 문제가 된다고 느끼는 분 있나요?" 이 질문은 공감과 연민이라는 용어 사이의 혼동에서 비롯된 흔한 오해이다. 둘 사이에는 어떤 차이가 있을까? 칼 로저스(Carl Rogers, 1961/1995)는 공감을 "내면에서 들여다보듯 [다른 사람의] 세계를 정확히 이해하고, [타인의] 세계를 마치 자신의 세계인 것처럼 감지하는 것"으로 정의하였다(p. 248). 연민은 공감하는 역량에 따뜻함과 친절함이 더해진 것이다. 만약 우리가 타인의 괴로움을 견디고 포용할 수 있는 정서적 자원 없이 그저 느껴야 한다면 결국 소진하게 될 것이다. 연민은 고통과 싸운다기보다는 고통을 포용하는 돌봄의 감각이다(Bloom, 2017). 공감이 "나는 너를 느껴."라고 말하는 거라면, 연민은 "나는 너를 안고 있어."라고 말하는 것이다.

연민은 긍정적인 정서이자 본질적으로 활력을 북돋는 정서이다. 신경과학자 타니아 싱어와 올가 클리메키(Tania Singer & Olga Klimecki, 2014)는 집단을 둘로 나누어 수일 동안 각각 공감과 연민을 훈련시킨 후 타인의 고통을 묘사하는 단편영화를 보여 주었다. 두 집단에서 영화를 보며 활성화된 뇌신경 네트워크는 서로 뚜렷하게 달랐다. 또한 자가보고상 공감 훈련 집단은 영화를 보고 난 다음 부정적 정서를 보고한 반면, 연민 훈련 집단은 긍정적 정서를 보고하였다. 그러므로 일반적으로 '연민 피로'라 불리는 현상은 '공감 피로'로 일컫는 것이 더 정확할 것이다(Klimecki & Singer, 2012; Stebnicki, 2007). 이 연구에 관한 설득력 있는 영상은 온라인에서 'Matthieu Ricard' 'empathy fatigue'라는 검색어로 찾아볼 수 있다. 그러므로 우리의 돌봄 피로를 완화하려면 역설적이게도 연민을 줄여야 하는 게 아니라 더 많이 늘려야 한다.

다음으로, 지도자는 "우리를 이미 소진시키고 있는 다른 이들을 위해 우리가 어떻게 연민으로 성장할 수 있을까요?"라고 묻는다. 답은 바로 "자기연민!"이다. 공감적 고통은 우리가 자기연민으로 건강하게 반응해야 할 또 하나의 정서적 고통일 뿐이다. 이 반응은 돌보는 상황 자체에서 시도할 수 있다. 우리 자신에게 "이건 정말 스트레스네. 압도되는 느낌이야."라고 말한 다음, 그 순간 그 자리에서 곧바로 자신에게 친절을 전하면 된다. 돌보는 사람이라는 자신의 역할에서 우리는 다른 이들의 욕구에만 관심이 가져야 한다고 여기고, 그들에게 충분히 주고 있지 않다는 생각이 들면 자신을 비난한다. 그러나 타인의 욕구에 하는 만큼 우리 자신의 정서적 욕구에 주의를 기울이지 않는다면 결국 우리는 소진되어 다른 이들에게 베풀 수 없게 될 것이다(Egan, Mantzios, & Jackson, 2017; Mills & Chapman, 2016).

우리가 돌보는 사람들은 우리의 마음 상태와 공감적으로 공명을 이룬다는 것을 반드시 기억해야 한다. 공감은 두 가지 방식으로 진행된다. 우리가 좌절하고 지치면 상대도 이러한 부정적인 감정들과 공명하게 되겠지만, 만약 우리의 마음 상태가 친절과 연민으로 가득하다면 상대는 이러한 긍정적인 감정들과 공명하게 될 것이다. 그러므로 누군가를 돌보는 상황에서 자기연민을 전하는 태도는 실제로 우리가 타인에게 주는 **선물**이다. 결코 이기적으로 구는 것이 아니다. 지도자는 이 점을 설명할 때 아이를 키우거나 아픈 배우자를 돌보았던 자신의 경험을 예로 들 수 있다.

다음은 타인에 대한 연민을 유지하고 확장하기 위한 기반으로서 자기연민이 가지는 중요함에 대한 달라이 라마(Dalai Lama, 2012b)의 가르침이다. "타인을 향해 진정한 연민을 키우려는 사람은 먼저 연민을 함양할 수 있는 기반을 갖추어야 하고, 그 기반은 자신의 감정과 연결되는 능력이자 자신의 복지를 돌보는 능력이다. …… 타인을 돌보려면 자기 자신을 돌볼 수 있어야 한다."

평정심

돌봄 피로를 다룰 수 있는 또 다른 중요한 기술은 **평정심**이다. 이는 쾌감과 아픔, 성공과 실패, 기쁨과 슬픔 같은 양극단 가운데에서 마음의 균형을 유지하는 것으로, 꾸준한 마음챙김 수행으로 자연스럽게 발달하는 여유로운 태도이다. 평정심은 냉정한 단절이 아닌 일시적이고 상호 의존적인 본질에 대한 깊은 이해로부터 일어나는 지혜이다. 정서적 친밀함과 지혜로운 구별 모두에 기반을 두는 또 다른 돌봄이 바로 평정심이다.

평정심은 오랜 시간 우리에게 도전이 되었던 상황에서 벗어나, 우리 자신과 다른 이들을 더욱 넓은 관점으로 바라볼 수 있게 하는 언어를 사용하여 함양할 수 있다. 레인홀드 니부어(Reinhold Niebuhr)가 쓴 〈평온함을 청하는 기도(Serenity Prayer)〉를 그 예로 들 수 있는데, 이 기도문의 내용은 다음과 같다(1943, p.xxiv). "주여, 저희에게 바꿀 수 없는 것을 받아들이는 평온을 주옵시고, 바꿀 수 있는 것은 바꾸는 용기를 주시옵소서. 그리고 이 두 가지를 구분할 수 있는 지혜를 주소서."

평정심은 연민 어린 상태와 타인과의 관계 유지 사이에서 선택할 수 있는 정서적 공간을 마련해 준다. 예를 들어, 심리치료자인 MSC 참여자들은 처음 만난 내담자더라도 그들이 자살 이야기를 꺼내면 얼마나 빨리 감정적으로 얽히게 되는지 이해할 것이다. 자살 이야기를 꺼내자마자 치료자들의 관심은 자살을 방지하거나 다음 회기 전까지 자살하지 않겠다는 서약을 받아내는 데 온 주의가 쏠리게 된다. 평정심 수행은 이러한 상황에서 나타나는 자연스러운 공포 반응으로부터 임상가들이 한 걸음 물러나 내담자들과 공감적 연결을 유지하며 의미 있는 안전 계획을 함께 협력하여 세우는 데 도움이 될 것이다.

평정심과 함께하는 연민
(25분)

평정심과 함께하는 연민 실습은 타인을 돌보는 상황 한가운데에서 일어나는 공감적 고통과 공감 피로에 자기연민 반응을 적용하는 일상 수행이다. 이 시간에는 평정심 문구에 연민 주고받기(5회기)를 통합한 안내 명상으로 이번 실습을 안내한다.

지도

- 편안한 자세를 취하고, 몸과 현재 순간에 안주하기 위해 두세 차례 깊이 호흡합니다. 자신의 경험과 자기 자신에게 애정 어린 자각을 가져온다는 사실을 상기하기 위해 손을 가슴이나 편안하고 위로가 되는 곳에 얹습니다.
- 여러분이 돌보는 사람 가운데, 고통받고 있으면서 여러분을 지치게 하거나 좌절을 느끼게 만드는 사람을 떠올려 봅니다. 처음 해 보는 이번 실습에서는 복잡한 역동을 일으키는 여러분의 자녀는 선택하지 않습니다. 마음에서 그 사람과 그를 돌보는 상황을 분명히 시각화하고, 몸으로 그 힘겨움을 느껴 봅니다.
- 이제 다음 말들을 주의 깊게 듣고, 이 말들이 마음을 부드럽게 지나가게 둡니다.

–'모든 사람은 각자 자신 삶의 여정에 있다. (간격) 내가 이 사람의 고통을 일으킨 원인이 아닐뿐더러, 그 고통을 사라지게 하는 힘이 나에게는 없다. 설령 내가 원한다 할지라도. (간격) 이러한 순간은 견디기 힘들지만, 그래도 나는 할 수 있는 데까지 돕고자 노력할 것이다.'

- 몸에 일어난 스트레스를 자각하고, 충분히 깊이 숨을 들이쉬면서, 몸 안으로 연민을 일으켜 모든 세포를 연민으로 채웁니다. 깊이 들이쉬는 숨에 자신이 필요로 하는 연민을 스스로 제공하며 자신을 위로합니다. (간격)
- 숨을 내쉴 때는 자신의 불편함과 연결된 사람에게 연민을 내보냅니다. (간격)
- 계속해서 연민을 들이쉬고 내쉬면서, 여러분의 몸이 점차 자연스러운 호흡의 리듬을 발견하도록 합니다. 몸이 스스로 호흡하도록 내버려 둡니다.
- '한 번은 나를 위해, 한 번은 당신을 위해' '들숨은 나를 위해, 날숨은 당신을 위해.'
- 이따금 내면에 어떠한 스트레스가 있는지 살펴보고, 자신을 위해 연민을 들이쉬고, 필요한 사람을 위해 연민을 내쉽니다.
- 만일 둘 중 누군가 더 많은 연민을 필요로 한다면, 호흡을 그 방향으로 더 집중합니다.
- 호흡할 때 자신의 몸이 안으로부터 어떻게 어루만져지는지 알아차려 봅니다.
- 자신이 연민의 바다에 떠 있도록 내버려 둡니다. 모든 고통을 포용하는 무한한 대양 같은 연민의 바다에 더 있도록 내버려 둡니다. (간격)
- 그리고 다시 한번 이 말들을 들어 봅니다.

–'모든 사람은 각자 자신 삶의 여정에 있다. (간격) 내가 이 사람의 고통을 일으킨 원인이 아닐뿐더러, 그 고통을 사라지게 하는 힘이 나에게는 없다. 설령 내가 원한다 할지라도. (간격) 이러한 순간은 견디기 힘들지만, 그래도 나는 할 수 있는 데까지 돕고자 노력할 것이다.'

- 이제 실습을 내려놓고, 이 순간에 있는 그대로 자신을 허용합니다.
- 부드럽게 눈을 뜹니다.

안주와 반영

참여자들이 수행에 안착하도록 1~2분 정도 시간을 제공한다. 특히 안도감과 자유로움을 제공하는 문구, 감각, 감정들이 참여자들에게 머물게 하도록 안내한다.

탐구

참여자들은 돌보는 사람으로서 자신들이 가진 한계를 이해하고, 누군가를 돌보는 중에도 자신들의 욕구에 주의를 기울이도록(양의 자기연민) 허락하는 평정심과 함께하는 연민 실습을 감사히 여긴다. 이러한 과정은 자신의 욕구를 타인의 욕구에 종속하도록 사회화되어 온 여성들에게서 더욱 도전이 된다. 어떤 참여자는 지도자의 충고에도 불구하고 실습의 대상으로 어린 자녀를 선택한다. 이 실습을 처음 할 때는 어린 자녀를 선택하지 않도록 권고하는데, 어린 자녀를 둔 부모는 자신이 자녀가 겪는 고통의 유일한 원인이라고 여기기 때문이다. 그러나 이러한 경우에도 평정심이 주는 지혜, 즉 우리가 생각하고 느끼는 것은 상호 의존적인 요인들의 무한한 배열로 인한 결과이며 대부분 우리의 이해와 통제 너머에 있다는 사실을 이해한다면 수행으로 큰 도움을 받을 수 있다. 이러한 통찰은 우리의 가슴과 마음이 지속 가능한 현실적인 방식으로 연민 어린 상태가 되도록 우리를 해방한다. 다음 탐구를 살펴보자.

바바라: 저는 나이 드신 부모님 두 분을 돌보고 있어요. 아직 따로 살고 계시지만, 아버지는 가끔 정신이 흐려져서 자제가 안 되시고, 엄마는 아버지를 요양원에 보내거나 함께 요양원에 들어가는 건 절대 싫다고 하세요. 지금 상황이 엄마한테 너무 안 좋다는 게 눈에 훤히 보이는데 말이죠. 엄마와 저는 사이가 좋았던 적이 단 한 번도 없지만, 지금이 제일 안 좋은 것 같아요. 끝 간 데 없이 화를 내시거든요.

지도자: 굉장히 힘든 상황인 것처럼 들리네요, 바바라. 이번 실습에서 평정심 문구를 들었을 때 어땠는지 물어봐도 괜찮을까요?

바바라: 정말 안도했어요! 한숨을 크게 쉬었던 것 같아요. 한숨 소리가 다른 분들에게 방해가 안 되었길 바라요.

지도자: 문구 중에 가장 와닿았던 부분은 무엇이었나요?

바바라: 네, 우리 모두 각자 자기 삶의 여정에 있다는 부분을 저에게 대입해 보았

어요. 그러자 엄마가 살아온 삶 전체 모습을 볼 수 있었고, 당신 삶 속에서 악착같이 원리원칙을 유지하고, 때로는 성을 내어야 살아남을 수 있었다는 걸 볼 수 있었어요. 그게 엄마의 있는 그대로의 모습이고, 엄마가 나에게 화를 내는 게 제 탓이 아니란 걸 깨닫게 되었어요.

지도자: 중요한 깨달음이네요, 바바라. 들숨은 자신을 위해, 날숨은 엄마를 위해 쉬어 보니 어떻던가요?

바바라: 그건 꽤 쉬웠던 것 같아요. 제 아픔도, 엄마한테 그렇게 대우받았던 저 자신도 너무 안쓰러워서 진심으로 저를 위해 숨을 들이쉬고 싶었거든요. 그러고 나니 엄마의 아픔도 안쓰러워지더라고요. 저 자신에 대해 연민을 느끼게 되자 엄마한테도 더 마음을 열게 된 것 같았어요. 그래서 엄마를 위해, 엄마의 서글픈 상황을 위해 숨을 내쉬었어요. 사람이 나이가 들어 그토록 고통을 받아야 한다는 건 정말 불공평한 일이에요.

지도자: 네, 불공평한 일이죠. 한편으로는 바바라 자신의 슬픔에 마음을 열자 엄마가 가진 분노 뒤에 숨은 무언가를 볼 수 있게 되었다니 그건 정말 감사한 일이네요. 그게 바로 연민이랍니다. 처음 해 본 실습에서 이 수행의 본질을 경험하신 것 같아요. 여기에서 배운 것을 부모님을 만날 때도 가져갈 수 있을까요?

바바라: 네, 그럴 수 있을 것 같아요. 평정심 문구를 카드에 적어서 차에 두고, 차에 타고 있을 때 연민 어린 호흡을 해 보려 해요. 어떻게 될지 한번 보려고요.

지도자: 그래요, 한번 지켜봅시다. 고맙습니다, 바바라.

실습에서 겪은 과정과 그로부터 얻은 안도감을 그저 나누길 바랐던 바바라의 탐구는 순조로이 흘러갔다. 비록 바바라는 자신의 상황에 관한 내용을 더 꺼내고픈 마음이었을 수도 있지만, 지도자가 탐구 방향을 실습 자체로 우아하게 되돌려준 덕에 평정심 문구가 자기친절을 불러일으켰을 뿐만 아니라 자신의 어머니를 이해할 공간까지 만들어 주었던 실습 과정을 집단과 나눌 수 있었다. 바바라가 탐구에서 언급한 경험이 바로 이번 실습의 의도 그 자체이다. 끝으로 지도자가 바바라가 가진 연민의 역량을 수인해 주고, 실습에서의 경험을 일상으로 연결할 수 있도록 도와주면서 탐구는 마무리되었다.

누군가를 돌보는 사람 중 일부는 자신을 위해 들숨을 쉴 자격이 자신에게는 없다고 느낀다. 이들에게는 비행기 기내에서 산소마스크 착용에 대한 안내를 은유로 들어 줄 수 있다. "비행 중 비상용 산소마스크가 내려올 때는 자신이 먼저 마스크를 착용한 다음 다른 사람들을 도와주어야 합니다." 또는 갓 태어난 아이가 숨을 내쉬려면 먼저 숨을 들이쉬어야 하고, 분만실에 있는 모든 이가 아이가 첫 숨을 들이쉬기를 간절히 기다린다는 사실을 언급할 수도 있다. 들숨은 생존을 위해 필요할 뿐만 아니라, 다른 이들 또한 우리가 자신을 위해 숨을 들이쉬기를 바란다. 심지어 우리가 어른이 되었다 하더라도!

과제 수행
(5분)

이번 회기에서 배운 수행은 다음과 같다.

- 연민 어린 친구
- 관계에서의 자기연민 브레이크
- 평정심과 함께하는 연민

충족되지 않은 욕구 채우기 실습 안내 자료를 요청하는 참여자들에게는『나를 사랑하기로 했습니다: 마음챙김 자기연민 워크북』을 안내한다.

이번 회기 실습으로 정서적 여파를 겪고 있는 참여자들에게는 지금까지 배워 온 기술들을 적용해 보도록 조언한다. 지금 겪고 있는 정서적 어려움을 사라지게 만들려는 것이 아니라, 연민이 정서적 어려움에 반응하는 건강한 방식이기 때문임을 알린다.

다음 회기인 8회기는 MSC 프로그램의 마지막 시간이다. 다음 한 주는 프로그램 과정에서 배운 모든 수행을 돌이켜 보고, 프로그램을 마친 후 계속하고 싶은 수행이 무엇인지 적어 보기에 좋은 시간이 될 것이다. 아울러 시, 짧은 이야기, 개인적 회고 같은 마지막 시간에 나누고픈 무엇이든 가져오도록 참여자들에게 안내한다. 이러한 마지막을 기념하는 작업은 각자가 집단에 기여할 수 있는 기회를 제공하는 자리이므로 참여자들이 의무감을 느끼지 않게 해야 한다.

마무리
(2분)

지도자는 한 단어 공유하기나 침묵으로 회기를 마무리 짓거나, 밀러 윌리엄스(Miller Williams, 1997)의 시 〈Compassion〉을 낭송하며 끝맺을 수도 있다. 밀러의 딸 루신다 윌리엄스(Lucinda Williams, 2014)가 이 시에 곡을 붙인 노래도 있다. 어떤 지도자는 시에 담긴 대명사 몇 가지를 자신을 지칭하는 것으로 바꾸어 자기연민의 시로 바꾸어 낭송하기도 한다.

제18장

8회기

삶을 포용하기

개요

시작 명상: 자신과 타인을 위한 연민

오늘의 회기: 삶을 포용하기

주제: 행복 배양하기

주제: 음미하기와 감사하기

일상 수행: 작은 것에 감사하기

주제: 자기감사

일상 수행: 선한 자질에 감사하기

휴식

연착륙 명상

실습: 내가 기억하고 싶은 것은 무엇인가?

주제: 수행을 유지하기 위한 조언

마무리

시작하기

- 이번 회기 목표
  - 음미하기와 감사하기, 자기감사를 실습하여 인간이 가진 부정 편향을 교정한다.
  - 참여자 각자에게 프로그램을 마친 후에도 기억하고픈 핵심 통찰과 수행을 되돌아보게 한다.

- 왜 지금인가?
  - 연민 훈련을 지지하는 행복을 배양하도록 돕는다.
  - MSC 프로그램 이후에도 수행을 지속하도록 격려한다.
  - 프로그램을 긍정적이고 고무적인 분위기로 마무리한다.

- 새로운 수행
  - 자신과 타인을 위한 연민
  - 작은 것에 감사하기
  - 선한 자질에 감사하기

자신과 타인을 위한 연민
(25분)

이 새로운 명상은 참여자들의 마음에 떠오르는 모든 지각 있는 존재에게 자애와 연민을 차례로 확장하여 마음을 친절함과 연민이 머무르는 장소로 만드는 수행이다. 참여자들에게 그들 자신의 연민에 대한 욕구를 충족하게 한 다음, 다른 이들에게로 연민 수행을 확장하는 순서로 안내한다.

지도자는 비록 세상이 바뀌지 않더라도 우리는 마음에 떠오르는 모든 살아 있는 존재에게 친절과 연민을 전하는 태도를 배양함으로써 행복하게 살 수 있다는 점을 강조한다.

지도

- 편안한 자세로 앉습니다. 눈을 감고, 세 번 깊이 이완하는 호흡을 합니다.
- 손을 가슴이나 다른 위로가 되는 곳에 얹고, 손의 부드러운 손길과 따뜻함을 느껴 봅니다.
- 그러고 나서 자신의 몸에 있는 감각의 세계인 맥박과 진동에 개방하고, 바로 지금 이러한 인간의 몸을 가진 것이 어떤 느낌인지 알아차려 봅니다. (간격)
- 자신의 호흡과 연결되면서 숨을 들이쉴 때와 내쉴 때의 감각을 느껴 봅니다. (간격)
- 이제 자신에게 친절을 전하기 시작합니다. 숨을 들이쉬면서 자신에게 친절을 계속 전합니다. 또는, 숨을 쉴 때마다 자신에게 내면의 미소를 전합니다. 또는, 자신의 호흡에 '내가 행복하고 고통에서 벗어나기를.' 같은 문구나 바람을 얹습니다. (긴 간격)
- 준비되면, 여러분의 마음속에 떠오르는 다른 사람이나 존재에 대해 알아차려 봅니다. 누군가 떠오르면 그 사람에게 뭔가 좋은 것을 보냅니다. 호흡, 내면의 미소, 또는 '당신이 행복하고 고통에서 벗어나기를' 같은 말을 보냅니다. (긴 간격)
- 그 존재와 함께 머무르면서 원하는 방식으로 원하는 만큼 선한 바람을 보냅니다. 그러고 나서 다른 사람이 마음속에 떠오를 때까지 기다립니다.
- 천천히 편안하게 내버려 둡니다. 각 존재와 최소한 두 번의 호흡으로 함께 머무릅니다.
- 필요할 때마다, 원하는 만큼 자신에게로 돌아옵니다. 집으로 돌아옵니다. (긴 간격)
- 그러고 나서 마음에 나타나는 누구에게든 다시 마음을 엽니다.
- 마지막으로 명상을 내려놓고, 지금 느끼고 있는 것을 지금 이 순간만큼은 온전히 느끼면서 있는 그대로의 자신이 되도록 허용합니다.

안주와 반영

지도자는 평소처럼 참여자들에게 명상 경험이 안착하고 스며들 시간을 제공한 다음, 방금 겪은 경험을 비추어 보도록 한다.

탐구

시간 안배 차원에서 지도자는 이번 탐구 시간을 자유롭게 건너뛰고 회기의 주제로 곧바로 넘어갈 수 있다. 그러나 만약 탐구 시간을 가진다면 다음과 같이 진행되곤 한다.

조: 음, 정말 강렬한 경험이었어요.

지도자: 우리와 나눌 수 있을까요?

조: 처음에는 아주 쉽게 시작했어요. 우리 아이들이 불쑥 나타나서 자애를 보냈죠. 다음엔 제 친구들이 나타나서 걔네들에게도 자애를 보냈고요. 사랑스러운 시간이었어요. 그런데 그다음엔 제가 엄청 싫어하는 사람들이 나타나기 시작하더라고요. 예전 직장 상사가 나타나질 않나, 누구라고 말은 안 하겠지만 어떤 정치인도 나타났어요. 자애를 보내 보려 했는데 안 되더라고요. 무감각한 느낌이었어요. 그래서 안내해 주신 대로 무감각을 느끼는 저 자신에게로 되돌아왔어요. 그때 변화가 일어나기 시작했고, 믿으실지 모르겠지만 정말로 선의를 느끼기 시작했어요. 심지어 그 정치인에게도 말이죠. 그 사람에게 "당신이 지혜와 연민으로 성장하길 바랍니다."라고 말해 주었어요. 근데 그게 비꼬는 게 아니라 정말 **그 느낌**이었어요. 생각도 못한 일이었어요. 그러자 제 가슴이 마치 경계가 사라진 것처럼 넓어졌고요. 놀라운 경험이었어요.

지도자: 지금 조의 얼굴이 반짝반짝 빛나네요. 보기 참 좋아요. 나누어 주어서 고맙습니다.

이 탐구에서 지도자가 할 일이란 조의 경험에 현존하고 조가 느끼는 기쁨을 나누는 것뿐이었다.

우리 자신과 타인을 위한 연민 실습은 자애와 연민 명상이자 어떤 면에서는 마음챙김 명상, 즉 살아 있는 존재에 대한 마음챙김이기도 하다. 이 명상에서 우리는 마음에서 나타나는 모든 지각 있는 존재에 대해 차례로 애정 어린 자각을 불러오기 때문이다. 필연적으로 우리 마음에는 도전이 되는 사람도 나타나겠지만, 친절하고 연민 어린 마음 상태를 유지하기 위해 필요한 것이 무엇인지에 따라 다른 사람을 위한 연민과 우리 자신을 위한 연민(우리 자신을 충전) 사이를 오가는 수행을 경험하는 기회가 될 것이다.

삶을 포용하기
(1분)

8회기의 주제는 '삶을 포용하기'로, 이번 회기에서는 자기 자신을 비롯한 자신의 삶에서 긍정적인 측면을 인식하고 즐기는 데 도움이 되는 수행들을 안내한다. 아울러 참여자들이 프로그램을 마친 이후에도 마음챙김과 자기연민 수행을 꾸준히 지속하여 자신의 삶을 포용해 가도록 준비하는 시간이다.

행복 배양하기
(5분)

일곱 번에 걸친 지난 회기 동안 MSC 프로그램은 주로 부정적인 경험들과 마음챙김과 자기연민이 이들 경험을 긍정적인 무언가로 탈바꿈시키는 잠재력에 초점을 맞추었다. 어쨌든 연민은 긍정적인 감정이다. 그러나 우리 삶에는 좋고 나쁨, 씁쓸함과 달콤함이 뒤섞여 있다. 이번 회기에서는 우리 삶의 모든 순간을 온전히 즐길 수 있도록 삶에서 겪는 긍정적인 경험과 우리가 가진 긍정적인 자질을 최대한 활용하는 방법에 초점을 맞춘다. 더불어 연민 훈련에 필요한 에너지와 낙관성을 유지하려면 우리 삶 속에서 선함 또한 음미해야 한다.

2회기(11장)에서 토의하였듯 우리의 마음은 문제에 집중하는 쪽으로 진화하였다.

이러한 경향을 일컫는 심리학 용어는 **부정 편향**(negativity bias)이다(Rozin & Royzman, 2001). 릭 핸슨(Rick Hanson, 2013, p.xxvi)이 재치 있게 말했듯, 우리는 "나쁜 경험에는 찍찍이처럼 들러붙고 좋은 경험에는 프라이팬 코팅마냥 미끄러져 지나친다." 또한 부정적인 감정(예: 두려움, 분노, 수치심)은 우리의 지각 범위를 좁히고, 긍정적인 감정(예: 기쁨, 평화로움, 사랑)은 우리의 자각을 확장한다(Fredrickson, 2004a). 헬렌 켈러(Helen Keller, 2000, p. 25)는 "행복의 문 하나가 닫히면 다른 문들이 열린다. 그러나 우리는 대개 닫힌 문을 멍하니 바라보다 우리를 향해 열린 문을 보지 못한다."라고 서술하기도 했다.

이번 회기에서는 부정 편향을 교정하여 행복을 배양하는 세 가지 방법을 지도한다.

- 음미하기
- 감사하기
- 자기감사

지도자는 우리가 삶에서 해야 할 많은 목록 가운데 즐거움을 포함시켜야 하는 중요성을 묘사한 토니 호글랜드(Tony Hoagland, 2011)의 시 〈The Word〉를 낭독할 수도 있다.

음미하기와 감사하기
(10분)

음미하기

음미하기는 긍정적 경험을 마음챙김하는 것이다. 즐거운 경험을 인식하고, 그 경험에 빠져들도록 자신을 허용하고, 그 경험에 머무른 다음 놓아주는 과정을 일컫는다. 연구에 따르면 이 간단한 수행은 행복감과 삶의 만족도를 크게 증가시킨다(Bryant & Veroff, 2007; Quoidbach, Berry, Hansenne, & Mikolajczak, 2010). 그뿐만 아니라 (긍정적인 기억들을) 음미하면 긍정적 정서 및 회복탄력성과 연관된 뇌 부위(선조체와 내측 전전두엽 피질)의 활성화가 증가하는 것으로 나타났다(Speer, Bhanji, & Delgado, 2014).

MSC 안거에서 음미하기의 두 가지 예시로 감각하고 음미하며 걷기와 음식 음미하기를 이미 다룬 바 있다. 이들 수행에서는 '스스로 즐기려 노력'하기보다는 경험을 즐기게 '자신을 허락해 주도록' 또는 '허용해 주도록' 지도하였다. 긍정적인 감각과 정서에 머무르는 단순한 즐거움은 마음챙김과 연민을 추구하는 수행자들에게 급진적인 발견이 될 수 있다. 다음은 음미하기의 한 가지 지도 예시이다.

- 어떠한 즐거운 경험도 음미하기 실습이 될 수 있습니다. 예를 들어, 우리는 양손을 서로 문지를 수도 있고, 그렇게 했을 때 손에서 일어나는 감각을 단순히 알아차릴 수도 있습니다. (지도자가 움직임을 보여 준다.)
- 양손을 계속 문질러 봅니다. 손을 서로 비비는 감각을 즐겨 보도록 우리 자신을 허용합니다. (움직임을 계속 보여 준다.)
- 음미하기로 선택한 이러한 의도의 변화가 어떤 식으로든 여러분의 경험을 변화시켰나요?

그런 다음 지도자는 참여자들의 의견을 물어본다. 이번 회기에서 지도자는 새로운 음미하기 수행을 소개하기보다 마음챙김 실습 대부분을 음미하기 실습처럼 수행할 수 있다는 점을 짚어 주어야 한다.

감사하기

감사하기란 삶이 우리에게 선사한 좋은 것들에 감사하는 것이다. 우리가 원하는 것들 중 가지지 못한 것에만 집중한다면 우리는 계속 마음의 부정적 상태에 남아 있게 될 것이다. 다수의 연구에서 감사 수행이 신체적 · 정서적 안녕감을 증진한다는 결과를 보고하였다(Dickens, 2017; Emmons & McCullough, 2004; Jackowska, Brown, Ronaldson, & Steptoe, 2016; Wood, Froh, & Geraghty, 2010).

감사하기는 또한 지혜 수행이다. 상황에 담긴 복잡성을 이해하고 모든 사건이 가진 상호의존 방식을 인식하는 것이 지혜의 한 가지 요소이다(Olendzki, 2012). 감사하기를 수행하면 우리의 삶에 기여하는 크고 작은 많은 요인을 이해하게 된다. 감사하기를 지혜의 질감, 즉 지혜가 어떤 느낌인지 경험하는 수행이라고도 할 수 있을 것이다. 아울러 감사하기는 관계 수행이자 연결 수행이기도 하다. 감사하기에서 일어나는 기쁨은 어느 정도는 상호의존에 대한 통찰과 분리에 대한 환상으로부터 벗어났다는 자유로움 덕분이다.

지도자는 감사의 힘을 표현한 동영상을 보여 줄 수도 있다. 다음은 두 가지 선택지이다.

- 베네딕트회 수도사 데이비드 스타인들-라스트(David Steindl-Rast)가 '감사'에 대해 이야기한 동영상. http://gratefulness.org에 방문하여 'Practice'을 클릭한 다음 동영상 〈A Good Day〉를 클릭한다(5분).
- 셀마 바라즈(Selma Baraz, 91세, 명상 지도자 제임스 바라즈의 어머니)가 아들에게 배운 감사 수행을 설명하는 동영상. 불평불만을 "…… 그리고 나의 일생은 참으로 축복이었습니다."라는 문구로 끝맺는 방법을 보여 준다. 이 매력적인 동영상은 유튜브에서 확인할 수 있다(www.youtube.com/watch?v=FRbL46mWx9w).

작은 것에 감사하기
(10분)

이어지는 '축복 세어 보기' 실습은 감사하기가 긍정적 정서를 형성하는 과정을 잘 보여 주는 일상 수행이다(Fredrickson, 2004b). 이 실습은 네덜란드 마음챙김 지도자 데이비드 드울프(David Dewulf)가 개발한 실습을 개작한 것으로, 여러 연구에 근거하여 고안되었다(Emmons & McCullough, 2003; Krejtz, Nezlek, Michnicka, Holas, & Rusanowska, 2016).

지도

- 여러분이 평소 간과해 왔지만, 감사하다고 느끼는 작고 소박한 것 10가지를 적

어 봅니다. 단추, 타이어, 따뜻한 물, 순수한 미소, 안경 같은 것들을 적어 볼 수 있습니다. (집단의 80% 정도가 글쓰기를 마칠 때까지 기다린다.)

- 자, 이제 팝콘 스타일로 여러분이 감사하는 한두 가지를 크게 말해 봅니다.

모든 참여자가 최소한 한 가지씩 언급하고 나면, 자신이 감사한 것을 확인하고 나눈 후 어떤 기분이 들었는지 질문한다.

토의

참여자 대부분은 이 실습을 하고 나서 행복을 더 많이 느낀다고 언급한다. 이러한 결과는 감사하기가 행복을 이끌어 낸다는 경험 기반 근거로 볼 수 있을 것이다. 그러나 행복을 느끼지 못한 자신을 비난하는 참여자는 기분이 더 나빠질 수도 있다. 이 경우 지도자는 다른 이들 또한 똑같이 느낄 수 있다고 짚어 주며, 그러한 경험과 자기 자신에게 자기연민으로 반응하도록 격려해 주어야 한다.

참여자들에게 프로그램이 끝난 이후에도 하루를 마치고 자리에 누워 잠들 때마다 작은 것에 감사하기 수행을 계속해 보도록 안내한다. 그날 하루 감사하게 느낀 작고 소박한 10가지를 열 손가락마다 꼽아 보게 한다.

자기감사
(10분)

이번 회기에서 소개하는 행복을 배양하는 세 번째 방법은 자기감사이다. 앞서 제시한 음미하기와 감사하기 실습은 자기감사의 토대가 된다. 우리가 가진 선한 자질에 감사한다는 것은 우리가 이 자질을 음미할 능력이 있다는 의미이며, 이런 선한 자질에 대해 취약함과 외로움을 느끼지 않고 감사함을 느끼도록 도와준 사람들에게도 감사를 전해야 할 것이다. 다음은 참여자가 자신의 선한 자질에 감사하기 실습을 위한 장을 마련하는 지도 내용이다.

지도자는 “감사하기 실습에서 여러분의 감사 목록에 여러분 자신의 개인적 자질을 포함하는 것을 잊어버렸다는 사실을 알아차린 분 있나요?"라는 질문으로 시작한다. 우리는 삶에서 크고 작은 많은 것에 감사함을 느끼지만, 우리 자신의 긍정적인 자질에는 거의 감사하지 않는다. 오히려 우리의 부족함에 초점을 맞추어 우리 자신을 비난하고 우리의 선한 자질은 당연한 것으로 치부하곤 한다. 이로 인해 우리는 우리 자신에 대해 왜곡된 관점을 가지게 된다. 지도자는 "칭찬받는 게 힘든 분 있나요?"라는 질문으로 여기에 관한 예를 들어 볼 수 있다. 일반적으로 우리는 칭찬은 곧바로 튕겨내지만, 부정적인 피드백은 아주 가볍고 사소한 것이라도 붙들고 집착한다. 심지어는 자신의 선하고 좋은 부분을 생각해 보는 것조차 불편하게 느낄 수도 있다.

이제 지도자는 다음과 같이 묻는다. "왜 우리의 선하고 좋은 자질에 대해 축하하거나 감사하기가 그렇게 힘든 걸까요?" 참여자들은 다음과 같은 다양한 의견을 꺼내어 놓는다.

- "잘난 척하는 것처럼 보여서 친구들과 멀어질까 봐서요."
- "선하고 좋은 자질은 더 낫게 고쳐야 할 문제가 아니잖아요."
- "붕 떠 있다가 추락할까 봐 겁나요."
- "누가 저를 질투할 수 있어요."
- "우리를 더 외롭게 만드니까요."

자기연민의 세 요소를 우리의 긍정적인 자질에 적용해 보면 자기감사가 더욱 수월할 것이다. 첫째, 우리는 선하고 좋은 자질을 당연하게 여기지 않고 마음챙김으로 바라보아야 한다. 둘째, 자신에게 감사를 표현하며 우리 자신에게 친절해져야 한다. 마지막으로, 보편적 인간경험을 떠올리며 다른 이들과 분리되거나 우월하다고 느끼지 않아야 한다.

보편적 인간경험은 자기감사 수행에서 특히 중요하다. 우리의 선하고 좋은 자질들은 하늘에서 떨어지거나 개인적인 노력만으로 만들어지지 않는다. 그보다는 우리 삶 속 우호적인 환경과 다른 많은 이의 도움으로 형성된다고 보아야 할 것이다. 우리의 긍정적인 자질에 기여한 많은 요인을 떠올려 보면, 외로움이 줄어들며 우리가 가진 선하고 좋은 자질들을 더욱 기꺼이 받아들이게 될 것이다. 또한 우리 자신의 아름다움에 감사할 때도 다른 이들과의 비교에서부터가 아닌 모든 인간 존재가 그다지 훌륭하지 않은 자질에 덤으로 훌륭한 자질을 가지고 있다는 데에서 우러나는 감사일 것이다. 우리는 그저 인간일 뿐이다. "나는 완벽하지 않더라도 완벽한 부분이 있어!"라는 말도 있지 않은가. 마지막으로 자기감사는 이기적이지 않으며, 다른 이들에게 무언가를 제공하기 위해 우리에게 필요한 정서적 활력과 자신감을 부여한다.

지도자는 이어지는 실습 전후 중 한 시점을 택하여 자기감사의 중요성을 강조하는 마리안 윌리엄슨(Marianne Williamson)의 『A Return to Love』(1996)에서 발췌한 구절("우리의 가장 깊은 두려움은 우리의 부족함에 있지 않다."로 시작하는 부분, p. 190)을 읽어 줄 수도 있다.

선한 자질에 감사하기
(20분)

이번 실습은 스스로 감사히 여기는 자신의 자질을 탐색하는 일상 수행이다. 우리가 가진 선하고 좋은 자질을 만들고 유지하는 데 도움을 준 우리 삶 속 영향을 이해하면 자기감사가 얼마나 편안하고 수월해지는지도 이번 실습에서 함께 알아차리게 될 것이다.

지도

- 눈을 감고, 자신의 자각을 몸속으로 떨어뜨립니다.
- 자기 자신에게 감사하는 것 서너 가지를 생각하는 시간을 가져 봅니다. (간격) 처음 떠오르는 한두 가지는 다소 피상적일지도 모릅니다. 자신에 대해 정말로 좋아하는 자질에 깊이 개방할 수 있는지 봅니다. 이것을 다른 사람과 나누지 않을 것이므로, 정직하게 떠올려 보시기 바랍니다. (긴 간격)
- 만일 이 실습에서 어떤 불편감을 경험한다면, 자신이 느끼는 것에 대해 약간의 공간을 만들고 그저 있는 그대로 자기 자신이 되도록 내버려 둡니다. 여러분이

그러한 좋은 자질을 항상 보여 주어야 한다거나, 다른 사람보다 더 우수하다고 말하는 것이 아님을 기억합니다. 그저 그것이 사실이라는 것을 인정하는 것뿐입니다.

- 이제 자신이 특별히 감사하는 한 가지 자질에 초점을 맞추어 봅니다.
- 자신의 이러한 좋은 자질을 발달시키는 데 도움을 준 사람이 있었는지 생각해 봅니다. 어쩌면 친구들, 부모님, 선생님, 심지어 인생에 긍정적 영향을 준 책의 작가들이 생각날 수도 있습니다. 그들의 긍정적인 영향을 생각할 때마다 그들에게 감사를 보냅니다.
- 우리 자신에게 감사할 때, 오늘날 내가 있는 데 도움을 준 모든 사람을 존중합니다. (긴 간격)
- 지금 이 순간 자신에 대한 좋은 느낌을 음미하며 그 안에 잠겨 봅니다.

탐구

참여자 대부분에게 자기감사는 새로운 경험이자 감정적으로 활성화되는 실습이므로, 자신의 경험에 담긴 보편적 인간경험을 깨닫는 탐구 시간을 가지면 참여자들이 편안해지는 데 도움이 될 것이다.

벤: 좋아요, 지금 바로 큰 소리로 말해 볼게요……. 저는 음악을 전공하고 있고, 아름다운 목소리를 가지고 있습니다. 저는 힘이 좋은 테너입니다. (우와, 큰 소리로 말하기 진짜 어렵네요!) 멋진 테너 목소리를 은총으로 받았습니다. (멈춤)

지도자: 이야기해 주어서 고마워요, 벤! 이야기를 들으면서 궁금해졌는데요. "멋진 목소리를 은총으로 받았습니다."라고 말하는 게 더 쉬웠나요, "멋진 목소리를 가지고 있습니다."라고 말하는 게 더 쉬웠나요?

벤: 네, 은총받았다고 말하는 게 더 쉬웠어요. 저 혼자만으로 가능한 게 아닌 것 같아서요.

지도자: 알겠습니다. 그럼 한 가지 더 물어볼게요, 벤. 이번 실습에서 지금의 벤이 있게 해 준 사람들이 누구인지 알 수 있었나요?

벤: 정말 많은 분이 계시죠. 기본적으로는 제가 음악을 사랑하고 열심히 노력한

것도 있지만, 음악가 집안 출신인 덕에 많은 분에게 도움을 받았습니다.

지도자: 감사의 범위를 넓혀 보니 어땠나요?

벤: 그분들을 떠올릴 때 큰 행복을 느꼈고, 감사하고, 은총으로 여겨졌어요. 그분들에게 이 친절함을 전하고 싶어요.

지도자: 그럴 날이 반드시 올 거예요, 벤. 아 참, 조금 전에 우리 집단에서 자신의 아름다운 목소리에 감사해 본 건 어땠나요?

벤: (소리 내어 길게 내쉬며) 완전 대박 좋았습니다! (미소)

지도자: 고맙습니다, 벤.

다른 참여자 대부분과 마찬가지로 벤 또한 다른 이들과 분리되어 있다고 느끼게 하는 자기감사에는 어려움을 보였다. 지도자는 탐구를 통해 다른 이들에 대한 감사가 자신의 선하고 좋은 자질을 더 쉽게 음미하는 데 어떻게 도움이 되는지를 집단 전체에게 보여 주었다. 이는 이번 실습이 가리키는 주요 측면이기도 하다.

이번 수행을 다른 이들보다 특히 어려워하는 참여자도 있다. 다음은 힘겹게 실습을 마친 참여자와의 탐구 예시이다.

미 시: 저한테는 너무 힘든 시간이었어요. 저는 종교적 이유로 매우 엄격한 환경에서 자랐어요. 뭐 하나 제대로 할 수 있는 게 없는 것 같았죠. 한번은 학교 연극제에서 주인공을 맡아 자랑스러웠는데, 어머니가 그런 거로 우쭐대지 말라고 하셨던 게 기억나요. 저의 어린 시절은 늘 그런 식이었어요.

지도자: 그런 환경이 이번 실습을 미시에게 더 힘겹게 만들었다는 게 이해가 되네요. 경험을 연결 지어 주어서 고맙습니다. 그런데도 미시가 가진 선하고 좋은 자질 한두 가지를 찾아낼 수 있었나요?

미 시: 네, 하지만 저 자신에게 그걸 들려주었을 때 무언가 나쁜 일이 일어날 것 같이 울렁거리기 시작했어요.

지도자: 거기에 관해 이야기하고 있는 지금은 어떤가요?

미 시: 똑같아요.

지도자: 미시의 몸에서 두려움이 가장 크게 느껴지는 부위가 있나요?

미 시: 네, 뱃속이에요…… 울렁거리고…… 안절부절못하겠고…….

지도자: 알겠어요. 지금 바로 배에 손을 얹어 볼 수 있을까요? 속을 가라앉히기 위해서요. 마치 두려워하고 있는 어린아이에게 해 주는 것처럼요.

미 시: (자신의 배 위에 손을 얹는다.)

지도자: (집단을 바라보며) 우리 모두 함께 해 볼 수도 있을 것 같네요. 우리의 선하고 좋은 자질에 감사함을 전할 때, 누군가는 약간 불안해질 수도 있습니다. (긴 멈춤, 집단구성원들도 자신의 배 위에 손을 얹고 고요히 앉아 있다.)

미 시: (가만히 눈물을 흘리기 시작하며) 모두 감사합니다.

지도자: 두려움이 하룻밤 사이에 사라지리라 기대할 수는 없지만, 두려움이 나타났을 때 미시 자신을 조금씩 꾸준히 위로해 줄 수는 있겠지요?

미 시: 두렵다는 걸 깨닫고 멍해지지만 않는다면 그럴 수 있을 것 같아요.

지도자: 전 미시가 할 수 있다는 걸 알아요. 마리안 윌리엄슨의 시에서 "세상에는 당신의 빛이 필요하다."라고 했듯이 미시는 정말로 빛날 자격이 있으니까요.

미 시: 이게 가라앉으려면 시간이 좀 걸릴 것 같아요. 하지만 노력할 거예요.

지도자: 모쪼록 그러길 바라요, 미시. 그리고 두려움에 대해 당당히 나누어 주어서 고맙습니다. 이번 실습은 특히 힘들었을 텐데, 우리 모두를 위해 진심으로 이야기해 주었던 것이지요.

미 시: 감사합니다.

우리의 선한 자질에 감사하기 실습은 역류(6장 참조)를 일으킬 가능성이 커서 MSC 프로그램에서 도전이 되는 수행으로 분류된다. 자신에게 친절함을 베푸는 것은 초기 양육자와 맺었던 보이지 않는 계약을 위반하는 것처럼 느껴지기도 하고, 거절이나 비난이 예상되며 두려움이 일어나기도 한다. 역류는 프로그램 후반 회기에서 더 쉽게 다루어진다. 교실에 흐르는 지지적인 분위기와 참여자들이 수 주 동안 발전시켜 온 자기연민 기술 덕분이다. 미시와의 탐구에서도 지도자는 집단의 지지(보편적 인간경험)와 자기연민 기술 자원(몸 안에서 감정 찾기, 위로의 손길)을 이용하였다. 마지막으로, 지도자는 미시의 가치를 인정하고(지도자와의 관계를 이용하여 자기감사를 촉진함) 미시가 가진 자원을 교실 밖에서도 꾸준히 이용하도록 안내하며 탐구 시간을 마무리하고자 했다.

지도자는 데릭 월콧(Derek Walcott, 1986)의 시 〈Love after Love〉를 낭송하며 탐구를 끝맺을 수도 있다. 이 시에는 자기 자신을 사랑하고, 알아주고, 삶을 풍요롭게 하는 우리 자신의 일부분을 감사히 환영하는 내용이 담겨 있다.

휴식
(15분)

휴식 시간은 평소처럼 재충전의 시간으로 쓰이는 것 이외에도 집단구성원들(지도자 포함)이 서로 연결되고 감사를 전하는 마지막 기회가 되기도 한다.

연착륙 명상
(2분)

지도자는 참여자들에게 마지막 회기 속 편안한 마음으로 자신이 아는 가장 쉽고 즐거운 방식을 이용하여 마치 부드럽게 '비행기를 착륙'시키듯 지금 이 순간으로 자각을 가져오도록 요청한다.

수행을 유지하기 위한 조언
(12분)

참여자들에게 공식 명상과 일상 수행을 조합하여 하루에 최대 30분씩 수행을 이어 가도록 격려하다. 자기연민 훈련에서 얻는 이득은 수행의 양과 연관되므로 지도자는 수행을 꾸준히 유지할 수 있는 비결을 알려 주어야 한다. "더욱 규칙적으로 수행하는 데 도움이 되는 방법을 발견했나요?"라는 질문으로 이야기를 시작하며 프로그램 과정에서 참여자들에게 효과가 있었던 방식을 열린 대화로 확인하다. 다음 중 상당수를 참여자들이 제안할 것이며, 토의를 통해 다른 방법들도 추가될 수 있다(수행에 대한 제안은 7장에서도 다루었다).

- 가능한 한 쉽고 즐겁게 수행합니다(자기강화).
- 작은 것부터 시작합니다. 작은 수행들이 쌓여 큰 차이를 만들어 냅니다.
- 일상에서 가장 필요할 때 수행합니다.
- 수행을 깜빡 잊었다면, 연민 어린 마음으로 그저 다시 시작합니다.
- 불필요한 노력은 내려놓습니다.
- 매일 수행할 수 있는 일정한 시간을 정합니다.
- 안내 명상을 이용하거나, 책을 읽거나, 일기를 씁니다.
- 안거에 참여합니다.
- 연결을 유지하며, 공동체에서 수행해 봅니다.

마음챙김과 자기연민 수행은 평생에 걸쳐 공들여야 한다. 우리 모두에게 가장 좋은 지도자는 우리의 진정한 경험이며, 최적의 수행은 우리 자신이 가장 전념하는 수행이다.

공동체에서의 실습

참여자들은 MSC 프로그램을 마친 이후에도 만남을 이어 갈 수 있는지에 관심을 보이곤 한다. 프로그램이 끝날 무렵 일부 지도자는 이러한 참여자들을 위한 주별 또는 월별 수행을 안내한다. 참여자들이 스스로 집단을 꾸리도록 격려할 수도 있다(지도자가 읽을거리와 상담을 제공하기도 한다). 또는, 6~12개월 간격으로 집단이 다시 모일 수도 있다. 이메일, 페이스북, 왓츠앱 등 온라인 플랫폼을 이용하여 연결을 유지하기도 한다. MSC 본부에서도 수행을 유지하는 데 필요한 다양한 자원을 온라인으로 제공한다(부록 C '온라인 자원' 참조). 더욱 깊은 수준의 수행에 관심이 있는 참여자들에게는 특히 자애, 연민, 자기연민 수행에 집중하는 안거에 참여해 보도록 권한다.

어떤 참여자들은 집단과 작별하고 앞으로의 수행에 전념하기엔 아직 준비가 되지 않았다는 이유로 단순히 만남을 이어 가려 할 수도 있다. 이러한 참여자들을 위해 지도자는 함께 배웠던 자기연민의 가치, 이별과 작별에서 발생하는 불가피한 슬픔, 삶 속에서 자기연민이 자신에 살아 숨 쉬게 해야 할 필요성을 명확하게 언급해 주어야 한다.

내가 기억하고 싶은 것은 무엇인가
(25분)

이번 실습의 목적은 ① 프로그램에서 얻은 가장 중요한 교훈을 기억하고, ② 자신에게 가장 의미 있고 즐거웠던 MSC 수행을 확인하고, ③ MSC 여정에서 깨달은 통찰을 나누며 서로에게 영감을 주는 것이다.

지도

- MSC 프로그램이 거의 끝나갑니다. 여러분은 자기연민에 대한 다양한 핵심 원리와 수행을 배우며 자기연민을 함양해 왔습니다. 완전히 새로운 배움에 압도되는 느낌이 들었을 수도 있습니다. 게다가 학습은 환경에 의존적이고, 오늘은 이 특별한 환경에서 배우는 마지막 날입니다. 그래서 오늘은 우리의 남은 삶에 가져갈, 기억하고 싶은 것은 무엇인지 잠시 되돌아보는 시간을 가져보겠습니다.

가슴에서 나오는 질문
- 펜과 종이를 준비합니다.
- 잠시 눈을 감고, 가슴 부위를 훑어보고 느끼며 자신에게 물어봅니다. '이 프로그램에서 무엇이 나에게 와 닿았고, 감동적이었으며, 내 안에서 어떤 변화를 일으켰는가?' (참여자들이 글을 쓸 수 있는 충분한 시간을 제공한다.)

실습에 관한 질문
- 다음으로 가장 편안했고, 즐거웠고, 의미 있던 실습들과 이 프로그램을 마친 후에도 계속 기억하고 실천하고 싶은 실습을 적어 봅니다. '무엇이 나에게 도움이 되었는가?' (긴 간격)

- 우리는 여러분이 프로그램을 마친 후에도 마음챙김과 자기연민 실습을 계속 해 나가기를 바랍니다. 실습을 자신에게 맞게 변형해도 좋습니다. 만일 자신에게 맞게 바꾼다면 그저 단순하고 따뜻하게 유지한다는 것을 기억하기 바랍니다.

소집단 토의

- 이제 서너명씩 집단을 지어 자신이 가장 기억하고 싶은 것을 각자 5분씩 편안하게 나눕니다.

이 소집단 토의 후에는 탐구나 토의는 대개 필요치 않지만, 만약 시간이 충분하다면 진행 또한 가능하다. 참여자들에게는 회기가 끝날 무렵 프로그램에 대해 간단히 소회를 나눌 기회가 주어질 것이다.

마무리
(25분)

용서

만약 지도자가 프로그램 과정에서 긴장이나 대인관계 갈등을 알아차렸다면 1회기에서 소개했던 '용서하려는 의도'를 제안하며 마무리 시간을 시작할 수 있다. 그러나 이런 제안은 마무리 시간을 불필요한 엄숙함으로 채울 우려가 있을 뿐만 아니라, 아직 용서할 준비가 되지 않은 참여자들이 존재할 수도 있다. 따라서 적절하다고 느끼는 경우에만 모든 참여자와 지도자를 대신하여 다음과 같이 말한다.

- 프로그램 과정 동안 저도 모르게 여러분에게 상처를 주었다면 부디 저를 용서해 주시길 바랍니다. (용서 구하기)
- 이 프로그램에서 무의식적으로 우리가 다른 이들에게 상처를 주었다면, 부디 우리 자신을 용서하기를 바랍니다. (우리 자신 용서하기)
- 그리고 프로그램 동안 무의식적으로 우리에게 상처를 준 다른 사람들을 용서하

기를, 아니면 적어도 용서할 가능성을 열어 둘 수 있기를 바랍니다. (용서해 주기)

집단 나누기

프로그램을 마무리하는 작업은 가슴이 따뜻해지는 집단 활동이어야 한다. 만약 참여자들에게 이번 시간에 무언가(예: 소회, 시, 이야기, 노래 등)를 가져오라고 요청했다면 이 시간이 바로 그것들을 나눌 시간이다. 집단 규모에 따라 지도자는 참여자당 나눔의 시간을 제한할 수 있다.

세 단어 공유하기

참여자들이 MSC 프로그램에서 경험했던 무언가를 포착하는 감동적이거나, 재미있거나, 심오하거나, 간직하고픈 단어 몇 개를 생각해 보도록 요청하는 것도 한 가지 방법이다. 대집단(20명 이상)에서는 모든 사람이 일어나 의자를 정리한 다음, 둥글게 모여 서서(어깨를 맞대고) 한 사람당 세 단어를 제시하게 한다.

연민 바구니

참여자들에게 쪽지 두 장을 건네고 다음 내용을 종이별로 적어 보게 할 수도 있다.

- 자신을 위한 연민 어린 바람: '내가 ~하기를'
- 타인을 위한 연민 어린 바람: '모든 존재가 ~하기를'

그런 다음 지도자는 바닥에 바구니를 놓고, 가능하면 근처에 꽃다발도 함께 두고, 집단구성원들이 바구니 주위로 어깨를 맞대고 원형으로 모이게 한다. 그런 다음 각자(지도자들부터 시작) 바구니로 걸어가 자신을 위한 소원을 말한 다음 바구니에 그 쪽지를 넣고, 타인을 위한 소원을 말한 다음 그 쪽지도 바구니에 넣는다. 소원을 소리 내어 말하지 않고 조용히 바구니에 넣기만 해도 된다. 바구니를 원의 중심에 놓지 않고 집단이 돌려가며 진행할 수도 있다.

헌신

원형으로 모여 선 실습의 끝 무렵에 지도자는 프로그램을 참여해 준 집단에게 감사를 표하고, 가능하다면 격려를 담아 영감을 주는 몇 마디 말을 덧붙인다. 공동지도자가 있다면 지도자끼리 서로에게 감사 인사를 하고, 보조 지도자에게도 감사를 전한다. 그러고 나서 지도자는 참여자들에게 집단을 둘러보게 하며 다음을 안내한다.

- 이와 같은 모습으로는 이 집단을 다시는 만나지 못할 것임을 압니다.
- 우리가 이 교실에 있는 모든 이의 현존으로 지지받고 양육되었음에 감사합시다. 우리의 배움은 서로의 존재 없이는 결코 일어나지 않았을 것입니다.
- 보이지 않는 손이 우리를 지지해 준 것에 감사합시다. 가족, 친구, 경제적으로 지원해 준 사람, 그리고 다른 많은 이가 우리가 이 공부를 매주 할 수 있도록 도와주었습니다.
- 우리가 이렇게 함께 배우는 시간을 가졌다는 것이 특권이었음을 압니다.
- 모든 존재의 유익을 위해 우리 노력의 결실을 헌정함으로써 마무리하며, 우리 자신을 연민의 원 안에 포함하는 것을 잊지 않습니다.

이제 집단에 속한 모든 사람이 손을 맞잡아 들어 올리며 "우리가 해냈다!"라고 선언한다. 또는 모든 사람이 서로 어깨를 걸고 집단으로서 함께 인사한다.

어떤 집단은 단체 사진을 남겨 온라인으로 공유하기도 한다.

제4부

심리치료에 자기연민 통합하기

당신이 처한 어려움이 무엇이든—피폐해진 마음, 재정상의 손실, 주변에서 빚어진 갈등으로 공격당한 느낌, 가망 없어 보이는 질병—마음의 나침반을 당신의 가장 선한 의도로 향하게 하는 데는 어떤 거리낌도 없다는 것을 늘 기억하길 바란다.

–잭 콘필드(Jack Kornfield, 2014, p. 66)

자기연민은 매우 강력하며 유익한 효과를 낼 수 있기에 치료자라면 필연적으로 "자기연민을 심리치료에 어떻게 통합할 수 있을까?"라는 궁금증을 갖게 된다. 연구 결과는 이러한 시도를 분명히 뒷받침한다(3장 참조). 예를 들어, 자기연민은 심리치료의 핵심 기전으로 확인되었으며(Schanche et al., 2011), 자기연민의 부족은 여러 임상 상태와 관련된 것으로 나타났다(Døssing et al., 2015; Hoge et al., 2013; Krieger et al., 2013; Werner et al., 2012). 초기 아동기 경험은 자기연민 발달에 중요한 역할을 하고(Kearney & Hicks, 2016; Pepping et al., 2015), 치료자의 돌봄 피로를 예방하는 데 자기연민이 도움이 되는 것으로 보인다(Beaumont et al., 2016; Olson et al., 2015).

19장에서는 자기연민이 심리치료에 통합될 수 있는 세 가지 주요 방식, 즉 ① 치료자가 자신과 관계 맺는 방식, ② 치료자가 내담자와 관계 맺는 방식, ③ 내담자가 자기 자신과 관계 맺는 방식을 탐구한다. 20장에서는 이러한 통합에 관한 특정 주제들을 다룬다. 치료에서 연민과 지혜의 결합, 자신의 '일부분'과 연민으로 작업하기, 재양육 과정으로서의 자기연민, 자기연민으로 외상을 안전하게 다루는 방법, 심리치료에서 수치심의 해독제로서의 자기연민과 같은 내용이 소개될 것이다.

이 장들은 특히 치료자들에게 도움이 되도록 작업하였다. 임상심리학자이자 MSC 지도자를 훈련시키는 지도자인 우리의 동료 크리스틴 브랠러(Christine Brähler)가 여기서 다뤄질 주요 개념들의 산파 역할을 하였다(Brähler & Neff, in press). 내용 면에서 주로 심리치료에서의 자기연민에 초점을 맞추었지만, 의사, 간호사, 사회복지사, 코치, 교육자, 성직자 등 타인을 돕는 다른 여러 직종에 종사하는 이들 또한 각자의 분야에서 비슷한 원칙과 과정을 발견하길 바란다. 자기연민과 심리치료에 대한 추가 교육은 MSC 국제 본부(http://centerformsc.org)와 연민 어린 마음 재단(http://compassionatemind.co.uk)에 문의하길 바란다.

제19장

마음챙김 자기연민과 심리치료

고개 돌리지 말아요.
붕대 감은 그 곳을 지켜보아요.
빛이 그대에게 들어오는 그곳을.

—루미(Rumi: Barks, 1990, p. 97에서 인용)

심리치료 분야에서는 자기연민이 새롭지 않다. 한 세기가 넘는 역사 동안 자기수용(self-acceptance)의 범주 안에서 중요한 부분으로 자리해 왔기 때문이다. 윌리엄 제임스(William James), 지그문트 프로이트(Sigmund Freud), B.F.스키너(B. F. Skinner) 모두 자기수용이 인간 심리에 유익하다고 여겼다(Williams & Lynn, 2010). 여기에 더해 칼 로저스(Carl Rogers, 1951)를 비롯한 인본주의 치료자들은 자기수용을 심리치료의 핵심 변화 과정으로 격상시켰다. 프로이트(1914/1958b)와 로저스 둘 다 자기수용을 타인을 수용하는 시작점으로 여겼다는 것은 흥미로운 사실이며, 이러한 관점은 1980년대 들어와 경험주의 연구에서 주목받는 내용이 되었다. 1990년대에는 불교에서 영감을 받아 마음챙김과 수용을 기반으로 하는 치료들, 즉 변증법적 행동치료(DBT), 수용전념치료(ACT), 마음챙김 기반 인지치료(MBCT)가 도입되며 임상 연구 또한 자기수용에서 벗어나 매 순간의 경험에 대한 수용을 포괄적으로 다루게 되었다. 최근에는 마치 시계추가 뒤로 움직이듯 경험하는 사람(연민)과 매 순간의 경험(마음챙김)을 함께 수용하는 추세가 되었다. 폴 길버트(Paul Gilbert, 2000)가 인지치료에 연민을 명시적으로 통합하고 크리스틴 네프(Kristin Neff, 2003a, 2003b)가 연구로써 자기연민을 조작적으로 정의한 이래, 견고한 연구 기반(4장 참조)과 자기수용과 자기연민을 함양하기 위한 다양한 심리치료 기술을 조합하는 흥미롭고 새로운 발전이 임상과학자들과 임상가들의 손에서 일어나고 있다.

자기연민은 마음챙김, 수용, 연민 기반 심리치료의 새로운 모형 기준에 매우 적합하다(Germer & Siegel, 2012; Germer, Siegel, & Fulton, 2013; Gilbert & Proctor, 2006; Hayes et al., 2012). 모형 내에서 어떤 치료자는 마음챙김에, 다른 치료자는 수용에, 또 다른 치료자는 연민에 조금 더 초점을 맞추며 각각을 치료의 주요 변화 기전으로 삼는다. 예를 들어, 마음챙김 기반 치료(Segal et al., 2013; Shapiro & Carlson, 2009; Siegel, 2010)를 주로 하는 임상가는 정서적 고통의 발생과 완화에서 자각과 주의의 역할을 강조할 것이다. 수용 기반 치료(Hayes et al., 2012; Roemer, Orsillo, & Salter-Pedneault, 2008)를 주로 하는 치료자는 매 순간 경험을 저항하지 않고 회피하지 않는 것의 중요성을 강조하고, 공식 명상을 상대적으로 적게 권할 것이다. 연민 기반 치료(Desmond, 2016; Gilbert, 2009; Kirby, 2017; Tirch, Schoendorff, & Silberstein, 2014)를 주로 하는 치료자는 힘겨운 감정을 다루는 핵심 기전으로 자각과 주의보다는 돌봄과 연결에 초점을 맞출 것이다. 그렇더라도 마음챙김, 수용, 연민의 개념적 이해는 상당히 중첩되기에, 자기연민 기반 치료자들은 이들 중 어떤 기법을 사용하는 치료자와도 편안하게 어울릴 수 있을 것이다.

치료자라면 대개 자기연민을 타당하다 여기고 이해할 것이다. 내담자가 우리와 맺는 진솔하고 공감적으로 조율된 치료 관계가 궁극적으로는 내담자의 안으로 옮겨 가 내담자 자신과 친절한 내적 관계를 맺기를 우리 모두 바라지 않는가? 만약 당신이 치료자라면, 수년 전 불안과 우울로 고통스러워하며 당신을 찾아왔던 내담자가 치료를 받으며 깊은 자기연민을 가지게 되었다고 상상해 보라. 이는 내담자가 고통이 나타날 때 이를 인식하고 수인하는 법을 배웠고, 힘든 시간을 보낼 때도 혼자가 아니라는 내적 감각을 향상시켰으며, 자신과 나누는 내적 대화에 친절과 존중을 담을 수 있게 되었다는 것을 의미한다. 아울러 삶이 힘겨워질 때 자신을 보호하고 자신에게 필요한 것을 제공하며 동기를 부여할 뿐만 아니라, 자신을 위로하고 진정시키는 기술을 배운 것이다. 그날이 오면 치료자인 당신은 삶 속에서 피할 수 없는 도전을 마주할 수 있는 자원을 키워 낸 내담자에게 더 이상의 치료는 필요치 않다고 결론 내리게 될 것이다.

MSC와 심리치료의 경계

MSC 지도자들, 특히 심리치료자를 겸하는 지도자들은 MSC 지도자 훈련에서 MSC를 치료로 전환하지 않는 방법을 신중히 안내받는다. 달리 말하자면, 오래된 상처를 드러내고 치료하기보다 마음챙김 자기연민으로 정서적 고통을 그저 마주하는 방법을 훈련받는 것이다. 이런 구분을 짓는 여러 이유 중 하나는 대다수의 MSC 지도자가 임상가가 아니며 참여자들 또한 MSC를 집단치료 목적으로 등록하지 않았다는 데 있다. 그리고 만일 이들 조건을 충족한다 하더라도 8주간의 기술 훈련 프로그램에서 더욱 심층적인 치료 작업에 필요한 개별적 관심을 집단구성원에게 각각 제공하기엔 시간이 충분치 않을 것이다. 따라서 더 심도 있게 자신의 개인사를 탐색하고자 하는 MSC 참여자들에겐 개인 상담이나 심리치료를 알아보도록 권유해야 한다.

MSC 같은 자원 구축 프로그램과 심리치료를 경계 짓는 건 무엇일까? 6회기의 힘겨운 감정과 함께하기 수행 후 이루어진 다음 탐구 과정을 살펴보도록 하자.

노 어: 저는 삶에서 저를 정말 분노하게 했던 상황을 골랐어요. 분노를 느끼자 제가 절대 잊지 못할 수년 전 일이 마음에 떠올랐죠. "이 사람은 왜 나에게 이런 짓을 한 거지?"라고 계속 저 자신에게 물었어요. 지금 너무 답답하고 어떻게 해야 할지를 모르겠어요.

[지도자 과정: 이 수행에서는 참여자들에게 삶에서 경미하거나 중간 정도의 힘겨웠던 상황을 떠올리도록 안내하지만, 노어의 경우 수행으로 외상 기억이 촉발된 것으로 보인다. 심리치료자라면 노어에게 어떤 일을 겪었는지 이야기하도록 요청하거나, 나누기 시작할 의향이 있는지 물어볼 것이다. MSC 지도자는 수행에서 배운 것이 노어에게 필요한 최소한의 정서적 지지라도 제공하리라 기대하며 힘겨운 감정과 함께하기 수행 그 자체로 방향을 되돌리려 했다.]

지도자: 분노가 아주 고통스러운 기억을 불러일으켰군요. 질문을 하나 드려도 될

까요?

노 어: (조심스레) 네.

지도자: 몸에서 다른 곳보다 화가 더 잘 느껴지는 곳이 있었나요?

노 어: 어, 압박감 같은 것이 배 부분에서 나타났다가 가슴으로 옮겨 갔어요. 저는 정말로 수행을 다 따라갔는데, 여전히 가슴에서 압박감이 느껴져요.

지도자: 가슴에서 느끼는 것이 여전히 화인가요? 아니면 다른 느낌인가요?

[지도자 과정: 지도자는 노어의 몸에서 감각이 이동했을 때 감정이 변했으리라 추측했다. 아마도 좀 더 부드러운 감정으로 바뀌었을 것이며, 노어는 이 새로운 감정에 저항했을 수 있다.]

노 어: (잠시 멈춤) 이건…… 슬픔이에요. 그러니까…… 혼란스러움, 슬픔…… 같은 거요.

[지도자 과정: 이 시점에서 심리치료자라면 노어가 하는 말을 들으려 잠시 기다린 다음, "지금 무슨 생각을 하는지 물어봐도 될까요?"라고 물어보며 노어가 겪었을 외상에 대해 좀 더 알려고 할 것이다. MSC 지도자는 노어의 삶에서 상세한 개인사를 들추려 하지 않았는데, 이것이 노어를 더 고통스럽게 하거나 불편하게 집단에 노출될 수 있기 때문이다. 그 대신 수행의 다음 단계인 고통에 대한 자기연민 반응에 초점을 맞추었다. 지도자는 방금 경험한 내용보다는 과정으로 노어를 되돌아오게 하고, 참여자들 또한 앞선 수행을 다시 한번 살펴보게 했다.]

지도자: 가슴 부분을 조금 부드러워지게 하면서, 그저 그곳에 혼란스러움과 슬픔이 머무를 수 있도록 허용한다면, 어떻게 느껴질까요?

(잠시 멈춤. 노어의 눈에 눈물이 차오른다.)

[지도자 과정: 심리치료자라면 어떤 생각과 기억이 노어를 울게 했는지 궁금해할 것이다. 그러나 MSC 지도자는 이 순간 나타나는 감각과 감정에 초점을 맞추어 대화를

이어 갔다.]

노　어: 좀 더 나아지고…… 더 편안해졌어요.

지도자: 질문을 하나 더 드려도 될까요?

노　어: 네.

지도자: 노어와 같은 일을 겪은 소중한 친구가 있다면, 그 친구에게 무슨 말을 해 줄 수 있을까요?

[지도자 과정: 지도자는 수행의 다음 단계인 연민 어린 말로 위로하기 과정으로 옮겨 가 자기 자신을 위로하는 노어의 경험을 더 심화시키고 집단구성원들이 수행에서 겪은 각자의 경험을 비추어 보도록 했다.]

노　어: 아무 말 없이…… 그냥 안아 줄 거예요. (잠시 멈춤. 그리고 공감적으로 말하기 시작한다.) 그리고 이렇게 말해 줄 거예요. "그건 네 잘못이 아니었어. 네 잘못은 아무것도 없었어. 그 사람은 그런 짓을 할 권리가 없어." (잠시 멈춤, 조금 더 울고 나서) 그건 부당한 일이었어요. 저한테 일어나면 안 될 일이었다고요.

지도자: (고개를 끄덕이며, 동의하는 긴 멈춤) 지금 이런 말들을 들으니 어떤 느낌이 드는지 궁금하네요.

[지도자 과정: 다시 말하지만, 심리치료자라면 노어가 비난받을 일이 아니었고 부당한 경험이었음을 수인할 뿐만 아니라 무엇이 부당했는지에 대해 추가로 탐색했을 것이다. 대조적으로 MSC 지도자는 그저 노어의 고통과 함께 머무르도록 자신을 허용하며 노어의 고통에 따라 움직였다.]

노　어: 큰 안도감이 느껴져요…… 몇 년 동안 이런 말을 누군가 해 주기를 기다려 왔어요. 꽤 오랜 시간 이 일로 울진 않았거든요…… 화만 굉장히 나 있었어요.

지도자: 아마도 화가 나 있을 필요가 있었겠지요. 그리고 지금은 울 수 있고요. 고

통이 매우 깊이 자리했던 것 같네요.

[지도자 과정: 지도자는 취약한 감정을 담아내고 개방할 수 있는 노어의 능력을 수인했다. 이는 MSC의 '고치려 들지 않기' 의제, 즉 참여자에게 일어난 무엇이든 '함께하기'를 반영한다. 심리치료자 또한, 특히 마음챙김 기반 치료자도 같은 작업을 할 것이다.]

노 어: 네, 그래요.

지도자: 그리고 친구를 안아 줄 거라고 하셨죠. 지금 노어 자신을 위해서는 무엇을 해 줄 수 있을까요? 자신을 위로하고 지지하는 손길을 건넬 수 있을까요? (잠시 멈춤. 노어는 두 손을 자신의 가슴에 얹고 가볍게 앞뒤로 몸을 흔든다. 그러고는 고개를 끄덕이기 시작하며 얼굴에 옅은 미소가 번진다.)

지도자: 그리고 지금은 기분이 어떤가요?

[지도자 과정: 노어가 친구에게 해 주려는 말과 위로의 손길로 자신을 위한 연민을 불러일으키자 지도자는 탐구를 마칠 때가 되었다는 걸 느꼈지만, 확실히 해 둘 필요가 있다고 생각했다.]

노 어: 괜찮아졌어요. 조금 나아졌고요. 하지만 여전히 울 일이 많이 있을 것 같아요. (수줍게 미소 짓는다.)

지도자: 아마 그럴 거예요. 자신을 위로하고 안전하다고 느끼기 위해 지금 더 해야 할 게 있을까요?

노 어: 울 수 있게 되었고, 사실대로 말할 수 있어서 감사할 뿐이에요. 집단에서 편안함을 느끼고, 자기연민을 배우고 있는 덕분이라고 생각해요.

지도자: 좋습니다. 괜찮으시다면 오늘 수업이 끝나면 돌아오는 주에 자신을 어떻게 돌볼 수 있을지 함께 검토해 보죠. 그렇게 해도 될까요?

[지도자 과정: 지도자는 노어의 외상 정도를 알 수 없기에 노어의 안전을 확실히 해 두고 싶었다. 심리치료자는 내담자에 대한 보다 완전한 심리학적 개인력을 알고 있으므로 이 점에서 더 유리할 것이다. 아울러 MSC 지도자는 노어가 MSC에서 배운 기술을

사용하여 노어의 안전에 대한 책임을 스스로 질 수 있기를 바랐다. 심리치료자는 치료 맥락에 따라 내담자가 힘겨울 때는 치료 관계에 더 의지하게 할 수도 있지만, 이와 유사한 접근 또한 적용할 수 있다.]

노 어: 그래 주신다면 정말 감사하죠.

지도자: 고맙습니다.

이 탐구 과정에서는 MSC 지도자가 오래된 상처를 의도적으로 열지 않고 참여자를 지지할 수 있는 선택지들을 제시하고 있다. 심리치료자라면 노어의 과거 외상을 치유할 수도 있었을 놓쳐 버린 기회들에 더 주목할 수도 있다. 그러나 MSC가 가진 제약 속에서도 노어는 자신의 과거 외상을 마주하고 안전하고 효과적으로 다루게 할 중요한 기술을 획득하였다. 마음챙김 자기연민 자원을 배우게 된 것이다.

심리치료에 자원 구축 더하기

자기연민 수행에서는 우리의 정서적 고통을 일반적인 방식, 즉 자기친절로 대응하기 전 우리가 애쓰는 동안 우리가 힘겨워한다는 것을 그저 인식하는 것만으로도 충분하다. 그러나 때로는 무엇이 우리를 불편하게 하는지 좀 더 구체적으로 살펴보아야 한다. 우리 삶의 배경에 보이지 않게 숨어 있는 정서적 고통을 정확히 짚어 내야 하는 것이다. 심리치료는 감추어진 고통을 발견하고 연민으로 그 고통을 마주하는 긴 여정이 될 수 있다. 우리 중 한 사람(크리스)이 대학원생 시절에 받았던 치료 경험을 들여다보자(Germer, 2015).

몇 십 년 전에 흐른 단 한 번의 눈물에 관한 신비한 이야기이다. 이 눈물은 내가 흘린 것도, 나의 내담자가 흘린 것도 아니다. 내가 상을 탔던 고교 체전 시상식 중간에 아버지가 갑자기 자리를 뜬 일을 나의 첫 치료자에게 이야기했을 때 그가 흘린 눈물에 관한 이야기이다. 자랑스럽게 1지망 대학 축구팀의 합격 통지서를 받고 자리로 돌아온 내가 발견할 수 있던 건 아버지의 빈자리뿐이었다. 어머니는 애써 아버지를 변명하려 했지만, 나는 아버지가 그저 지루해져서 자리를 떴다는 걸 알고 있었다. 가까이 다가가기도 어려웠던 아버지의 부재, 부모 세대에서 흔했던 그 양육 방식에 꽤 익숙했음에도 그날 어머니와 함께 집에 돌아갈 교통편을 구해야 했던 내 마음엔 부끄러움만 차올랐다.

치료자에게 이 경험을 대단치 않은 것처럼 말하던 중 그의 뺨으로 흐르는 눈물을 보았을 때, 나에게 처음으로 들었던 생각은 '와, 이 사람 자기 아버지 이슈가 심각한가 보네.'였다. 그러나 그때 무언가 내 안에서 변화가 일어났고, 그의 눈물이 자기 자신이 아니라 나를 위해, 내가 오랫동안 나에게 허용하지 않고 살아왔던 슬픔과 분노를 위한 것이라는 걸 퍼뜩 느끼게 되었다. 나는 곧 흐느껴 울기 시작했고, 울음은 나의 감정이 깊은 평화와 연결감으로 조금씩 변할 때까지 계속되었다. 나와 치료자는 이 눈물에 대해 많은 이야기를 나누진 않았지만, 치료를 마치고 돌아오던 훈훈한 여름밤은 평소와 달리 나를 다정히 감싸 주는 것 같았다.

치료자와 함께한 시간 속에서 한순간에 이뤄진 이 무언의 교감은 먼 훗날 그와의 다른 기억이 모두 저편으로 사라진다 해도 온전한 이해와 돌봄의 느낌으로 남겨질 유일한 기억일 것이다. 가장 직접적인 감각이 바뀌며 내게 일어났던 그 일, 그리고 한 번도 알아차리지 못했던 내면의 내가 어떻게 일깨워졌는지 설명할 적당한 말을 나는 그 후로 수년 동안 찾지 못했다. 그렇지만 이후에도 길을 잃고 방황하는 나 자신을 발견할 때면 나는 그 순간으로 돌아가 희미하게나마 나 자신을 향한 친절을 느끼며 나 자신과 내가 배우기 시작한 전문 영역에 희망을 불어넣곤 했다.

이 경험은 우리가 자신의 고통을 얼마나 치밀하게, 심지어 우리 자신에게도, 때로는 이를 이해하기 위한 치료 관계를 필요로 할 때에도 숨길 수 있는지 초심 치료자였던 나(크리스)에게 가르쳐 주었다. 또한 치료자로서 연민의 씨앗을 뿌리는 진정한 연민의 순간이 무엇인지 가르쳐 준 경험이기도 하다.

정서적 고통이 자기연민으로만 다루기에는 너무 강렬하고 복잡할 때도 심리치료가 자기연민을 배우게 돕는 유용한 견인차 역할을 한다. 공황장애, 주요우울장애, 물질 남용 등 임상 질환 대부분이 이러한 경우에 해당한다. 정신병으로 고통받는 사람도 자기연민에서 효과를 얻을 수 있으며(Brähler et al., 2013; Gumley, Braehler, Laithwaite, MacBeth, & Gilbert, 2010), 특히 두려움을 조절하는 자기위로 기법을 배우는 게 도움이 된다. 심리치료에서는 MSC로 해결하기 어려운 정서적 고통을 긴 시간 동안 숙련된 전문가의 지지와 전문적 도움으로 다룰 수 있는 기회가 주어진다.

이어지는 내용에서는 마음챙김과 자기연민을 내담자에게 지도하는 방법에 대해 폭넓은 관점으로 다루고자 한다. 치료자 자신과 관계 맺는 방법(현존), 내담자와 관계 맺는 방법(치료 관계), 내담자가 그들 자신과 관계 맺는 방법(일상 수행)을 차례로 다룰 것이다.

치료자 자신과 관계 맺기

완전한 수용

완전한 수용(radical acceptance)이란 판단하지 않고 고치려 들지 않는 태도를 일컫는다(9장 참조). 이는 변화의 초석이자 말로 표현하기 어려운 마음의 특질로, 변화해야 할 필요성뿐만 아니라 있는 그대로의 우리 자신까지 수용하는 것이다. 완전한 수용이란 이 모든 것과 함께 존재하는 것이다.

내담자를 철저히 수용하려면 **우리 자신** 먼저 철저히 수용해야 한다. 말보다는 행동으로 살펴보는 게 쉬울 것이다. 치료 계획이 효과가 없을 때, 취약한 내담자를 남겨 두고 휴가를 떠날 때, 배우자와 돈 문제로 다툰 날 금전으로 갈등을 빚는 커플을 상담해야 할 때, 우리가 어떻게 느낄지 떠올려 보자. 아마도 희망도 도움 받을 곳도 없어 보이고, 혼란스럽고, 부끄러운 데다 한 사람의 인간이자 전문가로서 실패했다고 자신을 비판하게 될 것이다. 때로는 치료자로 산다는 게 인신공격 당하기의 연속처럼 느껴질 수도 있다. 치료자에겐 자기연민이 정말 많이 필요하다.

현존

현존(presence)이란 명료하고, 개방적이며, 직접적으로, 대개 생각과 언어 없이 매 순간의 경험과 함께 존재하는 것으로 대인관계 관점 또한 담고 있다. **치료적 현존**(therapeutic presence)(Geller, 2017)은 ① 먼저 내담자의 언어 및 비언어적 표현을 조율하며 내담자의 경험을 열린 상태로 **받아들이고** ② 내담자의 매 순간 경험에 대한 치료자의 공명을 **내면에서 조율하여** ③ 접촉을 확장하며 촉진하도록 돕는 치료 방식이다(p.19). 치료에서의 이러한 측면은 종종 과소평가되어 왔으나, 우리가 치료자로서 가장 희망하는 바가 무엇일지 깊이 생각해 보면 그에 대한 답이 현존이라는 것을 알 수 있을 것이다.

치료 회기 동안 우리가 치료자로서 현존하지 못하는 많은 이유가 존재한다. 예를 들어, 내담자가 하는 말을 잘 이해하려고 이야기에 대한 개인적 연관성을 만들다가 우리 자신이 만든 이야기 속에서 길을 잃곤 한다. 현존을 놓치는 또 다른 이유는 공감적 고통에 대한 반응으로, 내담자에 대해 우리 몸의 감각에 머무르는 대신 내담자의 문제를 머리로 해결하려 하기 때문이다. 그러나 우리의 마음이 방황하는 것을 인식하는 그 순간은 언제나 축하할 만한 순간이며, 그때 우리는 다시 현존으로 돌아올 수 있다.

자기연민은 우리를 치료적 현존으로 돌아오게 한다(Bibeau, Dionne, & Leblanc, 2016). 치료에서 우리가 불안해질 때 우리의 지각 영역은 좁아지며 개인의 안녕에 대한 위협을 줄이는 데 집중하게 된다. 이는 마음챙김과 현존의 대척점이다. 반대로 연민은 돌봄의 생리학에 기반을 두고 옥시토신과 엔도르핀을 활성화한다(10장 참조). 우리가 힘겨운 감정에 위협받는다고 느낄 때 갖는 자기연민의 시간은 신경계를 위로하고 진정시키며 비록 도전적이더라도 우리가 생각하고 느끼는 바를 더욱 온전히 경험하도록 허용할 것이다.

우리가 알고 있듯이 자기연민은 치료자와 내담자 모두에게 본질적으로 유용하다. 연민 어린 사람, 예를 들면 치료자와 함께 존재하면 추가적인 보상이 주어진다. 인간은 타인의 정서 상태를 몸으로 느끼도록 프로그래밍 되어 있다(Bernhardt & Singer, 2012; Decety & Cacioppo, 2011; Nummenmaa et al., 2008; Singer & Lamm, 2009). 이는 적절한 조건하에서 치료자와 함께 같은 공간에 그저 머무르는 것만으로도 내담자의 정신 상태가 훈련될 수 있다는 것이다(Davidson & McEwen, 2012; Gonzalez-Liencres, Shamay-Tssoory, & Brüne, 2013; Lamm, Batson, & Decety, 2007). 그러므로 자기연민의 현존을 함양하는 것이 연민 기반 치료자의 첫 번째 과제가 된다.

치료 관계 맺기

정서적 고통 대부분은 관계 맥락에서 비롯되며 고통의 완화 또한 관계, 특히 연민 어린 관계로 이루어진다. 우리의 화를 억누르기보다 존중하고, 취약성을 수치스러워하기보다 포용하며, 외상을 무시하기보다 수인하는 것이 우리의 기분을 얼마나 더 나아지게 하는지 생각해 보라.

흥미롭게도 연민이라는 단어는 임상 연구 문헌에서는 찾기 어렵다. 이러한 현상은 심리치료 분야에서 연민을 고려하지 않았다기보다는 공감의 정의에 연민이 함축되어 있다고 보아야 할 것이다. 칼 로저스(1980)에 따르면 공감은 "내담자의 관점에서 내담자의 생각, 느낌, 어려움을 이해하려는 치료자의 의지와 능력으로, 이 능력은 온전히 내담자의 시선으로 바라보며 내담자의 준거 체계를 적용하는 것"으로 정의된다(p. 85). 연구에 따르면 공감은 효과적인 치료 관계의 핵심 구성요소이다(Elliott, Bohart, Watson, & Greenberg, 2011; Lambert & Barley, 2001; Norcross & Wampold, 2011).

연민은 "네 가지 구성요소로 정의된 다차원적 과정으로, ① 고통 자각(인지적/공감적 자각), ② 고통에 정서적으로 감응하는 공감적 관심(정동 요소), ③ 고통이 경감됨을 보고자 하는 소망(의도), ④ 고통을 경감시키는 데 도움이 되는 반응성 또는 준비된 상태(동기)로 정의된다."(Jinpa: Jazaiere et al., 2013, p. 23에서 인용) 연민에 대한 이러한 정의에는 공감을 일컫는 자각과 관심, 고통을 완화시키고자 하는 소망과 반응성이라는 연민의 특성이 담겨 있다. 그리고 심리치료의 시작점은 언제나 고통을 완화시키려는 노력이기에, 연민은 공감의 임상 구성요소로 내재되어 있다고 볼 수 있다.

심리치료 대부분에서 치료 관계를 치료의 핵심 양식으로 여겨 왔으며, 특히 정신역동적 심리치료에서 이러한 관점을 중시해 왔다. 정신분석적 심리치료 이면에 놓인 가정은 우리가 다른 이들과 관계를 맺을 때, 특히 치료 맥락에서 치료자가 내담자의 현실을 방해하지 않으면서 내담자의 내적 경험을 풀어낼 수 있는 안전한 그릇으로서의 역할을 할 때 나타나는 암묵적인 생각, 느낌, 행동 양상이 우리 자신을 드러낸다는 것이다. 이 암묵적인 양상에 대한 통찰을 통해 내담자는 치료자와 건강하고 새로운 상호작용을 하며 교정적 정서 경험을 만들어 가게 된다(Alexander & French, 1946/1980).

치료 관계가 어떻게 치료 효과를 나타내는지에 대해 현대 신경과학자들이 아주 조금이나마 단서를 제공하기 시작하였다(Fuchs, 2004; Grawe, 2017; Siegel, 2006). 우리의 뇌는 타인의 감정을 느끼도록 프로그래밍 되었을 뿐만 아니라 우리가 누구와 상호작용하느냐에 따라 경험 기반 신경가소성(experience-based neuroplasticity)에 의해 변화한다는 것이다. 여기에 대해 루 코졸리노(Lou Cozolino, 2017)는 다음과 같은 유려한 설명을 곁들였다.

> 지난 세기를 지나오는 동안 심리치료자들은 돌봄 관계 맥락에서 숙련된 기법을 적용하면 우리 뇌의 단점을 보완할 수 있다는 사실을 보여 주었다. 우리 각자의 뇌를 연결하고, 조율하며, 조절하는 능력이 진화하며 서로를 치유할 수도 있게 된 것이다. 대인관계가 신경구조를 생성하고 재건한다는 것을 알게 된 지금, 심리치료는 유구한 역사를 가진 신경생물학적 중재로 여겨진다. 타인의 뇌와 연결되고 그들의 뇌를 치유할 수 있는, 모든 관계에서 적용 가능한 동일 원칙을 심리치료에서도 활용하고 있다(p. 361).

따라서 유사한 신경생물학적 과정이 MSC 지도자와 참여자 사이에서 일어나듯 치료자와 내담자의 상호작용에서도 일어날 것이다.

심리치료와 MSC 탐구의 공통점

MSC 탐구 과정(9장 참조)에서의 섬세한 관계 특질을 치료 내로 가져올 방법을 궁금해하는 치료자가 많다. 탐구의 3R, 즉 **완전한 수용**, **공명**, **자원 구축**을 살펴보는 것이 이러한 궁금증을 답하기 위한 좋은 시작이 될 것이다.

완전한 수용은 앞서 언급하였듯 치료 작업의 뼈대에 담겨 있다. 비판단적으로 수용되고 있다는 것을 아는 내담자는 자신의 경험을 새롭고 열린 자세로 탐구하기 시작하며, 그들이 고통스러운 이유와 그에 대해 할 수 있는 일들을 진정으로 이해하고 자신의 삶 속에서 변화를 만들어 나가게 된다. 완전한 수용은 정신분석 초창기부터 알려진 개념으로, '균등하게 선회하는' '균등하게 떠도는' 주의는 분석가의 이상적인 자세로 여겨졌다(Freud, 1912/1958a). 프로이트는 이러한 자세를 취하지 않는 치료자는 "이미 알고 있다고 하더라도 아무것도 알아내지 못하는 위험에 처한 것"이라고 언급하였다(1912/1958, pp. 111-112). 칼 로저스(1962)는 '무조건적인 긍정적 존중'을 효과적인 치료의 핵심 요소로 제안하며 프로이트의 이러한 언급을 다음과 같이 확장하였다(따뜻하게 덥혔다). "이는 내담자를 조건 짓지 않고 온전히 귀하게 여기는 것을 의미한다. 내담자 안에 있는 어떤 감정은 수용하지 않고 또 어떤 감정은 부인하는 것이 아니다."(p.181) **완전한 수용**이라는 용어를 실제로 처음 사용한 치료자는 마샤 리네한(Marsha Linehan, 1993)으로, 경계선 성격장애 내담자와 작업하는 치료자가 내담자를 치료에 참여시키고 함께 작업하기 위해 취해야 할 자세이자 정서적 안녕을 향하는 통로로써 이를 언급하였다. "완전한 수용에는…… 차별이 없다. 달리 말하자면 실재의 어떤 부분만 선택하거나 어떤 부분을 거부하는 것이 아니다. …… 완전한 수용은 '지금을 온전히 허용하기'라는 개념을 담고 있다."(Robins et al., 2004, pp. 40-41)

완전한 수용이란 치료자가 계속 들고 나는 이상적인 마음 상태이다. 내담자를 위해 더욱 의미 있고, 건강하며, 행복한 미래의 삶을 향해 나아가는 작업을 할 때마저도 이 순간을 수용하는 것이 완전한 수용이다. 완전한 수용이 일어나는 순간은 내담자가 힘겨운 싸움을 멈추고 이완하게 할 뿐만 아니라, 치료 중 특정 시점을 내담자가 회피하게 해 주고픈 마음이 치료자에게 갑자기 떠오를 때 느끼는 내적 긴장을 잠시나마 내려놓는 데도 도움이 된다. 치료자(또는 치료학파)가 개선 전략을 줄이고 완전한 수용의 특질을 잃게 되면 논쟁이 발생하고 치료 효과 또한 사라지게 될 것이다.

공명이란 치료자와 내담자가 공감으로 조율된 '느낌으로 아는' 상태를 일컫는다(Siegel, 2010, p. 136). 이 장 앞부분 일화 속 '단 한 번의 눈물'이 흘렀던 치료 경험을 치료자가 내담자와 공명한 예로 볼 수 있다. 공명 상태에서는 타인의 목소리를 나 자신의 목소리로 느끼게 된다. 공명의 경험을 통해 내담자는 치료자와의 대화를 내재화하며 좀 더 자신에게 친절하고 연민 어린 자신의 목소리와 연결된다.

마지막으로, **자원 구축**은 치료자가 내담자의 심리적 결함에 초점 맞추기와 내담자의 강점과 자원 인정하기 사이에서 균형을 잡아야 하는 한 언제나 심리치료의 한 과정으로 존재할 것이다. 긍정심리학이 태동하며 치료에서 강점과 자원을 함양하려는 명백한 시도가 이어져 왔으며(Seligman, 2002), 마음챙김 기반 심리치료가 도래하며 이러한 움직임이 다시 나타나게 되었다. 자원 구축 접근으로 얻는 이득은 치료자 자신에게까지 확장된다. 치료자의 마음 전면에 내담자의 강점과 역량을 간직하면 내담자에게 희망을 품을 가능성이 커지기 때문이다. 내담자들에게 어떠한 힘겨운 삶이 닥친다 해도 그들을 괴롭게 하는 대상과의 관계를 스스로 변화시킬 수 있는 한 희망은 항상 존재하기 마련이다. 견딜 수 없을 것 같은 환경과의 관계를 변화시킬 수 있는 가장 강력한 자원이 바로 마음챙김 자기연민이다.

MSC 탐구에서 추가로 치료 관계에 의미 있게 통합될 수 있는 측면은 **연민 어린 경청** 과정이다. 연민 어린 경청은 5회기(14장 참조)에서 동일 명칭의 일상 수행으로 참여자들이 배우는 수행이자, MSC 지도자 훈련 과정에서 탐구 진행의 기본 기술로서 배우는 기법이기도 하다. 이는 **체화된** 경청으로 눈과 귀뿐만 아니라 자신의 온몸 감각으로 참여자를 이해하는 것이다. 연민 어린 경청 과정에서 MSC 지도자는 현저성이 나타나는 순간이나 몸 안의 **울림**에 주의를 기울이게 되는데, 이는 참여자의 말 속에 감추어진 고통 또는 연민, 용기, 지혜 같은 자원의 근거가 반영된 것이다. 지도자가 말할 차례가 되었을 때, 대화 수준을 더욱 깊게 유지하는 울림의 언어를 마음에서 벗어나 몸 안에서 찾아야 한다. 이러한 만남은 치료자가 참여자의 강점에 감탄할 때는 **자애**의 경험으로, 참여자의 정서적 고통을 수인하고 부드럽게 포용할 때는 **연민**의 경험으로 참여자에게 직접 전달된다. 체화된 경청과 함께 몸속 울림의 언어를 발견하는 과정을 심리치료에 적용한다면 면담 중에도 현존의 감각, 즉 **치료적 현존**(Geller & Greenberg, 2012)을 유지할 수 있을 것이다.

끝으로, MSC 탐구에서 나타나는 **상호성**(mutuality)과 **상호의존성**(inter-dependence)의 자세 또한 심리치료에 옮겨오기 적합하다. 이러한 관점에서 '당신'과 '나'로 구성된 고유한 대인관계의 장으로부터 모든 유익한 통찰이 일어나며, 이 관계의 장은 부분의 합보다도 훨씬 크다. 이 접근은 현대 정신분석의 상호주관성 초이론(intersubjective metatheory)과 유사하다(Atwood & Stolorow, 2014). 내담자와 치료자는 각자의 삶에서 전문가이지만, 둘 중 누구도 진실을 독점하지 않는다. MSC 탐구와 심리치료 대화 모두 인간으로서의 한계를 알아차리고 호기심과 겸손함을 갖춘 협력적 모험일 때 가장 수월하게 흘러갈 것이다.

심리치료와 MSC 탐구의 차이점

그러나 MSC 탐구와 심리치료는 분명한 차이가 있다. 가장 큰 차이는 목적에서 나타난다. 심리치료의 목적은 장애의 완화와 치료이지만, MSC 탐구의 목적은 마음챙김 자기연민으로 고통을 담아내는 것이다. 심리치료에서는 문제를 제거하거나 해결하려는 의도가 특정 결과를 위해 애쓰도록 미묘하게 작용하기도 하고, 치료자와 내담자를 현재 순간 경험에서 벗어나게 하기도 한다. 따라서 마음챙김 및 자기연민 기반 심리치료자에게 주어지는 도전은 치료라는 개념 자체를 포기하는 것이 아닌 치료라는 목표에 도달하는 방식, 즉 마음챙김 자기연민의 태도로 대화를 물들여 가는 것이다. 이러한 태도를 유지할 때 치료자와 내담자는 각자의 세상 속 최선의 상태에서 내담자 삶에 숨겨져 있던 세세함을 심층 탐구하고, 치료적 현존의 이점을 누리게 된다.

MSC 탐구와 심리치료의 차이점은 해석의 역할에서도 확인된다. MSC 탐구에서는 참여자의 경험에서 단지 '무엇'이 일어났는지 묻지만, 심리치료에서는 거기에 더해 '왜' 일어났는지를 묻는다. 예를 들어, 어린 시절 학대받았던 사람은 자기 자신을 탓하며 자신이 '나쁜 사람'이라는 믿음을 발달시켰을 수 있다. 이런 경우 MSC라면 일반적으로 참여자가 자기 자신에게 더 연민 어린 태도를 보이게 되기를 바라며 접근하겠지만, 심리치료에서는 먼저 부정적 핵심 신념이 왜 일어나게 되었는지를 탐색한 다음 내면의 상처 입은 어린아이와 더욱 친밀한 관계를 쌓도록 돕는다. 이 내담자는 어린 시절 외상을 입고 자신을 학대한 양육자로부터 자신이 학대받을 만하다는 이야기를 직접 들었을 수도 있고, 또는 방임을 당하며 해당 내용을 직접 들은 것은 아니지만 자신이 나쁘게 느꼈기 때문에 자신이 나빠야 한다고 결론지었을 수도 있다.

질문의 맥락 또한 MSC와 심리치료에서 다른 점이다. MSC 탐구는 집단 수행이나 실습 이후에 해당 수행의 직접 경험에 기반을 두고 진행된다. 달리 말하자면 탐구에서 토의할 선택지에 제한이 있다. 심리치료에서는 내담자가 매 순간 가장 관련성이 높은 내용을 무엇이든 이야기하며, 치료자는 대개 내담자의 삶에 대해 MSC 지도자보다 더 많은 것을 알고 있기에 대화를 따라갈 수 있다.

공감적 고통 작업하기

명상 중에 마음이 떠도는 것처럼 치료 중에 주의가 흐트러지는 것 또한 자연스러운 일이다. 주의가 흐트러지는 것은 임상가가 치료적 현존으로 돌아올 수 있는 한 그 자체가 문젯거리가 되지는 않는다. 때로는 내담자 또는 치료자 자신과 정서적 연결을 유지할 수 없을 정도로 내담자의 고통에 압도되는 과도한 동일시가 일어나기도 한다. 이는 타인의 고통을 수 시간 동안 연이어 경청할 때 나타나는 자연스러운 결과이다. 심리치료에 익숙하지 않은 사람들은 이런 일을 하며 사는 게 어떻게 가능한지 궁금해하곤 한다. 여기에 대한 답은 공감과 연민의 차이, 그리고 공감적 고통을 완화하는 연민의 힘에서 찾을 수 있다.

연민 피로 대 공감 피로

앞서 언급하였듯 공감이란 타인의 경험을 우리 자신의 경험처럼 보고 느끼는 능력을 일컫는다. 이 능력에는 즐거움과 고통의 구분이 없으며, 우리는 모든 것을 공감한다. 따라서 타인이 고통 속에 있을 때 우리는 **공감적 고통**을 경험하게 된다. 연민은 공감적 고통과 함께 시작되나, 선의의 요소인 고통을 완화하려는 소망과 노력을 고통에 덧붙인다.

연민에 담겨 있는 선의의 요소는 공감적 고통이 주는 부정적인 영향을 경감시킨다. 타니아 싱어(Tania Singer) 등(Klimecki, Leiberg, Lamm, & Singer, 2012; Singer & Klimecki, 2014)은 공감적 고통에 관련된 뇌 신경망과 연민에 관련된 뇌 신경망이 중복되지 않는다는 사실을 확인하였다. 공감적 고통은 공감과 부정적 정동에 관련된 뇌 영역(전측 뇌섬엽 및 전중앙 대상피질)을 활성화하고, 연민은 긍정적 정동과 소속감에 관련된 뇌 영역(안와전두피질과 복측 선조체)을 활성화한다. 싱어(personal communication, 2017. 11. 16.)는 비록 공감적 고통과 연민의 뇌 신경망이 겹치지는 않지만, 둘 모두가 존재할 경우 공감적 고통의 순간이 연민이 나타나는 데 필요한 선행 요인이라고 언급하기도 했다.

고통스러운 이야기를 듣는 중에도 때로 생기가 돋는 경험을 하는 이유는 치료자가 실로 연민을 경험하고 있고, 연민이 긍정적이고 활력을 주는 감정이기 때문이다. 그러나 세상에서 가장 다정한 돌봄 제공자에게도 한계란 있기 마련이다. 과도

한 공감적 고통을 경험하여 그 고통에 저항하게 될 때 치료자는 산만하고 예민해지며, 불안해하고, 거리를 두려 하며, 피로감을 느낀다. 이 증후군은 일반적으로 **연민 피로**라고 불리지만, 이보다는 **공감 피로**라는 용어로 이해하는 것이 더 나을 것이다(Klimecki & Singer, 2012; 17장 참조).

공감적 고통을 위한 자기연민

치료자인 우리가 치료에서 공감적 고통에 갇히면 어떻게 치료적 현존으로 돌아갈 수 있을까? 핵심은 연민의 활성화이므로 우리 자신을 위한 연민으로 시작하면 된다. 여기에 알맞은 수행은 7회기에서 배우는 '평정심과 함께하는 연민'이다(17장 참조). 우리가 내담자에게 거리를 느끼고 단절되었다고 인식할 때, 즉 우리의 마음이 떠돌 때, 들숨을 느끼며 현존으로 되돌아올 수 있도록 우리 자신을 위해 차례로 들이쉬기 시작한다. 우리 자신과 다시 연결되었다는 느낌을 받으면, 날숨을 느끼며 내담자에게 우리의 편안한 날숨을 건넨다. 결과적으로 우리 몸이 '들숨은 나를 위해, 날숨은 내담자를 위해' 호흡하도록 허용하면 자연스레 오고 가는 호흡의 흐름과 함께 내담자와 연결된 채 머무를 수 있다.

대부분 몇 번의 호흡만으로 치료적 현존으로 돌아갈 수 있으므로, 이다음에는 우리의 자각의 배경으로 호흡을 슬며시 사라지게 하고 내담자에게 다시 귀를 기울이면 된다. 아울러 치료실에서 무엇이 일어나고 있는지 거리를 두고 살펴보아야 하거나 부가적인 관점이 필요할 때, 우리는 평정심 문구인 '내가 이 사람의 고통을 일으킨 원인이 아닐뿐더러, 그 고통을 사라지게 하는 힘이 나에게는 없다.'를 우리 자신을 위해 속삭일 수 있다. 종합하자면, 자기연민과 평정심은 우리가 내담자에게 정서적으로 개입하면서도 내담자의 정서적 고통에 과도하게 동일시하게 되는 경향을 경감시켜 준다.

연민 어린 마음 상태로 옮겨 가는 것은 위협을 느끼는 상태에서 돌봄 상태로 옮겨 가는 것이다. 연민중심치료(Gilbert, 2009)의 핵심 개념은 위협, 추동, 돌봄이라는 세 개의 원으로 구성된 동기 모형이다. 연민 어린 방식으로 우리 자신과 존재하는 것(자기연민의 음의 측면)은 돌봄의 생리학을 활성화하는 것으로 여겨진다. 그러므로 우리가 치료실 안에서 정서적으로 압도될 때 돌봄 상태를 활성화하는 가장 쉬운 방법은 **우리 자신에게 돌봄을 제공**하는 것이며, 우리가 고요하게 진정되고 나면 온전한 마음 상태에 머무르며 내담자에게로 돌봄을 확장할 수 있게 된다. 다음 예시를 살펴보자.

심각한 우울증에 시달리던 프리실라의 고통스러운 삶을 견디게 해 주는 것은 자살 생각뿐이었다. 이런 자신의 고통을 증명이라도 하듯, 어느 날 치료 회기를 마칠 무렵 프리실라는 침대 옆 협탁에 올려둔 모든 약 이름을 말하며 자신이 필요하다고 느끼면 언제든 '끝내버릴' 수 있다고 말했다. 프리실라의 이야기에 대한 나의 첫 반응은 매우 큰 두려움이었다. 나의 내담자가 자신의 삶을 마감할 계획과 수단을 가지고 있다는 것이 명백해진 순간이었기 때문이다. 나는 본능적으로 프리실라의 자살을 막을 방법(병원 방문 약속 잡기, 자살 방지 약속 받기, 안전 계획으로 친구나 보호자 개입시키기 등)을 생각하기 시작했다. 이러한 안전 전략이 필수적이고 때로는 생명을 구하기도 하지만, 결과적으로는 프리실라가 계속 말하고 있음에도 내가 듣지 않고 있다는 것을 깨닫게 되었다. 그뿐만 아니라 프리실라와 연결을 유지하는 게 중요하다는 것도 나는 알고 있었다. 우리 중 한 사람이 우리가 얼마나 힘든지를 알아차리면 다른 한 사람을 길고 어두운 밤 동안 살아 있게 할 수 있다.

나는 프리실라와 다시 연결되는 첫 단계로 나 자신을 위해 숨을 들이마시기 시작하였고, 내가 얼마나 놀랐는지를 수인하며 치료 작업이 힘든 일임을 자신에게 상기시킨 다음, 사람들이 자해하려 마음먹을 때 그들을 보호할 궁극적인 능력이 내게 없다는 말을 자신에게 들려주었다. 프리실라가 말하는 걸 제대로 들을 수 있을 때까지 나는 몇 번으로 나를 위해 숨을 들이마셨다. 그런 다음 프리실라를 위해 몇 차례 숨을 내쉬었다. 그러고는 나를 위한 들숨을, 프리실라를 위한 날숨을 반복하였다.

호흡을 주고받으며 나의 초점은 나 자신에게만 몰두했던 두려움에서 강렬한 절망을 견디는 프리실라의 역량에 대한 감탄으로 조용히 옮겨 갔다. 마음 깊은 곳에서부터 나는 프리실라에게 이렇게 말했다. "놀라운데요…… 자신을 가로막던 그 모든 것을 어떻게 헤쳐 올 수 있었을까요. 때로는 가망이 없다고 느꼈을 것 같기도 하지만, 프리실라는 제가 아는 가장 강한 사람 중 한 명이지요. 어떻게 그렇게 한 거죠?" 그 답으로 프리실라는 자신의 강아지로부터, 노숙인들에게 식사를 제공하면서, 기도를 하면서 위로를 받는다고 말했다. 이 말을 하면서 프리실라의 기분은 나아졌고, 우리는 절망 속에 있으면서도 자신의 인생을 살고자 한다면 다음번에는 무엇을 할 수 있을지 논의했다. 회기를 마치기 직전, 우리는 서로에게 진심 어린 감사와 공감을 전하는 짧은 눈 맞춤을 주고받았다. 나는 프리실라가 괜찮아졌다는 걸 알 수 있었다.

이 짧은 예시만으로도 치료자가 두려움을 느낄 때 자신 및 내담자와 어떻게 단절되는지, 자기연민의 순간이 어떻게 치료적 현존으로 되돌아오는 첫 과정이 되는지 확인할 수 있다.

내담자 자신과 관계 맺기

자기연민을 심리치료에 통합하는 마지막 방법은 실습, 수행, 중재 기법을 고안하여 내담자가 이를 집에서 연습하며 자기연민을 함양하게 하는 것이다. 인간의 뇌는 가소성이 있어 명상과 같은 정신 경험을 비롯한 연습들로 변화될 수 있다는 점을 떠올려 본다면 이해하기 어렵지 않을 것이다(Kang et al., 2015; Lazar et al., 2005; Valk et al., 2017). 과제 수행이 없으면 내담자는 치료자와 함께하는 매주 한 시간 동안만 연민의 효과를 누리게 된다. 그러나 과제를 수행한다면 치료 관계를 손쉽게 집으로 가져갈 수 있고, 내담자는 원할 때면 언제든 여러 시간 동안 연민을 누릴 수 있을 것이다.

중재에 들어가는 방법

자기연민이 삶을 변화시키는 힘을 처음으로 발견한 치료자는 과제를 서둘러 만들어 내어 모든 내담자에게 과제 수행을 지도하고픈 유혹을 느낀다. 이러한 시도에는 좋은 의도가 담겨 있지만, 내담자가 이러한 시도를 그들 삶의 복잡함과 고통을 치료자가 무시하는 것으로 해석할 수 있다는 점 때문에 늘 도움이 된다고 볼 수는 없다. 예를 들어, 불안장애로 치료를 찾아온 내담자에게 첫 회기부터 "마음챙김 명상을 배우셔야 합니다."라고 말하는 경우는 요즘 들어 흔한 일이 되었다. 한 가지 문제(불안)를 가지고 치료를 찾아온 내담자에게 두 가지 문제(불안한 데다 마음챙김도 부족)를 안겨 준 것이다. 내담자가 지각하고 있는 자신의 부족함 목록에 치료자가 자기연민까지 추가할 필요는 없다. 마음챙김 자기연민 수행 지도가 치료에 중요한 부분이더라도, 치료를 시작할 때는 내담자가 무엇을 말하는지를 주의 깊게 경청하며 내담자가 가진 딜레마를 깊이 이해하는 것이 더 바람직하다. 달리 말하자면, 가장 좋은 접근법은 완전한 수용이다.

앞서 언급한 완전한 수용, 공명, 현존, 고치려 들지 않기, 겸손함, 상호성은 우리가 치료자로서 마음챙김 자기연민 수행을 내담자에게 지도할 때도 고려해야 할 관계적 특질이다. 자기연민을 '지도'한다는 개념을 내려놓고, 자기연민 수행을 '장애물을 제거'하거나 '내담자의 자원을 풀어내는' 과정으로 이해하면 임상에서 애쓰지 않으면서도 내담자와 정서적 공명을 유지하도록 치료자 자신을 단련하는 데 도움이 된다. 내담자가 대화에서 먼저 꺼내지 않는 한 **마음챙김**과 **자기연민**이라는 단어를 사용하지 않는 것도 치료에서 불필요한 노력을 줄이는 방법이다. 이를 통해 내담자의 경험과 관계를 맺을 때 마음챙김과 연민을 동반하는 실제 작업에 집중할 수 있고, 중재 기법들을 '경험에 가깝게' 유지하며 치료 관계로 매끄럽게 통합할 수 있을 것이다.

배우자와 격렬하게 싸우는 문제로 도움을 받으러 온 루스의 사례를 살펴보자. 반복되는 다툼으로 루스는 점점 더 크게 분노하며 억울해했다. 치료자는 루스가 관계에서의 자기연민 브레이크(7회기)를 배우면 다툼으로부터 한 걸음 물러나서 마음 상태를 분노에서 돌봄으로 옮기며 루스 자신을 돌보기 시작할 수 있으리라 생각했다. 그러나 치료자는 이 수행을 즉시 지도하기보다는 루스의 분노에 대해 조금 더 탐색하기로 결정하였다. 이야기를 나누며 루스는 분노 아래에 깔려 있던 외로움과 함께 배우자를 잃으면 훨씬 더 외로워지리라는 절망감이 싸움에 기름을 들이부었다는 것을 알게 되었다. 이러한 통찰에 도달했을 때 루스는 안도 섞인 한숨을 내쉴 수 있었고, 치료자는 만약 루스가 다음번에 배우자와 싸우게 될 때 분노뿐만 아니라 외로움과 두려움을 떠올릴 수 있다면 무슨 일이 일어날지 궁금하다고 말했다. 루스는 자신이 그때 '외로움…… 외로움'이라고 자신에게 말해 준다면 자신의 마음 상태가 바뀔 것 같다고 생각했다. 치료자는 루스가 그렇게 느끼는 바로 그 순간, 공감과 지지의 표현으로 루스 자신의 손을 움켜쥘 수도 있다고 덧붙여 주었다.

집으로 돌아간 루스는 이 소규모 수행을 실제로 활용하였다. 다음 회기에서 루스는 수행이 자신의 싸우려는 충동을 어떻게 가라앉혔는지 이야기했다. 치료자는 관계에서의 자기연민 브레이크를 직접 언급하지는 않으면서도, "이건 고통스러운 순간이구나(마음챙김)" "이것이 사람들이 느끼는 외로움이구나(보편적 인간경험)" "나는 너를 사랑해. 너를 위해 내가 여기 있을게(연민 어린 말)" 같은 수행 요소들도 고려해 보도록 권했다. 루스는 기존에 배운 방법을 고수하며 분노 아래에 깔려 있는 감정을 느끼는 습관을 먼저 강화하고 싶다고 했지만, 그러면서도 전체 수행 과정에 대해서도 호기심을 보였다.

만약 치료자가 루스의 실제 경험을 탐색하는 시간을 가지지 않았다면 루스가 이러한 발견을 하지 못했으리라는 점은 상당히 흥미롭다. 우리는 치료에서 자기연민에 대해 지도하는 것이 아니다. 내담자의 생생한 경험을 통해 자기연민을 지도해야 한다. 이것이 중재 방법을 구상할 때 적용해야 할 경험에서 우러난 규칙이다.

자기연민 수행자들이 과정 진행 단계(13장에서 다룸)를 옮겨 가듯이, 연민 기반 치료자 또한 과정 진행 단계를 옮겨 간다. 처음에는 자신이 유능한 치료자임을 성급히 증명하고자 하며, 내담자가 호전될 때 큰 기쁨을 느낀다. 이것이 애쓰기 단계이다. 이후 장애물이 나타나 실제 과정이 가로막히게 되면 치료자는 내담자가 호전되지 않는 것에 대해 자신이나 내담자를 비난하게 된다. 이것이 두 번째 단계인 환상에서 깨어나기 단계로, 이때 치료자는 '내가 뭘 잘못했지?' '왜 이 내담자는 치료를 망치려는 거지?'라고 생각한다. 마지막 단계는 완전한(진정한) 수용 단계로, 내담자의 더딘 변화 같은 내담자가 처한 곤경에 치료자가 온전히 마음을 열고 내담자의 강점과 약점을 더욱 명확히 볼 수 있게 된다. 결과적으로 탐색이 수월해진 치료자는 선입견과 비현실적인 기대를 덜어내고 내담자를 실질적으로 도울 수 있다. 이러한 치료자 발달의 세 단계는 내담자 '고치기'에서 연민 어린 방식으로 내담자와 '함께 존재하기'로 절묘하게 옮겨 가는, 즉 욕구에서 돌봄의 동기로 옮겨 가는 치료 의도를 반영한다(Gilbert, 2009).

중재의 유형

MSC 프로그램에는 이 책에 수록된 27가지 명상 및 일상 수행이 담겨 있다. 이들 중 어떤 수행이든 내담자의 필요에 따라 맞출 수 있다(정말로 그래야만 한다). 공식 명상은 총 7개로, 이를 수행하고자 하는 내담자는 이 책의 홈페이지(책 마지막 부분의 파일 목록 하단 참조)에서 명상을 안내하는 녹음파일을 따라 해 볼 수 있다(영문 자료).

치료를 찾아온 내담자나 공식 명상에 딱히 관심이 없는 이들에게는 짧은 수행이 적합하다. MSC에서 지도하는 20가지 일상 수행 중 무엇이든 마음챙김 자기연민을 함양하고자 하는 내담자의 삶에 통합할 수 있다. 여기에 더해 MSC 프로그램에 포함된 14가지 교실 실습도 내담자가 일상에서 수행할 수 있다. 충족되지 않은 욕구 다루기(7회기)를 예로 들어 보자면, 참여자는 ① 분노 경험 수인하기, ② 분노 밑바닥에 놓인 부드러운 정서 탐색하기, ③ 충족되지 않은 욕구 탐색하기, ④ 오랜 시간 놓쳐 왔던 것들을 언어 또는 행동으로 자신에게 전하는 방법 배우기를 실습한다. 각 요소 중 어느 부분이든 일상에서 활용할 수 있다.

MSC 커리큘럼에는 휴식을 마치고 진행하는 간단한 연착륙 명상 또한 담겨 있다. 연착륙 명상은 MSC 과정을 1~2분으로 농축할 수 있는 기회이다. 예를 들어, 2회기에서 애정 어린 호흡을 배운 다음, 호흡으로 내면이 부드럽게 흔들리는 움직임을 음미하는 짧은 명상을 2분가량 진행하는 것이다. 안거에서 연민 어린 보디 스캔을 배운 후에도 고통이 담겨 있는 몸 부분을 가볍게 어루만지면서 친절한 말을 들려주기도 한다. MSC 프로그램의 원칙과 수행에 기반을 둔 매우 간단한 중재를 내담자의 욕구, 흥미, 삶 속 환경에 따라 치료자와 내담자가 협력하여 개발할 수도 있다.

심리치료, 특히 인지행동치료에는 연민 기반 중재로 구조를 변경할 수 있는 기법이 풍부하게 존재한다. 노출치료에서는 내담자가 두려워하는 상황에서 자신을 진정시키는 방법을 알려 주는 '연민 어린 노출치료'를 시행하고, 행동 활성화에서는 연민 어린 편지 쓰기(4회기)를 포함시켜 내담자의 동기를 강화할 수 있다. 중재가 연민 수행이 되면 중재의 **목적**이 미묘하게 변화하게 된다. 체계적 둔감화나 행동 활성화에 연민을 곁들여 단순히 효과를 증진시킨다기보다, 이들 중재에 담긴 의도를 함께 변화시켜 최선의 결과를 내는 것이다. 연민 기반 중재의 초점은 연민으로 고통을 그저 수용하는 데 맞추어져 있으며, 증상 감소는 연민의 **부작용**으로 나타난다. 정서적 고통의 완화라는 장기 목표는 여전히 동일하지만, 증상 감소에 도달하려는 **수단**이 있는 그대로의 완전한 수용과 연민인 것이다.

내담자가 자기연민을 과제로 수행할 수 있는 방법은 무한하다. 연민중심치료(Gilbert, 2009, 2012)에는 치료를 찾아온 내담자를 위한 다양한 중재가 담겨 있다(https://compassionatemind.co.uk/resource/audio-영문 자료). 예를 들어, ① **내면의 연민 어린 자기 계발하기**(연민 어린 자신을 상상하기), ② **타인에게 연민 흘려보내기**(우리 자신의 연민을 음미하며 외부로 확장하기), ③ **자신에게 연민 보내기**(이상적인 연민 어린 존재를 시각화하고 이 관점으로 자신과 연결되기), ④ **자신을 향한 연민**(연민 어린 자기의 관점으로 자신의 도전적인 부분과 연결되기)을 적용해 볼 수 있다.

마음챙김 자기연민 워크북(한국어판: 『나를 사랑하기로 했습니다: 마음챙김 자기연민 워크북』)도 내담자들의 치료 보조 자료로 활용할 수 있다(Neff & Germer, 2018)(부록 B, C 참조). MSC 커리큘럼은 보편적 인간경험에 힘입어 집단 형식으로 진행할 때 가장 효과적이지만, 자기연민 학습에 전념하려는 내담자에게는 워크북을 이용한 구조화된 방식으로 개별적으로 진행할 수도 있다.

● 이것만은 기억합시다 ●

- 자기연민은 심리치료 행위의 바탕이 되는 기전이다.
- MSC는 치료적이지만 심리치료는 아니다. 심리치료에서는 내담자의 개인적 삶을 시간에 걸쳐 충분히 탐색할 수 있고, 내담자의 숨겨진 상처를 드러내고 그 상처를 탈바꿈할 수 있는 연민 어린 반응을 가능케 한다.
- 자기연민은 세 가지 수준, 즉 ① 치료자 자신과 관계 맺는 방식(연민 어린 현존), ② 치료자와 내담자가 관계 맺는 방식, ③ 내담자가 자기 자신과 관계 맺는 방식(중재와 과제 수행)으로 심리치료에 통합될 수 있다.
- 심리치료자의 현존(애정 어린, 연결된 현존)이 첫 번째 단계이다. 자기연민 개인 수행은 치료자가 치료 작업에서 현재에 머무르는 데 도움이 될 것이다. 치료자의 현존은 공감적 조율 기전으로 내담자에게 긍정적인 영향을 미친다.
- 치료 관계에는 MSC 탐구의 3R(완전한 수용, 공명, 자원 구축)이 도움이 된다. 치료에서 완전한 수용을 유지하려 하면서 동시에 완치에 대한 관념을 내려놓지 못한다면 도전에 부딪힐 것이다. 심리치료에서는 3R에 더하여 내담자가 치료자와 함께 새로운 개인 서사를 써 내려갈 수 있다는 추가적인 이점이 있다.
- 심리치료자 대부분은 고통에 공감하는 타고난 능력이 있다. 이는 공감 피로와 소진을 유발하기도 한다. 연민, 특히 자기연민은 치료자의 공감 피로를 완충해 준다.
- 수행 과제와 중재는 치료 대화에서 자연스럽게 드러나고, 내담자 각자에 맞는 내용과 방식으로 제공되어야 한다. 이는 치료자와 내담자가 협력하여 개발되고, 내담자의 삶 속으로 물 흐르듯 통합되어야 한다.

제20장

심리치료에서 특별한 주제들

세상은 고통으로 가득하지만, 그것을 극복하는 사람들로도 가득하다.
—헬렌 켈러(Helen Keller, 1903/2015, p. 5)

이 장에서는 앞서 제시한 내용을 비롯하여 MSC 과정에서 발생할 수 있는 주요 사항에 대해 다룰 것이다. 이들은 심리치료에서도 익숙한 주제로, 지혜롭게 실천하기, 우리 자신의 각 부분 작업하기, 애착과 재양육하기, 심리적 외상과 수치심 치유하기를 논의하고자 한다. 임상 상황이 치료자가 아닌 MSC 지도자와 수행자에게 주는 통찰은 무엇인지, 그리고 자기연민 훈련은 심리치료에 어떻게 영향을 줄 수 있는지를 탐구하며 진행할 것이다.

연민과 지혜

"연민의 관점에서 제가 [이러저러한] 문제를 어떻게 해야 할까요?"라는 질문은 MSC 참여자들이 던지는 단골 질문이다. 이는 지도자가 답할 수 없는 부분이다. 지도자가 참여자의 삶이 어떻게 흘러가는지 거의 모르기 때문이다. 치료자는 내담자의 삶을 이보다는 더 많이 알겠지만, 특정 사람, 시간, 환경 속에서 무엇이 내담자에게 최선일지는 치료자 또한 알 수 없기에 내담자에게 조언하기를 지양한다. 우리가 참여자, 지도자, 내담자, 치료자 중 누구이든, 가능한 한 많은 지혜와 연민을 조화롭게 발휘하여 매 순간 무엇을 해야 할지 스스로 결정하는 것이 최선이다.

지혜의 정의는 매우 다양하다(Siegel & Germer, 2012). 그중 하나는 ① 상황의 복잡성을 이해하고 ② 이를 통해 나아갈 길을 아는 것이다. 우리는 자신이 한 행동이 가져올 단기 및 장기 결과를 확신할 정도로 충분히 알 수는 없다. 하지만 우리가 처한 상황의 복잡성을 이해하려는 노력은 지혜로운 결정을 내리는 첫걸음으로는 충분하다.

지혜와 연민은 "새의 양 날개와 같다."(Ricard: Luisi, 2008, p. 94에서 인용) 다시 말해 온전한 지혜에는 연민이 필요하며, 온전한 연민에는 지혜가 필요하다. 다음은 지혜 없는 연민을 보여 주는 임상 사례이다.

> 내(크리스)가 임상심리사로 일하던 초기에 경계선 성격장애를 앓던 안나라는 내담자가 있었다. 나는 천성이 따뜻한 치료자였고 그때까지도 친절함의 힘을 믿고 있었다. 이해할 수 없는 일은 치료가 계속될수록 안나의 상태가 더 나빠진다는 거였다. 치료 초반 우리는 일주일에 한 번 만나며 안전감을 쌓았고, 안나는 어린 시절 외상 경험에 관해 이야기하기 시작했다. 몇 달 동안 치료가 진행되며 안나는 더욱 초조해져 갔다. 증상 때문에 일하기가 어려울 정도였다. 나는 안나에게 더 많은 지지가 필요하다고 생각해서 일주일에 두 번 치료할 것을 제안했고, 안나는 이 제안을 열렬히 받아들였다. 결과적으로 안나는 과거 외상을 더 많이 반추하였고, 오래된 자살 사고가 다시 수면 위로 떠오르게 되었다. 실제로 자기 자신에게 해를 끼칠 상황이 되자 안나는 병원에 가기로 동의했다. 지혜로운 의사는 우리의 치료가 안나의 악화된 정신 상태의 원인이라는 말과 함께 치료를 중단할 것을 권했고, 우리는 그렇게 하기로 했다. 안나는 더 경험 많은 임상가에게 의뢰되었다.

이러한 임상 현장에서의 실수는 마샤 리네한(Marsha Linehan, 1993)이 변증법적 행동치료(DBT)를 개발하기 전 일어난 것으로, 치료 관계로 모든 것을 해결하기보다 내담자 자신이 정서를 조절하도록 도와주어야 한다는 것을 보여 주는 사례이다. 몇 년 뒤 리네한이 "실제로 도움이 되지 않는다면 연민이 무슨 소용인가요?"라고 말했던 기억이 난다. 우리의 연민은 지혜로써 단련된다.

임상에서의 지혜는 정신병리(안나의 사례에서는 복합 외상), 치료 관계(특히 전이), 일정 수준의 상식을 충분히 이해하는 것이다. 치료에서 연민 어린 태도를 유지하는 데도 지혜가 필요하다. 예를 들어, 초기 아동기 외상을 입은 내담자가 일상에서 기능하는 유일한 방법이 치료자에게 수치심을 투사하는 것(투사적 동일시)이라는 점을 우리가 이해한다면 우리의 반응은 달라질 것이다. 임상에서의 지혜는 우리가 두려움과 분노에 습관적으로 반응하는 대신 내담자의 독기 뒤에 숨겨진 고통을 보고 연민으로 대응하게 한다.

지혜는 대개 관점 취하기와 연관된다. 신경영상학자 타니아 싱어(Tania Singer) 등(Valk et al., 2017, 부록 자료 포함)에 따르면 연민과 관점 취하기는 서로 다른 뇌 신경망을 활성화한다. 이 연구진은 또한 9개월에 걸쳐 시행된 연구에서 마음챙김/현존과 연민/정서 훈련이 관점 취하기를 반드시 증진하는 것은 아니며, 관점 취하기 능력[특히 '마음 이론(theory of mind)']을 향상하기 위해 특별히 고안된 훈련이 더 성공적인 결과를 보였다고 밝히기도 했다(Hildebrandt et al., 2017). 다른 종류 훈련이 다른 결과를 가져오고, 연민 수행 같은 단일 수행이 모든 목표를 달성하기에는 충분치 않다는 점을 시사하는 연구로 볼 수 있다.

심리치료를 통해 자신의 심리 유형에 대한 관점을 갖는 것은 자기연민이 향상되길 바라는 내담자에게 도움이 된다. 우리 중 누구라도 한 걸음 물러서 자신이 처한 어려움의 원인과 조건을 이해하게 된다면, 우리의 행동을 힘겨운 상황에 대처하려는 순수한 시도로 이해하며 우리 자신을 위한 연민을 전할 가능성 또한 커질 것이다.

우리 자신의 각 부분에 연민 작업하기

치료자로서 내담자와 작업하다 보면 한 사람의 성격 속에 서로 다른 부분이나 자기가 있다는 것을 발견하게 된다. 한편으로는 술을 끊길 바라면서도 다른 한편으로는 인사불성이 되도록 마시길 바란다. 한편으로는 공황 발작을 보이지만, 다른 한편으로는 가정에 위기가 닥쳤을 때 강하고 믿음직한 존재가 된다. 일반적으로 상황에 따라 서로 다른 부분이 표현된다. 해리 스택 설리번(Harry Stack Sullivan, 1950/1964)은 한때 "내가 아는 한 모든 인간은 그들이 맺고 있는 대인관계의 수만큼 많은 성격을 가지고 있다."(p. 221)라고 언급하기도 했다.

명상 동안에도 서로 다른 자기에 대한 통찰이 일어난다. 불교 승려 타니사로 비구(Thanissaro Bhikku, 2013)는 다음과 같이 언급하였다.

> 명상을 시작할 때 마음에 대해 가장 처음 배우게 되는 것은 마음이 많다는 겁니다. 여러분의 '여러분들' 중 일부는 조화롭지만 다른 부분들은 서로 양립할 수 없기도 하고, 어떤 부분은 다른 부분과 아예 무관하기도 합니다. '여러분들' 각자는 마음 위원회의 위원입니다. 위원들은 마치 정치인처럼 자신의 욕구를 충족하기 위한 지지자와 전략을 보유하고 있지요. …… 마음 위원회는 자선 행사를 준비하는 성도 모임이라기보다는 부패한 시의회에 가깝습니다. 힘의 균형이 다른 진영 사이를 끊임없이 옮겨 다니고 병풍 뒤에서 많은 거래가 오고 갑니다.

명상 참여자들은 명상을 시작하기도 전에 자신의 서로 다른 부분들을 발견하기도 한다. 이들의 전형적인 논쟁은 매일 아침 일어난다. 한 부분은 그냥 커피나 한잔 하며 아침 뉴스를 듣길 바라고, 다른 부분은 규칙적인 명상의 효과를 경험하길 바란다. 우리의 각 부분을 더 잘 이해하여 우리 자신과 부지불식간에 어긋나지 않게 해 주는 것이 심리치료(그리고 명상 수행)가 가진 특별한 기능이다. 연구에서는 우리 자신의 여러 부분을 알게 되면 타인을 이해하는 능력 또한 확장된다는 사실 또한 확인되었다(Böckler, Herrmann, Trautwein, Holmes, & Singer, 2017).

리처드 슈워츠(Richard Schwartz, 1995; Schwartz & Falconer, 2017)가 개발한 심리치료 모형인 내면가족체계(internal family systems: IFS)에서는 우리의 각 부분을 '보호자(또는 '관리자'나 '소방관')'와 '추방자'라는 범주로 나눈다. 추방자는 대개 어린아이 부분으로, 갇혀 있고, 시간에 묶여 있고, 수치심, 두려움, 무가치함을 견디는 부분이다. 보호자는 위험으로부터 추방자의 안전을 지키고, 추방자의 고통으로부터 우리를 보호한다. 보호자/관리자의 예로는 '내면의 비판자' '다른 사람 비위 맞추는 사람' '지적인 사람'이 있으며, 우리를 경우에 알맞게 행동하게 하는 기능이 있다. 보호자/소방관은 화가 나 있으며, 중독이나 마비 같은 고질적인 행동으로 힘겨운 감정을 삼켜 버리거나 묻어 버리려 한다. 이들은 대개 시간 속에 갇혀 있지만, 이들 모두에게는 선한 의도가 있다.

우리 자신의 모든 부분을 본질이나 역할과는 무관하게 연민으로 대하는 것이 자기연민을 개념화하는 한 가지 방식이다. 우리의 각 부분을 탐색하는 깊이의 정도가 곧 MSC와 심리치료의 차이이며, 일반적으로 MSC 맥락에서는 추방자 부분을 다루지 않는다. MSC에서는 그보다는 내면의 비판자 같은 보호자를 이해하려 노력하고, 또한 추방자 부분이 고통을 짊어진다는 것을 인정할 수도 있으나, MSC 교실이 추방자가 짊어지고 있는 고통을 개방하고 나눌 수 있을 정도로 충분히 안전한 그릇 역할을 할 것을 기대해서는 안 된다. 이는 심리치료에서 해야 할 작업이다.

그러나 이 부분들은 MSC 과정에서 분명히 나타난다. 예를 들어, MSC 실습으로 오래된 외상이 활성화되기도 하고, 어떤 참여자는 실습을 마치고 나서 목 안에 여전히 남아 있는 응어리를 느끼기도 한다. 탐구 시간에 지도자는 신체 일부에서 벌어지고 있는 투쟁에 대한 연민의 표현으로 부드럽게 참여자 자신의 목에 손을 얹도록 권할 수 있다. 만약 참여자가 응어리가 여전히 남아 있다고 한다면, 목에 있는 응어리가 마치 자신의 한 부분인 것처럼 연민 어린 내면의 대화를 전해 보도록 부드럽게 권할 수도 있다. 그리고 이렇게 해서 충분히 안전하다는 느낌을 받았다면, 참여자에게 그 부분이 하려는 말을 **경청**해 보도록 권할 수 있지만, 개입 깊이에 제한이 있으므로 10초에서 20초를 넘기지 않도록 해야 한다. 그러나 내면가족체계 치료에서는 각 부분(추방자 포함)들의 이야기를 풀어낼 수 있고, 연민으로 그들을 마주할 수 있다. 이 작업을 하는 심리치료자들은 자기연민 수행을 한 내담자에서 도전이 되는 자신의 부분들을 마주하는 역량이 커진다는 사실을 알게 된다. 달리 말하자면, 내면가족체계와 MSC가 연민 어린 돌봄의 상호보완 체계라는 인식이 점진적으로 증가하고 있다.

애착과 재양육

11장(2회기)에서 언급하였듯 고통, 대개 굉장히 오래된 고통에 대한 **역류**는 우리가 자신에게 친절과 연민을 전하기 시작할 때 나타난다. 역류는 부정적인 신념('나는 쓸모없어.'), 억압된 정서(수치심, 두려움, 비통함), 신체 기억(아픔, 통증)과 함께 나타날 수 있다. 이는 우리가 무조건적인 사랑을 받을 때 우리가 사랑받지 못했던 상태를 발견하게 된다는 원칙을 반영한다.

치료자라면 "때로는 더 나아지기 전에 더 나빠져야 할 필요가 있다."라는 표현을 들어 보았을 것이다. 이러한 현상이 발생하는 이유를 아는 치료자는 자신의 취약한 내담자, 특히 초기 아동기 학대와 방임으로 괴로워하는 내담자를 안전하게 치료할 수 있을 것이다. 앞서 우리는 역류를 잘못 다룬 안나의 사례를 살펴보았다. 안나의 외상은 치료에서 받은 따뜻함과 친절에 비례해서 나타났다. 따라서 치료가 안전하려면 내담자를 '천천히 덥혀야 한다'.

다행스럽게도, 역류는 일시적이다. 역류는 현재 진행형인 문제보다는 대개 현재에서 재경험되는 기억들로 구성된다. 우리는 모순되게도 우리의 경계를 느슨하게 하고 오래된 상처에 마음을 열 만큼 충분히 안전함을 느꼈기 때문에 역류를 경험한 것이다. 마음챙김과 연민은 우리에게 내면의 안전감을 제공하고, 오랜 상처가 다시 나타났을 때 과거보다 더욱 마음챙김하며 연민 어린 방식으로 상처와 새롭게 관계 맺을 수 있도록 돕는다. 역류는 자기연민이 정서적 고통을 변화시키는 과정에서 나타나는 고유한 부분이다.

자기연민 훈련은 우리 자신을 재양육하는 방식으로 여겨지기도 한다. 아이였을 때 우리는 정서적으로 힘들 때 위로와 위안을 얻기 위해 우리의 주 양육자에게 본능적으로 손을 내밀곤 했다. 그러나 양육자들의 한계나 양육 상황으로 인해 이런 노력이 늘 우리가 기대하던 결과를 가져오지는 않았다. 좌절되고 고통스러운 상호작용은 결과적으로 아동기에 내재화된 애착 유형이 되었다(Mikulincer, Shaver, & Pereg, 2003). 성인이 된 우리가 그때 아이로서 받고 싶었던 연민을 자신에게 전할 때 애착에서 생겼던 상처가 고스란히 드러난다. 이 상처를 어린 시절 받고 싶었던 친절과 이해로 만난다면 우리는 자신의 내면에 더욱 안전한 기지를 세울 수 있을 것이다(Ainsworth & Marvin, 1995; Bowlby, 1988; Fay, 2017; Holmes, 2001; Mikulincer & Shaver, 2017). 이는 자기연민 수행자가 종종 언급하는 강인해지고 자신감을 느끼게 되는 경험이기도 하다.

우리는 자신에게 연민을 전하기 전 다른 이들로부터 연민을 받을 필요가 있다. MSC 지도자가 교실에 '친절함의 문화'를 만드는 데 초점을 두고자 하는 이유가 바로 여기에 있으며, 탐구 과정에서 연민 어린 태도를 유지하는 데 주의를 기울이는 이유 또한 여기에 있다. 이렇게 형성된 연민의 원천도 여전히 어떤 이들에게는 충분치 않을 수 있다. 극심한 정서적 고통에 시달리는 참여자가 이런 사례에 해당한다. 이때는 심리치료자와 더욱 개인적인 관계를 맺는 것이 자기연민 함양에 유용한 선택지가 될 수 있다.

앞서 설명한 내용과 같은 재양육 과정은 모든 연민 기반 심리치료에서 나타난다. 안전하고 연민 어린 맥락에서 오래된 상처가 나타나고, 치료자와 내담자가 더욱 온화하고 이해하는 태도로 상처에 대응하면, 치료자와 나눈 대화가 점차 내담자 자신의 연민 어린 목소리로 내재화된다. 그러나 이 과정이 일어나려면 몇 년에 달하는 시간이 걸릴 수도 있다. 힘겨운 정서를 작업할 수 있는 안전 기지를 세울 때까지는 외상 기억이 비교적 안전한 치료실에서 나타나더라도, 내담자는 이를 다룰 만한 내면의 힘을 갖추고 있지 못할 것이다(안나의 사례가 이런 경우였다). 이때 자기연민 수행, 특히 행동하는 자기연민(11장 참조)이 심리치료에 더해진다면 도움이 될 것이다. 시간이 흐르면 내담자는 연민 어린 내면의 목소리 함양하기 같은 정신 훈련을 통해 어디를 가든 치료적인 관계를 맺을 수 있게 된다. 온 세상이 치료의 장이 되는 것이다.

외상 작업하기

외상 기억은 자기연민 훈련 도중 자주 떠오른다. 미국에서 외상 사건(화재, 신체적 또는 성적 폭력, 분쟁 지역 전투, 재난 등)에 노출되는 유병률은 89.7%에 달하고, 다중 노출이 규준이 되었으며, 외상후스트레스장애 유병률은 8.3%에 이른다(Kilpatrick et al., 2013). 그러므로 MSC 지도자들은 훈련 도중 나타나는 외상을 다룰 방법을 알아두어야 하며, 외상 생존자를 심리치료에 의뢰할 시점 또한 알고 있어야 한다.

자기연민 훈련은 해소되지 않은 외상의 촉발 요인이자 해결 방안이 된다. 최근 연구에서는 외상 생존자가 외상 경험을 해석하고 조절하는 방법이 외상후스트레스장애 발생 여부를 예측한다는 점을 확인하였다(Barlow et al., 2017). 자기연민은 정서 조절에 필요한 중요 자원이다(2장 참조). 예를 들어, 자기연민 특성 수준은 전투 노출 정도보다 더욱 강력한 예측 요인이다(Hiraoka et al., 2015). 심각하고 반복되는 대인관계 외상을 경험한 여성 임상군에서 자기연민은 외상후스트레스장애 증상 심각도 및 정서조절장애 정도와 부적 관계를 나타내기도 했다(Scoglio et al., 2018). 발로 등(Barlow et al., 2017)은 자기연민이 부정적 외상 평가(수치심 등) 및 정서 조절의 어려움과 역상관 관계를 보인다는 점을 발견하였다. 외상후스트레스장애에 대한 인지치료 연구에서는 치료 과정이 진행될수록 자기친절은 증가하고 자기판단은 감소하는 것으로 나타났다(Hoffart et al., 2015). 다른 연구에서도 자기연민 수행이 외상 관련

표 20-1 스트레스 반응, 외상후스트레스장애, 자기연민 요소의 비교

스트레스 반응	내면으로 향하는 스트레스 반응	외상후스트레스 장애 증상	자기연민
투쟁	자기비난	각성	자기친절
도피	고립	회피	보편적 인간경험
동결	반추	침습	마음챙김

출처: Germer & Neff (2015), p. 46 허가 후 재인용.

죄책감과 외상후스트레스를 경감시킨다고 보고하였다(Held & Owens, 2015; Kearney et al., 2013).

외상후스트레스장애와 전통적으로 관련된 세 가지 증상은 ① 각성, ② 회피, ③ 침습이다. 흥미롭게도 이 세 가지 범주는 스트레스 반응(투쟁–도피–동결)과 내적 스트레스 반응(자기비난, 고립, 반추)과 밀접히 연관된다(〈표 20–1〉 참조). 또한 이들 모두 외상에 대한 건강한 반응으로 자기연민을 가리킨다. 자기친절은 자동 과각성을 안정시키는 효과가 있고, 보편적 인간경험은 수치심으로 인한 회피의 해독제이며, 마음챙김은 외상 생존자가 침습적인 기억과 느낌으로부터 풀려나게 한다.

외상후스트레스장애 진단 기준(사고나 죽음 같은 성인기 외상)을 충족하는 대학생을 대상으로 한 연구에서 톰슨과 왈츠(Thompson & Waltz, 2008)는 회피 증상군이 자기연민과 부적 상관을 나타내는 것을 확인하였다. 따라서 외상후스트레스장애 발생에 대한 자기연민의 보호 효과는 정서적 회피를 줄이고 탈감작을 촉진하는 것이 주된 기전인 것으로 보인다.

외상을 입은 내담자, 특히 초기 아동기 외상 이력으로 학대를 내면화하고(자신이 학대당할 만했다고 여김) 양육자와 불안정 애착을 형성한 내담자에게는 치료 관계가 회복의 핵심 수단이 된다(Briere, 1992; Cloitre, Cohen, & Koenen, 2006). 일부 외상 내담자는 '완벽해지기'가 외상을 회피하기 위한 효과적인 전략이라는 것을 아동기에 학습하기도 하지만, 지나치게 열심인 자기연민 작업은 과도한 역류를 처방하는 것과 같을 수 있다. 따라서 치료자는 외상 내담자들에게 치료에서 효과를 얻고 안전을 유지하기 위해 '느린 학습자'가 되도록 권해야 한다. 또한 내담자가 연민 어린 치료자와의 대화 경험을 흡수하기 위해 외상 사건을 다시 꺼내는 속도를 늦추게 할 필요가 있다(Mendelsohn et al., 2011).

안전으로 되돌아가는 능력은 연민 기반 외상 치료의 핵심이다. MSC 지도자가 참여자에게 하듯 치료자도 내담자에게 안전 영역에 대해 알려 줄 수 있고(6장, [그림 6-2] 참조), 내담자와 협력하여 안전 또는 도전 영역에 머물며 압도되는 영역으로 벗어나지 않도록 도울 수 있다. MSC에서 사용하는 열림과 닫힘 은유 또한 심리치료에 활용할 수 있다(10장 참조). 안전을 향해 나아가려면 내담자는 닫을 권한이 있어야 한다. 즉, 내담자는 자신의 고통을 활성화하는 생각이나 행위에 참여하지 않을 권한이 있다.

과제 수행을 원하는 외상 생존자들과 작업할 때 MSC 지도자와 치료자가 유의해야 할 점은 무엇일까? 외상 생존자가 자신에게 건네야 할 질문의 핵심은 "내가 필요한 것은 무엇일까?"이다. 만약 여기에 답하기 어려워한다면, 질문을 더 구체화하여 "내가 안전하게 느끼려면⋯⋯ 무엇이 필요할까?" 또는 "나를 진정시키고 위로하려면⋯⋯ 무엇이 필요할까?"라고 물을 수 있다. 가장 쉬운 질문은 "내가 예전에는 나를 어떻게 돌보았지?"일 것이다. 초점은 행동하는 자기연민 수행에 있다. 고통에 대한 연민 어린 반응으로 즐겁고 일상적인 행동, 예를 들어 음악 듣기, 낮잠 자기, 운동하기 등을 하는 것이다. 외상 생존자가 명상 같은 정신 훈련을 하길 원한다면 일반적으로 짧은(하루 10~15분을 넘기지 않는) 훈련을 꾸준히 하도록 권할 수 있다. 역류 조절의 핵심 요소는 정신 훈련의 '복용량'이다. 1회기의 자기연민 브레이크(10장)나 안거에서의 감각하고 음미하며 걷기(15장) 같은 일상 수행이 가장 안전한 방법이다.

치료자와 내담자는 수행이 실제로 자기연민적인지, 즉 각 개인에게 어떻게 '안착'하는지에 주의를 기울여야 한다. 언젠가 한 MSC 참여자는 우리에게 눈물을 흘리며 하루에도 몇 번씩 자신의 몸과 해리된다고 말했다. MSC 프로그램에서 그는 가슴에 손을 얹고 부드럽게 쓸어내리며 살면서 처음으로 자신의 몸에 머무를 수 있었다. 이 단순한 손길이 그를 안정시킨 것이다(즉, 진정한 자기연민이었다). 그러나 다른 외상 생존자인 루크는 같은 수행에서 외상이 촉발되었다. 루크는 어린 시절 심한 학대를 받은 이력이 있는 내담자였다. 루크가 가슴에 손을 얹고 자신을 위로할 수 있을 거라고 생각했을 때, 머릿속 목소리가 극도로 커지며 자신에게 '쓰레기' '살 자격이 없어.'라고 말했다. 이 현상에 대한 피드백으로 루크의 치료자는 과제 수행에 대한 모든 생각을 접어 두고 대신 치료 관계를 안전하고 지지적으로 유지하는 데 초점을 맞추었다.

MSC 지도자는 언제 참여자를 심리치료에 의뢰해야 할까? MSC 지원자(5장)를 신중하게 선별하면 치료 의뢰가 필요한 경우를 상당히 줄일 수 있다. 만약 MSC가 참여자의 기능을 약화시킨다고(불안 및 우울의 증가, 집중의 어려움) 여겨진다면, 지도자는 수행의 길이나 종류를 줄일 것을 권하는 것과는 별개로 MSC 과정을 중단하거나 심리치료를 받는 것, 또는 둘 다에 대해 참여자와 대화를 나누어야 한다. 수행 중에 부작용을 경험한 참여자는 이를 지도자에게 알리기보다는 회기를 건너뛰거나 정서적으로 철수될 가능성이 크므로, 참여자들에게 긍정 경험뿐만 아니라 부정 경험까지 모든 경험을 나누도록 정기적으로 요청해야 한다. 명상 훈련 중 발생할 수 있는 명상 관련 도전에 대한 내용은 린달 등(Lindahl, 2017)을 참고하라.

수치심의 해독제인 자기연민

수치심은 심리치료 과정 도처에 존재한다. 대개 내담자가 치료에 걸어 들어오는 순간부터 존재하며, 자신에게 결함이 있다고 느끼며 도움에 대한 대가 없이는 고쳐지기 어려울 것이라 여긴다. 수치심은 또한 많은 가면을 쓴다. 자기비난, 적대감, 자기애, 자살 경향 뒤에 숨어 있거나, 자기의식과 당혹감처럼 인식의 표면 아래 조용히 도사리고 있기도 한다. 또한 불안, 슬픔, 분노 같은 다른 힘겨운 감정을 우리에게 아주 끈끈하게 붙여 두는 접착제 역할을 할 때도 있다. 수치심은 치료자와 내담자 모두에게 영향을 미친다(Alonso, & Rutan, 1988; Hahn, 2000). 따라서 수치심을 잘 식별하고 있는 그대로 바라보는 것이 중요하다(Dearing, & Tangney, 2011; DeYoung, 2011; Tangney & Dearing, 2002; 16장 참조).

"관계의 실제 또는 상상된 파열에 관한 정서적·생리적 반응 및 심상의 복잡한 조합"이 수치심에 대한 공식 정의이다(Hahn, 2000, p.10). 외상 치료 전문가인 주디스 허먼(Judith Herman, 2011)은 수치심에 대해 다음과 같이 기술하였다.

> 수치심은 상대적으로 말을 잃은 상태로, 발화와 사고가 막히게 된다. 이는 또한 타인의 시선을 강렬히 의식하는 상태이며, 수치심에 빠진 사람은 '땅으로 꺼지거나' '쥐구멍 속으로 들어가 죽고 싶어' 한다. 수치심은 언제나 암묵적인 관계 경험이다. 수치심 연구의 초기

> 개척자인 루이스(Lewis, 1987)에 따르면 수치심은 "타인의 경멸을 자기가 간접 경험하는 것으로…… 수치심에서 인식의 초점은 타인의-눈에-담긴-자기에 있다."(p.15) …… 그러므로 수치심은 타인의 마음을 상상한 정신 표상의 복잡한 형태라 할 수 있다. (p. 263)

따라서 수치심은 관계 맥락에서 만들어진다. 또한 특정 문화에서 투명인간 취급을 받거나 평가 절하되는 소수자에 속할 때나, 아이가 자기에 대한 건강한 감각을 형성하는 데 필요한 관심을 양육자가 줄 수 없을 때처럼 상당히 임의적으로 나타난다.

수치심은 외상후스트레스장애의 핵심 요소이기도 하다. 범죄 피해 후유증으로 6개월 뒤 외상후스트레스장애 발생을 예측하는 가장 강력한 요인이 수치심으로 나타난 것을 예로 들 수 있다(Andrew, Brewin, Rose, & Kirk, 2000).

수치심은 특히 초기 아동기 외상에서 비롯된 외상후스트레스장애와 연관된다. 탈보트(Talbot, 1996)는 이를 아동이 자신에게 일어나는 일을 통제할 수 없다는 무력감을 느끼고, 숙달감에 동반되는 자신감이 박탈되며, 정서적으로 조율된 연민 어린 타인의 반응으로 자기에 대한 건강한 감각을 발달시킬 기회를 놓치는 과정으로 언급하였다. 이러한 맥락에서 아동은 자신에게 일어난 일을 자신이 겪어 마땅한 일로 여기며 자신이 근본적으로 쓸모없다는 결론을 내리게 될 가능성이 크다. 16장에서 기술하였듯이 "나는 쓸모없어." "나는 결함투성이야." "나는 멍청해." "나는 사랑스럽지 않아." 같은 부정적 핵심 신념이 수치심의 인지적 요소이다.

자기연민은 수치심의 유일한 해독제이다(Gilbert & Procter, 2006; Johnson & O'Brien, 2013). 자기연민에서 비롯된 자기가치는 외부의 평가에 달려 있지 않다(3장 참조). 오히려 이는 상황이 잘못되었을 때 일어나는 사랑받고 지지받는 감각으로부터 비롯된다. 자기연민의 원천이 활성화되면 우리는 "나는 쓸모없어."에서 "나는 쓸모없다고 느껴."로, 나아가 "나는 쓸모 있어."로 옮겨 갈 수 있다.

자기연민으로 수치심을 마주하는 첫 단계는 **심리교육**이다. 달리 말하자면 수치심에서 '수치 제거하기'이다. 심리치료에서 내담자의 수치심을 식별하는 작업은 놀랄 만한 경험이 될 수 있다. 예를 들어, 나(크리스)를 힘들게 하는 강연 상황에서 나타났던 불안의 경우, 나의 불안을 수치심장애로 받아들이자 불안을 수용하고, 타인의 시선을 덜 느끼며, 눈앞에 놓인 과제인 강연에 집중하기 훨씬 쉬워졌다.

자기연민의 눈으로 보면 수치심은 심리치료에서 중요한 함의를 가지는 긍정적인 요소로 재구성된다. 인식되지 못한 수치심이 폭력, 물질 남용, 우울, 자살 같은 잔인하고 용서받지 못할 결과를 낳을 수 있다는 점을 부정하는 것이 아니다. 그러나 수치심을 깊이 들여다보면(16장 참조) 다음과 같은 역설을 발견하게 될 것이다.

- 수치심은 비난받을 만하다고 느끼는 감정이지만, 순수한 감정이다.
- 수치심은 우리가 고립되었다고 느끼게 하지만, 우리를 다른 인간 존재 모두와 연결한다.
- 수치심은 영속적으로 느껴지지만, 모든 감정이 그러하듯 일시적인 상태이다.

이 같은 역설은 자기연민의 세 요소인 자기친절, 보편적 인간경험, 마음챙김에 어느 정도 상응한다. 이는 또한 심리치료에서 수치심을 다루는 길잡이 역할을 한다. 예를 들어, 수치심이 순수한 감정이라는 개념은 수치심을 구성하는 관계의 파열 이면에 다정하고 연민 어린 방식으로 타인과 연결되고픈 소망이 담겨 있다는 관찰에서 비롯된 것이다. 이러한 소망은 유아기부터 우리의 신체적 생존에 필수이다. 수치심에 사로잡힌 성인이 "나는 그냥 사랑받고 싶을 뿐이야!"라고 말할 수 있다면 그 사람의 수치심은 실제 일어난 일을 다룰 수 있을 만큼 충분히 진정될 것이다. 아울러 수치심이 보편 정서이며 우리 모두 때로는 사회적 연결에 적절치 않다는 걸 인식하다면 수치심으로 인한 끔찍한 고립으로부터 자유로워질 수 있을 것이다. 마지막으로, 수치심이 그저 시작과 끝이 있는 정서일 뿐이라는 점을 기억한다면 수치심과의 동일시로부터 분리되며 수치심을 놓아줄 수 있을 것이다.

앞서 언급했던 내담자 루크의 가슴 아픈 사례가 수치심 뒤에 숨겨진 사랑받고픈 순수한 소망을 발견한 예시이다. 머릿속 목소리가 말하듯 자신이 쓰레기 같다고 루크가 (또다시) 느낀 그 순간, 치료자는 "당신이 심지어 쓰레기 같다고 느끼더라도, 사랑받고픈 바람은 늘 간직해 왔던 걸까요? 그렇지 못했던 때마저도 말이죠."라고 물었다. 루크는 살짝 고개를 끄덕였다. 그러자 치료자는 이렇게 덧붙였다. "머릿속 목소리가 말하는 것을 믿고 있더라도, 사랑받고 싶었던 루크의 일부는 언제나 존재해 왔네요. 루크가 겪었던 모든 일에도 불구하고 사랑받고픈 그 마음은 멈추었던 적이 없군요." 그 순간 루크의 눈에 눈물이 고였고, "네."라고 부드럽게 답했다. 비록 자신이 사랑받을 자격이 없다고 느끼지만, 자신에게 사랑과 연민을 허용하기로 결심하며 루크는 자기연민의 첫발을 내딛었다. 살아남은 어린아이였던 그는 마음 깊이 간직해 온 소망을 앞으로도 포기하지 않을 것이다.

자기연민이라는 치유의 연고

자기연민은 근본적으로 사랑으로 고통을 감싸 안는 과정이기에 우리의 상처를 치유하는 고유하고 강력한 힘을 가지고 있다. 고통을 없애거나 멀리할 필요 없이, 용기 있게 우리의 고통과 함께 머무르게 해 준다. 우리는 자기연민이 가진 따뜻함과 친절함의 힘으로 역경 속에서도 굳건하며, 고통스러운 인간경험 속에서도 타인과 연결감을 느낀다. 고통은 삶의 일부이다. 일상 속에서 가볍게 나타나기도 하고, 임상 장애로 악화되어 우리를 아프게 하기도 한다. 이것이 바로 모든 고통의 순간에서 참여자를 위해, 내담자를 위해, 친구를 위해, 낯선 이들을 위해, 무엇보다 우리 자신을 위해 지혜롭고 다정한 연민이 필요한 이유일 것이다.

• 이것만은 기억합시다 •

- 우리 삶에서 어떤 행동을 취할지 결정할 때, 연민은 지혜로 담금질되어야 한다. 임상에서의 지혜를 비롯한 모든 지혜는 상황의 복잡성을 이해하고 가장 유익한 행동을 선택하는 것이다. 지혜는 관점 취하기와 밀접히 연관된다.
- 성격은 수많은 부분 또는 자기로 구성되어 있다. 심리치료와 MSC 모두 이들 부분을 발견하고 연민을 불러오는 기회이지만, 심리치료에서는 더욱 깊숙한 성격 부분들을 담아내는 작업이 진행된다. 이 작업은 개인의 상처 입은 어린아이 부분이 짊어지고 있는 부담을 완화시킨다.
- 자기연민 훈련은 우리 자신을 재양육하는, 즉 내면의 안전 기지를 구축하는 기회이다. 치료 관계에서도 재양육의 기회는 일어난다. 자기연민 수행은 치료 관계와 유사하므로, 자기연민을 수행하면 치료를 언제나 지니고 다닐 수 있는 것과 마찬가지이다.

- 우리 사회의 심리 외상 유병률이 매우 높다는 점을 고려한다면 자기연민 훈련이 오래된 외상을 촉발할 가능성 또한 상당히 크다. 이때 안전 영역으로 되돌아오는 역량은 자기연민 훈련과 심리치료 모두에서 중요하다. 자기연민 훈련에 대한 과도한 열의가 과도한 역류를 유발할 수도 있다. 자기연민은 심리 외상이 외상후스트레스장애로 악화되는 것을 예방하는 중요한 요인이다.
- 자기연민은 인간이 가진 가장 힘겨운 감정인 수치심의 해독제로 작용한다. 자기연민 기반 관점에서는 수치심을 순수한 감정이자 사랑받고자 하는 바람에서 비롯되는 감정으로 여긴다. 수치심은 어느 심리치료에서나 존재하므로, 이러한 긍정적인 관점에서의 접근은 심리치료에서도 중요한 함의를 가진다.
- 자기연민은 어떤 고통의 순간이든 사랑으로 포용할 힘을 우리에게 선사한다.

부록 A[1)]

윤리 지침

나는 MSC 지도자로서 프로그램 참여자들에 대한 나의 책임을 명확히 인지하고 있다. 이에 나는 다음 윤리 지침을 준수할 것이다.

1. 투명성과 개방성. 나는 참여자 전원에게 프로그램의 내용, 형식, 기간, 비용을 비롯하여 프로그램에 관한 모든 정보를 정확하게 제공할 것이다. 또한 MSC 지도에 있어 나의 자격과 훈련 정도에 대해서도 명확히 밝힐 것이다.

2. 다양성 포용. 모두를 아우르는 MSC 지도 환경에서 나는 사람들 간 유·무형의 차이를 존중하고, 어떤 종류의 차이에도 편견 없이 최선을 다해 지도할 것이다. 보편적 인간경험을 포용하기 위해 우리가 함께 배우는 동안 개인이 직면할 고유한 도전 또한 존중할 것이다.

3. 재무 건정성. 나에게 MSC 지도 시간에 대한 합당한 보상을 받을 자격이 있음을 인정하지만, 나의 주요 지도 목적은 다른 이들에 대한 봉사이다. 아울러 비용 감면이나 장학금 수혜 등 참여자에 관한 재정적 결정을 내려야 할 경우, 나의 경제적 필요와 참여자의 경제적 필요 사이에서 균형을 이루는 합의를 도출할 것이다.

4. 온전한 프로그램 이행. MSC 지도자 단체의 일원으로서, 나는 MSC 지도자 훈련 및 후속 훈련에서 학습한 내용에 기반을 두고 프로그램을 지도할 것이다. 나는 MSC

1) 독일 MBSR-MBCT 협회의 윤리 지침을 허가받아 개작함(MBSR/MBCT Verband, www.mbsr-verband.de).

커리큘럼을 온전히 존중하며, MSC 명칭을 사용할 경우 커리큘럼을 85% 이상 준수하거나 MSC 본부로부터 승인을 받을 것이다.

5. 프로그램의 한계 인정. 나는 MSC 프로그램이 의료 행위나 심리치료를 대체할 수 없다는 사실을 인지하고 있으며, 대중 매체(광고, 집필, 강연 등)와 소통할 기회가 있을 때마다 이를 명확하게 밝히고자 노력할 것이다.

6. 배움과 개인 수행 지속. 나는 지도자가 지녀야 할 자질을 유지하기 위해 마음챙김과 자기연민 분야의 발전에 뒤처지지 않고자 노력할 것이며, MSC 지도자 전문 공동체의 일원으로 활동할 것이다. 나는 또한 마음챙김, 연민, 자기연민에 대한 꾸준한 개인 수행이 효과적인 지도 기반이 된다는 것을 인식하고 있다.

7. 참여자와 맺는 관계에서의 책임. 나는 자기연민을 지도하는 지도자라면 내가 지도하는 이들에게도 연민을 보이고 전해야 함을 알고 있다. 나는 어떠한 추가적인 물질적 · 비물질적 보상을 요구하지 않고 참여자들과의 관계에서 책임을 다할 것이며, 무엇보다 내가 지도하는 이들의 정서적 · 심리적 안전을 최우선으로 여길 것이다. 이에 나는 MSC를 지도하는 동안 모든 참여자와 스승-학생으로서의 전문가적 관계를 유지할 것이다.

8. 프로그램과 동료 지도자 존중. 나는 연민 어린 지도자가 되는 데는 다른 마음챙김 및 연민 기반 프로그램과 다른 지도자에 대한 나의 태도와 행동도 포함된다는 것을 알고 있다. 이 세상에 마음챙김과 연민을 전한다는 공동의 목표를 인식하며, 정중하고 감사하는 자세로 다른 지도자와 프로그램을 비판하지 않을 것이다. 나는 실재하는 갈등이든, 내재한 갈등이든 건설적이고 연민 어린 태도로 다루고자 노력할 것이다.

9. 이념적 중립. 나는 MSC를 지도하는 동안에는 정치적 · 이념적 · 종교적 원리의 설파를 삼갈 것이다. MSC의 배경이나 나의 개인 수행에 관한 문의에 대해서라면 당연히 다룰 것이다.

부록 B

함께 읽을거리

이 책에서 다룬 MSC 프로그램의 구조과 내용을 충실하게 따르는 『나를 사랑하기로 했습니다: 마음챙김 자기연민 워크북』(Neff & Germer, 2018)을 과정 동안 읽어 보기를 참여자들에게 권한다.

『자기연민: 나에게 전하는 친절의 입증된 힘(Self-Compassion: The Proven Power of Being Kind to Yourself)』(Neff, 2011a)과 『오늘부터 나에게 친절하기로 했다(The Mindful Path to Self-Compassion)』(Germer, 2009) 또한 과정 동안 읽을거리로 추천한다. 다음은 MSC 회기별로 각 책에서 참고할 수 있는 부분에 대한 개요이다.

『자기연민: 나에게 전하는 친절의 입증된 힘(Self-Compassion: The Proven Power of Being Kind to Yourself)』

1회기—1장, 2장

2회기—5장

3회기—3장, 4장

4회기—8장

5회기—12장

6회기—6장

7회기—9장

8회기—13장

『오늘부터 나에게 친절하기로 했다』

1회기—1장

2회기–2장

3회기–4장, 6장

4회기–5장

5회기–부록 B

6회기–3장

7회기–7장

8회기–8장, 9장

부록 C

자원

〈서적〉

Baraz, J. (2012). *Awakening joy*. Berkeley, CA: Parallax Press.

Bluth, K. (2017). *The self-compassion workbook for teens*. Oakland, CA: New Harbinger.

Brach, T. (2003). *Radical acceptance: Embracing your life with the heart of a Buddha*. New York: Bantam Books.

Brown, B. (2010). *The gifts of imperfection*. Center City, MI: Hazelden.

Chödrön, P. (1997). *When things fall apart: Heart advice for difficult times*. Boston: Shambhala.

Cozolino, L. (2017). *The neuroscience of psychotherapy: Healing the social brain* (3rd ed.). New York: Norton.

Dalai Lama. (1995). *The power of compassion*. New York: HarperCollins.

Davidson, R., & Begley, S. (2012). *The emotional life of your brain*. New York: Plume.

Dearing, R. L., & Tangney, J. P. (Eds.). (2011). *Shame in the therapy hour*. Washington, DC: American Psychological Association.

Desmond, T. (2016). *Self-compassion in psychotherapy*. New York: Norton.

Desmond, T. (2017). *The self-compassion skills workbook*. New York: Norton.

Doty, J. (2016). *Into the magic shop*. New York: Avery.

Engel, B. (2010). *It wasn't your fault*. Oakland, CA: New Harbinger.

Epstein, M. (2013). *The trauma of everyday life*. New York: Penguin.

Feldman, C. (2017). *Boundless heart.* Boston: Shambhala.

Geller, S. M., & Greenberg, L. S. (2012). *Therapeutic presence: A mindful approach to effective therapy.* Washington, DC: American Psychological Association.

Germer, C. (2009). *The mindful path to self-compassion.* New York: Guilford Press.

Germer, C., & Siegel, R. (Eds.). (2012). *Wisdom and compassion in psychotherapy.* New York: Guilford Press.

Germer, C., Siegel, R., & Fulton, P. (Eds.). (2013). *Mindfulness and psychotherapy* (2nd ed.). New York: Guilford Press.

Gilbert, P. (2009). *The compassionate mind.* Oakland, CA: New Harbinger.

Gilbert, P. (Ed.). (2017). *Compassion: Concepts, research and applications.* London: Routledge.

Hanh, T. N. (1976). *The miracle of mindfulness.* Boston: Beacon Press.

Hanh, T. N. (1998). *Teaching on love.* Berkeley, CA: Parallax Press.

Hanson, R. (2009). *The Buddha's brain.* Oakland, CA: New Harbinger.

Hanson, R. (2013). *Hardwiring happiness.* New York: Harmony Books.

Hayes, S. (2005). *Get out of your mind and into your life.* Oakland, CA: New Harbinger.

Jinpa, T. (2015). *A fearless heart.* New York: Avery.

Kabat-Zinn, J. (1990). *Full catastrophe living.* New York: Dell.

Keltner, D. (2009). *Born to be good.* New York: Norton.

Kolts, R. (2016). *CFT made simple.* Oakland, CA: New Harbinger.

Kornfield, J. (1993a). *A path with heart.* New York: Bantam Books.

Kornfield, J. (1993b). *No time like the present.* New York: Atria Books.

Lieberman, M. D. (2013). *Social: Why our brains are wired to connect.* New York: Crown.

Linehan, M. M. (2015). *DBT skills training manual* (2nd ed.). New York: Guilford Press.

Makransky, J. (2007). *Awakening through love.* Somerville, MA: Wisdom.

Neff, K. (2011). *Self-compassion: The proven power of being kind to yourself.* New York: Morrow.

Neff, K. (2013). *Self-compassion: Step by step.* Louisville, CO: Sounds True.

Rosenberg, M. (2003). *Nonviolent communication: A language of life.* Encinitas, CA: Puddledancer Press.

Salzberg, S. (1995). *Lovingkindness: The revolutionary art of happiness.* Boston: Shambhala.

Salzberg, S. (2017). *Real love: The art of mindful connection.* New York: Flatiron Books.

Schwartz, R. C. (1995). *Internal family systems therapy.* New York: Guilford Press.

Schwartz, R. C., & Falconer, R. (2017). *Many minds, one self.* Oak Park, IL: Center for Self Leadership.

Seppälä, E., Simon-Thomas, E., Brown, S. L., Worline, M. C., Cameron, C. D., & Doty, J. R. (Eds.). (2017). *The Oxford handbook of compassion science.* New York: Oxford University Press.

Siegel, D. J. (2010). *Mindsight.* New York: Bantam Books.

Teasdale, J., Williams, J. M., & Segal, Z. (2014). *The mindful way workbook.* New York: Guilford Press.

Tirch, D., Schoendorff, B., & Silberstein, L. (2014). *The ACT practitioner's guide to the science of compassion: Tools for fostering psychological flexibility.* Oakland, CA: New Harbinger.

Treleaven, D. (2018). *Trauma-sensitive mindfulness.* New York: Norton.

van den Brink, E., & Koster, R. (2015). *Mindfulness-based compassionate living.* New York: Routledge.

Welford, M. (2013). *The power of self-compassion: Using compassion-focused therapy to end self-criticism and build self-confidence.* Oakland, CA: New Harbinger.

Worline, M., & Dutton, J. (2017). *Awakening compassion at work.* Oakland, CA: Berrett-Koehler.

〈온라인 자원〉

MSC 본부

* 홈페이지: http://centerformsc.org
  • MSC 실습 오디오 파일 및 동영상 제공
  • 실시간 온라인 MSC 과정 안내
  • 연구와 수행 자료 지원
  • 향후 안거, 워크숍, 자기연민 관련 활동에 대한 정보 제공
  • 각국 프로그램 및 MSC 지도자 검색 데이터베이스 제공

* 소셜 미디어
  • 페이스북: www.facebook.com/centerformsc
  • 트위터: @centerformsc

MSC 한국 본부

* 홈페이지: http://www.ikmp.org
  • https://cafe.daum.net/IKBP

저자 웹사이트

* 크리스토퍼 거머 박사: https://chrisgermer.com
  • 실습 및 안내 명상 제공
  • 동영상 제공
* 크리스틴 네프 박사: https://self-compassion.org
  • 자기연민척도(Self-Compassion Scale: SCS) 제공
  • 실습 및 안내 명상 제공
  • 동영상 제공
  • 자기연민 연구 문헌 파일 제공

관련 웹사이트

* 국제맥락행동과학회 수용전념치료 분야
  www.contextualscience.org/act
* 스탠퍼드 의과대학 연민과 이타주의 교육 연구 센터, 스탠퍼드 의과대학
  http://ccare.stanford.edu
* 위스콘신 매디슨 대학교 건강한 마음 센터
  www.centerhealthyminds.org
* 마음챙김과 연민센터, 하버드대학교 의과대학/케임브리지 협력병원
  www.chacmc.org
* 매사추세츠대학 산하 의학, 건강, 사회 마음챙김 센터
  www.umassmed.org
* 인지 기반의 연민 수행, 에모리 대학교 에모리-티베트 파트너십
  www.tibet.emory.edu/cognitively-based-compassion-training
* 연민계발수행, 연민 연구소
  www.compassioninstitute.com
* 연민중심치료, 연민 마음 재단
  https://compassionatemind.co.uk
* 캘리포니아 버클리 대학교 대의과학센터, 대의 잡지
  www.greatergood.berkeley.edu
* 명상심리치료 연구소
  www.meditationandpsychotherapy.org
* 내면가족체계, 참자아 리더십 센터
  https://selfleadership.org
* 마음챙김 기반 연민적 삶
  www.compassionateliving.info
* 마음챙김 기반 인지치료
  www.mbct.com

오디오 파일 목록

트랙번호	제목	시간	녹음
1	자기연민 브레이크	5:20	크리스틴 네프
2	자기연민 브레이크	12:21	크리스토퍼 거머
3	애정 어린 호흡	21:28	크리스틴 네프
4	애정 어린 호흡	18:24	크리스토퍼 거머
5	한 사람을 위한 자애	17:08	크리스틴 네프
6	한 사람을 위한 자애	14:47	크리스틴 네프
7	자애 문구 발견하기	23:02	크리스토퍼 거머
8	우리 자신을 위한 자애	20:40	크리스토퍼 거머
9	애정 어린 보디 스캔	23:55	크리스틴 네프
10	애정 어린 보디 스캔	43:36	크리스토퍼 거머
11	연민 주고받기	20:48	크리스틴 네프
12	연민 주고받기	21:20	크리스토퍼 거머
13	힘겨운 감정 다루기	16:01	크리스틴 네프
14	힘겨운 감정 다루기	16:09	크리스토퍼 거머
15	연민 어린 친구	18:09	크리스틴 네프
16	연민 어린 친구	15:05	크리스토퍼 거머
17	평정심과 함께하는 연민	14:38	크리스틴 네프

Guilford Press 웹사이트(www.guilford.com/germer4-materials)에서 내려받을 수 있음.

오디오 파일 이용 약관

이 책의 개인 구매자라면 www.guilford.com/germer4-materials에서 제공되는 오디오 파일을 재생하거나 내려받을 수 있습니다. 이 권한은 구매자 개인 또는 내담자와의 사용에 한합니다. 재판매, 재배포, 방송 또는 기타 목적(서적, 팸플릿, 기타 오디오 또는 비디오, 블로그, 파일 공유 사이트, 웹사이트 또는 인트라넷, 강의, 워크숍, 웨비나 등으로, 비용 발생과 무관함)으로 전재하는 것은 허용되지 않습니다. 이러한 목적 및 기타 목적으로 앞의 자료를 전재하고자 한다면 Guilford Publication의 Permission Department와 서면으로 절차를 진행하여야 합니다.

참고문헌

Adams, C. E., & Leary, M. R. (2007). Promoting self-compassionate attitudes toward eating among restrictive and guilty eaters. *Journal of Social and Clinical Psychology*, 26, 1120-1144.

Adolphs, R. (2009). The social brain: Neural basis of social knowledge. *Annual Review of Psychology, 60,* 693-716.

Ainsworth, M., & Marvin, R. S. (1995). On the shaping of attachment theory and research: An interview with Mary D. S. Ainsworth (Fall 1994). *Monographs of the Society for Research in Child Development, 60*(2-3), 2-21. Retrieved June 17, 2017, from *www.jstor.org/stable/1166167*.

Akhtar, S., & Barlow, J. (2018). Forgiveness therapy for the promotion of mental well-being: A systematic review and meta-analysis. *Trauma, Violence, and Abuse, 19*(1), 107-122.

Albertson, E. R., Neff, K. D., & Dill-Shackleford, K. E. (2015). Self-compassion and body dissatisfaction in women: A randomized controlled trial of a brief meditation intervention. *Mindfulness*, *6*(3), 444-454.

Alexander, F., & French, T. M. (1980). *Psychoanalytic therapy: Principles and application*. Lincoln: University of Nebraska Press. (Original work published 1946)

Allen, A., Barton, J., & Stevenson, O. (2015). Presenting a self-compassionate image after an interpersonal transgression. *Self and Identity, 14*(1), 33-50.

Allen, A., Goldwasser, E. R., & Leary, M. R. (2012). Self-compassion and wellbeing among older adults. *Self and Identity, 11*(4), 428-453.

Allen, A., & Leary, M. R. (2010). Self-compassion, stress, and coping. *Social and Personality Psychology Compass, 4*(2), 107-118.

Allen, A., & Leary, M. R. (2014). A self-compassionate response to aging. *The Gerontologist, 54*(2), 190-200.

Allen, M., Bromley, A., Kuyken, W., & Sonnenberg, S. J. (2009). Participants' experiences of mindfulness-based cognitive therapy: "It changed me in just about every way possible." *Behavioural and Cognitive Psychotherapy, 37*(4), 413-430.

Alonso, A., & Rutan, J. S. (1988). Shame and guilt in psychotherapy supervision. *Psychotherapy: Theory, Research, Practice, Training, 25*(4), 576-581.

Anderson, J. C. (2012, May 15). Maya Angelou opens women's health and wellness center, calls disparities "embarrassing." *HuffPost*. Retrieved January 23, 2019, from *www.huffingtonpost.com/2012/05/15/maya-angelou-opens-womens-health-center-calls-disparities-embarrassing_n_1517418.html?ref=black-voices*.

Andrews, B., Brewin, C. R., Rose, S., & Kirk, M. (2000). Predicting PTSD symptoms in victims of violent crime: The role of shame, anger, and childhood abuse. *Journal of Abnormal Psychology, 109*(1), 69–73.

Arao, B., & Clemens, K. (2013). From safe spaces to brave spaces. In B. Arao & K. Clemens (Eds.), *The art of effective facilitation: Reflections from social justice educators* (pp. 135–150). Sterling, VA: Stylus.

Arch, J. J., Brown, K. W., Dean, D. J., Landy, L. N., Brown, K. D., & Laudenslager, M. L. (2014). Self-compassion training modulates alpha-amylase, heart rate variability, and subjective responses to social evaluative threat in women. *Psychoneuroendocrinology, 42*, 49–58.

Arimitsu, K., & Hofmann, S. G. (2015). Effects of compassionate thinking on negative emotions. *Cognition and Emotion, 31*(1), 160–167.

Armstrong, K. (2010). *Twelve steps to a compassionate life*. New York: Knopf.

Astin, J. (2013). This constant lover. In J. Astin, *This is always enough*. Scotts Valley, CA: CreateSpace Independent Publishing Platform.

Atkinson, D. M., Rodman, J. L., Thuras, P. D., Shiroma, P. R., & Lim, K. O. (2017). Examining burnout, depression, and self-compassion in Veterans Affairs mental health staff. *Journal of Alternative and Complementary Medicine, 23*(7), 551–557.

Atwood, G. E., & Stolorow, R. D. (2014). *Structures of subjectivity: Explorations in psychoanalytic phenomenology and contextualism*. London: Routledge.

Avalos, L., Tylka, T. L., & Wood-Barcalow, N. (2005). The Body Appreciation Scale: Development and psychometric evaluation. *Body Image, 2*(3), 285–297.

Baer, R. A. (2010). Self-compassion as a mechanism of change in mindfulness- and acceptance-based treatments. In R. A. Baer (Ed.), *Assessing mindfulness and acceptance processes in clients* (pp. 135–154). Oakland, CA: New Harbinger.

Baer, R. A., Lykins, E. L. B., & Peters, J. R. (2012). Mindfulness and self-compassion as predictors of psychological wellbeing in long-term meditators and match nonmeditators. *Journal of Positive Psychology, 7*(3), 230–238.

Baker, L. R., & McNulty, J. K. (2011). Self-compassion and relationship maintenance: The moderating roles of conscientiousness and gender. *Journal of Personality and Social Psychology*, 100, 853–873.

Barks, C. (1990). Childhood friends. In *Delicious laughter: Rambunctious teaching stories from the mathnawi of Jelaluddin Rumi*. Athens, GA: Maypop Books.

Barlow, M. R., Turow, R. E. G., & Gerhart, J. (2017). Trauma appraisals, emotion regulation difficulties, and self-compassion predict posttraumatic stress symptoms following childhood abuse. *Child Abuse and Neglect*, 65, 37-47.

Barnard, L., & Curry, J. (2011). Self-compassion: Conceptualizations, correlates, and interventions. *Review of General Psychology, 15*(4), 289-303.

Bartels-Velthuis, A. A., Schroevers, M. J., van der Ploeg, K., Koster, F., Fleer, J., & van den Brink, E. (2016). A mindfulness-based compassionate living training in a heterogeneous sample of psychiatric outpatients: A feasibility study. *Mindfulness*, 7(4), 809-818.

Beaumont, E., Durkin, M., Hollins Martin, C. J., & Carson, J. (2016a). Compassion for others, self-compassion, quality of life and mental well-being measures and their association with compassion fatigue and burnout in student midwives: A quantitative survey. *Midwifery, 34*, 239-244.

Beaumont, E., Durkin, M., Hollins Martin, C. J., & Carson, J. (2016b). Measuring relationships between self-compassion, compassion fatigue, burnout and well-being in student counsellors and student cognitive behavioural psychotherapists: A quantitative survey. *Counselling and Psychotherapy Research, 16*(1), 15-23.

Beaumont, E., Galpin, A., & Jenkins, P. (2012). Being kinder to myself: A prospective comparative study, exploring post-trauma therapy outcome measures, for two groups of clients, receiving either cognitive behaviour therapy or cognitive behaviour therapy and compassionate mind training. *Counseling Psychology Review*, 27(1), 31-43.

Beaumont, E., Irons, C., Rayner, G., & Dagnall, N. (2016). Does compassionfocused therapy training for health care educators and providers increase selfcompassion and reduce self-persecution and self-criticism? *Journal of Continuing Education in the Health Professions, 36*(1), 4-10.

Bennett, D. S., Sullivan, M. W., & Lewis, M. (2010). Neglected children, shameproneness, and depressive symptoms. *Child Maltreatment, 15*(4), 305-314.

Bernhardt, B. C., & Singer, T. (2012). The neural basis of empathy. *Annual Review of Neuroscience, 35*, 1-23.

Berry, W. (2012). The silence. In W. Berry, *New collected poems* (p. 127). Berkeley, CA: Counterpoint Press. Bessenoff, G. R., & Snow, D. (2006). Absorbing society's influence: Body image self-discrepancy and internalized shame. *Sex Roles*, 54(9-10), 727-731.

Bhikku, T. (2013). With each and every breath: A guide to meditation. Retrieved January 1, 2018, from *www.dhammatalks.org/Archive/Writings/withEachAndEveryBreath_v160221.pdf.*

Bibeau, M., Dionne, F., & Leblanc, J. (2016). Can compassion meditation contribute to the development of psychotherapists' empathy?: A review. *Mindfulness, 7*(1), 255-263.

Biber, D. D., & Ellis, R. (2017). The effect of self-compassion on the self-regulation of health behaviors:

A systematic review. *Journal of Health Psychology*. [Epub ahead of print]

Birnie, K., Speca, M., & Carlson, L. E. (2010). Exploring self-compassion and empathy in the context of mindfulness-based stress reduction (MBSR). *Stress and Health*, 26, 359-371.

Bishop, S. R., Lau, M., Shapiro, S., Carlson, L., Anderson, N. D., Carmody, J., et al. (2004). Mindfulness: A proposed operational definition. *Clinical Psychology: Science and Practice*, *11*, 191-206.

Blatt, S. J. (1995). Representational structures in psychopathology. In D. Cicchetti & S. Toth (Eds.), *Rochester Symposium on Developmental Psychopathology: Vol. 6. Emotion, cognition, and representation* (pp. 1-34). Rochester, NY: University of Rochester Press.

Bloom, P. (2017). Empathy and its discontents. *Trends in Cognitive Sciences*, *21*(1), 24-31.

Blum, L. (1980). Compassion. In A. O. Rorty (Ed.), *Explaining emotions* (pp. 507-517). Berkeley: University of California Press.

Bluth, K., & Blanton, P. W. (2015). The influence of self-compassion on emotional well-being among early and older adolescent males and females. *Journal of Positive Psychology, 10*(3), 219-230.

Bluth, K., Campo, R. A., Futch, W. S., & Gaylord, S. A. (2016). Age and gender differences in the associations of self-compassion and emotional well-being in a large adolescent sample. *Journal of Youth and Adolescence, 46*(4), 840-853.

Bluth, K., & Eisenlohr-Moul, T. A. (2017). Response to a mindful self-compassion intervention in teens: A within-person association of mindfulness, self-compassion, and emotional well-being outcomes. *Journal of Adolescence, 57,* 108-118.

Bluth, K., Gaylord, S. A., Campo, R. A., Mullarkey, M. C., & Hobbs, L. (2016). Making friends with yourself: A mixed methods pilot study of a mindful self-compassion program for adolescents. *Mindfulness,* 7(2), 479-492.

Böckler, A., Herrmann, L., Trautwein, F. M., Holmes, T., & Singer, T. (2017). Know thy selves: Learning to understand oneself increases the ability to understand others. *Journal of Cognitive Enhancement, 1*(2), 197-209.

Boellinghaus, I., Jones, F. W., & Hutton, J. (2014). The role of mindfulness and loving-kindness meditation in cultivating self-compassion and other-focused concern in health care professionals. *Mindfulness, 5*(2), 129-138.

Bowlby, J. (1988). *A secure base: Parent-child attachment and healthy human development*. New York: Basic Books.

Boykin, D. M., Himmerich, S. J., Pinciotti, C. M., Miller, L. M., Miron, L. R., & Orcutt, H. K. (2018). Barriers to self-compassion for female survivors of childhood maltreatment: The roles of fear of self-compassion and psychological inflexibility. *Child Abuse and Neglect, 76,* 216-224.

Brach, T. (2003). *Radical acceptance: Embracing your life with the heart of a Buddha*. New York: Bantam

Books.

Brähler, C. (2015). *Selbstmitgefühl entwickeln*. Munich: Scorpio Verlag.

Brähler, C., Gumley, A., Harper, J., Wallace, S., Norrie, J., & Gilbert, P. (2013). Exploring change processes in compassion focused therapy in psychosis: Results of a feasibility randomized controlled trial. *British Journal of Clinical Psychology, 52*(2), 199-214.

Brähler, C., & Neff, K. (in press). Self-compassion in PTSD. In M. T. Tull & N. Kimbrel (Eds.), *Emotion in posttraumatic stress disorder*. New York: Elsevier.

Brandsma, R. (2017). *The mindfulness teaching guide*. Oakland, CA: New Harbinger.

Braun, T. D., Park, C. L., & Gorin, A. (2016). Self-compassion, body image, and disordered eating: A review of the literature. *Body Image, 17*, 117-131.

Breen, W. E., Kashdan, T. B., Lenser, M. L., & Fincham, F. D. (2010). Gratitude and forgiveness: Convergence and divergence on self-report and informant ratings. *Personality and Individual Differences, 49*(8), 932-937.

Breines, J. G., & Chen, S. (2012). Self-compassion increases self-improvement motivation. *Personality and Social Psychology Bulletin, 38*(9), 1133-1143.

Breines, J. G., & Chen, S. (2013). Activating the inner caregiver: The role of support-giving schemas in increasing state self-compassion. *Journal of Experimental Social Psychology, 49*(1), 58-64.

Breines, J. G., McInnis, C. M., Kuras, Y. I., Thoma, M. V., Gianferante, D., Hanlin, L., et al. (2015). Self-compassionate young adults show lower salivary alpha-amylase responses to repeated psychosocial stress. *Self and Identity, 14*(4), 390-402.

Breines, J. G., Thoma, M. V., Gianferante, D., Hanlin, L., Chen, X., & Rohleder, N. (2014). Self-compassion as a predictor of interleukin-6 response to acute psychosocial stress. *Brain, Behavior, and Immunity, 37*, 109-114.

Breines, J., Toole, A., Tu, C., & Chen, S. (2014). Self-compassion, body image, and self-reported disordered eating. *Self and Identity, 13*(4), 432-448.

Brewer, J. A., Garrison, K. A., & Whitfield-Gabrieli, S. (2013). What about the "self" is processed in the posterior cingulate cortex? *Frontiers in Human Neuroscience, 7*, 647.

Brewer, J. A., Mallik, S., Babuscio, T. A., Nich, C., Johnson, H. E., Deleone, C. M., et al. (2011). Mindfulness training for smoking cessation: Results from a randomized controlled trial. *Drug and Alcohol Dependence, 119*(1-2), 72-80.

Briere, J. (1992). *Child abuse trauma: Theory and treatment of the lasting effects*. Newbury Park, CA: SAGE.

Brion, J. M., Leary, M. R., & Drabkin, A. S. (2014). Self-compassion and reactions to serious illness: The case of HIV. *Journal of Health Psychology, 19*(2), 218-229.

Brito-Pons, G., Campos, D., & Cebolla, A. (2018). Implicit or explicit compassion?: Effects of compassion cultivation training and comparison with mindfulness-based stress reduction. *Mindfulness, 9*(5), 1494-1508.

Brooks, M., Kay-Lambkin, F., Bowman, J., & Childs, S. (2012). Self-compassion amongst clients with problematic alcohol use. *Mindfulness, 3*(4), 308-317.

Brown, L., Huffman, J. C., & Bryant, C. (2018). Self-compassionate aging: A systematic review. *The Gerontologist*. [Epub ahead of print]

Bryant, F., & Veroff, J. (2007). *Savoring: A new model of positive experience*. Mahwah, NJ: Erlbaum.

Buckner, R. L., Andrews-Hanna, J. R., & Schacter, D. L. (2008). The brain's default network. *Annals of the New York Academy of Sciences, 1124*(1), 1-38.

Burt, C. H., Lei, M. K., & Simons, R. L. (2017). Racial discrimination, racial socialization, and crime: Understanding mechanisms of resilience. *Social Problems, 64*(3), 414-438.

Calkins, S. D. (1994). Origins and outcomes of individual differences in emotion regulation. *Monographs of the Society for Research in Child Development, 59*(2-3), 53-72.

Campo, R. A., Bluth, K., Santacroce, S. J., Knapik, S., Tan, J., Gold, S., et al. (2017). A mindful self-compassion videoconference intervention for nationally recruited posttreatment young adult cancer survivors: Feasibility, acceptability, and psychosocial outcomes. *Supportive Care in Cancer, 25*(6), 1759-1768.

Campos, D., Cebolla, A., Quero, S., Bretón-López, J., Botella, C., Soler, J., et al. (2016). Meditation and happiness: Mindfulness and self-compassion may mediate the meditation-happiness relationship. *Personality and Individual Differences, 93*, 80-85.

Cassell, E. J. (2002). Compassion. In C. R. Snyder & S. J. Lopez (Eds.), *Handbook of positive psychology* (pp. 434-445). New York: Oxford University Press.

Chang, E. C., Yu, T., Najarian, A. S. M., Wright, K. M., Chen, W., Chang, O. D., et al. (2016). Understanding the association between negative life events and suicidal risk in college students: Examining self-compassion as a potential mediator. *Journal of Clinical Psychology, 73*(6), 745-755.

Chesterton, G. K. (2015). *Orthodoxy*. Scotts Valley, CA: CreateSpace Independent Publishing Platform. (Original work published 1908)

Chiesa, A., & Serretti, A. (2009). Mindfulness-based stress reduction for stress management in healthy people: A review and meta-analysis. *Journal of Alternative and Complementary Medicine, 15*, 593-600.

Chittister, J. (2000). *Illuminated life: Monastic wisdom for seekers of light*. Maryknoll, NY: Orbis Books.

Chödrön, P. (2001). *The wisdom of no escape and the path of loving-kindness*. Boston: Shambhala. (Original work published 1991)

Christensen, A., Doss, B., & Jacobson, N. (2014). *Reconcilable differences* (2nd ed.). New York: Guilford Press.

Claesson, K., & Sohlberg, S. (2002). Internalized shame and early interactions characterized by indifference, abandonment and rejection: Replicated findings. *Clinical Psychology and Psychotherapy, 9*(4), 277-284.

Cleare, S., Gumley, A., Cleare, C. J., & O'Connor, R. C. (2018). An investigation of the factor structure of the Self-Compassion Scale. *Mindfulness, 9*(2), 618-628.

Cloitre, M., Cohen, L. R., & Koenen, K. C. (2006). *Treating survivors of childhood abuse: Psychotherapy for the interrupted life*. New York: Guilford Press.

Collett, N., Pugh, K., Waite, F., & Freeman, D. (2016). Negative cognitions about the self in patients with persecutory delusions: An empirical study of self-compassion, self-stigma, schematic beliefs, self-esteem, fear of madness, and suicidal ideation. *Psychiatry Research, 239*, 79-84.

Collins, B. (2014). Aimless love. In B. Collins, *Aimless love: New and selected poems* (pp. 9-10). New York: Random House.

Compson, J. (2014). Meditation, trauma and suffering in silence: Raising questions about how meditation is taught and practiced in Western contexts in the light of a contemporary trauma resiliency model. *Contemporary Buddhism, 15*(2), 274-297.

Cornell, A. (2013). *Focusing in clinical practice: The essence of change*. New York: Norton.

Costa, J., Marôco, J., Pinto-Gouveia, J., Ferreira, C., & Castilho, P. (2015). Validation of the psychometric properties of the Self-Compassion Scale: Testing the factorial validity and factorial invariance of the measure among borderline personality disorder, anxiety disorder, eating disorder and general populations. *Clinical Psychology and Psychotherapy, 23*(5), 460-468.

Costa, J., & Pinto-Gouveia, J. (2011). Acceptance of pain, self-compassion and psychopathology: Using the Chronic Pain Acceptance Questionnaire to identify patients subgroups. *Clinical Psychology and Psychotherapy, 18*, 292-302.

Cousins, N. (1991). *The celebration of life: A dialogue on hope, spirit, and the immortality of the soul*. New York: Bantam Books. (Original work published 1974)

Covello, V. T., & Yoshimura, Y. (2009). *The Japanese art of stone appreciation: Suiseki and its use with bonsai*. North Clarendon, VT: Tuttle.

Covey, S. R. (2013). *The 7 habits of highly effective people: Powerful lessons in personal change*. New York: Simon & Schuster.

Cozolino, L. (2017). *The neuroscience of psychotherapy: Healing the social brain* (3rd ed.). New York: Norton.

Crane, R. S., Eames, C., Kuyken, W., Hastings, R. P., Williams, J. M. G., Bartley, T., et al. (2013).

Development and validation of the Mindfulness-Based Interventions—Teaching Assessment Criteria (MBI: TAC). *Assessment, 20*(6), 681-688.

Creswell, J. D. (2015). Biological pathways linking mindfulness with health. In K. W. Brown, J. D. Creswell, & R. M. Ryan (Eds.), *Handbook of mindfulness: Theory, research, and practice* (pp. 426-440). New York: Guilford Press.

Creswell, J. D., Way, B. M., Eisenberger, N. I., & Lieberman, M. D. (2007). Neural correlates of dispositional mindfulness during affect labeling. *Psychosomatic Medicine*, 69(6), 560-565.

Crews, D., & Crawford, M. (2015). Exploring the role of being out on a queer person's self-compassion. *Journal of Gay and Lesbian Social Services, 27*(2), 172-186.

Crews, D. A., Stolz-Newton, M., & Grant, N. S. (2016). The use of yoga to build self-compassion as a healing method for survivors of sexual violence. *Journal of Religion and Spirituality in Social Work: Social Thought, 35*(3), 139-156.

Crocker, J., & Canevello, A. (2008). Creating and undermining social support in communal relationships: The role of compassionate and self-image goals. *Journal of Personality and Social Psychology, 95*, 555-575.

Crocker, J., Luhtanen, R. K., Cooper, M. L., & Bouvrette, S. (2003). Contingencies of self-worth in college students: Theory and measurement. *Journal of Personality and Social Psychology, 85*, 894-908.

Crocker, J., & Park, L. E. (2004). The costly pursuit of self-esteem. *Psychological Bulletin, 130*, 392-414.

Dahm, K., Meyer, E. C., Neff, K. D., Kimbrel, N. A., Gulliver, S. B., & Morissette, S. B (2015). Mindfulness, self-compassion, posttraumatic stress disorder symptoms, and functional disability in U.S. Iraq and Afghanistan war veterans. *Journal of Traumatic Stress*, 28(5), 460-464.

Dalai Lama. (2003). *Lighting the path: The Dalai Lama teaches on wisdom and compassion*. South Melbourne, Australia: Thomas C. Lothian.

Dalai Lama. (2012a). *Kindness, clarity, and insight*. Boston: Snow Lion. (Original work published 1984)

Dalai Lama. (2012b). Training the mind: Verse 7. Retrieved February 1, 2019, from www.*dalailama.com/teachings/training-the-mind/training-the-mindverse-7*.

Damasio, A. R. (2004). Emotions and feelings: A neurobiological perspective. In A. S. R. Manstead, N. Frijda, & A. Fischer (Eds.), *Studies in emotion and social interaction: Feelings and emotions: The Amsterdam symposium* (pp. 49-57). Cambridge, UK: Cambridge University Press.

Davidson, R. J., & McEwen, B. S. (2012). Social influences on neuroplasticity: Stress and interventions to promote well-being. *Nature Neuroscience*, 15(5), 689-695.

Davis, D. M., & Hayes, J. A. (2011). What are the benefits of mindfulness?: A practice review of psychotherapy-related research. *Psychotherapy, 48*(2), 198-208.

Daye, C. A., Webb, J. B., & Jafari, N. (2014). Exploring self-compassion as a refuge against recalling the body-related shaming of caregiver eating messages on dimensions of objectified body consciousness in college women. *Body Image, 11*(4), 547-556.

Dearing, R. L., & Tangney, J. P. (Eds.). (2011). *Shame in the therapy hour*. Washington, DC: American Psychological Association.

Decety, J., & Cacioppo, J. T. (Eds.). (2011). *The Oxford handbook of social neuroscience*. New York: Oxford University Press.

Decety, J., & Lamm, C. (2006). Human empathy through the lens of social neuroscience. *Scientific World Journal*, 6, 1146-1163.

Deci, E. L., & Ryan, R. M. (1995). Human autonomy: The basis for true selfesteem. In M. H. Kernis (Ed.), *Efficacy, agency, and self-esteem* (pp. 31-49). New York: Plenum Press.

Delaney, M. C. (2018). Caring for the caregivers: Evaluation of the effect of an eight-week pilot mindful self-compassion (MSC) training program on nurses' compassion fatigue and resilience. *PLOS ONE, 13*(11), e0207261.

Denkova, E., Dolcos, S., & Dolcos, F. (2014). Neural correlates of "distracting" from emotion during autobiographical recollection. *Social Cognitive and Affective Neuroscience, 10*(2), 219-230.

Desbordes, G., Negi, L. T., Pace, T. W., Wallace, B. A., Raison, C. L., & Schwartz, E. L. (2012). Effects of mindful-attention and compassion meditation training on amygdala response to emotional stimuli in an ordinary, non-meditative state. *Frontiers in Human Neuroscience, 6*, 292.

Desmond, T. (2016). *Self-compassion in psychotherapy*. New York: Norton.

DeYoung, P. (2011). *Understanding and treating chronic shame: A relational, neurobiological approach*. New York: Routledge.

Diac, A. E., Constantinescu, N., Sefter, I. I., Rasia, E. L., & Târgovecu, E. (2017). Self-compassion, well-being and chocolate addiction. *Romanian Journal of Cognitive Behavioral Therapy and Hypnosis, 4*(1-2).

Dickens, L. R. (2017). Using gratitude to promote positive change: A series of meta-analyses investigating the effectiveness of gratitude interventions. *Basic and Applied Social Psychology, 39*(4), 193-208.

Dickinson, E. (1872). Dickinson/Higginson correspondence: Late 1872. Dickinson Electronic Archives, Institute for Advanced Technology in the Humanities (IATH), University of Virginia. Retrieved July 21, 2004, from *http://jefferson.village.virginia.edy/cgi-bin/AT-Dickinsonsearch.cgi.*

Diedrich, A., Burger, J., Kirchner, M., & Berking, M. (2016). Adaptive emotion regulation mediates the relationship between self-compassion and depression in individuals with unipolar depression. *Psychology and Psychotherapy: Theory, Research and Practice, 90*(3), 247-263.

Diedrich, A., Grant, M., Hofmann, S. G., Hiller, W., & Berking, M. (2014). Self-compassion as an emotion regulation strategy in major depressive disorder. *Behaviour Research and Therapy, 58*, 43-51.

Diedrich, A., Hofmann, S. G., Cuijpers, P., & Berking, M. (2016). Self-compassion enhances the efficacy of explicit cognitive reappraisal as an emotion regulation strategy in individuals with major depressive disorder. *Behaviour Research and Therapy, 82*, 1-10.

Dodds, S. E., Pace, T. W., Bell, M. L., Fiero, M., Negi, L. T., Raison, C. L., et al. (2015). Feasibility of cognitively-based compassion training (CBCT) for breast cancer survivors: A randomized, wait-list controlled pilot study. *Supportive Care in Cancer, 23*(12), 3599-3608.

Dolcos, S., & Albarracin, D. (2014). The inner speech of behavioral regulation: Intentions and task performance strengthen when you talk to yourself as a you. *European Journal of Social Psychology, 44*(6), 636-642.

Døssing, M., Nilsson, K. K., Svejstrup, S. R., Sørensen, V. V., Straarup, K. N., & Hansen, T. B. (2015). Low self-compassion in patients with bipolar disorder. *Comprehensive Psychiatry, 60*, 53-58.

Dowd, A. J., & Jung, M. E. (2017). Self-compassion directly and indirectly predicts dietary adherence and quality of life among adults with celiac disease. *Appetite, 113*, 293-300.

Dozois, D. J., & Beck, A. T. (2008). Cognitive schemas, beliefs and assumptions. *Risk Factors in Depression, 1*, 121-143.

Duarte, C., Ferreira, C., Trindade, I. A., & Pinto-Gouveia, J. (2015). Body image and college women's quality of life: The importance of being self-compassionate. *Journal of Health Psychology, 20*(6), 754-764.

Duarte, J., McEwan, K., Barnes, C., Gilbert, P., & Maratos, F. A. (2015). Do therapeutic imagery practices affect physiological and emotional indicators of threat in high self-critics? *Psychology and Psychotherapy: Theory, Research and Practice, 88*(3), 270-284.

Duckworth, A. (2016). *Grit: The power of passion and perseverance*. New York: Simon & Schuster.

Dugo, J. M., & Beck, A. P. (1997). Significance and complexity of early phases in the development of the co-therapy relationship. *Group Dynamics: Theory, Research, and Practice, 1*(4), 294-305.

Dundas, I., Binder, P. E., Hansen, T. G., & Stige, S. H. (2017). Does a short self-compassion intervention for students increase healthy self-regulation?: A randomized control trial. *Scandinavian Journal of Psychology, 58*(5), 443-450.

Dunne, S., Sheffield, D., & Chilcot, J. (2018). Brief report: Self-compassion, physical health and the mediating role of health-promoting behaviours. *Journal of Health Psychology, 23*(7), 993-999.

Durkin, M., Beaumont, E., Hollins Martin, C. J., & Carson, J. (2016). A pilot study exploring the relationship between self-compassion, self-judgement, self-kindness, compassion, professional quality of life and wellbeing among UK community nurses. *Nurse Education Today, 46*, 109-114.

Dweck, C. S. (1986). Motivational processes affecting learning. *American Psychologist, 41*, 1040-1048.

Egan, H., Mantzios, M., & Jackson, C. (2017). Health practitioners and the directive towards compassionate healthcare in the UK: Exploring the need to educate health practitioners on how to be self-compassionate and mindful alongside mandating compassion towards patients. *Health Professions Education, 3*(2), 61-63.

Ehret, A. M., Joormann, J., & Berking, M. (2018). Self-compassion is more effective than acceptance and reappraisal in decreasing depressed mood in currently and formerly depressed individuals. *Journal of Affective Disorders, 226*, 220-226.

Eicher, A. E., Davis, L. W., & Lysaker, P. H. (2013). Self-compassion: A novel link with symptoms in schizophrenia? *Journal of Nervous and Mental Disease*, *201*(5), 1-5.

Elliott, R., Bohart, A. C., Watson, J. C., & Greenberg, L. S. (2011). Empathy. *Psychotherapy, 48*(1), 43-49.

Elwafi, H. M., Witkiewitz, K., Mallik, S., Thornhill, T. A., IV, & Brewer, J. A. (2013). Mindfulness training for smoking cessation: Moderation of the relationship between craving and cigarette use. *Drug and Alcohol Dependence, 130*(1-3), 222-229.

Emerson, R. W. (1883). Spiritual laws. In R. W. Emerson, *Works of Ralph Waldo Emerson* (pp. 30-37). London: Routledge. (Original work published 1841)

Emmons, R. A., & McCullough, M. E. (2003). Counting blessings versus burdens: An experimental investigation of gratitude and subjective well-being in daily life. *Journal of Personality and Social Psychology, 84*(2), 377.

Emmons, R. A., & McCullough, M. (Eds.). (2004). *The psychology of gratitude*. New York: Oxford University Press.

Enright, R. D., & Fitzgibbons, R. P. (2000). *Helping clients forgive: An empirical guide for resolving anger and restoring hope*. Washington, DC: American Psychological Association.

Evans, S., Wyka, K., Blaha, K. T., & Allen, E. S. (2018). Self-compassion mediates improvement in well-being in a mindfulness-based stress reduction program in a community-based sample. *Mindfulness, 9*(4), 1280-1287.

Ewert, C., Gaube, B., & Geisler, F. C. M. (2018). Dispositional self-compassion impacts immediate and delayed reactions to social evaluation. *Personality and Individual Differences, 125*, 91-96.

Falconer, C. J., Slater, M., Rovira, A., King, J. A., Gilbert, P., Antley, A., et al. (2014). Embodying compassion: A virtual reality paradigm for overcoming excessive self-criticism. *PLOS ONE, 9*(11), e111933.

Faulds, D. (2002). Allow. In D. Faulds, *Go in and in: Poems from the heart of yoga*. Berkeley, CA: Peaceable Kingdom Press.

Fay, D. (2017). *Attachment-based yoga and meditation for trauma recovery: Simple, safe, and effective practices for therapy*. New York: Norton.

Fein, S., & Spencer, S. J. (1997). Prejudice as self-image maintenance: Affirming the self through derogating others. *Journal of Personality and Social Psychology*, 73, 31-44.

Ferguson, L. J., Kowalski, K. C., Mack, D. E., & Sabiston, C. M. (2015). Self-compassion and eudaimonic well-being during emotionally difficult times in sport. *Journal of Happiness Studies, 16*(5), 1263-1280.

Ferrari, M., Dal Cin, M., & Steele, M. (2017). Self-compassion is associated with optimum self-care behaviour, medical outcomes and psychological well-being in a cross-sectional sample of adults with diabetes. *Diabetic Medicine, 34*(11), 1546-1553.

Ferreira, C., Pinto-Gouveia, J., & Duarte, C. (2013). Self-compassion in the face of shame and body image dissatisfaction: Implications for eating disorders. *Eating Behaviors, 14*(2), 207-210.

Finlay-Jones, A., Kane, R., & Rees, C. (2017). Self-compassion online: A pilot study of an Internet-based self-compassion cultivation program for psychology trainees. *Journal of Clinical Psychology, 73*(7), 797-816.

Finlay-Jones, A. L., Rees, C. S., & Kane, R. T. (2015). Self-compassion, emotion regulation and stress among Australian psychologists: Testing an emotion regulation model of self-compassion using structural equation modeling. *PLOS ONE, 10*(7), e0133481.

Finlay-Jones, A., Xie, Q., Huang, X., Ma, X., & Guo, X. (2018). A pilot study of the 8-week Mindful Self-Compassion training program in a Chinese community sample. *Mindfulness, 9*(3), 993-1002.

Fredrickson, B. L. (2004a). The broaden-and-build theory of positive emotions. *Philosophical Transactions of the Royal Society of London, Series B, Biological Sciences, 359*, 1367-1378.

Fredrickson, B. L. (2004b). Gratitude, like other positive emotions, broadens and builds. In R. Emmons & M. McCullough (Eds.), *The psychology of gratitude* (pp. 145-166). New York: Oxford University Press.

Fredrickson, B. L., Cohn, M. A., Coffey, K. A., Pek, J., & Finkel, S. M. (2008). Open hearts build lives: Positive emotions, induced through loving-kindness meditation, build consequential personal resources. *Journal of Personality and Social Psychology, 95*(5), 1045-1062.

Fresnics, A., & Borders, A. (2016). Angry rumination mediates the unique associations between self-compassion and anger and aggression. *Mindfulness, 8*(3), 554-564.

Freud, S. (1958a). Recommendations to physicians on practicing psycho-analysis. In J. Strachey (Ed. & Trans.), *The standard edition of the complete psychological works of Sigmund Freud* (Vol. 12, pp. 109-120). London: Hogarth Press. (Original work published 1912)

Freud, S. (1958b). Remembering, repeating and working-through (further recommendations on the technique of psycho-analysis II). In J. Strachey (Ed. & Trans.), *The standard edition of the complete psychological works of Sigmund Freud* (Vol. 12, pp. 145-156). London: Hogarth Press. (Original work published 1914)

Friis, A. M., Johnson, M. H., Cutfield, R. G., & Consedine, N. S. (2015). Does kindness matter?: Self-compassion buffers the negative impact of diabetes-distress on HbA1c. *Diabetic Medicine, 32*(12), 1634-1640.

Friis, A. M., Johnson, M. H., Cutfield, R. G., & Consedine, N. S. (2016). Kindness matters: A randomized controlled trial of a Mindful Self-Compassion intervention improves depression, distress, and HbA1c among patients with diabetes. *Diabetes Care, 39*(11), 1963-1971.

Fuchs, T. (2004). Neurobiology and psychotherapy: An emerging dialogue. *Current Opinion in Psychiatry, 17*(6), 479-485.

Füstös, J., Gramann, K., Herbert, B. M., & Pollatos, O. (2013). On the embodiment of emotion regulation: Interoceptive awareness facilitates reappraisal. *Social Cognitive and Affective Neuroscience, 8*(8), 911-917.

Galhardo, A., Cunha, M., Pinto-Gouveia, J., & Matos, M. (2013). The mediator role of emotion regulation processes on infertility-related stress. *Journal of Clinical Psychology in Medical Settings, 20*(4), 497-507.

Galili-Weinstock, L., Chen, R., Atzil-Slonim, D., Bar-Kalifa, E., Peri, T., & Rafaeli, E. (2018). The association between self-compassion and treatment outcomes: Session-level and treatment-level effects. *Journal of Clinical Psychology, 74*(6), 849-866.

Galla, B. M. (2016). Within-person changes in mindfulness and self-compassion predict enhanced emotional well-being in healthy, but stressed adolescents. *Journal of Adolescence, 49,* 204-217.

Gallant, M. P. (2014). Social networks, social support, and health-related behavior. In L. R. Martin & M. R. DiMatteo (Eds.), *The Oxford handbook of health communication, behavior change, and treatment adherence* (pp. 305-322). New York: Oxford University Press.

Gallese, V., Eagle, M. N., & Migone, P. (2007). Intentional attunement: Mirror neurons and the neural underpinnings of interpersonal relations. *Journal of the American Psychoanalytic Association, 55*(1), 131-175.

Gard, T., Brach, N., Hölzel, B. K., Noggle, J. J., Conboy, L. A., & Lazar, S. W. (2012). Effects of a yoga-based intervention for young adults on quality of life and perceived stress: The potential mediating roles of mindfulness and selfcompassion. *Journal of Positive Psychology, 7*(3), 165-175.

Garland, E. L., Fredrickson, B., Kring, A. M., Johnson, D. P., Meyer, P. S., & Penn, D. L. (2010). Upward spirals of positive emotions counter downward spirals of negativity: Insights from the broaden-and-build theory and affective neuroscience on the treatment of emotion dysfunctions and deficits in psychopathology. *Clinical Psychology Review, 30*(7), 849-864.

Geller, S. M. (2017). *A practical guide to cultivating therapeutic presence.* Washington, DC: American Psychological Association.

Geller, S. M., & Greenberg, L. S. (2012). *Therapeutic presence: A mindful approach to effective therapy.* Washington, DC: American Psychological Association.

Gendlin, E. T. (1990). The small steps of the therapy process: How they come and how to help them come. In G. Lietaer, J. Rombauts, & R. Van Balen (Eds.), *Client-centered and experiential psychotherapy in the nineties* (pp. 205-224). Leuven, Belgium: Leuven University Press.

Gerber, Z., Tolmacz, R., & Doron, Y. (2015). Self-compassion and forms of concern for others. *Personality and Individual Differences, 86*, 394-400.

Germer, C. (2009). *The mindful path to self-compassion.* New York: Guilford Press.

Germer, C. (2013). Mindfulness: What is it? What does it matter? In C. Germer, R. Siegel, & P. Fulton (Eds.), *Mindfulness and psychotherapy* (2nd ed., pp. 3-35). New York: Guilford Press.

Germer, C. (2015, September-October). Inside the heart of healing: When momentto-moment awareness isn't enough. *Psychotherapy Networker*, Article No. 3. Retrieved January 23, 2019, from *www.psychotherapynetworker.org/magazine/article/3/inside-the-heart-of-healing.*

Germer, C., & Barnhofer, T. (2017). Mindfulness and compassion: Similarities and differences. In P. Gilbert (Ed.), *Compassion: Concepts, research and applications* (pp. 69-86). London: Routledge.

Germer, C., & Neff, K. (2013). Self-compassion in clinical practice. *Journal of Clinical Psychology, 69*(8), 856-867.

Germer, C., & Neff, K. (2015). Cultivating self-compassion in trauma survivors. In V. Follette, J. Briere, D. Rozelle, J. Hopper, & D. Rome (Eds.), *Mindfulness-oriented interventions for trauma: Integrating contemplative practices* (pp. 43-58). New York: Guilford Press.

Germer, C., & Siegel, R. (Eds.). (2012). *Wisdom and compassion in psychotherapy.* New York: Guilford Press.

Germer, C., Siegel, R., & Fulton, P. (Eds.). (2013). *Mindfulness and psychotherapy* (2nd ed.). New York: Guilford Press.

Gharraee, B., Tajrishi, K. Z., Farani, A. R., Bolhari, J., & Farahani, H. (2018). A randomized controlled trial of compassion focused therapy for social anxiety disorder. *Iranian Journal of Psychiatry and Behavioral Sciences*, 12(4).

Gilbert, P. (2000). Social mentalities: Internal "social" conflicts and the role of inner warmth and compassion in cognitive therapy. In P. Gilbert & K. G. Bailey (Eds.), *Genes on the couch: Explorations in evolutionary psychotherapy* (pp. 118-150). Hove, UK: Psychology Press.

Gilbert, P. (Ed.). (2005). *Compassion: Conceptualisations, research and use in psychotherapy.* London:

Routledge.

Gilbert, P. (2009). *The compassionate mind: A new approach to life's challenges*. Oakland, CA: New Harbinger.

Gilbert, P. (2012). Depression: Suffering in the flow of life. In C. Germer & R. Siegel (Eds.), *Wisdom and compassion in psychotherapy* (pp. 249-264). New York: Guilford Press.

Gilbert, P., & Andrews, B. (Eds.). (1998). *Shame: Interpersonal behavior, psychopathology, and culture*. New York: Oxford University Press.

Gilbert, P., Catarino, F., Duarte, C., Matos, M., Kolts, R., Stubbs, J., et al. (2017). The development of compassionate engagement and action scales for self and others. *Journal of Compassionate Health Care, 4*. Retrieved March 27, 2019, from *https://jcompassionatehc.biomedcentral.com/articles/10.1186/s40639-017-0033-3*.

Gilbert, P., & Choden. (2014). *Mindful compassion*. Oakland, CA: New Harbinger.

Gilbert, P., Clarke, M., Hempel, S., Miles, J. N., & Irons, C. (2004). Criticizing and reassuring oneself: An exploration of forms, styles and reasons in female students. *British Journal of Clinical Psychology, 43*(1), 31-50.

Gilbert, P., & Irons, C. (2009). Shame, self-criticism, and self-compassion in adolescence. In N. Allen & L. Sheeber (Eds.), *Adolescent emotional development and the emergence of depressive disorders* (pp. 195-214). Cambridge, UK: Cambridge University Press.

Gilbert, P., McEwan, K., Matos, M., & Rivis, A. (2011). Fears of compassion: Development of three self-report measures. *Psychology and Psychotherapy: Theory, Research and Practice, 84*, 239-255.

Gilbert, P., & Procter, S. (2006). Compassionate mind training for people with high shame and self-criticism: Overview and pilot study of a group therapy approach. *Clinical Psychology and Psychotherapy, 13*, 353-379.

Gillanders, D. T., Sinclair, A. K., MacLean, M., & Jardine, K. (2015). Illness cognitions, cognitive fusion, avoidance and self-compassion as predictors of distress and quality of life in a heterogeneous sample of adults, after cancer. *Journal of Contextual Behavioral Science, 4*(4), 300-311.

Goetz, J. L., Keltner, D., & Simon-Thomas, E. (2010). Compassion: An evolutionary analysis and empirical review. *Psychological Bulletin, 136*(3), 351-374.

Gonzalez-Hernandez, E., Romero, R., Campos, D., Burichka, D., Diego-Pedro, R., Baños, R., et al. (2018). Cognitively-based compassion training (CBCT) in breast cancer survivors: A randomized clinical trial study. *Integrative Cancer Therapies, 17*(3), 684-696.

Gonzalez-Liencres, C., Shamay-Tsoory, S. G., & Brüne, M. (2013). Towards a neuroscience of empathy: Ontogeny, phylogeny, brain mechanisms, context and psychopathology. *Neuroscience and Biobehavioral Reviews, 37*(8), 1537-1548.

Goodman, J. H., Guarino, A., Chenausky, K., Klein, L., Prager, J., Petersen, R., et al. (2014). CALM Pregnancy: Results of a pilot study of mindfulness-based cognitive therapy for perinatal anxiety. *Archives of Women's Mental Health, 17*(5), 373-387.

Grawe, K. (2017). *Neuropsychotherapy: How the neurosciences inform effective psychotherapy*. London: Routledge.

Greenberg, J., Datta, T., Shapero, B. G., Sevinc, G., Mischoulon, D., & Lazar, S. W. (2018). Compassionate hearts protect against wandering minds: Self-compassion moderates the effect of mind-wandering on depression. *Spirituality in Clinical Practice, 5*(3), 155-169.

Greenberg, L. S. (1983). Toward a task analysis of conflict resolution in Gestalt therapy. *Psychotherapy: Theory, Research and Practice, 20*(2), 190-201.

Greenberg, L., & Iwakabe, S. (2011). Emotion-focused therapy and shame. In R. L. Dearing & J. P. Tangney (Eds.), *Shame in the therapy hour* (pp. 69-90). Washington, DC: American Psychological Association.

Greene, D. C., & Britton, P. J. (2015). Predicting adult LGBTQ happiness: Impact of childhood affirmation, self-compassion, and personal mastery. *Journal of LGBT Issues in Counseling, 9*(3), 158-179.

Greeson, J. M., Juberg, M. K., Maytan, M., James, K., & Rogers, H. (2014). A randomized controlled trial of Koru: A mindfulness program for college students and other emerging adults. *Journal of American College Health, 62*(4), 222-233.

Grossman, P., Niemann, L., Schmidt, S., & Walach, H. (2004). Mindfulness-based stress reduction and health benefits: A meta-analysis. *Journal of Psychosomatic Research, 57*(1), 35-43.

Gumley, A., Braehler, C., Laithwaite, H., MacBeth, A., & Gilbert, P. (2010). A compassion focused model of recovery after psychosis. *International Journal of Cognitive Therapy, 3*(2), 186-201.

Gunnell, K. E., Mosewich, A. D., McEwen, C. E., Eklund, R. C., & Crocker, P. R. (2017). Don't be so hard on yourself!: Changes in self-compassion during the first year of university are associated with changes in well-being. *Personality and Individual Differences, 107*, 43-48.

Gusnard, D. A., & Raichle, M. E. (2001). Searching for a baseline: Functional imaging and the resting human brain. *Nature Reviews Neuroscience, 2*(10), 685-694.

Hafiz. (1999). With that moon language. In Hafiz, *The gift: Poems by Hafiz, the great Sufi master* (D. Ladinsky, Trans.). Melbourne, Australia: Penguin Books.

Hahn, W. K. (2000). Shame: Countertransference identifications in individual psychotherapy. *Psychotherapy, 37*(1), 10-21.

Halifax, J. (2012a, May 12). *Compassion and challenges to compassion: The art of living and dying*. Paper presented at the Meditation and Psychotherapy conference, Harvard Medical School, Boston, MA.

Halifax, J. (2012b, September 19). Practicing G.R.A.C.E.: How to bring compassion into your interaction with others. *The Blog, Huffington Post*. Retrieved May 31, 2017, from *https://www.huffpost.com/entry/compassion_n_1885877*.

Hall, C. W., Row, K. A., Wuensch, K. L., & Godley, K. R. (2013). The role of selfcompassion in physical and psychological well-being. *Journal of Psychology, 147*(4), 311-323.

Hanh, T. N. (2014). No mud, no lotus: *The art of transforming suffering*. Berkeley, CA: Parallax Press.

Hanson, R. (2013). *Hardwiring happiness: The new brain science of contentment, calm, and confidence*. New York: Harmony Books.

Harter, S. (1999). *The construction of the self: A developmental perspective*. New York: Guilford Press.

Harwood, E. M., & Kocovski, N. L. (2017). Self-compassion induction reduces anticipatory anxiety among socially anxious students. *Mindfulness, 8*(6), 1544-1551.

Hasenkamp, W., & Barsalou, L. W. (2012). Effects of meditation experience on functional connectivity of distributed brain networks. *Frontiers in Human Neuroscience, 6*, 38.

Hatfield, E., Cacioppo, J. T., & Rapson, R. L. (1993). Emotional contagion. *Current Directions in Psychological Science, 2*(3), 96-100.

Hayes, S. C., Strosahl, K. D., & Wilson, K. G. (2012). *Acceptance and commitment therapy: The process and practice of mindful change* (2nd ed.). New York: Guilford Press.

Hayter, M. R., & Dorstyn, D. S. (2013). Resilience, self-esteem and self-compassion in adults with spina bifida. *Spinal Cord, 52*(2), 167-171.

Heath, P. J., Brenner, R. E., Vogel, D. L., Lannin, D. G., & Strass, H. A. (2017). Masculinity and barriers to seeking counseling: The buffering role of selfcompassion. *Journal of Counseling Psychology, 64*(1), 94-103.

Heatherton, T. F., & Polivy, J. (1990). Chronic dieting and eating disorders: A spiral model. In J. H. Crowther, D. L. Tennenbaum, S. E. Hobfoll, & M. A. P. Stephens (Eds.), *The etiology of bulimia nervosa: The individual and familial context* (pp. 133-155). Washington, DC: Hemisphere.

Heffernan, M., Griffin, M., McNulty, S., & Fitzpatrick, J. J. (2010). Self-compassion and emotional intelligence in nurses. *International Journal of Nursing Practice, 16*, 366-373.

Heine, S. J., Lehman, D. R., Markus, H. R., & Kitayama, S. (1999). Is there a universal need for positive self-regard? *Psychological Review*, 106, 766-794.

Held, P., & Owens, G. P. (2015). Effects of self-compassion workbook training on trauma-related guilt in a sample of homeless veterans: A pilot study. *Journal of Clinical Psychology, 71*, 513-526.

Herman, J. L. (2011). Posttraumatic stress disorder as a shame disorder. In R. L. Dearing & J. P. Tangney (Eds.), *Shame in the therapy hour* (pp. 261-275). Washington, DC: American Psychological Association.

Herriot, H., Wrosch, C., & Gouin, J. P. (2018). Self-compassion, chronic agerelated stressors, and diurnal cortisol secretion in older adulthood. *Journal of Behavioral Medicine, 41*(6), 850-862.

Hertenstein, M. J., Keltner, D., App, B., Bulleit, B. A., & Jaskolka, A. R. (2006). Touch communicates distinct emotions. *Emotion, 6*(3), 528-533.

Hildebrandt, L., McCall, C., & Singer, T. (2017). Differential effects of attention-, compassion-, and socio-cognitively based mental practices on self-reports of mindfulness and compassion. *Mindfulness, 8*(6), 1488-1512.

Hiraoka, R., Meyer, E. C., Kimbrel, N. A., DeBeer, B. B., Gulliver, S. B., & Morissette, S. B. (2015). Self-compassion as a prospective predictor of PTSD symptom severity among trauma-exposed US Iraq and Afghanistan war veterans. *Journal of Traumatic Stress, 28*(2), 127-133.

Hoagland, T. (2011). The word. *The writer's almanac with Garrison Keillor.* Retrieved on June 16, 2017, from *http://writersalmanac.publicradio.org/index.php?date=2011/09/10.*

Hobbs, L., & Bluth, K. (2016). *Making friends with yourself: A Mindful Self-Compassion program for teens and young adults*. Unpublished training manual.

Hoffart, A., Øktedalen, T., & Langkaas, T. F. (2015). Self-compassion influences PTSD symptoms in the process of change in trauma-focused cognitive-behavioral therapies: A study of within-person processes. *Frontiers in Psychology, 6*, 1273.

Hofmann, S. G., Grossman, P., & Hinton, D. E. (2011). Loving-kindness and compassion meditation: Potential for psychological interventions. *Clinical Psychology Review, 31*, 1126-1132.

Hofmann, S. G., Sawyer, A. T., Witt, A. A., & Oh, D. (2010). The effect of mindfulness-based therapy on anxiety and depression: A meta-analytic review. *Journal of Consulting and Clinical Psychology, 78*, 169-183.

Hoge, E. A., Hölzel, B. K., Marques, L., Metcalf, C. A., Brach, N., Lazar, S. W., et al. (2013). Mindfulness and self-compassion in generalized anxiety disorder: Examining predictors of disability. *Evidence-Based Complementary and Alternative Medicine, 2013*, 576258.

Hollis-Walker, L., & Colosimo, K. (2011). Mindfulness, self-compassion, and happiness in non-meditators: A theoretical and empirical examination. *Personality and Individual Differences, 50*, 222-227.

Holmes, J. (2001). *The search for the secure base*. London: Routledge.

Hölzel, B. K., Lazar, S. W., Gard, T., Schuman-Olivier, Z., Vago, D. R., & Ott, U. (2011). How does mindfulness meditation work?: Proposing mechanisms of action from a conceptual and neural perspective. *Perspectives on Psychological Science, 6*(6), 537-559.

Homan, K. J., & Sirois, F. M. (2017). Self-compassion and physical health: Exploring the roles of perceived stress and health-promoting behaviors. *Health Psychology Open, 4*(2),

2055102917729542.

Homan, K. J., & Tylka, T. L. (2015). Self-compassion moderates body comparison and appearance self-worth's inverse relationships with body appreciation. *Body Image, 15*, 1-7.

Hope, N., Koestner, R., & Milyavskaya, M. (2014). The role of self-compassion in goal pursuit and well-being among university freshmen. *Self and Identity, 13*(5), 579-593.

Horney, K. (1950). *Neurosis and human growth: The struggle toward self-realization*. New York: Norton.

Howell, A. J., Dopko, R. L., Turowski, J. B., & Buro, K. (2011). The disposition to apologize. *Personality and Individual Differences, 51*(4), 509-514.

Hurd, B. (2008). *Stirring the mud: On swamps, bogs, and human imagination*. Athens: University of Georgia Press.

Isgett, S. F., Algoe, S. B., Boulton, A. J., Way, B. M., & Fredrickson, B. L. (2016). Common variant in OXTR predicts growth in positive emotions from loving-kindness training. *Psychoneuroendocrinology, 73*, 244-251.

Jackowska, M., Brown, J., Ronaldson, A., & Steptoe, A. (2016). The impact of a brief gratitude intervention on subjective well-being, biology and sleep. *Journal of Health Psychology, 21*(10), 2207-2217.

James, K., & Rimes, K. A. (2018). Mindfulness-based cognitive therapy versus pure cognitive behavioural self-help for perfectionism: A pilot randomised study. *Mindfulness, 9*(3), 801-814.

Jazaieri, H., Jinpa, G. T., McGonigal, K., Rosenberg, E. L., Finkelstein, J., Simon-Thomas, E., et al. (2013). Enhancing compassion: A randomized controlled trial of a compassion cultivation training program. *Journal of Happiness Studies, 14*(4), 1113-1126.

Jazaieri, H., Lee, I. A., McGonigal, K., Jinpa, T., Doty, J. R., Gross, J. J., & Goldin, P. R. (2016). A wandering mind is a less caring mind: Daily experience sampling during compassion meditation training. *Journal of Positive Psychology, 11*(1), 37-50.

Jazaieri, H., McGonigal, K., Jinpa, T., Doty, J. R., Gross, J. J., & Goldin, P. R. (2014). A randomized controlled trial of compassion cultivation training: Effects on mindfulness, affect, and emotion regulation. *Motivation and Emotion, 38*(1), 23-35.

Jazaieri, H., McGonigal, K., Lee, I. A., Jinpa, T., Doty, J. R., Gross, J. J., et al. (2018). Altering the trajectory of affect and affect regulation: The impact of compassion training. *Mindfulness, 9*(1), 283-293.

Jiang, Y., You, J., Hou, Y., Du, C., Lin, M. P., Zheng, X., et al. (2016). Buffering the effects of peer victimization on adolescent non-suicidal self-injury: The role of self-compassion and family cohesion. *Journal of Adolescence, 53*, 107-115.

Jinpa, T. (2016). *A fearless heart: How the courage to be compassionate can change your life*. New York:

Avery.

Joeng, J. R., Turner, S. L., Kim, E. Y., Choi, S. A., Lee, Y. J., & Kim, J. K. (2017). Insecure attachment and emotional distress: Fear of self-compassion and self-compassion as mediators. *Personality and Individual Differences, 112*, 6–11.

Johnson, E. A., & O'Brien, K. A. (2013). Self-compassion soothes the savage EGO-threat system: Effects on negative affect, shame, rumination, and depressive symptoms. *Journal of Social and Clinical Psychology, 32*(9), 939–963.

Jones, E. (1955). *The life and work of Sigmund Freud: Vol. 2. Years of maturity, 1901–1919*. London: Hogarth Press.

Jung, C. G. (2014a). *Collected works of C. G. Jung: Vol. 11. Psychology and religion: West and East*. Princeton, NJ: Princeton University Press. (Original work published 1958)

Jung, C. G. (2014b). *Memories, dreams, reflections*. New York: Vintage Books. (Original work published 1963)

Kabat-Zinn, J. (1990). *Full catastrophe living: Using the wisdom of your body and mind to face stress, pain, and illness*. New York: Dell.

Kabat-Zinn, J. (1994). *Wherever you go, there you are: Mindfulness meditation in everyday life*. New York: Hyperion.

Kabat-Zinn, J. (2003). Mindfulness-based interventions in context: Past, present, and future. *Clinical Psychology: Science and Practice, 10*(2), 144–156.

Kabat-Zinn, J. (2005). *Coming to our senses*. New York: Hyperion.

Kahneman, D. (2011, October 23). Don't blink!: The hazards of confidence. *New York Times*. Retrieved December 26, 2018, from *www.nytimes.com/2011/10/23/magazine/dont-blink-the-hazards-of-confidence.html*.

Kang, Y., Gray, J. R., & Dovidio, J. F. (2015). The head and the heart: Effects of understanding and experiencing loving-kindness on attitudes toward the self and others. *Mindfulness, 6*(5), 1063–1070.

Kant, I. (2016). Critique of pure reason (J. M. D. Meiklejohn, Trans.). Retrieved from *https://ebooks.adelaide.edu.au/k/kant/immanuel/k16p/index.html*. (Original work published 1781)

Kearney, D. J., Malte, C. A., McManus, C., Martinez, M. E., Felleman, B., & Simpson, T. L. (2013). Loving-kindness meditation for posttraumatic stress disorder: A pilot study. *Journal of Traumatic Stress, 26*(4), 426–434.

Kearney, K. G., & Hicks, R. E. (2016). Early nurturing experiences, self-compassion, hyperarousal and scleroderma the way we relate to ourselves may determine disease progression. *International Journal of Psychological Studies, 8*(4), 16.

Kearney, K. G., & Hicks, R. E. (2017). Self-compassion and breast cancer in 23 cancer respondents: Is the way you relate to yourself a factor in disease onset and progress? *Psychology, 8*, 14-26.

Keller, H. (2000). *To love this life: Quotations by Helen Keller*. New York: AFB Press.

Keller, H. (2015). *Optimism: An essay*. Scotts Valley, CA: CreateSpace Independent Publishing Platform. (Original work published 1903)

Kelliher Rabon, J., Sirois, F. M., & Hirsch, J. K. (2018). Self-compassion and suicidal behavior in college students: Serial indirect effects via depression and wellness behaviors. *Journal of American College Health, 66*(2), 114-122.

Kelly, A. C., & Carter, J. C. (2014). Eating disorder subtypes differ in their rates of psychosocial improvement over treatment. *Journal of Eating Disorders, 2*, 1-10.

Kelly, A. C., & Carter, J. C. (2015). Self-compassion training for binge eating disorder: A pilot randomized controlled trial. *Psychology and Psychotherapy, 88*, 285-303.

Kelly, A. C., Carter, J. C., & Borairi, S. (2014). Are improvements in shame and self-compassion early in eating disorders treatment associated with better patient outcomes? *International Journal of Eating Disorders, 47*, 54-64.

Kelly, A. C., Carter, J. C., Zuroff, D. C., & Borairi, S. (2013). Self-compassion and fear of self-compassion interact to predict response to eating disorders treatment: A preliminary investigation. *Psychotherapy Research, 23*(3), 252-264.

Kelly, A. C., Wisniewski, L., Martin-Wagar, C., & Hoffman, E. (2017). Group-based compassion-focused therapy as an adjunct to outpatient treatment for eating disorders: A pilot randomized controlled trial. *Clinical Psychology and Psychotherapy, 24*(2), 475-487.

Kelly, A. C., Zuroff, D. C., Foa, C. L., & Gilbert, P. (2009). Who benefits from training in self-compassionate self-regulation?: A study of smoking reduction. *Journal of Social and Clinical Psychology*, 29, 727-755.

Keltner, D. (2009). *Born to be good*. New York: Norton.

Kemper, K. J., Mo, X., & Khayat, R. (2015). Are mindfulness and self-compassion associated with sleep and resilience in health professionals? *Journal of Alternative and Complementary Medicine, 21*(8), 496-503.

Keng, S., Smoski, M. J., Robins, C. J., Ekblad, A. G., & Brantley, J. G. (2012). Mechanisms of change in mindfulness-based stress reduction: Self-compassion and mindfulness as mediators of intervention outcomes. *Journal of Cognitive Psychotherapy, 26*(3), 270-280.

Kernis, M. H., Cornell, D. P., Sun, C. R., Berry, A., & Harlow, T. (1993). There's more to self-esteem than whether it is high or low: The importance of stability of self-esteem. *Journal of Personality and Social Psychology, 65*, 1190-1204.

Kernis, M. H., Paradise, A. W., Whitaker, D. J., Wheatman, S. R., & Goldman, B. N. (2000). Master of one's psychological domain?: Not likely if one's selfesteem is unstable. *Personality and Social Psychology Bulletin, 26*, 1297–1305.

Keysers, C., Kaas, J. H., & Gazzola, V. (2010). Somatosensation in social perception. *Nature Reviews Neuroscience, 11*(6), 417–428.

Killingsworth, M. A., & Gilbert, D. T. (2010). A wandering mind is an unhappy mind. *Science, 330*, 932.

Kilpatrick, D. G., Resnick, H. S., Milanak, M. E., Miller, M. W., Keyes, K. M., & Friedman, M. J. (2013). National estimates of exposure to traumatic events and PTSD prevalence using DSM-IV and DSM-5 criteria. *Journal of Traumatic Stress, 26*(5), 537–547.

Kim, J., Talbot, N. L., & Cicchetti, D. (2009). Childhood abuse and current interpersonal conflict: The role of shame. *Child Abuse and Neglect, 33*(6), 362–371.

King, M. L., Jr. (1965, June). *Remaining awake through a great revolution*. Commencement address for Oberlin College, Oberlin, OH. Retrieved January 31, 2019, from *www2.oberlin.edu/external/EOG/BlackHistoryMonth/MLK/CommAddress.html*.

King, M. L., Jr. (2014). *The papers of Martin Luther King, Jr.: Vol. 7. To save the soul of America, January 1961–August 1962* (C. Carson, Ed.). Berkeley: University of California Press.

King, S. D. (1964). *Training within the organization*. London: Tavistock.

Kirby, J. N. (2017). Compassion interventions: The programmes, the evidence, and implications for research and practice. *Psychology and Psychotherapy: Theory, Research and Practice, 90*(3), 432–455.

Kirby, J. N., Tellegen, C. L., & Steindl, S. R. (2017). A meta-analysis of compassionbased interventions: Current state of knowledge and future directions. *Behavior Therapy, 48*(6), 778–792.

Kirschner, H., Kuyken, W., Wright, K., Roberts, H., Brejcha, C., & Karl, A. (2019). Soothing your heart and feeling connected: A new experimental paradigm to study the benefits of self-compassion. *Clinical Psychological Science*. [Epub ahead of print]

Klimecki, O. M., Leiberg, S., Lamm, C., & Singer, T. (2012). Functional neural plasticity and associated changes in positive affect after compassion training. *Cerebral Cortex, 23*(7), 1552–1561.

Klimecki, O., & Singer, T. (2012). Empathic distress fatigue rather than compassion fatigue?: Integrating findings from empathy research in psychology and social neuroscience. In B. Oakley, A. Knafo, G. Mahdavan, & D. Wilson (Eds.), *Pathological altruism* (pp. 368–383). New York: Oxford University Press.

Knabb, J. (2018). *The compassion-based workbook for Christian clients: Finding freedom from shame and negative self-judgments*. New York: Routledge.

Knox, M., Neff, K., & Davidson, O. (2016, June). *Comparing compassion for self and others: Impacts on personal and interpersonal well-being*. Paper presented at the 14th annual Association for

Contextual Behavioral Science World Conference, Seattle, WA.

Kolb, D. A. (2015). *Experiential learning: Experience as the source of learning and development* (2nd ed.). Upper Saddle River, NJ: Pearson Education.

Kornfield, J. (1993). *A path with heart*. New York: Bantam Books.

Kornfield, J. (2008, May 16). *Buddhist practices at the heart of psychotherapy*. Paper presented at the Meditation and Psychotherapy conference, Harvard Medical School, Boston, MA.

Kornfield, J. (2014). *A lamp in the darkness: Illuminating a path through difficulties in hard times*. Louisville, CO: Sounds True.

Kornfield, J. (2017). *Freedom of the heart: Heart wisdom, Episode 11*. Retrieved on June 29, 2017, from *https://jackkornfield.com/freedom-heart-heartwisdom-episode-11*.

Krakovsky, M. (2017, May-June). The self-compassion solution. *Scientific American Mind*, pp. 65-70.

Kraus, M. (2017). Voice-only communication enhances empathic accuracy. *American Psychologist, 72*(7), 644-654.

Kraus, S., & Sears, S. (2009). Measuring the immeasurables: Development and initial validation of the Self-Other Four Immeasurables (SOFI) scale based on Buddhist teachings on loving kindness, compassion, joy, and equanimity. *Social Indicators Research, 92*(1), 169-181.

Kreemers, L. M., van Hooft, E. A., & van Vianen, A. E. (2018). Dealing with negative job search experiences: The beneficial role of self-compassion for job seekers' affective responses. *Journal of Vocational Behavior, 106*, 165-179.

Krejtz, I., Nezlek, J. B., Michnicka, A., Holas, P., & Rusanowska, M. (2016). Counting one's blessings can reduce the impact of daily stress. *Journal of Happiness Studies, 17*(1), 25-39.

Krieger, T., Altenstein, D., Baettig, I., Doerig, N., & Holtforth, M. (2013). Selfcompassion in depression: Associations with depressive symptoms, rumination, and avoidance in depressed outpatients. *Behavior Therapy, 44*(3), 501-513.

Krieger, T., Berger, T., & Holtforth, M. G. (2016). The relationship of self-compassion and depression: Cross-lagged panel analyses in depressed patients after outpatient therapy. *Journal of Affective Disorders, 202*, 39-45.

Krieger, T., Hermann, H., Zimmermann, J., & Holtforth, M. G. (2015). Associations of self-compassion and global self-esteem with positive and negative affect and stress reactivity in daily life: Findings from a smart phone study. *Personality and Individual Differences, 87*, 288-292.

Krieger, T., Martig, D. S., van den Brink, E., & Berger, T. (2016). Working on self-compassion online: A proof of concept and feasibility study. *Internet Interventions, 6*, 64-70.

Kross, E., Bruehlman-Senecal, E., Park, J., Burson, A., Dougherty, A., Shablack, H., et al. (2014). Self-talk as a regulatory mechanism: How you do it matters. *Journal of Personality and Social Psychology,*

106(2), 304-324.

Kuyken, W., Watkins, E., Holden, E., White, K., Taylor, R. S., Byford, S., et al. (2010). How does mindfulness-based cognitive therapy work? *Behaviour Research and Therapy, 48*, 1105-1112.

Kyeong, L. W. (2013). Self-compassion as a moderator of the relationship between academic burn-out and psychological health in Korean cyber university students. *Personality and Individual Differences, 54*(8), 899-902.

Lambert, M. J., & Barley, D. E. (2001). Research summary on the therapeutic relationship and psychotherapy outcome. *Psychotherapy: Theory, Research, Practice, Training, 38*(4), 357-361.

Lamm, C., Batson, C. D., & Decety, J. (2007). The neural substrate of human empathy: Effects of perspective-taking and cognitive appraisal. *Journal of Cognitive Neuroscience, 19*(1), 42-58.

Lamott, A. (1997, March 13). My mind is a bad neighborhood I try not to go into alone. *Salon*. Retrieved June 7, 2017, from *www.salon.com/1997/03/13/ lamott970313*.

Lapsley, D. K., FitzGerald, D., Rice, K., & Jackson, S. (1989). Separation-individuation and the "new look" at the imaginary audience and personal fable: A test of an integrative model. *Journal of Adolescent Research 4*, 483-505.

Larsson, H., Andershed, H., & Lichtenstein, P. (2006). A genetic factor explains most of the variation in the psychopathic personality. *Journal of Abnormal Psychology, 115*(2), 221-230.

Lazar, S. W., Kerr, C. E., Wasserman, R. H., Gray, J. R., Greve, D. N., Treadway, M. T., et al. (2005). Meditation experience is associated with increased cortical thickness. *NeuroReport, 16*(17), 1893-1897.

Leadbeater, B. J., Kuperminc, G. P., Blatt, S. J., & Hertzog, C. (1999). A multivariate model of gender differences in adolescents' internalizing and externalizing problems. *Developmental Psychology, 35*(5), 1268-1282.

Leary, M. R. (1999). Making sense of self-esteem. Current Directions in *Psychological Science, 8*, 32-35.

Leary, M. R., Tate, E. B., Adams, C. E., Allen, A. B., & Hancock, J. (2007). Self-compassion and reactions to unpleasant self-relevant events: The implications of treating oneself kindly. *Journal of Personality and Social Psychology, 92*, 887-904.

Leaviss, J., & Uttley, L. (2015). Psychotherapeutic benefits of compassion-focused therapy: An early systematic review. *Psychological Medicine, 45*(5), 927-945.

Lee, T., Leung, M., Hou, W., Tang, J., Yin, J., So, K., et al. (2012). Distinct neural activity associated with focused-attention meditation and loving-kindness meditation. *PLOS ONE, 7*(8), e40054.

Leung, M. K., Chan, C. C., Yin, J., Lee, C. F., So, K. F., & Lee, T. M. (2013). Increased gray matter volume in the right angular and posterior parahippocampal gyri in loving-kindness meditators. *Social Cognitive and Affective Neuroscience, 8*(1), 34-39.

Lewis, H. B. (1987). Introduction: Shame, the "sleeper" in psychopathology. In H. B. Lewis (Ed.), *The role of shame in symptom formation* (pp. 1-28). Hillsdale, NJ: Erlbaum.

Lieberman, M. D. (2007). Social cognitive neuroscience: A review of core processes. *Annual Review of Psychology, 58*, 259-289.

Lieberman, M. D. (2013). *Social: Why our brains are wired to connect*. New York: Crown.

Lindahl, J. R., Fisher, N. E., Cooper, D. J., Rosen, R. K., & Britton, W. B. (2017). The varieties of contemplative experience: A mixed-methods study of meditation-related challenges in Western Buddhists. *PLOS ONE, 12*(5), e0176239.

Lindsay, E. K., & Creswell, J. D. (2014). Helping the self help others: Self-affirmation increases self-compassion and pro-social behaviors. *Frontiers in Psychology, 5*, 421.

Linehan, M. M. (1993). *Cognitive-behavioral treatment of borderline personality disorder*. New York: Guilford Press.

Lloyd, J., Muers, J., Patterson, T. G., & Marczak, M. (2018). Self-compassion, coping strategies, and caregiver burden in caregivers of people with dementia. *Clinical Gerontologist*, 42(1), 47-59.

Lockard, A. J., Hayes, J. A., Neff, K. D., & Locke, B. D. (2014). Self-compassion among college counseling center clients: An examination of clinical norms and group differences. *Journal of College Counseling, 17*, 249-259.

LoParo, D., Mack, S. A., Patterson, B., Negi, L. T., & Kaslow, N. J. (2018). The efficacy of cognitively-based compassion training for African American suicide attempters. *Mindfulness, 9*(6), 1951-1954.

Luckner, J. L., & Nadler, R. S. (1997). *Processing the experience: Strategies to enhance and generalize learning*. Dubuque, IA: Kendall/Hunt.

Luisi, P. L. (2008). The two pillars of Buddhism—consciousness and ethics. *Journal of Consciousness Studies, 15*(1), 84-107.

Luo, X., Qiao, L., & Che, X. (2018). Self-compassion modulates heart rate variability and negative affect to experimentally induced stress. *Mindfulness, 9*(5), 1522-1528.

Luoma, J. B., & Platt, M. G. (2015). Shame, self-criticism, self-stigma, and compassion in acceptance and commitment therapy. *Current Opinion in Psychology, 2*, 97-101.

Lutz, A., Slagter, H. A., Dunne, J. D., & Davidson, R. J. (2008). Attention regulation and monitoring in meditation. *Trends in Cognitive Sciences, 12*(4), 163-169.

MacBeth, A., & Gumley, A. (2012). Exploring compassion: A meta-analysis of the association between self-compassion and psychopathology. *Clinical Psychology Review, 32*, 545-552.

Mackintosh, K., Power, K., Schwannauer, M., & Chan, S. W. (2018). The relationships between self-compassion, attachment and interpersonal problems in clinical patients with mixed anxiety and depression and emotional distress. *Mindfulness, 9*(3), 961-971.

Macy, J. (2007). *World as lover, world as self*. Berkeley, CA: Parallax Press.

Magnus, C. M. R., Kowalski, K. C., & McHugh, T.-L. F. (2010). The role of self-compassion in women's self-determined motives to exercise and exerciserelated outcomes. *Self and Identity, 9*, 363-382.

Magyari, T. (2016). Teaching individuals with traumatic stress. In D. McCown, D. Reibel, & M. Micozzi (Eds.), *Resources for teaching mindfulness: An international handbook* (pp. 339-358). New York: Springer.

Mak, W. W., Tong, A. C., Yip, S. Y., Lui, W. W., Chio, F. H., Chan, A. T., et al. (2018). Efficacy and moderation of mobile app-based programs for mindfulness-based training, self-compassion training, and cognitive behavioral psychoeducation on mental health: Randomized controlled noninferiority trial. *JMIR Mental Health, 5*(4), e60.

Maratos, F. A., Duarte, J., Barnes, C., McEwan, K., Sheffield, D., & Gilbert, P. (2017). The physiological and emotional effects of touch: Assessing a handmassage intervention with high self-critics. *Psychiatry Research, 250*, 221-227.

Marsh, I. C., Chan, S. W., & MacBeth, A. (2018). Self-compassion and psychological distress in adolescents—a meta-analysis. *Mindfulness, 9*(4), 1011-1027.

Marshall, S. L., Parker, P. D., Ciarrochi, J., Sahdra, B., Jackson, C. J., & Heaven, P. C. (2015). Self-compassion protects against the negative effects of low selfesteem: A longitudinal study in a large adolescent sample. *Personality and Individual Differences, 74*, 116-121.

Marta-Simões, J., Ferreira, C., & Mendes, A. L. (2016). Exploring the effect of external shame on body appreciation among Portuguese young adults: The role of self-compassion. *Eating Behaviors, 23*, 174-179.

Marta-Simões, J., Ferreira, C., & Mendes, A. L. (2018). Self-compassion: An adaptive link between early memories and women's quality of life. *Journal of Health Psychology, 23*(7), 929-938.

Mascaro, J. S., Kelley, S., Darcher, A., Negi, L. T., Worthman, C., Miller, A., et al. (2018). Meditation buffers medical student compassion from the deleterious effects of depression. *Journal of Positive Psychology, 13*(2), 133-142.

Mascaro, J. S., Rilling, J. K., Negi, L. T., & Raison, C. L. (2013). Compassion meditation enhances empathic accuracy and related neural activity. *Social Cognitive and Affective Neuroscience, 8*(1), 48-55.

Matos, M., Duarte, J., Duarte, C., Gilbert, P., & Pinto-Gouveia, J. (2018). How one experiences and embodies compassionate mind training influences its effectiveness. *Mindfulness, 9*(4), 1224-1235.

Mayer, P. (2010). Japanese bowl. On *Heaven below* [Audio CD]. Stillwater, MN: Blueboat.

McCullough, M. E., Pargament, K. I., & Thoresen, C. E. (Eds.). (2001). *Forgiveness: Theory, research, and practice*. New York: Guilford Press.

McEwan, K., & Gilbert, P. (2016). A pilot feasibility study exploring the practising of compassionate imagery exercises in a nonclinical population. *Psychology and Psychotherapy: Theory, Research and Practice, 89*(2), 239-243.

McGehee, P., Germer, C., & Neff, K. (2017). Core values in mindful self-compassion. In L. Montiero, J. Compson, & F. Musten (Eds.), *Practitioner's guide to ethics and mindfulness-based interventions* (pp. 279-294). New York: Springer.

Mendelsohn, M., Herman, J. L., Schatzow, E., Kallivayalil, D., Levitan, J., & Coco, M. (2011). *The trauma recovery group: A guide for practitioners*. New York: Guilford Press.

Merton, T. (1975). *My argument with the Gestapo*. New York: New Directions. Michaels, L. (Producer), & Waters, M. (Director). (2004). *Mean girls* [Motion picture]. United States: Paramount Pictures.

Mikulincer, M., & Shaver, P. R. (2017). Adult attachment and compassion: Normative and individual difference components. In E. M. Seppälä, E. SimonThomas, S. L. Brown, M. C. Worline, C. D. Cameron, & J. R. Doty (Eds.), *The Oxford handbook of compassion science* (pp. 79-90). New York: Oxford University Press.

Mikulincer, M., Shaver, P. R., & Pereg, D. (2003). Attachment theory and affect regulation: The dynamics, development, and cognitive consequences of attachment-related strategies. *Motivation and Emotion, 27*(2), 77-102.

Miller, W., Matthews, D., C'de Baca, J., & Wilbourne, P. (2011). Personal values card sort. Retrieved June 18, 2017, from *www.guilford.com/add/miller2/values.pdf*.

Mills, J., & Chapman, M. (2016). Compassion and self-compassion in medicine: Self-care for the caregiver. *Australasian Medical Journal, 9*(5), 87-91.

Moffitt, R. L., Neumann, D. L., & Williamson, S. P. (2018). Comparing the efficacy of a brief self-esteem and self-compassion intervention for state body dissatisfaction and self-improvement motivation. *Body Image, 27*, 67-76.

Møller, S. A. Q., Sami, S., & Shapiro, S. L. (2019). Health benefits of (mindful) selfcompassion meditation and the potential complementarity to mindfulness-based interventions: A review of randomized-controlled trials. *OBM Integrative and Complementary Medicine, 4*(1), 1-20.

Morgan, W. D. (1990). *Change in meditation: A phenomenological study of vipassana meditators' views of progress* (Order No. 0568811). ProQuest Dissertations and Theses Global (No. 303920675). Retrieved from *http://search.proquest.com.ezp-prod1.hul.harvard.edu/docview/303920675?accountid=11311*.

Morris, A. S., Silk, J. S., Steinberg, L., Myers, S. S., & Robinson, L. R. (2007). The role of the family context in the development of emotion regulation. *Social Development, 16*(2), 361-388.

Mosewich, A. D., Crocker, P. E., Kowalski, K. C., & DeLongis, A. (2013). Applying self-compassion in sport: An intervention with women athletes. *Journal of Sport and Exercise Psychology, 35*(5), 514-524.

Mosewich, A. D., Kowalski, K. C., Sabiston, C. M., Sedgwick, W. A., & Tracy, J. L. (2011). Self-compassion: A potential resource for young women athletes. *Journal of Sport and Exercise Psychology, 33*, 103-123.

Moyers, W., with Ketcham, K. (2006). *Broken: My story of addiction and redemption*. New York: Viking.

Muris, P. (2015). A protective factor against mental health problems in youths?: A critical note on the assessment of self-compassion. *Journal of Child and Family Studies, 25*(5), 1461-1465.

Nairn, R. (2009, September). [Lecture as part of foundation training in compassion]. Lecture presented at Kagyu Samye Ling Monastery, Dumfriesshire, Scotland, UK.

Nathanson, D. (Ed.). (1987). *The many faces of shame*. New York: Guilford Press.

Neely, M. E., Schallert, D. L., Mohammed, S. S., Roberts, R. M., & Chen, Y. (2009). Self-kindness when facing stress: The role of self-compassion, goal regulation, and support in college students' well-being. *Motivation and Emotion, 33*, 88-97.

Neff, K. D. (2003a). Development and validation of a scale to measure self-compassion. *Self and Identity, 2*, 223-250.

Neff, K. D. (2003b). Self-compassion: An alternative conceptualization of a healthy attitude toward oneself. *Self and Identity, 2*, 85-102.

Neff, K. D. (2011a). *Self-compassion: The proven power of being kind to yourself*. New York: Morrow.

Neff, K. D. (2011b). Self-compassion, self-esteem, and well-being. *Social and Personality Compass, 5*, 1-12.

Neff, K. D. (2015, September-October). The 5 myths of self-compassion. *Psychotherapy Networker*. Retrieved June 6, 2017, from *www.psychotherapynetworker.org/magazine/article/4/the-5-myths-of-self-compassion*.

Neff, K. D. (2016a). Does self-compassion entail reduced self-judgment, isolation, and over-identification?: A response to Muris, Otgaar, and Petrocchi. *Mindfulness, 7*(3), 791-797.

Neff, K. D. (2016b). The Self-Compassion Scale is a valid and theoretically coherent measure of self-compassion. *Mindfulness, 7*(1), 264-274.

Neff, K. D., & Beretvas, S. N. (2013). The role of self-compassion in romantic relationships. *Self and Identity, 12*(1), 78-98.

Neff, K. D., & Faso, D. J. (2014). Self-compassion and well-being in parents of children with autism. *Mindfulness, 6*(4), 938-947.

Neff, K. D., & Germer, C. (2013). A pilot study and randomized controlled trial of the Mindful Self-Compassion program. *Journal of Clinical Psychology, 69*(1), 28-44.

Neff, K. D., & Germer, C. (2018). *The Mindful Self-Compassion workbook*. New York: Guilford Press.

Neff, K. D., Hsieh, Y., & Dejitterat, K. (2005). Self-compassion, achievement goals, and coping with academic failure. *Self and Identity, 4*, 263-287.

Neff, K. D., Kirkpatrick, K., & Rude, S. S. (2007). Self-compassion and its link to adaptive psychological functioning. *Journal of Research in Personality, 41*, 139-154.

Neff, K. D., Long, P., Knox, M., Davidson, O., Kuchar, A., Costigan, A., et al. (2018). The forest and the trees: Examining the association of self-compassion and its positive and negative components with psychological functioning. *Self and Identity, 17*(6), 627-645.

Neff, K. D., & McGehee, P. (2010). Self-compassion and psychological resilience among adolescents and young adults. *Self and Identity, 9*, 225-240.

Neff, K. D., Pisitsungkagarn, K., & Hseih, Y. (2008). Self-compassion and self-construal in the United States, Thailand, and Taiwan. *Journal of CrossCultural Psychology, 39*(3), 267-285.

Neff, K. D., & Pommier, E. (2013). The relationship between self-compassion and other-focused concern among college undergraduates, community adults, and practicing meditators. *Self and Identity, 12*(2), 160-176.

Neff, K. D., Rude, S. S., & Kirkpatrick, K. (2007). An examination of self-compassion in relation to positive psychological functioning and personality traits. *Journal of Research in Personality, 41*, 908-916.

Neff, K., & Tirch, D. (2013). Self-compassion and ACT. In T. B. Kashdan & J. Ciarrochi (Eds.), *Mindfulness, acceptance, and positive psychology: The seven foundations of well-being* (pp. 78-106). Oakland, CA: Context Press/New Harbinger.

Neff, K. D., Tóth-Király, I., & Colisomo, K. (2018). Self-compassion is best measured as a global construct and is overlapping with but distinct from neuroticism: A response to Pfattheicher, Geiger, Hartung, Weiss, and Schindler (2017). *European Journal of Personality, 32*(4), 371-392.

Neff, K. D., Tóth-Király, I., Yarnell, L. M., Arimitsu, K., Castilho, P., Ghorbani, N., et al. (2018). Examining the factor structure of the Self-Compassion Scale using exploratory SEM bifactor analysis in 20 diverse samples: Support for use of a total score and six subscale scores. *Psychological Assessment, 31*(1), 27-45.

Neff, K. D., & Vonk, R. (2009). Self-compassion versus global self-esteem: Two different ways of relating to oneself. *Journal of Personality, 77*, 23-50.

Neff, K. D., Whittaker, T., & Karl, A. (2017). Evaluating the factor structure of the Self-Compassion Scale in four distinct populations: Is the use of a total self-compassion score justified? *Journal of Personality Assessment, 99*(6), 596-607.

Negi, L. T. (2009, 2016). *CBCT® (cognitively-based compassion training) manual*. Unpublished manuscript, Emory University, Atlanta, GA.

Nepo, M. (2000). Being direct. In M. Nepo, *The book of awakening*. Newburyport, MA: Conari Press.

Nery-Hurwit, M., Yun, J., & Ebbeck, V. (2018). Examining the roles of self-compassion and resilience on health-related quality of life for individuals with multiple sclerosis. *Disability and Health Journal, 11*(2), 256-261.

Niebuhr, R. (1986). *The essential Reinhold Niebuhr: Selected essays and addresses*. New Haven, CT: Yale University Press.

Nolen-Hoeksema, S. (1991). Responses to depression and their effects on the duration of depressive episodes. *Journal of Abnormal Psychology, 100*, 569-582.

Nolen-Hoeksema, S., Larson, J., & Grayson, C. (1999). Explaining the gender difference in depressive symptoms. *Journal of Personality and Social Psychology, 77*, 1061-1072.

Nolen-Hoeksema, S., & Morrow, J. (1991). A prospective study of depression and posttraumatic stress symptoms after a natural disaster: The 1989 Loma Prieta earthquake. *Journal of Personality and Social Psychology, 61*(1), 115-121.

Nolen-Hoeksema, S., Wisco, B. E., & Lyubomirsky, S. (2008). Rethinking rumination. *Perspectives on Psychological Science, 3*(5), 400-424.

Norcross, J. C., & Wampold, B. E. (2011). Evidence-based therapy relationships: Research conclusions and clinical practices. *Psychotherapy, 48*(1), 98-102.

Nouwen, H. (2004). *Out of solitude: Three meditations on the Christian life*. Notre Dame, IN: Ave Maria Press.

Nummenmaa, L., Glerean, E., Hari, R., & Hietanen, J. K. (2014). Bodily maps of emotions. *Proceedings of the National Academy of Sciences of the USA*, 111(2), 646-651.

Nummenmaa, L., Hirvonen, J., Parkkola, R., & Hietanen, J. K. (2008). Is emotional contagion special?: An fMRI study on neural systems for affective and cognitive empathy. *NeuroImage, 43*(3), 571-580.

Nye, N. S. (1995). Kindness. In N. S. Nye, *Words under the words: Selected poems* (pp. 42-43). Portland, OR: Eighth Mountain Press.

O'Donohue, J. (2008). For belonging. In J. O'Donohue, *To bless the space between us: A book of blessings* (p. 44). New York: Harmony Books.

O'Donohue, J. (2011). Beannacht. In J. O'Donohue, *Echoes of memory* (pp. 8-9). New York: Harmony Books.

Odou, N., & Brinker, J. (2014). Exploring the relationship between rumination, self-compassion, and mood. *Self and Identity, 13*(4), 449-459.

Odou, N., & Brinker, J. (2015). Self-compassion, a better alternative to rumination than distraction as a response to negative mood. *Journal of Positive Psychology, 10*(5), 447-457.

Ogden, P., Minton, K., & Pain, C. (2009). *Trauma and the body: A sensorimotor approach to psychotherapy*. New York: Norton.

Olendzki, A. (2012). Wisdom in Buddhist psychology. In C. Germer & R. Siegel (Eds.), *Wisdom and compassion in psychotherapy* (pp. 121-137). New York: Guilford Press.

Oliver, M. (2004a). The journey. In M. Oliver, *New and selected poems* (Vol. 1, pp. 114-115). Boston: Beacon Press.

Oliver, M. (2004b). Wild geese. In M. Oliver, *New and selected poems* (Vol. 1, p. 110). Boston: Beacon Press.

Olson, K., Kemper, K. J., & Mahan, J. D. (2015). What factors promote resilience and protect against burnout in first-year pediatric and medicine-pediatric residents? *Journal of Evidence-Based Complementary and Alternative Medicine, 20*(3), 192-198.

Ozawa-de Silva, B., & Dodson-Lavelle, B. (2011). An education of heart and mind: Practical and theoretical issues in teaching cognitive-based compassion training to children. *Practical Matters, 4*, 1-28.

Pace, T. W., Negi, L. T., Adame, D. D., Cole, S. P., Sivilli, T. I., Brown, T. D., et al. (2009). Effect of compassion meditation on neuroendocrine, innate immune and behavioral responses to psychosocial stress. *Psychoneuroendocrinology, 34*(1), 87-98.

Pace, T. W., Negi, L. T., Dodson-Lavelle, B., Ozawa-de Silva, B., Reddy, S. D., Cole, S. P., et al. (2013). Engagement with cognitively-based compassion training is associated with reduced salivary C-reactive protein from before to after training in foster care program adolescents. *Psychoneuroendocrinology, 38*(2), 294-299.

Palmeira, L., Pinto-Gouveia, J., & Cunha, M. (2017). Exploring the efficacy of an acceptance, mindfulness and compassionate-based group intervention for women struggling with their weight (Kg-Free): A randomized controlled trial. *Appetite, 112*, 107-116.

Parrish, M. H., Inagaki, T. K., Muscatell, K. A., Haltom, K. E., Leary, M. R., & Eisenberger, N. I. (2018). Self-compassion and responses to negative social feedback: The role of fronto-amygdala circuit connectivity. *Self and Identity, 17*(6), 723-738.

Parry, S. L., & Malpus, Z. (2017). Reconnecting the mind and body: A pilot study of developing compassion for persistent pain. *Patient Experience Journal, 4*(1), 145-153.

Parzuchowski, M., Szymkow, A., Baryla, W., & Wojciszke, B. (2014). From the heart: Hand over heart as an embodiment of honesty. *Cognitive Processing, 15*(3), 237-244.

Patzak, A., Kollmayer, M., & Schober, B. (2017). Buffering impostor feelings with kindness: The mediating role of self-compassion between gender-role orientation and the impostor phenomenon. *Frontiers in Psychology, 8*, 1289.

Pepping, C. A., Davis, P. J., O'Donovan, A., & Pal, J. (2015). Individual differences in self-compassion: The role of attachment and experiences of parenting in childhood. *Self and Identity, 14*(1), 104-117.

Petrocchi, N., Ottaviani, C., & Couyoumdjian, A. (2016). Compassion at the mirror: Exposure to a mirror increases the efficacy of a self-compassion manipulation in enhancing soothing positive affect and heart rate variability. *Journal of Positive Psychology, 12*(6), 525-536.

Phelps, C. L., Paniagua, S. M., Willcockson, I. U., & Potter, J. S. (2018). The relationship between self-compassion and the risk for substance use disorder. *Drug and Alcohol Dependence, 183*, 78-81.

Pires, F. B., Lacerda, S. S., Balardin, J. B., Portes, B., Tobo, P. R., Barrichello, C. R., et al. (2018). Self-compassion is associated with less stress and depression and greater attention and brain response to affective stimuli in women managers. *BMC Women's Health, 18*(1), 195.

Pisitsungkagarn, K., Taephant, N., & Attasaranya, P. (2013). Body image satisfaction and self-esteem in Thai female adolescents: The moderating role of self-compassion. *International Journal of Adolescent Medicine and Health, 26*(3), 333-338.

Pittman, F. S., III, & Wagers, T. P. (2005). The relationship, if any, between marriage and infidelity. In F. P. Piercy, K. M. Hertlein, & J. L. Wetchler (Eds.), *Handbook of the clinical treatment of infidelity* (pp. 135-148). Binghamton, NY: Haworth Press.

Porges, S. W. (2003). The polyvagal theory: Phylogenetic contributions to social behavior. *Physiology and Behavior, 79*(3), 503-513.

Porges, S. W. (2007). The polyvagal perspective. *Biological Psychology, 74*, 116-143.

Powers, T. A., Koestner, R., & Zuroff, D. C. (2007). Self-criticism, goal motivation, and goal progress. *Journal of Social and Clinical Psychology, 26*, 826-840.

Proeve, M., Anton, R., & Kenny, M. (2018). Effects of mindfulness-based cognitive therapy on shame, self-compassion and psychological distress in anxious and depressed patients: A pilot study. *Psychology and Psychotherapy: Theory, Research and Practice, 91*(4), 434-449.

Przezdziecki, A., & Sherman, K. A. (2016). Modifying affective and cognitive responses regarding body image difficulties in breast cancer survivors using a self-compassion-based writing intervention. *Mindfulness, 7*(5), 1142-1155.

Przezdziecki, A., Sherman, K. A., Baillie, A., Taylor, A., Foley, E., & Stalgis-Bilinski, K. (2013). My changed body: Breast cancer, body image, distress and selfcompassion. *Psycho-Oncology, 22*(8), 1872-1879.

Pujji/O'Shea, J. (2007). My balm. In J. Pujji/O'Shea, *Follow yourself home*. Jacksonville, FL: Living Well.

Quoidbach, J., Berry, E. V., Hansenne, M., & Mikolajczak, M. (2010). Positive emotion regulation and well-being: Comparing the impact of eight savoring and dampening strategies. *Personality and Individual Differences, 49*(5), 368-373.

Raab, K. (2014). Mindfulness, self-compassion, and empathy among health care professionals: A review of the literature. *Journal of Health Care Chaplaincy, 20*(3), 95-108.

Raab, K., Sogge, K., Parker, N., & Flament, M. F. (2015). Mindfulness-based stress reduction and self-compassion among mental healthcare professionals: A pilot study. *Mental Health, Religion and Culture, 18*(6), 503-512.

Raes, F. (2010). Rumination and worry as mediators of the relationship between self-compassion and depression and anxiety. *Personality and Individual Differences, 48*, 757-761.

Raes, F., Pommier, E., Neff, K. D., & Van Gucht, D. (2011). Construction and factorial validation of a short form of the Self-Compassion Scale. *Clinical Psychology and Psychotherapy, 18*, 250-255.

Raque-Bogdan, T. L., Ericson, S. K., Jackson, J., Martin, H. M., & Bryan, N. A. (2011). Attachment and mental and physical health: Self-compassion and mattering as mediators. *Journal of Counseling Psychology, 58*, 272-278.

Reddy, S. D., Negi, L. T., Dodson-Lavelle, B., Ozawa-de Silva, B., Pace, T. W., Cole, S. P., et al. (2013). Cognitive-based compassion training: A promising prevention strategy for at-risk adolescents. *Journal of Child and Family Studies, 22*(2), 219-230.

Reid, R. C., Temko, J., Moghaddam, J. F., & Fong, T. W. (2014). Shame, rumination, and self-compassion in men assessed for hypersexual disorder. *Journal of Psychiatric Practice, 20*(4), 260-268.

Reilly, E. D., Rochlen, A. B., & Awad, G. H. (2014). Men's self-compassion and self-esteem: The moderating roles of shame and masculine norm adherence. *Psychology of Men and Masculinity, 15*, 22-28.

Richardson, C. M., Trusty, W. T., & George, K. A. (2018). Trainee wellness: Self-critical perfectionism, self-compassion, depression, and burnout among doctoral trainees in psychology. *Counselling Psychology Quarterly*. [Epub ahead of print]

Rimes, K. A., & Wingrove, J. (2011). Pilot study of mindfulness-based cognitive therapy for trainee clinical psychologists. *Behavioural and Cognitive Psychotherapy, 39*(2), 235-241.

Ringenbach, R. T. (2009). *A comparison between counselors who practice meditation and those who do not on compassion fatigue, compassion satisfaction, burnout and self-compassion*. Unpublished doctoral dissertation, University of Akron, Akron, OH.

Rizzolatti, G., Fadiga, L., Gallese, V., & Fogassi, L. (1996). Premotor cortex and the recognition of motor actions. *Cognitive Brain Research, 3*(2), 131-141.

Robins, C. J., Schmidt, H., & Linehan, M. M. (2004). Dialectical behavior therapy: Synthesizing radical acceptance with skillful means. In S. C. Hayes, V. M. Follette, & M. M. Linehan (Eds.), *Mindfulness and acceptance: Expanding the cognitive-behavioral tradition* (pp. 30-43). New York: Guilford

Press.

Robinson, K. J., Mayer, S., Allen, A. B., Terry, M., Chilton, A., & Leary, M. R. (2016). Resisting self-compassion: Why are some people opposed to being kind to themselves? *Self and Identity, 15*(5), 505-524.

Rockliff, H., Gilbert, P., McEwan, K., Lightman, S., & Glover, D. (2008). A pilot exploration of heart rate variability and salivary cortisol responses to compassion-focused imagery. *Clinical Neuropsychiatry, 5*, 132-139.

Rodgers, R. F., Donovan, E., Cousineau, T., Yates, K., McGowan, K., Cook, E., et al. (2018). BodiMojo: Efficacy of a mobile-based intervention in improving body image and self-compassion among adolescents. *Journal of Youth and Adolescence, 47*(7), 1363-1372.

Roemer, L., Orsillo, S. M., & Salters-Pedneault, K. (2008). Efficacy of an acceptance-based behavior therapy for generalized anxiety disorder: Evaluation in a randomized controlled trial. *Journal of Consulting and Clinical Psychology, 76*(6), 1083-1089.

Rogers, C. (1951). A research program in client-centered therapy. *Research Publications of the Association for Research in Nervous and Mental Disease, 31*, 106-113.

Rogers, C. (1962). The interpersonal relationship: The core of guidance. *Harvard Educational Review, 32*(4), 416-429.

Rogers, C. (1980). *A way of being*. Boston: Houghton Mifflin.

Rogers, C. (1995). *On becoming a person: A therapist's view of psychotherapy*. Boston: Houghton Mifflin. (Original work published 1961)

Rose, C., Webel, A., Sullivan, K. M., Cuca, Y. P., Wantland, D., Johnson, M. O., et al. (2014). Self-compassion and risk behavior among people living with HIV/ AIDS. *Research in Nursing and Health, 37*(2), 98-106.

Rosenberg, M. (2015). *Non-violent communication: A language of life* (3rd ed.). Encinitas, CA: PuddleDancer Press.

Rothe, K. (2012). Anti-Semitism in Germany today and the intergenerational transmission of guilt and shame. *Psychoanalysis, Culture and Society, 17*(1), 16-34.

Rowe, A. C., Shepstone, L., Carnelley, K. B., Cavanagh, K., & Millings, A. (2016). Attachment security and self-compassion priming increase the likelihood that first-time engagers in mindfulness meditation will continue with mindfulness training. *Mindfulness, 7*(3), 642-650.

Rozin, P., & Royzman, E. B. (2001). Negativity bias, negativity dominance, and contagion. *Personality and Social Psychology Review, 5*(4), 296-320.

Rubia, K. (2009). The neurobiology of meditation and its clinical effectiveness in psychiatric disorders. *Biological Psychology, 82*(1), 1-11.

Ruijgrok-Lupton, P., Crane, R., & Dorjee, D. (2017). Impact of mindfulness-based teacher training on MBSR participant well-being outcomes and course satisfaction. *Mindfulness, 9*(1), 117-128.

Rumi, J. (1999). The guest house. In J. Rumi, *The essential Rumi* (C. Barks, Trans.) (p. 109). New York: Penguin Arkana.

Saarela, M. V., Hlushchuk, Y., Williams, A. C., Schürmann, M., Kalso, E., & Hari, R. (2007). The compassionate brain: Humans detect intensity of pain from another's face. *Cerebral Cortex, 17*(1), 230-237.

Safran, J. D. (1998). *Widening the scope of cognitive therapy: The therapeutic relationship, emotion, and the process of change*. Northvale, NJ: Jason Aronson.

Salmivalli, C., Kaukiainen, A., Kaistaniemi, L., & Lagerspetz, K. M. J. (1999). Self-evaluated self-esteem, peer-evaluated self-esteem, and defensive egotism as predictors of adolescents' participation in bullying situations. *Personality and Social Psychology Bulletin, 25*, 1268-1278.

Salzberg, S. (1995). *Lovingkindness: The revolutionary art of happiness*. Boston: Shambhala.

Salzberg, S. (2011a). Mindfulness and loving-kindness. *Contemporary Buddhism, 12*(1), 177-182.

Salzberg, S. (2011b). *Real happiness: The power of meditation*. New York: Workman.

Santerre-Baillargeon, M., Rosen, N. O., Steben, M., Pâquet, M., Macabena Perez, R., & Bergeron, S. (2018). Does self-compassion benefit couples coping with vulvodynia?: Associations with psychological, sexual, and relationship adjustment. *Clinical Journal of Pain, 34*(7), 629-637.

Santorelli, S., Meleo-Meyer, F., & Koerbel, L. (2017). *Mindfulness-based stress reduction (MBSR): Authorized curriculum guide*. Worcester: University of Massachusetts Medical School, Center for Mindfulness in Medicine, Health Care and Society.

Sartre, J.-P. (1989). *No exit and three other plays* (S. Gilbert, Trans.). New York: Vintage Books.

Sbarra, D. A., Smith, H. L., & Mehl, M. R. (2012). When leaving your ex, love yourself: Observational ratings of self-compassion predict the course of emotional recovery following marital separation. *Psychological Science, 23*, 261-269.

Scarlet, J., Altmeyer, N., Knier, S., & Harpin, R. E. (2017). The effects of Compassion Cultivation Training (CCT) on health-care workers. *Clinical Psychologist, 21*(2), 116-124.

Schanche, E., Stiles, T. C., McCullough, L., Svartberg, M., & Nielsen, G. (2011). The relationship between activating affects, inhibitory affects, and self-compassion in patients with Cluster C personality disorders. *Psychotherapy, 48*(3), 293-303.

Scheff, T., & Mateo, S. (2016). The S-word is taboo: Shame is invisible in modern societies. *Journal of General Practice, 4*, 217.

Schellekens, M. P., Karremans, J. C., van der Drift, M. A., Molema, J., van den Hurk, D. G., Prins, J. B., et al. (2016). Are mindfulness and self-compassion related to psychological distress and communication in couples facing lung cancer?: A dyadic approach. *Mindfulness, 8*(2), 325-336.

Scherer, K. R. (2005). What are emotions?: And how can they be measured? *Social Science Information, 44*(4), 695-729.

Schoenefeld, S. J., & Webb, J. B. (2013). Self-compassion and intuitive eating in college women: Examining the contributions of distress tolerance and body image acceptance and action. *Eating Behaviors, 14*(4), 493-496.

Schuling, R. (2018, October). *Mindfulness-based compassionate living*. Paper presented at the Compassion in Connection conference, Rhinebeck, NY.

Schuling, R., Huijbers, M., Jansen, H., Metzemaekers, R., Van Den Brink, E., Koster, F., et al. (2018). The co-creation and feasibility of a compassion training as a follow-up to mindfulness-based cognitive therapy in patients with recurrent depression. *Mindfulness, 9*(2), 412-422.

Schuling, R., Huijbers, M. J., van Ravesteijn, H., Donders, R., Kuyken, W., & Speckens, A. E. (2016). A parallel-group, randomized controlled trial into the effectiveness of mindfulness-based compassionate living (MBCL) compared to treatment-as-usual in recurrent depression: Trial design and protocol. *Contemporary Clinical Trials, 50*, 77-83.

Schwartz, R. C. (1995). *Internal family systems therapy*. New York: Guilford Press.

Schwartz, R. C. (2013). Moving from acceptance toward transformation with internal family systems therapy (IFS). *Journal of Clinical Psychology, 69*(8), 805-816.

Schwartz, R. C., & Falconer, R. (2017). *Many minds, one self*. Oak Park, IL: Center for Self Leadership.

Scoglio, A. A., Rudat, D. A., Garvert, D., Jarmolowski, M., Jackson, C., & Herman, J. L. (2018). Self-compassion and responses to trauma: The role of emotion regulation. *Journal of Interpersonal Violence, 33*(13), 2016-2036.

Seara-Cardoso, A., & Viding, E. (2015). Functional neuroscience of psychopathic personality in adults. *Journal of Personality, 83*(6), 723-737.

Segal, Z. V., Williams, J. M. G., & Teasdale, J. D. (2013). *Mindfulness-based cognitive therapy for depression* (2nd ed.). New York: Guilford Press.

Seligman, M. E. (2002). Positive psychology, positive prevention, and positive therapy. In C. R. Snyder & S. J. Lopez (Eds.), *Handbook of positive psychology* (pp. 3-12). New York: Oxford University Press.

Senge, P., Kleiner, A., Roberts, C., Ross, R., Roth, G., & Smith, B. (1999). *The dance of change*. New York: Crown Business.

Shahar, B., Szsepsenwol, O., Zilcha-Mano, S., Haim, N., Zamir, O., Levi-Yeshuvi, S., et al. (2015). A wait-list randomized controlled trial of loving-kindness meditation programme for self-criticism. *Clinical Psychology and Psychotherapy, 22*(4), 346-356.

Shapira, L., & Mongrain, L. (2010). The benefits of self-compassion and optimism exercises for individuals vulnerable to depression. *Journal of Positive Psychology, 5*(5), 377-389.

Shapiro, S. L., Astin, J. A., Bishop, S. R., & Cordova, M. (2005). Mindfulness-based stress reduction for health care professionals: Results from a randomized trial. *International Journal of Stress Management, 12*, 164-176.

Shapiro, S. L., Brown, K. W., & Biegel, G. M. (2007). Teaching self-care to caregivers: Effects of mindfulness-based stress reduction on the mental health of therapists in training. *Training and Education in Professional Psychology, 1*(2), 105-115.

Shapiro, S. L., & Carlson, L. E. (2009). *The art and science of mindfulness: Integrating mindfulness into psychology and the helping professions*. Washington, DC: American Psychological Association.

Sharples, B. (2003). *Meditation: Calming the mind*. Melbourne, Australia: Lothian Books.

Shonin, E., & Van Gordon, W. (2016). Thupten Jinpa on compassion and mindfulness. *Mindfulness, 7*, 279-283.

Siegel, D. J. (2012). *The developing mind: How relationships and the brain interact to shape who we are* (2nd ed.). New York: Guilford Press.

Siegel, D. J. (2006). An interpersonal neurobiology approach to psychotherapy. *Psychiatric Annals, 36*(4).

Siegel, D. J. (2010). *The mindful therapist*. New York: Norton.

Siegel, R., & Germer, C. (2012). Wisdom and compassion: Two wings of a bird. In C. Germer & R. Siegel (Eds.), *Wisdom and compassion in psychotherapy* (pp. 7-34). New York: Guilford Press.

Singer, T., & Klimecki, O. M. (2014). Empathy and compassion. *Current Biology, 24*(18), R875-R878.

Singer, T., & Lamm, C. (2009). The social neuroscience of empathy. *Annals of the New York Academy of Sciences, 1156*(1), 81-96.

Singh, A. A., Hays, D. G., & Watson, L. S. (2011). Strength in the face of adversity: Resilience strategies of transgender individuals. *Journal of Counseling and Development, 89*(1), 20-27.

Singh, N. N., Wahler, R. G., Adkins, A. D., Myers, R. E., & The Mindfulness Research Group. (2003). Soles of the feet: A mindfulness-based self-control intervention for aggression by an individual with mild mental retardation and mental illness. *Research in Developmental Disabilities, 24*, 158-169.

Sirois, F. M. (2014). Procrastination and stress: Exploring the role of selfcompassion. *Self and Identity, 13*(2), 128-145.

Sirois, F., Bogels, S., & Emerson, L. (2018). Self-compassion improves parental well-being in response to challenging parenting events. *Journal of Psychology*. [Epub ahead of print]

Sirois, F. M., & Hirsch, J. K. (2019). Self-compassion and adherence in five medical samples: The role of stress. *Mindfulness, 10*(1), 46-54.

Sirois, F. M., Kitner, R., & Hirsch, J. K. (2015). Self-compassion, affect, and health-promoting behaviors.

Health Psychology, 34(6), 661-669.

Sirois, F. M., Molnar, D. S., & Hirsch, J. K. (2015). Self-compassion, stress, and coping in the context of chronic illness. *Self and Identity, 14*(3), 334-347.

Slepian, M. L., Kirby, J. N., & Kalokerinos, E. K. (2019). Shame, guilt, and secrets on the mind. *Emotion*. [Epub ahead of print]

Smeets, E., Neff, K., Alberts, H., & Peters, M. (2014). Meeting suffering with kindness: Effects of a brief self-compassion intervention for female college students. *Journal of Clinical Psychology, 70*(9), 794-807.

Sommers-Spijkerman, M. P. J., Trompetter, H. R., Schreurs, K. M. G., & Bohlmeijer, E. T. (2018). Compassion-focused therapy as guided self-help for enhancing public mental health: A randomized controlled trial. *Journal of Consulting and Clinical Psychology, 86*(2), 101.

Speer, M., Bhanji, J., & Delgado, M. (2014). Savoring the past: Positive memories evoke value representations in the striatum. *Neuron, 84*(4), 847-856.

Spence, N. D., Wells, S., Graham, K., & George, J. (2016). Racial discrimination, cultural resilience, and stress. *Canadian Journal of Psychiatry, 61*(5), 298-307.

Stafford, W. (2013). The way it is. In W. Stafford, *Ask me: 100 essential poems of William Stafford*. Minneapolis, MN: Greywolf Press.

Stebnicki, M. A. (2007). Empathy fatigue: Healing the mind, body, and spirit of professional counselors. *American Journal of Psychiatric Rehabilitation, 10*(4), 317-338.

Stutts, L. A., Leary, M. R., Zeveney, A. S., & Hufnagle, A. S. (2018). A longitudinal analysis of the relationship between self-compassion and the psychological effects of perceived stress. *Self and Identity, 17*(6), 609-626.

Sullivan, H. S. (1964). The illusion of personal individuality. In H. S. Sullivan, *The fusion of psychiatry and social science* (pp. 198-228). New York: Norton. (Original work published 1950)

Svendsen, J. L., Osnes, B., Binder, P. E., Dundas, I., Visted, E., Nordby, H., et al. (2016). Trait self-compassion reflects emotional flexibility through an association with high vagally mediated heart rate variability. *Mindfulness, 7*(5), 1103-1113.

Swann, W. B. (1996). *Self-traps: The elusive quest for higher self-esteem*. New York: Freeman.

Sweezy, M., & Ziskind, E. (Eds.). (2013). *IFS: Internal family systems therapy: New dimensions*. New York: Routledge.

Talbot, N. L. (1996). Women sexually abused as children: The centrality of shame issues and treatment implications. *Psychotherapy: Theory, Research, Practice, Training, 33*(1), 11-18.

Tanaka, M., Wekerle, C., Schmuck, M. L., Paglia-Boak, A., & MAP Research Team. (2011). The linkages among childhood maltreatment, adolescent mental health, and self-compassion in child welfare adolescents. *Child Abuse and Neglect, 35*, 887-898.

Tandler, N., & Petersen, L. E. (2018). Are self-compassionate partners less jealous?: Exploring the mediation effects of anger rumination and willingness to forgive on the association between self-compassion and romantic jealousy. *Current Psychology*. [Epub ahead of print]

Tangney, J. P., & Dearing, R. L. (2002). *Shame and guilt*. New York: Guilford Press.

Taylor, B. L., Strauss, C., Cavanagh, K., & Jones, F. (2014). The effectiveness of self-help mindfulness-based cognitive therapy in a student sample: A randomised controlled trial. *Behaviour Research and Therapy, 63*, 63-69.

Taylor, V. A., Daneault, V., Grant, J., Scavone, G., Breton, E., Roffe-Vidal, S., et al. (2013). Impact of meditation training on the default mode network during a restful state. *Social Cognitive and Affective Neuroscience, 8*(1), 4-14.

Terry, M. L., & Leary, M. R. (2011). Self-compassion, self-regulation, and health. *Self and Identity, 10*, 352-362.

Terry, M. L., Leary, M. R., & Mehta, S. (2013). Self-compassion as a buffer against homesickness, depression, and dissatisfaction in the transition to college. *Self and Identity, 12*(3), 278-290.

Terry, M. L., Leary, M. R., Mehta, S., & Henderson, K. (2013). Self-compassionate reactions to health threats. *Personality and Social Psychology Bulletin, 39*(7), 911-926.

Thompson, B. L., & Waltz, J. (2008). Self-compassion and PTSD symptom severity. *Journal of Traumatic Stress, 21*(6), 556-558.

Tirch, D., Schoendorff, B., & Silberstein, L. R. (2014). *The ACT practitioner's guide to the science of compassion: Tools for fostering psychological flexibility*. Oakland, CA: New Harbinger.

Toole, A. M., & Craighead, L. W. (2016). Brief self-compassion meditation training for body image distress in young adult women. *Body Image, 19*, 104-112.

Treleaven, D. (2018). *Trauma-sensitive mindfulness*. New York: Norton.

Trockel, M., Hamidi, M., Murphy, M. L., de Vries, P. P., & Bohman, B. (2017). *2016 Physician Wellness Survey: Full report*. Stanford, CA: Stanford Medicine, Well MD Center.

Trommer, R. W. (2013). One morning. Retrieved June 10, 2017, from *https://ahundredfallingveils.com/2013/06/11/one-morning*.

Tutu, D., & Tutu, M. (2015). *The book of forgiving*. San Francisco: Harper One.

Twenge, J. M., & Campbell, W. K. (2009). *The narcissism epidemic: Living in the age of entitlement*. New York: Free Press.

Twenge, J. M., Konrath, S., Foster, J. D., Campbell, W. K., & Bushman, B. J. (2008). Egos inflating over time: A cross-temporal meta-analysis of the Narcissistic Personality Inventory. *Journal of Personality, 76*, 875-902.

Umphrey, L. R., & Sherblom, J. C. (2014). The relationship of hope to selfcompassion, relational social skill, communication apprehension, and life satisfaction. *International Journal of Wellbeing, 4*(2), 1-18.

Valk, S. L., Bernhardt, B. C., Trautwein, F.-M., Böckler, A., Kanske, P., Guizard, N., et al. (2017). Structural plasticity of the social brain: Differential change after socio-affective and cognitive mental training. *Science Advances, 3*(10), e1700489.

Van Dam, N. T., Sheppard, S. C., Forsyth, J. P., & Earleywine, M. (2011). Selfcompassion is a better predictor than mindfulness of symptom severity and quality of life in mixed anxiety and depression. *Journal of Anxiety Disorders, 25*, 123-130.

van den Brink, E., & Koster, F. (2015). *Mindfulness-based compassionate living*. New York: Routledge.

Van Doren, M. (1961). *The happy critic and other essays*. New York: Hill & Wang.

Vazeou-Nieuwenhuis, A., & Schumann, K. (2018). Self-compassionate and apologetic?: How and why having compassion toward the self relates to a willingness to apologize. *Personality and Individual Differences, 124*, 71-76.

Vettese, L. C., Dyer, C. E., Li, W. L., & Wekerle, C. (2011). Does self-compassion mitigate the association between childhood maltreatment and later emotion regulation difficulties?: A preliminary investigation. *International Journal of Mental Health and Addiction, 9*(5), 480.

Viskovich, S., & Pakenham, K. I. (2018). Pilot evaluation of a Web-based acceptance and commitment therapy program to promote mental health skills in university students. *Journal of Clinical Psychology, 74*(12), 2047-2069.

Walcott, D. (1986). Love after love. In D. Walcott, *Collected poems*: 1948-1984 (p. 328). New York: Farrar, Straus & Giroux.

Wallmark, E., Safarzadeh, K., Daukantaite, D., & Maddux, R. E. (2012). Promoting altruism through meditation: An 8-week randomized controlled pilot study. *Mindfulness, 4*(3), 223-234.

Wang, S. (2005). A conceptual framework for integrating research related to the physiology of compassion and the wisdom of Buddhist teachings. In P. Gilbert (Ed.), *Compassion: Conceptualisations, research and use in psychotherapy* (pp. 75-120). New York: Routledge.

Wang, X., Chen, Z., Poon, K. T., Teng, F., & Jin, S. (2017). Self-compassion decreases acceptance of own immoral behaviors. *Personality and Individual Differences, 106*, 329-333.

Waring, S. V., & Kelly, A. C. (2019). Trait self-compassion predicts different responses to failure depending on the interpersonal context. *Personality and Individual Differences, 143*, 47-54.

Wasylkiw, L., MacKinnon, A. L., & MacLellan, A. M. (2012). Exploring the link between self-compassion and body image in university women. *Body Image, 9*(2), 236-245.

Wayment, H. A., West, T. N., & Craddock, E. B. (2016). Compassionate values as a resource during the transition to college: Quiet ego, compassionate goals, and self-compassion. *Journal of the First-Year Experience and Students in Transition, 28*(2), 93-114.

Webb, J. B., Fiery, M. F., & Jafari, N. (2016). "You better not leave me shaming!": Conditional indirect effect analyses of anti-fat attitudes, body shame, and fat talk as a function of self-compassion in college women. *Body Image, 18*, 5-13.

Webb, J. B., & Forman, M. J. (2013). Evaluating the indirect effect of self-compassion on binge eating severity through cognitive-affective self-regulatory pathways. *Eating Behaviors, 14*(2), 224-228.

Wei, M., Liao, K., Ku, T., & Shaffer, P. A. (2011). Attachment, self-compassion, empathy, and subjective well-being among college students and community adults. *Journal of Personality, 79*, 191-221.

Weibel, D. T. (2008). A loving-kindness intervention: Boosting compassion for self and others. *Dissertation Abstracts International, 68*(12), 8418B.

Weingarten, K. (2004). Witnessing the effects of political violence in families: Mechanisms of intergenerational transmission and clinical interventions. *Journal of Marital and Family Therapy, 30*(1), 45-59.

Welp, L. R., & Brown, C. M. (2014). Self-compassion, empathy, and helping intentions. *Journal of Positive Psychology, 9*(1), 54-65.

Welwood, J. P. (2019). Unconditional. Retrieved March 11, 2019, from *http://jenniferwelwood.com/poetry*. (Original work published 1998)

Werner, K. H., Jazaieri, H., Goldin, P. R., Ziv, M., Heimberg, R. G., & Gross, J. J. (2012). Self-compassion and social anxiety disorder. *Anxiety, Stress and Coping, 25*(5), 543-558.

Westphal, M., Leahy, R. L., Pala, A. N., & Wupperman, P. (2016). Self-compassion and emotional invalidation mediate the effects of parental indifference on psychopathology. *Psychiatry Research, 242*, 186-191.

Wetterneck, C. T., Lee, E. B., Smith, A. H., & Hart, J. M. (2013). Courage, selfcompassion, and values in obsessive-compulsive disorder. *Journal of Contextual Behavioral Science, 2*(3), 68-73.

Whitesman, S., & Mash, R. (2016). Examining the effects of a mindfulnessbased professional training module on mindfulness, perceived stress, selfcompassion and self-determination. *African Journal of Health Professions Education, 7*(2), 220-223.

Whittle, S., Liu, K., Bastin, C., Harrison, B. J., & Davey, C. G. (2016). Neurodevelopmental correlates of proneness to guilt and shame in adolescence and early adulthood. *Developmental Cognitive Neuroscience, 19*, 51-57.

Whyte, D. (1992). *The poetry of self-compassion* [Audio CD]. Langley, WA: Many Rivers Press.

Whyte, D. (2012). *River flow: New and selected poems*. Langley, WA: Many Rivers Press.

Whyte, D. (2015). *Consolations: The solace, nourishment and underlying meaning of everyday words*.

Langley, WA: Many Rivers Press.

Wild, B., Erb, M., & Bartels, M. (2001). Are emotions contagious?: Evoked emotions while viewing emotionally expressive faces: Quality, quantity, time course and gender differences. *Psychiatry Research, 102*(2), 109-124.

Williams, J., & Lynn, S. (2010). Acceptance: An historical and conceptual review. *Imagination, Cognition, and Personality, 30*(1), 5-56.

Williams, J. G., Stark, S. K., & Foster, E. E. (2008). Start today or the very last day?: The relationships among self-compassion, motivation, and procrastination. *American Journal of Psychological Research, 4*, 37-44.

Williams, L. (2014). Compassion. On L. Williams, *Down where the spirit meets the bone* [Audio CD]. Nashville, TN: Highway 20 Records/Thirty Tigers.

Williams, M. (1997). *The ways we touch: Poems*. Champaign: University of Illinois Press.

Williams, M. (2014). *The velveteen rabbit*. New York: Doubleday Books for Young Readers. (Original work published 1922)

Williamson, M. (1996). *A return to love: Reflections on the principles of "A course in miracles."* San Francisco: Harper One.

Wilson, A. C., Mackintosh, K., Power, K., & Chan, S. W. (2018). Effectiveness of self-compassion related therapies: A systematic review and meta-analysis. *Mindfulness*. [Epub ahead of print]

Wong, C. C. Y., & Yeung, N. C. (2017). Self-compassion and posttraumatic growth: Cognitive processes as mediators. *Mindfulness, 8*(4), 1078-1087.

Wood, A. M., Froh, J. J., & Geraghty, A. W. (2010). Gratitude and well-being: A review and theoretical integration. *Clinical Psychology Review, 30*(7), 890-905.

Wood, J. V., Perunovic, W. Q., & Lee, J. W. (2009). Positive self-statements: Power for some, peril for others. *Psychological Science, 20*(7), 860-866.

Woodruff, S. C., Glass, C. R., Arnkoff, D. B., Crowley, K. J., Hindman, R. K., & Hirschhorn, E. W. (2014). Comparing self-compassion, mindfulness, and psychological inflexibility as predictors of psychological health. *Mindfulness, 5*(4), 410-421.

Woods, H., & Proeve, M. (2014). Relationships of mindfulness, self-compassion, and meditation experience with shame-proneness. *Journal of Cognitive Psychotherapy, 28*(1), 20-33.

Wren, A. A., Somers, T. J., Wright, M. A., Goetz, M. C., Leary, M. R., Fras, A. M., et al. (2012). Self-compassion in patients with persistent musculoskeletal pain: Relationship of self-compassion to adjustment to persistent pain. *Journal of Pain and Symptom Management, 43*(4), 759-770.

Xavier, A., Gouveia, J. P., & Cunha, M. (2016). Non-suicidal self-injury in adolescence: The role of shame, self-criticism and rear of self-compassion. *Child and Youth Care Forum, 45*(4), 571-586.

Yadavaia, J. E., Hayes, S. C., & Vilardaga, R. (2014). Using acceptance and commitment therapy to increase self-compassion: A randomized controlled trial. *Journal of Contextual Behavioral Science, 3*(4), 248-257.

Yang, X., & Mak, W. W. (2016). The differential moderating roles of self-compassion and mindfulness in self-stigma and well-being among people living with mental illness or HIV. *Mindfulness, 8*(3), 595-602.

Yang, Y., Zhang, M., & Kou, Y. (2016). Self-compassion and life satisfaction: The mediating role of hope. *Personality and Individual Differences, 98*, 91-95.

Yarnell, L. M., & Neff, K. D. (2013). Self-compassion, interpersonal conflict resolutions, and well-being. *Self and Identity, 12*(2), 146-159.

Yarnell, L. M., Neff, K. D., Davidson, O. A., & Mullarkey, M. (2018). Gender differences in self-compassion: Examining the role of gender role orientation. *Mindfulness*. [Epub ahead of print]

Yarnell, L. M., Stafford, R. E., Neff, K. D., Reilly, E. D., Knox, M. C., & Mullarkey, M. (2015). Meta-analysis of gender differences in self-compassion. *Self and Identity, 14*(5), 499-520.

Yerkes, R. M., & Dodson, J. D. (1908). The relation of strength of stimulus to rapidity of habit-formation. *Journal of Comparative Neurology and Psychology, 18*, 459-482.

Young, J. E., Klosko, J. S., & Weishaar, M. E. (2003). *Schema therapy: A practitioner's guide*. New York: Guilford Press.

Young, S. (2017). Break through pain. Retrieved June 6, 2017, from *http://shinzen.org/Articles/artPain.htm*.

Zeller, M., Yuval, K., Nitzan-Assayag, Y., & Bernstein, A. (2015). Self-compassion in recovery following potentially traumatic stress: Longitudinal study of atrisk youth. *Journal of Abnormal Child Psychology, 43*(4), 645-653.

Zessin, U., Dickhauser, O., & Garbade, S. (2015). The relationship between selfcompassion and well-being: A meta-analysis. *Applied Psychology: Health and Well-Being, 7*(3), 340-364.

Zhang, H., Carr, E. R., Garcia-Williams, A. G., Siegelman, A. E., Berke, D., NilesCarnes, L. V., et al. (2018). Shame and depressive symptoms: Self-compassion and contingent self-worth as mediators? *Journal of Clinical Psychology in Medical Settings, 25*(4), 408-419.

Zhang, J. W., & Chen, S. (2016). Self-compassion promotes personal improvement from regret experiences via acceptance. *Personality and Social Psychology Bulletin, 42*(2), 244-258.

Zhang, J. W., Chen, S., Tomova, T. K., Bilgin, B., Chai, W. J., Ramis, T., et al. (2019). A compassionate self is a true self?: Self-compassion promotes subjective authenticity. *Personality and Social Psychology Bulletin*. [Epub ahead of print]

찾아보기

인명

내용

저자 소개

크리스토퍼 거머(Christopher Germer, PhD)

미국 매사추세츠주 알링턴에서 활동하는 마음챙김 및 연민 기반 심리치료자이자 하버드대학교 의과대학/케임브리지 협력병원의 강사이다. 명상심리치료연구소와 마음챙김과 연민센터의 창립자이자 지도교수이기도 한 그는 자기연민 대중서로『나를 사랑하기로 했습니다: 마음챙김 자기연민 워크북(Mindful Self-Compassion Workbook)』과『오늘부터 나에게 친절하기로 했다(The Mindful Path to Self-Compassion)』를, 전문서로『심리치료에서 지혜와 자비의 역할(Wisdom and Compassion in Psychotherapy)』과『마음챙김과 심리치료(Mindfulness and Psychotherapy)』를 저술하였으며, 자기연민에 대한 국제 워크숍과 강의를 이끌고 있다. (www.chrisgermer.com)

크리스틴 네프(Kristin Neff, PhD)

미국 텍사스주 오스틴에 위치한 텍사스 주립대학교의 인간발달과 문화학과 교수이자 자기연민 분야 연구의 선구자이다.『나를 사랑하기로 했습니다: 마음챙김 자기연민 워크북(Mindful Self-Compassion Workbook)』『러브유어셀프(Self-Compassion)』를 저술하였고, 오디오 프로그램 '자기연민: 한 걸음 한 걸음씩(Self-Compassion: Step by Step)'을 작업하였으며, 자기연민에 관한 다수의 논문을 집필하였다. 전 세계적으로 활발한 강의와 워크숍 활동을 펼치고 있는 네프 박사는 거머 박사와 함께 '자기연민의 힘(The Power of Self-Compassion)' 프로그램을 온라인에서 진행하고 있다. (www.self-compassion.org)

역자 소개

서광(Seogwang)

동국대학교 불교대학 교수. 인간의 고통에 관심을 가지고 프로그램 개발과 워크숍, 강연, 저서, 번역 활동 등을 통해 행복의 길을 안내하는 데 집중하고 있다. 국제 MSC Teacher Trainer이자 MSC 한국본부장으로, 처음으로 한국에 MSC 프로그램을 소개하고 지도자를 양성해 왔다.

효림(Hyorim)

국제공인 Certified MSC Teacher, 동국대학교 치유와 행복 융합연구원 소속. 청소년을 위한 MSC 지도자로서 명상의 올바른 보급을 위한 연구와 번역 및 강의와 다수의 워크숍 활동을 하고 있다. 대학원에서 상담심리와 명상수행코칭을 전공하였다.

나의현(Euihyeon Na)

정신건강의학과 전문의, 의학박사. 예수병원 정신건강의학과 과장으로 일하고 있으며, 가톨릭대학교 의과대학 정신과학교실 외래교수를 겸하고 있다. 치유형 대안학교인 킬리안 공감학교 교감을 지냈으며, 진료실을 넘어 학교 안팎에서 청소년의 자기연민 함양을 돕고 이를 정신의학 연구로 뒷받침하는 데 관심이 많다.

박경(Kyung Park)

서울여자대학교 명예교수, MSC Trained Teacher, 임상심리전문가, 상담심리사 1급, 심리상담센터 연음 공동소장. 한국심리치료학회장을 역임하였고, 다수의 마음챙김 기반 심리치료 논문 발표를 비롯하여 번역서 출간을 해 왔으며, 심리치료에서 마음챙김 및 자기연민을 활용하고 있다.

박용한(Yonghan Park)

박정신건강의학과의원 원장, 정신건강의학과 전문의, MSC Trained Teacher, 대한명상의학회 회장. 마음챙김강화훈련 프로그램(SEP)을 개발하여 지도하고 있으며, '마음챙김 수행을 통한 자기분석'을 주제로 미국 정신역동분석학회(AAPDPP)에서 발표하였다.

원승희(Seunghee Won)

경북대학교병원 정신건강의학과 교수, 대한명상의학회 부회장, MSC Trained Teacher. 정서적 위기 상황을 극복하는 데 관심이 있다. 전통적인 의학적 치료 기법 외에도 마음챙김과 자기연민에 기반을 둔 치료 기법이나 프로그램을 임상에 적용하고 있으며, 강연, 연구, 저술을 통하여 이를 알리고 있다.

이경욱(Kyoung-Uk Lee)

가톨릭대학교 의정부성모병원 정신건강의학과 교수, MSC Trained Teacher. 대한불안의학회 부이사장이며, 대한정신약물학회, 대한우울조울병학회, 대한뇌기능매핑학회 등에서 이사를 맡고 있다. 가톨릭대학교 정서신경과학 연구실 CUPAN(http://cupan.catholic.ac.kr)의 디렉터로, 뇌영상 및 행동실험을 통해 '기분장애 · 자살' '불안장애' '조현병'의 치료 및 뇌 기전을 연구하고 있으며, 최근에는 우울, 자살, 불안, 통증에 self-compassion, compassion을 임상적으로 적용 · 연구하고 있고, 관련 분야의 논문 및 저서를 출간하였다.

이규미(Kyumee Lee)

나우리심리상담연구소 소장, 아주대학교 명예교수, MSC Trained Teacher, 상담심리사 1급. 한국상담심리학회와 한국심리학회, 한국발달지원학회 회장을 역임하였으며, 현재는 대학 강의와 상담 현장에서 통합적 접근방식에 의한 심리상담, 상담자 교육분석 및 슈퍼비전 등을 진행하고 있다. MSC 지도에 지속적으로 참여하고 있으며, 내담자의 특성에 따라 마음챙김 자기연민의 가르침과 기술을 적용하고 있다.

전문가를 위한 마음챙김 자기연민 가이드북

Teaching the Mindful Self-Compassion Program:
A Guide for Professionals

2023년 1월 5일 1판 1쇄 인쇄
2023년 1월 10일 1판 1쇄 발행

지은이 • Christopher Germer · Kristin Neff
옮긴이 • 서광 · 효림 · 나의현 · 박경 · 박용한 · 원승희 · 이경욱 · 이규미
펴낸이 • 김진환
펴낸곳 • ㈜학지사
04031 서울특별시 마포구 양화로 15길 20 마인드월드빌딩
대표전화 • 02-330-5114 팩스 • 02-324-2345
등록번호 • 제313-2006-000265호

홈페이지 • http://www.hakjisa.co.kr
페이스북 • https://www.facebook.com/hakjisabook

ISBN 978-89-997-2806-8 93180

정가 28,000원